독서치료를 위한 상황별 독서목록과 해제 수록

정신건강과 자아발달을 돕는

체험적 독서치료

한국도서관협회 독서문화위원회 편

김정근 · 한윤옥 · 황금숙 · 김순화 · 신주영 · 김현애

Bibliotherapy

학지사

책이 나오기까지

독서치료가 세상의 화두가 되고 있다. 이 책은 이 화두를 앞에 두고 그동안 문헌정보학계와 도서관 현장의 관심 있는 연구자와 활동가들이 따로 또는 함께 고심하고 노력하여 얻게 된 작은 성과의 일부를 보여 준다. 따라서 책의 기획은 처음에 도서관 기반, 사서 주도, 지역 주민 대상의 프로그램으로 개발된 내용을 일반 사회에서도 적용할 수 있도록 안내하는 데 초점이 맞추어져 있다. 도서관은 물론 사회복지기관, 사찰, 교회, 성당과 같이 인간 치유에 관심이 있는 조직이나 같은 관심을 가진 개인 또는 모임이 참고하고 활용하면 도움이 될 것이라 생각한다.

뒤돌아보면 우리가 여기까지 오는 동안 약간의 기복과 과정이 있었다. 탐색과 실험이 있었고 성공과 실패가 있었다. 단 한 번의 모임이 있은 후 지금껏 소집이 유예되고 있는 가칭 '독서치료연구회' 에서의 초기적 논의와 그 뒤 한국도서관협회 독서문화위원회(처음에는 독서진흥위원회였다)를 축으로 한 몇 년간에 걸친 활동이 우리들의 행동에 중요한 지침으로 작용하였다. 이 과정에서 한국도서관협회 사무국의 이해와 후원이 결정적 도움이 되기도 했다.

책의 배경을 설명하자면, 이야기는 2001년으로 거슬러 올라간다. 그해 7월의 어느 날 경기대학교의 한윤옥과 부산대학교의 김정근이 한국도서관협회의 회의실에서 만나 이런저런 이야기를 나누게 된다. 그 자리에서 두 사람은 우연히 또는 필연적으로 한 가지 현안 사항을 동시에 주목하게 되고 의견 일치를 보게 된다. 그것은 도서관 봉사의 한 가지 형태로서 독서치료에 관심을 가질 필요가 있다는 것이었다. 지역사회의 정신보건 문제에 도서관이 참여하는 것은 적절하며 당연한 일처럼 보였다. 이 일은 부수적으로 도서관의 사회적 지위를 높이는 결과를 가져올 것이라는 믿음도 있었다.

우리 두 사람은 의기투합한 나머지 일을 서둘러 추진하기로 하였다. 그래서 '독서치료 연구회' 의 구성을 위한 발기 모임을 주선하게 된다. 우선 그럴 만한 사람들이 모여 말을 해 보면 좋은 방안이 나타날 것 같았다. 우리 두 사람이 특히 궁금하게 생각하고 다른 사람들과 의견을 나누어 보고 싶었던 점은 "우리 분야에서의 독서치료 연구 현황과 수준은 어느 정도일까" 하는 것과 "타 분야 독서치료 연구와의 차별성을 어떻게 설정할 것인가" 하는 것이었다. 그 때 한윤옥이 사람들을 모으기 위해 기초한 '제안문' 을 보면 지금 이 시점에서 다시 새기고 음미할 만한 대목들이 나온다.

우리나라는 근대화가 늦게 시작되었지만 짧은 기간 동안 세계가 놀랄 만한 경제산업발달을 이룩하였다. 그러나 문화적 성숙이 동반되지 않은 경제발달로 인해 사람들의 정신세계가 피폐화되는 불균형한 사회가 되고 말았다. 더욱이 경제적 성장에 미치지 못하는 정신문화의 공황 속에 갑자기 닥친 외환 위기와 이를 극복하기 위한 급격한 사회체제의 변화는 많은 사회적 문제를 야기하고 있으며, 사회적 부적응자를 양산하고 있다. 이혼율의 급증과 파괴되는 가정으로 인해 상처받는 어린이와 청소년이 늘고 있으며, 예상하지 못한 실직이나 명예퇴직으로 인하여 노인 아닌 노인이 길거리를 배회하고 있다. 정상적으로 직장을 갖고 일하는 근로자라 해도 더욱더 심해져 가는 경쟁적 사회 구도 속에서 스트레스를 받아 지쳐 가고 있으며, 전통적 윤리의 붕괴 속에 노인이 방치되고 있고 주부들의 탈선 또한 심각하게 거론되고 있다. 이처럼 상처받거나 지쳐 가는 사람들 혹은 사회부적응자를 위로하고 치료해 줄 수 있는 도서관 차원에서의 봉사 방법은 없을까?

이것이 당시 우리들의 문제의식이었다. 문제의식이라는 면에서는 지금도 크게 다르지 않다고 할 수 있다. 같은 문서는 "독서치료는 책읽기를 통한 일종의 정신치료"라고 규정하고, 그러므로 "책이 구체적으로 어떻게 인간의 심리나 정신에 작용하여 행동 변화를 일으킬 수 있는지에 대한 연구는 곧 도서관장서의 힘을 실증적으로 보여 줄 수 있는 근거가 될 수 있다"고 말한다. 같은 문서는 이어서 "막연하게 좋은 사람 혹은 능력 있는 사람이 되기 위하여 책을 읽어야 한다고 권하는 일반적 수준의 독서연구와 도서관 봉사에 더 이상 머물러 있지 말고, 본격적으로 책의 치유능력을 이용한 도서관 봉사론을 개발해야 할 것이라고 생각한다" 고 적고, 관심 있는 사람들이 연구회를 위한 발기 모임에 참여할 것을 권유한다.

오래갈 것이 없었다. 발기 모임은 즉시 소집되었다. 2001년 8월 10일 부산대학교에서 사람들이 모였다. 지금 이 책의 기획과 집필에 참여하고 있는 김정근, 한윤옥, 황금숙을 포함하여 여러 사람이 모였다. 그 첫 모임의 회의록을 보면, 그때 그 자리에서 논의된 것으로서 지금도 유효한 내용이 눈에 뜨인다.

- 지금 문헌정보학 분야의 관련 연구와 실천은 미약하지만, 도서관이라는 공간, 장서라는 내용, 이용자라는 대상이 있으므로 차별성 있는 프로그램 개발이 가능하고, 충분히 경쟁력이 있다고 판단된다.
- 처음은 가벼운 생활 속의 상처를 가지고 있는 사람을 대상으로 하는 것이 적절할 것이다. 여력이 있다면, 이미 문제가 발생한 대상이 있을 것으로 예상되는 병원도서관과 교도소도서관은 치료차원에서, 정상적인 이용자가 중심이 되는 공공도서관과 학교도서관은 교육적이고 예방적인 차원에서 구분하여 접근하는 것도 좋은 방법이 될 수 있다.
- 치유서를 발굴하고 목록을 만들어 내는 것이 급선무이다. 이것이 도서관 현장과 사서들을 움직이게 하는 원동력이 될 것이다.
- 연구회는 전국의 도서관인과 관심 있는 사람들을 커버하고 일상적인 연구는 지역 단위로 추진한다.
- 다음 모임은 3개월 후에 가지기로 하고, 장소와 시간은 추후에 알린다.

불행하게도 이 모임은 첫 만남 이후 더 이상 소집되지 않았다. 3개월 후에 모이기로 한 약속은 공수표가 되고 말았다. 그러나 마지막 항목을 제외하면 나머지 항목은 그 날 이후

지역 단위에서 꾸준히 추진되어 온 것이 드러난다. 서울/경기 지역에서는 경기대학교, 이화여자대학교, 중앙대학교, 대림대학, 충청 지역에서는 공주대학교, 충남대학교, 대구/경북 지역에서는 계명대학교, 대구대학교, 부산/울산/경남 지역에서는 부산대학교, 창원전문대학 등을 중심으로 연구와 현장 활동이 펼쳐졌다. 첫 모임의 분위기를 회상해 보면 아마도 그 때 모인 사람들은 전국적인 모임에 앞서 지역 단위의 모색이 절실하게 필요하고 그 어떤 것보다 우선한다고 판단했던 것이 아닌가 싶기도 하다. 위에 언급한 대학들에서는 그동안 다수의 교수 논문과 석박사논문이 쏟아져 나왔다. 예를 들면, 내가 있는 부산대학교만 해도 석사논문 15편, 박사논문 2편, 단행본 6권이 생산되었다.

다음으로, 이 책은 한국도서관협회 독서문화위원회(처음은 한윤옥 위원장, 나중은 황금숙 위원장)를 축으로 한 일련의 활동을 중요한 배경으로 하여 빛을 보게 된다. 그동안 한국도서관협회 사무국은 우리 활동가들의 든든한 후원자가 되어 주었다. 그 결과 생산되어 나온 것이 '독서치료를 위한 상황별 독서목록: 성인편' (2004), '독서치료를 위한 상황별 독서목록: 부모 · 교사/청소년/어린이편' (2005), '독서치료를 위한 상황별 독서목록: 증보편' (2007)이다. 이 상황별 목록 작업은 규모가 방대하여 시간이 꽤 오래 걸려 완성되었다. 그래서 김정근, 한윤옥, 황금숙의 작업에 김순화, 신주영, 김현애가 추가로 참여하여 힘을 합치게 되었다. 이 세 편의 보고서는 나올 때마다 전국의 도서관과 유관 기관에 배포되어 현장이 움직이는 데 도움을 주었다. 이 책은 이 세 편의 보고서를 뼈대로 삼고 거기에 약간의 살을 붙여 구성되었다.

위에서 보듯이 여러 대학에서 생산되어 나온 연구 성과와 한국도서관협회의 상황별 독서목록은 효력을 발휘했다. 도서관 현장이 우호적인 반응을 보여 주었다. 목록을 단위 도서관의 실정에 맞게 적용하여 상황을 설정하고 치유서를 배치하는 프로그램들이 생겨나기 시작했다. 처음과 달리 지금은 참여 도서관의 수가 꽤 많아졌다. 서울/경기 지역의 남산도서관, 도립성남도서관, 평택도서관, 용인시립도서관, 한국도서관협회의 자아성장을 위한 체험형 독서대학, 대구의 효목도서관, 울산의 중부도서관, 남부도서관, 동부도서관, 울주도서관, 부산의 시민도서관, 연산도서관, 구덕도서관, 남구도서관, 금정도서관, 경남의 양산도서관, 창녕도서관 등이 선구적 역할을 수행하고 있다. 이제 독서치료는 도서관 현장에서 더 이상 특별한 무엇이라기보다 조건이 된다면 당연히 추진하게 되는 프로그램의 하나가 되어 가고 있다.

이제 도서관 기반, 사서 주도의 독서치료 프로그램의 경험도 꽤 깊어졌다. 참여하는 지역 주민의 반응도 호의적이다. 어린이, 청소년, 주부 그룹을 막론하고 반응은 대체로 긍정적이다. 모처럼 개설한 프로그램이 성공했다는 보고는 많이 듣고 있지만 실패했다는 보고는 별로 없다. 개인적으로는 한 번도 들어보지 못한 것 같다. 그 어떤 다른 프로그램보다 '신선하고' '획기적이고' '도움이 된다' 는 말을 듣는다. 독서치료 프로그램이 머지않아 도서관의 중심적인 프로그램으로 정착해 가리라는 희망과 믿음을 가지게 된다.

지역 주민을 대상으로 하는 도서관 기반, 사서 주도의 독서치료 프로그램은 경험이 쌓이면서 나름의 특징이 드러나게 된다. 그것은 다음과 같은 몇 가지 경향으로 정리할 수 있을 것이다.

첫째, 어린이, 청소년, 주부 그룹과 같은 도서관의 이용자를 대상으로 하는 프로그램에서 과잉 지식은 곤란하다. 독서치료에 '관한(about)' 지식을 빼곡하게 채우는 것은 별로 의미가 없다는 말이다. 그래서, 독서치료의 역사, 과정, 자료 선정, 발문의 유형, 치료사의 자질 등에 '관한' 지식은 가급적 절제하는 것이 도움이 된다. 우리는 주로 독서치료에 '관하여' 설명하는 프로그램을 '지식형' 이라 부르고 조금은 경계하는 편이다.

둘째, 도서관의 이용자를 대상으로 하는 프로그램은 모름지기 감동이 있고 사람을 변화시키며 마침내 치유를 체험하는 내용으로 채워져야 한다. 그렇게 하려면 참여자로 하여금 그 어떤 설명 이전에 '치유서(books for healing)' 를 바로 만날 수 있도록 해야 한다. 참여자와 치유서의 만남이 관건이다. 바로 그 지점에서 변화와 치유 경험이 일어나는 것이다. 우리는 이와 같은 프로그램을 '체험형' 이라 부르고 비교적 선호하는 편이다.

셋째, 참여자를 주체로 세우는 것이 매우 중요하다. 설명을 듣는 객체의 위치는 그들에게 적절하지 않다. 참여자가 스스로 읽고 소화하고 공감하도록 '놓아두어야' 한다. 그들이 스스로 변화와 치유의 경험을 다른 사람 앞에서 드러냄으로써 자유를 맛볼 수 있도록 '놓아두는' 것이 도움이 된다. 이 때 진행자는 '의도된 소극성(intentional passivity)'을 견지하는 것이 좋다. 모든 것을 다 알면서도 지나치게 앞에 나서지 않는 위치를 유지하는 것이 중요하다. 그래서 우리는 치료사(therapist)라는 표현을 가급적 삼간다. 그 대신 진행자(facilitator)라는 표현을 선호한다. 우리의 의식 속에 치료사의 위치는 책에게가 있다고 할 수 있다.

우리는 '체험형' 독서치료 프로그램이 도서관계뿐 아니라 일반 사회에도 널리 보급될 수 있기를 바란다. 그래서 생활 속의 크고 작은 상처 때문에 어려움을 겪는 사람들에게 도움이 되기를 바란다. 사실 지금 우리 사회의 독서치료는 전반적으로 신비화되어 있고 보통 사람이 스스럼없이 접근하기 어렵게 되어 있다. 그럴 필요가 없다고 생각한다. '체험형' 독서치료는 어느 면에서 '생활독서치료'라고 할 수 있다. 생활 속에 아픔이 있고 상처가 있는 사람이면 누구나 개인적으로 또는 그룹 단위로 쉽게 접근할 수 있다. 아마도 이미 우리 사회에 상당한 정도로 정착되어 있는 '생활참선', '생활체육'과 같은 위치에 배치할 수 있을 것이라고 생각한다.

이 책은 총 6부로 구성되어 있다. 1부는 김정근이 집필하였으며 그가 그동안 우리 현실에서 적용 가능한 독서치료 모형을 모색하면서 생산한 글들을 모았다. 2부는 부산대학교에 위치하면서 부산/울산/경남 지역을 커버하며 활동을 펼치고 있는 '책읽기를 통한 정신치료 연구실(책정연)' 회원들의 체험기를 실었다. 프라이버시 문제가 따를 수 있어 필자의 이름은 가명을 사용하였다. 이 책의 본체는 역시 3, 4, 5, 6부라고 할 수 있다. 이 책의 표지에 이름을 걸고 있는 필진이 모두 달려들어 3년에 걸쳐 작업한 내용을 통합한 것이다. 체험형 독서치료 프로그램을 고려하는 그룹이나 조직에서 상황을 설정하고 치유서를 배치하는 과정에 도움이 될 것이라고 생각한다.

이제 다소 긴 책의 배경 설명을 마감하면서 감사의 말을 전하고자 한다. 사실 이 책이 나오기까지 도움을 준 사람이 적지 않다. 그러나 이 지면에서 일일이 다 언급하기는 어려우므로 그분들의 양해를 구하면서 두 곳만 언급하기로 한다. 바로 한국도서관협회와 학지사이다. 협회의 이경구 사무총장님과 이현주, 이용훈 두 부장님의 관심과 후원에 감사한다. 그들의 이해와 도움이 없었다면 이 책의 구성은 아마 불가능했거나 매우 더디어졌을 것이다. 그리고 선뜻 출판에 동의하고 이처럼 아름다운 책을 만들어 준 학지사의 김진환 사장님, 최임배 부장님과 편집진에게 고맙다는 인사를 드린다. 아무쪼록 도움을 준 이들의 공덕으로 이 책이 널리 보급되어 사람들의 아픔을 해소하는 데 조금이나마 기여할 수 있기를 바란다.

2007년 가을에

집필자들을 대표하여

김정근

CONTENTS

책은 치유하는 힘이 있는가

책이 나오기까지 · 3

Part 1

체험적 독서치료란 무엇인가 · 14

#01 체험적 독서치료의 발견 · 17

왜 독서치료인가 17/ 책읽기와 정신치료 20/ 독서치료에서 '상황' 이란 무엇인가 21/ 치유서란 무엇인가 24/ 치유서의 조건 27/ 자가치유서의 발견 30/ 치유는 각성이다 32/ 독서치료사는 누구인가 35/ 독서치료를 위한 가이드라인 38/ 독서치료에서 '체험' 이란 무엇인가 41

Part 2

나의 독서치료 체험을 말한다 · 52

#02 독서치료 체험의 장 · 55

나, 독서치료를 만나다–지월희(책정연 회원) 55/ 나와 독서치료의 만남–서정안(책정연 회원) 70/ 나의 상처 치유과정 보고서–진양희(책정연 회원) 86

#03 독서를 통해 마음 읽기 · 99

집요한 집착으로부터의 탈출–주하영(책정연 회원) 99/ '새로운' 나의 발견에 관한 보고서–박해정(책정연 회원) 119/ 내가 만난 새로운 세계, 독서치료–김은재(책정연 회원) 133/ 내게 독서치료는 무엇이었는가–박초은(책정연 회원) 145

#04 독서를 통한 자가치유 체험기 · 161

내 영혼과 만나는 독서치료–박주미(책정연 회원) 161/ 내 마음의 상처 그리고 독서치료–강세윤(책정연 회원) 178/ 만남이 있는 공간–손규희(책정연 회원) 192

Part 3

성인의 정신건강을 돕는 독서목록과 해제 · 206

#05 정신건강편: 1. 정신건강 212/ 2. 마음의 상처 225

#06 성격편: 1. 수줍음 243/ 2. 슬픔 · 상실감 244/ 3. 화 · 분노 · 증오 245/ 4. 자기학대 248/ 5. 우울증 249/ 6. 대인공포증 256/ 7. 강박증 258/ 8. 알코올중독 261/ 9. 인터넷 중독 262/ 10. 성인아이 264/ 11. 성폭력 266/ 12. 용서 268/ 13. 사랑 272/ 14. 자아 찾기 277/ 15. 자기 존중 282/ 16. 마음의 평화 284

#07 몸의 건강편: 1. 나이 듦 289/ 2. 삶과 죽음 296/ 3. 장애 301

#08 가정편: 1. 부부관계 308/ 2. 가족관계 318

#09 직장편: 1. 직장 내 대인관계 333/ 2. 직장 내 성차별 335/ 3. 스트레스 337/ 4. 슬럼프 339/ 5. 실직 341/ 6. 성공 · 자기계발 343

Part 4

어린이와 청소년의 훈육을 위한 부모 · 교사용 독서목록과 해제 · 348

#10 정신건강편: 1. 정신건강 352/ 2. 마음의 상처 359

#11 가정편: 1. 가정 · 부모 365/ 2. 학교 · 교사 373

Part 5

청소년의 성장을 돕는 독서목록과 해제 · 378

#12 자아정서편: 1. 가족 385/ 2. 자아 390/ 3. 정서문제 401/ 4. 신체 405

#13 대인관계편: 1. 학교 414/ 2. 대인관계 419/ 3. 청소년 일탈 422

Part 6

어린이의 발달을 돕는 독서목록과 해제 · 432

#14 자아편: 1. 가족 440/ 2. 자아 · 성격 463/ 3. 여자 · 남자 · 성역할 475

#15 정서편: 1. 화 485/ 2. 두려움 487/ 3. 스트레스 489/ 4. 슬픔 · 감정조절 490/ 5. 심술 492/ 6. 정직 495/ 7. 용서 497/ 8. 주의집중력 499/ 9. 중독 500/ 10. 죽음 502/ 11. 정서장애 507

#16 발달편: 1. 신체 515/ 2. 학교 531/ 3. 대인관계 537

#17 폭력편: 1. 학대 555/ 2. 폭력 558/ 3. 성폭력 559

책이름 찾아보기 · 563

Part. 1
체험적 독서치료란 무엇인가

김정근 교수가 최근 몇 년 동안 발표한 칼럼들을 소개한다.
이 칼럼들은 '김정근의 독서치료 이야기' 라는 큰 타이틀 아래
〈출판저널〉을 비롯한 몇몇 잡지에 게재되었다.
칼럼들에는 '한국적 형식과 내용을 찾아서' 라는 부제를 달 수 있을 것이다.
그만큼 우리나라 사람들의 삶의 조건, 처지와 출판 환경이 고려된 한국적 독서치료 이론이라 할 수 있다.
그리고 칼럼들을 주의 깊게 살펴보면 우리나라 독서치료의 역사가 보인다.
이 칼럼 속에는 독서치료의 이론적 배경은 물론 여러 종류의 프로그램에 대한 예시,
참여자들의 상황과 그 상황에 맞는 치유서가 소개되고 있어
도서관을 비롯한 독서치료 현장에서 '체험형' 프로그램을 진행하고자 할 때 실질적인 도움을 준다.

#01 체험적 독서치료의 발견

- 왜 독서치료인가
- 책읽기와 정신치료
- 독서치료에서 '상황' 이란 무엇인가
- 치유서란 무엇인가
- 치유서의 조건
- 자가치유서의 발견
- 치유는 각성이다
- 독서치료사는 누구인가
- 독서치료를 위한 가이드라인
- 독서치료에서 '체험' 이란 무엇인가

#01 체험적 독서치료의 발견

왜 독서치료인가

새삼 독서치료에 대한 관심이 고조되고 있다. 이는 오늘날 우리가 처한 사회 환경과 무관하지 않다. 산업사회에 이어 지식정보사회로의 진입은 여러 가지 사회 문제와 도전을 야기하고 있다. 즉, 급진적인 과학기술의 발달은 인간 삶의 질을 풍요롭게 하기보다는 불안감과 물질주의를 조장하고 있으며, 컴퓨터 및 인터넷의 발달은 성 모럴 붕괴와 폭력성을 야기하고 있고, 경제구도의 조정에 따른 실업률을 증가시키고 있으며, 또한 과도한 교육경쟁을 부추기고 있다.

최근 보건복지부에서 공익광고로 자살 예방 캠페인을 펼치고 있을 정도이다. 우리나라 자살률은 경제협력개발기구(OECD)의 집계에 따르면 헝가리, 일본, 핀란드에 이어 4위를 차지하고 있으며, 이 중 20~30대 자살률은 세계 1위를 차지하고 있다. 게다가 음주율 세계 1위, 흡연율 세계 1위로 자살공화국, 음주공화국, 흡연공화국이라 불릴 만큼 우리나라의 정신건강문제는 심각한 수위에 와 있다. 세계 어느 나라나 자살률, 음주율, 흡연율은 정비례하고 있으며 이러한 비례는 그 나라 국민들의 스트레스 지수를 뜻하고 있다. 현재 우리나라 국민들의 스트레스 지수는 최악인 셈이며 그만큼 우리 사회가 건강하지 못함을 보여 주고 있는 것이라 하겠다.

예를 들어, 일반 성인들의 정신보건 문제 현황을 살펴보면 부실하기 그지없는 사건 · 사고들로 이어지고 있다.

과천의 부모 토막 살해, 분당의 교수 아버지 및 할머니 방화 살해, 도박, 알코올중독인 아버지를 살해한 사건, 학업부진의 이유로 일가족이 자살한 사건, 대구 지하철 방화사건, 김 모 일병의 총기난사 사건, 거식증, 폭식증, 선풍기 아줌마, 가정폭력, 아동학대, 노인학대, 구조조정, 실직, 이혼, 스와핑부부, 카드 빚, 경제난 등등……

보건복지부가 2001년 실시한 '정신질환 실태 역학조사' 결과에 의하면 성인 31%가 한때 정신질환을 앓은 경험이 있는 것으로 나타났다.[1] 과도한 입시경쟁이나 청년 실업률의 증가로 대학생들은 자아정체성, 음주, 우울증, 자살 등 여러 개인 문제를 안고 있다. 직장인 역시 더욱더 심해져 가는 경쟁적 사회구도 속에서 스트레스를 받아 지쳐 가고 있으며, 심지어는 전문의나 교수까지도 자신이 쓸모없다는 생각에 자살하는 등 한 해에 5,000여 명에 이르는 사람들이 우울증에 의한 자살을 하고 있다. 한 언론매체에서는 이와 같은 사회적 현상을 '사회적 암' 이라 표현하고 있다.

주부들의 정신건강 문제도 심각한 것으로 나타났다. MBC에서는 신종 '생활형' 중독(쇼핑, 성형, 인터넷, 경품, 절도 · 도벽 중독)에 빠진 주부들을 취재, 자신도 모르는 새에 집착의 노예가 되어 버린 주부 중독의 실태를 고발했다.[2]

학계에서는 쇼핑중독자들 중 많게는 60~70%까지 우울증으로 보는 견해가 있으며 쇼핑중독, 운동중독, 섹스중독 등과 같은 행동과잉장애의 상당 부분은 애정결핍, 불안, 우울증, 소외감 등과 같은 개인의 심리적인 문제와 관련이 깊다고 밝혔다.

또한 고령사회로 진입하면서 노인학대로 인한 노인 우울증이 날이 갈수록 증가하고 있으며, 대학생들의 정신보건 문제도 심각한 수위에 놓여 있다. 대학생들의 정신이상 행동에 따른 범죄(존속살해, 성폭력, 절도, 음주운전)가 매년 증가하고 있으며, 고려대학교 학생상담센터가 신입생 1,933명을 대상으로 한 신입생 실태조사 분석 결과에 의하면, 대학 신입생의 8.9%가 입원 수준 이상의 알코올중독 가능성이 있는 것으로 조사되었다.[3]

1) [조선일보], 2002. 2. 1
2) MBC, '생방송 오늘 아침', 2006. 8. 14~8. 18

어린이와 청소년은 어떠한가? 어린이와 청소년이 건강해야 나라의 장래가 밝은 것인데 최근 우리의 어린이와 청소년들은 과거 그 어느 때보다 병들어 가고 있다.

어린이와 청소년의 정신보건 문제의 심각성을 알리는 일련의 사건 · 사고를 살펴보면 끔찍하다는 생각이 든다.

학교 다녀오면, 학원 가고, 숙제하고, 다람쥐 쳇바퀴 도는 듯한 삶이 싫다고 자살한 초등 5학년생, 왕따를 당하던 어느 초등 6학년인 여학생의 자살, 평소 조용하고 평범하기만 하던 한 중학생이 수업 중인 교실에서 '학교짱'을 칼로 찔러 죽인 사건, 10대 남매가 끈으로 손을 묶고 아파트에서 뛰어내려 동생은 숨지고 누나는 중태에 빠지는 사건, 성적 및 입시로 시달리는 학생들의 자살, 왕따, 은따로 자살 및 정신장애를 앓는 학생들, 그 외 약물, 인터넷 중독에 허덕이는 아이들, 키스알바, 원조교제, 폭력, 절도, 사이버 범죄, 살인……

최근 어린이와 청소년 3명 중 1명은 정신건강에 심각한 문제가 있는 것으로 나타나고 있다. 보건복지부는 전국 94개 초등학교 학생 7,700명(남자 3,969명, 여자 3,731명)을 대상으로 '2006년 상반기 아동 정신건강 선별검사'[4]를 실시한 결과, 전체 학생 중 25.8%가 정서와 행동에 문제를 가지고 있었다고 밝혔다. 정서 문제는 불안증, 우울증, 강박증을 말하며 행동 문제는 반항 및 난폭행위 등을 의미한다.

특히 조사 대상 학생 중 33.1%는 정신적 문제가 신체적 증상으로 나타나 복통이나 두통을 호소하는 정신신체화 장애가 있는 것으로 나타났다. 또 20.3%는 쓰기 · 읽기 · 산술 등 주요 학업 영역에서 어려움을 호소하는 학습문제가 있었으며 인터넷에 중독될 가능성이 높은 학생도 26.2%나 됐다.

어린이와 청소년 문제는 그들이 가진 마음의 상처와 관련이 있다. 정신 문제를 안고 있거나 범죄를 저지르는 어린이와 청소년들이 자란 환경을 살펴보면 대다수가 밝고 안정된 가정에서 자라지 못한 경우다. 이런 환경에서 자란 어린이와 청소년들은 '성인아이'와 같은 미성숙된 성인으로 성장하게 되어 건강한 가정을 꾸리지 못하게 되므로, 또 다시 어린이와 청소년에게 마음의 상처를 주는 악순환이 반복되고 있다.

3) 고려대학교 학생생활연구소(학생상담센터), 2002, '2002학년도 신입생 실태조사'
4) '2006년 상반기 아동 정신건강 선별검사'는 한양대 의대 아동정신과 안동현 교수가 고안한 선별검사도구로 학생의 부모와 교사를 상대로 설문조사를 벌인 것으로서, 신뢰도와 타당성을 확보하고 있다고 복지부가 설명했다.

이처럼 급변하는 사회의 구조로 인해 성인은 물론 어린이와 청소년들은 과도한 스트레스, 무력감, 열등감, 우울증, 알코올/마약/쇼핑/게임 중독, 적개심, 폭력성 등으로 사회에 적응하지 못해 스스로 괴로우며 동시에 우리 사회에 커다란 부담이 되고 있다.

독서치료란, 한마디로 '책읽기를 통해 아픈 마음을 치유하는 방법' 이라 할 수 있다. 현대인들의 정신보건 문제는 결국 마음속 상처와 관련이 있다. 그들의 상처를 어루만지고 건강한 삶을 유도하기 위해 독서치료가 일익을 담당할 수 있다고 주장하는 이유가 여기 있다.

『독서치료를 위한 상황별 독서목록: 증보편』(2007. 2), 서문에서

책읽기와 정신치료

책읽기의 효용성과 관련하여 새로운 접근이 시도되고 있다. 이번 여름 동안 책읽기를 통한 정신치료(bibliotherapy)를 과제로 삼는 두 건의 모임이 있었다는 소식을 접한다. 7월에는 한국어린이문학교육학회에 소속되어 있는 독서치료연구회 주관으로 이 분야에서는 드물게 '독서치료의 가능성 탐색' 이라는 주제로 학술세미나가 있었다. 8월에는 문헌정보학 연구자들과 도서관 현장의 사서들을 중심으로 독서치료연구회(가칭)의 발족을 위한 준비 모임이 있었다. 이들은 제안문에서 "이처럼 상처받거나 지쳐 가는 사람들 혹은 사회 부적응자를 위로하고 치료해 줄 수 있는 도서관 차원에서의 봉사 방법은 없을까" 라고 묻고 있다.

전자인 독서치료연구회는 어린이를 관심의 대상으로 하고 있으며 문학자료를 매개체로 삼고 있다. 후자인 도서관 기반의 독서치료연구회 측은 도서관의 이용자가 되는 전 연령층을 봉사의 대상으로 잡고 있으며 매개체도 문학자료에 국한하지 않고 정신치료와 관련이 있는 전 영역을 포함할 것을 밝히고 있다. 양측 모두 '마음의 상처' 와 '심리적 장애' 를 치료의 대상으로 삼는다는 공통점이 있다.

마음의 상처, 특히 장애 상태로까지 발전하는 심한 상처는 어디에서 오는가? 정신분석학에서는 영유아기 내지 청소년기에 가정에서 받는 충격이 '주범' 일 수 있다고 보고 있다. 술 먹고 고함치는 아버지, 우는 어머니, 꼬장꼬장 어렵기만 한 할아버지, 잔소리 많은 할머니, 편애하는 어른들, 부모의 가난, 파산, 잦은 이사 등, 우리 가정에서 흔히 있을 수 있고 또한 무심코 저지르기도 하는 일들이 어린이에게는 상처가 된다는 이야기다. 상처

의 충격은 잠복기를 거쳐 청소년 후기 내지 성인 초기가 되면 서서히 밖으로 고개를 내밀기 시작하여 일생 동안 갈 수 있다. 그것이 심할 경우 우울증, 강박장애, 알코올중독, 충동통제장애, 편집성장애, 자기애성장애 등 수없이 다양한 정신적 장애현상으로까지 이어질 수도 있다.

지난 여름에 나온 두 종의 책은 우리 가정이 아이들에게 상처의 원천이 되고 있음을 강력하게 증언하고 있다. 초등학교 교사인 이호철이 쓴 『학대받는 아이들' (보리)』은 어른들이 대수롭지 않게 내뱉는 말이나 무의식중에 보인 행동이 아이들의 마음에 얼마나 큰 상처를 남기게 되는지를 아이들 자신의 말을 통해 보여 준다. 아이들이 가정에서 받는 상처의 이야기는 우연히 몇몇 특수한 가정에서 보는 사건이기보다는 보편화된 현상으로 관찰되는 부분이 있어 우려를 자아낸다. 가정 속의 위장된 폭력성이 어떻게 한 아이로 하여금 가정 전체를 파멸의 길로 이끌어 가게 하였는지에 대한 보다 극적인 사례가 대학교수 이훈구가 쓴 『미안하다고 말하기가 그렇게 어려웠나요' (이야기)』에 나타나 있다. 이 책은 한때 세상을 떠들썩하게 한 명문대생 이은석의 부모 살해 사건을 분석해 낸 경우다.

책읽기를 통한 정신치료라고 하는 이 새로운 분야 연구자들의 활동에 기대를 건다. 정신분석학, 임상심리학, 상담심리학, 정신보건간호학, 정신보건사회복지학 등 관련 분야의 연구자들과 더불어 정신치료 영역에서 또 하나의 몫을 감당해 갈 수 있으리라는 기대를 해 본다.

〈교수신문〉, 2001. 10. 17

독서치료에서 '상황'이란 무엇인가

2000년으로 거슬러 올라간다. 그해 나는 안식년의 기회가 있었다. 지금 생각하면 모처럼 맞는 안식년이라고 하는 텅 빈 공간이 내가 독서치료라고 하는 황무지를 답사하게 된 계기를 만들어 준 것 같다. 물론 그 이전에도 나는 책과 관련된 직업 분야에서 인생의 거의 대부분을 살아왔다. 그런데 이상하게도 그 긴 세월 동안 책의 치유하는 힘에 대해서는 별로 생각해 보지 못했다. 알 수 있는 기회도 없었다.

안식년 동안의 여유 있는 시간 조건은 나에게 큰 의미가 있었다. 무엇보다 나 자신의 내면을 들여다보는 성찰의 기회가 되었다. 그와 같은 분위기에서 우연 같기도 하고 필연

같기도 하게 만난 것이 스캇 펙(M. Scott Peck)의 저작이었다. 이전 같아서는 좀처럼 관심을 두기가 힘이 들었을, 얼른 보아서는 나의 오랜 전공 분야와는 거리가 있어 보이는 책들이었다. 나는 스캇 펙의 책들을 한 권 두 권 읽기 시작하면서 그가 책 속에서 밝히고 있는 세계 속으로 급속히 빠져 들었다. 그리고 전에 보이지 않던 것이 눈에 들어오기 시작했다. 그것은 사람의 '아픈 마음'(sick mind)이었다. 상처 입고 신음하며 장애 현상을 일으키기도 하는 사람의 마음을 보기 시작한 것이다. 그것이 내가 독서치료와 손을 잡게 된 인연 같은 것이었다.

한편, 그때까지 내가 모르고 있었을 뿐이지 스캇 펙은 1990년대 이래 우리 출판 시장에 이미 많이 소개되어 있었다. 번역서만 해도 10권이 넘었다. 그 가운데 나에게 가장 큰 위로와 각성을 갖다준 책이 열음사 발행 『아직도 가야 할 길(신승철/이종만 옮김)』, 두란노 발행 『거짓의 사람들』(윤종석 옮김), 고려원미디어 발행 『길을 떠난 영혼은 한 곳에 머물지 않는다』(임기영 옮김)이었다. 마지막 책은 그 뒤에 열음사에 의해 『끝나지 않은 여행』(김영범 옮김)으로 다시 나왔다.

아무튼 나는 스캇 펙의 의도되지 않은 안내를 받아 독서치료에 발을 들여놓게 되었다. 일단 발을 들여놓고 가만히 주위를 살펴보니 여러 면에서 놀랄 일이 참 많았다. 우선 충격적인 것은 우리 사회에 마음 아픈 사람이 너무도 많다는 사실이었다. 마음에 상처가 나서 피를 흘리는 어린이, 성장이 멈추어 버린 청소년, 갈라서는 부부, 몸은 어른이나 마음은 유치원생인 남자와 여자…… 이런 식으로 증세의 분포가 광범했다. 새롭게 눈을 뜨고 살펴보니 아프지 않은 사람이 없을 정도였다. 거의 모두가 앓고 있었으며 일상을 아슬아슬하게 견디고 있었다. 나 자신도 그 면에서는 결코 남에게 뒤지지 않았다.

나는 나름의 프로그램을 구상하면서 그 일환으로 치유서 수집에 나섰다. 독서치료 프로그램이 성립하려면 무엇보다 치유서가 전제되어야 한다. 좋은 치유서를 다량으로 가용해야 한다. 이 때 내가 발견한 사실은 그나마 큰 위안이었다. 독서치료에 활용할 수 있는 자원이 우리 출판 시장에 이미 다양하고 풍부하게 개발되어 있었다. 나는 놀라지 않을 수 없었다. 특히 기뻤던 것은 전통적으로 독서치료에서 주로 의존해 오던 문학 영역의 자료뿐 아니라 논픽션의 자가치유서(self-help book)까지 광범하게 유통되고 있다는 사실이었다.

가령, 이전에는 정신과 의사나 심리치료사의 개인적 지식이나 그들의 서가에 꽂힌 전공서적의 형태로 제한된 공간에만 배치되어 있던 전문지식이 지금은 쉬운 우리말로 번역되고 저작되어 출판유통 과정을 거쳐, 관심 있는 사람이면 누구나 팔을 뻗기만 해도 닿는 곳까지 내려와 있었다. 달리 말하면, 전문지식의 응용과 대중화 과정이 상당한 정도까지 진척되어 있었다. 서양에서 먼저 발전한 정신분석학과 심리학 지식이 우리 사회에 도입되어 실제적으로 적용되고 있는 정도는 한마디로 놀라웠다. 나는 출판시장 사정을 몰라도 한참 모르고 있었던 것이다.

다음 해, 치유서 검토가 어느 정도 끝난 상태에서 지금의 '책읽기를 통한 정신치료 연구실' 의 초기 활동이 시작되었다. 그때는 초기였기 때문에 '상황' 개념이 별로 없었다. 우리도 그랬지만 당시 독서치료 프로그램을 진행하는 다른 곳도 대동소이했다. 그때 우리가 주로 관심을 가졌던 부분은 '마음의 상처는 어디서 오는가', '마음의 상처는 치유할 수 있는가', '독서치료의 개입은 유효한가' 와 같은 큰 덩어리의 문제들이었다. 지금은 사정이 많이 달라졌다. 적어도 내 주변의 모든 프로그램은 '상황별' 로 진행된다.

그렇다면, 독서치료에서 '상황' 이란 무엇인가? 이것은 별다른 설명보다 실제 어떻게 하는가를 보면 금방 이해할 수 있다. 금년 1학기 동안 내가 관계를 한 15주 과정의 독서치료 프로그램에서 설정한 '상황' 은 다음과 같다.

성장의 아픔–유년기와 청소년기, 어른들의 무지와 몰이해, 딸과 여자의 자아, 부모, 가부장 사회, 중독, 성인아이(adult child), 우울증, 성폭력과 가정폭력, 집단 따돌림, 입시 증후군, 용서, 말기환자와 가족, 첫 모임의 오리엔테이션, 마지막 모임의 마무리, 이렇게 하면 15주가 차게 된다. 모임에서는 매주 상황에 따른 2권씩의 치유서가 지정된다. 참여자는 지정된 치유서를 미리 읽으며, 읽는 동안 자신의 내면에서 일어나는 변화를 종이 위에 적고, 이렇게 적어서 가지고 온 것을 앞에 두고 자신을 말로써 표현하고 드러내 보이며 다른 참여자의 표현과 드러내 보임을 듣는다. 그러고 난 다음에 참여자들은 서로 얼굴을 마주 보며 토론한다. 이때 유능하고 사려 깊은 진행자 또는 인도자의 역할이 중요하다. 진행자 자신이 치유의 경험이 있으면 도움이 된다. 헨리 나우웬이 말하는 상처입은 치유자(wounded healer)를 말하는 것이다.

나는 2학기에도 또 다른 15주 과정의 독서치료 프로그램에 진행자의 한 사람으로 참여한다. 이 프로그램에서 다음 학기를 위해 설정한 '상황' 은 다음과 같다.

경시와 학대, 남자와 여자, 결혼과 이혼, 사랑, 상실감, 화, 성인아이 II, 부모 II, 나이듦, 실습 4회, 첫 모임의 오리엔테이션, 마지막 모임의 마무리, 이렇게 하면 모두 15주가 완성된다. 이번에도 매주 상황에 맞는 2권씩의 치유서가 지정되는 것은 물론이다.

독서치료 모임을 진행해 보면 '상황' 과 참여자에 따라 반응도 다르게 나타나는 것을 보게 된다. 한편, '상황' 과 참여자에 관계없이 언제나 비슷하게 나타나는 반응도 있다. 그것은 책을 읽는 과정이 고통스러웠다는 것과 읽고 나서 마음이 한결 가벼워졌다는 경험을 말한다는 점이다. 울음을 우는 참여자가 나오는 '상황' 도 있다. 어떤 '상황' 에서는 거의 모든 참여자가 같이 울기도 한다. 이것은 평소 참여자의 마음속 깊은 곳 어디인가에 감춰져 있던 구정물이 자극을 받고 표면으로 떠올라 흘러 나가는 과정으로 이해할 수 있다. 이와 같은 독서치료의 효과는 이미 많은 연구에 의해 뒷받침되고 있다.

〈출판저널〉, 2004년 8월

치유서란 무엇인가

내가 독서치료 관련 활동을 한다는 것이 알려지면서 만나는 사람들이 인사를 하기 시작했다. 평소 알고 지내던 사람들의 경우 전에 비해 건네는 인사의 내용도 많이 달라졌다. 우선 좋은 일을 한다는 지지적인 이야기가 주류를 이룬다. 새로운 분야에 뛰어들어 하고 있는 모습이 보기에 썩 좋다고 말하는 사람도 있다. 성격에 걸맞은 일을 시작한 것 같다는 위로의 말도 해 준다.

처음 몇 마디 인사를 교환하고 나면 좀 더 성의를 보이는 사람도 있다. 도움이 되는 말을 해 주는 것이라고 할까. 일종의 바둑판 훈수 같은 것을 두기도 한다. 가령 이런 식이다. 자신은 책을 참 좋아한다는 것, 책은 마음을 가라앉히고 근심걱정을 없애 주고 마음의 평화를 가져다준다는 것, 확실히 책은 약이 된다는 것, 자신은 '독서치료'와 같은 활동이 생길 것이라 전부터 생각해 왔다는 것, 지금은 이런 활동을 펼치기에 때가 참 좋다는 것, 이런 것을 주제로 삼아 제법 길게 말하는 사람도 있다.

그런데, 이런 일을 거듭 겪으면서 한 가지 정리되는 것이 있다. 일종의 '사랑과 오해' 같은 것이다. 무엇보다 독서를 사람에게 이로운 약으로 생각하고 그 효력을 믿는 그런 심성이 보인다. 글 읽는 일을 숭상해 온 전통의 한 자락이 드러나는 모습이라고 할까. 아마도 사람이 되려면 글을 읽어야 한다는 등식이 성립되어 있는 것 같다. 그래서 옛날이나 지금이나 집집마다 글읽기는 많이 강조해 온 덕목 중의 덕목이었던 것이다. 어른이면 으레 '글 좀 읽어라. 한참 읽어 놓고 놀아라'라고 당부했던 것이다. 이것은 독서에 대한 조건 없는 사랑의 표현이라고 볼 수 있다.

한편, 약간의 '오해'도 있는 것 같다. 이것은 지금 독서치료 활동에서 매개체로 사용하는 치유서에 대한 이해가 아직 사람들 사이에 그다지 깊지 못하며 생각이 분화되어 있지도 않다는 것과 관련이 있다. 나는 그동안의 경험에 비추어 훈수를 둘 때 이들이 머릿속에 상정하는 그림에는 주로 깨우침을 주는 책, 훈육하는 책, 수양에 도움이 되는 책, 인간이 되게 하는 책들이 꽂혀 있는 것이 아닌가 상상해 보고 있다. 가령, 톨스토이의 인생론 같은 것을 많이 생각하고 있는 것이 아닌가 짐작이 간다.

조금 다르지만 역시 연결되는 이야기다. 얼마 전에 동료 한 사람이 몸이 좋지 않아 지역의 한 종합병원을 찾았다. 담당의사는 진찰을 하고 몇 가지 검사를 지시했다. 검사결과가 나왔을 때 의사는 소견을 말해 주고 약을 처방해 주었다. 그런데 이 의사에게는 한 가지 특이한 점이 있었다. 일을 다 마치고 인사를 하고 돌아서 나오려는데 종이쪽지를 하나 건네주는 것이었다. 쪽지 위에는 책 이름이 하나 적혀 있었다. 리처드 칼슨 지음, 정영문 옮김의 『우리는 사소한 것에 목숨을 건다』(창작시대, 1998)였다. 의사는 웃는 표정으로 '한번 읽어 보세요' 라고 말했다. 더 이상 설명은 없었다.

나의 동료는 칼슨의 책이 내가 진행하는 독서치료 프로그램의 독서목록에 들어 있는 것을 본 적이 있다고 말하며 자신의 병원방문 경험담을 들려주는 것이었다. 나는 이 이야기를 전해 듣고 잔잔한 감동을 느꼈다. 내가 프로그램 운영에 즐겨 활용하는 책이어서가 아니었다. 이전에 나 자신이 이 책을 읽고 도움을 받은 적이 있어서도 아니었다. 사실 평소에 근심걱정이 유난히 많은 나는 이 책을 읽은 후 짐을 많이 내려놓게 되었고 마음이 한결 가벼워지고 자유롭게 된 체험을 한 적이 있다. 그러나 동료의 이야기를 들었을 때 나의 감동은 반드시 개인적 체험과 관련이 있는 것은 아니었다. 그것보다는 의사가 약 처방과 함께 책 처방을 했다는 점에서 놀라움과 동시에 감동이 있었다고 말할 수 있다. 나는 의사가 진료활동에서 새로운 무엇을 시도하고 있다는 느낌을 받았다. 좋은 징조라는 생각이 들었다. 아울러 앞으로 이런 방향으로 많이 바뀌어 갈 것을 희망해 보았다.

여기서 주목할 점이 있다. 훈수 두는 사람들이 생각하는 '약이 되는 책' 과 동료를 진찰한 의사가 제시하는 '약이 되는 책' 사이에는 무언가 다른 점이 있다는 것이다. 과연 무엇이 다른가? 무엇이 치유서가 되는가 하는 문제를 늘 생각하고 있는 나에게 이것은 매우 중요한 대목이다. 아마도 이렇게 볼 수 있을 것이다. 크게 보면 법구경이나 금강경, 욥기나 시편이 다 치유서가 된다. 헤르만 헤세의 싯다르타나 황야의 이리, 펄 벅의 여러 작품들도 치유서로 활용할 수 있다. 사실 사람들은 오랜 세월 이런 계통의 책을 읽으며 마음의 시름을 달래고 상처를 치료해 왔다. 초기의 독서치료 활동에서도 이런 문헌에 많이 의존해 온 것이 사실이다. 위에서 말한 훈수 두는 사람들이 마음속에 두고 지지를 표시하는 책도 바로 이런 계통이라고 말할 수 있다.

한편, 나는 그동안 주변의 젊은 연구자들과 더불어 독서치료 모임을 진행하면서 치유서에 대한 구분을 조금 달리하게 되었다. 이것은 여러 사람이 실제 독서치료 프로그램을 운영하면서 참여자의 반응과 효과를 모니터링하고 시행착오를 거치는 동안에 얻게 된 소득이라고 할 수 있다. 나와 주변의 연구자들은 해가 바뀌고 독서치료 모임을 거듭할수록 자연스럽게 '효과가 뛰어난 약' 쪽으로 기울게 되고 의존의 강도를 높여 가게 되었다.

가령, 초기에 우리가 사용한 치유서 목록에는 '공동번역 성서', '도올 김용옥의 금강경 강해', '황석영의 손님' 같은 타이틀이 포함되어 있었다. 지금은 이런 타이틀들이 아주 배제되었다고 할 수는 없지만 선호되지는 않고 있다. 그 대신 칼슨 계통의 타이틀이 많이 들어와 있다. 같은 상황에서 칼슨과 함께 읽는 타이틀로는 권준수 지음의 『나는 왜 나를 피곤하게 하는가〉』(올림, 2000), 머라이 B. 스테인, 존 R. 워커 지음, 이훈구 옮김의 『당당하게 살자 : 수줍음을 극복하는 법〉』(FKI미디어, 2002) 등이 있다. 이 타이틀들은 지금 우리가 사용하는 치유서 목록 중 '소심증, 근심, 걱정'이라는 '상황' 밑에 배치되어 있다.

그럼, 지금 우리가 사용하는 치유서 목록에서 비중이 상대적으로 높아지고 있는 타이틀들의 특색이 있는가? 나는 이 점에 대해 분명한 경계나 질적인 차이의 면에서 특색을 지적하기보다 접근방법, 흐름, 경향의 면에서 다름을 말해 볼 수 있을 것 같다. 한쪽은 우리가 좋은 인간이 되기 위해 성인과 깨우친 자들의 언어에 접근한다는 의미가 강하다. 다른 쪽은 아픈 마음을 달래고, 상처를 치유하며 장애를 넘어서고, 성숙한 인격으로 발전하기 위해 인간을 귀납적으로 이해한다는 데 강조점이 가 있다. 사람의 정신과 심리를 과학적으로 이해하려는 노력에 비중을 둔다는 것이다.

예를 들어 설명하면 이 점이 더욱 분명해진다. 위에 나온 리처드 칼슨은 심리치료사(psychotherapist)의 입장이다. 자신의 심리치료 경험을 기반으로 글을 쓴다. 따라서 처세를 말하되 높은 위치에서 교훈적으로 하지 않고 인간심리의 원리를 따라 설명한다. 그는 그런 식으로 우리가 일상생활에서 접하게 되는 난감한 상황을 소개하고 나서, 그것을 무리 없이 능숙하게 처리하는 방법을 제시한다. 권준수는 정신과 의사의 입장이다. 국내에서 처음으로 강박증클리닉을 운영하면서 거기서 얻은 경험을 바탕으로 쓸데없이 자신을 피곤하게 하는 우리 사회의 못 말리는 '걱정쟁이들'을 분석한다. 스테인과 워커는 각각 정신과 의사와 임상심리학자의 입장에서 이 책을 함께 썼다. 이 책은 당당하게 자신의 능력을 과시하지 못하는 '수줍음 환자'를 직접 치료한 경험을 소개하고, 독자가 이를 실습하고 치료할 수 있도록 배려한다. 나와 주변의 젊은 연구자들의 경험에 비추어 보면 독서치료 모임에 적용했을 때 효과 면에서 이쪽이 훨씬 뛰어나다는 것이 드러난다.

무엇이 좋은 치유서가 되는가? 나는 전통적으로 민간요법의 수준에서 즐겨 '처방'해 왔던 독서 자원을 애써 지울 필요는 없다고 생각한다. 필요하다면 계속 독서치료 프로그램의 치유서 목록에 올려서 조금도 문제될 것이 없다. 한편, 지금은 때가 많이 바뀌었다는 점을 지적할 수 있다. 사람 사는 환경이 달라졌다. 사회가 복잡해졌다. 상처의 종류와 깊이도 다르게 나타난다. 그래서 나는 현대인의 아픈 마음과 상처를 분석하고 돌보는 일을 과업으로 삼는 정신분석학, 임상심리학, 정신간호학, 정신보건사회복지학 쪽을 유심히 살필 필요가 있다는 생각을 하고 있다. 독서치료 모임을 진행하는 사람들과 참여자들이 이들의 성과를 일정 정도 이해하고 활용할 때 독서치료의 기능, 역할, 효과가 한층 높아질 것이라고 믿는다.

〈도서관문화〉, 2004년 9월

치유서의 조건

내가 진행하는 독서치료 모임에서 치유서의 조건과 관련하여 흔히 제기되는 질문이다.

참여자 갑: 저는 평소에 시나 소설을 읽으면서 도움을 많이 받거든요. 어려울 때 혼자서 어떻게 하려는 것보다 책이 있으면 쉬워요. 마음이 맑아지고 위안이 돼요. 제 생각에는 치유서의 범위를 넓게 잡았으면 좋겠어요.

참여자 을: 저도 동감이에요. 저 같은 경우에는 과거에 신영복 선생님 같은 분들의 책을 읽고 도움을 받은 부분이 컸거든요. 그런 계통의 책들을 읽으며 어려운 시기를 통과했던 것 같아요. 저는 치유서를 따로 구분해서 생각할 필요가 없을 것 같아요.

내 생각은 이렇다. 우선 참여자 갑과 을의 의견이 원칙적으로 틀린 것은 아니라고 생각한다. 그것은 상식을 반영하는 것이다. 우리 사회에는 책을 마음의 안식처로 간주하는 오랜 전통이 있다. 책을 마음의 양식이라고도 부른다. 가을철이 되면 책을 읽고 마음을 살찌우자고 하는 구호도 나부낀다. 다 같은 취지에서 나오는 말이라고 생각한다. 그래서 집집마다 속배포의 의미는 조금씩 다를 수 있지만 책읽기는 무척 소중하게 여기고 강조하는 편이다.

문헌에 보면 서양도 이 점에서 크게 다르지 않은 것 같다. 예를 들면, 기원전 그리스의 아리스토텔레스는 문학과 예술은 사람의 정서를 위로하는 효과가 있다고 말했다. 고대 이집트의 람세스 2세는 테베(Thebes)에 있던 자신의 궁전에 상당한 규모의 도서관을 만들고, 그 도서관을 '영혼을 치유하는 장소'(The Healing Place of the Soul)라고 불렀다.

또 스위스에 있는 세인트 골(St. Gall)의 중세 대수도원 도서관에는 '영혼을 위한 약 상자' (The Medicine Chest for the Soul)라는 현판이 새겨져 있었다. 이것은 한마디로 책의 힘을 사람의 정서 문제와 연결시켜 관찰하고 있는 것이라 말할 수 있다.

다른 한편, 위의 참여자 갑과 을의 입장은 새로운 흐름과 변화에 대한 민감성을 일정 정도 결여하고 있다고 볼 수 있다. 상식에 안주하는 면이 있다. 지나치게 과거에 집착하는 면도 보인다. 물론 과거로부터 내려오는 상식적인 생각이 일정한 가치를 가지는 면이 있지만 때로는 시효가 지난 경우도 있다. 미분화된 전통 사회의 구조와 수준을 반영하기도 한다. 그래서 논의의 틀이 너무 일반론적으로 흐르게 되는 흠이 있다. 달리 말해 그들의 논지대로라면 치유서 아닌 것이 없게 된다. 그 어떤 책이라도 치유서가 된다. 다른 것과의 '차이' 를 내고 '분리' 하는 작업이 조금은 필요하지 않을까.

이제 논의의 핵심으로 들어가 보자. 어디까지를 치유서로 볼 것인가? 치유서와 치유서가 아닌 것이 따로 있는가? 나는 반드시 그렇지는 않다고 보는 입장이다. 나는 처음부터 치유서로 태어나는 책은 없다고 생각한다. 독자의 상황에 맞게 '발굴' 되고 '선정' 되었을 때 치유서가 된다는 생각이다. 다만 지금은 시대가 바뀌었고 사회도 복잡하게 달라졌으므로 치유서를 좀 더 분화된 관점에서 해석하고 개발해 나갈 필요가 있다는 것을 말하고 싶다. 그리고 특히 중요한 것은 지금 우리가 구하는 것이 반드시 '마음의 양식' , '안식' , '위로' 정도가 아니라는 점이다. 오늘을 사는 사람들의 상한 감정(wounded emotion)과 아픈 마음(hurt mind)을 돌보아 줄 치유제가 필요한 것이다. 이것은 치유서의 '효과' 문제를 다시 한 번 생각하고, '발굴' 과 '선정' 의 문제를 좀 더 심도 있게 접근해 갈 것을 주문하는 대목이다.

내가 지금까지 치유서를 발굴하고 선정하는 입장에서 특히 주목하는 문학 작품이 있다. 그동안 진행해 온 독서치료 모임을 통해 어느 정도 효과가 드러난 작품이다. 참여자들은 이 작품을 읽고 거듭 좋은 치유적 반응을 보인다. 다름 아닌 김형경의 장편소설 『사랑을 선택하는 특별한 기준』 1-2권(문이당, 2001)이다. 이 책은 여성으로 산다는 것의 특별한 어려움을 어릴 때 입은 상처로 풀어낸다. 작품은 사랑 불능의 여자 주인공 세진을 중심으로 전개된다. 세진은 태어난 지 얼마 안 되어 이내 남동생이 생긴다. 그래서 어렸을 때 부모로부터 떨어져 외가에서 지내게 된다. 그곳에서 소외감을 몸에 익힌다. 그 후 부모의 이혼이라는 상처를 입는다. 결과적으로 이제 30대 후반에 이른 세진에게는 이 세상에 혼자 버려졌다는 거절감이 핵심 정서로 남는다. 이 때문에 세진은 항상 분노와 피해의식에 젖어 있다. 사랑 불능, 성 거식증에 빠져 있다. 작가는 이처럼 유년기에 세진의 내면에 각인된 상처가 결과적으로 사랑-성-삶에 대한 불능으로 연결되는 과정을 세필로 그려 낸다. 상처를 직시하고 불능을 치유함으로써만 그 출발이 가능해지는 정체성 찾기의 지난한 여정을 성실하게 추적한다. 작가는 이 모든 과정에 정신분석학적인 기법을 활용한다. 나는 김형경의 소설에 치유 효과를 더하는 요소가 바로 이 새로운 기법이 아닌가 생각하고 있다.

유년기의 상처 문제를 집중적으로 다루는 또 한 사람의 작가가 있다. 바로 심윤경이다. 심윤경은 그의 첫 번째 작품 『나의 아름다운 정원』(한겨레신문사, 2002)에서 완고하고 심술궂고 하루도 입에서 욕이 떨어지지 않는 할머니를 등장시킨다. 이 할머니는 소설이 진행되는 동안 아버지, 어머니, 초등학생 동구, 동구 동생 영주, 모두의 의지를 꺾어 놓고 감정에 상처를 입힌다. 결국 꺾인 의지와 상한 감정은 가장 약한 동구의 난독증과 어머니의 정신병원 입원으로 결말이 난다. 심윤경의 두 번째 작품 『달의 제단』(문이당, 2004)에는 '패악' 하는 할아버지가 등장한다. 소설이 진행되는 동안, 쇠락한 명문 종가의 위신과 문화를 되살리는 일에 종교적 열정을 가지고 평생을 매달려 온 할아버지의 무지막지한 '권력' 앞에 모든 가족 구성원이 허망하게 쓰러진다. 아버지의 자살, 호적상의 어머니 해월당 유 씨의 때 이른 죽음, 생모의 불행한 삶. 어디 하나 정 붙일 데 없는 주인공 '나'는 종가의 종손이지만 심리적으로는 언제나 불안하고 불행하다. 이제 23세의 '나'는 할아버지의 간절한 소망과는 달리 아주 어긋난 길을 걷고 만다. 심신장애자인 행랑어멈의 딸과 살을 섞게 되고 임신까지 시킨다. 성장과정의 상처는 결국 뒤틀리고 왜곡된 사랑의 형태로 나타난다.

내가 진행하는 독서치료 모임의 경험에 비추어 보면 김형경과 심윤경의 작품은 좋은 치유서의 반열에 오를 만하다. 무엇이 이 작품들을 효과적인 치유서로 만드는가? 이 작품들 가운데 어떤 요소가 독자의 마음속에 동일화–카타르시스–통찰의 연쇄반응을 불러오는가? 우선 두 작가의 작품들은 공통적으로 우리 시대의 화두로 떠오르고 있는 마음의 상처 문제를 집중적으로 다룬다는 점이 눈에 띈다. 그리고 상처의 진원지를 가정으로 지목한다는 점도 눈여겨볼 만하다. 인간 심리의 깊은 곳을 파헤치는 작가들의 탐구력 또한 호소력이 있다. 작품 속에 드러나 있는 이와 같은 특징들이 독자로 하여금 지금까지 무의식의 심연에서 잠자고 있던 지난 경험을 직면하도록 만드는 것이 아닐까. 중요한 치유 효과가 여기서 발생하는 것이 아닐까.

〈출판저널〉, 2004년 11월

자가치유서의 발견

우리나라에서 독서치료는 학술적으로나 실천의 면에서 이제 막 이륙의 단계에 접어든 것 같다. 문헌을 보면 개념이 도입되고 약간의 학술적 논의가 시작된 것이 1970년대였다. 그러고서는 별 진전이 없었다. 학계에서도 약간의 간헐적 논문 작업이 있었을 뿐 다른 활동은 별로 보여 주지 못했다. 병원, 학교, 도서관, 사회복지기관 등에서도 별다른 움직임이 없었다. 그 상태가 상당히 오래 지속되었다. 그러던 것이 1990년대에 들어오면서 분위기가 조금씩 바뀌기 시작했다. 2000년을 전후하여 분위기는 확연히 달라졌다. 지금은 여러 계통에서 관심을 보이기 시작했으며 학계에서는 석사, 박사 논문도 활발하게 생산하고 있다.

좀 전에는 사람들이 '마음 아픔', '마음의 상처'에 대해 별로 대수롭게 생각하지 않았던 것 같다. '별것 아니다', '참아라', '잊어버려라', 고작 이런 것이 충고였고 처방이었다. 한편, 몸 아픈 것에 대해서는 예나 지금이나 민감한 편이다. 금방 병원이나 약국을 떠올리고 '많이 아프지?', '약 발라라', '큰일 났네' 라고 호들갑을 떤다. 눈에 보이는 것에 중요성을 부여하는 반면, 보이지 않는 부분에 대해서는 무지했고 따라서 무시하며 살았던 것 같다.

지금은 사람들이 많이 달라졌다. 마음 아픈 것을 중요하게 생각하게 되었고 불편한 것을 참으려고 하지도 않는다. 이것은 그동안 우리 사회에서 약자로 살면서 상처 입고 피해를 보는 입장에 속해 있었던 어린이, 청소년, 주부들의 태도를 보면 금방 알 수 있다. 이제 그들은 아픔을 애써 참지 않고 자기표현을 하며 항거한다. 이제 약자들은 인내를 거부하고 치유를 요구한다. 나는 이것이 매우 긍정적인 추세이며 이제 우리 사회가 상처 주는 사회에서 치유하는 사회로 나아가고 있다는 징후라고 생각한다. 또한 결코 우려할 일이 아니며 가정과 사회에서 이해와 공감을 가지고 미래지향적으로 관리해 간다면 오히려 구성원들의 성숙을 도모하고 행복감을 높이는 계기가 될 것이라고 믿는다. 독서치료, 미술치료, 음악치료 등 다양한 영역의 대안적 치료에 사람들의 관심이 쏠리는 것도 이와 같은 관련 속에서 생기는 현상이라고 이해한다.

한편, 사람들의 요구와 사회적인 흐름에 따라 독서치료가 구체적으로 성립하는 데는 질이 좋은 치유서의 가용성이라고 하는 또 다른 조건이 충족되어야 한다. 그동안의 부진을 떨치고 2000년을 전후하여 독서치료와 관련한 활동이 활발하게 기지개를 켜고 일어서는 데는 출판 시장의 변동이 작용하고 있는 것으로 보인다. 우리 출판 시장에 치유서로 분류할 만한 책과 매체가 전에 없이 풍부하게 나와 있다는 사실이 뒷받침되고 있는 것이다. 내가 보기에 지금은 치유서의 전성시기이다.

확실히 2000년 전후를 기점으로 하여 우리 출판 시장은 질이 좋은 치유서를 연속적으로 내놓고 있다. 그 가운데서도 특히 내가 주목하는 것은 논픽션의 자가치유서 출판시장의 괄목할 만한 성장이다. 내가 여기서 말하는 자가치유서(self-help books)란 지난 시기 우리 사회에서 중요성을 부여하곤 하던 '훈육하는' 책, '깨우쳐서 사람 되라' 고 하는 메시지와는 사뭇 다른 그 무엇이다. 내가 말하는 자가치유서란 귀납적인 인간이해를 기초로 삼으며 사람의 '아픈 마음' 을 완화시켜 주며 마침내 상처의 치유까지도 가능하게 해 주는 매체를 가리킨다. 쉽게 말해 톨스토이의 인생론, 카네기의 처세술, 법정 · 김동길 · 안병욱 등의 교양주의와는 질적으로 다른 새로운 계통의 매체를 이야기하는 것이다. 그것은 오히려 프로이트 · 융 · 프롬 · 펙 · 칼슨 · 이동식 · 민성길 · 최훈동 계통의 저작과 번역을 포함하는 일련의 성과를 가리킨다고 할 수 있다. 물론 이 두 영역은 다 같이 사람의 마음을 다루는 것을 본업으로 삼고 있으므로 완전히 서로 배제적인 것으로 보기는 힘들 것이다. 다만 접근방법과 경향을 달리한다는 점은 확실히 말할 수 있고, 치유에 관한 한 앞으로 사람들은 후자 쪽에 더욱 의존하게 될 것이라는 점을 지적하고 싶다.

참고 삼아 자가치유서와 관련하여 외국의 사정을 살펴보면 흥미 있는 결과가 나타난다. 문헌조사를 해 보면 자가치유서의 발견과 활용에 관한 한 우리보다 많이 앞선 면이 보인다. 효과 면에서 자가치유서의 우수성을 증명해 보이는 연구 결과도 다수 내놓고 있다. 독서치료 활동에서 자가치유서의 활용은 이미 보편적인 현상이 되고 있으며 그것에 대한 의존도를 좀 더 강화시킬 필요가 있다는 주장도 나오고 있다. '자가치유서 운동(self-help book movement)' 이 일고 있는 것이다. 이것은 다분히 출판시장이 독서치료 활동의 성격을 규정하는 측면이라고 생각한다.

미국에서 자가치유서 운동의 선두에 서 있는 사람이 있다. 바로 John T. Pardeck이다. 그는 사회복지학 교수로서 사회복지 실천의 한 기법으로 독서치료의 도입을 적극 주장한다. 그의 많은 책 가운데 『Using Bibliotherapy in Clinical Practice : A Guide to Self-Help Books』(Greenwood Press, 1993)는 쉽게 잘 쓰인 책으로 정평이 나 있다. Pardeck은 이 책에서 그 어느 다른 매체보다 자가치유서를 중심에 세운다. Pardeck의 입장은 특히 우리나라에서 지금 막 이륙의 시점에 도달한 독서치료 활동의 관련자들에게 매우 중요한 시사점을 던진다.

한참 전의 일이다. 강의 준비를 하면서 Pardeck의 책들을 검토하는 과정에서 지은이가 자가치유서로 추천하는 책 가운데 우리나라에서도 이미 번역 소개된 책들이 있음을 알게 되었다. 나에게는 우리나라 번역서 시장의 민감성을 이해하는 기회였다. 물론 나 자신의 과문한 탓이었겠지만 다음과 같은 책들이 이미 출판시장에서 유통되고 있는 데는 놀라움을 금할 수 없었다. 이들 타이틀이 가지는 함의를 고려하면서 간략하게 소개해 본다. 아론 벡 지음, 제석봉 옮김 『사랑만으로는 살 수 없다』(학지사, 2001)는 부부간의 오해를 극복하고 갈등을 해소하는 데 도움을 주는 인지적 치료법을 제시한다. 저자는 정신의학 교수이다. C. L. 휘트필드 지음, 김용교 외 옮김 『잃어버린 자아의 발견과 치유 : 역기능 가정에서 성장한 성인아이의 발견과 치유를 위한 안내서』(글샘, 2000)는 부제가 시사하는 것처럼 사람 속에 잠복해 있는 내재아를 발견하고 치료하며 고통에서 벗어나는 길을 제시한다. 지은이는 정신과 의사이다. 엘리사벳 퀴블러 로스 지음, 성염 옮김 『인간의 죽음 : 죽음과 임종에 관하여』(분도출판사, 2000)는 정신과 의사인 지은이가 죽어 가는 환자들과 함께 일하면서 느낀 점, 인터뷰를 통해서 알게 된 그들의 죽음에 대한 태도, 심적 변화, 죽음을 앞둔 환자의 치료, 가족 관계 등을 다루고 있다. 이 책은 죽음을 앞둔 환자에게 불안과 공포심을 덜어 주고 편안한 마음으로 임종을 준비할 수 있도록 도움을 준다.

Pardeck의 자가치유서 목록에 나타나 있고 우리나라에서도 번역 소개된 이와 같은 책들의 제목과 지은이의 면면들은 얼른 살펴보는 것만으로도 시사하는 바가 있다. 그들은 자가치유서(self-help books)의 핵심을 단적으로 나타낸다. 대체로 어떤 책이 자가치유서로 분류되는가를 보여 준다. 대강 어떤 사람이 자가치유서의 지은이가 되는가도 말해 준다. 국내에도 외국의 지은이들에 못지않게 무게감을 가지는 이런 계통의 책과 지은이가 많이 있다. 나는 이 시점에서 우리나라의 독서치료 관련 연구자와 현장 일꾼들 사이에서 자가치유서에 대한 이해가 좀 더 깊어지면 독서치료 활동의 전문화와 대중화에 동시에 도움이 될 것이라는 생각을 가지고 있다. 무엇보다 관련자들이 출판시장에 나와 있는 가용 자원을 검토하고 선택적으로 활용해 보는 것이 일의 순서가 될 것이다.

〈출판저널〉, 2005년 4월

치유는 각성이다

요즘 내가 주로 하는 일과는 책의 숲에서 치유서를 가려 내는 일이다. 많은 책들 가운데서 사람의 아픈 마음을 치유하는 능력을 갖춘 타이틀을 발견해 내고 목록을 만들고 초록을 작성한다. 이처럼 새로 선정된 치유서는 실제 독서치료 모임에서 상황에 따라 적용하고 참여자들의 반응을 관찰한다. 반응이 좋으면 치유서로서 신빙성이 높아진다. 그래서 다음 기회에 다시 활용하게 된다. 흥미를 가지고 이 일을 해 온 지도 벌써 여러 해가 되었다. 치유 모임이 있는 날 선정된 상황과 치유서가 참여자들의 당면한 요구에 잘 맞아떨어졌을 때는 강의실은 그야말로 감동이 넘친다. 그동안의 경험에서 보면 책읽기를 통한 사람의 '변화' 만큼 당사자 자신과 주변의 사람들에게 기쁨을 주는 일도 드문 것 같다. 독서치료 모임에서는 이처럼 사람이 '달라지는' 모습 앞에서 서로 웃고 즐거워하는 경험을 많이 하게 된다.

이처럼 치유서를 발굴하고 적용하는 과정에서 근래 내가 유독 주목하게 된 점이 있다. 그것은 우리 출판 시장에 전에 볼 수 없었던 '전복적인' 사고를 보여 주는 내용물들이 많이 나와 있다는 사실이다. 이 흐름은 1990년대에 시작된 이래 새 천년에 들어오면서 가속이 붙고 있는 것처럼 보인다. 이것은 거대 담론이 지배하던 지난날과는 또 다른 의미에서 '이단적이고' 새로운 시대를 증언하는 책들의 출현을 두고 하는 말이다. 이 책들은 많은 경우 지은이들의 의도와는 상관없이 치유서로 분류되어 치유 모임의 현장에서 활용된다. 나는 이 사실을 확인해 가면서 이제 우리 사회도 어느덧 '상처 주는' 사회에서 '치유하는' 사회로 조금씩 이동해 가고 있는 것이 아닌가 하는 희망을 가져 본다. 아마도 이 사실을 지은이들이 알게 된다면 의외의 소득 앞에서 흐뭇해할 것이라고 생각한다.

나는 치유서를 발굴하고 선정하는 입장에서 이런 책들의 출현을 내심 무척 반기고 있다. 그것은 그동안의 경험에서 치유는 결코 단순한 위안이 아니며 내적인 각성이라는 발견을 하게 된 것과 맥이 닿아 있다. 흔히 위로하는 책을 치유서라고 하는데, 나는 견해를 달리한다. 위로는 피상적이고 일시적일 수 있으며 때가 지나면 아픈 상처가 그대로 남아 있다는 것이 드러난다. 책을 읽은 후 각성(awakening)이 있고 통찰이 생기면 사정은 많이 달라진다. 어느 정도 근본적인 해결이 가능하다. 따라서 내게는 각성을 주고 삶의 재해석이 가능하도록 하는 책이 치유서이다. 이것은 나와 협력하는 젊은 연구자들도 조심스레 동의하고 몸으로 느껴 가는 부분이다.

근래에도 나는 각성을 주는 계통의 책들을 여러 권 보았다. 내가 접한 책 가운데 전인권의 『남자의 탄생』(푸른숲, 2003), 서명숙의 『흡연 여성 잔혹사』(웅진닷컴, 2004), 오한숙희의 『수다가 사람 살려』(웅진닷컴, 2004)는 각성제로 분류하기에 충분한 조건을 갖추고 있다. 이들 책에서는 지금까지 우리 사회에서 보통 통하는 관점이 완전히 뒤집어져 있다. 변할 수 없는 천부의 그 무엇처럼 보이던 가치가 사실은 사람이 만들어 낸 것이라는 진실이 드러난다. 이것은 사람들이 이제껏 더 이상 몸에 맞지 않음에도 불구하고 벗어던

지지 못하고 있었던 가치가 사실은 오래전에 이미 갈아 치웠어야 할 것이었다는 이야기도 된다. 시대착오적인 억압의 잔재는 누구에게도 도움이 되지 않으며 많은 사람을 병들게 한다.

전인권의 책은 여러 면에서 파격적이다. 시대의 흐름을 말해 주는 책이라고 할 수 있고, 때가 되었기 때문에 나올 수 있었던 책이라고도 할 수 있다. 이전이라면 도저히 나올 수 없는 책이었을 것이다. 이 책의 미덕은 용기와 솔직함에 있다. 내용은 정신적인 웰빙을 추구하는 사회적인 요구에 적합하다. 한국적인 '가부장'의 탄생 비밀을 밝히고 있어 흥미와 유익함을 동시에 전한다.

이 책의 지은이는 자신이 1960년대에 통과한 유년기(5~12세)를 연구의 대상으로 삼는다. 그때를 되돌아보며 자신의 가치관, 성격, 의식 등 인성의 형성과정을 꼼꼼하게 그리고 있다. 그래서 이 과정에서 그가 찾아낸 '한국 남자'의 인간형은 '동굴 속의 황제'이다. 다시 말해 '권위주의와 나르시시즘의 동굴에 갇혀 주위를 제대로 살피지 못하는' 사람이다. 권위주의는 유년시절 아버지로부터 배웠고, 나르시시즘은 어머니의 희생적이고 무조건적인 사랑이 빚어 낸 산물이다. 지은이는 "대한민국 국적을 가진 한 아이의 가족 로망스를 분석해 보니, 그 결과는 철저히 한국적인 남자를 만드는 과정이었다"고 밝힌다. 지은이에 의하면 한국적인 남자의 탄생은 상당부분 유년시절에 이뤄진다. 그는 이것에 대한 치유 방법으로 내 안의 아버지, 네 안의 아버지를 '살해'할 것을 제안한다.

파격적인 면에서 서명숙의 책은 조금도 뒤지지 않는다. 지은이는 개인적인 흡연 경험을 통해 한국 사회의 가부장적 통제와 여성문제를 읽어 낸다. 개인의 흡연사를 드러냄으로써 이 땅에서 페미니즘의 해석이라고 하는 큰 과제에 도전한다.

서명숙은 1980년대 민주화 운동과 관련하여 형사들이 집에 들이닥쳤을 때 제일 먼저 감춘 것이 이념서적이나 노동관련 팸플릿이 아니라 담배와 라이터, 재떨이 같은 흡연의 흔적이었다고 적고 있다. 이것은 자신이 1970년대에 시국사건으로 경찰서에 붙들려 가서 가방에 담배와 라이터가 들어 있다는 이유로 "갈보들처럼 담배나 빽빽 피워대면서, 뭐 나라 걱정한다구? 네년들이나 똑바로 해"라는 욕설과 함께 따귀를 얻어맞았던 기억의 반응이었다. 지은이의 대담한 문화기술지는 이런 식으로 우리 사회의 불평등 구조와 편견의 실상을 유쾌하게 뒤집으며 야유한다.

기존의 질서에 겁 없는 이의를 제기하기는 오한숙희 역시 마찬가지이다. 지은이는 '말 없이 점잖은 사람'을 특히 우대하는 우리 사회에서 '수다가 사람 살린다'고 선언한다. 이 선언 앞에서 우리 사회의 일각에서는 볼멘 목소리가 나올 법도 하다. 지금도 '참 기가 막혀 말이 안 나온다'는 빈정거림의 소리가 어디선가 들려오는 것만 같다.

지은이는 말한다. "내가 정의하는 수다는 바로 자기 이야기다. '나' 라는 주체가 빠진 이야기는 진정한 의미의 수다가 아니다. 어떤 사람이나 어떤 사건, 어떤 경험에 대해서 말할 때, 현상적인 설명에 그치는 것이 아니라, '그래서 내가 어떻다' 는 자신의 감정, 생각, 판단을 말해야 비로소 수다가 된다고 나는 생각한다." 어떻게 들리는가? 이것이 이른바 오한숙희식 '수다요법' 의 핵심이다.

이 책에 대해 사회학자 이이효재 교수는 다음과 같이 말한다. "오한숙희의 '말' 과 '수다' 에는 죽을 수도 있는 사람을 살리고, 이미 죽은 혼마저 부활시키는 그 무엇이 있다. 그의 글은 영롱한 구슬이 굴러가듯 아름답고 재미있어 독자들을 사로잡는다. 그는 말과 수다로써 자아를 세우고 인간관계를 바르게 맺을 수 있다는 상생의 진리를 우리에게 깨우치고 있다."

독서치료와 이 세 권의 책을 관련지으며 나는 이런 정리를 하게 된다. 치유서는 진보적이며 미래지향적인 성질을 띤다. 그래서 각성을 준다. 기존의 질서에 집착하거나 고착된 내용을 전해서는 미봉책이 될 수 있고 오히려 상처를 은폐하는 결과를 낳는다. 깨우치고 과감하게 벗어나도록 하는 데서 치유의 길이 열린다.

〈출판저널〉, 2005년 3월

독서치료사는 누구인가

나는 그동안 주변의 젊은 연구자들과 더불어 독서치료와 관련하여 이런저런 활동을 해 왔다. '책읽기를 통한 정신치료 연구실' 을 구심점으로 삼아 진행하는 체험 공부가 중심을 이룬다. 이것은 참여자가 직접 치유서를 '읽고' 느낌을 글로 '쓰고' 다른 참여자와 함께 '말하는' 과정을 포함한다. 우리는 이 과정을 상처 입은 치유자(wounded healer)가 되기 위해 자신을 단련하는 공간이라고 이해하고 있다. 상처 입은 치유자란 먼저 치유의 체험이 있는 사람이 다른 사람의 아픔에 동참하여 도움의 손길을 주는 것을 말한다. 나는 이 실험에서 힘을 얻어 대학원에서 독서치료 강의를 진행하고 있으며 평생교육원의 관련 강좌에도 참여하고 있다.

내 주변에서 이런 활동이 진행되는 동안, 그리고 그 결과로 다른 관련 활동이 파생되어 나왔다. 내부에서 일정 정도 훈련을 거친 사람들이 지역사회의 요청을 받아들여 새로운 독서치료 모임을 진행하게 된 것이다. 대상은 지역의 주부인 경우도 있고 어린이인 경우도 있다. 학교 선생님들이 대상이 되는 예도 있다. 지금 내가 사는 지역에서 이런 방법으로 파생하여 형성된 독서치료 모임이 진행되고 있는 곳으로는 부산의 남구도서관, 연산도서관, 부산진구 여성인력개발센터, 경남의 창녕도서관과 양산도서관, 울산의 남부도서관이 있다. 나는 잠재적 수요로 미루어 보아 이와 같은 파생 현상은 앞으로 급속히 확대되어 갈 것으로 내다보고 있다. 그것은 이 지역에 국한되지 않을 것이다. 다른 지역에서도 같은 현상이 일어날 것으로 보인다.

그러면, 독서치료 활동의 내용은 무엇인가? 콘텐츠를 무엇으로 채우고 있는가가 당연히 의문 사항으로 떠오른다. 이것을 부산에서 최근에 시작한 연산도서관의 주부를 위한 독서치료 과정을 사례로 삼아 설명해 본다. 이 과정은 12주 과정으로 주 1회 2시간씩 교육하는 것으로 되어 있다. 우선 담당자를 알아본다. 담당자는 김경숙 사서다. 도서관 근무자로서 경력 15년차다. 석사학위 소지자이며 『성인아이 문제와 독서치료』(한울, 2004)의 지은이다. '책읽기를 통한 정신치료 연구실'의 주요 멤버로서 지난 4년간 공부 모임에 참여해 왔다. 그가 작성하여 제출한 프로그램의 내용은 다음과 같다.

1회 오리엔테이션 및 독서치료의 이해
  매체: 길모퉁이(비디오자료)
2회 상황: 유년기의 아픔
  매체: 상처받은 아이들 : 유년기의 상처를 말하고, 이해하고, 극복하기. 니콜 파브르/김주경 옮김. 동문선, 2003.
  학대받는 아이들. 이호철. 보리, 2001.
3회 상황: 어른들의 무지와 몰이해
  매체: 마음속의 그림책. 이희경. 미래M&B, 2000.
  미안하다고 말하기가 그렇게 어려웠나요. 이훈구. 이야기, 2001.
4회 상황: 남자와 여자
  매체: 아주 작은 차이. 알리스 슈바르처/김재희 옮김. 이프, 2001.
  그 남자가 원하는 여자, 그 여자가 원하는 남자. 김성묵. 김영사, 2003.
5회 상황: 가부장 사회
  매체: 나는 제사가 싫다 : 삼십 년 동안 가부장제와 맞서 싸운 한 여성작가의 외침. 이하천. 이프, 2000.
  장남과 그의 아내 : 33쌍과의 인터뷰. 김현주. 새물결, 2001.
6회 상황: 딸과 여자의 자아

매체: 내 딸이 여자가 될 때 : 잃어버린 자아를 찾아가는 딸과 여자들의 44가지 사례 연구. 메리 파이퍼/김영재 옮김. 문학동네, 1999.

7회 상황: 사랑

매체: 사랑을 선택하는 특별한 기준. 1, 2권. 김형경. 푸른숲, 2003.

사랑하는 사람을 사랑하는 방법. 배리 비셀 · 조이스 비셀/전경자 옮김. 열린, 2002.

8회 상황: 성폭력, 가정폭력

매체: 나는 인생을 믿는다 : 고통 받는 소녀에서 당당한 여성으로. 사미라 벨릴/용경식 옮김. 마음산책, 2003.

저는 오늘 꽃을 받았어요. 정희진. 또하나의문화, 2001.

9회 상황: 부모

매체: 이런 부모가 자식을 정신병자로 만든다. 김정일. 박영률출판사, 2002.

흔들리는 부모. 수잔 포워드/한창환 옮김. 사피엔티아, 2000.

10회 상황: 성인아이(adult child)

매체: 위장된 분노의 치유. 최현주. 규장, 1995.

잃어버린 자아의 발견과 치유 : 역기능가정에서 자란 성인아이의 발견과 치유를 위한 안내서. C. L. 휘트필드/김용교 · 이인출 옮김. 글샘, 1995.

11회 상황: 말기환자와 가족

매체: 영원한 순환-죽음(비디오자료)

아름다운 죽음을 위한 안내서 : 인생의 마감시간에 우리는 무엇이 되어서 만날 것인가. 최화숙. 월간조선사, 2002.

모리와 함께 한 화요일. 미치 앨봄/공경희 옮김. 세종서적, 1998.

12회 마무리와 평가

매체: 아직도 가야 할 길. 스캇 펙/신승철 · 이종만 옮김. 열음사, 2002.

마음의 문을 열어주는 정신의학 이야기. 최훈동. 한울, 2001.

이상이 김경숙 사서가 진행하는 12주 과정의 내용이다. 주로 논픽션의 치유서로 구성되어 있고 픽션도 섞여 있다. 김형경의 소설이 그 경우다. 이 소설은 드물게도 정신분석학의 성과를 대거 도입하고 있어 치유서로 안성맞춤이다. 김경숙 사서는 같은 문서에서 교육방향을 다음과 같이 적고 있다. 시사점이 많이 담겨 있어 그대로 인용해 본다.

독서치료(bibliotherapy)는 '책읽기를 통한 마음 치료'라고 정의할 수 있다. 상황에 맞는 책읽기를 통하여 마음 어딘가에 잠복해 있는 상처의 근원을 인식하고 그 상처가 완화되거나 치유되는 경험을 하는 것이 독서치료의 과정이다. 교육과정은 책읽기에 관심이 있는 사람들이 상황별로 주어진 매체를 읽고 상호토론을 할 수 있도록 편성되어 있다. 우리 일상에서 만나게 되는 다양한 문제들을 열 가지 상황으로 구분하여 상황별로 두 가지 매체 중 하나를 선택하여 독서를 한 뒤 독서치료의 역동적인 원리, 즉 동일화, 투사, 카타르시스, 통찰을 경험함으로써 독서치료에 대한 마인드를 함양한다. 수업은 토론식으로 진행함으로써 참여자 모두 상호교감을 통하여 독서치료를 체험할 수 있도록 하는 데 초점이 맞추어져 있다. 토론식 수업을 진행하므로 수업을 대비한 독서가 반드시 선행되어야 한다.

이제 이 글의 제목에서 제기한 문제의 핵심으로 접근해 보자. 치료사(therapist)는 누구인가? 위에서 사례로 든 연산도서관의 독서치료 프로그램을 자세히 한번 들여다보자. 이 프로그램에서 치료사는 누구인가? 김경숙 사서인가?

나는 김경숙 사서와 같은 위치를 독서치료 모임의 리더(leader), 진행자(facilitator), 인도자(presider), 또는 조정자(coordinator) 정도로 부여하면 어떨까 하는 생각을 가지고 있다. 나 자신의 위치도 그 정도로 보면 제일 적절할 것 같다. 그렇다고 해서 나나 김경숙 사서의 위치가 낮아지는 것은 아닐 것이다. 경험에 비추어 보면 이 위치를 감당한다는 것은 결코 쉬운 일이 아니다.

거듭 생각해 보아도 나나 김경숙 사서와 같은 위치를 치료사로 보기는 무언가 적절하지 않을 것 같다. 자꾸만 부담감이 생기고 무리라는 생각이 든다. 그렇다면 진정 치료사는 누구인가? '치료사는 책이다.' 이것이 지금 내가 내놓을 수 있는 대답이다.

〈출판저널〉, 2004년 10월

독서치료를 위한 가이드라인

처음 자전거 배우던 때를 생각해 보자. 우선 안장에 올라 앉아 페달을 돌려 보고 핸들을 이리저리 움직여 보는 것이 중요하다. 누가 뒤에서 균형을 잡아 주고 살며시 밀어 주면 도움이 된다. 그냥 밀어 주기만 하는 것보다 요령을 일러 주는 약간의 설명이 따른다면 더욱 좋을 것이다. 이 과정을 자세히 들여다보면 자전거는 지식으로 배운다기보다 주로 경험으로 배우는 것임을 알게 된다. 다른 예로 요가와 명상을 생각해 보자. 비슷한 면이 있다. 동작을 취하고 마음을 모으며 몸을 움직여 보는 것이 제일 중요하다. 설명은 그 다음이다. 더구나 복잡하고 어려운 이론은 보통 사람들에게는 그다지 중요하지 않다. 절간의 선을 생각해도 마찬가지이다. 자세를 취하고 마음을 모으는 부분이 모든 순서의 핵심이다. 방법에 대한 설명은 도움은 되지만 결코 그것이 다는 아니다. 더욱이 설명만 듣고 앉아 있어서는 아무것도 안 된다. 요컨대 몸과 마음으로 익히는 경험이 먼저라는 이야기다. 머리를 사용하는 지식은 나중이다. 여기서 우리는 모든 배움의 중심이 반드시 머리가 아님을 이해할 필요가 있다. 가슴도 되고 몸도 되는 것이다.

독서치료의 경우도 비슷하다. 단정적으로 머리가 필요 없다는 말은 아니지만, 결코 머리를 써서 배우는 영역은 아니다. 주로 가슴과 느낌으로 배운다고 할 수 있다. 달리 말하면 머리로 많이 안다고, 지식이 축적된다고 하여 치유 경험이 생기는 것은 아니다. 그래서 자전거 안장에 앉는 일, 요가와 명상의 마음 모으기와 스트레칭, 선의 자세에 해당하는 부분이 독서치료에서는 곧 치유서 읽기 자체가 되는 것이다. 결코 그것에 관한 방법과 이론의 습득이 주가 아닌 것이다. 그래서 선정된 치유서를 자신의 눈으로 보며 집중하여 읽어 내려가는 일이 무엇보다 중요하다. 이때 마음을 모두 책 내용의 흐름에 맡겨 버리고 그 밖에는 별다른 노력을 하지 않는 것이 좋다. 특히 내용을 수험생처럼 머리로 기억하려고 노력하는 것은 도움이 되지 않는다. 나와 함께 공부하는 한 연구자는 독서치료를 '마음의 요가' 라고 부르면 어떨까 하는 의견을 제시한 적이 있다. 머리로 하는 공부가 아니라는 점을 지적한 것이다. 이 연구자가 최근 나에게 보내온 메일 내용 일부를 소개해 본다.

정말 요가와 명상, 독서치료는 많이 닮아 있습니다. 우선은 자신을 돌보는 오롯한 시간이라는 것, 요가동작을 하며 쓰지 않았던 근육을 쓰면서 몸의 균형을 잡아 주듯이, 보지 못하던 자신의 내면과 만나면서 심신의 조화를 이루어 나가는 것, 수련하는 동안 몸과 마음의 긴장과 이완이 함께 어우러져 결국은 이완을 통해서 심신이 편안해지는 것, 체험을 해보지 않고는 그 느낌을 설명하기가 어렵다는 것, 그래서 머리로가 아니라 온 몸과 마음으로 느껴야 한다는 것 등…… (부산대학교 평생교육원 김수경 외래교수의 메일통신, 2004. 7. 1)

그래서 독서치료는 사고(thinking) 쪽보다는 감정에 호소한다고 말한다. 아픈 마음(sick mind) 또는 상한 감정(wounded emotion)이 주 대상인 것이다. 그렇다면, 이 호소 작용은 어떤 경로를 통하여 일어나는가? 내가 관계하고 있는 '책읽기를 통한 정신치료 연구실' 을 중심으로 진행되는 독서치료 모임에서는 이 호소 작용을 극대화하기 위해 다음과 같은 가이드라인을 제시한다. 참여자들은 재량껏 이 가이드라인을 활용하며 활동을 펼친다.

1. 먼저, 치유적 책읽기(혼자서 한다)
   –선정된 치유서를 한꺼번에 또는 몇 차례에 나누어 집중하며 통독한다.
   –읽으면서 떠오르는 생각과 느낌에 주목한다.
   –이때 책의 내용을 자세히 기억하려고 노력할 필요는 없다. 마음으로부터의 공감이 중요하다.
2. 다음으로, 치유적 글쓰기(혼자서 한다)
   –처음 치유서를 손에 들었을 때의 느낌
   –'나' 에게 와 닿는 메시지의 강도
   –읽는 과정에서 '나' 의 내면에 일어나는 생각과 감정의 파장
   –다 읽고 났을 때 정리되는 생각
   –'나' 자신에 대한 새로운 이해, 주변 사람에 대한 새로운 해석
   –읽고 나서 떠오르는 얼굴, 읽기를 권하고 싶은 사람, 선물하고 싶은 사람
   –위의 내용을 정리하여 종이 위에 솔직하게 적는다.
3. 마지막으로, 치유적 말하기(그룹으로 한다)
   –준비해 온 '치유적 글쓰기' 를 바탕으로 입을 연다.
   –'나' 를 열어 보이며 표현한다.
   –다른 참여자들의 말에 귀를 기울인다.
   –다른 참여자들과 서로 마주 보며 토론한다.

독서치료 모임을 진행하다 보면 이상한 일이 많이 일어난다. 참여자들은 처음 모였을 때 자기소개 차례가 되면 대체로 하는 식이 있다. 우선 '나' 는 아무 문제가 없다고 말한다. '우리 집' 도 문제가 없다고 한다. 그럼 왜 왔는가? 그냥 배우러, 그냥 호기심에서 왔다는 식이다. 그런데 모임을 진행하다 보면 그것이 마음속 진실이 아님이 드러난다. 처음에는 자신도 스스로의 진실을 모르고 있을 수 있고 알면서도 서먹한 분위기 속에서 선량한 거짓말을 해 버리는 수도 있다.

한편, 모임이 거듭되다 보면 어느 때부터 몇몇 사람이 울음을 울기 시작한다. 조금 울다 마는 수도 있고 시간이 끝날 때까지 계속 울기도 한다. 코를 훌쩍거리고 냅킨을 뽑아

들기도 하고 목이 메여 말을 못하는 사람도 생긴다. 화장실에 가서 얼굴을 씻고 오는 사람도 나온다. 어떤 때는 참여자 전체가 함께 울기도 한다. 처음에 아무 문제가 없다고 말했는데 이게 무슨 일인가? 그것은 읽고 쓰고 말하는 과정에서 평소 의식하지 못하고 있던 숨겨진 상처가 드러나는 것이라고 보면 된다. 읽고 쓰고 말하는 과정에서 무의식의 심연에 가라앉아 있던 구정물이 위로 떠올라 흘러 나가는 것이라고 이해할 수 있다. 모임이 끝나는 시간이 되면 사람들은 얼굴이 편안해지고 한결 마음이 가벼워졌다고 말한다. 이와 같은 경험을 흔히 동일시(identification), 카타르시스(catharsis), 통찰(insight)의 과정이라고 일컫는다.

독서치료 모임의 참여자들이 읽고 나서 특히 많이 울고 치유 경험을 고백하는 책들이 있다. 태어나서 자라는 성장의 아픔과 관련된 책들이다. 니콜 파브르 지음, 김주경 옮김의 『상처받은 아이들』(동문선, 2003)은 유년기의 상처를 말한다. 유년 시절이라고 해서 마냥 즐겁고 행복한 것은 아니라는 이야기다. 이호철 지음의 『학대받는 아이들』(보리, 2001)은 초등학교에 다니는 어린이들의 아픈 마음을 보여 준다. 어른들이 대수롭지 않게 내뱉는 말이나 무의식중에 보인 행동이 어린이들의 마음에 얼마나 큰 상처를 입히는가를 알려 준다. 이희경 지음의 『마음속의 그림책』(미래M&B, 2000)은 고등학교에 다니는 청소년들의 상한 마음을 그리고 있다. 부모에게 상처받은 아이들의 호소문이 담겨 있다. 이훈구 지음의 『미안하다고 말하기가 그렇게 어려웠나요』(이야기, 2001)는 부모 때문에 고통받은 나머지 보복에 나서는 대학생 청년의 심리구조를 전한다. 부모의 자식 학대가 얼마나 어처구니없는 결과를 낳는가를 생생하게 밝힌 사례 연구이다. 이 책들은 하나 같이 아이들의 아픔과 부모 되기의 어려움을 시사하고 있어 치유서로서 높은 점수를 받고 있다.

〈사람과 책〉(교보문고), 2004년 8월

독서치료에서 '체험'이란 무엇인가

• 무엇이 문제인가

요새 언론 보도를 접하다 보면 심란하기 그지없다. 이해할 수 없는 일이 연속해 일어나고 있다. 과연 이대로 가도 되는 것인가 걱정하지 않을 수 없다.

전에 비하면 소득은 전반적으로 높아졌다고 하나 사람들의 마음 아픔은 여전하다. 정신이 찢기고 갈라져 피를 흘리는 모습이 참혹하기까지 하다. 정신병, 신경증, 인격장애의 유병률이 높아지고 있다는 통계도 있다.

얼마 전에는 대구의 한 고등학교 3학년 수험생이 지각했다는 이유로 교사로부터 지휘봉으로 200대를 맞고 입원한 사실이 알려져 물의를 빚은 적이 있다. 당시 매를 맞은 학생은 엉덩이가 시퍼렇게 멍이 들고, 속옷이 피로 젖는 등 상처도 심했던 것으로 전해졌다. 당해 교사는 "수능이 100일도 채 남지 않아 생활질서와 정신자세를 더욱 가다듬으려고 하는 시점에서 규율을 지키지 않은 학생에 대해 나름의 원칙대로 처벌했다."고 변명했다.[5] 이것이 과연 말이 되는 것일까. 도리어 교사 자신의 '생활질서'와 '정신자세'부터 가다듬어야 하는 것이 아닐까.

'죄'에 비해 '벌'이 너무 가혹했다. 누구나 그렇게 생각했을 것이다. 당시 여론도 그랬다. 나는 이 사건 보도를 접하면서 교사의 정신 상태에 문제가 있다는 것을 직감적으로 느꼈다. 교사의 심리에 잠복해 있는 어떤 분노의 요소, 개인사에 기인하는 해결되지 않은 어떤 콤플렉스가 작용했던 것이라고 보았다.

그 뒤 당해 지역 교육청에서는 과잉 학생체벌 방지책을 밝히면서 인권위원회와 협의해 교사들의 인권을 침해하지 않는 범위에서 교사들이 정신과 질환을 앓고 있는지 여부를 조사하겠다고 밝혔다. 정신질환을 앓고 있는 교사를 심의해 이들의 휴직을 권유하고, 치료해도 낫지 않으면 퇴출시킬 방침이라고도 했다.[6]

그 뒤 당해 교사에게 파면 조치가 내려졌다는 보도가 있었다. 그 외 다른 보도는 아직 접하지 못하고 있다. 당해 교사가 과연 정신병을 앓고 있었는지, 신경증이나 인격장애 계통이었는지 지금으로서는 알 수가 없다.

나는 이런 사건을 두고 우리 사회의 통념에 따라 "교사가 그럴 수도 있지"라든가 "교사의 성질이 나쁘니 고쳐야지"라는 식의 허용적인 태도는 더 이상 옳지 않다고 생각한다. 피해자가 계속 생길 수 있으며 더 큰 사고로 이어질 수 있다는 측면을 고려해야 한다. 따라서 정신과적인 해석과 처방이 따라야 하며 이런 방향에서 여러 계통의 전문적인 개입이 필요하다는 생각이다. 이 점에서 당해 교육청의 접근은 일단 긍정적으로 보인다.

다음은 역시 '마음이 아픈' 경찰관의 이야기다. 언론 보도를 인용해 본다.

30대 현직 경찰관이 퇴근길 자신의 승용차를 막는다며 앞서 가던 60대 오토바이 운전

5) [서울신문], 2006. 8. 16.

6) [쿠키뉴스], 2006. 8. 18.

자를 붙잡아 손에 수갑을 채우고 경찰봉 등으로 마구 때려 중상을 입혔다. …… 16일 담양경찰과 주민들에 따르면 지난 14일 오후 8시경 담양군 담양읍 천변리 태영하이빌 C동 앞 공터에서 담양경찰서 교통지도계 김 모(32) 순경이 손 모(62, 농민) 씨를 주먹과 발, 경찰봉으로 마구 폭행했다. 김 순경은 이 과정에서 수갑으로 손 씨의 손을 뒤로 묶은 채 폭행을 가한 것으로 드러났다. 손 씨는 이날 지병 때문에 약을 사기 위해 담양읍을 찾았다가 봉변을 당했으며, 갈비뼈가 부러지고 온몸에 타박상을 입어 담양 인근 병원에 입원 치료를 받고 있다. 손 씨는 "하도 많이 맞아서 이러다 죽겠구나 생각했다"며 "지금도 무서워 잠이 오지 않는다"고 말했다. 경찰조사 결과 김 순경은 이날 근무를 마치고 퇴근하는 길에 손 씨의 오토바이가 느린 속도로 앞서 가며 자신의 승용차 진로를 방해하자 폭언을 하는 등 시비를 걸다, 손 씨가 도망가자 2km가량 쫓아가 오토바이를 강제로 세운 뒤 마구 때린 것으로 밝혀졌다.[7)]

같은 보도는 다음과 같은 사실도 밝히고 있다. 1999년 12월 순경으로 임용된 김 순경은 지난 2002년 6월 우울증세를 보인 이후 두 차례(11개월)에 걸쳐 휴직을 하고 병원에서 치료를 받은 뒤 지난 2003년 7월 '근무할 수 있다'는 의사 소견을 받아 경찰에 복직한 것으로 드러났다는 것이다. 사건 후 김 순경은 정신병원에 다시 입원했으며 '조울증'이 심해 격리 치료를 받고 있으며, 지역 경찰청은 김 순경을 직위해제했다는 보도가 있었다.[8)]

사람들의 아픈 마음(sick mind)은 절대로 가만히 있지 않는다. 여러 가지 형태로 자신을 드러낸다. 찢기고 상처 난 마음은 당사자의 생활에 지장을 가져오기도 하며 다른 사람에게 피해를 주기도 한다. 장애로 발전하여 큰 사건과 사고로 이어지기도 한다. 이 현상은 어느 연령층에 국한된 것도 아니다. 전 연령층에 해당된다. 이것과 관련한 보도는 끊임없이 나온다. 내가 출력해 보관하고 있는 자료만 해도 양이 엄청나다. 일부 기사의 타이틀을 소개하면 다음과 같다.

"초등생 4명 중 1명꼴 정서 행동 장애 심각" "초중고생 36%, 정신건강에 이상 있다" "우울한 10대, 20대 알고 보면 조울병" "우리 아이가 우울증이래요" "컴퓨터게임 계속 이긴다며 6살짜리 6촌 동생 살해" "방화에 빠진 왕따 중학생" "우울증 주부 자식 던져 1명 숨져" "서울시내 주부 44.6% 이상 우울증 증세" "동반 투신, 질식사, 비정의 엄마들" "정신

7) [쿠키뉴스], 2006. 8. 17
8) [쿠키뉴스], 2006. 8. 18.

장애 20대 아버지, 부부싸움 후 5, 6세 남매 한강에 던져" "꾸짖는 데 격분, 아버지 살해" "가슴속 응어리 터지면 약도 없다, 화병 조심" "아동학대 80%가 친부모" "군 정신질환 입원 장병 연간 1천여 명" "대학교수 살해범은 대학생 아들" "치매 증상 40%는 노인성 우울증" "노인성 우울증, 방치 땐 생명도 위협" "국민 3명 중 1명 일생 중 정신질환 경험"

한도 끝도 없다. 이것이 우리 사회 정신건강의 현주소이다. 시민과 관련 전문가들의 각별한 관심이 필요한 영역이다.

• 책의 개입은 가능한가

우리 사회의 정신건강 전선에는 여기저기 빨간 불이 켜져 있다. 문제는 실로 다양하고 광범하다. 그리고 또 하나 주목해야 할 점이 있다. '생활 속의 상처' 문제다. 사건과 사고로 발전하기 이전 단계에서 겉으로 크게 드러나지 않고 사람들의 일상 속에 잠복해 있는 '마음 아픔' 의 부분은 어떻게 할 것인가 하는 점이다. 사람을 성가시게 하고 생활의 활기를 꺾으며 때로 견딜 수 없는 통증으로 작용하는 마음의 고통은 어떻게 해야 하나? 말하자면 장애로 발전할 가능성을 가지고 은밀하게 숨어 움직이고 있는 마음의 상처, 마음속의 쓴 뿌리는 그대로 두어도 되는 것인가? 그것이 자라고 커지면 어차피 '사건', '사고' 로 터져 나올 가능성이 충분히 보이는데도 말이다. 이와 같은 '생활 속의 상처' 에 대한 어떤 예방적이고 교육적인 기술과 방법은 없는 것인가?

물론 정신 장애의 경우 정도가 심한 경우에는 일차적인 돌봄의 능력과 책임은 정신과 의사에게 있다. 다음으로 정신보건법과 시행령이 정한 정신보건전문요원이 있다. 이들이 정신보건임상심리사, 정신보건간호사, 정신보건사회복지사다. 그런데 문제는 이들 법정 전문가 집단과 전문시설의 수용 능력이다. 이들은 드러난 환자를 돌보기에도 힘이 모자라는 것이 현실이다. 이것과 관련하여 다음의 기사는 시사하는 바가 크다.

일생을 통해 우리 국민 3명 중 1명이 니코틴 알코올중독을 포함한 각종 정신질환으로 고통을 받지만 전문 치료는 거의 못 받는 것으로 나타났다.…… 여기서 니코틴 알코올중독을 제외하면 지난 한 해 동안 우울증 등 기분장애, 공포증 등 불안장애, 정신분열증 등 정신병적 장애 중 한 가지 이상을 앓는 비율은 8.9%로 이를 전체 국민으로 환산하면 성인 281만 8,506명이 치료를 요하는 정신질환자인 것으로 집계됐다.…… 한편, 정신질환자로 분류된 조사 대상 중 8.7%만이 지난 1년간 의사 상담 등 전문적인 치료를 받았다고 밝혀 대부분의 정신질환자들이 방치되고 있는 것으로 나타났다.[9)]

정도가 심하고 겉으로 드러난 정신질환자 281만여 명도 대부분 방치된 상태이다. 아직은 전문가 집단의 규모는 너무 작고 환자의 규모는 너무 크다. 전문가 집단에 이르는 접근성과 심리적 거리 또한 문제인 것처럼 보인다. 사정이 이렇다. 현실이 이런데 위에서 내가 지적한 장애를 가능성으로 안고 살고 있는 사람들은 '돌봄' 을 어디서 구할 것인가? 생활 속의 아픈 상처를 가진 사람들은 어디서 도움을 받을 것인가? 그들과 전문가 집단과의 거리는 현실적으로 너무 멀다. 그들을 위한 예방적이고 교육적인 기술과 방법을 마련할 필요가 있다.

정신과 의사 스캇 펙(M. Scott Peck)의 통찰은 언제나 놀랍다. '생활 속의 상처' 문제의 본질이 그의 문장 속에서 해명되고 있다. 그의 유명한 책 『아직도 가야 할 길』은 제1부를 다음과 같이 시작한다.

> 삶은 고해(苦海)다. 이것은 삶의 진리 가운데 가장 위대한 진리다.…… 삶이란 문제의 연속이다. 그렇다면 우리는 끊임없이 다가오는 고통스런 삶의 문제들을 계속 안고 살아가야만 하는 걸까? 아니면 이 문제들을 극복할 수 있는 것인가? 과연 고통을 안고 살아가고 있는 우리의 아들딸들에게 이런 문제들을 해결할 수 있는 삶의 지혜들을 가르쳐 줄 수 있을까?[10)]

스캇 펙의 또 다른 책 『끝나지 않은 여행』은 다음과 같은 문장으로 서문을 시작한다.

> 여러분들은 이전에 내가 썼던 『아직도 가야 할 길』이란 책이 '삶은 고해(苦海)다.' 라는 문장과 함께 시작했다는 것을 기억할 수 있을 겁니다. 나는 이제 거기에 한 가지 진리를 덧붙이고자 합니다. '삶은 복잡하다.' 우리들 각자는 인생을 살아가면서 자기 나름대로의 길을 개척해야 합니다. 여기엔 자습서도, 공식도, 쉬운 해결책도 없습니다. 어떤 사람에게 올바른 길이라도 다른 사람에게는 잘못된 길이 될 수도 있으니까요.[11)]

독자들은 이미 이해했으리라고 믿는다. 위에서 내가 말한 전문가의 손길을 바라기에는 우선순위에서 많이 밀리는 한편, 생활인으로서는 해결이 절실하게 필요한 '생활 속의

9) [문화일보], 2002. 2. 1.
10) 『아직도 가야 할 길』. 스캇 펙. 열음사, 2002.
11) 『끝나지 않은 여행』. 스캇 펙. 열음사, 2003.

상처' 의 구조가 스캇 펙의 깊은 문장 가운데 여실하게 드러나 있다. 삶이 어렵고 복잡하기 때문에 사람은 누구나 나서 자라고 나이 들어가는 동안 어쩔 수 없이 상처를 입게 되는 것이다. 상처의 부위와 정도는 사람마다 다르다.

내가 위에서 여러 가지 방법으로 설명해 보고 있는 '생활 속의 상처' 야말로 책의 개입을 고려할 수 있는 공간이라고 생각한다. 바로 독서치료의 영역이 되는 것이다. 책을 읽는 과정에서 심리적 문제점들이 자연스럽게 자극되어 의식의 밖으로 노출되고, 독자는 자신도 모르는 사이에 자신의 내면과 만나 문제와 그 원인을 찾아내게 되고 아픔의 완화와 변화의 체험을 하게 되는 것이 독서치료의 과정이다. 이 과정이 '생활 속의 상처' 에 대한 한 가지 처방이 될 수 있을 것이다.

우리 사회에서 독서치료는 역사가 비교적 짧다. 1990년대에 대전의 신성회(1991~)를 중심으로 선구적인 활동이 일어났고, 그 뒤 부산대학교의 '책읽기를 통한 정신치료 연구실' (2001~), 서울지역을 중심으로 한 한국독서치료학회(2003~), 대구지역을 중심으로 한 한국통합문학치료학회(2005~) 등이 생겨난 것은 모두 2000년대에 들어와서의 일이다.

한편, 비교적 짧은 역사에도 불구하고 독서치료의 긍정적 효과에 대한 논의는 우리 사회에서 이미 많이 진척되어 있다. 연구 결과도 상당히 많이 축적되어 있다. 적용 방안에 대한 연구 개발도 활발하다. 도서관, 학교, 사회복지관, 교회 등을 기반으로 하는 그룹테라피 과정도 활발하게 움직이고 있다. 전반적으로 보아 이제 우리 사회에서 독서치료는 아직은 '이륙기' 의 위험 요소를 내포하고 있기는 하지만 앞으로의 많은 가능성을 나타내며 꾸준히 발전하는 모습을 보여 주고 있다.[12]

'생활 속의 상처' 에 대한 독서치료의 적용을 생각할 때 특히 고무적인 것은 출판시장의 사정이다. 독서치료 과정에서 필수 요소가 되는 '치유서'[13] 개발이 놀라운 정도로 발전해 있다는 것이다. 이 현상은 2000년을 전후해 두드러지게 나타났으며, 자료를 조직화하여 프로그램 진행자들에게 제공하는 역할도 나타났다. 이 분야에서 한국도서관협회는 특히 도움이 되는 결과를 내놓고 있다. 이 협회가 2004년 이래 펼치고 있는 치유서 목록 작업은 사람들의 주목을 받고 있다.[14]

12) 독서치료에서 '진정성' 의 요소. 김정근. 도서관. 60권 2호(2005. 12), 163-185쪽.

13) 치유서란 무엇인가?. 김정근. 도서관문화, 2004. 9.
치유서의 조건. 김정근. 출판저널, 2004. 11.
자가치유서의 발견. 김정근. 출판저널, 2005. 4.

14) 독서치료를 위한 상황별 독서목록 : 성인편. 한윤옥 외. 한국도서관협회, 2004.
독서치료를 위한 상황별 독서목록 : 부모 · 교사/청소년/어린이편. 한윤옥 외. 한국도서관협회, 2005.
독서치료를 위한 상황별 독서목록 : 영상증보편. 황금숙 외. 한국도서관협회, 2007.

내가 좋아하는 치유서 저자 가운데 W. 휴 미실다인(W. Hugh Missildine)이 있다. 그의 책『원만한 정서생활을 가로막는 몸에 밴 어린 시절』은 유명하다. 그는 이 책에서 내재 과거아(inner child of the past)라고 하는 유용한 개념을 제시한다. 그의 주장은 개인이 정신적으로 건강하려면 내면에 존재하는 '어린이'를 관리하고 돌볼 필요가 있다는 것이다. 그는 이 책에서 다음과 같이 책의 치유하는 힘에 대해 증언한다.

> 필자는 이따금 한 개인이 일반 의사나 정신과 의사의 도움 없이 이 같은 변화를 가져올 수 있는지에 대해서 질문을 받는다. 근본적으로 그리고 대부분의 경우에 있어서, 필자는 한 개인이 이 책을 통해서 얻을 수 있는 도움만으로도 자신에 대한 부모로서의 태도를 상당히 변화시킬 수 있다고 믿는다.[15)]

한국의 정신과 의사 이시형도 많은 치유서를 내놓은 저자다. 그 역시 자신의 책에서 비슷한 말을 하고 있다. 그는 자신의 저서『대인공포증치료』 개정판에서 "대인관계 치료지침서의 내용이나 치료자의 대화 내용을 좀 더 충실하게 다듬어 독자들에게 읽는 것만으로도 치료가 될 수 있도록 했다."[16)]고 적고 있다. 역시 책의 치유하는 힘에 대한 분명한 지지 선언이다.

이제 책의 개입을 위한 마당은 충분히 열려 있는 셈이다. 여러 가지 조건도 꽤 성숙해 있는 편이다.

• 치유하는 책읽기, 어떻게 할 것인가

자, 그럼 책읽기를 통한 치유 프로그램을 어떻게 운영할 것인가? 책의 치유하는 힘을 구체적으로 어떻게 적용할 것인가? 이 문제와 관련하여 나와 주변의 젊은 연구자들은 '책읽기를 통한 정신치료 연구실'을 중심으로 꽤 오래 동안 실험과 관찰을 거듭해 왔다. 스스로 치유서를 읽기도 하고 그룹테라피 과정을 진행하며 참여자들과 함께 읽고 변화를 체험하기도 했다.

이 과정을 통해 도출된 결론이 있다. 독서치료는 '체험형'이어야 한다는 것이다. 활동은 무엇보다 책을 매개로 하는 마음 치유의 '체험'에 초점이 가 있어야 한다는 것이다. 이것은 우리 자신의 실험과 관찰의 뒷받침을 받는 것이기도 했지만, 다분히 사교육시장

15)『원만한 정서생활을 가로막는 몸에 밴 어린 시절』. W. 휴 미실다인/이종범 · 이석규 옮김. 가톨릭출판사, 2000, 342쪽.
16)『대인공포증치료(상)』. 이시형. 풀잎, 2000, 3쪽.

이 주도하는 '지식형' 은 곤란하다는 현실 인식에 근거하는 것이기도 했다. 체험은 제치고 독서치료에 '관한' 지식을 강조하는 모형은 다분히 그 동기와 유용성의 면에서 의심의 여지가 있는 것이었다.[17)]

나는 우리 사회에서 독서치료 활동의 상당 부분이 '지식형' 으로 흘러간 것은 매우 유감스럽다고 생각한다. 솔직히 말해 '지식형' 은 지적 허영심은 채워 줄지 모르지만 소득은 별로 없다. 독서치료의 역사, 독서치료의 과정, 발문의 유형, 독서치료를 위한 자료 선정, 독서치료의 절차, 치료사의 자질, 매체의 활용 기법, 아동 · 청소년 · 성인의 심리 이해를 아무리 열심히 배우더라도 치유적 효과는 거의 일어나지 않는다. 이런 허망한 일이 어디 있나? 이것은 목적을 상실하고 길을 잃은 모습이 아닌가?

얼마 전에 일부 지역 사서들이 '지식형' 계통의 프로그램에 참여한 적이 있다. 그들의 입에서 '황당하다' 는 표현이 나왔다. 머리가 시원해지기 위해 시작한 일인데 오히려 '골이 아프다' 고도 했다. 당연한 결과이다. 그래서 '지식형' 은 곤란하다. 더욱 큰 일은 과정을 마친 사람들 가운데 아무도 자신의 도서관을 중심으로 독서치료 프로그램을 운영하기 시작한 경우가 없다는 점이다. 엄두가 나지 않는다는 것이다. 막상 교육을 마치고 돌아온 도서관에서 이용자인 어린이, 청소년, 주부 그룹을 위해 딱히 내놓을 것이 없다는 말이다. 이것이 '지식형' 의 함정이고 맹점이다. '지식형' 은 지식으로 끝나게 된다.

'지식형' 의 유혹을 뿌리치고 초지일관 '체험형' 에 매달리고 있는 그룹이 있다. 대전의 신성회(대표 이영애)다. 내가 관찰하기로는 이 그룹은 사람의 상처와 아픈 마음에 특히 민감하다. 관련자들은 마음 아픈 사람들에 대한 공감이 크고 봉사 정신이 투철하다. 한마디로 진정성에 기반을 두고 독서치료 활동을 펼치고 있다고 할 수 있다. 이 그룹은 그동안 우수한 활동가들을 많이 배출하였다. 그들은 우리 사회의 여러 영역에서 치유모임을 진행하고 있다. 이 그룹이 발굴하여 보급하고 있는 치유서의 종류만도 엄청나다. 그 일부가 이영애가 지은 『책읽기를 통한 치유』(홍성사, 2000)에 소개되어 있다. 많은 사람들이 관심을 가지고 참고하면 도움이 될 것이다.

내가 관계하고 있는 '책읽기를 통한 정신치료 연구실' 또한 '체험형' 을 선호한다. 처음부터 알고 '체험형' 의 방법을 택했다기보다는 많은 수의 관련자들이 함께 생각하고 실천하는 가운데 자연스럽게 그렇게 되었다고 표현하는 것이 정확할 것이다. 관계자들은 지금은 이 방법에 대해 확신을 가지고 있다. 독서치료를 비즈니스 관점에서 보면 어떨지 모르지만, 실용적 관점에서 보았을 때 역시 이 방법이 올바르다는 결론에 이른 것

17) 『독서치료에서 도서관 버전 만들기』, 김정근, 도서관문화, 2006. 5.

이다.

참고로 내가 2006년 가을 학기에 진행자로 참여하는 독서치료 프로그램의 주요 내용을 소개해 본다. '체험형' 프로그램을 이해하는 데 도움이 될 것이라고 생각한다.

'체험형' 독서치료 강좌 계획

부산대학교 대학원 문헌정보학과 2006년 2학기

진행자: 김정근

1회 상황: 오리엔테이션-마음의 상처란? 책읽기를 통한 치유란?
매체: 굿윌헌팅(비디오자료)

2회 상황: 성장의 아픔-유년기
매체: 학대받는 아이들. 이호철. 보리, 2001.
상처받은 아이들. 니콜 파브르/김주경 옮김. 동문선, 2003.

3회 상황: 성장의 아픔-청소년기
매체: 마음속의 그림책. 이희경. 미래M&B, 2000.
미안하다고 말하기가 그렇게 어려웠나요. 이훈구. 이야기, 2001.
KBS추적60분-명문대생, 그는 왜 부모를 살해했나(비디오자료).

4회 상황: 부모
매체: 흔들리는 부모들. 수잔 포워드/한창환 옮김. 사피엔티아, 2005.
원만한 정서생활을 가로막는 몸에 밴 어린 시절. W. 휴 미실다인/이종범 · 이석규 옮김. 가톨릭출판사, 2006.

5회 상황: 조부모
매체: 나의 아름다운 정원. 심윤경. 한겨레신문사, 2002.
달의 제단. 심윤경. 문이당, 2004.

6회 상황: 자아를 찾아서
매체: 내 딸이 여자가 될 때. 메리 파이퍼/김영재 옮김. 문학동네, 1999
딥스. 버지니아 M. 엑슬린. 주정일, 이원영 옮김. 샘터, 2002.

7회 상황: 사랑
매체: 나는 정말 너를 사랑하는 걸까. 김혜남. 중앙M&B, 2002.
사랑을 선택하는 특별한 기준 1-2권. 김형경. 푸른숲, 2003.

8회 상황: 성인아이

매체: 위장된 분노의 치유. 최현주. 규장, 1995.

상처받은 내면아이 치유. 존 브레드쇼/오제은 옮김. 학지사, 2004.

돌로레스 클레이본(비디오자료).

9회 상황: 대인불안

매체: 대인공포클리닉. 이시형. 이다미디어, 2002.

대인공포증치료(상, 하). 이시형. 풀잎, 2001.

10회 상황: 용서

매체: 용서. 프레드 러스킨/장현숙 옮김. 중앙M&B, 2003.

어떻게 당신을 용서할 수 있을까. 제니스 A. 스프링/양은모 옮김. 문이당, 2004.

11회 상황: 마음의 비밀

매체: 30년만의 휴식. 이무석. 비전과리더십, 2006.

마음의 문을 열어주는 정신의학 이야기. 최훈동. 한울, 2001.

12회 상황: 마무리-삶은 어렵다

매체: 아직도 가야 할 길. 스캇 펙/신승철 · 이종만 옮김. 열음사, 2004.

끝나지 않은 여행. 스캇 펙/김영범 옮김. 열음사, 2003.

이 '체험형' 프로그램은 몇 가지 특징이 있다. 먼저, 상황이 제시된다. 이것은 말하자면 상처의 부위를 말한다. 우리 사회에서 흔히 볼 수 있는 비교적 일반성이 있는 상처의 위치를 가리키는 것이라고 말할 수 있다. 다음으로, 매체가 따른다. 이것은 일종의 처방이다. 상처의 부위에 적합한 처방을 내리는 형식을 취하고 있다.

한편, 얼른 보아서는 잘 보이지 않는 숨겨진 특징도 있다. 아마도 이것이 이 프로그램의 핵심이라고 볼 수 있을 것이다. 그것은 바로 참여자(participant)를 프로그램의 주체로 세운다는 점이다. 참여자가 주체적이고 능동적으로 책읽기를 함으로써 치유적 효과를 가져오도록 하는 것이다. 독서치료 이론에서 말하는 동일시(identification), 카타르시스(catharsis), 통찰(insight)의 경험이 참여자 자신의 주체적 노력에 의해 담보되고 체화될 수 있도록 구조화되어 있는 것이다. 이때 진행자는 기획자(planner)이며 조정자(coordinator)다.[18]

18) 독서치료 프로그램의 운영. 김정근. 경기도사서연구회지 9권 1호(2004. 12), 25쪽.

'체험형' 독서치료의 효과에 대한 증언은 많이 있다. 신성회를 중심으로 이미 많은 자료가 수집되어 활용되고 있다. 앞에서 말한 이영애의 책도 증언집으로 볼 수 있으며 곧 새 책도 나올 예정인 것으로 알고 있다. '책읽기를 통한 정신치료 연구실' 의 활동을 통해서도 많은 체험기가 수집되어 활동가들의 교재로 활용되고 있다. 경기도립성남도서관과 평택도서관에서도 좋은 체험기들이 생산되었다. 그 밖에도 '체험형' 독서치료의 긍정적 효과에 대한 증언은 많이 있다.

나는 '체험형' 이야말로 독서치료의 정답이라고 생각한다. '체험형' 의 정착은 우리 사회에서 독서치료의 건전한 발전을 위한 지름길이 될 것이다. 나 개인의 경험에 비추어 보아도 독서치료 공부는 '지식 공부' 와는 확실히 거리가 있다. 오히려 요가, 명상, 선(禪) 공부와 비슷하다. 체험이 중요하다. 마음으로 몸으로 익히는 것이 제일이다. 지식의 면에서 많이 안다고 하여 치유 체험이 생기는 것은 결코 아니다. 관련자들의 각별한 주의가 필요한 대목이다.

〈국회도서관보〉. 43권 10호(2006년 11월), 32-40쪽.

Part. 2

나의 독서치료 체험을 말한다

부산대학교 '책읽기를 통한 정신치료 연구실' 회원들이 '체험형' 독서치료 프로그램을 통해 경험한 실제 자가치유 과정을 수록하였다. 그들 체험의 현장감을 살리기 위해, 다듬어지지 않는 그들의 문장을 되도록이면 그대로 실었음을 밝혀 둔다.

#02 독서치료 체험의 장

– 나, 독서치료를 만나다 / 지월희(책정연 회원)

– 나와 독서치료의 만남 / 서정안(책정연 회원)

– 나의 상처 치유과정 보고서 / 진양희(책정연 회원)

#03 독서를 통해 마음 읽기

– 집요한 집착으로부터의 탈출 / 주하영(책정연 회원)

– '새로운' 나의 발견에 관한 보고서 / 박해정(책정연 회원)

– 내가 만난 새로운 세계 / 김은재(책정연 회원)

– 내게 독서치료는 무엇이었는가 / 박초은(책정연 회원)

#04 독서를 통한 자가치유 체험기

– 내 영혼과 만나는 독서치료/ 박주미(책정연 회원)

– 내 마음의 상처 그리고 독서치료 / 강세윤(책정연 회원)

– 만남이 있는 공간 / 손규희(책정연 회원)

#02 독서치료 체험의 장

나, 독서치료를 만나다

–지월희(책정연 회원)

1. 새로운 독서영역과의 만남

학교 졸업과 함께 공공도서관에서 근무하였다. 일하는 동안 무심하게 학업과 담 쌓고 살았으며, 대학원의 진학은 15년여 만의 화려한 외출이었다. 오랜만에 다시 찾은 학교와 그 주변은 예전과는 다른 모습을 갖추고 있었다.

비교적 여유 공간이 많아 듬성하게 위치해 있던 학교 안 건물들은 자투리 공간이 있는 어느 곳이든 빼곡히 들어서 있었고, 신축한 건물들은 하늘 높은 줄 모르고 높이 솟아 있었다. 학교 주변의 몰라보게 변모한 낯선 거리, 도심의 중심가를 통째로 옮겨 놓은 듯한 화려한 불빛, 갖가지 상점들로 넘실대며 거대한 상권을 형성하고 있었다. 거리는 시간대와 상관없이 북적대는 사람들로 정신이 없었으며, 움직일 때마다 지나가는 사람들과 가벼운 부딪힘이 있었다.

내가 본 학교 모습이 십 년도 훨씬 넘었으니 엄청난 지각변동이 있었음을 실감했으며 잠시 격세지감을 느꼈다. 기하급수적으로 늘어난 점포, 비슷한 종류의 물건을 판매하는 상점에서도 다양한 모양새로 손님들의 관심을 끌기 위해 안간힘을 쓰고 있었다. 그러나 그 많은 상점 가운데 '1980년대 여러 군데 존재하였던 것 중 거의 사라진 가게가 있었으니 바로 서점이었다. 이런 캠퍼스의 낯선 모습에 동화되지 못하고 어색한 분위기 속에서 시작한 학업은 다소 마음의 부담감을 안겨 주었다.

2003학년도 첫 학기 독서교육론을 수강하였다. 수업 내용 중 가장 먼저 접한 자료는 논문 3편[1]이었으며, 독서치료라는 용어를 처음으로 인식하게 되었다. 그 전에 문헌정보학이 아닌 다른 분야를 통하여 가벼운 만남이 있었으나 용어 의미 정도의 단편지식을 얻는 것으로 그쳤었다. '독서치료'를 나와 밀접한 관계로 관련짓지 못하였으며, 도서관의 것으로, 사서가 개입할 것으로 수용하지 못했었다. 그래서 독서치료 논문 3편은 신선했다.

공공도서관에서 근무하는 동안 도서관의 다양한 업무를 경험하며 미흡하나마 도서관 업무의 전반적인 특성과 방향을 읽을 수 있었다. 수서업무를 통하여 장서구성과 장서개발의 중요성을, 정리업무에서는 자료의 특성에 따라 이용자 정보 요구의 다양성에 대비한 서비스의 질을 고려하게 되었다. 열람업무를 통하여 이용자 정보요구에 적합한 자료를 적시에 제공하는 것이 얼마나 소중한지 알게 되었다. 이런 일련의 업무들을 통하여 도서관자료와 이용자 상호 연관 관계에 있어 사서가 보유한 잠재능력에 따라 이용자에게 미치는 만족정도를 실감할 수 있었으며, 그러한 과정에서 개인의 역량강화를 위하여 자기계발의 필요성을 인지하였다. 시대의 흐름에 능동적으로 대처하는 직업인으로서 전문성을 갖춘 사서에 대하여 고민하게 되었다.

독서치료 영역은 개인적으로 많은 공감대를 형성하였다. 독서치료는 책읽기를 통하여 정신건강을 증진시키는 것을 목적으로 한다고 할 수 있다. 살아가면서 부지불식간 찾아오는 마음의 상처, 마음의 스트레스를 완화, 치유하는 데 도움을 주기 위한 방안으로 책을 활용하는 것이다.

1) '지역사회 정신보건 문제와 독서치료', '공공도서관은 독서치료의 장이 될 수 있는가', '공공도서관의 독서치료 프로그램, 어떻게 운영할 것인가' 3편이었다. 이들 논문은 우리나라 지역사회 정신보건의 현황과 사회저변에 깔려 있는 마음의 상처와 장애문제를 다루고 있으며, 그 문제를 해결하기 위한 치료적 대안으로 독서치료를 소개하고 있었다. 독서치료의 정의, 목적, 원리 및 공공도서관이 독서치료 프로그램을 어떻게 운영할 것인가에 초점을 두고 제반 문제를 다루고 있었다. 독서치료 자료의 상황분류와 목록개발, 독서치료사로서의 사서의 자질과 교육문제, 그리고 참여자 개발은 어떻게 할 것인지를 제안하고 있었다. 이들은 기존의 업무에서 실천 가능한 프로그램으로 제안할 만한 것이었으며, 더불어 독서치료의 발전방안을 제시하고 있었다.

무엇보다도 독서치료의 전개가 책을 매개로 이뤄진다는 점에서 우선 친근함이 느껴졌다. 직업적인 환경에서 타 직업군에 비하여 다양한 주제의 도서를 매일 접하고 가까이 하는 입장이다 보니 이러한 감정은 자연스럽다고 할 수 있으며, 독서치료 영역에서 다루어지는 자료들이 다양한 측면에서 긍정적인 효과를 가져다줄 수 있음을 직접 경험함으로써 차후 발전 가능성을 엿볼 수 있었다. 그리하여 도서관의 중요한 정신적 자산인 '도서관자료' 의 숨겨진 무한한 가치를 인정하게 되었고, 자연스레 독서치료 마니아가 되었으며, 도서관을 배경으로 운영할 수 있는 '새로운 영역의 도전과 개척' 이라는 거창하지만 야무진 직업의식을 갖게 되었다.

독서치료 수업 중 가장 많이 고민하고 해결해야 할 과제로 남겨 둔 단어는 단연 '마음의 상처' 였다. 우리는 일상생활 속에서 여러 가지 요인으로 인하여 의식적이든 무의식적이든 마음의 상처를 받거나 때로는 다른 사람에게 주기도 한다. 마음의 상처는 언제 어디서나 시간과 장소를 불문하고 찾아오는 성질의 것이며 강약의 정도에 따라, 받아들이는 사람의 성향에 따라 내면에 자리하는 크기는 다르다고 할 수 있을 것이다. 정도와 근원이 어디 있든지 마음의 상처는 내면 깊숙이 잠복해 있다가 불현듯 밖으로 터져 나오기도 하고, 일상에서 정상적인 생활을 위협할 정도로 맹위를 떨칠 가능성을 내포하고 있다.

독서치료의 의의는 책의 힘을 빌어서 표면화되지 않았던 마음 상함을 들춰내고 표출시킴으로써 치유의 자정능력을 키우게 하는 것이다. 마음의 묵은 때를 씻어 내고, 우리의 영혼을 생채기 낸 마음의 상처를 완화, 제거하는 데 있다고 하겠다.

수업이 진행되는 학기 동안 정신없이 보냈다. 직장과 학교에서의 긴장감과 시간의 절박함 속에서 오히려 마음이 편해짐을 경험하였던 특별한 만남이었다.

2. 제3의 독서영역

책읽기는 왜 하는가? 우선 좋은 인간이 되기 위하여 책을 읽는다고 할 수 있을 것이다. 이런 맥락에서 사람들은 성인의 말씀을 읽는다. 이는 깨달음의 지식을 쌓기 위함이며, 이것을 제1의 독서영역이라고 불러 본다. 다음으로 정보와 지식을 쌓기 위해서 읽는 것을 제2의 독서영역이라고 불러 본다. 사람들은 또한 성숙하고 행복한 인간이 되기 위하여 책을 읽는다. 책을 통해 인간을 귀납적으로 이해하고 사람의 심리와 영혼을 이해한다. 아픈 마음을 달래고 상처를 치유하며 장애를 극복한다. 이것을 '제3의 독서영역' 이라고 불러 본다.[2)]

과거에도 책읽기는 언제나 강조되어 왔었다. 새로운 정보나 지식을 얻기 위해서, 조사나 연구를 위해서, 여가를 즐기기 위해서, 수양과 교양을 높이기 위해서 책읽기를 해 왔다.[3] 이는 위의 글에서 언급한 제1과 제2의 독서영역에 해당된다고 할 수 있다. 대부분의 사람들은 주로 이 영역에 치중하여 독서를 해 왔다고 할 수 있다. 그러나 지금까지 도서관이, 사서가 큰 관심을 갖지 못하였던 '아픈 마음의 치유를 위한 책읽기' 를 일컫는 제3의 독서영역에 주목해 본다.

개인적인 관점에서 독서치료 자료들은 그다지 낯설지 않았으나 의외로 일반인에게 회자되는 자료는 아니었다. 각 자료를 통하여 쏟아져 나온 문제들은 생활 속 주변 이야기였다. 자료 속에서 화나고 분노했던 내용들은 내면에 감춰져 있던 어둡고 우울한 모습이었고, 주변을 둘러보면 가정, 학교, 직장, 사회 속에 산재되어 있는 경험의 찌꺼기이기도 하였다.

독서치료 관련 수업은 2003년 1학기와 2004년 2학기에 두 차례 수강하였다. 이 중 2004년 2학기는 청강에 의해 접할 수 있었으며, 수업에서 활용한 자료[4]는 도서 21책, 논문 3편, 비디오 7편이었다. 각 자료마다 독특한 주제가 담겨 있었으며 다양한 형식을 띠고 있어 흥미를 가지고 읽어 나갔다. 이들 자료 중 개인적인 관심을 끌었던 자료들을 보면 다음과 같다.

『따귀 맞은 영혼』[5], 『사랑을 선택하는 특별한 기준』[6], 『거짓의 사람들』[7], 『미안하다고 말하기가 그렇게 어려웠나요』[8], 『달의 제단』[9], 『남자의 탄생』[10], 『모리와 함께한 화요일』[11] 등의 자료를 들 수 있다.

『따귀 맞은 영혼』은 게슈탈트 심리 치료[12]를 적용하여 자신의 임상 경험을 바탕으로 사

2) 세계 책의 날 특별기고 : 제3의 독서영역. 김정근. 《교수신문》, 2002년 4월 29일.

3) 『독서교육의 이론과 실제』. 김효정. 한국도서관 협회, 1996, 15-16쪽.

4) 2003년 1학기에 도서 10책, 논문 3편, 비디오 5편을, 2004년 2학기에는 도서 11책, 비디오 3편을 다루었다. 비디오 자료는 수업 시간 중 함께 보고 의견을 나누었으며 도서는 읽고 느낌을 작성해 와서 돌아가며 발표할 기회를 가진 후 함께 토론을 벌인다. 그러나 언제나 이 수순을 따르지는 않는다. 외견상 일반 독서 모임과 별반 차이가 없는 듯 보이나 직접 참여해 보면 전체적인 분위기가 자아내는 뜨거운 열기와 참여자의 몰입 정도는 책을 매개로 이루어지는 유사한 모임과 다른 양상을 보이고 있음을 알 수 있다.

5) 『따귀 맞은 영혼』. 베르벨 바르데츠키. 궁리, 2002.

6) 『사랑을 선택하는 특별한 기준』. 김형경. 문이당, 2001.

7) 『거짓의 사람들』. 스캇 펙. 두란노, 1997.

8) 『미안하다고 말하기가 그렇게 어려웠나요』. 이훈구. 이야기, 2001.

9) 『달의 제단』. 심윤경. 문이당, 2004.

10) 『남자의 탄생』. 전인권. 푸른숲출판사, 2003.

11) 『모리와 함께한 화요일』. 미치 앨봄. 세종서적, 2004.

람들의 마음의 상처를 깊이 있게 해부한 책이다. 마음 상함을 심도 있게 통찰, 분석해 놓았으며 그에 따른 해결방법도 자세하게 제시해 놓고 있다. 어릴 때 자기 자신과 세상에 대해서 갖는 신념이 긍정적이었느냐 부정적이었느냐에 따라, 성인이 되어서도 그런 성향이 그대로 나타난다는 내사현상의 부정적인 측면을 상황별로 보여 주고 있다.

일상생활에서 우리는 자주 마음 상함에 노출되어 있다. 사소한 얼굴표정, 상대가 무심하게 내뱉는 말 한마디에 기분이 저하되기도 하고 고조되기도 한다. 이러한 감정들은 하루에도 몇 번씩 경험하기도 한다. 지은이는 생활하면서 겪게 되는 상황에 따른 마음의 상처에서 현명하게 벗어날 수 있도록, 그 근원을 찾아 치유과정을 보여 줌으로써 건강한 정신 회복에 목적을 두었다. 마음 상함이 나에게 국한되어 나타나는 특별한 감정이 아니라 누구에게나 찾아올 수 있는 것임을 구체적이고 체계적인 이론을 통하여 알 수 있었다.

『사랑을 선택하는 특별한 기준』은 30대 중 후반 전문직 여성들의 모임인 '오늘의 여성을 생각하는 사람들' 에서 다시 만난 어린 시절의 친구 인혜와 세진이 각자의 상처를 딛고 여성으로서의 정체성을 찾아가는 과정을 그린 소설이며, 결혼과 직업, 성과 사랑 등 오늘을 살아가는 여성들이 안고 있는 제반 문제를 심도 있게 그려 놓았다.

정신분석학적 방법을 통해서 자신의 모습이 투영된 듯한 주인공의 상처를 논리적, 이성적으로 탐색해 들어갔으며 글의 구성이 탄탄하고 짜임새가 있었다. 정신분석학과 관련하여 작가의 해박한 지식이 돋보였고, 작품 속에 전개되는 삶과 사랑, 성과 결혼 등에 관한 담론들은 현대 여성들의 의식과 가치관을 반영하고 있어, 동시대를 살아가는 같은 여성으로서 작가가 제기한 문제에 대하여 함께 고민하고 동감했던 자료였다.

『거짓의 사람들』은 서두에서 '이 책은 위험한 책이다' 라고 독자에게 경고장을 제시한 대목이 인상적이었다. 읽고 난 후 충분히 그럴 수 있다고 생각하였으며, 기존의 사고를 완전히 바꿔 버릴 수 있는 다소 충격적인 내용이 담겨 있기도 하였다.

이 책에 등장하는 인물들은 다양한 종류의 정신 질환을 앓고 있으며, 여러 환자의 유형이 그와의 면담을 통하여 현재의 정신상태와 내적 갈등을 표면화시켜 정신 치유를 시

12) 게슈탈트 심리치료라 함은 정신분석치료가였던 독일계 프리츠 펄스가 1940년대에 실존 철학적 배경을 바탕으로 정신분석치료의 단점을 보완하여 만든 새로운 치료법이며, 독일어로 형태, 모습을 뜻하는 게슈탈트는 우리의 욕구나 감정 또는 전형적인 행동방식을 지칭한다. 게슈탈트 치료에서는 과거의 해결되지 않은 욕구나 감정 또는 상처받은 경험과 연관되어 있다고 한다.

도하고 있다. 이들 모두 공통적으로 마음의 상처를 갖고 있다. 마음의 상처는 주로 가정에서 받은 경우가 대부분이며 가장 가까운 부모로부터 시작됨을 알 수 있다. 부모는 자녀가 무슨 생각을 하고, 무엇을 원하는지, 어떤 문제점을 가지고 있는지 제대로 파악하지 못하고 있다. 사랑이라는 이름으로 그들을 옭아매고, 윽박지르고, 통제하는 부모가 어김없이 등장한다. 최고 엘리트 교육을 받았고 중산층 생활을 하며 표면적으로 전혀 문제없어 보이는 가정 내에서도 예의 바른 친절을 가장한 악한 자, 부모가 있었다. 상처를 주는 부모 역시 그들 부모로부터 비슷한 경험을 가진 경우가 많았다.

책에서 소개된 각종 사례의 지역적 배경은 미국이다. 그러나 그 속에는 『마음속의 그림책』[13]에 등장하는 아이들이 힘들다고 아우성치는 소리가 들렸고, 『학대받는 아이들』[14]에 등장하는 주눅 든 아이들의 모습도 눈에 띄었다. 동서고금을 막론하고 문제의 부모, 문제의 가정은 비슷한 양상으로 표출되고 있었으며 그것들이 보이는 비슷한 정서에 새삼 놀라웠다.

『미안하다고 말하기가 그렇게 어려웠나요』에서는 2000년 5월 세상을 떠들썩하게 했던 부모 토막살해 사건의 주범 은석이를 대상으로, 부모를 살해하게 된 동기를 지은이의 감정이입 없이 객관적 · 심리학적인 관점에서 조명 · 분석해 놓았다. 평범한 일상을 꿈꾸던 한 소년이 어떤 이유로든 용서할 수 없는 패륜아가 되기까지의 과정이 그의 일기를 통하여 상세하게 기술되어 있다.

읽기 전 사건의 잔인함에 경악했고, 책을 읽으면서와 읽고 난 후 그의 마음이 왜 그토록 황폐해졌는가에 초점이 모아져 성장과정에서 드러난 주변의 삭막함으로 인해 기분이 우울해졌다. 어릴 때부터 바라본 부모는 따스한 눈길 한번 제대로 주지 않았으며 강압적인 태도로 일관하였다. 느리다고 굼벵이라 소리치는 아버지, 신경질적이고 개인주의적이며 다혈질적인 성격을 지닌 어머니는 실수나 잘못을 매질로 다스리며 자식을 대리만족의 대상으로 여겼다.

대부분의 부모는 자식을 소유의 개념으로 인식하여 문제를 야기한다. 자신에 의해 생명을 얻었으니 내 맘대로 다루어도 된다는 식이다. 이 책은 부모의 물리적, 정신적인 폭력이 여리고 수줍은 아이의 성격과 인생을 어떻게 변화시키는지에 초점을 맞추어 우리 사회에 경종을 울리는 강한 메시지를 담고 있다.

13) 『마음속의 그림책』. 이희경. 미래 M&B, 2000.
14) 『학대받는 아이들』. 이호철. 보리, 2001.

『**달의 제단**』은 가문의 영광이 자신의 존재가치를 확인할 수 있는 결정체임을 믿고 있는 할아버지와 서안 조 씨 17대 종손 '나'가 이야기의 흐름을 주도하는 소설이다.

책 속의 할아버지는 엄한 표정을 하고 계신다. 무표정이다. 항상 고함을 치신다. 자신의 의지를 관철시키기 위해 가족은 수단에 지나지 않는다. '나'는 태어나면서부터 불신, 배반, 유기와 경멸에 절어 살아오며 따뜻한 정을 느끼지 못하고 세상에 부유한다. 시간이 흐르는 대로 그냥 살아갈 뿐이다. 가족 간 끈끈한 정은 어디에도 찾아볼 수 없다. 마음이 건강한 사회인으로 성장하기 위해 필요한 환경은 어디에도 없다. 대의만 존재할 뿐이다. 화려한 전통을 자랑하는 집안내력도 절름발이 가문이요, 억지 희생으로 만들어진 허구의 집안임을 알 수 있다.

책을 읽으면서 고인이 되신 할아버지가 생각났다. 어린 시절 방학이 되면 시골 큰댁을 찾았다. 언제나 미소로 반기셨던 할아버지. 낮이면 동네를 쏘다니며 놀다 밤이 되면 괜스레 눈시울을 적시곤 하였다. 그럴 때면 할아버지는 어김없이 나보다 몇 배나 널찍한 등을 내미셨다. 따스한 온기가 가득한 할아버지 등에서 곤한 잠에 빠졌던 모습이 아른거렸다. 소중한 추억의 한부분이다.

『**남자의 탄생**』은 한국 남자의 정체성 형성과정을 집안의 사소한 사건 및 사회적 사건들 중에서 의미가 있었던 사건들을 지은이 자신의 경험에 의존하여 묘사하면서, 개인적인 기록을 통해 한국사회의 모습을 조명하고 있는 책이다.

읽기 전 별 기대를 하지 않았다. 단적인 예로 부계혈통주의에 의존하는 가족관계를 인정하는 호주제 폐지문제가 오랜 시간 동안 진통을 겪었던 점을 감안해 볼 때 가부장제, 남아선호사상이 유효한 사회분위기에서 기성세대에 속하는 한 남성이 자신의 정체성 형성과정을 얼마나 철저하게 해부하고 대안을 제시해 놓았을지 의문이 일었기 때문이다.

그러나 기대 이상이었다. 책에서 지은이는 지난 몇 년간 가족, 직장, 친구관계에서 실패를 거듭하고 있음을 밝히고 있다. 스스로 부여한 인간형을 '동굴 속 황제'라고 하였다. 이는 권위주의와 자기애의 동굴에 갇혀 주위를 제대로 살펴보지 못하는 사람을 일컬으며 모성의 동굴에서 양육되고 아버지의 질서에 의해 완성되는 한국 특유의 가족문화가 낳은 인간형이라고 주장하고 있다. 아이와 어른, 여자와 남자, 열등한 사람과 우수한 사람, 가지지 못한 자와 가진 자들이 서로를 존중하면서도 평등한 관계를 유지할 수 있는 세계를 위하여 권위주의에 빠져 있는 사고방식에서 벗어난 근본적인 변화가 필요함을 강조한다. 잘된 것은 다 내 탓이요, 잘못된 것은 다 조상 탓이라고 생각하는 것이 동굴 속 황제들의 습관임을, 이들을 제거하기 위해 '내 안의 아버지를 살해하자'라는 과격한 메시지를 던지며 자아정체성 회복을 위한 대안을 제시하고 있다.

『**모리와 함께한 화요일**』은 '10대에게 무질서한 미래의 꿈들에 질서를 잡아 주고, 20대에겐 열정과 욕망의 질시를, 30, 40대에겐 진정한 삶의 가치에 대한 가슴 벅찬 체험을, 50, 60대에겐 인생의 마지막 순간까지 최선을 다하는 정신의 향기를 느끼게 해 준다'는 신달자님의 이 책에 대한 소감은 매우 적절한 표현인 것 같다.

실제 모리의 삶의 모습과 그가 남긴 교훈들은 완전한 일치감을 보여 주며, 자신의 생명이 다하는 순간까지 열정적이고 꿋꿋하게 살다 간 그의 모습은 여유 없이 생활하는 사람들에게 삶의 지혜와 진정한 용기를 불어넣어 준다.

독서치료의 단계를 설명한 여러 가지 이론 중 동일화, 카타르시스, 통찰의 3단계[15]를 통하여 진행된다고 한다면, 이 도서는 개인적으로 독서치료의 3단계 과정을 고스란히 경험하게 했던 자료였다. 가슴 벅찬 감동을 안겨 주었다.

열린 마음으로 세상을 살아온 모리의 진실이 담긴 언어, 책에 실린 모리의 모습에서 책의 시작부터 마지막 부분까지 한 부분도 지나치지 못하였다. 손 안 아담하게 들어오는 한 권의 책이 마음을 송두리째 빼앗았다. 잊고 싶었던 과거가 뇌리를 스쳤다. 바쁜 일상에 쫓겨 지내며 빠져나간 알맹이가 무엇인지 곰곰이 생각할 여유를 주었다.

병원에 입원한 적이 있었다. 수술 후 이틀간의 중환자실 입원. 잠시였지만 정황이 잊히지 않는다. 하루 종일 들려오는 환자들의 높고 낮은 신음소리, 눈부시게 빛나는 천장의 하얀 불빛, 지속적이며 반복하여 들려오는 갖가지 기계음, 혼몽한 의식 속에서 접하였던 혼돈의 공간이 이 세상에 속해 있음을 확인시켜 주었다.

병원을 나서며 세상 모든 것에 감사하며 살겠노라 약속하였다. 병실에 누워 보니 이전에 계획하였던 삶의 목표 중 상위에 설정했던 일들의 중요도가 감소되었다. 존재의 가치를 제대로 인식하지 못하였던 풀 한 포기, 나무 한 그루가 새삼 소중하게 다가왔다. 창가 아스라이 스며드는 따스한 햇살, 푸른 하늘, 주변에 널려 있는 일상의 자연에 감사드렸던 기억이 났다.

이들 자료뿐만 아니라 수업시간 중 다루었던 각종 자료들을 통하여 다양한 원인에 의하여 야기되는 마음 상함과 마음의 상처를 보았다. 대부분의 자료들은 언급하고자 하는 내용을 우회적으로 표현하지 않고 정면으로 다루고 있어 진솔함이 묻어났으며, 문제의

15) 『신독서지도방법론』. 손정표. 태일사, 2001, 344-345쪽.

진단과 해결점이 객관적인 이론을 근거로 전개되고 있어 타당성이 있었다. 자료 내에서 이슈화되고 있는 내용들은 나의 이야기였고 너의 이야기였으며 우리들의 이야기였다. 간혹 직설적으로 적나라하게 표현되고 있는 부분에서는 읽고 있던 그 자료에서 순간 벗어나고 싶은 마음이 들 때도 있었고, 마음이 아프기도 하고, 더러는 화가 치밀어 오르기도 했다.

독서치료는 자료를 읽고 쓰고 말하는 과정을 거치면서 카타르시스와 통찰을 얻고 마음의 상처의 완화와 치유의 경험을 하게 된다. 개인의 성격, 경험 등 환경이 서로 다른 성장 배경으로 인하여 동일한 자료라 하더라도 개인에게 전달되는 감동과 수용 정도가 다르게 표출되며 다양한 관점에서 다루어지기도 하나, 여러 사람들과의 대화를 통하여 공감대 형성이 이뤄지기도 한다.

평상시 만나지 못하는 마음속 깊이 내재되어 있는 마음의 상처를 만나게 되고 상처의 근원을 들여다보게 되며, 나를 발견하고 나아가 타인의 모습까지 발견하여 주변을 이해하고 돌아보게 된다. 이런 과정을 거치면서 상한 마음의 감정이나 마음의 상처들이 얽혀 있던 실타래 풀려 나가듯 자연스럽게 완화되거나 치유의 경험을 하게 된다.

수업 도중 봇물처럼 쏟아져 나왔던 의견은 무척 소중하였다. 독서치료 참여자 간에 벌이는 논쟁에서 성향이나 동일한 문제를 어떤 시각에서 바라보느냐에 따라 생각의 차이를 발견할 수 있었으며 이들은 나의 또 다른 모습이기도 하였다.

3. 독서치료를 통한 변화와 성과

비교적 가벼운 책 한 권도 수년이 지나도록 마지막 페이지까지 들여다보지 못하는 경우가 많았다. 그러나 독서교육론 수업에서의 책읽기는 그것과 거리가 있었다. 가끔 정독을 하지 못하는 부분도 있었으나 대부분 자료들은 끝까지 읽었으며 그것은 대단한 만찬이었다. 그러나 양적인 책읽기를 떠나 내용을 얼마만큼 정확하게 이해하였는지, 전달하고자 하는 내용을 제대로 소화시켰는지가 더 중요하다고 할 수 있을 것이다. 그러한 면에서 부족한 면도 발견되고 아쉬움이 남는 시간이었다. 수업을 끝내고 결과물로서 남아 있는 과제물을 보니 시간에 쫓기며 독서하였던 다소의 부담감은 달아나고 뿌듯함과 든든함이 자리한다.

대개의 사람들은 겉으로 드러난 밝음 뒤에 상처받은 경험으로 어두운 면을 지니게 된다. 그렇다고 사회부적응자라고 하기엔 강도가 매우 약하다. 해소하지 못한 마음의 상처는 웬만해선 노출되지 않으며, 불현듯 터져 나와 다른 부분까지 영향력을 끼치기도 하고 상대방의 심기를 건드리기도 한다. 정도가 지나치면 폭력도 서슴지 않게 된다. 피해자는 본인, 가족, 친구, 직장 동료가 될 수가 있으며 익명의 다른 사람이 될 수도 있다. 이렇듯 마음의 상처는 갖가지 문제를 일으킬 소지를 안고 있으며 가끔은 왜곡된 형태로 나타나기도 한다. 내면에 장기적으로 잠복해 있다가 자신의 의지와 상관없이 분출, 폭발해 버릴 경우 사회에 미치는 파장은 걷잡을 수 없을 정도의 불안감을 조성할 수도 있다.

독서치료 자료를 직접 대면하기 전 의구심도 일었다. 과연 상처받은 마음이 책을 통하여 치유될 가능성과 효과는 있을까? 드러내 놓기 어려운 내면 문제를 어떻게 자연스럽게 들춰낼 수 있을지 의문을 가졌으며, 사적인 문제를 누군가에게 드러내는 것이 다소 꺼림칙한 면도 없지 않았다. 그러나 기우에 지나지 않았다. 참여자들은 누가 먼저랄 것도 없이 심연 속 잠겨 있던 감정들을 쏟아 내며 자신과 주변을 언급하였다.

독서치료 영역을 다루며 외적인 큰 변화는 없었다. 반면 내면의 크고 작은 변화가 있었다. 우선 속이 후련해지고 마음이 편안해짐을 느꼈다. 상황설정에 따라 선정된 책을 가까이 하면서 기억 속 언저리에 남아 있던 경험의 찌꺼기가 드러나고 녹아내리는 기분을 맛보았다.

마음의 상처가 완화, 치유되는 정도를 정확한 수치로 추출할 수는 없다. 그러나 자료들을 접하며 자연스럽게 우러나오는 감정을 따라가다 보면 거울을 통해 비춰지는 자신의 모습을 들여다보듯 실체가 잡히는 과거를 만나기도 하고, 객관적인 시각으로 자신을 바라볼 수도 있다. 가슴 언저리에 묻혀 있던 나의 일부를 들여다보기도 하였다.

초등학교 수학여행지에서 발생했던 일이다. 잠시였지만 부모 떠난 그리움에 누가 먼저랄 것도 없이 숙소에 있던 친구들이 눈물을 흘렸다. 그때 복도를 지나던 남자 담임선생님이 어디서 술을 드셨는지 상기된 표정으로, 문을 박차고 들어와 단지 운다는 이유만으로 전체 학생들을 일렬로 세우곤 젖 먹던 힘까지 발휘해 가며 따귀를 때리기 시작했다. 정신을 잃을 수 있는 강도였다고 기억된다. 그러고 나서 한참 후 미안하다는 말을 건네며 비밀로 해 달라는 말을 잊지 않았다. 그때의 따귀 한 대는 잠재의식 속에 남아 지속적으로 다른 선생님까지 부정적인 모습으로 바라보게 되었다. 비록 우발적인 체벌로서의 따귀였지만 그날 받은 마음의 상처는 어른들에 대한 거부감으로 확대되어 나타났으며 나아가 타인과의 관계에서 언제든 거부당할 수도 있다는 생각으로까지 발전하였다.

"매사에 넌 왜 자신을 피곤하게 만드니?" 고등학교 때 친구가 했던 말이다. 편안하게 쉬는 나를 가만두지 못하였던 것 같다. 여유가 생기면 억지로 일거리를 만들어 낸다. 재촉하는 일이나 다급한 약속이 없음에도 머리는 복잡하게 움직이고 몸은 정신없이 뛰어

다녔다. 느긋함의 미덕을 배우고 있다.

가끔 무언가 결핍되어 있다고, 누구에게 가위 눌려 있다고 생각하면 짜증이 나고, 무기력한 일상이 반복되었다. 그 화살의 정점은 부모가 되었다. 어릴 적 허약체질이란 의사의 진단을 빌미로 오랜 기간 무수히 우려먹었다. 자식에게 건강한 육체를 제공하지 못한 미안함으로 매사 당당하지 못하셨던 부모님. 나로 인하여 속상하고 마음 아팠을 부모님을 떠올리며 말이 주는 상처의 해악을 깨닫는다. 주변을 돌아다보며 사람과 사람 사이 관계의 소중함에 대하여 생각해 본다.

독서치료 자료들을 읽으면서, 읽은 후 소개하고 싶어 안달이 났다. 가끔씩 지인들에게 목록을 안내하기도 하고 어쩌다 도서를 구입하여 선물해 주었더니 반응도 좋았다. 요즘엔 대화 도중 상대가 마음이 불편하고 속상해한다거나 우울하다는 표현을 하거나, 그러한 분위기를 감지하면 나도 모르게 상황을 떠올려 어떤 자료를 권하면 좋을지 고민하는 버릇이 생겼다. 설령 상대방이 처한 상황을 정확하게 파악하지 못하였다 하더라도 타인에 대한 배려가 우선된다면 한 권의 책, 한 문장의 글귀가 상한 감정을 정화시켜 주는 청량제가 될 수도 있으며, 정서적, 정신적인 문제와 대면하여 치유하는 효과와 언제든 나타날 수 있는 마음 상함의 예방적인 차원에서도 도움이 되리라 확신한다.

사서교육연구방법론 수업에서 문헌정보학의 글쓰기, 학문하기에 대한 논의가 있었다.[16] 글쓰기 작업의 실천성 확보를 위하여 필요한 조건으로 자기준거적 문제 제기하기와 그에 맞는 연구방법 적용하기, 현장에 도움이 되는 실사구시적 학문의 중요성을 강조하였다. 현장성과 실천성이 결여된 학문 연구는 지적 유희로 전락한 헛도는 언어임을 피력하였다.

개인적으로 학문 연구와 현장의 실천성 문제를 접합시키는 방법으로 '공공도서관에서의 독서치료 적용' 방향으로 생각이 모아졌다. 공공도서관이 독서치료프로그램의 적용에 있어 적합성과 유용성을 확인하는 장이 될 것임을 확신하였고, 실사구시적 학문 실천의 계기가 될 것으로 믿게 되었다.

'독서치료' 용어를 처음 만났을 때 어떻게 접근해야 할지 낯설었다. 그러나 지금은 편안한 친구처럼 자연스럽게 가까이 다가와 있음을 발견하게 된다. 그리 길지 않은 시간

16) 2003년 2학기 '사서교육연구방법론' 과목을 수강하였다. 글쓰기 방법과 학문 태도에 관한 강의였다. 학술적 글쓰기가 현장에서의 적합성과 유용성 측면에서 또는 도서관 발전에 있어 어떤 유용성을 가지고 있는가에 대한 진지한 토론이 있었다. 글의 생명성과 가치를 높이고 그러한 목적에 부합되기 위해서 '실천적 글쓰기'란 무엇인가에 대한 김정근의 의견과 실천적, 학문적 사례로서 부산대 문헌정보학과의 움직임을 처음부터 그 진행과정을 상세하게 소개한 배윤기의 글을 접하였다. 학문의 현장성과 실천성을 중요한 과제로 삼았다.

동안 급하게 달려왔지만 독서치료 영역에 관한 이해 폭이 넓어졌으며, 접근성이 용이해졌음을 느낀다.

4. 독서치료의 전망

언론 매체를 통하여 들려오는 각종 사건들은 한시도 우리의 마음을 편안하게 놔두지 않는다. 가정에는 폭력을 휘두르는 아버지가 있고, 매 맞는 아내가 있으며, 부모의 학대에 방치되어 있는 자녀가 있다.

학교에는 집단 따돌림으로 고통받는 학생과 입시에 짓눌린 학생들이 교실을 가득 메우고 있으며, 화려한 미래를 담보로 학부모와 학생들을 유혹하는 학원가에는 일그러진 교육현실이 있다.

사회에는 실업문제로 삶의 지표까지 흔들리는 젊은이들이 있으며, 한탕주의가 사회 곳곳을 휘젓고 있다. 또한 왜곡된 성문화의 범람으로 성폭력에 노출된 여성들이 신음하고 있으며, 우울증으로 인한 자살이 유행처럼 번지고 있다. 문제없는 사회가 어디 있겠냐만 어딜 가더라도 문제가 도사리고 있다.

예측불허의 사건사고가 발생하는 상황에서 주변 여건에 개의치 않고 스트레스 없이 온전하게 살아가는 사람이 얼마나 되겠는가? 각박한 현실 속에서 마음에 탈이 나지 않는 사람은 과연 몇이나 되겠는가?

여러 자료를 통해 드러난 문제들은 어떤 특정인들에게 국한된 문제가 아니라 넓게 보면 누구나 가지고 있는 보편성을 띤다고 할 수 있겠다. 정도의 차이가 있을 뿐 충분히 이해되고 공감하는 성질의 것이라고도 할 수 있다. 개인이 처해 있는 상황에 따라 받아들이는 양상이 다를 수 있지만, 독서치료를 보편적으로 적용하는 데는 큰 문제가 없을 것 같다.

인터넷의 등장과 함께 일상에서 확장된 사이버세계의 도래는 사회 전체적으로 엄청난 변화를 가져왔다. 도서관도 예외는 아니다. 인터넷을 기반으로 한 전자책의 출현은 인쇄매체의 중심인 도서가 사라질 위기에 놓여 있다는 의견과 도서관의 존폐문제까지 거론되며 우리들의 간담을 서늘하게 했던 적이 있었다.

지역사회를 기반으로 존립하는 공공도서관이 지역주민에게 외면당한다면 무용지물이듯 시대의 흐름에 맞춰 변화하지 않는 도서관 역시 큰 의미가 없을 것이다. 그러기 위해서는 지역주민들의 요구에 맞는 서비스를 강화하고, 주민들의 가려운 부분을 시원하게 긁어 주는 역할을 할 수 있어야 한다.

부산에서는 올해 3회째 '원 북 원 부산 운동(One Book One Busan)' 을 전개하고 있다. 부산시 교육청과 부산일보사가 주최하고, 부산광역시 공공도서관이 주관하는 범시민 독서생활화 운동으로서 한 권의 책으로 부산시민이 가까워지고, 지역사회의 토론문화를 꽃피우자는 취지로 매년 한 권의 책을 시민들의 투표에 의해 선정하여 다양한 행사와 독서활동을 펼치고 있다.

2005년도에는 김형경의 『사람풍경』[17]이, 2006년도에는 공지영의 『우리들의 행복한 시간[18]』이 선정되었다. 이 두 책은 시사하는 바가 크다. 형식면에서 다른 성격을 띠고 있으나 성장 환경, 마음의 상처, 관계맺음, 사랑이 큰 줄기가 되고 있으며, 유년기의 상처, 성장과정에서 결핍된 사랑으로 인해 야기되는 마음의 상처, 사회 부적응을 지적한다.

단지 이 결과만 가지고 유추해 본다면, 우리 사회가 지금까지 물질만능, 성공에 집착하여 앞만 보고 달려가다 인간에 대한 깊은 이해와 행복한 삶에 대한 성찰 부족을 인지하게 되면서 웰빙 바람과 함께 정신건강과 인간내면에 대한 관심이 높아져 가고 있음을 입증한다고 할 수 있겠다.

지금과 같은 사회 속에서 공공도서관의 독서 관련 프로그램으로 독서치료 서비스를 더하면 매우 유익할 것이다. 지역주민들에게 책읽기의 치료적 힘에 대해서도 알리고, 자신과 가족의 정신건강에 관심을 갖고 성숙시켜 나가는 계기를 제공한다면, 공공도서관 서비스에 새로운 매력을 더하게 될 것이다.[19] 공공도서관의 확대된 서비스 부문으로서 독서치료 영역은 충분히 그 대안이 될 수 있다고 믿는다.

주변을 둘러보자. 도서관이 있다. 책을 좋아하는 지역 주민이 있다. 마음의 상처를 가진 사람들이 있다. 아픈 마음을 치유할 자료가 있다. 자료의 접근에 용이한 사서가 있다. 그렇기에 '독서치료' 를 적용할 수 있는 공간으로서 조건은 충분히 구비되어 있다고 본다.

2003년 1학기 독서치료 수업 막바지에 이르러 시차근무[20]중에 일어났던 이용자와의 만남을 이 자리에서 소개하고자 한다. 지면에 드러내기에는 사소하고 일상적인 일례에 불과하지만 감히 독서치료 자료를 도서관 현장에 적용한 첫 번째 사례라고 당당히 밝힌다.

독서치료의 현장적용은 사람과 자료에 관심을 갖는 순간부터 전개됨을, 독서치료의

---

17) 『사람풍경』. 김형경. 아침바다, 2004.
18) 『우리들의 행복한 시간』. 공지영. 푸른숲, 2005.
19) 『독서치료와 공공도서관 서비스』. 송영임. 한울아카데미, 2004, 89쪽.
20) 월~금요일까지 종합자료실은 오후 8시까지 개관 운영하고 있다. 종합자료실 담당사서가 매일 그 시간까지 근무할 수 없으므로, 각자 해당 자료실이나 사무실에서 오후 6시까지 근무한 후 순차적으로 돌아가며 이 후 2시간 동안 종합자료실에서 연장 근무를 하게 된다. 당시 나는 사하도서관 사무실에서 수서, 정리업무를 담당하였다.

긍정적인 효과를 은연중 믿는 사서라면 쉽게 접근 가능함을 전하고 싶어 다른 사람보다 조금 먼저 독서치료를 만난 경험자로서 그때의 상황을 전달하기로 한다.

얼핏 50대로 보이는 여성이 관외로 대출해 간 자료의 반납처리 도중 도서의 제목이 관심을 끌었다. 바로 『마음의 병을 고친 사람들 이야기』[21]였다. 우문인줄 알았지만 그 책을 왜 읽었는지 궁금하여 조심스럽게 여쭤 보았더니 의외로 그분은 이야기 주머니를 술술 풀어 놓기 시작했다.

요즘 정신적으로 많이 힘들다고 했으며, 혹 도움이 될까 하여 그 책을 읽는다고 하였다. 슬하에 한 명의 딸을 두고 있는데 이십대 초반이라고 하였다. 한창 발랄하게 행동하고 활동할 시기인데 방에만 틀어박혀 있다면서 그렇게 된 원인과 책임이 자신에게 있음을 강조하였다. 그 딸이 어렸을 때 집안사정상 생계를 위해 집을 비워 아이 혼자 내팽개쳐져 있다시피 했다고 한다. 지금도 그때의 일이 맘에 걸린다고 했다. 아이는 성장하면서 내성적인 성격으로 변하더니 대화하기를 거부하고 사람과 접촉하기를 꺼려 급기야 아예 아무도 만나려 하지 않는 대인기피증을 보인다고 했다. 변해 가는 딸의 모습을 보며 속상해서 조금이나마 위로를 받을까 싶어 정신건강 관련 도서에 관심을 가지게 되었다고 했다.

말씀을 듣고 보니 충분히 공감이 갔다. 그분은 어떤 책을 선택해야 할지 막막하다고 하였다. 간단한 문제는 아닌 것 같았고, 그분은 도움을 청하는 듯한 눈빛으로 쳐다보았다. 순간 어떤 책을 권해야 할지 난감하였다. 우선 자료실에 비치되어 있는 자료 중 2003년도 1학기 〈독서교육론〉 강의 계획서를 참고하여 대출 가능한 『따귀 맞은 영혼』, 『정신건강 클리닉』[22], 『아직도 가야 할 길』[23] 3권의 도서와 도서목록을 이분께 건네주었다. 그러자 작은 관심에 감동을 받았는지 연신 고맙다는 인사를 되풀이하였다. 그 뒤 우연한 기회에 다시 뵈었는데, 그분은 그때 권해 준 도서를 잘 보았다는 인사와 함께 조금이나마 마음이 편해짐을 경험하였다며 감사의 마음을 전하였다.

2006년도 하반기 시민도서관 문화학교 운영 과정에 '마음을 다스리는 독서치료' 라는 강좌로 일반인을 대상으로 수강생을 모집하였다. 수강생 구성원은 한 명의 남성 외 모두 여성이었으며, 30대가 과반수를 차지하였고, 여타 강좌보다 비교적 단시간 내에 예비인원까지 확보하여 개강준비를 마쳤다. 반송, 구덕, 사하, 연산, 금정, 남구 도서관에서도

21) 『마음의 병을 고친 사람들 이야기』. 나오미 글라써/조성희 외 옮김. 쉴터, 1999.
22) 『정신건강 클리닉』. 권영재. 하서, 2000.
23) 『아직도 가야 할 길』. M. 스캇 펙. 열음사, 1991.

독서치료 강좌가 개설되었거나 개설할 예정이며, 상반기에 실시한 도서관에서는 참여자의 높은 호응도가 있었음을 전하였다. 독서치료의 발전가능성을 확인하는 부분이다.

직업정보전문기관인 중앙고용정보원은 청소년들의 직업에 대한 관심을 유도하기 위해 『한국직업사전에서 본 신생 · 이색 직업 50선(選)』이라는 책자를 제작하여 2005년 1월에 배포하였다. 눈길을 끄는 부분이 있다. '독서치료사' 가 소개되어 있는 게 아닌가. 자칫 상업적으로 악용될 소지가 우려되는 부분도 없지 않으나 고무적이다.

개인적으로 사서로서 부족한 면이 많다. 역량의 한계를 실감한다. 처음부터 단시일 내 가시적인 결과를 보겠다는 심정으로 접근하지 않으며, 가벼운 보폭으로 점진적이고 장기적인 안목으로 '낮은 단계'[24]부터 시작하여 독서치료 영역을 현장에 적용하고 진행할 때, 독서치료의 장점을 더욱 부각시킬 수 있을 것이다.

한 점의 모자이크화를 완성하려면 수많은 조각들을 이어 붙여야 한다. '나' 는 오늘도 '나' 를 소재로 모자이크화를 제작 중에 있다. 이제 겨우 가장자리 빈틈을 채워 가고 있는 중이다. 비어 있는 모자람을 '나' 와 '너' '우리' 의 관계에서 찾아 메운다면 인생을 좀 더 풍요롭게 영위할 수 있지 않을까?

24) '낮은 단계' 는 developmental bibliotherapy를 지칭하고, '높은 단계' 라고 표현하는 것은 '임상적 독서치료' 즉, clinical bibliotherapy를 가리킨다. 사람은 태어나서 영아기 · 아동기 · 청소년기 · 성인기 · 노인기로 이행하는 과정에서 누구나 마음 아픔을 경험하고 마음의 상처 때문에 고통을 겪는다. 이와 같은 고통의 완화와 치료에 독서치료가 개입한다. 이것을 발달적 독서치료라고 하며 생활인을 위한 독서치료라고 할 수 있다. 반면, 이미 정도가 지나쳐서 고통이 두드러지게 나타나고 장애 현상이 드러난 경우에도 독서치료가 개입하는데 이를 임상적 독서치료라고 한다. 김정근은 지금 단계에서 높은 단계의 독서치료 즉, 임상적 독서치료의 적용은 연구와 경험축적의 부족으로 적용하기 무리한 점이 많음을 밝히고 있다. 『독서치료의 현단계. 김정근의 독서치료 이야기』. 김정근, ≪도서관 문화≫ 제357호(2005. 2), 48쪽.

나와 독서치료의 만남

-서정안(책정연 회원)

1. 새로운 패러다임으로서의 독서치료

'우리 사회의 부조리와 불평등의 원인은 무엇인가?' 라는 물음에 '모든 악의 근원은 사회구조적 모순' 이라고 명쾌히 답하던 시절이 있었다. 사회의 변화를 위해서는 혁명이 유일한 해답이라고 굳게 믿던 시절은 차라리 행복했다. 하지만 혁명이 일어나 사회체제의 변화가 이루어진다고 해도, 인간사회의 여러 문제점들은 결코 사라지지 않는다는 것이 역사적으로 드러나고 말았다. 사회체제가 바뀌어도 관료주의와 부패의 문제는 해결되지 않고, 가난은 삶의 기초를 뒤흔들 뿐 아니라 인간의 존엄성마저 파괴한다는 것과, 인간의 탐욕과 이기심은 어떠한 사회체제에서도 여전히 존재하더라는 씁쓸한 진실도 알게 되었다.

우리 사회에도 오랜 독재와 권위주의의 시대가 가고 민주화의 시대가 도래하였다. 하지만 과거 기득권을 누리던 세력의 저항은 사회 곳곳에서 완강하고, 개인과 특정집단의 이익 앞에 공동체의 이익은 뒷전인 서글픈 모습을 우리는 곳곳에서 목격하고 있다. 이런 상황에서 인간과 사회를 규정짓는 새로운 패러다임이 필요하다는 생각이 확산되고 있다. 사회개혁을 위한 진보운동의 일환으로서 시민도서관을 만들고 운영해 왔던 나에게도 새로운 패러다임으로의 전환은, 내 활동과 삶의 의미를 위해 절실히 필요하게 되었다.

요즘 내 관심은 사회구조의 변혁이라는 거대담론보다는 인간의 문제로 시각이 변화하고 있다. 인간은 어떤 존재인가, 물질의 절대빈곤이 해소되고, 맞서 싸워야 할 독재정권이라는 절대적 '적' 이 없어진 지금도 왜 인간은 여전히 미워하고 분노하고 좌절하는가?

사람이란 무엇인가, 사람은 어떤 존재인가 하는 것은 이전부터 나에게 줄곧 관심거리였다. 그것은 다양한 인간상을 접할 수 있는 문학작품을 내가 즐겨 읽는 이유이기도 했다. 그리고 도서관과 사회활동을 통해 여러 부류의 사람들을 만나면서 사람의 본질에 대한 나의 의문은 깊어지고 있다.

한 학기 동안 독서치료를 공부하면서 내게는 참으로 여러 갈래의 생각들이 지나갔다. 그 생각들을 여기 펼쳐 보고자 한다.

2. 독서치료를 통한 자기성찰

1990년대 초반 '후일담 소설'[25)]이라는 것이 크게 유행한 적이 있었다. 후일담 소설로 널리 알려진 작가는 공지영, 김인숙, 정도상, 김남일 등이며, 1980년 온 나라를 떠들썩하게 했던 부산 미문화원 방화사건의 주역 김은숙도 『이성이 잠들면 요괴가 눈뜬다』[26)]는 후일담 소설을 쓴 적이 있다. 후일담 소설을 읽노라면, 1980년대라는 시대상황이 당시 젊은이들에게 미친 영향이 참으로 컸구나 하는 느낌을 받게 된다. 동시에 그 작가들이 자신들의 20대를 후일담 소설이라는 형식으로 추억하는 동시에 상처를 치유하고 있다는 생각이 들었다.

당시 대학을 다니며 비슷한 경험을 했던 다수의 가슴속에 1980년대는 여전히 영광, 혹은 상처로 남아 있을 것이다. 더구나 당시의 삶이 어떤 식으로든 현재의 삶에 강한 그림자를 드리우고 있는 경우에는 더욱 그러하다. 나에게도 1980년대는 진한 그늘을 드리우고 있다.

2004년 가을, 부산대 문헌정보학과 대학원에 진학하면서 나는 긴 세월 정열을 기울여 온 민간도서관운동의 의미와 전망을 찾아보고자 했다. 또 대구라는 도시를 벗어나 다른 도시의 공기를 호흡해 보고 싶었다. 대구에서 대부분의 삶을 살아왔음에도 불구하고, 최근 나는 이 도시에 대해 몹시 답답하고 숨 막히는 듯한 느낌을 받아 왔다. 분지라는 지형의 특수성과 지역 사람들이 지닌 보수성이 결합되면서 더욱 그렇게 느껴졌는지도 모른다. 아니다, 이 말은 정직하지 않다. 대구가 분지이고 대구가 보수적인 것이 어디 하루 이틀 일인가. 그보다는 내 내면의 풀리지 않는 문제가 더 컸을 것이다.

그리고 어렵사리 진학한 부산대에서 미처 예상하지 못했던 독서치료라는 학문을 만나게 되었다. 사실 독서치료에서 텍스트로 사용하는 책들이 평소 즐겨 읽는 책과 비슷한 종류라 누구보다도 흥미 있게 수업에 임할 수 있었다. 올해 들어 서점에서 『따귀 맞은 영혼』[27)]과 『정신분석에로의 초대』[28)]같은 책을 뒤적일 정도로 심리학, 정신분석학 쪽으로 마음이 기울어지곤 했기 때문이다. 이런 이유들로 수업에 임하는 나의 가슴은 늘 설렘과 기대로 두근거리곤 했다.

25) 후일담 소설이란, 학생운동을 하거나 노동운동을 한 사람들이 자신의 지난 시절을 돌아보며 쓴 회고조의 소설을 말한다.
26) 『이성이 잠들면 요괴가 눈뜬다』. 김은숙. 풀빛, 1995.
27) 『따귀 맞은 영혼』. 배르벨 바르데츠키/장현숙 옮김. 궁리, 2002.
28) 『정신분석에로의 초대 : 마음속에 숨겨진 나를 찾아 떠나는 여행』. 이무석. 이유, 2003.

매주 정해진 책을 읽고, 과제물을 준비하면서 나 자신에 대해 생각하는 시간이 많았다. 나 자신을 분석대상으로 삼아 철저히 분석해 보기도 하였다. 나는 왜 피해의식에 사로잡혀 있는가, 내가 진정으로 원하는 것은 무엇인가에 대해 깊이 생각해 보았다.

독서치료 수업시간에 매번 감정의 동요를 경험하였다. 정제되고 이성적인 언어가 아니라 내면의 다듬어지지 않은 생각들이 불쑥불쑥 튀어나오곤 하였다. 내심 나는 당황하였다. 여느 사람들처럼 자기 자신의 본래 모습과 전혀 다른 페르소나를 갖고 있지 않다고 믿어 왔는데, 나의 내부에 그토록 많은 분노와 피해의식이 자리 잡고 있었다는 사실이 놀라웠다. 그 분노와 피해의식이 언제, 왜 생겨났을지 곰곰이 생각해 보았다.

나는 초등학교 저학년 때부터 부모와 떨어져 많은 시간을 홀로 보낸 편이다. 낮에 학교에 갔다 오면 퇴근하는 언니를 기다리며 혼자 숙제하고 노는 것이 나의 일상이었다. 공부를 하기 위해 일찍 유학을 한 셈이었는데, 그 경험이 나의 성격에 미친 영향은 적지 않았을 것으로 추측된다.

입시경쟁 속에 내던져진 고등학교 시절은 더욱 가혹했다. 그 시절은 내 삶에서 가장 어두운 시절로 명명할 만하다. 바로 옆 친구와도 경쟁해야 하는 냉혹한 현실과, 어디 하나 마음 둘 곳 없는 외로운 청소년기는 죽음과 가장 가까이 있던 시간이기도 했다(대한민국에서 지금 이 시간에도 숱한 청소년들이 그토록 외롭고 어려운 한때를 보내고 있으리라고 생각하면 가슴이 한없이 저려 온다).

그리고, 스무 살에 대학에 들어가서 나는 '푸른 하늘'[29)]을 보았다. 벗들과 어깨 걸고 바라본 푸른 하늘, 더러는 벚꽃 가지에 가려지고, 더러는 단풍잎에 가려진 그 하늘은 정녕 해방과 자유의 하늘이었다. 장담컨대 그 하늘의 기억이 나를 몰고 갔다. 그 이후에도 쭈욱.

정열에 찬 20대를 보낸 다음, 20대의 마지막 해를 결혼으로 마무리하면서 30대로 접어들었다. 하지만 30대는 기대했던 것만큼 아름답고 희망차지는 못했다. 출산과 육아라는, 여성으로서 당면한 과제를 해결해야 했고, 가족이라는 질긴 끈이 나를 옭아매어 나 혼자만의 의지로 살아지지 않는 현실을 받아들이고 견디어야 했다. 여성으로서, 어머니로서, 재정이나 여러 가지 면에서 열악한 민간도서관 운영자로서 나의 삶은 팍팍하기만 했다.

그리고 40대에 접어들자 이제 남은 시간이 살아온 시간보다 더 길지 않을지도 모른다

29) 신동엽은 "누가 하늘을 보았다 하는가" 라는 그의 시에서 "누가 하늘을 보았다 하는가/누가 구름 한 송이 없이 맑은/하늘을 보았다 하는가//네가 본 건, 먹구름/그걸 하늘로 알고/일생을 살아갔다//네가 본 건, 지붕 덮은/쇠 항아리, /그걸 하늘로 알고/일생을 살아갔다" 라고 노래하였다.

는 초조감에 사로잡히고 불안해졌다. 마음속에는 자신의 뜻대로 살아지지 않은 삶에 대한 원망이 짙게 남아 있었다.

10대에 소녀들은 더 넓은 세계로 나아가기 위한 탐색을 시작하지만, 사회는 그들에게 '얌전히 잘 있다가 좋은 남자 만나서 시집 잘 가면 된다' 거나 '여자는 너무 똑똑해도 안 되고 얼굴만 예쁘면 된다' 며 기를 죽이고 거짓 환상을 불어넣는다. 남학생에게는 더 크고 넓은 세계로 나가기 위해 준비하도록 격려하지만, 여학생은 모범으로 삼아야 할 인물이 신사임당 같은, 가정과 자신의 일을 조화시킨 여성 정도로 수적으로도 빈약하기 짝이 없다(하지만 지금 생각해 보면 신사임당 역시 갈등이 무척 많았을 것 같다. 친정을 그리며 밤새워 우는 일이 많았다고 한다).

재능이 뛰어났으나 불행한 삶을 산 허난설헌[30]이나 나혜석[31]의 이야기를 들었을 때 여자란 남자보다 더 뛰어나면 행복하기 힘들구나 하는 생각을 하게 된다.

초등학교에서는 여학생이 남학생보다 더 뛰어난 경우가 많지만, 중 · 고등학교 시절을 거치면서 여학생들의 뛰어난 자질은 억압되고, 대학에 가면 남학생들이 학문이나 학문 외적 활동에서 훨씬 뛰어난 성취를 보이게 된다.

독서치료 강의시간에 나는 여성으로서, 또 시대적 과제에 부응하고자 애써 온 한 명의 실천가로서 내 지나온 삶을 성찰하였다. 동시에 내 안의 분노와 피해의식에 대해 돌아보게 되었다. 이런 기회가 없었다면 더 오랫동안 힘들고 고통스러운 시간을 보내야 했을 것이다.

3. 내가 자가치유서

올해 나는 여러 번 나이 듦에 대해 생각하곤 했다. 아직 이룬 일이 하나도 없는데, 젊음이 지나가고 중년기가 시작되었다는 것이 충격으로 느껴졌다. 내 나름대로 마흔까지 이루고 싶은 목표가 있었던 것이다. 그것은 이십대 중반부터 운영해 온 도서관 일에 한 매듭을 짓고, 새로운 단계로 도약하고자 하는 것이었다. 목표는 이런저런 이유로 유예되었고, 목표를 이루지 못한 데 대한 나의 좌절감은 컸다. 그러다 내린 결론이 '나이를 너무 의식하지 말자, 그냥 지금까지 해 온 대로 뚜벅뚜벅 걸어가자' 하는 것이다. 단계마다 목

30) 허난설헌 : 『홍길동전』을 쓴 허균의 누이이자 시인. 뛰어난 시인이었으나, 남편과의 불화, 연달아 아이를 잃는 슬픔으로 불행하게 살다가 요절한다.

31) 나혜석 : 우리나라 최초의 근대 여류 화가. 시대와의 불화로 괴로워하다가 비참하게 생을 마감했다.

표를 설정하는 것은 필요한 일이지만, 목표한 만큼 이루지 못했다고 해서 좌절하면 애초에 목표를 설정하지 않는 것보다 못하지 않는가 하고 생각하게 되었다.

미치 앨봄의 『**모리와 함께한 화요일**』[32]에서 모리 교수는 루게릭병에 걸려 극심한 고통에 시달리면서 죽음을 향해 조금씩 나아간다. 이보다 더 큰 상처가 어디 있을까! 하지만 모리 교수는 자기연민과 분노에 사로잡히지 않고 오히려 다른 사람들의 이야기를 들어주고 위로해 준다.

미치가 과거에 대해 아쉬움이 느껴지지 않느냐고 묻자, 모리 교수는 아쉬운 일이 있으면 잠깐 아쉬워하다가 그만 던져 버리라고 한다. 집착하지 마라, 과거에 대한 집착은 부질없다는 말이다. 우리는 얼마나 쉽게 자기연민에 빠지는지! 자기연민에 빠지게 되면 자신이 처한 어려움은 더 절망적으로 느껴지고 괴로움에서 벗어나기는 힘들게 된다. 나 역시 그런 적이 많았다. 모리 교수의 이야기를 들으며 자기연민의 부질없음에 대하여 다시 한 번 생각해 보았다. 이제 그런 일로 시간을 낭비하지는 않으리라. 그리고 그 시간에 생을 더 즐기기라.

리처드 칼슨의 『**우리는 사소한 것에 목숨을 건다**』[33]라는 책도 아주 좋았다. '변화될 수 있는 것들을 변화시키고, 그럴 수 없는 것들은 수용하고, 그것들의 차이를 아는 지혜를 얻게 된다' 는 대목을 읽으면서 바로 나에게 필요한 말이라는 생각이 들었다. 나는 누군가 자신을 비판하는 것에 과민반응을 보여 왔으며, 너무나 자주 '자신의 입장을 방어하고 정당성을 입증' 하기 위해 노력해 왔다. 그 결과 '자신을 피로하게 만들며, 때로는 사람들로부터 자신을 소외시켜 온' 것이다.

내가 못 견뎌 한 것은 타인의 비난과 불인정이었다. 옳은 일을 하고 있는데 다른 사람들이 나를 이해하지 못하고 있다는 데서 비롯되는 분노가 나를 괴롭혔다. 그들이 나를 비난할 이유가 없다며 억울해했다. 자신에 대한 연민의 부질없음을 깨닫고, 상황을 있는 그대로 받아들이는 태도를 갖게 된 것은 커다란 수확이었다.

이호철의 『**학대받는 아이들**』[34]이 출판되었을 때 도서관에서 초청강연회를 가진 적이 있

32) 『모리와 함께한 화요일』. 미치 앨봄/공경희 옮김, 세종서적, 1998.
33) 『우리는 사소한 것에 목숨을 건다』. 리처드 칼슨/정영문 옮김. 창작시대, 1998.
34) 『학대받는 아이들』. 이호철. 보리, 2001.

다. 부모의 말, 무심코 한 행동에 의해 상처받는 아이들의 모습이 너무 생생하게 느껴졌다. 아이들이란 그토록 연약하고 섬세한 존재이다.

이번 학기에 읽은 니콜 파브르의 **『상처받은 아이들』**[35]과 수잔 포워드의 **『흔들리는 부모들』**[36]은 깊은 울림을 주었다. 이 책들을 읽으면서 지금까지 별 생각 없이 지내 왔던 가족관계, 부모와의 관계 등을 돌이켜보게 되었다.

우리 문화에서 부모의 역할에 대해 의문을 제기하고, 잘못된 부모 역할로 인한 자녀의 상처에 대해 언급하는 것이 그렇게 쉬운 일은 아닌 것 같다. 어른의 권위가 땅에 떨어졌다고는 하지만, 아직은 어른의 권위와 부모에 대한 효도를 강조하는 분위기가 지배적이다. 그런 속에서 왜곡된 부모자식 관계로 인해 아이들의 상처는 심하게 곪고 있을 수도 있다.

그리고 흔들리는 부모들이 내 주변에서 흔히 볼 수 있는 평범한 이웃들이라는 사실이 놀라웠다. 흔들리는 부모들의 유형은 다음과 같다.

첫째, 하느님 같은 부모. 이런 부모는 우리 주변에 많이 있었을 것 같다. 진리의 화신과도 같은, 근엄하고 도덕적인 부모다.

둘째, 의무를 다하지 않는 부모. 부모가 부모 노릇을 다하지 못하여 자녀가 부모의 해야 할 일까지 떠맡아야 하는 경우이다. 부모가 부모 노릇을 완전히 포기하고 아이들을 방치하거나, 어린 자식에게 과도한 책임과 부담을 지워 주는 이런 유형도 낯설지 않다.

셋째, 컨트롤만 하는 부모. 이 경우는 드라마에 흔히 나오기 때문에 익숙하게 느껴지는 부모의 유형이다. 자식을 손아귀에 쥐고 모든 것을 간섭하려 든다. 요즘 젊은 부모들 중에서도 이런 부모가 많을 것 같다.

넷째, 알코올중독자인 부모. 개별 가정 속에 은폐되어 있어 별로 드러나지 않지만 많은 사람들을 고통에 빠뜨리고 있을 재난이다.

다섯째, 잔인한 말로 상처를 주는 부모. 자식의 가슴에 대못을 쾅쾅 박는다. 혹시 나도 이런 부모가 아닐까? 섬뜩하다. 나의 말에 비수는 없는지, 아이의 가슴에 상처를 남기는 말을 쉽게 내뱉고 있지는 않은지 돌아보게 된다.

여섯째, 폭력을 휘두르는 부모. 이 경우는 어린이 학대로 주위에 그 실상이 드러나기 쉽기 때문에 다른 경우에 비해서 비교적 알려져 있는 유형이 아닐까 한다.

얼마 전 통계를 보니 우리나라 청소년들의 어른에 대한 존경심이 세계 최하위 수준이

35) 『상처받은 아이들 : 유년기의 상처를 말하고, 이해하고, 극복하기』. 니콜 바브르. 동문선, 2003.

36) 『흔들리는 부모들 : 부모의 역할이 다음 세대의 인생을 좌우한다』. 수잔 포워드. 사피엔티아, 2000.

라고 한다. 어른에 대한 존경심이 강조되는 사회에서 실제로는 존경심이 가장 낮은 수준이라니 모순이다. 우리 사회는 아이들을 떠받든다고 할 정도로 과보호하는 경향이 있는 반면, 정작 아이들이 무슨 일로 상처받고 있는지에 대해서는 무지하지 않은가 싶다. 상처받은 아이들의 목소리에 귀 기울이고 들어주는 사람도 찾아보기 힘들다. 상처받은 아이들이 자라면 어떻게 될까? 겉으로는 아무런 문제없이 사는 것처럼 보이지만, 그들의 내면은 고통으로 신음하고 있을 것이다.

도서관에 있으면서 참 많은 사람을 만난다. 직원 수가 많고, 업무분장이 철저하게 되어 있는 큰 규모의 도서관이 아니라, 작은 규모의 마을도서관이다 보니 이용자들과 대면하여 책을 빌려 주고 이야기를 나누는 시간이 많다. 가족적이고 친밀한 분위기의 도서관이기 때문에 이용자들의 고민을 들어주고 상담을 하는 시간도 가끔 있다.

도서관에서 늘 만나는 사람들 상당수가 주부인 만큼 그들에 대해 자주 생각하게 된다. 학교도 다닐 만큼 다녔고 한때는 외모를 가꾸는 데도 열성이었을 그들은 지금 '아줌마'로 통칭된다. 아줌마는 '제3의 성(性)' 이라고 한다. 그들은 아이를 돌보고 집안 살림을 건사하는 데 대부분의 시간을 보내느라 심신이 황폐해 있기 일쑤이다. 직장에서 너무 많은 시간을 보내는 남편과는 깊은 대화를 나누기 힘들고, 남편이 가끔 남남으로 느껴진다. 아이들은 사랑스러운 존재이지만, 육아의 부담을 홀로 걸머져야 하는 주부의 입장에서는 때로 부담스럽고 짐스러울 때가 많다.

아파트라는 주거형태는 고립되기 쉬운 폐쇄적인 공간이다. 한때는 아름다웠던 그녀, 한때는 꿈이 컸고 잘나갔던 그녀는 가끔 이 막막한 침묵과 남편, 아이에게 전적으로 의존하고 있는 자신의 일상이 더없이 남루하고 숨 막히게 느껴진다. 어느 날 그녀는 아이를 아파트 베란다에서 내던지고 그녀 스스로도 몸을 던져 버린다. 그런 일들을 저지르는 데는 그렇게 긴 시간이 필요하지 않다(이 경우는 다소 극단적이기는 하다).

평소 그들은 구차할 정도로 돈을 아낀다. 자신을 위해서 쓰는 약간의 돈도 아까워하고, 아이들에게도 인색하게 군다. 그러다가 어느 날 문득 자식교육에 좋다는 영업사원의 말(그들은 당연히 주부의 자존심을 적당히 자극한다)에 휘둘려서 거액의 돈을 써 버리기도 한다. 쓰고 나서는 무척 후회한다. 누군가의 표현에 따르면 그녀들은 퇴화하고 있다. 마음속 깊은 곳에는 풀리지 않는 우울의 덩어리가 잠복해 있어 언제 터져 나올지 모른다.

철저히 고립되고, 아무도 주목하지 않는 집단으로서의 주부, 그들은 우리 사회의 또 다른 소외된 자들이다. 그래서 주부들은 사교육의 맹신자가 되고, 자식의 성취를 통한 대리만족이라는 욕망의 포로가 된다. 서울대로도 성이 안 차서 미국의 유수대학까지 꿈꾸는 그들은 파출부를 해서라도 자식의 과외는 시켜야 한다는 맹목적인 믿음을 갖게 된다. 독서치료에 대한 책을 읽으며 주위에 있는 주부들이 가장 많이 떠올랐던 것은 이런 연유에서다.

알리스 슈바르처의 『**아주 작은 차이**』[37]를 읽으면서 '어쩜, 이렇게도 비슷할까?' 하는 생각을 내내 했다. 1970년대 독일이 배경임에도 여자들이 살아가는 모습은 21세기 한국의 그것과 크게 다르지 않다는 사실을 알게 된 것은 그리 기분 좋은 일만은 아니다. 여성의 아픈 역사가 세계 곳곳에서 여전히 반복되고 있다는 사실을 확인한 것이니까.

이 책에는 많은 여자들의 이야기가 나온다. 중산층 여자, 가난한 여자, 지식인 여자, 교육을 별로 받지 못한 여자, 늙은 여자, 젊은 여자 등 사회 전 계층의 여성들이 골고루 나와 자신들의 이야기를 풀어 놓는다. 갖가지 표정을 한 여성들의 사진은 생생한 느낌을 더욱 강하게 한다.

중산층 여성 힐데가르트는 갑갑한 생활을 벗어나려고 공부를 시작하고 새롭게 자신의 삶을 개척해 나간다. 힐데가르트를 보면 한때 유행한 '불륜소설'의 여자주인공들이 생각난다. 이경자, 전경린, 차현숙의 소설에 나오는 그 여자들은 남편과의 대화단절이나 폭력, 시댁과의 불화 등으로 일상 속에서 권태를 느끼고 새로운 남자와의 관계를 통해 해방감을 맛본다. 하지만 힐데가르트는 불륜에 빠지기보다는 공부를 시작했고, 여성으로서 자신의 삶을 전체적으로 바라보기 시작했다.

아버지로부터 성추행을 당하고 자라 결혼 후에도 고되게 살아가는 가난한 여자 레나테는 가난한 남자보다 훨씬 힘든 빈곤층 여성의 삶에 대해 생각해 보게 한다.

지식인이고 미혼인 알렉산드라를 보면 직장 여성으로서 살아가기도 만만치 않다. '직장에서 늘 부드럽고 착한 여자 행세를 하며 입지를 지켜 온' 알렉산드라. 그녀에게 남자친구란, 바깥에서 탈 없이 지내기 위한 생존의 전략이기도 하다. 알렉산드라를 보면 내 주변의 친구들과 직장여성들 모습 혹은 내 모습이 떠오른다. 아이 낳고 키우며, 직장에서 집에서 두 배로 일하고도 칭찬받지 못하는 여자들.

진보적인 작가의 아내였던 리타는 이 책 전체 사례 중에서도 가장 비참한 경우에 속한다. 밖에서는 온갖 좋은 말들을 쏟아 내고 진보주의자 행세를 하는 리타의 남편은 가정에서는 리타의 절대 복종과 희생 위에 군림하는 폭군에 불과하다. 하늘 같은 남편을 위해 자신의 삶을 희생하던 리타는 남편에게 어린 새 여자가 생기자 병에 걸리고 마침내

37) 『아주 작은 차이』, 알리스 슈바르처/김재희 옮김, 이프, 2001.

정신병원에 입원하게 된다. 리타의 이야기를 읽으면서 지식인 남성의 이중성에 치를 떨었다. 아내를 정신병에 걸릴 지경으로까지 몰아넣고 그 남자가 추구하는 지식은 얼마나 위선적이고 공허한가! 독서치료를 공부하며 나는 여성, 그중에서도 주부들을 가장 자주 떠올렸다.

전인권의 『**남자의 탄생**』[38]을 읽으며 남성에 대한 이해가 깊어졌다. 작가에 따르면, 집안에서 황제처럼 떠받들려 자란 아들들은 집 밖에서도 모두 중요한 일을 하려고 하기 때문에 사소한 일은 하려 들지 않는다. 상대와 화합하고 융화하기보다는 자신의 옳음을 주장하기에 급급해 타인과 불화하기 일쑤다.

남자 후배나 동료들이 대화 도중, 자신의 의견이 미숙하고 부정확한 경우에도 상대의 의견을 무시하고 자신의 의견을 독단적으로 주장하는 모습을 자주 보았다. 상대가 상사이거나 선배라도 여성일 경우에는 좀처럼 상대를 인정하기 싫어한다. 반면, 남자 선배나 직장상사에게는 이성적인 태도를 벗어나 복종과 절대 충성의 극단적인 태도를 보이기도 한다. 나는 남자들의 이런 태도 때문에 기분 나쁜 적이 많았다. 그래서 남자들의 화법과 태도, 나아가서는 그 바탕이 되는 사고방식이 무엇 때문에 그렇게 되었을지 곰곰이 생각해 보기도 했다.

작가는 고맙게도 스스로에 대한 분석을 통해 남자들 탄생의 전말을 우리에게 보여 준다. 작가는 1960년대에 유년시절을 보낸 한국 남자의 정신세계가 형성되어 가는 과정에 대해 여러 각도에서 분석한다. 바깥에서와 달리 집안에서는 별다른 말을 하지 않고 가족들과 교류할 줄 몰랐던 작가의 아버지는 가족 안의 질서와 권위를 대표함으로써 그 시절 우리들 가정 대부분의 아버지를 떠올리게 한다. 자식에 대해 끔찍했던 어머니는 자식들을 동등하게 골고루 사랑하는 모습을 보여 주기보다는 '나는 너를 가장 사랑한다' 는 느낌을 심어 주며 열심히 분리 사랑을 실천한다.

작가의 분석에 따르면 동굴 속 황제로 자란 남자들은 권위주의와 자기애의 동굴에 갇혀 주위를 제대로 살피지 못한다. 여기서 황제는 '입으로는 학교에서 배운 대로 민주주의와 진보, 자유 등 근대적 가치를 말하면서도, 정작 몸은 봉건적인 권위주의와 신분질서에 찌들어 있는 사람' 이다.

이 글을 읽다 보니 대학에 다니면서 만난 선배, 동기들의 모습이 떠오른다. 대부분 권

38) 『남자의 탄생 : 한 아이의 유년기를 통해 보는 한국 남자의 정체성 형성 과정』, 전인권, 푸른 숲, 2003.

위적이고 가부장적인 분위기의 가정에서 자랐을 그들은, 정치의식은 진보적이되 의식과 생활의 다른 많은 부분에서는 봉건적인 모습을 완강하게 지니고 있었다. 아쉽게도 그들의 그러한 특질은 1980년대 분위기의 대학사회에서 크게 교정되지 못했다.

문제는 작가의 지적대로 이러한 한국 남자들의 성격적 특징이 유년시절에 가정 안에서 학습된다는 점이다. 유년시절에 학습된 규율은 이후 학교나 사회에서 배우는 평등과 민주의 가치와 상충하는 것일지라도 인간의 내면을 지배하는 가치관으로 굳어지기 쉽다.

작가의 유년시절 가정이 한국 사회에서 가장 일반적이고 보편적인 것이라고 단정하기는 어렵겠지만, 한국사회 가정이 보편적으로 지니고 있었던 중요한 몇 가지 특징을 갖고 있는 점은 분명해 보인다.

군사부일체, 결코 일체가 될 수 없는 국가-스승-아버지가 삼위일체가 되는 사회는 복종과 순응을 강요하는 사회다. 그들은 자신들이 만든 질서에 편입되지 못하는 여성이나 자신과 다른 지역 · 학교 출신에 대해 극단적으로 배타적인 태도를 보이게 된다. 집단 안의 충성과 복종이 타 집단에 대한 배타성과 집단 이기주의의 형태로 나타날 때 사회는 국외자들에게 '닫힌 사회' 가 되어 버린다. 우리 사회의 분열과 갈등을 부추기는 학연과 지연이라는 극심한 패거리문화는 결국 어린 시절 가정에서 학습된 것으로 볼 수 있겠다. 이렇게 자란 우리 사회의 남성들은 제때 분노와 슬픔을 표현하거나 가족과 관계 맺는 법을 배우지 못해 고립감과 우울증에 시달리는 경우가 많다.

4. 직업적 독서치료의 의미

칼 융이 '신성한 아이' 라 부르고 어떤 학자는 '참자아' 나 '내재과거아' 라고 부른 '내 속의 아이' 는 무엇일까 생각해 본다. 사람들의 몸이 자라고 나이가 들어도 어릴 때 상처 입은 '자아' 는 '내 속의 아이' 로 존재하고 있다고 한다. 어른이 되고 사회적으로 성공한 사람도 마음속의 '아이' 때문에 고통 받고 괴로워한다는 것이다.

『잃어버린 자아의 발견과 치유』[39]의 지은이 휘트필드 박사는 80~95%에 이르는 사람들이 성장과정에서 충분한 사랑과 지도, 적절한 양육을 받지 못했기 때문에 다른 사람들과 지속적으로 친밀한 관계를 맺고 살거나, 자신 또는 자신이 하는 일에 대해 좋은 느낌

39) 『잃어버린 자아의 발견과 치유 : 역기능 가정에서 자란 성인아이의 발견과 치유를 위한 안내서』. C. L. 휘트필드/김응교 · 이인출 옮김. 글샘, 1995.

을 유지하면서 살 수 없다고 했다.

우리 주위에는 겉으로 성공한 것처럼 보여도 마음속으로는 늘 괴로운 이들이 참 많을 것 같다. 감정을 드러내어 표현하는 문화가 형성되어 있지 않기 때문에 마음속에서 상처가 곪으며 진물을 흘리고 있어도 남들 앞에서는 우아하게, 멀쩡하다는 듯이 웃고 정상적으로 사회생활을 하고 있을 것이다. 그래서 오숙희 씨는 『그래, 수다로 풀자』[40]라는 책을 썼고, 크게 인기를 끌기도 했다. 여기서 말하는 수다가 바로 마음의 응어리, 스트레스를 푸는 과정이 아니겠는가.

몇 년 전 IMF 구제금융 사태가 터졌을 때 많은 사람들이 구조조정으로 거리에 내몰렸다. 가족에게는 차마 회사에서 잘렸다고 말하지 못하고 매일같이 출근하여 공원이나 거리에서 시간을 보내는 남자들의 이야기가 보도되기도 했다. 가족과 그런 중요한 이야기조차 나누지 못하는 남자들이 직장이나 친구관계에서는 과연 어느 정도 진실성 있는 대화를 나눌 수 있을까? 날이면 날마다 술잔을 기울이며 나누는 이야기들은 얼마나 헛도는 말일 것인가? 우리나라에서 유난히 폭탄주니, 1차 2차 3차니 하는 음주문화가 발달한 것도 이런 헛도는 말과 겉도는 삶에서 비롯되는 허전함 때문이 아닐까?

나는 사람들과의 집단 술자리에 자주 참석해 본 편이지만, 그런 자리에서 과연 얼마나 진실하고 깊이 있는 이야기들이 오갈 수 있는지 알지 못한다. 또 나이가 들수록 사람들과 나누는 이야기는 진실성이 결여되고 겉핥기식의 의례적인 것으로 흐르기도 한다. 마음속에 정작 하고 싶은 말은 깊이깊이 묻어 두고서.

우리나라의 자살률은 해마다 더 높아지고 있다. 독서치료가 활성화되면서 우리 사회에도 내면의 상처를 드러내어 이야기하고 어루만져 주는 분위기가 형성되어 가면 좋겠다.

한때 누군가 나에게 민간도서관을 왜 하느냐고 물으면 이렇게 대답하곤 했다. "도서관에서 행복해하는 사람들을 보는 것이 보람이다"라고. 간호사가 직업이었던 한 여성은 "도서관에서 지친 영혼을 쉬고 위로받았다"고 나에게 말한 적이 있다. 아이를 낳지 못해 스트레스를 받던 여성은 도서관에 와서 종종 울곤 했다. "편하게 와서 쉴 수 있는 도서관이 없었다면 잘못된 길로 빠지고 말았을 것"이라고 말하는 젊은 여성도 있었다. 방위 근무를 하며 외롭고 황폐한 시절을 위로받은 청년들도 여럿 있다. 도서관은 누구나 와서 머물고, 사람들을 만날 수 있는 열린 사랑방이다.

그런 의미에서 나는 고대 도서관이 '영혼을 치유하는 곳'으로 불렸다는 사실을 이해

40) 『그래, 수다로 풀자』, 오숙희, 석필, 1997.

한다. 고요하거나 때로는 나직한 음악이 흐르는 책의 숲, 그곳은 도심의 오아시스이며 휴식처이다. 그곳에서 일하는 사서들은 때로 영혼의 치유자 역할을 하게 된다. 아픈 사연들을 들어주고 위로해 주는 치유사. 때로는 누군가의 이야기를 들어주는 것만으로도 도움이 된다는 것을 우리는 알고 있다. 그런 점에서 도서관 사서는 누구보다 상냥한 얼굴과 친절한 마음씨를 갖고 있어야 하며, 사람에 대한 깊은 애정과 이해를 갖고 있는 사람이어야 한다. 사람들의 아픈 마음을 어루만져 주고 함께 웃고 울 수 있으면 더욱 좋을 것이다.

도서관에서 많은 정신질환자들을 만났다. 그중에는 "누군가 나를 도청하고 있다, 나를 죽이려 한다"며 수차례 병원에 입원하고 퇴원하기를 반복하는 사람도 있었다. 사회과학류의 책들만 수십 권 책상에 쌓아 놓고 하루 종일 책을 읽던 그 사람은 지금도 통원치료를 하며 이따금 도서관에 들른다. 조울증 환자가 도서관에서 일하게 해 달라고 조르기도 했고, 책을 보며 혼자서 중얼중얼하는 사람도 여럿 있었다. 불합리와 모순으로 가득한 사회가 마음이 약하고 섬세한 사람들을 정신질환자로 만든다. 누가 그들을 향해 '미쳤다' 고 손가락질할 수 있을 것인가!

미술과 음악과 향기 같은 다양한 방법으로 사람들의 상처를 돌볼 수 있지만, 책으로도 사람들의 상한 마음을 어루만지고 돌봄으로써 사회를 건강하게 만들 수 있다. 병원에 입원할 정도의 중증 환자는 아니지만, 스트레스와 우울, 다스려지지 않는 분노로 고통받는 사람들을 위해 독서치료는 좋은 약이 될 것이라고 생각한다.

나는 개인적으로 독서의 치료약 효과를 누구보다도 많이 보는 사람이다. 나는 스트레스를 받으면 책을 읽는 버릇이 있는데, 밤새워 책 한 권을 다 읽고 나면 다음날 기분이 개운해지는 느낌을 맛본다. 성장과정에서, 또 살아가면서 풀리지 않는 문제에 직면하면 언제나 책이 나에게 정답을 가르쳐 주곤 했다.

독서치료는 개인적으로 책을 읽는 과정에서, 또 여유가 있다면 사람들과 모임을 통해 함께 책을 읽으면서 이루어질 수 있다고 생각한다. 이런 모임이 확산되면 우리 사회의 정신건강에도 좋은 영향을 미칠 것이 틀림없다.

인터넷문화가 확산되고 정보를 구하는 방법이 다양해짐에 따라, 책이 인기를 잃고 마침내 사라지게 될 것이라는 예측이 난무한 적이 있었다. 지금도 책의 효용에 대한 물음은 계속되고 있다. 책은 인류의 오랜 친구였으며, 앞으로도 책을 대체할 만큼 강력한 매체가 나오기는 힘들다고 믿는 입장에서 책과 독서의 효용에 대한 담론은 끊임없이 생산되어야 할 필요가 있다. 사서가 책과 독서의 효용과 관련한 담론에서 소외되지 않고 적극적으로 대응할 필요성도 분명히 있다.

최훈동의 『**마음의 문을 열어주는 정신의학 이야기**』[41]를 읽으며, 우리 사회의 병리적 요소와 그에 따르는 각종 정신질환들에 대해 체계적으로 이해하게 되었다. 그리고 왜 지금 도서관인들에게 독서치료가 유용한가에 대해 다시 한 번 생각해 보는 계기가 되었다.

나는 여러 수준의 모임을 이끌어 보았다. 20대에는 청소년과 대학생, 청년들을 대상으로 하여 철학과 사회인식을 위한 책들을 토론했고, 30대에는 주부들과 함께 자녀교육과 어린이책 읽기를 주제로 토론했다. 무지를 일깨우는 계몽자로서의 역할, 모르는 사실을 알아 가는 지적인 기쁨, 그런 것들이 함께한 시간이었다. 하지만 시대가 변했다. 이제는 의식을 일깨우거나 계몽하는 역할은 그다지 매력적인 일로 여겨지지 못한다.

이제는 다양한 독서모임에 참가하고 모임을 이끌기도 했던 개인적 체험을 바탕으로 독서치료라는 주제를 가지고 사람들을 만나 보고 싶다. 아마 훨씬 보람찬 일이 될 것 같다. 사람들의 내면의 상처를 드러내고 함께 이야기하면서 풀어 나가는 과정이니 사람들을 행복하게 하고, 사회를 밝게 하는 일이 아닌가.

이러한 작업을 통해 독서와 도서관의 필요성에 대해 더 많은 사람들이 느끼게 하는 계기가 될 수 있을 것이다. 사서에 대한 인식도 책을 빌려 주고 도서관을 지키는 사람이라는 기존 인식을 넘어서서 상당히 긍정적인 이미지로 바뀔 수 있을 것이다. 사서직에 대한 존경심은 스스로의 전문성을 누군가 알아주기를 기대한다고 해서 생기는 것이 아니라, 이런 과정을 통해 자연스럽게 생길 수 있을 것이다. 독서치료와 독서지도에 있어서만은 사서직이 주도권을 잡고 실천해 나가야 한다는 김정근 교수의 지적에 공감한다.

그러므로 나는 하나의 '무기'를 갖게 되었다. 머지않아 도서관 안에 독서치료 모임을 개설하여 모임을 이끌어 갈 계획도 갖게 되었다. 다양한 상황에 맞는 목록을 개발하고 대상에 맞는 목록으로 모임을 하며, 그 과정을 기록하여 글을 쓰는 작업을 계획하게 되었다.

5. 독서치료의 발전방향

최근 내 주위에 우울증으로 괴로워하는 젊은이가 있었다. 이십대 중반인 그는 고등학교 시절부터 이미 5년 이상을 우울증에 시달려 왔다고 한다. 그와 이야기를 나누면서 독

41) 『마음의 문을 열어주는 정신의학 이야기』, 최훈동, 한울, 2001.

서치료를 권유해 보려고 했지만, 그는 책을 거의 읽지 못한다고 했다. 읽고 싶어서 사기는 하는데, 집중이 안 돼 거의 읽을 수가 없다는 것이다.

또 다른 한편으로는 독서치료서로 개발되어 있는 책들이 어려워서 이해하기 힘들다고 하는 반응도 있다. 그러면 독서치료는 어떤 사람들에게 유용할까 생각해 본다. 책을 상당히 좋아하고 어려운 책이라도 잘 읽을 수 있는, 어느 정도의 지적 능력과 독서력을 갖춘 사람이 독서치료의 대상이 될 수 있는 것일까? 그들은 스스로 책을 읽으며 마음의 병과 상처를 극복할 능력이 있는 사람들이 아닐까? 정작 치료가 필요한 사람들은 좀 더 심각한 상태에 있는 사람들일 텐데 그들에게 독서치료가 별 의미가 없다면 독서치료의 영역은 어디까지일까? 각 대학의 평생교육원에 독서치료를 공부하러 오는 사람들의 경우는 사실은 직업적으로 독서치료에 관심을 갖고 있어서가 아닐까?

독서치료는 신경정신과 의사가 하는 임상진료, 전문치료와는 다르다. 독서치료를 정확한 용어로는 '치유' 라고 표현하는 것이 더 정확할 것 같다. 독서치료는 임상적 치료가 아니라 발달적 치료에 해당된다. 즉, 일상생활을 영위하는 데 커다란 문제가 있고 심각한 질환의 상태에 있는 것은 아니지만, 마음이 우울하거나 심리적 스트레스로 괴로움을 받는 사람들에게 도움이 될 수 있다. 마음의 병이나 상처는 몸의 병으로 전이될 수 있으며, 흔히 화병이나 어깨 결림, 가슴 답답함이나 두통 등으로 나타난다. 침을 맞고 병원에 다녀도 뚜렷한 원인이 없는 마음의 병을 가진 사람들에게 독서치료는 효험이 있을 것 같다. 사람에 따라 병의 증세도 다르듯이 효과를 보는 책의 종류도 다를 것이다.

내 주변을 중심으로 어떤 사람들에게 독서치료가 효과를 발휘할까 생각해 봤을 때 우선 도서관을 이용하는 주부들에게 좋을 것이다. 일상생활에는 별다른 문제가 없지만 성장과정이나 남편, 시댁과의 관계에서 발생하는 다양한 문제들로 괴로움을 당하는 주부들이 상당히 많다. 그들의 경우 독서치료는 정신건강에 좋은 효과를 발휘할 것 같다.

그 다음으로 떠오르는 대상은 미혼 여성들이다. 우리 사회에서 이십대는 여러모로 불안정한 시기이다. 취업, 이성교제, 결혼 등 여러 문제가 얽혀 있고, 심리적으로도 불안정한 상태이다. 그들과 함께 독서치료 모임을 한다면 도움이 될 것이다.

나머지 연령대에서도 독서를 그다지 어려워하지 않는 사람이라면 시도해 봄직하다. 특히 마음의 상처와 병으로 괴로움을 당하고 우울증에 시달리는 사람들, 일상적으로 대인관계에서 어려움을 느끼는 사람들이 적합할 듯하다.

어린이를 대상으로 할 때는 신중함을 필요로 하는데, 어린이에게는 '치료' 라는 용어를 사용하지 말았으면 한다. 독서치료의 목적을 가지고 아이들과 계속 모임을 하고 그 결과를 잘 연구하는 것은 중요한 일이다. 이 경우 상업적인 접근이 아닌 학문적 목적의 접근이 필요할 터이다. 또한 독서치료는 현재 개발된 책뿐 아니라 좀 더 다양한 치유서가 개발될 필요성이 있으며, 여러 종류의 독서치료 모임을 통한 사례보고와 연구가 뒤따라야 할 것이다.

독서치료는 아직 우리나라에서 그다지 오래된 학문이 아니다. 생산된 논문도 많지 않고 저서도 10여 권 안쪽에 불과하다. 인터넷 서점에서 '독서치료' 라는 단어로 검색해 보면 겨우 8권의 저서만 검색된다. 그중 5권이 부산대 문헌정보학과에서 생산한 책이고, 나머지 1권은 번역서이다. 아직은 연구자도 적고 임상실험의 결과도 그다지 풍부하지 못하다. 독서치료에 대한 사회의 인식도 그다지 높은 편이 못된다.

즉, 독서치료라는 학문은 여러 측면에서 초기단계의 연구가 진행되고 있다고 볼 수 있기 때문에, 이러한 때일수록 신중한 접근이 이루어져야 하며, 학문의 권위를 세우는 작업이 계속 필요할 것으로 생각된다. 이런 상황에서 선행 연구자들의 책임이 중요하게 부각되는 것은 물론이다.

부산대를 중심으로 한 독서치료 연구자들이 정식학회를 구성하여, 연구자도 배출하고 사서들도 교육시키는 역할을 했으면 한다. 이미 부산 · 경남지역 공공도서관 사서들을 중심으로 독서치료가 공공도서관 프로그램의 하나로 실시되고 있다고 들었다. 이러한 흐름이 앞으로 다른 지역에도 널리 확산되었으면 한다. 개인적으로는 대구지역에서 독서치료를 널리 알리는 역할을 해 보고 싶다는 생각을 한다.

독서치료는 앞으로 우리 사회에서 매력적인 학문영역으로 자리 잡게 될 것으로 예측한다. 여기서 사서의 주도성을 어떻게 지켜 낼 것이며, 학문의 심화는 어떤 방식으로 이루어 나갈지가 관건이다.

현재 독서치료는 대학교 평생교육원을 중심으로, 서울과 부산, 광주에서 교육이 이루어지고 있는 것으로 파악된다. 그리고 경북대학교의 경우는 대학원에 '문학치료학과'가 개설되어 있었는데, 학과 간 통합의 형태로 문학, 심리학, 의대 교수들이 강의를 하고 있다.

전체적으로 봤을 때 독서치료, 혹은 문학치료의 이름으로 연구와 교육이 이루어지고 있으며, 현재 추세로 봤을 때 머지않아 독서치료와 문학치료가 크게 확산될 것으로 예상된다. 그리고 어린이 독서교육에 독서치료가 적용될 가능성은 상당히 높고 이미 부분적으로 적용되고 있는 것으로 보인다.

독서치료와 관련하여 조심스러운 부분 중의 하나는 독서치료를 상업적 목적으로 활용하려는 흐름을 어떻게 제어하느냐 하는 것이다. 이 부분에 대한 내 생각은 이렇다. 자본주의 사회에서는 상업화를 막지 못하고, 또 막을 수도 없다. 시장자체의 정화기능도 있다. 상업기관에서 독서치료를 한다고 해도 일정한 시기가 지나면 옥석이 가려지기 마련이다. 문제는 제대로 된 교육을 통해 독서치료에 관심 있는 사람들에게 올바른 인식을 갖게 하는 것이다. 학계와 도서관계가 두루 참여하는 '독서치료학회'를 만들어 꾸준한 연구를 통해 권위를 인정받는 것도 필요하다고 본다.

또한 대학의 연구자들과 독서치료를 현장에서 적용하고 실천하는 사서들, 현장 활동가들의 모임이 있어야 할 것이다. 현재의 '책 · 정 · 연(책 읽기를 통한 정신치료 연구실)' 모임이 확대 강화되는 형태가 될 수도 있을 것이다. 대학에서 아무리 연구가 활성화되어도 현장의 다양한 경험과 사례보고 등으로 풍부하지 못하다면 학문의 깊이를 더하는 데에는 한계가 있을 것이기 때문이다. 학생들도 졸업을 하면 그 관계가 단절되는 것이 아니라, 모임을 통해 계속 관계를 유지하면서 현장의 이야기를 전달할 때만이 상호 유기적이며, 생동하는 학문으로 발전할 수 있으리라.

한편, 어린이를 대상으로 하는 지나친 상업화 움직임이나 잘못된 흐름에 대해서는 분명한 입장을 표명하는 것도 필요하다고 본다. 단호한 태도로 대응할 필요가 있을 때 행동하지 않으면 자칫 독서치료학 자체가 오해받고, 상업주의에 이용될까 우려된다.

사람들과 이야기를 하다 보면 '책을 왜 읽는가?', '책을 읽으면 무엇이 좋은가?' 라는 질문을 받을 때가 있다. 인터넷과 영상매체가 널리 보급되면서 독서의 의미에 대한 질문은 더욱 많아질 것으로 보인다. 책을 읽을 필요가 없다면 도서관은 왜 존재하겠는가? 그러므로 사서는 부단히 독서의 의미를 일깨우고, 효과를 널리 알리는 사람이 되어야 할 터이다. 그럴 때 독서치료는 독서의 필요성을 강조하는 사례로 언급될 수도 있을 것이다. 책이 필요한 좀 더 구체적이고 생생한 증거로. 또 도서관에서 사서의 지위가 향상되는 계기가 될 수 있을 것이다.

사서가 단순히 도서를 정리하거나 대출반납을 하는 사람이 아니라 마음의 상처를 어루만지고 치유하는 치유자가 된다면 그 지위는 훨씬 강화될 것이다. 대출반납 시스템을 비롯한 단순한 업무들이 자동화되는 추세에서 사서의 역할을 확고히 하는 것은 중요한 문제이다. 전문직으로서 사서 스스로 자신의 역할을 강화하고 전문성을 높여 나가는 적극적인 자세가 필요할 것이다.

독서치료를 통해 마음이 아픈 사람들이 행복해질 수 있는 사회를 꿈꿔 본다.

나의 상처 치유과정 보고서

-진양희(책정연 회원)

1. 해방구가 되어 준 독서치료

우선 나에겐, 이 글을 쓰는 것 자체가 치유과정이며 또한 그동안 참여했던 독서치료의 효과를 보여 주는 것이기도 하다. 예전 같으면 내 마음을 내보이고 표현하는 것은 결코 할 수 없었던 일이다. 지난 2001년 가을 독서치료를 처음 만나고 약 3년 만의 치유결과다.

지금도 내가 숨기지 않고 온전히 나의 마음을 제대로 표현할 수 있을지 걱정이 되기도 한다. 하지만 용기를 내보고자 한다. 2001년 가을, 그때 그 흥분과 설렘을 아직도 잘 간직하고 있기 때문이다.

2001년 가을, 우연히 듣게 된 김정근 교수의 수업에서 처음 독서치료를 만났다. 매주 새로운 책들을 읽고 그에 대한 느낌과 생각을 리포트로 제출하였으며 강의를 듣는 이들과 각자 자신의 느낌과 생각을 나누었다. 때로는 내가 생각해 보지도 않은 이야기에 새로운 감정을 느끼기도 했고, 숨기고 싶었던 가슴 아픈 감정을 발견하고선 남몰래 아파하기도 하였다. 애써 생각하지 않으려고 했거나 생각하지도 못했던, 그러나 사실은 언제나 내 마음속 깊이 존재하고 있는 감정을 들키고 나서 몹시 당황하기도 했고 후련하기도 했었다.

지금 생각해 보니 그 수업을 담당하시는 교수님과 학생들 그리고 그 수업시간이 나에겐 일종의 해방구였던 것 같다. 그렇게 나는 독서치료를 받아들이게 되었다.

2. 책을 통해 만난 상처 입은 사람들

수업시간에 읽은 책들에서 또는 수업에 참여했던 이들의 이야기 속에서 나는 사회, 친구, 남편, 아내, 부모, 형제, 자식으로부터 상처 입은 사람들을 만나게 되었다. 이들의 이야기를 읽으며 이제껏 내 기억 속에 잊혔던 과거의 경험과 현재의 모습을 떠올리게 되었다. 그들의 감정에 공감하며 아파하기도 하고, 동시에 나에게 본의 아니게 상처를 주었던 혹은 나 역시 똑같이 상처를 주었을 사람들을 이해하게 되었다.

세상을 놀라게 했던 이은석의 이야기[42]는 나에게 큰 충격을 준 동시에 나 자신에 대해 생각해 보는 중요한 계기가 되었다. 그때 내가 제출한 글들에 나는 이렇게 서술하였다.

이 책은 한 인간이 얼마만큼 마음의 상처, 분노, 증오, 열등감, 무력감이 컸으면 이런 범죄를 저지를 수 있을까라는 생각을 가지게 한다. 그리고 이은석이라는 인간에 대한 연민의 마음도 일었다. 그는 더 이상 물러설 곳이 없었던 것이다. 사회에서, 학교에서, 친구들에게서 그리고 마지막으로 가정에서조차…… 소심하고 착해서 부모에게 함부로 대들지 못했던 평범한 대학생 이은석이 이렇게 엄청난 사건을 왜 저질렀는지에 대해 이해가 가는 듯했다. 가정으로부터, 사회로부터 이은석이 받은 상처의 귀결은 이은석이 자신을 사랑하지 못하게 되었다는 점이다. 자신을 사랑하지 못함으로써 남을 이해하고 배려하고 사랑할 줄 몰랐다. 그래서 성장과정에서 좋은 사람을 사귀고 올바른 대인관계를 맺을 수 있는 기회가 있었음에도 이은석은 스스로 그 기회를 버리고 말았다.

나도 열등감으로 인해 무척 괴로워했던 적이 있었다. 그 열등감은 다른 이가 나를 도와주기 위해 다가서는 기회조차 잃게 만든다. 다른 사람의 호의가 내게는 비뚤어진 감정으로 존재하기 때문이다.

여기서 이은석이 '유죄이다/무죄이다' 에 대해서는 언급하고 싶지 않다. 다만 이은석이 그러한 범죄를 저지르기 전에 누군가가 그를 진심으로 이해해 주거나 마음속에 억눌려 있던 감정을 표현할 수 있는 어떠한 장치나 프로그램이 있었다면, 이렇게 가슴 아프고 무서운 사건은 일어나지 않았을 수도 있었다는 점을 말하고 싶다. 그런 면에서 이은석은 가해자이며 피해자이다.

난 은석이를 이해했다. 열등감은 참 무서운 감정이기 때문이다. 나를 도와주기 위해 다가온 사람에게조차 비뚤어진 감정으로밖에 대할 수 없게 만든다. 돌아서서 내가 왜 그런 소중한 사람에게조차 그랬을까 반성하지만 매번 같은 상황이 되풀이된다.

은석이를 통해 나의 숨기고 싶었던 감정을 바라보게 되었다. 자라면서 잊고 있었던 감정이었다. 인정하고 싶지는 않았지만 그동안 나의 행동에 많은 영향을 끼치고 있었던 감정이었다. 자신감을 갖고 도전해야 할 일이 있을 때마다, 나는 그 상황이 어려워서가 아니라 두려워하고 열등감에 쌓인 내 자신 때문에 실패했었다. 어떤 일이 있을 때마다 난 항상 부족한 능력을 지녔다고 생각했고 제대로 할 줄 아는 게 없는 그저 그런 존재라고

42) 『미안하다고 말하기가 그렇게 어려웠나요』. 이훈구. 이야기, 2001.

생각했다.

게다가 나의 소심한 성격은 이러한 열등감을 풀 수 있는 기회를 쉽게 얻지 못하게 하였고 오히려 더욱 상황을 악화시켰다. 은석이처럼 말이다. 이러한 열등감이 언제부터 생겼는지, 왜 생겼는지 잘 몰랐다. 그저 예전부터 내 행동이 그런 열등감을 가지게 했을 거라고 추측했을 뿐이다. 그러나 내 마음속 깊이 숨겨져 있던 열등감이라는 존재를 꺼내어 왜 그런 감정을 느끼게 되었는지 어린 시절을 되돌아보는 시간을 가지자, 어머니와 나와의 관계 때문임을 어렴풋이 알게 되었다. 매사에 꼼꼼하고 완벽하신 어머니는 항상 내가 잘하길 바라셨기에 늘 그만큼 열성적으로 내 뒷바라지를 해주셨다. 하지만 난 늘 내가 부족하다고 생각했다.

이때까지만 해도 구체적으로 나와 어머니의의 관계에 어떤 문제가 있었는지, 또 그 문제가 나의 열등감과 어떤 연관이 있는지는 구체적으로 알지 못했다. 내가 기억하기에 어머니는 내가 열등감을 가질 만큼 심한 말을 하신 적이 없었기 때문이다.

또한 알리스 슈바르처의 『**아주 작은 차이**』[43]에서는 단지 여성이라는 이유만으로 차별받고 상처 입은 여성들을 만나게 되었다. 서양의 예이기는 하지만 지금 현재 내 어머니, 나의 이모, 나의 사촌 언니 등 내 주위는 물론이고, 어쩌면 오랜 동안 가부장적 사고가 지배하고 있는 한국에서 살아가는 모든 여성에게 해당되는 문제이기도 했다.

『아주 작은 차이』를 읽으면서, 나 또한 인간의 절반을 차지하는 여성으로서, 프리토콜에 소개된 여성들의 사례는 나에게 많은 고민을 안겨 주었다. 가정에서부터 시작되는 성차별, 그로 인한 열등감, 결혼 후에도 남편과의 성관계에서의 소극성이 부부관계에 영향을 미친다는 점은 그동안 내가 왜 그렇게 사냐며 답답해하고 이해하지 못했던 내 주위의 여성들을 이해하는 계기가 되었다.

이 시대 어머니들의 삶의 목적은 남편과 자식들의 행복과 성공이었기 때문에 여성들은 '사랑' 이라는 이름하에 힘든 가사노동과 남편, 아이들의 뒤치다꺼리를 해 왔다. 그러나 그들이 자신 곁을 떠나게 되면서 여성들은 삶의 목적이 사라지게 되었다.

이 책을 읽으면서 내내 엄마가 생각났다. 중년 우울증에 걸린 어머니가 부쩍 외로워하고 삶이 재미없다고 하셨는데도 난 그런 아픔을 재대로 이해하지 못했고 괜히 민감하게 받아들이기 때문이라고 생각했다. 가슴이 아파 왔다. 어머니도 예전에 꿈이 있었을 텐데…… 그 꿈을 접게 한 건 바로 내가 아니었을까. 난 어머니가 가슴속 깊이 품은 채 살아왔던 당신의 아픔과 꿈에 대해서 조용히 듣고 싶어졌다. 어머니도 나와의 대화를 통해

43) 『아주 작은 차이』. 알리스 슈바르처/김재희 옮김. 이프, 2001.

치유되기를 원한다. 딸에게 하소연이라도 하며 가슴 깊이 응어리진 것을 풀어내시기 바란다.

가장 기억에 많이 남는 수업은 〈돌로레스 클레이본〉[44]과 〈길모퉁이〉[45]를 시청한 것이었다. 아마 '독서치료' 수업을 들으면서 가장 많은 사람들이 울었던 것은 그때였던 것으로 기억한다. 나 역시 펑펑 울면서 보았던 기억이 있다. 이 두 드라마 속 어머니는 곧 나의 어머니였다. 가족과 자식에 대한 무한한 애정과 사랑을 보여 주지만 오히려 가족과 자식에게는 어머니의 그런 사랑이 부담 되고 오해를 사게도 한다. 대부분의 경우 자식들은 어머니를 이해하지 못한다. 왜 그렇게 억척스럽냐며, 왜 그렇게 자식에게 집착하냐며…….

난 드라마를 시청하면서 이미 이야기 속 자식 중 한 사람이 되어 있었다. 어머니에 대한 미움이나 원망, 답답함이 드라마를 보는 동안 불쑥 불쑥 올라왔다. 특히 드라마 속에서 어머니를 못마땅해하고 답답해하는 맏딸의 모습에서 나의 모습을 보았다. 그러나 그런 어머니가 치매에 걸리고 가족들이 점점 서로의 상처를 이해하고 치유해 나가는 과정을 지켜보면서, 내 안에 있던 어머니에 대한 미움이 조금씩 사라지고 있음을 깨닫게 되었다. 나 역시 사실은 어머니를 용서하고 싶어 한다는 걸 깨닫게 되었기 때문이다.

한 학기를 정리하며 우리는 여러 사람들의 마음의 상처에 대해 알게 되었고 치유방법으로서의 독서치료가 과연 효과가 있을지에 대해 주목하기 시작했다. 이미 수업 시간을 통해 각자 스스로 경험하고 있었기 때문에 좀 더 많은 상황에 적용이 가능한지 살펴보기로 했다. 학기논고의 주제는 '책은 치유하는 힘이 있는가' 였다. 즉, 마음의 상처는 어디에서 비롯되며, 그 상처는 치유할 수 있는 것인지 그리고 치유방법으로서의 독서치료가 효과적인지를 조사하는 것이었다.

나는 어린이를 대상으로 정했다. 한 학기 동안 어린 시절의 상처는 시간이 흐르면 저절로 치유되는 것이 아니며, 치유되지 못한 상처는 어떤 형태로든 남아 성인이 되어서도 자신의 행동에 영향을 미치게 된다는 걸 나 스스로가 체험하고 깨달았기 때문이다.

또한 수업시간에 보았던 〈돌로레스 크레이본〉이란 영화를 통해 어린이가 감당하기에는 너무나 큰 상처인 성폭력이야말로 이 세상의 어른들이 책임지고 치유해야 할 대상임을 알게 되었기 때문이다. 그리고 이미 어린이 성폭력 치유방법으로 적용되고 있는 놀이치료, 미술치료와 함께 독서치료도 가능하다는 걸 확인하고 싶기도 했다.

44) 영화 〈돌로레스 클레이본〉. 미국, 1995.
45) MBC 특집드라마 〈길모퉁이〉, 2001.

그래서 나는《희망 찾기 : 성폭력으로 상처받은 우리 아이, 책과 놀면서 치료받도록 하자》라는 제목으로 책을 통한 치유 가능성에 대해 알아보기로 했다. 직접 부산 성폭력 상담소를 방문하여 상담소 직원들과 인터뷰 해본 결과, 의외로 직원들은 긍정적인 반응을 보였으며 나 또한 성폭력 치료 과정에서 책이 개입할 수 있는 가능성을 발견하였다. 체계적으로 적용방법을 개발한다면 훌륭한 치유방법으로 사용될 수 있다는 희망을 가지게 되었다. 학기논고에 그 당시 내가 느꼈던 아쉬움과 희망이 잘 나타나 있다.

| 어린이 성폭력 치유과정에 책 개입하기 |

1) 편안하고 지지적인 치료환경에서, 성폭력에 관하여 이야기하게 함으로써 성폭력 피해 후 나타나는 감정들을 해결하도록 한다. 성폭력이나 여러 가지 힘든 경험을 한 아이들의 문제를 다루고 있는 책을 선정하고 그와 관련하여 책 속의 주인공이 어떤 감정을 표현하고 있는지에 대해 이야기하면서 자연스럽게 성폭력 피해 어린이가 자신의 이야기를 할 수 있도록 한다.
2) 성폭력 피해자가 성폭력 사건이 자신의 잘못으로 인해 일어난 점이 아니라는 것을 이해하게 해야 한다. 죄의식에 시달리는 아이들에게 용기를 가지고 뭔가 하기 힘든 일을 이루어 낸 동화와 같은 책을 보여 주면서 용기 있는 행동을 칭찬해 주고 용기를 주는 방향으로 독서요법을 진행하도록 한다.
3) 자신의 감정을 충분히 표현할 수 있도록 한다. 어린이들은 직접적으로 누군가를 향해 자신의 감정을 표현하는 것이 어려울 수도 있는데, 이럴 때 책을 읽으면서 자연스럽게 책 속의 주인공이 되어 자신의 감정을 표출하도록 유도한다. 실제 자신의 이야기에서도 자신의 감정을 표출할 수 있게 될 것이다. 자신의 잘못이 아닌데도, 궁지에 몰린 책 속의 주인공이 당당하게 자신의 의견을 말하고 행동을 취하는 이야기가 담긴 책을 선정하면 될 것이다.
4) 자신에 대해 이해할 수 있도록 해야 한다. 피해 어린이에게 신체장애아나, 정신지체아 등과 같이 신체적으로나 정신적으로 다른-일반인들과는 조금은 다르지만 그것을 극복하고 살아가는- 사람들의 이야기를 들려주면서 피해 어린이도 그렇게 할 수 있다는 마음과 자신감을 가질 수 있게 한다.
5) 피해 어린이는 다른 사람과 신뢰관계를 형성하는 능력이 부족하게 되므로 모든 사람이 가해자와 같지 않다는 것을 경험할 기회를 제공해야 한다. 이를 위해서는 따뜻한 우리 주변의 이야기들을 들려주는 방법이 필요하다.
6) 성폭력에서 어린이(특히 여자 어린이)가 성인 여성과 같이 행동하거나 그렇게 행동하도록 강요받았기 때문에 자신의 나이에 맞는 발달 단계상의 과제를 알려 주고 행동할 수 있도록 가르쳐 주어야

한다. 따라서 성교육을 위한 내용이 담긴 동화책이나 어린이 책을 통해 성에 대한 막연한 두려움이나 잘못된 성인식을 갖고 있는 피해 어린이에게 자연스럽게 성에 대해 알게 하는 역할을 할 수 있다.

7) 마지막으로 피해 어린이가 상처에서 벗어나 정상적인 생활을 할 수 있도록 해야 하는데, 이 과정에서 오랜 고난이나 고통의 과정으로부터 결국 용기와 자신감을 회복하여 그 어려움을 극복해 낸 또래 아이들의 모습이 담긴 책을 건네준다. 피해 어린이 자신도 이렇게 할 수 있다는 지지와 자신감을 줄 수 있다.

성폭력 피해 어린이는 성폭력 당시 받은 충격으로 인해 마음의 상처를 크게 받는다. 특히 가까운 이로부터 성폭력을 당한 어린이의 경우 세상에 대한 마음의 문을 닫고 누구도 믿지 않기도 한다. 독서치료의 가장 큰 장점 중 하나는 상처 입은 어린이가 책 속의 주인공과 자신을 동일시하면서 자연스럽게 자신의 이야기를 꺼낼 수 있고, 자신만이 그러한 어려움을 겪고 있는 것이 아니라는 점을 말해 줄 수 있다는 점이다. 또한 그 속의 주인공이 그 어려움을 이겨 나가는 방법과 용기를 가지는 것을 보면서 자신도 그렇게 할 수 있다는 자신감과 방법을 배울 수 있다. 이것은 독서치료만의 장점이라 볼 수 있다.

하지만 이 논고를 준비하면서 어린이 성폭력 치유기관에서 실시하고 있는 치유프로그램을 살펴보았지만 독서를 통해 치료하는 기관은 한 군데도 없었다. 또한 도서를 선정하는 과정에서도 마음의 병을 앓고 있는 아이들의 치료에 적절한 책을 찾기가 어려웠다. 또한 이 작업은 한 개인의 관점에 따라 선정하는 것은 무리가 있기도 하다. 부산 성폭력 상담소를 비롯한 어린이 성폭력 치유기관에서 독서치료가 행해질 수 있으려면 우선은 그와 관련된 도서를 선정하고 그것을 전문적으로 활용할 수 있는 독서치료가가 필요하다. 또한 어린이 성폭력 치료기관과 긴밀한 연계를 가지면서 구체적인 독서치료방법을 제시할 어린이도서관 사서나 공공도서관 사서들의 준비가 필요하다고 본다.

3. 독서치료를 통한 자가치유의 과정

2002년 1월에 시작된 책 · 정 · 연(책읽기를 통한 정신치료 연구실, 이하 책정연) 모임은 이십 몇 년간 몰랐던 내 자신 그리고 내 행동의 원인을 깨닫는 계기가 되었다. 오랜 동안 나를 괴롭혀 왔던, 스스로 벗어나기 위해 그렇게 노력했으나 번번이 실패했던 온전한 내 자신을 발견한 것이다. 그리고 또 하나, 내 어머니가 그런 문제의 원인과 연관되어 있음을 알게 되었다.

2001년 2학기, 처음 독서치료에 관한 수업을 하면서도 내 자신이 어떤 감정에 놓여 있는지는 이해했지만 그 이유를 정확히 설명하기는 어려웠다. 김형경의 **『사랑을 선택하는 특별한 기준』**[46]은 그런 나를 분석한 정신과 의사와도 같았다. 특히 책 속 주인공 세진의 모습은 나의 모습과 너무나 닮아 있었다. 세진이 정신 상담을 받는 대목에서 나는 내 자신을 분석해 볼 수 있었다. 다른 사람들에겐 대수롭지 않게 넘어갈 수 있는 말이 비슷한 상처를 가진 이에겐 이렇게 커다란 충격과 아픔으로 다가오는 것일까.

살면서 만난 사람 중에 내 쪽에서 좋아하고 존경했던 사람들도 많았다 그러나 이따금 그들의 안부가 궁금해도 내 쪽에서 먼저 전화하는 일은 없었다. 지금 바쁘지 않을까, 내 전화를 반가워할까, 심지어는 나를 기억이나 할까, 그런 생각까지 들곤 했다. 이야기를 들은 후 면담자가 물었다.

「왜 그래요?」

「거절당할까 봐 두려워하는 것 같아요.」[47]

이 부분을 읽는 순간 잠시 동안 가슴이 먹먹해지고 나도 모르게 세진처럼 울컥 눈물이 나기 시작했다. 거절당할까 봐 두려워하는 것, 연락하고픈 이가 있어도 선뜻 연락하지 못하는 행동, 한 번도 내 쪽에서 전화하거나 약속을 잡은 적 없는 것, 전화를 하면서도 상대편의 태도에 바짝 긴장하는 것. 그럴 때마다 나는 내가 누군가를 잘 배려하기 때문이고, 조심성이 많기 때문이라고만 생각했었다. 하지만 그 모든 행동이 거절당하는 걸 힘들어하기 때문이라니…… 어쩌면 나의 행동이 이미 그런 마음 때문인 걸 은연중에 알고 있었지만 외면하고 싶었던 내 마음을 누군가가 "넌 이렇다"라고 선언해 버린 것만 같았다. 외면하고 회피해 버리고 싶었던 감정이었다.

혼란스러웠다. 내가 왜 그런 두려움을 가지게 되었는지 생각나지 않았다. 이 대목 이후 한동안 책을 읽지 못했고 아예 생각 자체를 하지 않았다. 잊고 싶은 감정을 꺼내어 새삼스럽게 다시 느끼는 것은 분명 괴로운 일이었기 때문이다. 게다가 이젠 더 이상 감정을 숨길 수도 없게 되었으니 한마디로 첩첩산중이었다. 그러나 결국 그 원인이 뭔지 알아야 덜 괴로울 거라는 생각이 들었다.

46) 『사랑을 선택하는 특별한 기준』〈1〉, 〈2〉, 김형경, 문이당, 2001.
47) 김형경, 앞의 글, 194쪽.

그때부터 난 내가 기억하는 어린 시절과 학창시절을 되돌아보는 작업을 시작하였다. 스스로 기억하지 못하는 것은 용기를 내어 가족들에게 물어보기도 하였다. 이 과정에서 나는 놀라운 사실을 알게 되었다. 어렸을 때부터 나는 늘 어머니에 대해 죄스러운 감정을 가지고 있었다는 점이었다.

어머니는 우리에게 늘 최선을 다해 뒷바라지해 주셨다. 집안일도 거의 혼자 도맡아 하시고, 우리가 무언지 부족하다는 자각이 생길 때에는 어김없이 어머니가 먼저 부족함을 채워 주신 뒤였다. 어머니는 항상 꼼꼼하셨고 완벽하셨기 때문에 나는 어머니가 하라는 대로만 따라 하면 다 되었다. 어머닌 내가 설거지를 하려고 하거나 은행에 혼자 가려고 하는 등 새로운 뭔가를 시도하려고 하면 "넌 못한다", "실수한다" 라고 하시며 직접 해결하셨다.

그래서 언제부턴가는 새로운 일을 시작하거나 새로운 사람과 관계를 가질 때 실수를 할까 봐 늘 걱정했었다. 내 열등감의 원인이 어머니의 과잉보호 때문이라고는 생각하지 못했다. 완벽하게 일을 처리하고 주위 사람들로부터 참 좋은 어머니를 두었다는 말을 들을 때면 걱정부터 앞섰다. '어머니가 만족할 만큼 똑 부러지는 애가 되어야 한다' 는 것이 내 어릴 적 다짐이었던 걸 보면 당시 그 부담이 엄청났던 것 같다. 내가 생각하기엔 최선을 다했건만 늘 만족하지 못하시던 어머니. 그게 내 열등감의 시작이었던 것이다.

완벽하길 바라지만 실상 열등감에 시달리는 나 자신을 온전히 사랑하지 못하고, 다른 누군가도 나를 그렇게 바라볼지 모른다는 두려움. 그것이 내 사랑불능, 관계불능의 원인이었다. 그리고 난 어머니와 대화하는 과정에서 어머니 또한 나처럼 누군가에게 전화하는 일에 어려움을 느끼고, 타인에게 자신의 존재를 드러내는 행위를 하지 못하고, 내 일은 내가 알아서 하는 스타일[48]이라는 것을 알게 되었다. 처음에는 나를 미워하다가 그 후에는 어머니를 미워하게 되고, 그러다가 어머니 그리고 나에 대해 공감하게 되는 과정을 겪으며 비로소 나는 자신을 올바르게 바라볼 수 있게 되었다.

이러한 과정에 도움을 준 책이 스캇 펙의 『아직도 가야 할 길』[49] 과 현경의 『결국은 아름다움이 우리를 구원할 거야』[50]이다. **『아직도 가야 할 길』**은 나에게 현실을 냉정하게 봐야 함을 충고하는 듯했다. 다음은 책을 읽고 내 느낌을 정리한 것이다.

48) 김형경, 앞의 글, 208쪽.
49) 『아직도 가야 할 길』, 스캇 펙/신승철 · 이종만 옮김, 열음사, 2002.
50) 『결국은 아름다움이 우리를 구원할 거야』〈1〉, 〈2〉, 현경, 열림원, 2002.

지은이는 이 책의 첫머리에 ‘삶은 고해(苦海)’ 라고 규정짓는다. 많은 사람들이 자신의 삶만큼은 좀 더 편안하고 아름답기만을 바라지만, 실제 삶이란 끊임없는 고통의 연속이란 것이다. 사람들은 이 평범한 진리를 깨닫지 못해 고통이 자신에게 다가왔을 때 미리 준비하지 못하고 큰 낭패를 보게 된다.

삶이 고통의 연속이라는 것을 인식한다면 자연히 이 고통을 대비하고 준비할 것이다. 고통에 과감히 도전할 수 있도록 하는 것은 무엇일까? 그것이 바로 사랑이다. 아마 이 책의 제목처럼 지금 우리가 느끼고 경험하는 것은 어쩌면 정말로 우리가 가야 할 길의 조그마한 부분일지도 모른다. 그래서 지은이는 아직도 가야 할 길이라고 말한 것일까.

앞에서도 말했지만 이 책은 우리의 고통과 괴로움은 어떻게 일어나고 또 근본적으로 어떤 마음가짐을 가져야 치료할 수 있는지에 대해 이야기한다. 지은이가 가장 중요하게 생각하는 것은 ‘사랑’ 이라고 생각한다. 자기 삶의 낡은 지도를 바꾸고, 다른 사람에게 선행을 베풀고 다른 사람의 마음을 헤아릴 수 있고, 자신과 남을 책임질 줄 아는, 이 모든 것을 가능하게 하는 원동력이 바로 ‘사랑’ 이기 때문이다. 내가 20여 년간 겪은 나의 모습 말고도 아직 발견하지 못한 나의 모습, 그것을 발견해 가는 나의 정신적 성장이 꼭 필요하다는 것을 느낀다. 그것은 나에 대한 ‘사랑’ 에서 시작하는 것이다.

『결국은 아름다움이 우리를 구원할 거야』라는 책은 제목부터가 가슴 뭉클했다. 아마도 나는 애타게 구원받고 싶었기 때문인지도 모른다. 그리고 스스로를 여신이라고 일컫는 현경이라는 여자의 자신감과 당당함이 오랜 고통의 과정에서 생겨난 것임을 깨달았다.

“여성의 분노와 억울함, 슬픔을 소중히 여기고, 그 분노와 억울함, 슬픔 때문에 많이 깨지고 많이 상한 여자일수록 그걸 극복만 하면 온 세상을 바꿀 만한 큰 기쁨과 자유, 생명력을 얻게 된다는 것을 보여 주고 싶었다고. 여성들을 얽어매는 억압의 사슬을 아름다운 금목걸이로 변화시킬 수 있는 ‘영혼의 연금술’ 을 보여 주고 싶다고…… ”

분노와 슬픔을 많이 간직했지만 그것을 소중히 여기고 그것을 극복해 낸 사람은 나 자신 뿐만 아니라 세상을 바꿀 수 있는 생명력을 가진다. 누군가에 대한 미움, 누군가로부터 받은 상처, 그것들을 완전히 없앨 수 없다면 그 경험을 나의 정신적 성장의 기회로 받아들이는 것이다.

그녀의 영적순례기를 보는 내내 내 마음속에 스스로에 대한 자신감이 형성될 수 있다는 희망과 기쁨이 솟았다. 그리고 어머니에 대한 나의 죄의식을 그만 놓아 버리기로 했다. 또한 나를 용서할 용기를 가지게 되었다.

독서치료 수업과 〈책 · 정 · 연〉 모임은 내게 독특한 버릇을 갖게 해 주었다. 바로 과거를 분석하는 일이었다. 〈책 · 정 · 연〉에 참여했던 친구들과 각자 서로의 과거에 대해 이야기하고 분석하며 그때의 감정을 떠올려 보는 것은 나 혼자서 책을 읽고 분석해 보는 것과 또 다른 효과가 있었다. 내 상처를 직접 내 입으로 꺼내 말하는 과정에서 가슴에 응어리진 것이 풀리는 경험을 한 것이다.

나는 열등감에 쌓여 내 문제에만 몰두하느라 다른 사람들도 아픈 상처가 있는 줄 모르고 있었다. 겉으로 보기에 활발하고 자신감 넘치던 한 친구가 고백하듯 "나 원래 소심한데 그게 들킬까 봐 일부러 활발히 구는 거잖아"라는 말을 했을 때 나는 크게 놀랄 수밖에 없었다.

독서치료를 통해 온전한 내 자신을 대면하면서 저절로 다른 이의 아픔에도 관심을 가지고 서로 공감하게 되었다. 나를 이해하게 되는 동시에 내 어머니를 이해하게 되었고, 내 어머니를 용서하게 되는 동시에 나를 용서하게 된 것이다. 다른 이들과도 이 소중한 경험을 나누고 싶다는 생각이 들었다. 내 자신의 변화가 다른 이의 변화를 이끌고, 다른 이가 또 다른 이를 변화하게 할 수 있다는 것을 깨달았기 때문이다. 이러한 변화는 내 논문의 기본 주제가 되었고, 논문의 구체적인 대상으로 어린이의 상처에 대해 연구하게 되었다.

이 연구를 진행한 과정은 나에게 삶의 큰 전환점을 거치는 시간이었다. 2001년 2학기, 2002년 2학기 김정근 교수의 독서치료 관련 수업과 2002년 1월에 시작된 〈책 · 정 · 연〉 모임에 꾸준히 참여하면서 내 삶의 현재 모습들이 어린 시절에 겪었던 경험에 따라 형성된 것임을 알게 되었다.

특히 어린 시절의 아픈 경험은 고스란히 남아 현재의 내 행동에까지 영향을 미치고, 그것으로 인해 어떤 사안에 대해서는 유독 민감하게 반응한다는 것을 알게 되었다. 책을 통해 나의 어린 시절을 되새겨 보는 과정을 거치면서 어린 시절의 아픈 경험을 그대로 방치하는 것이 얼마나 위험한 것이며, 어린 시절에 그러한 아픈 감정을 해소한다면 성인이 되어서 원만한 생활을 유지하는 데 큰 도움이 될 것임을 깨달았다.

그래서 책을 이용한 어린이 심리치료에 점점 관심을 가졌으며, 이러한 치료를 공공도서관 어린이실에 적용한다면 좀 더 많은 어린이들이 혜택을 누릴 수 있을 것이라 생각하게 되었다.[51]

논문을 연구하는 과정은 예상만큼 힘든 작업이었다. 공공도서관에서 독서치료를 적용하기 위해서는 도서관 자체가 독서치료 프로그램을 받아들이기 위한 제반 여건이 어느 정도 갖추어져 있어야 하는데 실제 현장은 그렇지가 못했다. 독서치료의 효과를 알고는 있지만 지금 공공도서관에 적용하는 것은 무리가 있다는 사서의 말을 들었을 땐 힘이 빠지기도 했다.

또, 막상 직접 도서관 현장에 나가서 기존 프로그램을 진행하기에도 힘든 상황을 지켜보니 과연 내가 연구하는 논문이 도움이 될까 라는 회의가 들기도 했다. 그러나 희망이 없는 건 아니었다. 어려운 여건에서도 자발적으로 연구모임을 가지고 실제 관련 활동을 하는 사서집단과 공공도서관 어린이실의 주 이용자인 부모들의 정신건강에 대한 많은 관심과 요구가 있었다.

이와 함께 이러한 연구결과가 도서관에 적용될 수 있도록 학계의 노력이 필요하다. 실제 이러한 결과로서, 부산대학교의 〈책 · 정 · 연〉 정신분석학 읽기 모임의 일원이었던 울산 남부도서관의 김순화 열람팀장과 자발적으로 참여한 사서들을 중심으로 독서치료 프로그램 신설운영을 위해 만들어진 사전 사서연수모임은 아주 고무적이라고 할 수 있다. 이러한 모임의 성과로 모임에 참여한 사서 개인의 마음의 변화, 제39회 도서관 주관에 『마음 아픈 이들을 위한 자가치유 도서목록』 발간, 도서관 내 독서치료 관련 자료 확충, 도서선정에 있어서 사서의 인식 변화, 인격장애 또는 인간 심리에 대한 이해, 도서관에서의 독서치료 서비스의 필요성 인식 등을 가져왔다.[52)]

따라서 공공도서관 어린이실에서 어린이 정신건강이나 어린이의 정신건강을 위한 올바른 부모 역할 관련 프로그램이나 자료를 제공한다면 어린이와 학부모에게 큰 도움을 줄 수 있을 것이다. 이에 대해 많은 수의 학부모들이 긍정적으로 반응하고 있는 점은 이용자들의 요구가 틀림없이 있다는 것을 의미한다.…… 그러나 과반수의 학부모들이 '독서치료' 용어에 대해 알고 있는 것은 최근 학부모들의 자녀들의 정신건강에 대한 관심이 높음을 반영한다.

마지막으로 공공도서관 어린이실에 독서치료를 적용하는 것에 대해서 학부모가 긍정

51) 「어린이의 상한 마음을 돌보기 위한 독서치료 서비스 방안 연구」, 김민주, 석사학위논문, 부산대 대학원, 2003.
52) 김민주, 앞의 글, 66쪽.

적으로 생각하고 있다는 것은 도서관이 독서치료를 적용하려는 시도에 큰 힘을 보탤 수 있으리라 생각한다.[53)]

또한 김정근 교수와 나를 비롯한 〈책 · 정 · 연〉 회원들이 발간한 독서치료연구시리즈[54)] 도 희망의 증거이다.

현재 내가 어린이 독서치료의 적용에 대해 고민하면서 가장 관심을 가지고 있는 분야는 아무래도 독서치료 자료일 수밖에 없다. 어린이 독서치료 자료는 성인 자료처럼 드러내 놓고 치료목적을 띠고 있는 자료가 드물다. 게다가 독서치료 자료로 사용할 것인지를 결정하는 일을 한 개인이 판단할 수 있을까에 대한 의문이 들기도 한다.

또한 어린이 책 중에서 어린이들의 마음속 아픈 상처들을 제대로 끄집어낼 수 있는 책들이 있을까에 대한 고민도 있었다. 어린이 시절을 지낸 지 꽤 오래된 내가 읽어도 가슴이 먹먹해지는 느낌을 가지게 해 주는 그런 책들이 있을까 싶었다. 하지만 얼마 전 읽은 책 가브리엘 뱅상의 『**떠돌이 개**』[55)]가 또 한 번 나를 뜨끔하게 만들었다. 글자 없는 그림을 통해 느껴지는 막막함과 쓸쓸한 감정을 가진 개의 모습. 버림받은 개와 한 소년의 만남. 나는 어느 새 오롯이 그 감정을 같이 느끼고 있었다.

이러한 책과의 만남을 통해 나는 어린이 책도 충분히 인간의 아픈 상처를 대면하게 하는 치유효과가 있음을 깨닫게 되었다. 어린이 독서치료 자료를 선정하는 과정에서도 이러한 감정을 느끼고 공감하는 경험은 조금 더 효과적인 자료를 개발하는 데 도움을 줄 수 있다. 아마 이 작업은 이후에도 계속해 나가야 할 숙제가 아닐까 생각한다.

4. 변화를 이끄는 독서치료

이 글은 나의 상처 치유과정 보고서이다. 아직까지 완성된 것은 아니다. 내 안의 상처는 아직 완전히 치유된 것은 아니기 때문이다. 단지 오래된 문제의 원인을 찾았고, 그 진

53) 김민주, 앞의 글, 57쪽.
54) 『독서치료와 도서관의 역할』. 신주영 · 김정근 기획 · 감수. 한울, 2004.
『독서치료와 공공도서관 서비스』. 송영임 · 김정근 기획 · 감수. 한울, 2004.
『어린이의 상한 마음을 돌보기 위한 독서치료』. 김민주 · 김정근 기획 · 감수. 한울, 2004.
『성인아이 문제와 독서치료』. 김경숙 · 김정근 기획 · 감수. 한울, 2004.
『대학생의 '문제음주' 와 독서치료』. 김수진 · 김정근 기획 · 감수. 한울, 2004.
55) 『떠돌이 개 : 가브리엘 뱅상의 그림 이야기』. 가브리엘 뱅상, 열린책들, 2003.

단 방법을 찾았고, 기초적인 치유과정을 겪은 것뿐이다. 따라서 나의 치료적 책읽기는 계속될 것이다. 나를 위해서 그리고 다른 이들을 위해서. 그것은 또한 오로지 내 자신을 위한 것이기도 하다. 내가 변함으로 해서 다른 이가 변하고, 다른 이의 변화를 이끌면서 자연히 내가 변화하게 되기 때문이다.

우리가 어떤 큰 슬픔이나 상처, 분노와 두려움도 그것을 큰 기쁨과 치유, 자비와 자유로 바꿀 수 있는 내적인 힘을 가지고 있다는 것이다. 그리고 그 힘으로 모든 죽임당하고 있는 것을 치유하고 살려 낼 능력 또한 가지고 있다는 것이다.[56]

내 마음의 상처에 대한 치유의 방향 곧 치료적 책읽기의 방향은 슬픔, 상처, 분노, 두려움을 외면하지 않고 당당하게 대면하여 그것을 기쁨, 치유로 바꿀 내 안의 강력한 힘을 가지는 것이다. 이러한 능력은 내가 태어날 때부터 이미 가지고 있었던 것이며 단지 느끼지 못했을 뿐이다.

스캇 펙이 말한 대로 삶은 고해이며 나에게는 아직도 가야 할 많은 길이 있기에 끊임없이 나를 발견하고 사랑하며 치유해 나가는 과정은 계속될 것이다.

56) 김형경, 앞의 글, 9쪽.

#03 독서를 통해 마음 읽기

집요한 집착으로부터의 탈출

-주하영(책정연 회원)

1. 나는 누구인가

되도록 밤은 피해 왔다. 깊은 밤은 터부였고, 규율이었고, 신념이었다. 그렇게 단련해 왔다. 밤, 그 깊은 밤엔 결단코 글을 쓰지 않도록. 밤은 감당할 수 없는 복잡함, 어려움이 있는 시간이다. 타고 오를 수 없는 난감한 층계의 어지럼, 애초에 도착 없음을 결정하고 떠나는 미로 여행의 피곤함, 찰나에 폭발해 버리는 생각의 무리에 대한 두려움, 무섬증, 그런 것들을 두루 갖춘 시간이다. 어지럽고, 피곤한 그러나 결단코 피할 수 없는 자기 직면의 시간.

그런 시간에 쓴 글은 질서를 간단하게 무시한다. 무척이나 매섭고, 사나운, 퍽 복잡하고, 어지럽고, 어려운 사람, 그런 사람을 닮은 글이 되어 버린다. 그런 글이 나는 또 싫다.

누구나 그렇듯 치부는 감추고, 숨기고, 사기 치고 싶은 것이다.

그러나 일부러 밤을 택했다. '용기인가, 객기인가' 이런 소소하고 사소한 생각들의 경쟁에서부터, '내 안의 규칙을 스스로 부숴 버림' 에서 맞이하는 망설임, 두려움에 이르기까지 찰나에 많은 생각들이 요란하게 스친다. '감히' 나는 밤을 택하였다. 페르소나[1)]를 벗어 던지고 정직하고 솔직하게, 거짓 없이, 진심으로 '내 전체' 를 베껴 내고 싶은 심정이 돼 버린 것이다. 그렇게 애달프고, 간절한 심정이 돼 버린 것이다.

항시 나는 궁금하였다. 내 존재의 성분은 무엇인가. 내 이름, 내 나이, 내 소속을 아는 이, 내 생김을 아는 이, 내 성질을 추측하는 이는 있었으나 진정 내 속의 유니크한 성분을 알고 인정해 주는 이는 만나 보지 못했다. 내 안에 떡하니 똬리를 틀고 있는 이름도 윌 수 없는 무수한 나를 생각할 때, 내가 고작 20년 남짓을 살았음에 불과함을 생각할 때, 그리고 무엇보다 내가 쉬 힌트를 주지 않는 옹색한 사람임을 생각할 때 이는 오히려 자연스럽고 당연하다.

그리고 하나, 이것은 매우 중요하고 근본적인 것이다. TV 연속극에 등장하는 인물 A가 종종 쳐대는 대사에서 내가 도리 없이 멈춰서는 이유도 여기에 있다.

'네가 뭘 알아! 난 내가 제일 잘 알아!'

동감 불가한 대사다. 그러니까 나는……도무지 모르겠다.

'Who am I?'

고백하건대, 나는 나 자신에 대해 두 가지밖에 모르겠다. 이 두 가지를 뺀 나머지가 여덟일지, 아흔 여덟일지, 아니면 그보다 한자리 큰 여덟일지 그것 또한 모르겠다. 요컨대, 내 안의 나는 '미지수 전체' 라 해도 과언이 아닐 것이다.

나를 아는 사람들 대부분은 하나같이 개성 없이 이런 말들을 한다.

"넌 너무 복잡하고, 어려워"

그러면 난 또 개성 없이 이런 말로 받아친다.

"어? ……그런가?"

오랜 동안 지속된 이 같은 대화의 축적으로 나는 지금 '퍽 복잡하고 어려운 사람' 이 되어 있다. 본래의 내가 그런 사람이었다기보다 어떤 통제 못할 힘에 이끌려 나도 모르는

1) 페르소나는 배우가 자신의 역할을 청중에게 나타내기 위해 쓰던 가면을 일컫는 말이다. 같은 의미로 페르소나는 인간이 자기가 아닌 다른 어떤 것으로 나타내 보이기 위해 사용하는 가면이라고 할 수 있다.…… 만약 어떤 사람이 그 페르소나가 진정한 자기의 본성을 반영한다고 믿는다면 그는 그 역할자 자체가 되어 버린다. 그러면 그 사람의 자아는 오직 페르소나와만 동일시되어 성격의 다른 국면들은 충분히 발달하지 못하게 된다. 그 사람은 결국 진정한 자기로부터 소외되어 팽창한 페르소나와 축소된 다른 국면들의 성격들 사이에서 긴장을 초래하게 된다. 이 현상은 심리적 건강을 방해한다. – 『사랑을 선택하는 특별한 기준』〈2〉, 김형경, 문이당, 2002, 248쪽.

사이 그리 되어 버린 것 같은, 시쳇말로 '사기당한 것 같은' 느낌이 강하다.

이런 예가 한둘이 아니다. 은근히 카리스마 있어, 냉정해 보여, 쿨한 것 같아, 항상 바쁜 것 같아, 넌 어딜 가도 잘 살 거야 등등. 내가 뒤집어 쓴 페르소나에 걸맞게 얕고 성의 없는 무수한 평 내지 감상이 있었을 것이고, 어느새 나는 그것들을 '정답' 으로 인정하기 시작했다. 마치 자기최면을 걸 듯 자발적으로 얕고 성의 없는 평들을 유도하고, 끝내 그것에게서 도망치지 못한 이유…… 그것이 정답인 양, 마치 내가 꼭 그런 사람인 양 짜 맞추듯 삶을 찍어 낼 수밖에 없었던 이유…… 그것은 나에 의해 생산된, 내가 발견하고 인정하고 다스려야 할 내 문제이고, 과제였다.

결국 '무엇 때문에' 스스로 선택한 그럴싸한 틀에 맞추어 내 이 삶을 '찍어 냈다' 고 밖에 생각되지 않는다. 창조적 생산이 아닌, 무단, 불법 복제로 근근이 지속되어 온 모조된 삶이었다. 어쩌면 복제 이후 '나' 라는 오리지널은 상실되었는지도 모르겠다. 상실된 '나' 는 소풍날 단 한 번도 내게 그 존재를 들키지 않은 보물 마냥 언제까지고 그렇게 발각되지 않을 기세로 내 삶을 미궁으로 몰아넣고 있고, 그것이 나는 …… 두렵다.

그 무엇은 …… 무엇인가?

본디 궁금한 것은 참지 못하는 성질을 타고났다. 그 증거로 중등 교과서에서 처음 발견한 물음의 답에 여전히 집요하리만치 집착하고 있다.

'나는 누구인가?'

언제부터인가 의심하게 되었다. 아니, 의심이라기보다 눈치를 챈 것 같다. 어쩌면 내가 바라는 '정답' 이란 건 애초부터 없었는지도 모르겠다고 …… 그렇다면 이제 그만둘 만도 한데, 깨끗하게 인정하고 손 털면 그만일 텐데 이상하리만치 나는 집요하다. 아마도 이 물음에 대한 고찰이 정답의 발견 내지 탈환을 목표로 끊임없이 매달리고 시달리는 피곤한 작업이 아님을 알고 있기 때문에, 오히려 새로움을 발견하는 과정에서의 설렘과 가슴 떨림, 벅참과도 같은 흥미로운 작업임을 알고 있기 때문에 그러할 것이다. 이를 테면, '보물찾기' 를 목적으로 하는 것이 아니라 '무슨 보물이 있을까' 를 기대하고 바라는 소풍날의 '들뜸' 과도 같은 …… 끝내 보물을 찾지 못한다 해도 난 울지 않을 자신이 있다. 이미 그 과정에서 난 충분히 즐겁고 신이 났으니까 말이다.

나르시스처럼 늘 나 자신에게 흥미를 느끼고 스스로를 살피는 것, 그 과정은 내게서 아주 느리게, 실체 없이, 오랜 동안, 지속되어 왔다. 생각해 보면, 어린 날 나의 '나에 대한 탐구' 는 한낱 '공상' 에 불과했다. 나는 이런 사람인가? 아니, 저런 사람인가? 끊임없이 의심하고, 재고, 추측하고 …… 어느 하나 확실한 것 없었고, 무엇보다 과학적이지 못했다. 독려하는 사람도, 재촉하는 사람도, 강제하거나 강요하는 사람도 없었다. 자극이 없었다. 그렇게 자의로 시작하여 스스로 어설프게 격려해 가면서 아주 느리게, 조용히, 오랜 동안 지속되어 왔다. 추측이고 예측이고, 때론 억측이었지만.

2. 자극하고 유인하는 자가치유서

'Who am I?'

지나치게 광범하고, 모호하고, 피상적인 나의 이 오랜 물음의 실체를 드러내고, 구체화시켜 나로 하여금 그것에 진심으로 매달릴 것을 자극하고, 유인한 것은 다름 아닌 몇 권의 책이었다.

지난 2003년 2학기는 내가 대학원생이 되어 맞은 첫 학기였다. 그 시기 나는 대책 없이 단순해지는 것을 목표로 삼고 있었다. 한 번만 비틀어 생각해도 머리가 터져 나갈 것만 같은 정황이었으니 당연했다. 낯설고 생경한 풍경과 아우라, 그 새로움은 생각보다 만만찮은 도전이었고 시련이었다.

그러나 김정근 교수님을 만난 첫 수업[2)]에서 나는 '아차!' 싶었다. '이거 한 학기 동안 무시무시한 폭풍이 내 심장을 훑고 지나가겠군.' 축축하고 눅눅한, 반갑지 않은 불안이 순간 뒤통수를 내리 찍고 이내 사라졌다. 그것은 독서치료를 경험한 사람들이 하나같이 입 맞추어 전하는 '이거다!' 싶은 정전과도 같은 발견과는 다른, 순수한 두려움과 불안, 공포 자체였다. 이를테면, 발목을 드러내는 한복치마에도 잊지 않고 버선을 챙겨 신던 조선의 아낙이 무릎이 훤히 드러나는 미니스커트를 권해 받았을 때, 그때의 충격과 당혹감과 닮은 그런 것이었다.

그해 1학기, 대학원에 진학하기 전 학부과정에서 김정근 교수님의 〈연구방법론〉을 수강하면서 내 식으로 사고하고, 말하고, 글쓰기를 시도하며 적잖은 진통을 경험한 후라 그 불안은 더욱 구체적이고, 실감나게 다가왔을 것이다. 나의 견해와 생각을 밝히고, 내 방식을 찾는 것과는 또 다른, 이것은 그야말로 나를 껍질 까듯 그 속내를 내보일 것, 그것을 요구하고 있었다. 어마어마한 폭풍이 예고되는 순간이었다.

나는 '내 말'을 잘 하지 않는다. 그렇다고 내성적이거나 말수가 적은 편은 아니고, 교묘하고 영리하게 '피해 가는 법'을 일찍부터 터득했다고 보는 것이 정확하겠다. '어떤

2) 나는 김정근 교수님이 2003년 2학기 문헌정보학과 일반대학원에 개설한 〈주제별 연구자료론〉을 수강하였다. 그 수업에서 십여 명의 수강생들과 함께 십여 권의 치유서를 읽으며 독서치료를 경험하였다.

문제' 에 대한 내 생각은 분명하였으나 결코 그 '어떤 문제' 가 나의 문제가 되는 법은 없었다. 언제나 화제의 중심에 나는 없었고, 그 중심에 선 어떤 문제에 대한 내 생각만 있었을 뿐이었다. 청소년기를 보내면서 단 한 번도 나의 문제로 '상의' 혹은 '상담' 이라는 것을 해 보지 않았다면 말 다한 것 아니겠는가. 나의 말하기 방식은 항시 그랬다. '숨기고, 사기 치거나' 혹은 '남의 얘기하듯 가볍게 웃으며 말하는[3]' …… 그런 나에게 '나의 이야기' 를 해 보라니 무리여도 한참 무리한 주문이었고 요구였다. 그러니 폭풍이라고밖에 표현이 안 되는 것이다.

고백하건대, 처음 몇 권의 책 — 이호철의 『학대받는 아이들』[4]이라든가 이훈구의 『미안하다고 말하기가 그렇게 어려웠나요』[5], 김경일의 『공자가 죽어야 나라가 산다』[6], 권영재의 『정신건강클리닉 : 마음이 건강해야 몸이 건강하다』[7] 등 — 을 대하는 동안 나는 진심이지도, 진실하지도 않았다. 그저 내용을 기술하고, 그들을 동정하거나 위로하는 주체에 슬쩍 나를 끼워 넣어 잠시 잠깐 흥분해 주는 정도, 그 정도에 불과했다. 그 어디에도 나의 상처, 나의 과거, 나의 유년, 청년기는 없었다. 내가 전제되지 않은 성의 없는 '말 뱉음' 이었다. 알면서 모른 척한 것이라기보다 진심이 아니었기에 보이지 않았다는 말이 정확할 것이다. 그 안에 엄연히 존재하는 '나' 와 '내 상처' 를 보지 못했다, 보지 않았다.

배르벨 바르데츠키의 **『따귀 맞은 영혼』**[8]이 처음이었고 시작이었다. 성격이 느긋하고 여유로운 편이 못 되어 어린 날부터 속독하는 것을 버릇 삼아 왔던 나에게 이 책은 대단히 생경한 속도감을 맛보게 해 주었다. 매우 오랜 시간 힘들게 공들여 읽어 그 속도는 느리되 이상하리만치 스릴 넘쳤다. 약간은 불안정하고, 복잡한 표정의 사람 하나를 모델 삼아 그려 낸 정갈하고 따뜻한 빨간색 표지가 인상적이었고, 존대어 번역도 새로웠다. 처음엔 경어로 진행되는 흐름이 부자연스러워 내심 불편하더니 그것도 점차 익숙해져 후에는 오히려 그 편이 친숙하고 안정되어 좋았다.

크고 작은 일상과 그 속의 인간관계에서 발생하는 마찰 그리고 그로 인한 마음 상함을 '게스탈트 심리학' 의 입장에서 설명하고 있는 지은이는 끊임없이 나를 자극하고 도발하

3) 김형경, 앞의 책 〈1〉, 79쪽.
4) 『학대받는 아이들』. 이호철. 보리, 2001.
5) 『미안하다고 말하기가 그렇게 어려웠나요』. 이훈구. 이야기, 2001.
6) 『공자가 죽어야 나라가 산다』. 김경일. 바다출판사, 1999.
7) 『정신건강 클리닉 : 마음이 건강해야 몸이 건강하다』. 권영재. 하서출판사, 2000.
8) 『따귀 맞은 영혼』. 배르벨 바르데츠키/장현숙 옮김. 궁리, 2002.

여 종국에는 내 속에 감춰지고, 숨기어진 '나의 트라우마'의 정체를 밝혀내기에 이르렀다. 이것은 대단한 파워와 에너지, 무엇보다 시간과 인내를 요하는 작업이었다.

트라우마

트라우마

……

……

……

트라우마

내게는 언니 둘과 여동생이 하나 있다. 딸만 넷인 집의 '셋째 딸'인 셈이다. 부모님께선 끝내 부인하셨지만 아들을 얻기 위해 넷이나 되는 딸을 낳으셨다는 것쯤은 산타가 존재하지 않는다는 사실을 알아챘을 무렵부터 이미 알고 있었다.

내가 인지하고 있는 최초의 기억에서 제법 또렷한 하나는 '자식이 몇이냐'는 어른의 물음에 마치 죄인이라도 되는 것처럼 고개 숙여 '딸만 넷입니다' 하는 아버지와 어머니의 씁쓸하고 작은 뒷모습이었다. 이어서 어김없이 돌아오는건 '부럽네. 딸은 살림밑천이라지 않나' 하는 '가진 자'의 자신감 넘치는 동정과 위로의 광경이었다. 어린 마음에 덩달아 죄인 된 심정으로 머리를 조아리고 어깨를 움츠렸을 것이다. 아들이 아님을 판정받은 순간 나는 '원치 않았던' 세 번째 아이로 등록되었을 것이고, 자연히 나는 어린 날부터 불쾌하기 짝이 없는 '거절감'을 경험하였을 것이다.

'언원티드 베이비……'[9)]

수천 번 곱씹어 무디고 익숙해지려 해도 좀처럼 견뎌지지 않는다.

나조차 이해 못한 미스터리가 풀리는 순간이다. 중학교 2학년 때로 기억한다. 1월에 태어나 줄곧 방학 때문에 생일을 챙겨먹지 못했던 나에게 친구들이 처음으로 생일파티라는 것을 해 주었다. '나 같은 것'을 챙겨 주어 고맙고 감사한 마음에 눈물이 나려는 것을 꾹 참았다. 미스터리는 지금부터다. 케이크에 초를 14개 박고 노래를 부르기 시작하는데 그것은 흔히 생일파티에서 즐겨 부르는 '생일 축하합니다'가 아닌 '왜 태어났니'였다. 재미 삼아 장난 삼아 그리한 것임을 분명 모르지 않았는데 놀랍게도 주체할 수 없을 만큼 화가 치밀었다. 단순히 서운한 감정이라기보다 그것은 강렬하고 폭발적인 '분노'에 가까웠다[10)]. 그제야 나는 꾹 참았던 눈물을 흘렸다. 통통 흐르는 감동의 눈물이 아

9) 아들 없는 집안의 셋째나 넷째 딸, 여러 형제들 중 막내, 어떤 이유에서든 그 출생을 환영받지 못한 아기, 자라는 과정에서 '너를 낳지 않으려 했다'는 말을 들으며 자라는 아이들이 낮은 자기 이미지를 갖게 된다는 사실은 이미 알고 있었다.– 김형경, 앞의 책 〈2〉, 17쪽.

닌, 와락, 벌컥 쏟아지는 분노의 눈물이었다.

'언원티드 베이비 ……'

곱씹을 때마다 다른 느낌으로 통증을 주는 퍽 불쾌하고 기분 나쁜 언어다. 정색을 하며 '왜 태어났느냐' 고 몰아붙인 사람이 있었던 것도 아니고, 부모로부터 버림받거나 학대받았던 극단적이고 구체적인 '상처의 상황' 이 있었던 것도 아니다[11]. 가시적이지 않았고, 구체적이지 않았고, 무엇보다 명확하지 않았기에 더욱 먼 길을 걸어 찾아낸, 그리고 그보다 곱절의 공을 더 들인 후에야 인정할 수 있었던 나의 '원초적 마음 상함' 이다. 일기 적기에 취미가 있어 어린 시절부터 기록해 놓은 기록물이 있는 것도 아니었고, 느긋하고 여유롭게 시간을 풍족히 써 가며 옛 기억을 더듬어 볼 만큼 한가한 일상도 아니었다. 책 한 구절구절을 응시하기도 하고, 노려보기도 하고, 씹어보기도 하고, 만져 보기도 하였다. 물론 이 책 한 권에 이런 발견을 하였다거나, 종결을 본 것은 아니었다. 이것은 그야말로 불안정한 시작이었고, 구체성을 상실한 두려과 불안을 끊임없이 도발하고 조장하는 씁쓸한 자극이었을 뿐이다.

『따귀 맞은 영혼』, 좀처럼 사용하지 않는 표현지만, 나는 이 책 한 권에 퍽 '탄력을 받았다.' 동화적으로 말하자면, 엄청난 무엇이 나올 것만 같은 '꿈의 광산' 을 우연찮게 발견해 버린 가난한 광부의 심정이랄까. 아무튼 그 시점의 나는 꽤나 고무되어 있었고, 무엇보다 의욕적이었다. 그렇게 탄탄히 준비된 나의 감수성을 놓치지 않고 고대로 받아쳐 준 책이 미실다인의 **『원만한 정서생활을 가로막는 몸에 밴 어린 시절』**이었다.[12] 아무리 애를 써도 정이 붙지 않을 것 같은 촌스런 초록의 표지에 엉성하다기보다 성의 없는 편집, 누가 봐도 증정용 혹은 비매품의 용모를 한 책이었다. 확신컨대, '읽어 내야만 하는' 책이 아니었다면 결단코 내 손에 의해 그 책이 열리는 일은 평생을 두고 없었을 것이다.

내 안에 어린 날 상처 입은, 다른 누구도 아닌 '내' 가 들어앉아 나의 성숙과 성장을 방해 놓고 있다는 사실의 발견은 내가 운용하고 있는 시간들을 순간 정지시켜 버릴 만큼 강력한 것이었다. 그런 생각이 일었다. 내가 나의 어린 날을 어미 된 심정으로 다스리고

---

10) 우리는 누구나 내면에 억압된 분노를 가지고 있다. 아기 때 엄마에게 표출하지 못한 분노뿐 아니라, 성장하면서 그 감정이 사회적으로 용인되지 않는다는 것을 알고 계속 분노를 내면으로 억눌러 둔다. 그렇게 억압된 분노는 어떤 식으로든 간접적으로 표출되면서 그 사람의 삶을 공격한다. - 『사람풍경』, 김형경, 아침바다, 2004, 49쪽.

11) 그러나 부모에게서 버림받지 않았다고 해서 부모에게서 버림받는 기분까지 모르는 것은 아니다. 구체적이고 실제적인 버림의 상황에 직면하지 않았다 해도 눈치 채지 못한 일상의 반복에서 충분히 유사한 성질의 상처가 발생할 수 있다. '니가 죽어 버려라' '널 낳지 않으려고 했다' '쓸모없는 것' 등 우리는 너무나 위협적이고 위험한 말들을 일상적으로 큰 자각 없이 내뱉고 있다. 이러한 '말' 들은 잊힌 척할 뿐 결코 잊히지 않는다. 그것은 불시에 느닷없이, 예고 없이 언제고 출현하여 누군가의 삶을 송두리째 뒤흔들 수 있는 위험한 것이다.

12) 『원만한 정서생활을 가로막는 몸에 밴 어린 시절』, W. 휴 미실다인/이종범 · 이석규 옮김, 가톨릭출판사, 2002.

보듬고 토닥이지 못한다면, 그리하여 그 앙탈을 잠재우지 못한다면, 내게 '미래란 없는 것' 이 아닌가. 이것은 놀람이라기보다 두려움이고 무서움이었다. 나는 몹시 경직되어 그만 울 뻔하였다.

미실다인은 성장을 거부한 채로 내 안에서 울어대고 있는 상처 입은 어린 날의 나를 '내재과거아' 로 표현하였다. 자라지 않는 아이, 상처 입은 아이, 울어대는 아이…… 내게도 그런 아이가 있을까 싶었다. 내게도…… 있을까 싶었다. 의심이 확신이 되기까지 내게는 불면의 밤이 선물되었다. 정말이지 오랜 동안 같은 말을 주저리고, 같은 생각을 뇌었다. 그렇게 오랜 시간을 지루하고 지겹게 견뎌 낸 결과로 나는 내 안에 존재하는 어린 날의 나를 발견하고, 무엇보다 '인정' 할 수 있었다. 몹시 어려운 기분으로……

트라우마

……

내재과거아

……

나는 진심으로 매달렸다. 이것의 정체가 드러나지 않으면 '나의 문제' 는 더욱 미궁으로 치달을 것만 같았다. 사건을 해결하지 못해 전전긍긍하는 수사반장의 심정이 된 나는 절실하고 간절한 마음으로 이 두 가지 실마리에 집중하였다. 나의 트라우마는 무엇인가?

내 안에 존재하는 어린 날의 나는 무엇 때문에 상처 입었는가?

……

'언원티드 베이비'

원치 않았던 아이로 등록된 딸 넷은 그 나름으로 사랑받기 위해 분주하게 애썼을 것이다. 사랑이 독에 든 한정된 양의 물인 줄만 알았던 어린 네 딸들은 조금이라도 많은 사랑을 성취해 내기 위해 그들만의 '무기' 도 개발해야 했을 것이다. 그런 무기가 내겐 없었다.

딸 넷인 집안의 장녀로 태어나 적지 않은 부담을 안고 있던 큰딸은 두뇌가 명석하기로 동네에서 소문이 자자했다. 딸 넷 중 유일하게 누구도 침범치 못할 합법적이고 공식적인 자기만의 방을 가지고 있었고, 그녀의 방엔 여섯 살 아래의 내가 이해하기엔 숨이 가쁜 두텁고 어려운 책들이 먼지 하나 없이 정연하게 줄지어 꽂혀 있었다. 나는 드라마 속 주인공을 보듯 그녀를 보았고 동경하였다. 개근상 이외의 상은 받아 낼 재간이 없었던 나에게 종류를 가리지 않고 휩쓸 듯 상장을 받아 오던 그녀는 우상 그 자체였던 것이다. 부모님께선 그런 딸을 몹시 자랑스러워하셨다. 어쩌다 집에 손님이라도 오는 날이면, 그녀의 상장이며 메달을 줄줄이 꺼내 은근히 어깨에 힘을 줘 가며 한 장도 거르지 않고 다 보이셨다. 그 미소, 그 어깨를 잊을 수가 없다.

둘째 딸은 사내아이 같아서 부모님의 신망이 누구보다 두터웠다. 과학상자대회다 수학경시대회다 사내아이들이 잘할 법한 것들에서 그녀는 두각을 나타냈다. 하는 행동도 그렇게 듬직할 수 없어서 반장이나 회장 같은 것들을 어려서부터 독점하다시피 하였고, 친구도 많았다. 어디 나가서도 부모님은 함박웃음을 지으시며 꼭 그렇게 말씀하셨다. "우리 둘째는 사내아이 같아서 걱정입니다"라고. 내겐 그 말이 "열 아들 안 부럽겠습니다" 하는 답변을 은근하게 강요하고 재촉하는 듯 들렸다. 나와 꼭 두 살 차이가 나지만 학년은 하나가 위였던 그녀는 사사건건 나와 비교되었다. 동네 어른들이나 학교의 선생님들, 선후배, 친구들에게까지 나는 '그녀의 동생' 이었을 뿐이었다. 나는 '네가 아무개 동생이니?' 라는 말을 그 어떤 말보다 저주했다.

막내딸은 귀염을 독차지하였다. '막내라 더욱 특별하다' 란 말이 정말 그런가 보다 싶을 정도로 많은 사랑을 받았다. 나까지 물려오던 책과 옷가지들은 막내 차례에서 다시 새것으로 바뀌었다. 너무 오래되어 입히고 읽히기에 무리가 있다는 이유였지만 그것을 이해하기엔 내가 너무 어렸다. 당연하게 그녀는 나의 시기와 질투의 대상이었다. 공부도 제법이었고, 무엇보다 나와 다르게 순종적이고 내성적이어서 제 뜻을 겉으로 표현하지 않아 부모님이 알아서 정해 주고 챙겨 주는 경우가 많았다. 그녀에게로 향하는 관심과 보살핌은 고대로 나의 '결핍' 이 되었다.

나로 말할 것 같으면, '평범' 의 대명사로 선발되어도 억울할 것이 없을 만큼 특별할 것 없는 보통의 아이었다. 여느 아이들처럼 친구들과 어울려 노는 것을 좋아하고, 만화책에 푹 빠진, 아이돌 스타에 열광하였던 그런 평범한 여자 아이였다. 성적도 보통이었고, 외모도 특별할 것이 없었다. 특이할 만한 것이라면 중학교 2학년 때까지 단거리 육상선수였다는 것뿐, 아무리 생각해 봐도 달리 자랑할 것도 내세울 것도 없었던 그저 그런 보통의 아이였다.

특기사항 없는 그저 그런 '보통의 아이' , 그것도 위아래로 치이기 바쁜 '셋째' , 무엇보다 누구도 반기지 않았던 '딸' 이 부모의 사랑을 풍족하게 할당받는 것은 보통 어려운 일이 아니었다. 칭찬받을 것이라곤 건강한 몸뚱이 뿐이었으니 말 다한 것 아니겠는가. 학교 대표다 도 대표다 해서 각종 대회를 제집 드나들듯 하던 언니들에 비해, 성질이 온순하고 내성적인 데다 네 딸 중 유일하게 몸도 약해 걱정이 컸던 동생에 비해, 기대도 걱정도 크지 않았던 나는 언제나 관심의 순위권 밖이었다. '관심 받지 못한다는 것' 은 '사랑받지 못한다는 것' 으로 이해되었고, 기분이 울적하거나 서러운 일이라도 있는 날에는 '불필요한 하찮은 인간' 쯤으로 왜곡 또는 과장하여 이해되기도 하였다.

명절이면 딸밖에 낳지 못한 며느리, 올케를 은근하게 타박 주는 할머니와 고모들이 싫어 도망도 많이 다녔다. 제일 서러운 것이라면 한두 살 터울의 사촌 오빠들에 비해 터무니없이 적었던 세뱃돈과 관심이었다. 그래도 잘난 딸을 두신 부모님은 크게 기죽지 않으셨다. '딸은 살림밑천' 이라는 말을 진정 믿으셨던 건지 아니면 무안한 마음에 위로 삼아 버릇처럼 그 말을 되뇌셨던 건진 모르겠지만, 명절 때면 십팔번이라도 되는 것처럼 수십 번 그 말을 하셨다. 그러나 나는 그 잘난 딸도 되어 드리지 못했다. 죄지은 것 없이 죄스런 심정이었다.

중학교 3학년, 입시를 앞둔 나는 쉬 오르지 않는 성적과 무엇보다 애초에 흥미가 없었던 공부 자체에 회의와 염증을 느끼기 시작했고, 만성적인 피로와 패배감, 열등감에 시달렸다. 특히 잘난 언니들과 사랑받는 동생 사이에서 오는 질투[13]와 열등감은 참기 힘들 만큼 심각했다. '사랑받기 위해선 일정 자격이 필요하다' 생각했고, 그 어떤 자격도 갖추지 못한 난 '누구에게도 사랑받지 못할 것' 이란 막연한 불안도 있었다. 막연했으나 실감나는 공포였고 두려움이었다.

그 무렵 나는 친구관계에도 매우 서툴렀다. 무엇보다 깊이 교감할 수 있는 관계가 내겐 없었다. 친구들과 속 깊은 이야기를 나눌 수도 없었다. 센 척, 강한 척하느라 약한 모습을 보일 수가 없었다. 아무것도 가지지 못한 내가 자존심마저 버리면 그건 정말 구원 없는 '끝' 이라고 생각했다.

내가 누군가에게 사랑받을 수 있는 가능성은 '누구보다 강해졌을 때' 생겨난다고 믿었다. 그렇게 내가 아닌 나로 철저하게 중무장한 채, 페르소나의 팽창과 자기의 축소를 스스로 묵인한 채 치열하고, 피곤하게, 악착같이 그 시기를 살아 냈다. 생각해 보면 끝없이 위태로웠고 불안정했으며, 항시 방어 자세로 일관하였다. 아무도 강요하거나 강제하지 않은, 그런 전쟁 아닌 전쟁을 나 홀로 준비하고 나 홀로 치러 내고 있었다.

늘 냉정하고 차가웠고, 모든 문제에 칼로 자르듯 매섭게 분명했으며, '고집 있다' 싶을 정도로 주관도 뚜렷했다. 그것을 두고 친구들은 침착하다, 카리스마 있다, 자기 생각이 분명하다, 자아가 강하다는 평 등을 주었지만, 나는 항시 전쟁을 치러 내듯, 외줄을 타듯 긴장하고 경직되어 있었으며 '이게 아니면 모든 게 끝' 이라는 절박하고 간절한 심정으로 말하고 행동하고 있었다. 페르소나에 걸맞은 '연기를 했다.' 그렇게 피곤하고, 그렇게 지치도록 자신을 몰아붙이고, 학대하고 있었다.

내가 기억하는 최초의 시간부터 열여덟 고3 때까지 이 근원을 알 수 없는 '열등감' 은

13) 질투심의 심리적 배경에는 '사랑받는 자로서의 자신감 없음' 이 자리 잡고 있다고 한다. 자신이 사랑받을 만한 가치가 있는지에 대해 확신을 갖지 못하고, 사랑하는 사람이 보여 주는 헌신조차 믿지 못하고, 심지어 자신이 사랑을 진정으로 필요로 하는지조차 의심이 들 때, 그 자신감 없는 마음에서 발생하는 감정이 질투라고 한다. – 김형경, 앞의 책, 112쪽.

내 존재 전체를 통과하였다. 주목받기 위해 공부를 했고, 사랑받기 위해 강해지려고 했으며, 짐이 되지 않기 위해, 불필요한 존재가 되지 않기 위해 신중하려고 애썼다. 그 무렵부터 과도한 성실성과 자주성이 나타나기 시작했던 것 같다. 공부 잘하는 아이, 강한 아이, 신중한 아이, 무엇보다 혼자서도 잘하는 아이, 그것은 내게 있어 취하거나 사할 수 있는 '선택의 문제'가 아닌, 절박한 필수적인 '조건의 문제'였다. 그렇게 나는 '복잡하고 어려운 사람'이 되어 왔다.

이 두 책을 덮고 혼란을 감추지 못한 채 당황하고 있을 즈음, 아마 그 무렵 나는 이 수업이 내가 줄곧 쥐고 있었던 다소 고루하고, 지루한 그러나 몹시 진지하고 의미 있는 그 물음과 깊고 면밀하게 연관되어 있음을 의식하기 시작하였다.

'나는 누구인가?'

나의 현재는 맥락 없이, 생뚱맞게, 예고 없이 하늘에서 투두둑 떨어져 버린 유성과도 같은 무엇은 아닐 것이다. '트라우마', '내재과거아' 뭐 그런 대단한 무엇이 아니어도 좋다. 내가 나란 존재의 성질을 좀 더 알아낼 수만 있다면, '너는 어떤 사람이니?' 묻는 말에 침묵을 대접할 수밖에 없었던 그간의 지옥 같은 상황을 모면할 수만 있다면, 이 작업이 무섭고 두렵고 한편 복잡하고 지루하고 고되더라도 '해 봐야겠다.' 싶은 의지와 의욕이 실감나게 형성된 것이다. 짧지만 강렬하고 강력한 자극이었다.

3. 진정한 의미의 자가치유

『따귀 맞은 영혼』과 『원만한 정서생활을 가로막는 몸에 밴 어린 시절』. 고작 두 권인가 싶을 것이다. 나 역시 고작 두 권이었던가 싶지만 이 시점에서 과장은 무의미하다고 믿는다. 수업이라는 다소 퍽퍽하고 유연하지 못한, 퍽 경직되고 형식적인 시간과 공간에서 두 권의 의미심장한 책을 발견하였다는 것은, 그 두 권의 책을 '진심'으로 읽어 냈다는 것은 나 개인적으로도 격려하고 칭찬할 만한 일이라 생각한다.

실제 나는 '기억력에 이상이 있는 게 아닌가' 하는 의심이 들 정도로 그간 읽어 온 책들 대부분의 제목이나 줄거리를 명확하게 기억해 내지 못한다. 그것들이 질서를 지켜 가며 정연하게 늘어서 주질 않는다. 내 머리 속에서 그것들은 섞이고 섞여 뒤범벅되고 형태를 상실한 채 모호한 경계로 존재하는 것이다. 그래도 혹 누군가 집요하게 "고작 두 권이야?"라고 딴죽을 걸어온다면, 짧고 적었지만 길고 많은 스파크보다 몇 곱절은 강력하고 강렬한 자극이었다고 변명할 작정이다.

정보를 수용하고 인식하는 회로 한쪽을 새롭게 열어 두었더니, 그 후로는 별것 아니다 싶어 흘려보냈던 메시지도 깊은 의미가 되어 각인되고 저장되었다. 사람이 이렇게 단순했던가 싶다가도 이렇게 섬세했던가 싶어 아연해질 지경이었다. 실로 많은 의미들이 나를 몹시 복잡하게 하였고, 나는 매우 어려운 심정이 되었다. 놓치고 살았던 것들, 모르고 살았던 것들, 크게 개의치 않고 무시하며 살았던 것들이 거대한 의미로 한꺼번에 덮쳐와 고만 질식해 버릴 것 같았다. 생각이 꼬리잡기라도 하는 것처럼 물고 물렸으며, 덕분에 무수한 불면의 밤을 지새워야 했다.

몸이 내지르는 비명을 느끼고 이제 한 호흡 쉬어야겠다고 마음먹었을 무렵, 나의 앓음을 끊임없이 격려하고 자극하였던 한 선배의 권유로 나는 더욱 큰 소용돌이를 삼켜 버리게 되었다. 그 소용돌이는 현경이 만들어 내는 것이었다. 눈이 시릴 정도로 강렬한 형광의 핑크와 연두의 표지는 섬뜩하다고밖에 표현이 안 되는 그녀의 옆얼굴을 담아 묘한 기운을 발산하고 있었다. 놀랍게도 그 부자연스러울 만큼 강렬한 색상과 사나워 보이는 그녀의 옆얼굴은 이상하리만치 조화로웠다. 정확하고 명확하게 설명할 순 없지만 나쁘지 않았다.

그녀는 대단히 잘난 여자이고, 몹시 기가 강한 여자이며, 기가 막힐 정도로 자유롭고 낙천적인 여자였다. 나는 때로 감동했으며, 때로 질투했고, 때로 두려워했다. 그 무렵 해일이 쓸고 간 자리에 남은 폐허 같은 심정으로 몹시 괴로워하던 나는 그녀가 생산해 내는 그 새로운 충격에 부담을 느끼고 버거워하면서도, 한편으론 그 혼잡스러운 자리를 그 충격이 질서 지우고 있다는 묘하고 야릇한 느낌을 받았다. 뭔가 정리되고 있는 듯한 느낌, 그런 느낌이었다. 부서진 건물이, 끊어진 다리가 다시 일어서고 있었다. 뭔가 새로운 방식으로, 뭔가 새로운 용모로, 뭔가 새로운 용도의……

네 안엔 그 누구에 의해서도 부서지지 않은 빛나는 아름다움이 있어. 네가 그 빛나는 아름다움을 네 안에서 꺼낼 수 있다면 그 빛나는 아름다움이 너를 구원할 거야. 그러나 네가 만약 그 빛나는 아름다움을 네 안에서 꺼내지 못한다면 그 태어나지 못한 빛나는 아름다움이 너를 파괴시키고 말겠지. 그 빛나는 아름다움밖에는 아무것도 너를 도와줄 수 없어.

……

Re-member

Re-member

Re-member[14)]

그녀가 말하는 아름다움, 결국 나를 구원할 그 아름다움을 깨끗하게 무시하고, 간과하였던 내가 빤히 보였다. 언원티드 베이비, 가진 것 없는 아이 …… 결국 관심 받고, 사랑받을 자격이 없는 아이로 나를 몰아붙이고, 윽박지르고, 학대하였던 이는 다름 아닌 나 자신이었다. 그런 내가 또렷하게 보였다. 애초에 누구로부터가 아닌 나로부터 생겨난 생채기였고 상처였던 것이다.

내가 나에게로 향하는 사랑과 존중의 결핍을 다스려 스스로 내 존재의 성질에 대한 애착과 관심, 존중 그리고 너그러움을 꽃피울 수 있을 때, 그때 그 꽃은 내게 내재된 '아름다움' 을 태어나게 할 것이다. 그 아름다움, 그 빛나는 아름다움이 결국 나를 구원할 것이다.

나는 이 책을 통해 딱 한마디를 하고 싶었다. 그것은 어떤 큰 슬픔이나 상처, 분노와 두려움을 갖고 있어도 우리는 그것을 큰 기쁨과 치유, 자비와 자유로 바꿀 수 있는 내적인 힘을 가지고 있다는 것이다. 그 힘은 모든 죽임당하고 있는 것들을 치유하고, 살려 낼 능력 또한 가지고 있다. 그 힘은 우리가 태어날 때부터 가지고 나온 우주의 선물이다[15)].

본래 메시아의 존재를 믿지도 않았으며, 구원이라는 말에는 사소한 정조차 두지 않았던 사람인데, 이상스럽게 이 책에는 열정적으로 몰두하고, 이입하게 되었다. 아마 두 권 빼곡히 들어선 그녀의 메시아적 메시지가 '복잡함' 과 '혼돈' 의 시점을 살았던 당시의 나를 구원하였다 해도 과언은 아닐 것이다. 그녀의 존재 자체가 내겐 '계몽' 이었던 것이다. 실제로 두 권의 책을 덮을 무렵, 나는 '모든 죄를 사하노라' 선고를 들은 죄인의 심정이 되었다. 무엇보다 나는 살아갈 용기를 얻었다. 현경, 그녀는 그런 힘이 있는 여자였다.

나는 나를 용서하지 못했던 것이다. 죄 없는 사람을 공연히 몰아붙이고는, 그렇게 누명을 씌우고는 스스로 용서하지 않았던 것이다. 나 스스로 왜 여자로 태어난 거야? 왜 셋째로 태어난 거야? 왜 공부를 못하는 거야? 왜 그렇게 제대로 할 줄 아는 게 없는 거야? 왜 그렇게 신중하지 못한 거야? 넌 왜, 도대체 왜 그 모양인 거야? …… 왜? 도대체 왜?

나는 나를 용서하지 못했고 사랑하지 못했다. 관심 받지 못하고, 사랑받지 못하는 것

14) 『결국은 아름다움이 우리를 구원할 거야』〈1〉, 현경. 열림원, 2002, 35쪽.
15) 김형경, 앞의 책 〈1〉, 9쪽.

은 온전히 나 때문인 거라고 여겼다. 모든 것이, 정말이지 모든 것이 나 때문이라고 …… 내가 이렇게 태어났기 때문이라고. 그렇게 죄인 된 심정으로 몇 겹의 가면을 쓰고 살았다. 용서받지 못한 채로, 스스로를 존중하고 사랑하지 못한 채로 자기최면을 걸듯 …… 그녀를 대하는 동안 내내 나는 몹시 고통스러웠다. 비겁했던 나의 정체를 기억해 내고 까발리고 인정하기란 쉽지 않은 일이니까.

우선은 그 모든 것이 나라는 사실을 인정하고, 내 안의 상처 입은 채 남아 있는 유년의 아기를 보살피면서 억압해 둔 무의식과 꾸준히 소통하면서 살면 될 것이다. 생에서 앞으로 해결해야 하는 문제가 무엇인지를 알았다는 것, 그것만으로 충분한 소득이었다.[16]

현경의 책 두 권을 덮으면서 나는 이 작업이 장기전이 되리란 것을 직감하였다. 현재의 건강하지 못한 나를 만들어 낸 어린 날 나의 상처를 발견하고 인정하는 것, 그것이 '끝' 이 아님을 감지한 것이다. 어쩌면 이 작업은 종결선언 자체가 불가능한 작업인지도 모르겠다는 생각마저 들었다. 실제로 고작 반복의 고리를 끊어 낼 단서를 발견한 것일 뿐, 아무것도 해결된 것이 없다. 오히려 앞으로 지겹도록 반복될 '나의 문제들' 을 끊임없이 인내하여 보듬고 어루만져 주는 일이 중요하리란 것, 세상엔 한방에 말끔하게 치료되는 상처도, 명약도 없다는 것, 내가 살아갈 세상은 무균실이 아니라는 것. 그것을 알 것 같았다. 그녀는 내가 현재를 살아내는 데 필요한 결정적 힌트를 주었고, 그렇게 내게 미래를 보여 주었다.

장기전이 될 것임을 분명하게 예감하면서도 쉬 발이 떨어지지 않았다. 그만큼 현경의 책 두 권을 내게서 통과시키는 일은 만만찮은 것이었다. 만성적 피로에 그녀의 강렬한 기운까지 겹쳐 온 몸은 '이제 그만 stop' 할 것을 강력히 요구하고 있었다.

그러나 한편으로 막연하게나마 뭔가 정리되는 느낌이 드는 것은 나로 하여금 어떤 명확하지 않은 '기대' 를 갖게 하였다. 내게 휴식을 선물하는 것도 중요하다고 생각했지만 시기가 아니라고 믿었다. 실제로 나는 부분으로만 알았을 뿐 전체는 보고 있지 못했다. 그 부분의 퍼즐을 맞추어 하나의 전체를 생산해 낼 필요가 있었고, 그것은 장기전을 치러 내기 위한 필수적인 절차였고 과정이었다.

시기적절하게도 그 무렵 김형경[17]을 만났다. 이미 오래전부터 '매우 매우' 괜찮은 책이라는 찬사에 익숙해져 있었기 때문에 한꺼번에 삼키지 말고 오래도록 곱씹어야지 마음

16) 김형경, 앞의 책 ⟨2⟩, 61쪽.

먹고 있었다. 그러나 그녀의 흡인력은 실로 대단했다. 골이 흔들릴 만큼, 숨이 차 목 끝이 아릴 만큼 진행이 빨랐다. 책을 열고 두 시간이 채 못 되어 첫 권의 반을 넘겼고, 안 되겠다 싶은 마음에 내가 먼저 책을 덮었다. 책 속의 세진은 무서울 정도로 나를 닮아 있었다.

외줄을 타듯 위태롭고, 불안하고, 불편하게, 그렇게 초긴장 상태로 나는 삶을 '견뎌 냈다.' 적군 없는 싸움터에서 나를 상대로 붉은 피를 쏟아 왔다. 나를 넘어서고 극복해 내기 위한 전쟁이 아니었다. 나를 감추고, 속이고, 외면하고, 사기 치기 위한 전쟁이었다. 명분도, 목적도, 승패도 없는 …… 어리석었다.

나는 정말로 내가 그런 사람인줄 알았어. 삶에 있어 주체적이고 일상에 있어서 성실하고, 자립적이고 강한 사람인 줄 알았어. 그렇게 살아왔다고 믿었어. 그런데 아니었어. 내 마음 깊은 곳에는 나 자신도 자각하지 못한 의존성, 나약함, 분노, 질투, 외로움 …… 그런 것들이 질식할 만큼 그득 차 있었어.[18]

난 아무것도 가지지 못한 사람이기 때문에 관심과 기대의 대상이 되지 못한다고 생각했다. 사랑은 그야말로 사치였다. 당연히 나의 존재방식은 항시 독립적이고, 자립적이어야 했다. 도움을 주지 못한다면 도움을 필요로 해선 안 됐다. 울어서도 안 됐다. 그것은 내게 있어 반칙이나 다름없는 일이었다. 사춘기를 경계로 그렇게 혼자 해결하는 일이 많아졌고, 자연스럽게 혼자 힘들어하고 아팠다. 그렇게 지쳐 가는 나약한 심신을 감추고, 속이고, 외면하고, 사기 치기 위해 센 척, 강한 척해야만 했다. 약한 사람이 된다면, 부담이 돼 버린다면 모두가 날 떠나갈 것 같았으니까. 그렇게 영원히 사랑받지 못할 것만 같았으니까. 그렇게 도움을 받으면 …… 내가 무너질 것 같았으니까.[19]

전번에 얘기했잖아요. 크라잉 포 헬프를 하지 않는 영혼. 처음엔 그걸 할 대상이 없었겠고, 다음에는 버릇이 되어 그런 말을 입 밖에 내지 못했을 테죠. 더 커서는 자존심 때문에 그런다고 생각했어요.[20]

센 척, 강한 척하려면 '혼자서 할 수 있습니다.'라는 말에 친숙해져야 했다. 혼자 고민

17) 김형경, 앞의 책 〈1〉·〈2〉.
18) 김형경, 앞의 책 〈2〉, 238쪽.
19) 김형경, 앞의 책 〈1〉, 109쪽.
20) 김형경, 앞의 책 〈1〉, 108쪽.

하고, 결정하고, 자책하고, 고통스러워했다. 중학교 2학년 이후 고3 때까지 한 해도 거르지 않고 임원활동을 할 수 있었던 것도 내가 '혼자서도 잘해요' 스타일이었기 때문이다. 체육대회나 환경미화, 소풍 같은 굵직한 이벤트라도 있을라치면 격무에 시달리는 샐러리맨 버금가는 노동과 시간이 투자되었다. 늦은 시간까지 게시판에 색종이를 붙이면서도 바빠서 일찍 가야 한다는 친구들을 붙잡지 않았다. 아니, '미안해서' 붙잡지 '못했다.'

그런 나의 리더십 스타일이 구체적인 문제로 지적되기 시작한 것은 대학 3학년 때였다. 3학년 1학기에 다소 빠르게 동아리의 장을 맡게 된 나는 혼자 일을 결정하고 추진하는 경우가 많았고, 그런 나의 의사결정스타일에 선배들이 이의를 제기하기 시작했다. 고교시절까지는 별 탈 없이 통했던 '알아서 잘하는 장' 이 대학에서는 '독단적으로 결정하고 통보하는 장' 이 되어 문제가 된 것이다. 부원들과의 사이에 갈등이 크고 작은 마찰과 다툼으로 가시화되면서 나는 문제를 봉인하다시피 하고 장을 그만두었다. 도망친 것이다. 나로부터 ……

최근에 겪었던 일들에 대해서도 마찬가지였다. 동생이 제법 큰 수술을 받기까지 나는 그 일련의 모든 소속과 과정, 결과에 대해 책임질 작정이었다. 어김없이 '혼자서' . 간단한 X-RAY촬영이나 C · T 촬영까진 참을 만했다. 조직검사를 하기 위해 입원을 하고, 결과를 기다리고, 수술통보를 받기까지 그 고통은 생각했던 것 이상이었다. 자연스럽게 가는 것, 사소한 접촉사고 정도는 생각지 못하는 어리석은 사람인지라 어김없이 악성 시나리오만 써댔다. 사망사고[21]와 같은.

외래를 보면서도, 입원을 하고 퇴원 수속을 하면서도 나는 엄마와 통화하면서 '별일 없이 잘 지낸다.' 고 말했다. 분명 고통스러워 도망치고 싶었음에도 나는 대단히 안정된 톤으로 오히려 엄마의 안부를 물었다. 그렇게 할 때 내 의식은 엄마에게 걱정 끼치고 싶지 않다는 분명한 의도를 가지고 있었다.[22]

언제나 그랬다. '강한 사람' 의 이미지에 흠집이라도 날까 싶어 아파도 울지 않았고, 힘들어도 그만두거나 도움을 청하지 않았다. 내가 아픈 것, 내가 힘든 것보다 누군가 내가 아프다는 것, 힘들어한다는 것을 눈치 챌까 봐, 나를 나약한 사람으로 여길까 봐, 그래서 부담스러워할까 봐 걱정하고 조바심 냈다. 마치 나는 그랬다. 애초에 나를 먼저 챙기는 감각이 없었던 것처럼 ……[23] 그렇게 감추고, 속이고, 거짓말 하고, 사기 쳤다. 그렇게 단련해 왔다. 단어의 선택, 문장의 배열, 말투, 억양, 시선까지 놓치지 않고 신경 써 가며

21) 김형경, 앞의 책 〈1〉, 216쪽.
22) 김형경, 앞의 책 〈1〉, 99쪽.
23) 김형경, 앞의 책 〈1〉, 114쪽.

…… 그래야 이 전쟁 같은 삶에서 살아남을 수 있다고 믿었다. 그렇게 …… 믿었다.

나는 전생애에 걸쳐 나를 방어하기 위해 죽을힘을 써 왔을 뿐이었다. 완강한 자의식, 고착된 통념, 반듯한 일상, 폐허처럼 우뚝한 기억, 그 어느 것 하나도 허물지 못했던 것이다.[24)]

나는 세진에게 맹렬하고 강력하게 감정을 이입하였다. 투사, 대리만족, 상대적 상실감, 뒤늦은 미안함. 나는 무릎 꿇는 심정이었다.

고통을 호소하거나 도움을 청하지 않는 다는 점, 집착이나 애착이 형성되지 못한 점, 거절감을 참지 못한다는 점, 나에 대한 칭찬이나 격려조차 완강하게 방어해 버린다는 점[25)], 정면적인 관계를 맺지 않으려는 점, 지독한 질투심과 열등감[26)], 퇴행불능, 아무것도 아닌 말에 상처받는 점[27)], 무엇보다 자기애가 결핍되어 있다는 점, 그럼에도 누구보다 심리적 공백감과 애정에 대한 허기를 느끼고 있고, 보호받고 보살핌 받고 싶다는 소망을 가지고 있다는 점. 나는 그녀의 분노, 그녀의 울음, 그녀의 전복에 열정적으로 몰입하였고, 그렇게 그녀에게서 무수한 나를 발견하였다.

나를 자극했던 몇 권의 책들과 나를 독서치료로 유인했던 몇 권의 책들은, 세진은, 김형경은 그 몇 권의 책들의 말미에 정확하고 또렷하게 종지부 하나를 찍어 주었다. '영원한 마침' 을 선언하는 종지부가 아닌, 나의 오랜 방황과 헤맴을 결정적으로 종결짓는 마침표였다.

나는 기꺼이, 진심으로 '책을 통한 치유' 를 결정하였다. 소설이라기보다 '임상보고서' 에 가까운, 허구가 아닌 '실제' 를 보여 주어 두터운 신뢰감을 선물해 준 그녀와의 만남이 결정적이었다. 책을 덮고서도 우연히 혹은 필연적으로 그것에 눈길이 스치거나, 손

---

24) 김형경, 앞의 책 〈2〉, 40쪽.

25) 모든 종류의 방어의식이 나의 내부에 있었으며 방어의식에 갇혀 제대로 살아 본 적도 없는 듯 느껴졌다. 아무것도 없는 낯선 숙소에 머무는 듯한 삶, 저편 언덕에 닿지 않는 다리 위를 걷는 듯한 삶, 거대한 방패에 갇혀 있는 듯한 삶, 그 속에서 정신의 힘은 점점 약해지고 생은 진퇴양난의 계곡에 방치되어 있었을 것이다. 사랑의 반대말이 증오나 분노가 아니라 '무의식' 이듯, 생의 반대말은 죽음이 퇴행이 아니라 '방어의식' 이 아닐까 싶다. 방어의식은 사람을 영원히 자기 삶의 바깥에서 서성이게 만든다. – 김형경, 앞의 책, 161쪽.

26) 전문가들은 질투심을 극복하기 위해서는 무엇보다 자신이 가치 있다는 느낌, 자신이 소중하다는 감정을 가져야 한다고 충고한다. – 김형경, 앞의 책, 119쪽.

27) "그게 콤플렉스예요. 아무것도 아닌 말에 상처받는 거. 나도 중2 때 집안이 가난해졌는데 일등을 하니까, 과외 없이 노력만 해도 일등을 할 수 있다, 선생이 딱 그러는 거예요. 에이 씨, 노력으로 ……" – 김형경, 앞의 책 〈1〉, 195쪽.
모든 부정적인 감정들과 그것이 발현되는 정신의 모서리들이 바로 콤플렉스이다. …… 긍정적인 감정의 요소들도 그것이 발현되는 근간에 있는 것은 콤플렉스일 것이다. 그것들은 내면에서 화학작용을 일으켜 특정한 인격, 다양한 감성, 풍부한 에너지를 만들 것이다. – 김형경, 앞의 책, 183쪽.

길이 머물 때면 나는 잠시 잠깐씩 긴장을 지우고, 그렇게 비장하지 않게, 다시 한 번, 저 깊은 곳으로부터 올라오는 웃음을 웃었다.

그녀처럼 당돌하고 당차게 해석하고 분석해 나갈 능력이 없던 나는 그저 조그맣게 희열할 뿐이었다. 그녀처럼 격하게 그러나 멋지게 무너짐을 감행할 용기가 없던 나는 그저 조용하게 그녀를 추종하고 응원할 뿐이었다. '물이 끓는 상태'[28]를 제대로 경험해 본 적 없던 나는 그저 보이지 않게 대리만족할 뿐이었다. 그러나 그것만으로 충분했다. 조그만 희열에 숨통이 트이고 충만함에 심장이 터져 나갈 것만 같았다. 부릅뜬 눈이 시큰거리고, 찬바람에 눈가가 짓무르는, 온몸에 차가운 바람이 가득 차 일시에 가벼워져 버린 느낌 …… 순간, 소란스럽게 뇌수를 흔들면서 머릿속에서 무수히 많은 새들이 날아오르는 듯한 느낌, 그것을 황망하게 지켜보는 사람의 심정, 나는 꼭 그런 심정이었다. 그렇게 떠나는 그녀를 배웅하였다.

4. 독서치료를 통해 숨겨진 자아찾기

에스페란사
넌 차차차를 추는 것밖에 생각하지 않니
다른 것은 아무것도 모르고, 생각도 하지 않아
그렇지만 에스페란사
난 너에게 푹 빠졌어
에스페란사
너만을 사랑해[29]

자진하여 비참해질 필요는 없다. 자학이나, 자기비하, 자기멸시, 자책 …… 완전히 무용한 죄를, 불필요한 짐을 스스로에게 지우고, 책임지려 할 필요는 없다는 것이다. 그렇게 자진하여 불행을 선택할 필요는 없다. 셋째, 딸, 평범함 …… 나는 너무나도 오랫동안 '그 죄'로부터 도망치지 못했다. 죄인 된 심정으로, 그 죄값을 갚아 가는 마음으로, 그렇게 스스로를 죽여 왔다. 어리석은 선택이었다. 이젠 …… 알 것 같다.

28) 김형경, 앞의 책 〈1〉, 226쪽.

29) 에스페란사는 스페인어로 '희망'을 의미한다. 원하는 것을 원할 줄 알았고, 하고자 하는 것을 할 줄 알았던, 에스페란사를 닮은 주인공 교코의 테마곡과도 같은 곡으로 소개된다. 『교코』. 무라카미 류/양억관 옮김. 민음사, 1999.

몹시 이질적인 감정들이 용케 겹치지 않고 뻔뻔스럽게 스친다. 몇 십 년 동안 그 고통을 자진하여 감내해 온 나의 어리석음에 참을 수 없이 분노하다가도, 그 가난하고 빈곤한 자아 존중감, 자기애[30]를 가지고 용케 여기까지 버텨 왔구나, 하면서 스스로가 대견하기도 하다. 세진처럼, 김형경처럼 나 역시 그랬다. '누가 나 같은 걸 …….' 살면서 가장 힘들게 견뎌 온 감정이 그거였다. 내가 너무 초라하고 무가치하다는 느낌, 얼마나 자주 그런 감정들에 발이 걸리고, 멈춰서고, 넘어졌는지 모른다. 그런 감정, 그런 생각 때문에 완벽주의 기질도 생겼고, 과도한 성실성도, 자주성도, 독립성도, 자립성도 생겼던 것 같다.[31]

누구보다 투명하고, 깨끗하고, 반듯할 것 같았던, 그렇게 믿었던 나의 내면에도 추악함이 가득 차 있었다. 절대 벗지 않으려던, 절대 흠집 내지 않으려던 페르소나, 세상이, 누군가가 나를 버릴까 봐 전전긍긍했던 피해의식, 방어기제, 거듭 애착이 잘려 나갈 때마다 마음속에 자라났던 강렬한 분노, 화, 그럼에도 스스로를 선량하고 정직한 사람이라 믿었던 나르시시즘, 내 마음의 왜곡에서 비롯된 편견과 선입견. 그런 것들로 가득 차 있었다.

그럼에도, 이렇게 둑까지 차서 곧 넘칠 듯이 찰랑이는데도 여전히 내가 건강한 '척' 보이는 것은 모든 상처를 오로지 참고, 인내하고, 버티고, 잊고, 외면해 왔기 때문일 것이다. 그렇게 나를 억압해 온 것이다. 괜찮다고, 나는 괜찮다고, 이제껏 잘 해 왔다고, 평생을 두고 나를 속여 왔다.

정직하게 슬픔을 마주 보지도, 솔직하게 고통을 표현하지도 못했다.[32] 나는 …… 그렇게 어리석었다. 잊었던 작은 사건들, 스치듯 흘려보냈던 말들을 하나씩 기억해 내면서, 그렇게 나를 깨닫고 알아 가면서 나는 내 어리석음의 대가로 밤잠을 반납하는 벌칙을 얻었다. 실제로 나는 근 2년 동안 불면의 밤을 보내고 있다.

나는 더 이상 아프지 않기 위해, 사기 치지 않기 위해 그리고 지금보다 나은 삶을 위해[33] 벌칙 삼아 앞으로 몇 년 더 불면의 밤을 보내야 한다 하더라도 기꺼이, 오히려 감사하는 마음으로 당장의 고통을 선택할 것이다. 모든 억압과 신경증은 정면으로 맞서지 못한 고통, 외면하고 회피한 예전의 고통이 뒤통수를 치면서 나타나는 것으로, '어

30) 우리가 생에서 만나는 모든 문제가 사랑에서 비롯되는 이유는 기대했던 사랑이 결핍되었을 때의 감정과 관계가 있기 때문이라고 한다. 분노, 우울, 불안, 공포, 중독, 질투, 시기심 ……. 그 치명적인 감정들을 뒤집어 보면 '사랑의 부재' 라는 문제가 존재한다. – 김형경, 앞의 책, 28쪽.

31) 김형경, 앞의 책 〈2〉, 26쪽.

32) 김형경, 앞의 책 〈1〉, 110쪽.

33) 김형경, 앞의 책 〈1〉, 118쪽.

떤 사건' 을 기억해 내고, 그 기억에 얽혀 있는 슬픔이나 분노의 감정을 체험하고, 그것을 언어로 표현해 냄으로써 해소 가능하다고 했다.[34)]

이 일련의 작업의 정점은 내가 가지고 있는 거짓의 이미지를 벗어 내고[35)], 무의식에 억압해 둔 부정적인 영역까지 건드리고, 도발하고, 풀어 주고, 꺼내서 사랑하고, 보살피는 것[36)], 자기를, 자기 안의 과거아를 보듬고 사랑하는 것[37)], 그리하여 죽어 있는 자아존중감을, 자기애를 살려 내는 것[38)], 진정한 생명으로서 살아가는 것이 될 것이다. 나는 그런 작업을 과감하게 시도하고 지속할 것이고, 그렇게 아프지 않고 사기 치지 않으며 더 나은 삶을 살아가겠다고 스스로에게 주문하고, 당부하고, 요구할 것이다. 이 모든 것은 '자리(自利)' [39)]를 위한 것이다.

나는 내가 선하기도 하고 악하기도 하며, 아름답기도 하고 추하기도 하며, 정의롭기도 하고 비겁하기도 하며, 이기적이기도 하고 이타적이기도 하며 ……. 그런 얼룩덜룩하고 울퉁불퉁한 존재로서 존엄하고 사랑받을 수 있는 존재라는 사실을 알게 되었다.[40)]

---

34) 김형경, 앞의 책 ⟨1⟩, 82쪽.
35) 김형경, 앞의 책 ⟨2⟩, 265쪽.
36) 김형경, 앞의 책 ⟨2⟩, 272쪽.
37) 나 역시 많은 부분에서 무의식을 살고 있다. 무엇보다 먼저 내가 가지고 있는 자신에 대한 이미지가 유년에 형성된 것임을 알게 되었다. 나 자신이 초라하고, 보잘것없고, 무가치한 존재라는 느낌, 이 세상에 적합하지 않은 사람인 듯한 느낌, 춥고 어두운 골목에서 불 켜진 이웃의 창을 바라보는 듯한 느낌이 모두 유년에 만들어진 것이다. …… 정신분석에서는 개인이 겪는 심리적 문제를 치유하는 방법으로 억압되어 있는 무의식을 의식의 차원으로 끌어올려 직면하고, 의식 속에 통합하는 방법을 쓴다. …… 이를 상담심리학에서는 성인아이, 내재과거아라 불리는 바로 그 '내면의 아기를 성인이 된 자신이 보살피는 일' 이라고 설명한다. – 김형경, 앞의 책, 15–18쪽.
38) 나사니엘 브랜든은 자기 존중감이 천부적으로 절로 생기는 게 아니라 습득해서 터득해야 하는 삶의 기능이라고 설명한다. 자기를 긍정하고, 자기 삶에 책임을 지며, 주체적으로 사고하고, 고독을 참아 내며, 성실성과 정직성을 유지할 수 있는 기능이라고 한다. 그것은 또한 자기의 장점과 단점에 대해 충분히 인식하고 받아들인 태도에서 비롯된다고 한다. 자신의 긍정적인 속성을 거짓 겸손이나 우월감 없이 인정하며, 자신의 부정적인 속성을 열등감이나 자기비하감 없이 시인하는 마음, 그것이 자기애와 자기 존중감의 본질을 형성하는 토대라고 한다. – 김형경, 앞의 책, 207쪽.
39) "자리(自利)라는 말이 있어요. 스스로 수행하여 자기를 위하는 이익을 얻는다, 자기를 위하여 불법을 닦는다, 그런 뜻이에요. 먼저 나를 위해 불법을 닦고, 그 다음에 타인을 위해 그것을 써야 한다는 겁니다." – 김형경, 앞의 책 ⟨2⟩, 137쪽.
40) 김형경, 앞의 책, 195쪽.

'새로운' 나의 발견에 관한 보고서

-박해정(책정연 회원)

1. '나'와 재회하다

독서를 통해 나를 돌아보는 작업을 소개받은 것은 학부시절 2002년 봄이지만, 마음을 비우고 그 과정에 자신을 던져 본 것은 대학원의 첫 학기인 2003년 가을이 찾아온 후였다. 학부시절 첫 만남은 단순하게 입맛을 보는 수준에서 그쳤지만, 그 당시 나는 독서치료를 잘 알고 충분히 경험했다고 자신했다. 대학원에서 독서치료와 재회했을 때도 자신감으로 충만했었고, 새로운 체험을 할 수 있을까 하는 건방진 의구심마저 가지고 강의실을 찾았다. 그러나 부끄럽고, 다행스럽고, 감사하게도, 그러한 오만함은 순식간에 무너져 버렸다.

'같은' 책을 읽고 한자리에 모인 '다른' 사람들의 이야기를 들으면서 나는 고개를 떨어뜨리고 말았다. 나의 입에서 나오는 이야기들이 잔인할 정도로 유치하였고, 다른 사람들에게 느껴지는 성숙이 나에게는 보이지 않음이 낯 뜨거웠다. 이제부터가 시작인데, 출발선에 서면서부터 좌절감을 맛본 내가 과연 남겨진 시간 동안 잘해 나갈 수 있을지 걱정이 불거져 왔다. 독서치료에 빠져 들수록 더 작은 나를 발견하지는 않을지, 그 모습을 보면서 스스로에게 더 실망하게 되지는 않을지, 여러 가지 고민들이 번져 나왔다.[41]

하지만 나는 자신을 진정으로 사랑해 보기로 결심했다. 진실한 모습의 나를 만나 보자고 결정했다. 3개월 동안 삶의 지식과 지혜를 하나라도 더 건져 올리기 위해 열심히 수업

41) 2003년 〈주제별연구방법론〉을 듣던 시기에 주마다 적었던 글 중에는 나의 심정이 잘 드러나 있다. 다음은 수업의 초반에 쓴 글의 일부분이다.
"난 정말 평범한 아이이다. 평범한 것이 어떨 때는 거추장스럽기도 하다. 지난 수업시간에도 참 내가 작다는 생각에 우울했다. 나름대로는 크고 작은 마음의 아픔을 가지고 있다고 생각했었는데, 다른 분들의 이야기를 들으면서 어쩌면 배부른 투정을 하고 있는지도 모르겠다는 자책감이 들었다. 다른 사람의 아픔을 이해하는 것도 표면적인 동정일 뿐, 진정으로 아픔을 함께 느끼지는 못하는 것 같다. 겪은 만큼 다른 사람의 아픔도 이해하지 않겠는가? 아는 것만큼 공감하지 않겠는가? 먼 바다 위에 홀로 떠 있는 기분이다. 다른 사람들이 가진 마음의 성숙을 뒤쫓아 가지 못한 채 혼자서 표류한 느낌이다. 언제부턴가 나이만 먹고, 나는 크지 않는다는 생각이 든다. 정신은, 사고는, 남을 이해하는 마음과 어떤 일들을 대처해 나가는 지혜는 자라지 못하고 있는데, 나이는 계속 먹어 간다. 24살이라는 나이가 나에게는 버겁다. 앞으로 나아가지 못하고 제자리걸음만 하고 있다는 부담감 속에서 이겨 낼 수 있을지 자신이 없다. 이 수업을 통해서 더 작은 나를 발견하지는 않을지 걱정이 된다. 못난 나를 발견했을 때 얼마나 부끄러울지 두렵다. 하지만 용기를 내어 보련다. 진정한 스스로의 모습을 발견하고, 깨달아서 나를 더 사랑하고 싶다. 멀고도 먼 항해를 위한 돛을 이제 올리려고 한다."

에 임하였고, 즐겁게 책을 읽었으며, 다른 동지들과 교수님의 말씀에 귀를 기울였다. 그 덕분에 한 학기를 마무리하는 즈음에서 무의식적으로 살아온 삶에, 상처를 받으면서도 아픔을 느끼지 못했던 삶에, 다른 이들의 고통을 이해하면서 살아오지 못했던 삶에 작은 쉼표를 찍을 수 있었다. 지나온 삶을 찬찬히 뒤돌아 볼 수 있는 기회를 가질 수 있었음에 기뻤다.

정신이, 마음이 지쳐갈 때쯤, 처음으로 휴식을 맞이하였다. 원인을 알 수 없었던 억울함과 분노를 다독거릴 수 있었고, 상처 입고 웅크리고 있는 '내 안의 작은 아이'를 안아 줄 수 있었다. 마음이 평온했고, 편안한 웃음을 지을 수 있었고, 요란하지 않은 행복을 느꼈다. 새로운 나를 만난 것 같아서 마냥 들떠 있었다. 그리고 정확하게 일 년이 흘렀다.

일 년이라는 긴 시간 동안 지난 한 학기에 읽었던 책의 절반도 소화하지 못했다. 원서로 된 전공서적을 들고서 영어전자사전을 두드리기에 바빴고, 한 장이라도 더 해석하기에 정신없었다. 마음을 따뜻하게 해 주는 책은 잡을 여유가 없었다는 상투적인 변명보다는 나태해지고, 게을러져 있었다는 것이 더 솔직한 변명이다. 틀에 박힌 생활 속에 묻혀서 나의 존재조차 잊은 채로, 나를 타자화한 채로 시간을 흘려보냈다.

그러던 어느 날 글을 부탁받게 된다. 독서를 통해서 자신의 상처를 알게 되고, 다른 이의 아픔을 이해하게 된 경험을 한 사람들에게 한 부탁이었고, 그중에는 나도 포함되어 있었다. 반가운 마음으로 받아들일 수 있는 요청이지만 더럭 겁부터 났다. 그 시점의 나는 한 자의 글도 써 내려갈 수 없는 상태였다. 마음은 텅 빈 사막처럼 황폐해져 있었고, 가슴은 답답함을 호소하고 있었고, 독서와 대화를 통해서 행복을 느꼈던 나는 사라지고 없었다.

그런 내가 감히 어떻게 독서치료에 관한 글을 쓴단 말인가? 급하게라도, 모자라게라도 메마른 땅에 물을 쏟아 부어야만 했다. 심한 갈증으로 괴로워하고 있을 때, 김형경의 『사랑을 선택하는 특별한 기준』[42]과 현경의 『결국은 아름다움이 우리를 구원할 거야』[43]를 건네받았다.

책을 읽어 내려가면서 지체 없이, 망설임 없이 그녀들에게 나를 투입시켰다. 한 글자라도 놓칠세라 손에 책을 꼭 부여잡고 정신없이 빠져 들었다. 망설임 없이 나를 던지면서 읽었던 책을 덮으면서 나는 또 다른 혼란과 고민으로 고통스러웠다. '나는 과연 누구인가?' 해답의 길을 제시해 줄 것이라는 기대와는 달리 오히려 더 감당할 수 없는 혼돈이

42) 『사랑을 선택하는 특별한 기준』 〈1〉, 〈2〉. 김형경. 문이당, 2001.
43) 『결국은 아름다움이 우리를 구원할 거야』 〈1〉, 〈2〉. 현경. 열림원, 2002.

밀려왔다.

몇 권의 책을 더 읽는다고 해서 상황이 바뀌게 될 것이라고 착각한 내가 바보였다. 독서치료라는 것은 순식간에 몇 권의 책을 더 읽음으로 해서 갑자기 찾아오는 변화가 아니라, 천천히 어느 사이에 내 곁에 와 있는 거부감 없는 변화라는 것을 간과하고 있었던 것이다. 서서히, 나도 모르는 사이에 젖어 들었던 그 평온함을 잊고 있었다.

이제 나는 어떻게 할 것인가? 잔인하게도 선택의 길은 단 하나이다. 솔직함, 나는 이제 솔직해질 수밖에 없다. 얼마나 솔직해질 수 있을지 자신이 없는 것 또한 나의 솔직한 심정이다. 하지만 모르면서 아는 척할 수도, 아니면서 그런 척할 수도, 아프면서 멀쩡한 척할 수 있는 재주는 없다. 책을 읽으면서 모르고 있었던, 잊고 있었던 나를 책 속에서 만나게 되면 그 다음으로 자신을 드러내는 것은 자연스러운 단계이다. 나를 드러낸다는 것, 나를 숨김없이 드러낸다는 것, 나의 치부까지 남들에게 보여 준다는 것은 하나의 치료과정인 것이다.

그래서 나는 마음에 박혀 있었던 상처의 깨달음과 다독거림의 세세한 과정을 거짓 없이 보여 주고자 한다. 가슴을 부풀어 오르게 하고, 고통스럽게 했으며, 결국은 해방할 수 있었던 2003년 가을의 시간으로 초대하고자 한다. 그리고 그 후의 나의 모습과 지금의 나의 모습, 그 맥락에서 나의 새로운 깨달음에 대해서 이야기를 풀어 놓을 것이다. 이것은 독서치료를 잘 아는 자의 글도 아니며, 석사과정의 한 학생의 글도 아니다. 단지 독서치료와 직접적이진 않지만, 지속적으로 듣고 보고 느끼고 만나 왔던 한 26살 여자의 글이다. 다소 서투르고 거칠고 투박할지는 모르겠지만, 솔직하고 스스럼없는 글이 될 것이다.

2. '가족' 그리고 나[44)]

너무나 당연시 여기는 까닭에, 곁에 있으면서도 그 존재를 모르고, 그 울타리에 파묻히게 되는 것이 가족이다. 제3영역의 독서를 하면서 나에게 가장 먼저 다가온 것은 부모, 가족이었다. 내가 태어난 순간부터 지금까지 나에게 지속적으로 직접적으로 강요적으로

44) 다음은 가족과 나의 관계에서 받은 상처를 들여다보게 해 준 책들이다.
『마음속의 그림책 : 부모에게 상처받은 아이들의 호소문』. 이희경. 미래 M&B, 2000.
『나의 할아버지 피카소』. 마리나 피카소/백선희 옮김. 효형출판, 2002.
『원만한 정서생활을 가로막는 몸에 밴 어린 시절』. W. 휴 미실다인/이종범 · 이석규 옮김. 가톨릭교리신학원, 1987.
『공자가 죽어야 나라가 산다』. 김경일. 바다출판사, 1999.
『나는 제사가 싫다 : 삼십년 동안 가부장제와 맞서 싸운 한 여성작가의 외침』. 이하천. 이프, 2000.

필연적으로 영향을 미쳐 온 대상이다.

아무런 저항을 할 수 없었던 시절, 묵묵히 부모의 명령대로 따라야만 했던 시절, 무엇이 옳고 그른지에 대한 판단을 할 수 없었던 시절, 나는 그들에 의해서 만들어졌고 길들었고 키워졌다. 부모의 손길과 참견이 필요하지 않는 지금도 난 여전히 그들의 손아귀 안에 있다. 여전히 나는 자라지 못하는 '내재과거아' 를 품고 있는 것이다. 어린 시절의 가족들이 자기를 대하는 일상적인 태도와 정서적 분위기로 굳어진 내재과거아의 지배에서 벗어나지 못한 채로 난 여전히 그들에 의해 답답하고 아파하고 고통스러워하고 있었다.

그러나 독서치료는 꾹꾹 눌러 두었던, 쓰라림조차 느끼지 못했던 상처들을 어루만질 수 있는 계기가 되어 주었다. 나를 짓눌렀던 그 수많은 강요와 과보호, 욕심들을 펼쳐 놓을 수 있게 되었다. 그 강요와 억압들이 잘못된 것임을, 부모도 그릇된 판단을 할 수 있으며, 자신에게 무조건 요구만 할 수 있는 존재가 아님을 알게 됨으로써 나의 단단한 응어리들은 풀리기 시작했다.

어릴 적에는 아버지에 비해 어머니가 매우 엄격하신 편이었다. 나는 지금도 우스갯소리로 어머니가 계모인 줄 알았다는 말을 한다. 이제는 웃으면서 떠올릴 수 있는 과거이지만, 그 시절 나에게는 심각한 문제였고, 버텨 내야 하는 두려움이었다. 어머니는 늘 눈치를 봐야 하는 대상이었고, 조심스러운 대상이었다. 자식들에 대한 욕심도 많았으며, 자식들을 자신의 기준에 맞게 키우고 싶어 하셨다. 작게는 입는 옷에서부터 시작해서 배우고 싶은 것, 하고 싶은 것까지 당신의 마음에 들지 않으면 할 수 없었다.

초등학교 저학년 시절, 어머니께서는 학교에 입고 갈 옷을 골라 주셨다. 까닭은 모르겠지만, 난 '원피스' 를 입는 것이 너무 싫었다. 하지만 어머니는 그런 나의 취향에는 관심이 없으셨다. 한번은 원피스를 입고 학교에 가기 싫다는 나를 매우 야단치시며, 학교도 늦게 보내셨다. 눈물 젖은 아침을 먹고, 홀로 등교 길을 걸어갔던 기억이 난다. 아직도 그 원피스의 색깔과 모양이 생생하게 떠오른다. 이런 류의 '강요' 는 빈번했다.

'피아노' 를 배우기 싫다는 아이를 끌고 다니며 6년이 넘게 시키셨다. 하기 싫은 피아노를 잘 칠 리는 없다. 학원에서 듣는 선생님의 꾸중과 다른 아이들과의 비교는 나를 완전히 질리게 만들었다. 그리고 부모님은 종교생활을 하지 않으시면서, 동생과 나에게는 '성당' 에 가기를 강요하셨다. 성당은 집에서 제법 멀어, 초등학생이 걸어서는 대략 삼십 분이 걸리는 거리였다. 종교조차 나에게는 선택의 문제가 아니었다. 마음으로부터 우러나오는 믿음이 아니라, 차마 거역할 수 없는 명령에 의해서 나는 기도를 드렸으며 찬송가를 불러야 했다. 내가 할 수 있는 것은 고작 보이지 않는 곳에서 하는 작은 반항뿐이었다. 피아노 숙제를 하지 않거나, 고백성사 후 받는 보속을 하지 않는 등의 소심한 저항이었다.

게다가 어머니는 '과보호' 적인 면도 가지고 계셨다. 중학생이 되도록 가까운 시내에도 나가지 못하게 하셨다. 책을 사러 서점에 가야 한다고 해도 어머니는 꿈적도 하지 않으셨다. 가끔 친구들끼리 시내로 놀러갈 때면 난 그들과 같이 어울리지 못했다. 귀가시간은 고등학생이 되어도 저녁 6시였다. 갑갑함을 많이 느끼면서 자랐었다. 다른 친구들에게는 '허락' 된 것일지라도 나에겐 '금지' 된 일인 경우가 많았다.

또한 어머니는 나와 여동생에게 항상 '조건' 을 제시하셨다. 바로 '공부' 였다. 공부는 그냥 해야 하는 것이 아니라 잘해야만 했다. 그런 어머니의 욕심은 어릴 적부터 우리를 뱀처럼 칭칭 감고서 풀어 주지 않았다. 어머니의 안심과 만족을 위해서 풀어내야 하는 문제집은 나를 숨 막히게 했다. 어머니는 아예 문제집을 잡고 앉으셔서 옆에서 감시를 하거나, 가르치시곤 했다. 순전히 어머니의 욕심에서 비롯된 공부였다. 나는 답지를 보고 베끼면서 때로는 일부러 오답으로 적기도 하면서 눈속임으로 문제집을 풀었다. 문제집을 풀면서도 내가 지금 하고 있는 것이 무엇인가에 대한 개념조차 없었다.

어머니의 노력 덕분에 나는 공부를 잘하는 학생이었다. 가끔 성적이 나쁠 때에는 체벌을 각오해야만 했다. 겨우 초등학교 3, 4학년 되는 작은 여자 아이가 시험지를 들고 집에 가서 혼날 것이 두려워 차마 발을 떼지 못하는 모습이 그려진다. 그게 바로 나였다. 어머니에게 만족할 만한 성적을 받지 못했다는 이유로 아픈 매를 맞아야 했고, 겁에 떨어야 했으며, 죄인처럼 고개를 숙인 채로 며칠을 보내야만 했다. 시험이 나에게는 지옥이었다. 나는 그렇게 키워졌다.

그렇다고 해서 아버지와의 마찰이 없었던 것은 아니다. 아버지와의 갈등은 내가 커 갈수록 잦아지고 심각해졌으며, 강도가 짙어져 갔다. 가족의 테두리 안에서도 도사리고 있는 '유교' 라는 강요에서 시작된 갈등을 비롯하여, 당신 역시 늘 옳지 못하고 잘하시지 못하면서도 자식에게는 늘 올바름을 요구하는 모순, 유달리 부정적인 편견을 가지고 나를 대하시는 모습 등을 볼 때면 억울함과 분함에 온몸이 떨린다. 예전에는 까닭도 정확하게 알지 못한 채 오기로 반항을 하기도 했지만, 아버지의 부당함을 깨닫고 난 후로는 더욱 참아 낼 수가 없었다.

과제가 유난히도 많았던 어느 주말, 아버지께서는 할아버지, 할머니 제사가 이번 주 일요일에 있다면서 산소에 가야 함을 조용히 통보하셨다. 하지만 나에게는 하루를 모두 산소 방문하는 일에 써 버릴 여유가 없었다. 말다툼이 일어났다. 아버지는 도대체 이해를 하려고 하지 않으셨다. 어떤 일보다 중요한 것은 제사에 참여하는 일이라고 하셨다. 지금 너에게 가장 중요한 것이 무엇인지를 생각해 보고, 그것조차 모른다면 대학원을 다니지 말라고 호통 치신다. 공부를 하고 있는 나에게 중요한 것이 무엇인지 모르는 사람은 정작 아버지라는 말을 차마 내뱉지 못한다.

이런 일은 늘 일어난다. 무조건적인, 예외라고는 없는 강요가 숨 막힌다. 당신에게 다분히 나타나는 잘못들은 고려하지 않고, 나에게는 항상 올바르고 잘하라고 하는 명령, 이해하려는 태도보다 잘못되었다고 나무라기를 먼저 하는 독재가 버겁다.

긍정적인 권유와 따뜻한 말보다 부정적인 어투와 비난, 비꼼, 질책으로 시작되는 강요들과 만날 때마다 나는 주저앉아서 울어버리고 싶다. '동굴 속의 황제', 그는 그가 만든 동굴 안에 갇혀서 군림하려고 들었다. 동굴 밖의 세상은 존재하지 않는다며, 무조건적인 복종만을 강요하였다. 나는 점점 그와 멀어지고 있음을 느낀다. 다가서려고 해도, 그가 무심결에 뱉는 한마디에 나는 또 상처받는다.

우리 집은 딸만 둘이다. 단둘이지만 나는 장녀고, 동생은 막내이기에 부모가 우리를 대하는 것도 사뭇 달랐다. 나에게는 장녀로서의 의무와 책임을 부과하였고, 동생은 마냥 귀엽기만 한 막내였다. '장녀' 라는 달갑지 않은 위치는 동생보다 무엇이든지 잘해야겠다는 부담감을 주었다. 어쩌면 동생은 내가 느끼고 자란 것을 알지 못하는지도 모르겠다. 그냥 앉아서 귀여움을 받으면 되는 존재였으니까.

단순히 둘뿐이기 때문에, 그 둘을 비교하기는 더욱더 쉬웠다. 너무도 다른 두 아이를 두고 벌어지는 '비교' 들은 나에게 상처가 되기엔 충분했다. 나는 지극히 평범한 아이였고, 동생은 범상치 않은 아이였다. 여느 아이들과 같이 텔레비전 보는 것을 좋아하고, 연예인이 좋아서 콘서트를 쫓아다니고, 좋아하는 남자가 생기면 편지를 주는 용기를 내기도 하는 나는 아주 평범한 아이였다.

하지만 동생은 이 모든 것에 관심이 없었고, 오직 '책읽기' 나 자기만의 세계에 빠져 드는 것을 좋아했다. 두 아이의 다른 성향에는 상관없이 어머니는 우리가 공부를 잘하기를 바라셨다. 그래서 완전하게 다른 우리 둘이지만 공부는 똑같이 해 나가야 했다. 욕심이 많은 나는, '장녀' 로서의 책임감과 '언니' 로서 더 잘해야겠다는 부담감에 더 열심히 했다. 하지만 불행히도 동생은 나보다 머리가 좋았다. 똑같이 '3등' 을 해도, 어머니에게 나는 최선을 다해서 한 '3등' 이지만, 동생은 '1등' 도 할 수 있는 '3등' 이었다. 이러한 비교들은 조금씩 상처가 되어 앉았다. 조금이라도 나를 무시하는 것 같은 동생의 말에 민감하게 반응했고, 부모들이 하는 '비교' 에는 짜증이 났다.

중학교, 고등학교에 진학하면서 학교가 달라졌기 때문에 단순화된 비교가 불가능해졌고, 서로 얼굴 보는 시간도 줄어들었기 때문에 이러한 압박에서 벗어날 수 있었다. 대학교에 진학을 하자 우리의 위치는 역전되었다. 대학교에 가서도 별다른 문제없이 공부를 하는 나는 평범한 아이였고, 동생은 자신의 범상함을 확연히 드러내기 시작하였다. 동생은 공부에 관심이 없었다. 고등학교까지는 어머니께서 시키니까 억지로 한 공부였고, 대학을 수원으로 진학한 동생은 옆에서 간섭하는 사람도 없으니 마음껏 자신의 세계를 펼쳐 갔다. 오로지 만화와 게임밖에 관심이 없었다. 입학 시에는 우수한 성적으로 받았던 장학금들도 다 물거품이 되어 버리고, 나쁜 성적으로 기숙사까지 쫓겨나자 동생은 갑자기 '미운 오리 새끼' 로 전락해 버렸다.

반대로 나는 얌전히 공부만 하는, 세상이 세워 놓은 기준에 크게 벗어나지 않고 지내는 '착한 아이' 가 되어 버렸다. 다른 두 아이는 똑같은 기준과 억압 속에서 숨 막혀 했으며, 결국 다른 모습으로 성장했다. 한 아이는 부모의 뜻에서 크게 벗어나지 못하고 자랐으며, 다른 아이는 그들의 기대와는 완전히 엇나가 버렸다. 결국 누가 더 잘 키워진 아이인가? 누가 더 행복한 아이인가?

가족의 지나친 관심, 요구, 강요가 힘겨웠던 아이는 그 모든 것을 애정과 사랑이라고 이름 붙이는 억지를 거부한다. 이제는 안다. 과거에는 부모에게 막연한 저항을 했었지만, 성인이 되어서야 구체적인 원인을 알게 되었다. 그것은 부모의 잘못된 교육이었고, 억압이었고, 강요였으며, 욕심이었다는 것을 알게 되었다. 억눌러진 채로 숨겨져 있었던 상처와 아픔, 분노를 독서치료를 통해서 발견할 수 있었다.

그 시절 나의 숨 막힘은 당연한 것이었고, 부모의 잘못이라고 말할 수 있는 확신이 생겼다. 그리고 한 가지 더 깨닫는다. 부모 되기의 어려움을 간접적으로 체험하게 된다. 누구나 아이가 생기면 부모가 되는 것이지만, 누구나 될 수 없는 것이 좋은 부모이기도 한다. 나의 부모들도 처음이었기에, 미숙했기에, 배운 적이 없기에, 자식 키우기에 우수할 수 없었고, 최고가 될 수는 없었다. 모든 것이 하나로 종결되는 느낌이다. 이제는 마음이 한결 가볍다. 기쁘다. 행복하다.

3. '나' 그리고 타인[45)]

나는 과연 어떤 사람인가? 어릴 적부터 나는 자신에 대한 호기심이 참 많았다. 자아에 대한 궁금함, 존재에 대한 의문은 항상 나를 뒤따랐다.[46)] 그 왕성했던 자아에 대한 궁금증들은 사람이 성장하면서 누구나 갖게 되는 당연한 의문들이라는 것을 시간이 한참 지난 후에야 알게 되었다.

하지만 그 당시에는 어느 누구도 쉽사리 대답을 해 주지 못하는 사실에 답답하였으며,

한편으로는 어른들이 야속하기도 했다. 자신에 대한 넘쳐나던 관심은 중 · 고등학교에 진학을 할수록 줄어들었고, 자아에 대한 고민을 하고 앉아 있을 만큼 학교체계는 자애롭지 않았다. 그렇게 한동안 나를 잊고 살았고, 나는 그저 나일뿐이었다. 그 이상도 그 이하도 아닌 나를 이끌고 살아오는 도중에 독서치료를 만나게 된다. 지난 세월 동안 잠재되어 있었던 욕망들이 한꺼번에 터짐을 알 수 있었다. 얇은 막으로 눌러 두었던 성찰에 대한 욕구들이 다시 솟아오르기 시작했다. 오랫동안 잊고 있었던 나와 만날 수 있었다. 알지 못했던 새로운 나와 만날 수 있었다. 입 밖으로는 저절로 작은 탄성이 나왔다.

어린 시절의 나의 모습, 부모가 정해 준 목표를 묵묵히 따라야만 하는 나약한 어린아이의 모습이 그려진다. 부여받은 목표를 성취했을 때는 칭찬이 뒤따르지만, 그러하지 못할 때는 혼날 각오를 단단히 해야 한다. 지나치다 싶은 징벌에도 아무런 반항을 하지 못한다. 다만 혼자서 되새긴다. 얼른 자라서, 어떠한 강요에도 복종하지 않아도 되기를 바란다. 힘없는 아이가 할 수 있는 일은 단지 칭찬을 받기 위해 노력하고, 또 노력하는 일뿐이다.

또한 아이는 스스로의 성취에 만족을 하기보다는, 더 잘할 수 있었는데 하는 아쉬움을 늘 가진다. 다른 사람과 자신을 비교하고, 그보다 못하면 스스로를 꾸짖는다. 그리고 더 열심히 해야겠다는 의지를 불태운다. 다른 사람에게 지는 것은, 그들보다 못하는 것은 용납할 수 없는 일이다. 어느 사이에 그 아이는 부모의 기준을 마음속에 심는다. 어디를 가든지, 무엇을 하든지, 항상 부모와 함께이다. 부모가 세운 기준을 자신에게 맞추고, 부모가 세운 목표를 따라가기 위해 부지런히 달린다.[47]

하지만 나는 자신에 대한 스스로의 욕심도 많은 아이였다. 공부, 미술, 체육, 음악, 특별활동 등 모든 분야에서 인정을 받아야만 직성이 풀렸다. 다른 아이가 나보다 우수하다

45) 다음은 나 자신의 내면과 모습을 바라보도록 이끈 책이며, 아울러 다른 이에 대한 이해를 도와준 책들이다.
『원만한 정서생활을 가로막는 몸에 밴 어린 시절』. W. 휴 미실다인/이종범 · 이석규 옮김. 가톨릭출판사, 1987.
『왜 나만 우울할까』. 김혜남. 중앙 M&B, 2003.
『따귀 맞은 영혼』. 배르벨 바르데츠키/장현숙 옮김. 궁리, 2002.
『정신건강 클리닉 : 마음이 건강해야 몸이 건강하다』. 권영재. 하서출판사, 2000.
『거짓의 사람들 : 인간 악의 치료에 대한 희망』. 스캇 펙/윤종석 옮김. 비전과 리더십, 2003.

46) 자아에 대한 호기심은 일기장의 단골메뉴였다. 1991년 5학년 때의 일기장을 잠시 공개하자면 다음과 같다.
"이 세상에는 너무나 궁금한 점이 많다. 그중에서 언제나 생각하고 있는 궁금증들이 있다. '나는 누구인가?', '나는 왜 나인가?', '내가 무엇이기에 이 세상에서 살고 있을까?' 등 산더미 같은 궁금증들이 항상 머리에서 맴돌고 있다. 그리고 '나는 어디에서 왔는가?' 라는 궁금증에 대해서 매일매일 생각해 본다. 하지만 이 많은 궁금증을 아무도 풀어 주지 않는다. 누가 찾아와 많고 많은 나의 궁금증을 다 풀어 주었으면 좋겠다."

47) 나 자신에게서 그렇게 싫어했던 어머니의 강압적인 모습을 발견하고 놀라는 경우가 심심찮게 있다. 다음은 W. 휴 미실다인의 『원만한 정서생활을 가로막는 몸에 밴 어린 시절』을 읽고 쓴 글의 일부분이다.
"요즘은 내가 어머니와 너무 닮았다는 생각이 든다. 어머니의 행동, 생각들을 전부 지켜보면서 자란 까닭인지 어느새 나도 '어머니' 가 되어 있었다. 자연스럽게 몸에 배어서, 이 모습이 정말 나인 것 같기도 하다. 어떤 일이 생겼을 때 어머니의 입장에서

고 생각될 때는 속상했다. 누군가에게 칭찬을 들었을 때는, 좀 더 잘해야겠다고 다짐을 했다. 덕분에 그때 받았던 상장들은 지금까지 옷장 안에 가득 쌓여 있다. 기껏해야 한 학년이 250명가량 되는 학교였지만, 나는 유명 인사였다. 하지만 이것은 나의 오만함을 불러일으키는 원인이 되어 버렸다. 나보다 못한다고 생각되는 아이를 얕보기도 하고, 나의 생각만이 옳다는 거만함이 생겨났다.

하지만 중·고등학교에 진학하자, 상황은 돌변하여 나는 막막함을 느끼게 된다. 나보다 공부 잘하는 친구, 그림을 훨씬 잘 그리는 친구, 달리기를 잘하는 친구들이 내 앞에 버티고 서 있었다. 나는 더 이상 누구에게나 인정받는 잘난 학생이 아니었다. 스스로가 작고 초라하게 느껴졌다. 그 시절 마음의 방황도 했었고, 사소한 재능에 콧대 높이곤 했던 스스로가 부끄럽기도 하였다. 많이 아팠고 힘들었지만, 나는 그러한 사실들을 인정하는 수밖에 없었다. 차츰 그들이 가진 것을 옆에서 보고 배우기도 하고, 잘 하지 못할 때는 도움을 요청하기도 하였다. 그러나 나 자신에 대해서는 점점 더 엄격해져 갔다. 최고이지는 못할지라도, 스스로에게 부끄럽지 않을 정도의 성과는 요구했다. 정해진 목표를 별다른 오차 없이 이루어 내도록 채찍질했다.

그렇게 자라 온 지금의 나는 모든 일을 함에 있어서 '완벽' 을 꿈꾼다. 일상생활의 세밀한 부분에 대해서도 계획을 세워야만 직성이 풀린다. 일주일 계획표를 대략적으로 짜고, 요일별로 알맞게 해야 하는 일을 배당하고, 하루 일과를 머릿속에 그린다. 하루의 전체적인 동선을 짜 보기도 하고, 일을 처리하는 데 걸리는 시간을 계산해 보기도 한다. 이러한 과정을 다 마쳐야지 마음이 편안해진다. 시간을 허비한다거나, 쓸데없는 움직임을 줄이기 위해서이다. 그리고 큰 이변이 없는 한 이러한 계획에 따라 움직인다.

나에게 일이 부과될 때에도 미루기보다는 계획을 짜서 우선적으로 해 놓는 편을 선호한다. 사람마다 일을 하는 스타일이 다르겠지만, 마감 전날 안절부절못하며 밤을 새면서 작업을 하는 것을 꺼린다. 오히려 그 전날에는 여유를 느끼고 싶어 한다. 이러한 면들이 때로는 나를 지치고 피곤하게 만들기도 한다.

모든 일에 신경을 써야 하고, 꼼꼼히 챙겨야 마음이 편안해진다. 깨부수고 싶은 나의 모습들이지만 쉽사리 끈이 놓아지지 않는다. 다만 이전의 나와 달라진 점은 이제는 있는 그대로의 이러한 나의 모습을 알게 되었다는 것이다. 내가 어떤 사람인지, 나는 왜 나인

생각한다든지, 어머니께서 나에게 하시는 잔소리들을 다른 이에게 똑같이 하고 있는 나를 종종 발견한다. 또 다른 어머니인 '내재과거아' 가 내 안에 존재하고 있다. 내재과거아의 말에 따랐을 때 편안함을 느끼고, 다른 사람이 내재과거아와는 다른 의견을 제시할 때는 거부감이 생긴다. 어릴 적에는 싫었던 어머니의 여러 모습들이 나에게서 발견되고, 난 그것을 자연스럽게 받아들이고 있다."

지, 어릴 적부터 품어 왔던 수많은 궁금증들을 하나 둘씩 풀어 가고 있다. 그것은 어느 누군가가 쉽게 답을 줄 수 있는 문제가 아니었다. 결국은 살아가는 과정에서 스스로가 깨달아야 하는 것임을 이제는 안다. 드디어 나를 만난 것을, 내 인생의 당당한 주인공이 될 수 있음을 축복하고 싶다.

여러 권의 책을 읽으면서 초기에는 미처 알지 못했던 내 마음의 상처들이 발견되는 데 놀라워했고, '부모' 가 나에게 미쳤던 영향을 생각해 보는 좋은 기회를 가졌었다. 그리고 자신을 되돌아보는 시간을 통해 새로운 모습의 나를 발견할 수 있어서 반가웠다. 그러던 중 독서치료가 주는 또 다른 면과 만나게 된다. 바로 '다른 사람을 이해하는 일' 이다. 그 과정의 중반에 이르기까지 나는 자신을 이해하려고만 했지, 부모를 비롯한 다른 사람들 이해하고자 하는 시도는 하지 못했었다. 한동안은 어릴 적에 받은 부모의 강압과, 강요, 요구에 대한 나의 불만을 쏟아 내는 일에 정신이 없었다. 마음 깊은 곳에서 발견되는 상처들을 아우르기에 바빠서, 타인에게까지 나의 이해와 생각이 미치지 못하였다. 조금 늦어서야 이러한 부분을 인지하게 되었지만, 이 또한 자연스럽게, 저절로 이루어진 과정이고 깨달음이었다.

과거의 부모를 좇던 나는 고개를 돌려 현재의 부모님을 바라본다. 나는 성장했고, 그들은 많이 늙으셨다. 오히려 이제 그들은 나를 의지하고, 나에게 상의하고, 나의 이야기에 귀를 기울인다. 어느 사이에 어머니는 같은 여자로서 인생의 선배로서 든든한 버팀목이 되어 계셨고, 아버지는 뒤에서 아낌없는 지원과 격려를 보내 주시는 따뜻한 후원자가 되어 계셨다. 부모님은 두 딸들이 여자라는 제약에 구속받지 않고, 당당한 사회의 한 구성원으로서 제 몫을 톡톡히 해내기를 바라셨다. 오직 그 하나의 목적을 위해서 우리를 엄하고 다부지게 키우셨다. 그러나 우리가 자신의 목소리에 책임을 져야 하는 나이가 되면서부터는 많은 부분을 자식들에게 맡기시고, 결국은 우리가 하고자 하는 일에 손을 들어 주셨다. 늘 변하지 않는 관심으로 우리를 지켜봐 주시고, 말없는, 표 나지 않지만 충분히 느낄 수 있는 응원을 보내 주신다. 한 걸음 더 나아간 나는 부모의 입장에서 나를 바라보고, 나에게 말을 건네 본다. 그리고 화해를 요청한다. 그 화해의 손을 흔쾌히 잡는다.

또한 나는 다른 사람과 나 사이의 '차이' 에 대해서는 무심한 사람이었음을 반성한다. 나와 생각이 다르다거나, 상식에서 벗어나는 행동을 하는 사람들을 보면 이해하려는 마음보다는 비난을 하거나 잘못이라고 단정 지어 버리곤 했다. 그 '차이' 를 인정하기보다는 짜증을 내고 못마땅하게 생각했었다. 어쩌면 처음으로 다른 사람들은 어떤 생각으로, 어떤 상처를 안고 살아가고 있는가를 진심으로 찬찬히 헤아려 본 것인지도 모르겠다. 타인을 함부로 판단했던 경솔함과 어리석음을 반성하게 되었다.

성숙을 위한 책읽기가 독서치료라고 했던가? 몸은 성숙한 어른이지만 마음은 아직 어린아이로 머물러 있는 사람이 많다. 다른 사람에 대한 이해뿐 아니라 스스로를 돌아볼 줄도 모르는 사람들이 대부분이다. 나 또한 그러했다. 이제야 마음이 조금은 자란 느낌이다. 세월이 흘러가도 어느 나이에 머물러 있었던 정신이 독서치료를 통해서 성숙하고 있는 것 같다. 나, 가족, 그리고 타인에게 연결되는 그 연장선에서 나는 입가에 웃음을 얻게 되었다. 그리고 깊게 숨을 쉬고 내뱉을 수 있다.

4. '여자' 로 살아가는 나[48]

일상은 또 나를 앞만 보고 달려야 하는 마라톤으로 몰아넣었다. 숨 쉬는 방법을 망각하고서 그냥 또 달렸다. 가끔 숨이 차서 올라왔지만, 그냥 눌렀다. 참았다. 그리고 또 달렸다. 그러던 중 정지의 신호가 내려졌다. 1년간 달려왔으니, 잠시 쉬라는 정지 푯말이었다. 어리둥절했다. 어찌해야 할지를 몰랐다. 막연했다. 그런 상태에서 두 권의 책을 건네받았고, 덥석 잡고서 읽어 내려가기 시작했다. 이번에 내가 새롭게 건져 올린 것은 '여자' 로서의 나였다.

어느 날 저녁, 엄마와 나 사이에 작은 말다툼이 일어났다.

"사회는 철저히 남성 중심적이며, 남성에게 유리하게 돌아가고 있지만, 나는 다시 태어나도 여자로 태어나고 싶어."

"무슨 어리석은 소리니? 그건 네가 아직 어려서 하는 말이다. 조금만 더 나이를 먹어봐라, 그런 소리가 나오나. 남자로 태어나는 것이 훨씬 낫지."

"엄마의 말뜻은 알지만, 그래도 나는 여자가 좋아. 남자로 태어나기는 싫어."

"너는 가족 안에서의 아버지만 봐도 모르겠니? 아버지의 높은 언성에 모두 눈치를 보고, 쉬쉬해야 하잖아. 늦은 밤에 외진 길을 가다가 남자와 마주쳐도 여자들은 놀라며 두려워해."

이제 나는 그런 엄마의 숨겨진 뜻, 가족 안에서의 보이지 않는 서열체계, 하루가 멀다 하고 들리는 흉흉한 사건들, 사회의 비틀어진 구조를 모를 만큼 어리지 않다. 하지만 그럼에도 불구하고 남성으로 태어나는 것을 완강하게 거부한다. 탄생과 함께 사회로부터

48) 『나는 제사가 싫다 : 삼십 년 동안 가부장제와 맞서 싸운 한 여성작가의 외침』. 이하천. 이프, 2000.
『사랑을 선택하는 특별한 기준』〈1〉, 〈2〉. 김형경. 문이당, 2001.
『결국은 아름다움이 우리를 구원할 거야』〈1〉, 〈2〉. 현경. 열림원, 2002.

받는 왜곡된 특권을 누리는 것뿐이면서 자신의 능력과 재능으로 착각하며 어리석게 살고 싶지는 않기 때문이다. 남자들로부터 수많은 억압과 탄압, 불평등을 경험하면서도 자신의 목소리를 제대로 내지도 못한 채로 살고 있는 여자들을 알기 때문이다. 불과 4명으로 구성된 가족 안에서도, 겉으로는 지극히 평범하고 화목해 보이는 가족 안에서도 남자와 여자 사이의 서열이 정해지는 이 사회의 구조에 치가 떨리기 때문이다. 그래서 내가 남자로 태어나 본의든 본의가 아니든 여자들을 짓누르는 존재가 될까 봐 두렵다. 차라리 투쟁을 선택한다. 외롭고 힘들고 지치고 끝을 기약할 수 없는 투쟁이 될지라도, 수백 번을 다시 태어나도 여자이기를 바란다.

그렇다고 한없이 모자라는 내가 페미니스트를 지향하느냐고 묻는다면, 그것은 가슴 벅찬 오해이다. 나는 페미니스트가 될 만큼 잘나지도, 똑똑하지도, 아름답지도, 정의롭지도 않은 사람이기 때문이다. 그냥 지극히 평범하고, 간간이 받는 불공평한 대우에 화를 내면서도 적당히 세상과 타협하면서 살아가는 보통의 여자일 뿐이다. 남녀평등을 외치면서도 힘들고 어려운 일은 남자가 해야 한다고 생각하고, 능력 있는 남자를 만나서 편하게 살고 싶은 욕심 또한 가지고 있는 모순적인 여자다. 그뿐만 아니라 이하천이나 현경과 같은 열정적인 페미니스트를 만나면 거부감을 느끼는 여자이기도 한다. 지나칠 만큼 강렬한 색깔을 뿜어내고, 고막이 터질 만큼 큰 목소리를 내는 여자들을 만나면 부담스러워하는 평범한 20대의 여자이다. 그렇지만 가끔 그들처럼 멍함과 숨 막힘, 숨 쉬기 힘듦을 느끼는 똑같은 여자이기도 하다. 여자와 남자로 극단적으로 나뉜 사회를 향해 목 놓아 울고 싶은 심정을 가지고 있는, 아직은 심장이 끓고 있는 여자이기도 하다. 때문에 나는 종종 분노한다. 그녀들과 같은 완전한 '여자'가 될 수도 없으면서, 결국은 용기가 없어서 현실에 안주하면서도, 그녀들을 갈망하는 이중적인 존재다.

우리 집은 딸만 둘이다. 하지만 손자만 챙기는 할아버지도 없었고, 딸만 낳았다고 구박하는 할머니도 없었고, 은근히 아들을 원하는 아버지도 없었으며, 우리가 딸이라고 관심과 사랑을 덜 베푸는 어머니도 없었다. 가정이라는 테두리 안에서 나는 여자이기에, 딸이기에 받는 서러움 없이 클 수 있었다. 때문에 어릴 적에 아이는 몰랐다. 남자와 여자로 잔인하게 양분되어 있는 현실을 몰랐다. 그러나 아이가 자라면서 가정에서만 머무를 수는 없게 된다. 학교라는 새로운 사회기관에 들어가게 된다. 학교에서 가르치는 교과서는 인간의 인격은 하늘이 부여한 것이며, 남자와 여자는 평등하다고 말하고 있으며, 여성들이 늦게야 정치 참여권을 얻게 되고, 사회에서 평등한 대우를 받게 되었음을 중요한 변화로 취급하고 있었다. 아이는 그 사회적, 역사적인 의미를 음미하지 못하고, 현실적인 거짓과 한계를 알지 못한다. 아직 사회를 경험하지 않은 아이는 남자와 여자가 평등하다는 가르침을 순진하게 믿고 기대한다.

하지만 점점 아이는 이상함을 느끼게 된다. 교과서에서 말하는 것과는 다르게 사회구조 속에서 여자는 여전히 나약하고, 부수적이고, 수동적인 존재였다. 가족 안에서 아내는 남편 앞에서, 딸은 남자형제와 아버지 앞에서 고개를 숙여야 하는 존재였다. 여자는 남자의 말에 복종하고 남자의 일을 보조하는 사람에 불과했고, 남자는 자신의 잘못 앞에서도 큰소리 칠 수 있는 사람이었다. 가정과 사회 안에서 빈번하게 벌어지고 있는 제약과 속박, 차별을 느끼기 시작하자 차츰 불만과 반항심, 오기가 생겨난다. 하지만 아이가 할 수 있는 것은 아무것도 없었다. 단지 가슴에 분노의 불꽃만을 활활 태울 뿐이다.

아이가 자라면서 눈높이가 올라가자, 가정과 사회는 아이에게 더 큰 실망감을 안겨 준다. 남녀차별이라고는 느끼지 않고 자랐던 가정에서도 모순이 보이기 시작했고, 나만 잘한다면 아무런 차별도 받지 않으면서 살 수 있을 것이라고 은근히 기대해 왔던 사회는 어디에도 없었다.

아버지는 남자라는 이유로, 집안의 가장이라는 이유로, 경제적인 힘을 가지고 있다는 이유로 마음껏 큰소리 칠 수 있는 존재였다. 자신의 잘못은 쉽게 덮을 수 있는 힘이 있었으며, 다른 사람에게 자신이 원하는 대로 명령할 수 있는 권한을 부여받은 사람이었다. 그 모순이 숨 막힐 때쯤, 사회는 더욱더 호락호락하지 않은 상대라는 것을 알게 된다. 능력 있는 여자보다는 조금 재능이 부족하더라도 남자를 원했고, 직장에서는 좋은 대우를 받으면서 돈을 벌더라도 가정으로 돌아가면 남편에게 직접 한 따뜻한 밥을 바쳐야 하는 몸종에 불과했다. 남자에게는 한없이 관대한 가정과 사회가 여자에게는 한없이 각박했다. 이러한 가정환경에서, 사회 구조에서 나는 점점 더 외로웠다. 가슴이 답답했다. 억울하다. 우울해진다.

하지만 나는 여자로 태어났다. 또한 다음 생애에도 남자로 태어나는 것을 거부한다. 이 모순으로 가득 찬 어그러진 사회가 변화될 때까지 나는 여자로, 또 여자로 태어나기를 바란다. 이것이 희망을 품은 바람이 아니라 오기에서 비롯된 것이라고 비난해도 좋다. 몇 번이고 주저앉고 싶은 현실이지만, 그래도 달라질 미래가 있기에 작은 오기 같은 희망이라도 품는다. 더 나아질 내일이 있기에 다시 일어선다. 현경과 만나면서 나는 더욱더 다부진 희망을 가진다. 세상을 따뜻하게 안아 줄 사람은 결국 여자라는 것을, 세상을 변화시키는 사람은 결국 여자라는 것을 배운다. 나는 그러한 일을 할 수 있는, 해야 하는 여자다.

5. 있는 그대로의 '나'

사람이라면 누구나 마음의 상처를 가지고 있다고 생각한다. 다만 겉으로 드러나 있지 않기에 자신의 마음속에 난 상처를 모른 채로 살아간다. 살아가면서 자신도 모르게 생겨난 상처이고, 조금씩 깊어져 가는 상처이기에, 마음이 아파서 울부짖는 소리를 듣기가 힘들다. 그렇게 계속 방치해 두면서 상처들은 곪아서 썩어 들어가게 된다. 처음에는 작았던 암세포가 나중에는 꽃처럼 피어나서 결국엔 목숨을 앗아가게 된다. 마음의 상처도 그러하다. 작은 상처를 사전에 치료해 주지 않는다면, 그 상처로 인해 사람은 스스로 목숨을 끊는 지경에 이를지도 모른다. 우리 자신을 그렇게 내버려 둘 것인가?

나는 겉으로는 별다른 상처 없어 보이는 건강한 사람일지도 모른다. 다른 사람의 눈에는 어쩌면 행복한 사람인지도 모르겠다. 가족들 모두 건강하며, 경제적인 어려움 없이 지내고 있으며, 하고 싶은 일은 하면서 살고 있다. 자신감이 강하고, 맡은 일은 똑 부러지게 하려고 노력하며, 하기 싫은 실은 과감하게 거절을 할 줄 알고, 요구사항이 있으면 망설이지 않고 당당하게 말할 줄 알고, 부당한 일을 당하면 건의할 줄도 아는 사람이기 때문이다.

별다른 상처 없이, 고민 없이, 아픔 없이, 마음 편안하게 사는 것 같아 보이는 사람이 독서치료를 통해 어떤 공감을 얻었을까 의아해할지도 모르겠다. 나 또한 처음에는 별다른 마음의 동요가 일어날지 않을지도 모른다는 의심을 가진 채로 독서치료를 접하였다. 과연 독서를 하면서 마음의 상처를 깨닫고, 원인을 알게 되고, 이해하게 되고, 치유하게 된다는 것이 가능한가에 대한 의문을 끝도 없이 던져 보기도 하였다.

하지만 한 권, 두 권, 자꾸 책과 만나면서 나의 의혹은 너무나도 쉽게 무너져 버렸다. 단순히 보이는 물리적인 모습 이면에 감추어진 또 다른 모습의 나는 소심하고 나약하고 두려움이 많은 아이였다. 그리고 자라는 과정에서 받은 상처와 아픔을 짓누른 채로 살아가고 있던 아이였다. 그렇게 또 다른 나와 만났다. 숨겨 두었던 나와 만났다.

하지만 그 만남 이후에도 여전히 별로 달라진 것이 없어 보이는 내가 있다. 비록 외관상으로 드러나게 달라진 것은 없을지라도, 분명 마음이 성숙해지는 독서와 만나기 전과 후의 나는 달라져 있다. 이것은 나만이 느끼는 변화일지도 모른다. 서서히 이루어지고 있는 변화 속에서 나는 화려하지 않은 축하 파티를 하고 있다. 주인공은 나이고, 초대 손님도 역시 나이다. 나만이 초대받을 수 있는 파티에서 나는 마음껏 나를 느끼고 있다. 그래서 지금도 여전히 1년 전처럼 마음이 가볍다. 그래서 기쁘다. 그래서 행복하다.

독서 '치료' 라는 말에 머뭇거려질 수도 있으며, 조심스러워질 수도 있다. 그러나 여기에서 말하는 치료란 병원에서 진단을 받고, 주사를 맞고, 약을 받는 방식과는 다소 상이하다. 독서치료에는 한 번의 진료로 나을 수 있는 명약은 없다. 명확한 처방전이 있는 것도 아니다. 그 사람의 성격에 따라, 성향에 따라, 상황에 따라 도움이 되는 책은 달라진다. 나에게는 마음을 울렸던 책이 너에게는 감흥을 주지 않을 수도 있고, 그에게는 좋았던 책이 그녀에게는 공감을 얻지 못할 수도 있다.

그래서 독서치료는 오히려 의미를 갖는다. 틀에 박힌, 정형적인 과정이 아니기 때문이다. 어디에도 정답은 없다. 그냥 느껴지는 대로, 떠오르는 대로 자신을 맡겨 보는 것이다. 나를 발견하고, 내면의 소리에 귀를 기울이며, 마음을 들여다보는 일에 심취해 보는 것이다. 나 또한 그랬기에, 이 글은 나의 모습에 대한 솔직한 보고서로 탄생하게 되었다. 조금은 부끄럽다. 조금은 민망하다. 하지만 이게 바로 내가 자라온 모습이고, 내가 품어온 아픔이고, 내가 참고 지내왔던 고통이다. 의식하고는 있었지만, 인지하지 못했던 새로운 나와 만남에 대한 이야기다.

나는 아직도 깨달음의 과정 속에 있다. 자아에 대한 의문의 답을 찾는 과정 속에 있다. 마침표를 찍는 것이 아니라 쉬어 가는 쉼표를 찍는 단계에 서 있다. 오늘 또 하나의 쉼표를 찍는다.

내가 만난 새로운 세계, 독서치료

–김은재(책정연 회원)

1. 새로이 대두된 제3의 독서영역

독서 열풍이 부산을 휩쓸고 있다. 아니 전국을 휩쓸고 있다. 범국민독서릴레이, 원 북 원 시티(One Book One City) 운동이나 쏟아져 나오는 독서의 중요성을 강조하는 출판물 서명들을 굳이 다 나열하지 않더라도, 한 번의 클릭으로 필요한 정보를 해결하는 오늘날의 인터넷 시대에도 독서의 중요성과 필요성이 줄어들기는커녕 오히려 더 강조되고 있다.

예나 지금이나 독서를 해야 된다는 사실에는 이견이 없는 모양이다. 그렇다면 많은 시간과 노력을 투자하여 읽어야 되는 책은 과연 어떤 내용의 것이어야 할까? 지금까지는 나쁜 만화나 오락물을 제외한 독서라면 무조건 환영받아 왔다. 남의 생각이나 문학 작품을 읽는다는 것만으로도 다른 무엇보다 가치 있는 일이라고 평가되어 왔다. 그러나 이러한 책읽기들은 자신의 삶의 질을 향상시키거나 인간을 성숙하게 만들기보다는 새로운 것을 깨닫거나 지식을 쌓는 수준에서 그치게 된다. 지적 성장은 가져다줄 수 있을지 모르나 자신의 내면을 마주하며 개개인이 안고 있는 마음의 상처를 돌보지 못하며 정신적 · 영적 성장은 더더구나 기대하기가 어렵다.

하루도 빠짐없이 보도되는 놀라운 사회문제[49] 속에서 살아가는 현대인들에게 과연 필요한 독서는 무엇인가 하는 의문과 함께 새롭게 대두된 것이 김정근 교수의 '제3의 독서영역' 즉, 성숙을 위한 책읽기다. 제1의 독서영역은 마음 다스리기, 깨달음을 강조하는 '훈육하는 책읽기' 라고 하며, 학업상 · 직업상 능력을 향상시키기 위한 '지식을 쌓는 책읽기' 는 제2의 독서 영역이라고 한다. 우리는 대부분 제1의 독서영역과 제2의 독서영역에 속하는 책읽기를 해 왔다.

그러나 이러한 책읽기는 우리의 내면에 자리 잡은 아픈 마음(sick mind 또는 wounded emotion)을 치유하지 못한다. 이러한 아픈 마음을 치유하는 책읽기를 제1의 독서영역과 제2의 독서영역과 구분하기 위해 제3의 독서영역이라고 한다. 이는 인간을 귀납적으로 이해하고, 아픈 마음을 어루만지고, 상처를 치유하고, 장애를 뛰어넘게 해 주는 책읽기다. 생산과 산업에 함몰된 인간형을 지양하고 정신복지형을 지향하며, 성취와 성공 지향의 인간형을 극복하고 행복한 인간형에 눈을 돌리는 책읽기다.[50]

나 역시 독서치료 과정에 입문하기 전에는 이러한 책읽기를 알지 못했다. 스테디셀러나 베스트셀러로 소개된 책이나 학습에 관련된 책읽기가 전부였다. 가끔 인간의 상처나 소외를 주제로 한 책을 읽더라도 그것을 인간의 정신적 치유까지 연결시키지는 못했다. 더욱이 나의 내면에 깊이 귀 기울여 보려는 생각은 하지 못했다. 어리석게도 나의 정신과 마음에는 아무런 문제가 없다고 생각하고 있었던 것이다.

그러나 지난 2004년 교육대학원에 입학하고 1학기에 처음 독서치료 과정을 수업하면서 상처받은 마음을 돌보는 치유서 계통의 책을 읽고, 치유적 글쓰기와 치유적 말하기

49) 존속살해, 자식학대, 아동학대, 알코올중독, 자살, 우울증, 인격장애, 폭력 등 주요 일간지의 사회면에는 위와 관련된 기사들이 자주 보도된다. 최근 2005년 5월에 보도된 기사만 살펴보더라도 "거액재산가 친어머니 살해한 아들 영장" [조선일보], 2005년 5월 24일. "남편한테 맞느니 감옥 갈래" [한겨레], 2005년 5월 25일. "전동차에 모녀 동반 자살, 60대 딸 치매 어미니 손잡고 투신" [조선일보], 2005년 5월 26일. "양육걱정 영아 살해 20대 남녀 불구속 입건" [해럴드경제], 2005년 5월 27일. "남편살해 여성 10명 중 8명꼴 매 맞는 게 무서워서" [매일경제], 2005년 5월 27일.

50) 세계 책의 날 특별기고 : 제3의 독서영역. 김정근. 〈교수신문〉, 2002년 4월 29일.

과정을 거치면서 스스로 자신 속으로 빠져 들어가 나의 내면에 깊이 도사리고 있는 많은 문제들을 보게 되었다. 어릴 적 어느 순간 상처받아 조각 나 있는 내 마음들이 한 권 한 권의 책을 읽을 때마다 불쑥불쑥 고개를 내밀고 올라왔다. 피해 버리고, 덮어 버리고 싶었지만 제어장치가 풀린 기계처럼 솟아올라와 내 가슴과 머리에 충격을 주었다. 성인이 되어도 미숙한 모습으로 살아가고 있는 그 근원이 보이기 시작했다. 그리고 그 과정을 거치면서 아팠던 마음과 상처가 조금씩 완화되고 치유되어 가는 것도 느꼈다. 정말 놀라운 경험이었다.

이제 두 번째 학기의 독서치료 과정을 마쳐 가고 있다. 매 수업시간에 새로운 치유서를 읽고 나만의 목소리를 담은 글을 쓰고 말로 하기란 결코 쉬운 작업이 아니었다. 그렇지만 읽어 낸 치유서 목록과 그때마다 생산한 치유적 글들을 지금 다시 살펴보니 뿌듯함과 함께 이런 작업들이 나를 얼마나 변화시켜 왔는지를 생각하게 되었다. 오랜 기간 동안 많은 독서치료 과정을 경험하지는 않았지만 두 번째 학기를 마치면서 지금까지 내가 읽은 치유서 목록과 치유적 책읽기를 통해 내가 어떻게 변해 가는지 짧게나마 정리해 보고자 한다.

2. 내가 읽은 자가치유서

2004년 3~6월과 2005년 3~6월의 기간 동안 독서치료 수업을 받았다. 2004년에는 여러 가지 상황이 제시된 후 그와 관련된 치유서를 읽었고, 2005년에는 주부의 마음 상함에 관련된 치유서를 읽었다. 수업시간 중에 함께 읽고 서로의 아픈 마음을 이야기한 매체는 다음과 같다.

• 내가 읽은 치유서 목록

순번	상 황	매 체	비 고
1	성장의 아픔	『상처받은 아이들 : 유년기의 상처를 말하고, 이해하고, 극복하기』. 니콜 파브르/김주경 옮김. 동문선, 2003.	2004년 1학기
2	딸과 여자의 자아	『내 딸이 여자가 될 때 : 잃어버린 자아를 찾아가는 딸과 여자들의 44가지 사례 연구』. 메리 파이퍼/김영재 옮김. 문학동네, 1999.	
3	부모	『흔들리는 부모들』. 수잔 포워드/한창완 옮김. 사피엔티아, 2000.	
4	가부장사회	『남자의 탄생 : 한 아이의 유년기를 통해 보는 한국 남자의 정체성 형성과정』. 전인권. 푸른숲, 2003.	

5	중독	『한 잔만 더 : 알코올 중독 치료 리포트』. 앤더슨 스피카드 · 바바라 R.톰슨/정지훈 옮김. 창조문화, 2003.	
6	성인아이	『위장된 분노의 치유』. 최현주. 규장, 1995.	
7	가정폭력/성폭력	『저는 오늘 꽃을 받았어요 : 가정폭력과 여성인권』. 정희진. 또하나의 문화, 2001.	
8	말기환자와 가족	『아름다운 죽음을 위한 안내서 : 인생의 마감시간에 우리는 무엇이 되어서 만날 것인가』. 최화숙. 월간조선사, 2004.	
		『모리와 함께한 화요일』. 미치 앨봄/공경희 옮김. 세종서적, 1998.	
9	주부, 그 막히고 트인 자리	『우리는 사소한 것에 목숨을 건다』. 리처드 칼슨/정영문 옮김. 창작시대, 2001.	2005년 1학기
10		『따귀 맞은 영혼』. 배르벨 바르데츠키/장현숙 옮김. 궁리, 2002.	
11		『사람풍경』. 김형경. 아침바다, 2004.	
12		『식구 : 우리가 사랑하는 이상한 사람들』. 김별아. 베텔스만, 2005.	
13		『아주 작은 차이』. 알리스 슈바르처/김재희 옮김. 이프, 2001.	
14		『수다가 사람 살려』. 오한숙희. 웅진닷컴, 2004	
15	주부, 그 막히고 트인 자리	『흔들리는 부모들』. 수잔 포워드/한창완 옮김. 사피엔티아, 2000.	2005년 1학기
16		『그 남자와 원하는 여자, 그 여자가 원하는 남자』. 김성묵. 김영사, 2003.	
17		『아직도 가야 할 길』. 스캇 펙/신승철 · 이종만 옮김. 열음사, 2002.	

• 내가 본 시청각 자료

① "길모퉁이" – MBC 특집드라마

② "나는 가부장제를 거부한다 – 이유하천 인터뷰" – 이병혜의 집중조명 YTN

③ "한국남자, 이렇게 만들어진다" – TV, 책을 말하다 – KBS

④ "알코올 중독자 치료과정" – KBS

⑤ "인체대탐험 – 영원한 순환 : 죽음(BBC제작)" – KBS

• 내가 읽은 단행본 목록

① 『독서치료와 도서관의 역할』. 신주영. 한울아카데미, 2004.

② 『독서치료와 공공도서관 서비스』. 송영임. 한울아카데미, 2004.

③ 『어린이의 상한 마음을 돌보기 위한 독서치료』. 김민주. 한울아카데미, 2004.

④ 『성인아이 문제와 독서치료』. 김경숙. 한울아카데미, 2004.

⑤ 『대학생의 '문제음주' 와 독서치료』. 김수진. 한울아카데미, 2004.

- 내가 읽은 논문 목록

① "지역사회정신보건 문제와 독서치료" 김정근 · 송영임. 《한국도서관 · 정보학회지》 제34권 1호, 2003.

② "공공도서관은 독서치료의 장이 될 수 있는가" 김정근 · 송영임. 《독서문화연구》 제2호, 2002.

③ "공공도서관의 독서치료프로그램, 어떻게 운영할 것인가" 김정근 · 송영임.《도서관》 제58권 제1호, 2003 봄.

④ "독서치료와 도서관" 신주영. 《제41회 전국도서관대회 주제발표논문집》, 2003.

⑤ "주부의 마음 상함과 독서치료 프로그램에 관한 연구" 김수경. 《한국도서관 · 정보학회지》 제35권 제2호, 2004.

⑥ "주부를 위한 독서치료 프로그램의 실제" 김수경. 《한국도서관 · 정보학회지》 제36권 제1호, 2005.

⑦ 《김정근의 독서치료 이야기》 1~23 중 다수. 김정근.

3. 나에게 독서치료란 무엇인가?

얼마 전 아이가 내게 물었다.

"엄마, 엄마는 처음부터 엄마로 태어났어?"

나는 깜짝 놀랐다. 나처럼 미숙하고 불완전한 인간이 저 아이에게는 대단한 어른으로 보이는가 하고 생각하니 뒤통수를 한 대 맞은 듯 한참 멍했다. 그 즈음부터 내 머릿속 한편에 자리 잡은 화두는 '어떤 모습으로 늙어 가야 하는가' 였다. 아이들이 자라나면서 나를 보고 거울처럼 내 행동을 따라 하는 것을 알게 된 후부터 부모의 자리매김, 성숙한 어른의 모습을 어떻게 만들어 나가야 하는지 여러 번 생각하게 되었다. 나이가 들었다는 이유만으로 무능력 · 무기력 인간으로 평가받는 것도 못마땅하지만, 그렇다고 무조건인 존경과 대우를 강요하는 것도 바람직하다고는 생각하지 않기 때문에 이 사회에서 어른이 되고 나이가 들어 간다는 것이 참으로 부담되고 고민스러웠다.

그런 고민 끝에 내가 그린 미래의 내 모습은 쌓인 세월과 더불어 긴 인생 여정에서 배어 나오는 삶의 통찰력, 혜안을 지닌 성숙한 어른이 되는 것이었다. 늙어 갈수록 힘이 없고 세상에 대한 자신이 없어지는 게 아니라 오랜 세월의 경험으로 더 깊고 넓은 가슴을 가진 어른이 되어 젊은 세대들의 든든한 정신적 버팀목이 되고, 그들에게 마음속으로부터 신뢰와 존경을 받을 수 있는 그런 사람으로 변해 가야 한다는 생각이 들었다.

그러나 성숙한 인간이 된다는 것은 말처럼 쉬운 일이 아니다. 솔직히 말해 그렇게 되기 위해 나 자신을 어떻게 훈련시키고 연습해 나가야 하는지 구체적인 방법조차도 몰랐다. 지금까지의 나 자신은 괜찮은 인간인지, 그래서 무언지 모르지만 조금만 노력하면 성숙한 인간으로 나이 들어 갈 수 있는지. 그것부터 의문이었고, 책을 많이 읽어야 한다고 생각은 했지만 도서관 서가에 꽂힌 수많은 책 중에 성숙한 인간이 되기 위해 진실로 내게 필요한 책은 무엇인지 몰라, 사서라는 직업이 오히려 부끄러웠다.

교육대학원에 진학하고 나서 독서치료 과정을 시작할 때만 해도 독서치료가 나의 의식을 어떻게 변화시키고 내가 고민하던 문제에 해답을 주리라고는 생각하지 못했다. 독서치료라는 말을 처음 듣고는 놀이치료나 그림치료처럼 독서치료를 배워 엄마만 보면 짜증을 잘 내는 내 아이를 치료해 주리라고 생각했다. 내가 먼저 치유되어야 할 사람이라는 것은 생각지도 못했다.

처음 치유서를 손에 잡았을 때, 책을 읽기는 읽었지만 제대로 책 속으로 빠져 들어가기가 쉽지 않았다. 그래서 맨 처음 니콜 파브르의 『상처받은 아이들』이란 치유서를 읽을 때도 나의 어릴 적 상처로 인해 나 자신도 모르게 대물림된 행동을 하고 있으며, 그로 인해 또다시 내 아이의 여린 가슴에 생채기를 내고 있다는 것은 생각하지 못했다. 그저 내 성격이 문제가 있으므로 내가 노력하여 아이에게 절대 상처를 주지 않아야 한다고 단순하게 해석했다. 그러나 치유서를 한 권 두 권 읽어 갈수록 아이의 문제를 살피기 전에 나부터 들여다보게 되었다. 아니 아이의 상처까지 헤아려 줄 겨를이 없었다. 아이가 문제가 아니라 내가 문제였다. 치유서를 읽어 가면서 잊고 있었던 어릴 적 내 상처와 마음 상함이 내 의식의 수면 위로 떠올랐으며, 치유서와 더불어 스스로를 조금씩 객관적으로 바라보게 되었고, 피하고 싶고 덮어 버리고 싶은 마음 상함의 근원을 똑바로 대면하게 되었다.

치유서 속으로 걸어 들어가 나와 같은 상황을 보고 내 아픈 마음을 더듬었으며, 책 속에서 여러 지은이들의 이야기와 문제를 해결해 나가는 과정을 보고 희망과 기쁨을 느꼈고, 책을 덮고 나서는 치유적 글쓰기 과정을 통해 나의 문제들과 직면하여 내 상처를 치유해 보고자 하였다. 그리고 나만 상처투성이라 생각하고 의기소침해지려는 순간, 치유적 말하기 시간에 서로 허심탄회하게 자신의 아픔을 이야기하는 과정을 여러 번 반복함으로써 이제는 제법 시간이 걸리더라도 상처가 아물고 나면 새 살이 돋는 것도 알게 되었다.

이와 같이 자기와 같은 상황을 책에서 발견하여 동일화하고, 책 속에서 문제를 해결해

가는 상황을 보고 자기의 문제 또한 없어지는 듯한 카타르시스 효과를 얻어 자기 스스로 자신의 문제를 해결하도록 하는 통찰의 과정을 거친다. 이를 독서치료의 세 가지 원리인 동일화의 원리, 카타르시스의 원리, 통찰의 원리[51)]라고 하는데, 나는 자신도 의식하지 못하는 사이 이런 과정을 거치고, 더 나아가 내 심리적인 문제와 상처들을 치유하며 예전에 내가 스스로를 가두어 두었던 틀을 허물어 내려 그 틀을 뛰어넘어 보려고 자신을 정신적으로 훈련시키고 있었다. 동일화, 카타르시스, 통찰의 효과를 넘어 자가치유를 경험하였다고 할 수 있다. 물론 이런 바탕에는 나의 상황에 맞는 적절한 자가치유서(self-help book)가 안내되었기 때문에 가능한 일이었다고 생각한다.

타인의 상처와 아픔을 읽고 자신의 문제와 직면하도록 하는 자가치유서야말로 독서치료에 가장 효과적인 매체라는 생각이 들었다. 그리고 지속적으로 치유서를 읽어 가는 동안 감히 '성숙한 인간' 이라는 단어를 되뇌며 고민하게 되었고, '정신적 자유인' 이 되는 길도 조금씩 보이는 듯하다.

다른 사람들이 보기에는 이전의 나와 지금의 내가 크게 달라 보이지 않을지도 모른다. 직장일과 대학원 공부에 시달려 정신없이 살고 있을 거라 동정을 보내는 사람도 있다. 그러나 나는 독서치료 과정을 통해 내 마음이 어떻게 변화되고 있는지, 내가 독서치료를 알게 된 것이 얼마나 다행스럽고 고마운 일인지를 느낄 수 있다.

4. 책을 통한 치유의 과정

두 학기에 걸쳐 수업을 받으면서 앞서 언급한 자료 이외에도 김형경의 『사랑을 선택하는 특별한 기준』[52)], 이훈구의 『미안하다고 말하기가 그렇게 어려웠나요』[53)], 서명숙의 『여성 흡연 잔혹사』[54)], W. 휴 미실다인의 『원만한 정서생활을 가로막는 몸에 밴 어린 시절』[55)], 김혜련의 『학교종이 땡땡땡』[56)], 하이타니 겐지로의 『소녀의 마음』[57)], 공지영의 『우리들의 행복한 시간』[58)]도 함께 읽었다. 독서치료를 알기 전에도 나의 독서취향은 우

51) 『신독서지도방법론』. 손정표. 태일사, 2001, 344-345쪽.
52) 『사랑을 선택하는 특별한 기준』〈1〉, 〈2〉. 김형경. 문이당, 2001.
53) 『미안하다고 말하기가 그렇게 어려웠나요』. 이훈구. 이야기, 2001.
54) 『여성 흡연 잔혹사 : 한 생애의 담배를 다 피워 버린 여자의 담배 이야기』. 서명숙. 웅진닷컴, 2004.
55) 『원만한 정서생활을 가로막는 몸에 밴 어린 시절』. W. 휴 미실다인/이종범 · 이석규 옮김. 가톨릭출판사, 1987.
56) 『학교 종이 땡땡땡』. 김혜련. 미래M&B, 1999.
57) 『소녀의 마음』. 하이타니 겐지로/햇살과 나무꾼 옮김. 양철북, 2004.
58) 『우리들의 행복한 시간』. 공지영. 푸른숲, 2005.

리 사회의 소외 받은 자들이나 소수자, 약자들, 그리고 가슴속에 상처를 안고 살아가는 사람들의 이야기를 다룬 내용들을 찾아 읽는 편이었다. 물론 그 때는 그런 책들을 읽고 책 속 주인공들을 보면서 공감은 하지만 나와는 다른 사람들의 이야기라고 생각하고 말았다.

그러나 독서치료 과정을 거치면서 책을 읽는 나의 태도는 달라지기 시작했다. 객관적으로, 남의 이야기로만 읽는 것이 아니라 책 속에 나를 대입시켜 나도 모르는 사이 책 속에서 내 모습을 보기 시작했다. 책 속에서 잊고 있었던 나 자신의 어느 한 면을 만나고 있었다. 싫었지만 스스로 마음에 들지 않은 모습들도 만나면서 회피하지 않고 문제를 대면해 나가는 자신을 느낄 수 있었고, 며칠을 혼돈 속에서 여러 생각을 하고 지낸 후에는 생각이 정리되면서, 세상을 살아가는 데 자신감도 생기는 것을 알 수 있었다. 타인들은 아무도 모르겠지만 나는 내가 어떻게 달라지고 있는지, 어떤 여유가 생겨나는지 알 수 있었다.

많이 미숙하기는 하지만 나 자신에 대한 생각이 달라지기 시작하면서 나를 둘러싸고 있는 여러 역할들에 대한 입장과 태도도 정립되었다. 딸로서, 아내로서, 어머니로서, 며느리로서 혼란스러운 상황들을 객관적으로 바라볼 수 있는 능력과 그 상황들에 대처하는 방법들을 훈련받았으며, 힘든 과정이지만 분명 새로운 세계로 나를 눈뜨게 하였다.

나는 하루에도 몇 가지의 얼굴로 살아간다. 부모로서, 부부로서, 자식으로서, 형제자매로서, 직장인으로서 등등. 굳이 카를 융의 '페르소나' 라는 용어에 대한 해설을 빌리지 않더라도 우리는 진정한 자기 자신으로 행동하기보다는 타인의 요구에 맞추어 어떤 행동이나 태도를 취하는 경우가 많다. 여태까지 나는 성숙한 인간으로 타인과의 관계를 맺어 나간 것이 아니라 그때그때 요구하는 역할에 맞추어 가면을 썼다 벗었다 해 왔다.

치유서들을 읽을 때마다 적절한 가면을 쓰고 살아가는 나에게 가면 속에 숨겨진 나의 진짜 모습들을 들여다보게 하였으며 왜곡된 형태로 나타나는 내 모순들의 근원을 분석하고 치유하게 하였다. 최현주 목사의 『위장된 분노의 치유』를 통해 성인이 되어서도 무의식 속에 억압되어 있는 상처 입은 내면의 아이를 발견하고 보살피는 방법을 알게 되었으며, 배르벨 바르데츠키의 『따귀 맞은 영혼』을 통해 인간의 마음 상함이 무엇이며, 마음 상함의 해결 방법인 '성숙한 인간으로서의 자존감 확립' 이라는 구절을 내 마음에 새겼다.

다양한 인간들의 상처를 보면서 나의 상처도 치유하려 애쓰다 보니 직장인으로서 업무를 대하는 마음과 직원들을 대하는 마음에도 여유가 생기기 시작했다. 스캇 펙의 『아직도 가야 할 길』은 지금까지 치유서를 읽고 부분 부분 내 상처들을 치료하고 다독이던 나에게 새로운 삶의 방향과 철학을 제시해 주었다. 드러날 정도의 변화는 아니지만 적어도 인간과 사물에 대한 나의 태도가 전과는 바뀌었으며, 정신의 영역에서도 조금은 깊이가 있어지며 상황들에 대한 생각과 인간에 대한 고민이 많이 생겼다.

나는 사남매 중 둘째 딸이다. 바로 위에 언니만을 둔 둘째 딸로 남아선호사상과 대를 이을 아들에 집착하는 우리 사회에서 '또 딸'로 태어났다. 비록 누구나에게 환영은 받지 못했더라도 큰 차별은 받지 않고 자라 왔다고 생각했다. 그러나 김형경의 『사람풍경』을 읽어 가면서 콤플렉스의 형성 원인인 '자아존중감'의 결여가 '또 딸'로 자라면서 비롯된 것임을 알게 되었고, 그 사실로 주눅 들어 자라 온 내 의식이 내 행동을 조정하고 있음을 알았다.

그리고 아버지가 좋으면서도 늘 어려워했던 부분이 내 속에서 충돌되어 왔는데, 니콜 파브르의 『상처받은 아이들』과 수잔 포워드의 『흔들리는 부모들』 두 권의 책을 읽으면서 어릴 적 아버지께 너무나 크게 혼이 난 기억이 지금까지도 내 의식을 지배해 오고 있다는 것도 알았다. 원인을 찾게 되니 그전처럼 막연한 어려움은 조금씩 내 속에서 사라져 갔다.

이제 아버지는 연세도 많이 드시고 건강상태도 많이 안 좋으시다. 몇 달 전 아버지가 교통사고를 당하셨을 때 지옥 같은 절망감을 겪었다. 그 어느 것도 내게 위로가 되지 않았던 그때 과제로 읽기 시작했던 리처드 칼슨의 『우리는 사소한 것에 목숨을 건다』라는 책은 내게 독서치료의 힘을 느끼게 해 주었다. 책을 읽어 가는 것만으로도 내 마음은 서서히 희망을 느끼게 되었고, 일상적인 내 감정을 되찾게 해 주었다. 이 책의 객관적인 평가를 떠나 내게는 치유서의 힘을 경험하게 해 준 책이었다.

이제 가끔씩 죽음이라는 단어를 떠올리는 아버지를 보면서 딸로서 너무 가슴이 아프지만 미치 앨봄의 『모리와 함께한 화요일』과 최화숙의 『아름다운 죽음을 위한 안내서』와 같은 치유서 그리고 〈영원한 순환〉이라는 필름을 통해 죽음이라는 것도 탄생과 똑같이 준비하고 기다려 맞이해야 한다는 것을 알게 되었고, 부모 자식 간의 인연에 너무 집착하기보다는 아버지를 한 사람의 인간으로 생각하고 아버지에게 진정한 도움이 되는 것은 무엇일지 생각하게 되었다.

한때 결혼은 어쩌면 도박이 아닐까 하는 생각에 아찔한 순간이 있었다. 정확한 결과를 모른 채 자신이 꿈꾸는 몇 가지 기준에 스스로 낙관하면서 배우자를 선택하는 것이 승패를 알 수 없는 불확실한 게임에 승부수를 던지는 것과 흡사하다는 느낌을 받았다. 물론 이런 생각을 결혼하기 전에 깨달은 것이 아니라 결혼을 하고 그것도 한참을 살아가다가 문득 떠올리게 되었다. 서로 다른 문화와 생활환경 속에서 자란 성인 남녀가 함께 산다는 것은 참으로 만만치 않은 일임에도 불구하고, 나는 내 방식대로 상대방을 해석하고 자위하면서 덜컥 결혼을 하였다.

결혼 초 서툰 살림 솜씨로 첫아이를 출산한 후 주부, 아내로서의 내 삶은 이전의 생활 방식과는 완전히 달라졌다. 감당하기 어려운 육아와 가사노동으로 나는 혼자서 '가정'이라는 무거운 짐을 끌어간다고 내내 투덜거렸고, 둘째 아이의 출생으로 직장일과 가사노동에 빠져 헤어 나오지 못한 채 허우적거리며 일상을 보냈다. 남편을 이해하기보다는 내 고통만 늘어놓았다. 당연히 나만 힘들고 나만 이해받아야 한다고 생각했다.

김성묵의 『그 남자가 원하는 여자, 그 여자가 원하는 남자』는 이런 일방통행적인 내 생각을 변화시켜 주었다. 남녀의 구조적인 차이를 설명하면서 부부간에 서로를 이해할 수 있는 눈을 뜨게 해 주었다. 또 전인권의 『남자의 탄생』을 읽게 되면서, 봉건적이고 권위적인 우리 사회의 '남자다움'의 틀에 갇혀 원치 않는 기대 속에 많은 짐을 지고 살아가는 우리나라 남자들의 말 못할 아픔도 엿보았다. 알리스 슈바르처의 『아주 작은 차이』를 통해 아주 작은 성의 차이로 인해 인간으로서의 삶이 아니라 '여자'로서 삶을 살아야만 하는 구조적인 사회 현상과 이런 악순환은 개인의 문제가 아니라 가부장 사회의 보편적 현상임도 알게 되었다.

치유서 몇 권을 읽고 당장 내가 이런 상황들을 해결하지는 못할 것이다. 그러나 제대로 알지도 못한 채 헤매면서 살아가는 것과 내가 이런 현상들을 읽어 내는 능력을 길러가면서 악순환의 고리를 어디쯤에서 잘라야 하는지 알고 삶을 살아가는 것은 분명 다른 결과를 가져올 것이다.

아이를 양육한다는 것은 이전에 내가 경험했던 그 어떤 일보다 어렵고 힘들었다. 새 생명에 대한 신비로움은 잠깐이고 작은 아이가 내 품에 안겼을 때 나는 기초적인 육아에서부터 정신을 차리지 못했다. 아이들이 커 가면 좀 나아지겠지 하는 기대로 엄마 역할을 해 왔는데 시간이 흘러 아이가 자랄수록 육아에 대한 노하우는커녕 더 자신 없어지는 게 사실이다. 머리로 생각할 때는 정말 멋진 엄마가 될 수 있을 것 같았는데 막상 일상 속에서는 그때그때 내 기분에 따라 아이들을 대하고, 한 번의 주의로 끝날 사건도 큰 소리로 야단치고, 책 읽어 달라는 아이를 기다리게 해서 결국은 혼자 잠들게 하는 등 애들에게는 해 놓고 후회하는 경우가 더 많았다. 내가 왜 그런 행동을 하는지를 몰랐다. 그러나 치유서들을 읽으면서 내가 왜 그럴 수밖에 없었는지 그 원인을 알게 되었다.

수잔 포워드의 『흔들리는 부모들』을 읽고 내 상처를 들여다보면서 내가 받은 상처를 똑같이 대물림하고 있으며, 나 역시도 '흔들리는 부모'가 되어 있음을 자각하였다. 아찔

했다. 엄마가 되어서 사랑이라는 미명 아래 내 아이들에게 보이지 않는 상처를 대물림하고 있었다. 김별아의 『식구』라는 책을 통해, 가족은 같은 문제를 150년 동안 계속해서 안고 간다는 것과 이것은 누군가의 희생을 각오하고 모질게 고리를 끊지 않으면 질곡이 되풀이되어 나타난다는 것을 알았다.

메리 파이퍼의 『내 딸이 여자가 될 때』는 딸을 기르는 엄마로서 건강한 자아를 지켜 갈 수 있는 여성으로 딸을 키운다는 것에 대해 깊은 고민을 하게 했다. 또 가정 폭력에 관한 내용인 정희진의 『저는 오늘 꽃을 받았어요』를 읽은 후에는 세상에서 '맞을 짓' 이란 건 결코 없으며, 강자인 부모가 약자인 아이를 자신의 요구대로 복종시키기 위해 폭력의 힘을 동원해도 되는 권리는 절대로 없다는 것도 깨닫게 되었다.

솔직히 말하면, 새롭게 사실들을 깨닫고 나 자신이 변화하도록 실천해 나가려고 노력은 하고 있는데 의식과 함께 행동의 변화가 제일 더디게 일어나는 것이 바로 엄마로서의 변화가 아닌가 생각한다. 이성으로 생각했던 것들이 아이와 직접 문제에 부딪히게 되면 두 걸음씩 진보된 의식이 결국은 한 걸음 정도 퇴보되는 것을 느끼기 때문이다. 그러나 내가 의식하면서 이런 반복을 계속하다 보면 언제가 퇴보 없이, 느리지만 조금씩 앞으로 나아가고 있는 순간이 올 것이라 믿는다.

사실 며느리로서 시댁과는 큰 갈등이 없다. 며느리라는 역할을 부여받은 지 10여 년이 지나면서 자잘한 갈등이나 서운한 부분이 영 없지는 않았지만, 직장을 다니는 막내며느리란 점이 시어머니의 기대치를 낮게 만들어 4명의 며느리 중 예외가 적용되는 경우가 많았다.

그렇지만 나는 배려해 주는 시댁 식구들, 특히 손윗동서들에게 괜히 미안해서 정말 최선을 다하려고 노력했다. 누가 나에게 뭐라 말하지는 않았지만 모든 행사에 빠지지 않고 참석하려 했고, 며느리로서 역할 분담을 하기 위해 손윗동서들의 어려움을 미리 헤아리고 있었다. 그렇게 하지 않으면 스스로 미안하고 마음이 불편했다. 나에게도 시댁에 무조건 잘해야 하며 언제나 참아야 한다는 악습이 학습되어 있었다. 이렇던 내가 읽은 『식구 : 우리가 사랑하는 이상한 사람들』은 며느리로서의 의무감에서 어느 정도 해방되게 해 주고, 스스로 세뇌시킨 착한 며느리 신화에서 벗어나도록 도와주었다.

그리고 오한숙희의 『수다가 사람 살려』가 진정한 수다를 통해 상처받은 영혼이 치유되고 진화되어 가며 서로 연대할 수 있다는 것을 가르쳐 주었기에, 며느리 역할에 나름대로 부담을 느끼는 손윗동서들을 만나면 마음을 터놓고 자신의 고민을 이야기하고 서로 들어주고 그 고민을 함께 나눌 수 있는 방안을 모색해야겠다는 생각도 들었다.

이런 과정을 거치면서 내 마음속에는 새로운 사실들이 보이고 변화가 생겨났다. 시어머니라는 존재에 대해 의무와 도리를 먼저 생각지 않고, 나보다 인생을 먼저 살아온 인생의 선배로 여기며, 오랜 세월 살아오면서 지치고 힘든 어깨를 내게 기댈 수 있도록 배려와 사랑을 나누어야 한다는 생각이 새롭게 새겨졌다.

5. 독서치료의 힘

이상으로 두 학기 동안 독서치료 과정을 거치면서 치유서를 통해 나의 상처를 치유하고 성숙한 인간으로 나아가려 애쓰는 내 모습을 더듬어 보았다. 작년에 한 학기를 마쳤을 때는 독서치료가 뭔지 겨우 알았다는 느낌이었다면, 이번 학기를 마치고 나 자신을 정리하는 작업을 해 보니 거의 40년 가까이 지배해 온 내 의식의 근원에 무엇이 자리하고 있는지 어렴풋이 보이며, 용기를 내서 더 자세히 보려고 이쪽에서 한 걸음, 다시 저쪽에서 한 걸음 다가가 볼 수 있었다.

또, 치유서마다 나의 상처와 감정들을 기록해 둔 치유의 글들을 다시 읽으면서 내 감정을 다시 한 번 조절하게 되었다. 발전적으로 변해 가는 나를 느끼고 세상에 대한, 인간에 대한 사랑과 자신감이 생기는 것도 느꼈다. 이것이 바로 독서치료의 위력이라 생각한다.

동료 중에 다른 곳에서 운영되고 있는 독서치료 과정에서 공부를 하고 있는 사람이 있다. 그 팀의 강의내용을 들어보면 독서치료 이론과 더불어 타인을 치유시키기 위해 독서 후 발문을 작성하는 방법과 독서치료의 기법 중심으로 수업이 이루어지고 있었다. 처음에는 앞으로 도서관에서 독서치료 관련 프로그램을 운영하려면 저런 기법이 나에게 더 필요한 것이 아닌가 하는 의심이 생겼다. 내가 독서치료 프로그램의 인도자가 되면 무슨 말을 해야 될지 걱정이 앞섰다. 그러나 치유서를 통한 내 자신의 치유 과정을 경험하면 할수록 '상처 입은 치유자' 야말로 독서치료 프로그램의 진행자(facilitator)가 되는 자격의 기반이 된다는 생각[59]에 전적으로 공감하게 되었다.

인간의 감정이란 것이 거의 비슷할진대, 자신의 상처와 상한 마음으로 아파보지 않은 사람이 어떻게 남의 상처를 마음으로부터 깊이 이해하고 공감할 수 있단 말인가? 더 필요한 기술이 있다면, 귀납적인 인간이해를 기초로 삼으며 사람의 '아픈 마음' 을 완화시켜 주며 마침내 상처의 치유까지도 가능하게 해 주는 자가치유서[60]를 중심으로 지속적

59) 김정근의 독서치료 이야기 : 상처 입은 치유자 Wounded Healer. 김정근. 〈출판저널〉, 2005년 6월호.

인 독서와 글쓰기와 말하기를 통해 나 자신의 성장을 훈련시키는 것이라 생각한다. 자신의 상처를 보듬어 글을 쓰고 타인들 앞에서 말한다는 것은 쉬운 일은 아니었다. 하지만 되돌아 생각해 보니 치유적인 글을 쓰고 말을 했던 것이 나의 정신적 성숙에 커다란 도움을 주었으며, 새로운 실천 방법을 모색하는 데 시작점이 되기도 했다.

매주 숨 가쁘게 달려왔다. 한 학기 동안 일주일이 수요일 밤을 중심으로 끝이 나고 또 시작되는 느낌이었다. 힘들어서 게으름이 생기려는 순간도 있었지만 밤늦게까지 함께 공부하는 동료들의 얼굴을 보면서 그 고비를 넘어섰다. 스캇 펙(M. Scott Peck)의 『아직도 가야 할 길』까지 읽은 지금, 앞으로 내가 나아가야 할 방향은 영적으로 성숙한 인간이 되는 길임을 깨닫게 되어 어설프게나마 조금은 그런 모습을 흉내 내 보려고 노력하는 나 자신을 발견하게 된다.

자신을 돌아보지 않고 일상을 바쁘게 사는 나를 이렇게 변화시키니, 바로 이것이 성숙한 인간을 만드는 제3의 독서영역 메시지의 힘이 아닐까?

내게 독서치료는 무엇이었는가

–박초은(책정연 회원)

1. 바람직한 독서치료의 방향

한 학기 동안의 독서치료를 되돌아보며 글을 쓰는 지금, '한 학기 동안의 독서치료는 무엇이었는가', '내게 독서치료는 무엇인가'에 대한 생각이 간단히 정리되지 않는다. 몇 마디 말로 분명하게 설명해 내기 힘들다. 먼저 책을 통한 치유라는 개념이 내게는 익숙했지만 내가 접한 독서치료는 나의 예상이나 짐작과 달랐고, 따라서 독서치료가 진행됨에 따라 이에 대한 내 입장을 명료하게 정리하기 역시 만만치 않았던 것 같다.

우선 독서치료를 접하기 전의 상황으로 돌아가 보자. 내게 있어 '치료'란 개념은 낯설지 않았다. 먼저 나는 상처받은 경험이 있고, 꽤 오랜 기간 동안 요가를 하면서 몸과

60) 김정근의 독서치료 이야기 : 자가치유서(Self – Help Books)의 발견. 김정근. 〈출판저널〉, 2005년 4월호.

마음을 바라보았던 경험이 있다. 그리고 평상시 책을 읽으며 지혜를 얻으려 했고, 어려운 일이 있으면 책을 읽고 생각을 정리하거나 힘을 얻는다. 요즘 들어 자가치유서(self-help book) 계통의 책이 시중에 많이 나와 있는데, 그런 책도 많이 읽었던 것 같다. 아직 어리므로 경험이 부족할 수도 있지만, 이러한 경험들을 토대로 내가 얻은 지혜는 다음과 같다.

먼저 문제 상황을 직시해야 한다. 문제가 어렵다고 회피하거나 다른 데서(예를 들면 남자 친구나 문제에서 도망쳐 집중할 수 있는 무언가) '위안'을 얻으려고 해서는 안 된다. 그건 남자 친구나 그 일과 진심으로 만나지 못하게 할 뿐 아니라 언젠가는 거기서 실망을 하고 다시 돌아오게 된다. 내 문제가 무엇인지 알고 해결하려는 분명한 정신의 '독립'이 필요하다. 내 문제는 내가 해결하겠다는 의지가 필요한 것이다.

다음으로 문제에 너무 집중해서는 안 된다. 앞의 이야기와 상반된 듯하지만 맞는 이야기다. 문제가 나의 전부는 아니며 내 삶의 전부도 아니다. 문제는 문제일 뿐이다. 문제를 '바라볼 수 있는' 정신의 힘이 필요하다. 거기에 빠져서 감정에 휩쓸리거나 허우적대는 것은 문제의 해결에 도움이 되지 않는다. 문제를 직시하되, 그 문제가 점점 작아져서 해결될 문제로 바라보는 긍정적인 시선이 필요하고, 문제를 해결해 나갈 행동전략이나 방향을 생각해야 한다. 여기에는 어른들의 지혜나, 먼저 문제를 겪었던 사람의 조언, 책의 지혜 등에 귀 기울이는 것도 필요하겠다.

얼마 전 존경하는 분의 말씀을 들었다.

"세상에는 세 부류의 사람이 있다. 첫째는 '힘들다'는 말을 입에 달고 사는 사람이다. 늘 힘들다는 사람은 자신을 돌아보지 않으며 행동의 방향도 갖고 있지 못하다. 힘들다, 힘들다 하는 사람에게는 힘이 생기지 않으며 올바른 행동을 할 수도 없다. 생각이 부정적이면 올바른 사고나 행동을 할 수 없기 때문이다. 둘째는 분위기를 타는 사람이다. 자신의 생각이 확고하지 못하기 때문에 주위의 분위기에 휩쓸린다. 셋째는 자신의 목표를 가지고 어려움이 있어도 어렵다는 말을 조심하며, 자신의 길로 매진하는 사람이다. 세상을 살면서 힘들어도 적당히 감추는 지혜가 필요하고, 계속해서 목표를 향해 점진적으로 나아가는 것이 필요하다. 나는 어떤 사람인지 생각하고 꾸준함을 가진 사람이 되도록 하자."

생각이란 무의식적인 부분이 많고, 자신도 모르는 사이에 지나가기 때문에 어려운 일을 당했을 때 자기도 모르는 사이에 생각이 부정적으로 흘러가는 경향이 있는 것 같다. 하지만 생각을 잘 '조절'하는 사람이야말로 정신의 힘을 가진 사람이고, 그런 사람이 남에게 상처를 주거나 받지 않고 좀 더 현명하게 살 수 있지 않나 생각한다.

사실 독서치료를 한 학기 동안 경험하면서 상처의 개념과 상황에 따른 치유서를 읽고 토론하는 시간을 일주일에 한 번, 전부 10번의 시간을 가졌는데 시간이 흐를수록 통찰이나 공감을 느끼기 힘든 점이 있어 고민스러웠다.

먼저 독서치료는 책을 읽고 '동일화-카타르시스-통찰' 의 세 단계를 거쳐 진행되는 것으로 본다. 그런데 실제 독서치료 클래스에서 세 번째 단계인 '통찰' 의 부분이 앞의 두 단계에 비해 부족했다. 그래서 삶의 상황과 문제에 대한 이야기들은 자유롭게 주고받았지만 거기에 대한 적절한 처방이나 전망을 내리지 못한 채 문제 상황만 힘겹게 돌이키고 마는 시간이 되었다. 치유서들도 심윤경의 『나의 아름다운 정원』[61]이나 전인권의 『남자의 탄생』[62] 등은 문제 상황에 대한 동일화와 카타르시스는 느낄 수 있겠지만 문제의 해결이나 전망은 제시하고 있지 않은 책들이다.

다음으로는 독서치료 자체의 문제라기보다는 상황의 문제이다. '치유' 는 우선 자신의 마음이나 몸의 병을 스스로 고치려고 하는 자발적인 마음이 우선되어야 하는데, 이번의 독서치료는 수업의 일환으로 들은 것이었기에 참여자들의 자발성이나 절실함이 부족했고, 참여자들도 여러 배경의 사람들이 섞여 있었기에 함께 공감하기 힘든 점들도 있었다. 수업의 10주 프로그램에는 유년기의 상처, 어른의 무지, 남자와 여자, 가부장 사회, 딸과 여자의 자아, 부모, 성인아이, 말기환자와 가족 등 '일반적' 이고 '보편적' 인 상황들인데 이 일반적인 상황들을 모두가 공감하기는 힘든 면이 있다. 어느 주제는 내게 절실하고, 어느 주제는 판단의 영역에 들어오지 않는 것일 수 있다. 독서치료를 진행하거나 운영하는 입장에 초점이 맞추어진 것이라면 모르지만 독서치료를 실제 체험하고 공감하기에는 부족한 점이었다고 생각된다. 각자의 상황에 맞는 독서치료를 경험했다면 공감의 폭이 더욱 컸을 것이다.

독서 치료를 한 학기 동안 경험하고 정리하는 지금의 입장은 이렇다.

독서치료는 바람직하다. 책을 통해 자신을 돌아보고, 경험을 나누고, 문제에 대한 통찰을 얻는 것은 유용하기 때문이다. 하지만 문제에 빠지는 것이 아니라 문제를 바라볼 수 있는 힘, 또 문제를 해결해 나갈 수 있는 지혜와 통찰을 길러 주도록 치유서와 프로그램이 보완된다면 더욱 좋을 것이다. 지금은 초기단계에 있는 독서치료가 더 많은 연구와 실제 적용 사례들을 통해 좋은 치유서들을 발굴하고 유용한 도서관 프로그램으로 발전하여 많은 사람들을 만났으면 하는 바람을 가져 본다.

61) 『나의 아름다운 정원』, 심윤경, 한겨레신문사, 2002.
62) 『남자의 탄생 : 한 아이의 유년기를 통해 보는 한국 남자의 정체성 형성 과정』, 전인권, 푸른숲, 2003.

2. 나를 변화시킨 자가치유서

『상처받은 아이들』[63]은 상처받은 아이들의 사례와 이들을 접하며 치유하고자 노력한 심리학자의 이야기를 담고 있다. 사람들은 누구나 살아가며 크고 작은 여러 가지 상처를 받는다. 그 상처가 너무 커서 일상생활을 영위해 나가기 힘들 정도라면 예외겠지만, 그 외에는 그냥 '잊고' 산다. 그것을 전부 기억하기도 또 기억해 내 해결할 수도 없다. 나 역시 어른이 된 어느 순간부터 이런저런 여러 가지 일을 조금은 무심한 마음으로 대하게 되었다. 하지만 어느 순간, 어떤 상황에 부딪혔을 때 잊었다고 생각한 과거의 상처가 불쑥 올라오는 경우가 있다. "고통은 항상 우리를 기다리고 있다"라는 말이 맞는지도 모른다.

사람들은 항상 무언가 문제를 호소한다. "공부를 못한다", "머리가 나쁘다", "아무도 나를 존중해 주지 않는다", "나는 외톨이다", "부부 사이가 원만하지 않다" 기타 등등. 하지만 그런 표면의 문제 내부에 무언가 근본적인 원인이 있는 것은 아닌지.

예를 들어, 심리적으로 안정되어 있지 못하고 불안한 사람은 업무나 대인관계에서 훌륭한 성과를 내기 힘들다. 그 사람이 업무나 대인관계를 못하는 것은 '능력이 부족해서'이거나 '인간성이 나빠서'가 아니다. 다만 심리적으로 불안한 상태가 지속되어 자신의 능력을 충분히 발휘하지 못한 것뿐이다. 이때 우리가 해야 할 일은 무엇일까? 무언가 문제가 있는 자신을 비난하지 않고 그 원인을 올바로 파악해서 다시 행복하게 살아가는 일이다. 비난하지 말고 해결해야 한다.

내 나이 스물다섯. 스무 살 이후부터를 생각해도 이제 제법 어른이 되었다는 생각이 든다. 대학교 1~2학년 때가 다르고, 3~4학년 때가 다르며, 사회생활을 할 때가 달랐고, 해마다 달라지는 자신을 느낀다. 그러면서도 나는 점점 나이 드는 것이 좋다. 나이를 먹으면서 하나하나 거쳐 왔던 그 과정들을 다시 접하고 싶지는 않다. 지금이 가장 좋다.

어린 시절은 마음의 상처를 잘 받는다. 아이들에게 "너는 힘과 능력을 가지고 있고 무엇이든 할 수 있다"고 분명히 말해 주는 사람은 별로 없다. 학교나 가정에서 아이들은 고유의 개성을 인정받기보다 간단한 말로 쉽게 평가된다. 따라서 아이들이 자신 안에 잠재한 힘과 능력을 깨닫지 못하고 주위의 평가와 환경에 의해 바람에 이는 갈대처럼 좌지우지되기 십상인 것도 무리는 아닐 것이다.

우리는 모두 '인생의 학교'를 다니고 있다. 남들이 보기에는 평탄해 보이는 인생이라

63) 『상처받은 아이들 : 유년기의 상처를 말하고, 이해하고, 극복하기』, 니콜 파브르, 동문선, 2003.

도 나름대로의 어려움과 문제를 헤치면서 성장한다. 때로 그 문제를 극복하지 못하고, 또는 넘어서지 못하고 좌절하기도 하지만 언젠가는 다시 일어서고, 계속해서 삶을 살아가게 된다.

어린 시절의 상처도 그런 것 아닐까. 처음에는 충분히 스스로 서지 못하기 때문에 주위의 여러 가지 것에서 잘 상처받고 힘들어한다. 그것 역시 하나의 과정으로서 필요한 것이라고 본다. 잘 상처받는 기간. 하지만 그 기간은 생각만큼 길지 않다. 사람은 학교나 부모님으로부터 가르침을 받는 시간을 지나면, 언젠가 자기가 자신을 자유롭게 해 주는 날이 온다. 그런 날 더 이상 남의 탓을 하거나 남의 말 한마디에 자신의 정체성이 흔들릴 정도의 충격은 받지 않는 것이다.

나 역시 그랬고, 그렇게 되고 있다. 다만, 나 역시 힘들어했던 어린아이의 한 사람으로 상처받은 아이들에게 연민을 느끼며, 그들이 스스로의 힘을 자각하고 다시 일어서기를 진심으로 바란다. 될 수 있으면 주위의 어른들이나 학교의 선생님들이 이러한 사실을 아이들에게 알려 주었으면 좋겠다.

슬픔이나 무력감도 영원히 지속되지는 않는다. 사라질 것 같지 않던 슬픔이 어느 순간 "안녕!" 하고 손 흔들며 떠나는 날이 있을 것이다. 상처받는 아이들이 이 사실을 알고, 더 이상 자신을 남과 비교하거나 비하하지 않았으면 한다. 개인은 세상에 단 하나밖에 없는 독특하고 아름다운 존재이니까 말이다.

이 책은 상처받는 아이들과 그 치유과정을 다루고 있는데, 책의 독자로는 아이가 아니라 어른들을 상정하고 있다. 이 책에서 나오는 아이들은 어른들이 말하지 않아도 민감하게 집안 분위기를 파악하고 아픔을 느끼지만 이것은 무의식적인 단계로, 이들은 이 상처를 의식적인 부분으로 끌어올려 바라볼 수 있는 능력이 아직 없다. 따라서 이를 치유하고자 하는 바람을 가진 아이의 부모나 심리학자가 아이들의 상처를 말로 표현하거나 놀이를 통해 표출하게 함으로써 자신의 상처를 의식하고 이를 치유할 수 있는 힘을 가지게 하는 것으로 나타난다.

상처받는 아이가 있는 가정이라면 부모님 역시 아이들과 마찬가지로 문제를 함께 안고 있을 것이다. 중요한 것은 부모들이 아이들의 상처를 인정하고 이를 치유하는 데 기꺼이 도와주려는 마음가짐이다. 그런 생각을 가진 사람들이 이 책을 볼 것이고 도움을 받을 수 있을 것이다.

자식의 문제는 곧 어버이의 문제이기도 하다. 왜냐면 부모가 자식을 기르는 과정은 함께 성장하는 과정이기 때문이다. 따라서 자식을 탓하거나 자신을 탓하지 말고(누구도 탓하지 말자!) 아이의 문제를 해결하며 함께 성숙해 가는 것이 좋다. 이 책은 아이들 마음의 상처를 여러 가지 사례를 통해 설명하고 있다. 편부모, 부모의 죽음, 이혼, 몸이나 마음이 아픈 어린이 등은 주위에서 흔히 일어나는 상황이므로 많은 사람이 도움을 받을 수 있을 것이다.

또 중요한 것 한 가지! '치유' 도 무리하게 하지는 말자. 상처의 치유라도 평온한 마음 속에서 이루어지는 것이 부모와 아이 양쪽의 입장에서 모두 바람직하다고 본다. 부록으로 심리치료(놀이치료)를 할 수 있는 국내 기관이나 병원 등을 소개해 주면 더 좋겠다.

아이들이 이 책을 통해 스스로 문제를 해결하기란 쉽지 않을 것이다. 하지만 자신의 상처를 직시하는 데는 일정부분 도움을 받을 수 있다고 본다. 부모 역시 자신처럼 사태에 대해 더 좋은 방법을 생각해 내지 못하는 사람일 뿐이라는 것, 자신만이 마음의 상처를 입고 있지는 않다는 점, 또 마음의 상처를 치유함으로써 다시 행복해질 수 있다는 점을 여러 가지 사례를 통해서 알게 될 것이다.

대학교 3학년 여름방학 때 여학생 위원회에서 하는 세미나에 참석한 일이 있다. 교재를 하나 정해 놓고 토론하는 식이었는데, 언제나 서로에 대한 공감과 성토로 끝나곤 했다. 호주제나 기타 법률에 대해서도 생각하고, 남자와 여자의 불평등, 특히 일상적인 영역에서 공공연하고 당연하게 행해지는 각종 편견과 오해 등에 대해 말이 많았다. 물론 남자들의 말도 안 되는 행태에 대한 울분도 많았다.

그런데 그 세미나를 1~2주 참석하다 말았다. 내 끈기가 부족했던 건 아니고, 그렇다고 가부장적인 문화와 사회에 대해 문제의식이 없는 것도 아니었다. 오히려 그런 문제에 대해서는 생활 속의 사실로 내 촉수는 예민했다. 그럼에도 그 세미나만으론 충족될 수 없는 부분이 있었고, 그것이 세미나의 의의 이상으로 큰 것 같아 그만뒀다(그게 뭐냐고 묻는다면, 상처를 헤집고 봉합하는 과정에서 봉합하고 치유하는 과정이 많이 미숙하다고 느꼈다고만 간단히 말한다).

알리스 슈바르처의 **『아주 작은 차이』**[64]의 논조 역시 대부분의 여성운동과 상통하는 점이 있었다. 현실 고발, 비판, 울분 등의 요소. 처음에는 읽다가 책의 어두운 부분들 때문에 불편했지만 읽고 나서 이 책에 나름의 의의가 있다는 생각을 했다. 잘 다루지 않는 성에 대한 이야기를 담론의 장으로 끌어올린 것, 솔직한 고백을 통해 남자와 여자 모두에게 성에 대해 생각할 기회를 준 것 등 말이다. 그래서 그런가. 독일 현지에서는 알리스 박사를 많은 사람들이—특히 낮은 계층의 사람들이— 존경한다고 한다.

64) 『아주 작은 차이』, 알리스 슈바르처/김재희 옮김, 이프, 2001.

남자와 여자. 남자와 여자의 차이는 클까, 작을까. 이 책에서는 '아주 작은 차이' 라고 말하고 있다. 생물학적 차이가 아주 작은데, 사회적으로 많은 차이가 있어서 말도 안 된다는 걸까, 아니면 우리는 모두 인간이니까 큰 차이가 없다는 말일까. 남자와 여자의 차이는 관점에 따라 다를 수 있다고 본다. '크다' 고 생각하면 크고, '작다' 고 생각하면 작을 수도 있다. 하지만 너무 커서 서로 소통할 수 없을 정도라면 곤란하지 않을까. 다행스럽게 시대의 변화에 따라 그 차이가 많이 좁혀지고 있다는 생각이 든다. 남자에게는 남자의 역할만, 여자에게는 여자의 역할만 부여하고 인정하던 시대에서 조금씩 유연한 방향으로 나아가고 있는 것이다.

인간에게는 남녀를 불문하고 여성적인 부분과 남성적인 부분이 공존하고 있다고 한다. 사회화되면서 남성과 여성은 스스로의 역할을 습득하게 되지만, 거기에 적응하지 못하는 사람도 있을 수 있고, 거기까지는 아니어도 내면의 갈등을 가지게 될 수도 있다. 어찌 보면 동성애의 문제도 그런 것 아닐까. 자신은 여성이지만 여성적인 측면에 더 이끌리는데, 남성에게서는 그것을 발견할 수 없으므로 여성을 좋아하게 되는 경우처럼 말이다.

다시 말해 엄격한 남녀의 구분과 학습은 인간의 본성을 억압하는 결과를 가져올 수 있다. 자신의 감정을 표현해 본 적 없는 남자, 자신의 능력을 마음껏 발휘하고 뽐낼 기회를 박탈당한 여자 등이 많다고 생각해 보라. 작게 봐서는 개인적 불행, 크게 봐서는 사회적 불행 아니겠는가.

이 책이 쓰인 시기에서 우리는 얼마나 더 와 있을까. 나는 낙관주의자여서 세상이 점점 더 좋은 방향으로 변하고 있다고 믿는다. 현실을 모르는 철부지여서가 아니라 현실이 그렇게 변했으면 해서다. 물 잔에 물이 반밖에 남아 있지 않다고 할 수도 있고, 반이나 있다고 할 수도 있다. 또 할 수 없다는 말도 사실이고, 할 수 있다는 말도 사실이다. 나쁜 점을 헤아리자면 끝이 없겠지만, 좋은 방향으로 가는 길을 발견하는 것은 큰 능력이라고 본다. 남자와 여자는 서로를 이해하며, 남자든 여자든 자신 안에 있는 부분을 억압당하지 않고 자연스럽게 표출할 수 있는 사회가 되어야 할 것이다.

이 책에서 반가웠던 점은 성의 문제를 직접적으로 말하고 있다는 점이다. 우리는 성에 대해 너무도 무지하다. 이것은 공론의 장에서는 다루어지지 않으므로 상당히 비틀어지고 왜곡되는 부분이 있다. 여러 여성학 책에서 밝혀내었듯이, 우리가 접하는 여러 가지 비디오나 영화 등은 성에 대한 우리의 시각을 왜곡한다고 한다.

책에 나온 여자들의 증언을 살펴보면 이들이 계층이나 학력을 불문하고 성에 대해 무지했다는 것, 상상했던 성과 실제의 성이 아주 달랐다는 것을 알 수 있다. 이런 점을 나를 포함한 우리 사회 여성이나 남성들의 모습과도 크게 다르지 않다. 모르면서 안다고 생각하니 갈등이 생기고 마찰과 문제가 생기는 것 아닐까. 그런 점에서 이 책이 직접적으로 성의 문제를 말한 점은 높이 평가하고 싶고, 이런 연구가 더 나와야 한다고 생각한다.

좀 더 말하고 싶은 점은 성과 사랑의 관계다. 우리 사회에서 성은 부풀려지고 왜곡된 측면이 있다. 무언가 색다르며 강렬하고, 그것이 자유의 표현이며 스스로의 존재를 나타내는 양 말이다. 책을 읽어 보면, 성은 그냥 일상의 한 부분이고, 사랑의 구체적인 표현 정도라는 걸 알 수 있다. 그저 편안함과 사랑을 느낀 상대에게 몸이 자연스럽게 반응하고, 성을 즐길 수 있었다는 여자들의 증언처럼 말이다.

성과 사랑, 육체와 정신은 분리된 것이 아닐 것이다. 마음이 편안해야 몸이 반응을 하고, 자연스레 상대와의 관계도 형성되는 것 아닌가. 몸 따로, 마음 따로, 성이 무언가 특별한 물건인 양 취급된다면 우리는 온전한 하나의 개체로 거듭나지 못하고 분열하며 아파하게 될 것이다.

책의 어느 대목에서 '이 책을 남자에게 읽혀야 한다'는 말이 있지만, 그렇게 해서 '남자가 이 책을 읽을까'는 의문이다. 다른 사람을 바꾼다는 것이 어디 쉬운 일인가. 남자를 계몽하겠다는 의도보다 좀 더 근본적인 방안이 필요하다고 본다. 가령, 좀 더 근본적인 문제 즉, 자신이 인간적으로 성숙하기 위해 어떻게 해야 할지 고민할 수 있다면 남자와 여자의 관계에 대해서도 생각하게 될 거고, 여자를 어떻게 사랑할지 고민하게 될 것이라고 본다. 왜냐면 상대는 바로 나와 같은 존재고, 상대를 통해서 자신을 발견하게 되는 것이므로.

이 책은 여자들에게도 많은 시사점을 준다고 본다. 책의 여성들이 겪고 있는 문제는 크게 두 가지다. 하나는 남자와의 즐겁지 않은 성관계, 두 번째는 남자와의 관계에서 자신을 잃고 남자에 집착하게 되는 점이다. 따라서 같은 문제를 안고 있는 여성이라면 책을 읽어 보면서 생각의 방향을 잡아 가는 것도 좋겠다. 특히 주부들의 경우 이러한 문제는 가족제도라든지, 사회의 분위기 등에 따라 필연적으로 접하게 되는 문제이기 때문에 더욱더 그렇다.

책에 실린 한 여자의 인터뷰 중 기억에 남는 말이 있다.

"저는 남자와의 관계에서 제가 무엇을 할지보다는 남자가 어떨지, 그 사람의 장래가 어떻고 등을 더 신경 썼죠. 나중에 그와 헤어졌을 때 저는 무엇을 해야 할지 몰랐어요."

해결의 실마리는 스스로에의 회귀에서 찾아질 수 있지 않을까. 상대방을 사랑하는 것이 꼭 그 사람을 위해서 내 모든 것을 거는 것은 아니다. 그건 자신에게도, 상대에게도 별로 즐겁지 못하리라. 정신적인 예속 상태는 양편 모두에게 자유를 가져다줄 수 없으니 말이다.

책을 읽고 문득 든 생각은 이 책에서 시사하고 있는 점이 중요하다는 것이다. 하지만 비판에서 그치지 말고 이 문제를 해결할 수 있는 방향을 찾기를 바란다. 지은이가 제시해 주지 않는다면 독자 스스로라도 말이다. 언젠가부터 나의 습관이기도 한데, 나는 책이나 영화 등을 접하고 나서 생각해 본다. '그래서, 무엇을 더 생각하고, 어떻게 하면 좋을까' 하고. 방향이 제시되어 있지 않으면 내가 생각해 본다.

이 책에서 내가 생각해 본 바는 두 가지였다.

먼저 '서로를 알자!' 는 것. 너무 당연해 보이지만 성에 대해서, 그리고 여자와 남자가 부딪히는 문제에 대해서 솔직하고 유익한 대화를 나누는, 그 당연하고 자연스러운 일이 일상에서는 잘 이루어지지 않는다. 처음에 생각의 교류 없이 교제를 시작하고, 차차 불만히 쌓이고, 쌓여서 문제가 엄청 커졌을 때가 되어서야 미숙하고 파행적으로 대화를(폭력이 동원될 수도 있겠다) 시작하는 경우가 의외로 많다. 서로의 무지를 깨달아야 한다. 그리고 알려는 태도를 가지고 솔직하게 마음을 열고 대화하기를 바란다.

사랑에 있어서, 그리고 인생의 모든 부분에 있어서 상당히 중요한 부분이라고 본다. 우리가 사는 이유는 결국 자신이 어떤 사람인지 체험을 하는 것이 아니겠는가. 자신의 가능성을 시험해 보고, 인간관계를 맺고, 일을 하고 말이다.

단, 사랑에 그리고 일에 자신을 잃고 모든 것을 바치는 것은 위험하다. 그건 사랑하지 않아서, 일을 좋아하지 않아서가 아니다. 그것이 자신을 지키고 타인을 지키며, 일과 사랑을 진정으로 만나는 길이다.

인터뷰한 여자의 사례에서처럼 자신을 다 바치고 나중에 원망한다 한들 무슨 소용이겠는가. 사실 그것 역시 자신의 선택이 아니었던가. 그렇다고 스스로를 원망할 것은 없고, 남을 사랑하듯이 자신을 사랑하고 그 사람과 인격적으로 만나는 방법을 강구했으면 한다.

전인권의 『**남자의 탄생**』[65]은 40대의 한 정치학자가 자신의 유년시절을 분석함으로써 한국 남자가 만들어지는 과정을 파헤치고, 한국 남자로 살아가는 것의 의미를 묻고 있다. 결국 책은 한국사회의 가족구조와 사회구조, 그리고 그 안에 처한 한국인들의 삶의 의미를 찾고자 한다고 할 수 있다.

65) 『남자의 탄생 : 한 아이의 유년기를 통해 보는 한국 남자의 정체성 형성 과정』, 전인권, 푸른숲, 2003.

물론 이 책을 쓴 지은이의 연령과 출판시기를 볼 때, 이러한 한국적 상황이 오늘날의 그것과 반드시 들어맞지는 않는다. 오늘날은 급변하는 시기이고, 10년, 20년이라는 시간에 따라 많은 것이 변화한다. 그럼에도 지은이의 이런 노력은 지난날 우리의 모습을 바로잡고, 깨끗하게 매듭짓자는 의미로도 보인다.

우리가 사는 가정과 사회가 개인에게 미치는 영향은 참으로 크다. 누구도 진공상태에서 살 수는 없다. 그 사람이 속한 사회와 공간의 의미는 중요하다. 특히 그 사회와 공간의 힘이 개인보다 세다면 두말할 필요가 없겠다. 한국사회의 현실은 이 책을 읽고 난 내게 조금 비참하게 다가온다. 사회의 제약이 크고 개인이 자아실현을 꿈꾸기 힘든 구조를 가지고 있다고 느껴진다.

이 책을 읽으면서 어린 시절이 떠올랐다. 책에 나온 집안 이야기들은 나와 중첩되는 부분이 많지는 않은데, 내 어린 시절과 중첩되는 부분이 좀 있었다. 예를 들면, 초등학교나 중학교 때의 권위적인 학교교육이라든지, 어린 시절 내 어머니와 아버지가 했던 부부의 역할 따위가 똑같지는 않지만 겹치는 부분도 있었다. 지금의 나는 사실 이런 부분들과 굉장히 멀어졌다고 느낀다. 그리고 그럴수록 내 삶은 더 자유로워지고 재미있어진 것 같다. 하지만 한국의 여러 곳에서 아직도 이러한 유습이 뿌리 깊다는 걸 알겠다. 사실 부산도 서울에 비하면 보수적인 편이다.

나의 바람으로는 우리가 좀 더 나아가야 한다고 본다.

현대사회는 구조적으로, 가치적으로 급변하고 있는 시대다. 지식과 정보의 소통과 흐름이 활발하며 빨라졌으며, 이전의 확고하던 가치관에서 다양성이 인정되는 유연한 방향으로 나아가고 있다. 다양한 직업군이 생기고 있으며, 하나의 방법이 아닌 다양한 방법이 인정되고 있다. 이런 변화가 가치의 혼란이나 왜곡으로 비추어질 수도 있지만 좋은 방향으로 발전한다면 이전의 경직된 구조와 가치가 좀 더 유연해지고 개인의 자율성이 보장되는 변화라고 할 수 있다. 가치적인 측면도 마찬가지다. 이전에 '갑' 하나만 맞다고 여기고, 나머지 '을'과 '병'은 배척했다면 이제는 좀 더 유연하게 이것들을 포용할 수 있는 것이다.

다시 책으로 돌아와 이 책에 나오는 한국의 가부장제와 권위주의적 가족문화를 떠올려 보자. 다양성과 개성을 인정하는 견지에서 보면 이 문화는 오히려 어딘지 이상하고 부자연스럽다. 모든 사람이 다른 사람들에게 충실하고 성실하고, 서로를 도와주면서도 자신의 일을 알맞게 해 나가는 편이 훨씬 쉽다. 가치의 전환은 어려워 보이지만 오히려 쉬운 길일 수 있다.

"권위주의는 커뮤니케이션을 싫어한다."

참 명쾌한 정의라고 생각한다. 맞다. '자기보다 못하다' 고 생각하는 사람이 이렇게, 저렇게 여러 말 하는 거 싫어한다. 근데 그런 사람들의 의식에는 상당히 독선적이고 다른 사람을 똑같은 인간으로 인정하지 않는 권위적인 요소가 있다. 자신의 견해가 옳다는 것을, 그래서 자신이 높다는 것을 증명하고 싶어 하는 것이다.

이 책에서 나온 용어로 치자면 '동굴 속 황제' 들이고, 내가 이름 붙이자면 '의식이 낮은 사람' 이다. 자신 안에 진짜 힘(권력이 아니라 정신적인 힘이다)이 있다고 생각하는 사람은 남을 괴롭히지 않고서도 스스로 원하는 삶을 살 수 있다는 걸 안다. 그리고 그런 사람이 정말로 강하면서도 부드럽고 멋지고 자유로운 사람이다. 자유로운 사람이 되기를 선택할 건지, 의식이 낮은 사람이 될 것인지는 스스로의 선택이다. 사회에서 권위를 인정한다고 해서 자신 역시 권위를 가진 사람이 되기를 열망한다면, 이 책에 나온 지은이같이 또는 지은이의 아버지같이 언젠가는 쓰라림을 맛볼 수 있다.

사람이란 행복을 추구하는 존재다. 물론 무엇이 행복인지는 자신이 결정한다. 하지만 보편적으로 '행복' 이라고 규정지을 수 있는 요소들이 있다. 정신의 자유, 타인과의 진실한 소통, 자아실현과 봉사 등이다. 권위주의와 커뮤니케이션의 부재는 그 사회를 행복하게 할 수 없다는 걸 이제까지의 경험을 통해 알았다면 과감히 바꿀 수도 있지 않을까.

예전에 고대에 홍세화 씨가 와서 강연을 한 적이 있다. 그 중에 기억에 남는 말이 "한국사회는 자아실현을 추구하기 어려운 사회"라는 이야기였다. 이 말은 이 책 『남자의 탄생』에서도 변주되어 되풀이되고 있다. 이 사회의 권위적이고 지나치게 사회적인 문화는 개인으로 하여금 스스로에 대해 성찰할 기회를 주지 않고, 자신을 망각하고 행동하도록 한다. 그러면서도 결국은 무언가 불행하다고 느끼게 한다.

인간은 개인적이면서도 사회적인 동물이다. 그 두 지점 사이의 적절한 곳을 찾아가는 것이 개인이 삶을 살아가는 과정이라고도 할 수 있다. 자신이 누구인지 알고, 개인의 행복을 추구함과 동시에 사회에 편입되고 일정 역할을 맡아 기여하기를 바란다.

한국사회는 이제까지 너무 제한되고 유연하지 않은 구조를 가지고 개인들을 억압해 온 측면이 있다. 요즘은 그런 사회에 순응하지 않고 자신에게 맞는 장(field)을 찾아 이 사회를 떠나는 사람들도 생기고 있다. 예를 들어 가부장제에 질린 여성들이 외국인과 결혼을 한다든가, 이 사회의 지나치게 조직적인 문화와 관료적인 요소, 비효율성에 질려 외국으로 가서 실력을 인정받고 행복하게 사는 경우도 있다. 한국사회에서 이제 개인을 억압하는 것만으로 사회를 통제하고 발전시킬 수 있는 시기는 지났다. 대의를 위해 개인의 소중한 것을 희생하라는 말은 이제 먹히지 않는다. 인재의 유출을 막고 세계에서 경쟁력을 가지기 위해서도 이런 구조는 변화해야 한다고 생각한다.

주 독자층은 40대 이후의 중년 남성이 좋겠다. 자신의 가정을 꾸리고 가장 역할을 하면서도 그 역할의 무게에 힘들어하고 있는 사람들. 소위 이런 '아저씨' 들은 가정에서 소외되어 있는 경우가 많다. '아저씨' 들의 세대는 자신을 찾을 수 있는 자아실현의 기회가 지극히 한정되어 있었으며 보다 큰 것을 위해 자신을 생각하지 않는 것에 익숙하기 때문이다.

이 남성들의 삶은 가정과 사회의 두 가지 장에서 진행되는데, 나이가 지나서는 그 둘 모두에서 소외되어 있기 쉽다. 사회는 이미 새로운 지식과 기술을 지니지 않은 이들을 퇴출할 것이요, 가정에서는 이제까지 가족의 성원들과 정신적 교감을 가지지 않은 이들을 별로 달가워하지 않을 것이기 때문이다. 이들 자신이 어떤 상황인가를 깨닫고 사회나 가정에서 올바른 자리를 찾아가도록 하는 데 이 책이 조금이나마 도움이 될 수 있을 거라고 본다. 자신이 이제껏 무엇을 위해서 살아왔고, 그것은 사회의 어떤 구조와 교육에 의한 것인지 되돌아볼 기회를 가질 수 있을 것이다. 물론 분석만을 통해서 사람이 삶의 방향을 잡고 행복해질 수는 없다. 하지만 무엇이 잘못되었는가를 알 수 있고, 그것을 토대로 어디로 나아가야 할지 방향을 잡을 수는 있다.

이 책을 읽고 나서 '기분이 정말 개운했다' 는 사람은 없을 것으로 짐작한다. 우리가 사는 현실과 이 사회에 답답하다는 생각, 그리고 그 안에 처한 개인들이 정말 안됐다는 생각이 들 것 같다. 지나친 왜곡과 그 정신의 편협함 따위, 그리고 그걸 그냥 그대로 받아들이고 사는 사람들.

이건 한 사람의 자기 고백이고 사회와 가정을 통해 스스로를 바라보고자 한 사람의 이야기다. 이 이야기 자체를 고정된 것으로 받아들일 필요는 없으리라 본다. 한국사회도 많이 변했고, 현대사회는 많이 변하고 있다. 내가 느끼는 것과 전인권이 생각하는 것은 다를 수 있다. 그리고 거기서 중요한 건 '내' 가 옳으냐, '네' 가 옳으냐 하는 문제가 아니라 어떤 방향이 좀 더 큰 행복을 제공해 주느냐에 달려 있다고 본다. 분석에서 더 나아간 방향의 제시와 전망을 기대한다.

수잔 포워드의 『**흔들리는 부모들**』[66]에는 여러 유형의 '흔들리는 부모들' 이 나온다. '흔들리는 부모들' 은 인격적으로 미성숙한 사람들이라 할 수 있다. '인간은 불완전하다' 는 사실을 떠올린다면 '조금의 흔들림도 없는 부모들' 이란 사실상 없을 수도 있는 것이다. 하지만 여기서 문제는 그들 자신이 잘못하고 있다는 것, 더 나아지려고 노력을 해야 한

66) 『흔들리는 부모들 : 부모의 역할이 다음 세대의 인생을 좌우한다』, 수잔 포워드/한창환 옮김, 사피엔티아, 2000.

다는 사실조차 모른다는 것이다. 즉, 자신이 무엇을 잘못하고 있는지 모르는 무지가 너무 심각하다. 집단무의식이라고 해야 할까. 자신이 성장하며 보아 온 그대로 행동하며 그것이 어떤 결과를 가져오든 몸에 익은 대로 행동한다.

부모가 되는 일은 사실상 권리보다는 의무가 더 큰 일이다. 책에 나온 대로, 아이들은 아무런 죄책감도 가지지 않고 보호받으며 유년시절을 보낼 권리가 있다. 그리고 부모가 되겠다는 결심은, 자신의 아이를 사랑할 의무를 흔쾌히 자신의 권리로 받아들이고 행동하겠다는 사람들이 내릴 결정이다.

아이를 세상에 내놓아 길러 낸다는 건 신성한 일이다. 다른 성을 만나 아이를 낳고 자신이 부모에게 받은 유산을 대물림하는 것처럼, 다시 그 아이가 또 다른 세대를 책임진다는 생각을 해 봐야 하지 않을까. 행복한 가정과 행복한 아이들이 많아질 때 사회도 행복, 나아가 지구도 행복해진다.

자녀들의 문제는 한층 심각하다 할 수 있다. 왜냐면 문제가정의 경우 부모를 바꾸는 것은 거의 불가능하기 때문이다. 또한 자신들이 부모에게서 물려받은 정신적 유산인 무거운 '짐' 을 내려놓고 좋은 유산으로 스스로 만들어 나가야 할 기나긴 여정이 남아 있다.

책의 사례에서도 거듭 언급되지만 어렸을 때 받은 가정교육은 무의식적이며 뿌리 깊다. 자신의 무의식을 의식화하고 고쳐 나가는 노력이 없다면 이들도 부모와 비슷하게 살아가게 될 확률이 크다. 이들은 사실 선량한 사람들이다. 책에도 나오지만 오히려 잘못하고 있는 부모에 대해 죄책감이나 책임감을 느낄 정도다. 하지만 선량하다고 행복할 수 있는 건 아니다. 부모의 무지에서 독립해야 하며 좀 더 현명해질 때만 행복해질 수 있다. 쉬운 것은 아니겠지만 또 방법을 모르겠다는 생각이 들겠지만, 이들이 주위의 도움과 계속되는 자신의 노력으로만 이룰 수 있는 성취의 위대함을 맛보기 바란다.

이제 부모에게서 정신적으로 독립하여 성숙한 인간으로 거듭나는 구체적인 작업으로 들어간다. 이 작업을 해야 하는 이유는 어린 시절 가정의 영향이 생각 이상으로 크기 때문이다. 무의식은 대부분 어린 시절에 형성되는데 이때 가정의 영향이 지대하다. 부모의 습관, 말 한마디 한마디가 이들의 습속을 결정짓는다. 문제는 이 습속이 바람직하지 않은 것일 때 여기서 독립하는 것이다.

책의 지은이는 '부모를 용서할 필요가 없다' 고 한다. 책을 읽으면서 꽤 인상 깊은 대목이었다. 대개 부모가 자신에게 씻을 수 없는 상처를 남겼다 해도 이들을 용서하려고 쩔쩔매는 게 보통 사람들의 생각이기 때문이다. 맞는 말이다. 사실 우리가 용서하지 않는 건 부모가 아니라 부모의 무지일 뿐이다. 그들의 무지가 우리를 아프게 했다면 이것을 용서하지 않는 건 여기에 동조하지 않겠다는 분명한 의사표현이다. 새로운 길로 나아가기 전 부모에 대한 자신의 생각을 분명하게 표현하는 것은 아파하면서도 순응해 왔던 자신에게 하나의 도전일 것이며 또한 새로운 출발의 시작일 것이다.

인생은 매순간이 새롭다. 우리가 인식하고 있든 하지 못하고 있든 그렇다. 지금의 나는 예전의 내가 아니다. 세상에 영원한 것은 아무것도 없듯이 우리는 항상 새로운 것을 접하며 새롭게 변화하면서 살고 있다. 다만 생각이 우리의 과거와 현재를 연결 짓고 있는 유일한 끈일 뿐이다.

"부처를 만나면 부처를 죽이고, 조상을 만나면 조상을 죽이고, 부모를 만나면 부모를 죽이자"라는 말은 불경의 한 대목을 조금 변형해 본 것이다. 물론 진짜로 부모를 살해하라는 뜻이 아님은 알고 있으리라 생각한다. 역기능 가정에서 자란 아이가 분노를 참지 못해 부모를 살해하는 경우가 있는데 이것은 진정한 부모 살해가 아니다. 이 사람은 아직 부모에 대한 생각으로부터 자유롭지 못하다. 부모를 너무 사랑하든, 너무 증오하든 이미 두 가지 경우 모두 부모에게 종속되어 있다.

'나'란 존재는 부모가 어떤 사람인가에 따라 좌우된다. 진정한 사랑은 상대를 자기 자신으로 만들어 주는 것이라고 했다. 마음이 대상에게서 독립되어 있지 못할 때, 우리는 대상의 좋고 싫음에 따라 흔들리는 부자유한 존재가 되어 버린다. 그것이 부모가 되었든, 연인이 되었든, 직업이 되었든 마찬가지일 것이다.

독립된 존재가 되는 것, 자신의 삶의 방향을 잡는 것은 자유로운 인간이 되는 길이며 다른 대상을 왜곡 없이 오히려 더 큰 사랑으로 바라볼 수 있게 만들어 주는 일이다. 책의 사례에서 보인 흔들리는 자녀들이 이미 30~40대가 될 때까지 독립적인 존재가 되지 못했다는 것은 안타까운 일이지만, 인생의 매순간이 새롭다면 어느 시점에서 시작해도 큰 차이는 없지 않을까. 이들의 새로운 출발을 빈다.

최훈동의 **『마음의 문을 열어주는 정신의학 이야기』**[67]은 교수님께서 수업시간에 종교나 정신의학과 관련하여 자주 언급했던 최훈동이 쓴 글이다. 부산대학교 문헌정보학과의 독서치료 수업은 치유서 목록에서 정신분석학적 이해를 토대로 한 작품을 선정하는 경향이 있다고 들었다. 이 책은 이런 정신의학에 대한 개론적 이해에 도움이 되었고, 개인적으로 동양의학에 관심이 많은 내게 정신의학이 동양의학과 서양의학을 접목하는 심신의학으로서의 성격이 있다는 것을 알려 주었다.

보통 '정신과'라고 하면 무시무시한 것들이 많이 떠오른다. 그간 영화나 드라마에서

67) 『마음의 문을 열어주는 정신의학 이야기』, 최훈동, 한울, 2001.

봐 왔던 장면들을 떠올리면, 멀쩡한 사람들을 누군가 '처리' 하려고 할 때 처넣는 데가 정신병동이고, 정신병동에 들어간 사람은 각종 약물투여로 거의 반시체가 되어서(진짜 정신병자가 되어서) 나오는 장면 등이 대부분이었다. 사람들을 다룰 때 '남자간호사' 가 손발을 잡고 무지막지하게 비인간적으로 다루는 행태들도 떠오른다. 좀 더 정신과 의사를 일상적으로 다루는 현대의 드라마에서 보면 정신과를 찾는 사람들은 사소한 문제들을 잘 처리하지 못하는 무능력한 사람, 아니면 자기 얘기를 미주알고주알 하고 싶어서 비싼 돈을 주고 가는 약간 한심한 사람 등으로 묘사되어 있다. 대중매체에서 그리는 이런 모습들은 정신의학에 대한 오해를 불러일으킬 수 있으므로 수정되어야 한다고 생각한다.

지은이에 의하면 정신과가 정신병자만 가는 곳이라는 생각, 정신과에 다닌다는 것이 자신의 큰 치부가 된다는 생각 등은 편견이라고 한다. 특히 현대사회는 점차 복잡해지고 개인주의화 되고 핵가족화 됨에 따라 정신건강이 어느 때보다도 많은 위협을 당하고 있다.

하지만 몸과 마음은 따로 구분된 것이 아니고 마음도 마음만의 문제는 아니므로 정신을 관장하는 기관인 뇌와 병행해서 치료할 때 더 큰 효과를 얻을 수 있다고 한다. 몸과 마음을 치료할 수 있는 곳, 특히 마음의 병을 치료할 수 있는 일상적 공간이 정신과가 되어야 한다는 것이다.

이 책에서 말하는 '마음과 몸' 이 둘이 아니라는 것은 누구나 알겠지만 나는 체험을 통해 확실히 알게 되었다. 몸이 안 좋은 줄 알았는데 마음의 병이었고, 또 마음에 따라 몸은 정교하게 반응을 한다. 따라서 병을 치료하고자 할 때는 이 둘의 연관관계를 알고 이 둘을 오가며 몸과 마음을 주시하는 과정이 필요하다.

특히 인간을 정신과 육체의 두 가지로 파악한 서양의학과 달리, 동양의학에서는 사람을 정(精), 기(氣), 신(神)으로 보아 정신과 육체를 관장하는 기(氣)를 상정한다. 정신의학도 서양의학의 증상 중심, 이분법적인 한계를 극복할 모델로 동양의학의 진단적, 일원론적 심신의학을 받아들이려 한다고 한다. 서양의학과 동양의학이 서로 보완하는 가운데, 정신의학은 현대의 다양한 정신건강을 담당하는 역할을 할 수 있기를 바란다. 독서치료도 지적이고 정신적인 작업뿐 아니라 그것을 직접 활용하는 춤치료나 음악치료와 함께 접목한다면 어떨까, 하는 생각도 든다.

이 책의 독자는 광범위하게 설정할 수 있다. 누구라도 조금은 마음의 병을 가지고 있기 마련인데 이 책에서는 이런 여러 가지 병들을 증상과 사례, 처방을 중심으로 상세하게 서술하고 있기 때문이다.

신경증과 정신병, 신경성질환, 불면증, 화병, 불안장애, 적응장애, 히스테리, 인격장애(자기애적 인격장애, 히스테리성 인격장애, 편집형 인격장애, 경계선 인격장애), 충동조절장애, 과잉적응증후군, 식이장애, 어린이 스트레스 질환, 알코올중독, 성기능장애, 우울증, 조울증, 정신분열증, 편집증(망상장애), 노인정신질환 등의 다양한 문제들이 서술되고 있다. 열거하다 보니 정말 이렇게 많은 문제들을 우리가 가지고 있다는 것이 놀랍다. 사회가 복잡하고 다양해지다 보니 개인들도 다양한 정신적인 문제를 안게 되는 것이 아닌가 한다.

또한 이러한 개인적인 문제를 넘어서 한국사회의 건강진단과 함께 대안도 함께 제시한다. 테러와 폭력, 광신주의, 사이비종교, 점복과 예언, 이민, 분단과 분열증 등을 가지고 있는 한국사회는 정신적으로 건강하다고 말하기 힘들다. 이곳에 사는 사회구성원들의 정신건강 역시 우려할 만한 수준이라고 할 수 있다.

따라서 정신적인 고통이나 문제를 안고 있는 사람들은 책을 읽으며 자신의 문제에 대한 이해를 넓히고, 정신의학이 어떻게 몸과 마음의 문제를 치유할 수 있는지, 사회에 어떤 도움을 줄 수 있는지에 대한 이해도 넓혀 나갈 수 있을 것이라고 본다. 사회와 개인의 정신건강에 주의를 기울이고 이를 치유할 수 있는 방법에 대한 이해력을 가질 때, 우리 사회의 전반적인 정신건강 역시 향상될 것이라고 생각한다.

#04 독서를 통한 자가치유 체험기

내 영혼과 만나는 독서치료

–박주미(책정연 회원)

1. 독서치료와의 첫 대면

이번 학기는 나에게 있어 아주 중요한 시간이었다. 그것은 졸업을 앞둔 마지막 학기였기 때문이고, 또 스스로 내 자신에 대해서 많은 생각을 할 수 있었던 시간이었기 때문이다. 매우 바쁘게 달려온 대학시절을 마감하면서 나는 이전과는 달리 충분한 여유를 갖고 대학생의 신분을 자유롭게 즐기고 싶었다. 물론 그것은 대한민국에서 대학교를 다니는 4학년 학생이라는 현실에 굉장히 걸맞지 않은 생각이었을지 모르나, 나는 바쁜 일상 속에서 잊고 살았던 내면의 나 자신에 대해 면밀히 돌아보고 싶었다. 취업을 위해서 공부하고는 있지만 막상 내가 가장 원하는 일이 뭔지, 가장 잘할 수 있는 일이 무엇인지조차 몰랐기 때문이다. 잡히지 않는 생각들로 혼란스러웠던 한 학기 동안 내가 받은 스트레스는 사실 어마어마하다. 하지만 바로 그런 순간의 나에게 정신적인 풍요로움을 안겨 준 것이 있었다. 그것이 지금부터 내가 말하고자 하는 '독서치료' 다.

독서치료와 나의 만남은 이제야 만나게 된 것이 매우 아쉬울 정도로 무척이나 반가운 것이었다. 처음엔 그저 우리 학문에 있어 새로운 분야를 접하는 호기심으로 독서치료 강의를 듣게 되었지만, 어느 정도 강의가 진행되었을 때는 나 스스로 독서치료의 필요를 절감하게 되었다. 나중에 밝히겠지만 상황별로 진행된 독서치료 수업은 내 가슴속에 남아 있던 많은 상처들을 아물게 했고, 그 결과로 나의 말과 행동 그리고 사고방식에까지 크고 작은 변화를 가져다주었다.

모든 것에 앞서 나는 먼저 독서치료가 나에게 어떤 도움을 주었는지 개인적인 영향을 밝히고자 한다. 여기서 주목할 점은 물론 독서치료를 통해 나에게 어떠한 변화가 일어났는지일 테다. 그러고 나서 독서치료가 사서라는 직업으로서는 어떠한 의미를 가지며, 또한 도서관 프로그램으로서는 어떠한 의미가 있는지에 대해 생각해 보고자 한다. 마지막으로 독서치료가 현재 안고 있는 문제점과 앞으로 이루어 나가야 할 과제를 살펴봄으로써 독서치료의 발전방향을 논하고자 한다.

2. 내가 경험한 자가치유서

위에서 밝힌 바와 같이 나는 모든 것에 앞서 독서치료가 나에게 어떠한 도움을 주었는지에 대해 말하고자 한다. 먼저 각 상황별로 지정된 책을 읽고서 내가 느꼈던 바와 생각했던 것들에 대해 상황별로 나누어 서술한 후, 독서치료가 나에게 어떤 영향을 미쳤으며 그 이후에 어떤 변화가 일어났는지에 대해 정리해 보고자 한다.

이호철의 『**학대받는 아이들**』[1]은 어느 아이들이나, 어떤 상황에 있는 아이들이나 한번쯤 겪었을 법한 내용이며 아이들이 직접 글로 쓴 것으로 이야기를 엮어 가고 있기 때문에 더욱 가슴에 와 닿았던 것 같다. 책을 바탕으로 내 자신의 어린 시절에 대해 더 많은 걸 생각해 볼 수 있었다.

나의 어린 시절은 이 책 속의 일기를 쓴 아이들의 모습과 크게 다르기도, 혹은 별반 다르지 않기도 했다. 책 속에서 말하고 있는 '학대' 라는 것은 우리가 평소 생각하는 구타

1) 『학대받는 아이들』. 이호철. 보리, 2001.

와 같은 심각한 학대를 말하기도 하지만 일상생활에서 어린아이에게 상처를 줄 수 있는 작은 행위들도 포함하고 있다. 그렇다면 어린 시절 나 역시도 분명 사소한 학대를 받았음이 틀림없다. 그다지 길지 않은 시간을 살아오면서 상처받았던 일들을 떠올려 보면 어렸기 때문에 적극적으로 저항할 수 없었던 상황에서, 무방비로 아픔을 받아들여야 했던 그 시절에 가장 많은 상처를 받았던 것 같다.

어린 시절 술을 자주 드시는 할아버지와 어떤 소리도 전혀 듣지 못하시는 청각 장애인 할머니와 함께 살았던 내가 겪었을 그때의 생활을 속속들이 들여다보면 어린아이로서 얼마나 많은 상처를 받았을지 굳이 일일이 말하지 않아도 짐작할 수 있을 것이다.

이 책은 나 자신의 어린 시절을 생각해 볼 수 있는 계기를 만들어 주었다. 그리고 마음에만 담아 두었던 크고 작은 아픈 기억들을 끄집어낼 수 있게 하여 어느 정도 마음을 홀가분하게 해 준 것 같다. 내 안에 어떤 상처가 있었는지 생각해 볼 수 있는 이런 기회가 없었다면 마음의 상처를 전혀 인식하지 못한 채 살아가게 되었을 것이다. 마음의 상처는 직접적으로 눈에 보이지 않지만 내 삶에 부정적인 영향을 미칠 소지가 다분하다. 그런 것을 그저 방치한 채 살아가는 것보다는 일찌감치 털어 버리는 쪽이 앞으로의 삶에 훨씬 나을 것이다. 자신의 마음속에 가정에서 생긴 유년기의 상처가 있음에도 불구하고 그것을 깨닫지 못한 채 살아가는 사람들과 그런 상처 때문에 문제를 겪고 있는 이들에게 이 책을 권하고 싶다.

『나의 아름다운 정원』[2)]을 펴 든지 얼마 되지 않아 금세 나의 마음이 아련해짐을 느낄 수 있었다. 그것은 주인공 동구에 대한 연민에서 비롯된 것임과 동시에 어린 시절의 내 자신을 스스로 가엾게 여겨 오던 오래 묵은 내 감정에서 비롯된 것일 테다.

나는 남들보다 글을 빨리 깨우치고 말도 잘하는 편이었다. 하지만 한 사람, 어릴 적부터 눈빛이 마주치는 것만으로도 입이 얼어붙고 주눅이 들어 버리게 만드는 존재가 있었다. 바로 아버지이다. 아버지는 다혈질적인 성격으로 가까이 있는 사람들을 늘 피곤하게 하는 편이었고, 무슨 일이든 목소리와 괴팍한 성질로 다스리려 들었다. 그런 아버지는 나에게 가장 무섭고도 두려운 존재였던 것이다. 아버지는 칭찬보다 꾸중에만 후하셨고 그것이 자신의 임무라 여기고 사는 분이셨다. 그런 아버지 밑에서 자라며 내가 받은 상처는 말로 다 할 수 없을 정도였다. 사소한 말부터도 그랬으니까 말이다.

동구가 글을 읽지 못하고 쓰지 못하는 것은 동구의 머리가 나빠서도 아니고 노력을 하

2) 『나의 아름다운 정원』, 심윤경, 한겨레신문사, 2002.

지 않아서도 아니다. 동구는 몸이 아픈 것이었다. 동구에게는 그것이 바로 병이었다. 아버지가 너무 냉정하게 대하고 할머니가 구박을 했기 때문에, 바로 온 가족이 동구에게 잘못 대했기 때문에 동구가 병에 걸린 것이다. 가족이 아이에게 상처를 주는 일은 아이의 성격은 물론이고 언어능력에도 영향을 줄 수 있다는 것을 이 책은 말하고 있다.

나는 아버지 앞에서만 유독 심장이 멈출 듯하고 머리가 어지러운 증상이 나타나는 것이 병인 것만 같아 빨리 그 증상을 극복해야 한다는 생각을 했다. 지금은 아버지가 많이 변하시기도 했는데 어린 시절의 이미지 때문인지 항상 어렵게 생각하고 피하기만 했던 것 같다. 그것도 아버지로부터 내가 받았던 상처를 치유하지 못했기 때문일 것이다.

이 책은 내가 한 번도 누구에게 표현하지 않은 채 항상 가슴에만 담아 두고 살았던 아버지에 대한 감정을 털어놓을 수 있게 한 책이다. 강의 중 아버지의 이야기를 하면서 나는 놀랍기까지 했다. 독서치료란, 책을 읽는 과정에서 자신의 상처를 끄집어낼 수 있게 하는 힘이 있다는 것을 확신할 수 있었다. 바로 그것이 상처를 치유하는 데 있어서 가장 첫 단계이다. 자신의 상처를 바로 알고 의식하는 것이 참으로 중요한 일임을 알았고, 내 상처를 깨닫고 누군가에게 털어놓음으로써 마음이 굉장히 가벼워지는 것을 느낄 수 있었다.

이 책은 어린 시절 그리 특별할 것도 없는 평범한 가족구조 속에 살면서도 부모님 혹은 조부모님 때문에 상처 입은 마음으로 힘들게 어린 시절을 보내야 했던 사람들에게 권하고 싶다. 어른이 되어서도 상처투성이인 마음을 꼭꼭 숨겨 둔 채 살고 있는 사람들이 이 책을 읽고 이제 그만 그러한 것들을 집어던져 버리라고 말하고 싶다. 또한 거꾸로 상처를 입고 있는 아이들의 부모님, 조부모님에게도 이 책을 권하면 좋을 듯하다. 가정을 아름답고 행복한 이미지로만 단정 짓고 왜 자신의 가정만 유독 불행하고 자신을 괴롭히는지를 한탄하는 사람이 있다면 그 사람에게도 권하고 싶다.

이성과 교제를 하게 되면 자신의 전반적인 생활을 비롯해 시시때때로 갖게 되는 여러 가지 감정들에까지 많은 변화가 생긴다. 사실 나도 남자 친구가 처음 생겼을 때는 혼자 있을 때도 괜히 피식 웃게 되고 어떤 일을 하여도 콧노래가 절로 나올 정도로 하루하루가 유쾌했다. 그리고 얼마의 시간이 지날 때까지는 상대방의 좋은 모습만이 나에게 인식되었다.

하지만 시간이 지남에 따라, 서로 친해져 감에 따라, 혹은 서로가 함께하는 시간이 많아짐에 따라 생각지도 못했던 많은 문제들이 하나 둘씩 잠재의 벽을 뚫고 튀어나오기 시작했다. 그런 문제 때문에 서로가 서로에게 상처를 입히기도 하고, 어떨 땐 밤잠을 설쳐 가며 힘들어해야 했다. 그러나 그때의 문제들이 결코 문제라고 말할 수 없는 것들이었음을 이 책을 읽고 알 수 있었다. 문제가 있었다면 그것은 지은이의 말처럼 남자와 여자 사이에 근본적으로 차이가 존재한다는 것을 알고 있었으면서도 그게 구체적으로 무엇인지 알지 못했던 것이었다. 우리 사이에 존재하는 문제가 그다지 큰 문제가 아니라 서로가 가진 특성들을 잘 모르는 상태로 자신의 입장에서 말하고 행동한 것 때문이라고 생각한 후로는 어떤 상황이든 편하게 받아들일 수 있는 포용력이 생긴 것 같다.

『화성에서 온 남자 금성에서 온 여자』[3)]를 읽고 내가 지금 이성교제를 하면서 겪는 일들, 그리고 부모님의 결혼생활에서 볼 수 있었던 일들 중 대부분의 문제는 남자와 여자 사이의 근본적인 특성의 차이에서 비롯되는 것이고, 그 차이를 잘 알고 이해한다면 대다수의 문제들이 쉽게 해결될 것임을 알게 되었다. 그리고 좀 더 지혜롭게 사랑할 수 있는 방법들을 배울 수 있었다.

이 책은 특별히 부모님께 권해 드리고 싶었다. 부부로 살아오면서 두 분 사이에는 많은 문제가 있었을 것이다. 책에서 말하듯이 대부분의 문제가 남자와 여자 사이의 차이를 잘 알지 못하고, 그 탓에 당연히 서로를 잘 이해하지 못하는 데서 야기되는 것이므로 이제라도 이 책을 읽고 이제까지 있어 왔던, 그리고 지금 현재 겪고 있는, 또는 앞으로 겪게 될 문제들의 원인을 알게 되셨음 한다. 그동안 서로에게 남긴 상처가 있다면 그 원인을 인식함으로써 상처가 치유될 수 있을 것이고, 현재에 문제가 있다면 서로를 이해하면서 현명하게 문제를 풀어 나가실 수 있을 것이다. 그리고 앞으로 살아가는 동안 두 분의 관계가 더 좋은 방향으로 변화될 수 있을 것이다.

결혼생활로 인해 상처를 받은 사람이 있다면 이 책을 권하고 싶고, 현재 문제를 겪고 있는 부부들에게도 권하고 싶다. 또한 이제 결혼해서 새로운 출발을 하려는 부부에게도 좋은 지침서로 권할 수 있을 것이다.

내가 초등학생일 때였다. 학급에서든 전교에서든 어린이회장은 꼭 남자가, 부회장은 여자가 하였다. 그게 원래 정해져 있던 규칙이었는지 아니면 선생님께서 임의적으로 그렇게 하셨는지, 그것도 아니면 여자 아이들 스스로가 회장 자리보다는 부회장이라는 감투를 더 좋아했는지, 나는 그때 이유를 알지 못했고 지금도 잘 모르겠다. 다만 우리사회에 보편적으로 존재하는 '남자가 우두머리여야 조직이 잘 돌아간다' 라는 통념과 연관이 있을 것이라는 게 내 생각이다. 그때도 마찬가지였고 지금도 우리는 대개의 경우 별다른

3) 『화성에서 온 남자 금성에서 온 여자』, 존 그레이/김경숙 옮김, 친구미디어, 2002.

반감 없이 그러한 사실을 받아들인다.

지은이가 말하듯이 나와 내 친구였던 이들은 이미 그 시절부터 문화에 지배당해 자신의 자아를 잃어 가고 있었을지도 모르겠다. **『내 딸이 여자가 될 때』**[4]를 읽기 시작할 무렵, 막연히 그 시절에는 아무렇지도 않게 생각했던 일들이 떠오르기 시작했다.

언제부턴가 '내가 남자로 태어났더라면 좋았을 텐데' 라고 생각하기 시작했고, 지금도 가끔 그런 생각을 하며 '다음 생애에는 꼭 남자로 태어나야지' 라는 말을 하곤 한다. 그건 아마도 이 책 지은이의 말처럼 남성위주의 문화 속에서 여성스러운 인간으로 길들면서도 내 나름대로 그 문화에 대한 부당함을 충분히 느끼며 살았기 때문인 것 같다. 하지만 그 문화를 몸소 바꾸어 보려고 발버둥치는 것이 아니라 나 또한 다른 여자들처럼 그냥 현실은 현실로 받아들이는 소극적인 자세로 살아왔다. 사회가 조금씩 변해 가고 있음에도 불구하고 역시 오래된 문화란 쉽게 바뀌지 않을 것이라는 체념에서 비롯된 태도인 듯싶다.

남자들은 사회적으로 능력이 있는 사람이 되어 자신의 포부를 이루는 것과 가정을 갖고 잘 꾸려 나가는 것 사이에서 갈등할 필요가 거의 없다. 반면, 이 사회가 여성들에게는 여성스러운 인간이 되기를 요구하기 때문에 여성들은 자신의 사회적 활동을 포기하기도 해야 하며, 그것을 포기할 수 없을 때에는 대신 가정을 갖는 것을 포기하고 지은이의 말처럼 남자나 여자 누구에게나 요구되는 '훌륭한 인간 되기' 라는 한 가지에만 충실한 채 살아간다. 역시 이 사회의 문화가 그러하고 그 문화에 지배당한 사람들의 의식이 그러하다. 지금 또한 이런 현실이 답답하기 짝이 없다.

여러 가지 사례를 읽으면서도 나는 묘하게, 책을 읽기 시작할 무렵 떠올린 남학생들과 대놓고 차별받았던 어린 시절에 대한 기억들이 주로 머릿속에 맴돌았다. 그리고 왜 내가 다음 생애엔 꼭 남자로 태어나고자 하는지 그 원인을 계속적으로 생각해 보았는데, 그건 남자로 태어나면 내 실력을 더욱 인정받을 수 있을 것만 같고 더 적극적으로 세상을 유쾌하게 살 수 있을 거란 판단에서 비롯되었던 것 같다.

여자이기 때문에 지방대학을 선택할 수밖에 없었던 그때도 나는 생각했다. '내가 남자가 아닌 게 정말 한이다' 라고. 여자는 뭐든 적당히 잘하고 소박하게 조용히 사는 것이 이 사회의 미덕이기 때문에 사회적으로 적극적인 활동을 하는 여자는 너무 나댄다는 소리를 듣는다. 요즘도 여성 정치인들에게 여자가 설치니까 이 모양이라고 하는 사람들의 이야기를 자주 들을 수 있다. 그런 사회문화 가운데서 나는 아마도 여자로서 멋지게 살기

4) 『내 딸이 여자가 될 때 : 잃어버린 자아를 찾아가는 딸과 여자들의 44가지 사례 연구』. 메리 파이퍼/김영재 옮김. 문학동네, 1999.

는 포기한 채 남자로서 세상을 멋지게 살아가는 모습을 꿈꾸었던 것 같다. 하지만 이제 나는 여성으로서 그 어떤 남자들보다 더 멋지게 세상을 살고 싶어졌다.

이 책은 사춘기에 접해 있는 딸들과 그 부모님들에게 권하고 싶은 책이다. 딸들에게는 좀 더 바른 의식을 갖고 자신의 정체성과 자아를 찾는 데 도움을 줄 것이고, 부모님들에게는 그런 딸에게 어떠한 태도를 취하고 어떻게 도움을 줘야 할지 가르쳐 줄 것이다. 또한 딸들이 사춘기라는 과정에서 입었던 상처, 그리고 그런 딸을 지켜보는 가운데 부모님들이 받았을 상처가 어루만져지는 데에도 어느 정도 효과가 있으리라 예상된다.

나는 『**이런 부모가 자식을 정신병자로 만든다**』[5]를 읽으면서 부모라는 위치에 대해 여러 번 생각해 보았다. 내 주위엔 그다지 훌륭한 부모라 할 수 있을 만한 사람이 없었던 것 같다. 특히 우리 고모와 고모부가 대표적으로 그랬다. 책을 읽고 고모의 가정을 떠올리게 된 것은, 어릴 적부터 고모의 가정을 보면서 욕심 많은 부모가 자식을 망친다는 것을 잘 알고 있었기 때문이다.

고모에게는 나와 동갑인 딸이 있다. 고모는 딸을 최고로 만들고 싶어 했다. 초등학교 때부터 우리 딸은 과학 고등학교에 보낼 것이며 대학은 당연히 서울대이고 과는 법학과에 갈 거라고 말하고 다녔다. 그리고 딸의 꿈은 판사가 되는 것이라고 자기 마음대로 정해 버렸다. 사촌은 사사건건 모든 걸 간섭하는 고모의 압박에서 벗어나고 싶었는지 소설책 속으로만 깊이 빠져 들어 현실로 나올 생각을 안 했다. 사촌은 자라면서 지나치게 말이 없어졌고 친구도 잘 사귀지 못하는 것 같았다.

그러던 어느 날 사촌은 갑자기 학교를 그만두겠다고 했다. 대학은 검정고시를 쳐서 갈 것이고 자신은 만화가가 되고 싶다고 고모에게 말해 버린 것이다. 그날 고모는 거의 실신을 했고 사촌의 교복은 다 갈기갈기 찢어져 버렸다고 한다. 나는 자식을 위해 자신을 철저히 희생하고 헌신했던 고모가 안됐기도 했지만, 그동안 자신이 정말로 원하는 걸 숨길 수밖에 없었던 사촌이 불쌍해서 마음이 아팠다. 결국 사촌은 무기력하게 학교를 다녔고 집 근처의 대학에 진학했지만 1년을 채 못 마치고 자퇴를 해 버렸다.

최근 통화를 했었는데 그때 사촌의 말투는 이미 많이 꼬여 버린 사람 같았다. 예전의 순수하고 온화하던 모습이 아니었다. 사촌이 떠오를 때마다, 어릴 때 나는 항상 가까이에 있었으면서도 왜 아무런 도움을 주지 못했을까 그리고 그 아이의 마음속에 숨겨 둔 얘기들을 왜 들어주지 못했을까 하는 미안한 마음이 들었다.

5) 『이런 부모가 자식을 정신병자로 만든다』, 김정일, 박영률출판사, 2002.

고모의 잘못된 자식사랑과 그에 희생된 내 사촌의 과거와 현재, 그리고 미래를 생각해 보면서 나는 책 속의 지은이가 말하고자 하는 것을 좀 더 쉽게 알 수 있었다. 고모는 이제야 말한다. 자기가 자식을 그렇게 만들었다고. 고모는 이제 그걸 깨닫고 반성문을 쓰고 있으니 다행인데 희생양이 된 사촌이 걱정이다. 이 책을 읽고서 내 사촌이 더더욱 걱정되었다. 나도 그다지 훌륭한 부모님 밑에서 자란 건 아니지만 사회생활을 못할 정도로 내성적인 성격이 아니었기 때문에 밖에선 큰 문제가 없었다. 그러나 사촌은 원래가 내성적인 성격이었기 때문에 남들보다 더 타격이 컸던 것 같다.

나도 어릴 적부터 부모님 때문에 많은 상처를 입었다. 이젠 억눌리며 지냈던 과거에서 벗어나 자유를 찾아야 할 것 같다. 나 혼자 자유롭기를 바라는 것이 이기적인 생각이 아닐까 하는 마음에 나는 가정에서 내 자신을 자유롭게 풀어 주지 못했다. 물론 부모님과 조부모님도 날 그렇게 만들었지만, 이제는 그런 쓸데없는 생각에서 내 자신을 해방시키고 모든 생각에서나 행동에서, 매 순간의 선택에서 자유로워지고 싶다. 그래야 지은이의 말처럼 나중에 내 자식에게도 제대로 된 자유를 가르칠 수 있을 것 같다.

성인아이라는 말의 개념을 잘 몰랐던 나는 별다른 지식 없이 **『위장된 분노의 치유』**[6]를 집어 들었다. 그냥 막연히 자신의 내면을 들여다보는 책일 것이라고만 짐작했다. 성인아이라는 말이 나하고 직접적인 관계가 있으라고는 전혀 생각하지 않았었고 그저 특정한 사람들을 일컫는 말일 것이라고 생각했다. 책을 읽기 전에 항상 거치는 과정으로, 책의 뒷면에 뭔가 내용에 대한 핵심적인 정보가 있을까 하고 보았는데 거기에 적혀 있는 역기능 가정과 성인아이에 대한 자세한 개념을 보고서 나는 또 내 자신의 내면에 존재하는 문제와 만나게 되었다. 성인아이라는 이름의 나 자신을.

성인아이가 자라서 다시 역기능 가정을 만들고 그 속에서 다시 성인아이가 생겨난다는 말은 우리 가정에도 충분히 적용 가능할 것이다. 우리 아버지는 말할 것도 없이 분명히 성인아이이다. 할아버지와 할머니의 가정이 어떤 특징을 가진 역기능 가정이었는지는 분명치 않지만 아버지는 성인아이임에 틀림이 없다. 그리고 그런 아버지가 꾸린 가정은 필연적으로 역기능 가정이 되었으며 그 속에서 자란 나도 바로 성인아이이다.

나는 자라면서 늘 자신의 감정을 잘 표현할 수가 없었다. 유독 집에서만 그랬다. 아버지는 나의 감정 표현을 받아 주려 하시지 않았으므로. 상대방의 감정 표현에 유연성을 보여 주지 않는 사람에게 자신의 감정을 드러내기란 무척이나 힘이 들고, 그러다 보면

6) 『위장된 분노의 치유』, 최현주, 규장, 1995.

자연스레 그 사람과의 감정교류가 차단된다.

또한 나는 아버지와 어머니로부터 적절한 보살핌을 받지 못했다. 어린 시절엔 거의 부모님과 떨어져 살았으며 내가 거의 다 자랐을 무렵에서야 함께 살게 되었다. 마냥 좋을 것만 같았던 가정생활은 그야말로 나에게 고역이었다. 아버지께서는 너무 어린 나이에 부모가 되셨고 내가 그 나이가 되도록 자신의 손으로 직접 나를 키워 본 적이 없었으니 아버지의 자녀 교육이나 사랑 법은 정말 누가 봐도 형편없었다. 나는 가정에서의 생활을 전혀 즐기지 못했고 사소한 문제도 지나치도록 심각히 생각하게 되어 버렸다. 책에도 지적되고 있는 것처럼 초책임적이거나 초무책임적으로 행동하면서 극단적인 양상을 보이기도 했다.

내 안의 성인아이적 요소를 빨리 치유하지 않으면 나 역시도 역기능 가정을 만들게 되진 않을까. 나는 이 책을 읽고 조금 두려워졌다. 나중에 내가 사랑하는 가족들에게 상처를 주면서 살아갈지도 모르니까. 그리고 내가 그 가정을 역기능 가정으로 만들고 내 자식을 성인아이로 만들지 모르니까.

어떤 노력을 해서 내 안의 성인아이적 요소를 지워 나가야 할지에 대한 해답은 이미 이 책에서 찾을 수 있었다. 지은이가 그랬던 것처럼 나에게 필요한 책과 사람을 만나야 할 것 같다. 독서치료 강의를 들으면서 깨닫게 되었듯이 내가 가진 문제는 거의 가정에서 기인된 것이므로 가정에서 받은 상처를 치유할 수 있는 책을 많이 읽어야 할 것 같다. 그리고 살아가면서 내 삶에 대해서 편하게 이야기하고 조언을 구할 수 있는 사람을 만나야 하겠다. 또한 그 근본적 원인인 아버지에게도 조금 더 적극적으로 다가가야 하겠다.

이 책은 역기능 가정의 모든 구성원들에게 권해야 할 책이다. 그 사람들과 그들의 가정을 이 같은 책으로 조금씩이나마 변화시킬 수 있다면 그것은 사회에 매우 긍정적인 효과를 가져올 것이다. 가정은 이 사회를 이루고 있는 기초적인 구성요소이기 때문이다. 이 사회가 내가 처음 생각했던 대로 몇몇 특정한 사람들만이 성인아이라 일컬어지는 사회였으면 하는 생각을 해 본다. 지금은 거의 모든 성인이 성인아이라고 해도 과언이 아닐 정도이므로, 한국사회에는 그런 요소가 너무 많이 존재하므로, 그리고 계속해서 그런 환경이 만들어지고 있으므로. 특히 젊은 사람들이 이런 책을 많이 읽어 미래사회 대부분의 가정은 순기능 가정이 되기를 바란다.

젊을 때는 죽음에 대해 잘 생각하지 않는다고들 하지만 나는 달랐다. 나와 가까운 누군가가 죽음을 맞아 내 곁을 떠나는 충격적인 일이 있었던 것도 아닌데 나는 이미 초등학교 고학년이 되었을 때부터 죽음에 대해 생각했었다. 그건 아마도 내가 어렸을 적 부모님과 떨어져 할아버지, 할머니와 함께 살았기 때문일지도 모르겠다. 죽음에 대해서 생각하다 보면 생각이 생각의 꼬리를 물었고 이내 죽음에 대한 두려움과 공포마저 느끼곤 했었다.

『아름다운 죽음을 위한 안내서』[7]에 소개된 죽음을 앞둔 환자들과 그 가족들의 이야기는 너무 애틋하고 슬펐다. 지은이가 지켜봤던 환자들 중 자신의 죽음을 받아들이고 담담하게 죽음을 준비하는 이는 자신의 삶의 아름다운 마지막 순간을 보여 주었다. 그런 사례를 보면서 나도 언젠가 죽음이란 상황에 직면하게 된다면, 죽음을 삶의 한 부분으로 인정하고 남은 시간 동안 죽음을 맞이하기 위한 준비를 하면서 더욱 즐겁게 받아들여야겠다고 생각했다. 나 역시도 죽음에 대한 두려움으로 괴로워하거나 세상을 탓하고 주위 사람들을 힘들게 하면서 떠나기보다는 행복하고 아름다운 모습으로 떠나고 싶기 때문이다. 물론 그러기 위해서는 먼저 죽음에 대한 두려움을 떨쳐 버려야 할 것이다.

죽음이란 어차피 모두가 저항할 수 없는, 누구나 겪어야만 할 숙명이므로 지은이의 말처럼 우리가 할 수 있는 최선의 것은 그저 죽음을 맞았을 때 후회하게 되는 삶을 살지 않도록 노력하는 것이다. 죽음과는 다소 멀리 떨어져 있다고 느껴지는 지금, 지난 22년간의 내 인생을 돌아보면 벌써 후회되는 일들이 먼저 떠오르는 것이 사실이다. 인생이란 다 그렇게 후회하면서 사는 거라고 생각했지만 이젠 좀 달라졌다. 그렇게 스스로 타협하면서 사는 것이 아니라 후회를 최소한으로 줄일 수 있도록 항상 노력하면서 살아야겠다. 물론 주변 사람들과의 관계 속에서 더욱 그래야 할 것 같다.

책 속에서 환자가 가족들과 사랑하는 사람들에게 소홀했던 점, 그리고 그들에게 많은 도움을 주지 못했던 점을 후회하는 장면이 나온다. 죽음을 맞이하게 되면 자신이 세상을 살면서 다 이루지 못한 것에 대한 미련과, 혹은 자신이 이루어 놓은 것들을 더 오래 누릴 수 없는 것에 대한 아쉬움만 남으리란 추측과는 달리, 그때가 되면 주변의 사람들을 눈여겨보게 되는 것이다. 따라서 평소 사람들을 향해서 더욱 따뜻한 마음을 지니고 살아야 할 것 같다.

나는 이 책을 읽고 죽음에 대해 생각해 보면서 삶과 죽음의 사이는 아주 가까우며, 죽음이란 그다지 특별할 것이 없는 삶의 연장선상에 있는 과정이라는 생각을 거듭하게 되었다.

이 책은 죽음을 앞둔 사람과 그의 가족들에게 권하면, 그들이 슬픔과 아픔을 딛고 남은 시간을 더욱 알차고 행복하게 보내며 아름답게 죽음을 준비하고 또 맞을 수 있도록

7) 『아름다운 죽음을 위한 안내서 : 인생의 마감시간에 우리는 무엇이 되어 만날 것인가?』, 최화숙, 월간조선사, 2004.

도움을 줄 것이다. 이 책을 읽으면 진정한 삶의 의미를 깨닫게 되고, 죽음을 새로이 생각함으로써 더 열심히 살아야겠다는 삶에 대한 의지를 갖게 될 수도 있을 것이므로 나태한 삶을 살고 있는 사람들에게 권해도 좋을 것이다. 나 역시도 사람은 어차피 결국엔 늙고 병들어 죽게 될 허무한 존재인데 뭐 그렇게 치열하게 살 필요가 있나 하는 의문을 자주 했었기 때문에, 그런 어리석은 생각을 하는 사람들에게도 이 책을 한번 권하고 싶다.

이규환은 **『그래서 나는 오늘 정신과로 간다』**[8)]에서 일반 사람들이 대체적으로 정신과에 대해 궁금해하는 사항들을 알기 쉽게 정리해 놓았고, 갖가지 정신 질환에 대해서 정확한 명칭과 증상, 치료방법에 대해 자세히 서술해 놓았다. 따라서 나는 이 책을 읽고 나 자신의 정신적 상태에 대해서 점검해 볼 수 있었던 것은 물론이거니와 정신질환에 대한 전반적인 지식의 폭을 넓힐 수 있었다.

누군가에게 정신질환이 있다고 하면 그를 평범한 시각으로 바라볼 사람은 몇 되지 않을 것이다. 물론 나도 그랬다. 내 친구가 어릴 적 언니들의 구박으로 인해 정신과 치료를 받은 적이 있다고 고백했을 때, 나는 친구에게 아직도 정신적인 문제가 있지 않을까 하는 의심을 하며 그 이후로 친구가 하는 행동들을 내 멋대로 그가 앓았던 정신질환과 관련시켜 생각했었다. 그러나 이 책을 읽고 정신질환에 대한 선입견들을 버릴 수 있었다.

스트레스가 정신적으로나 신체적으로 크게 부정적인 영향을 미친다는 것은 이미 알고 있었지만 내가 받고 있는 스트레스와 그것을 줄이는 방법에 대해서는 구체적으로 생각해 보지 못했었다. 이번 기회에 나에게 가장 크게 스트레스를 주는 요인과 그것을 줄이고 더 건강한 정신으로 살아갈 수 있는 방법에 대해 생각해 볼 수 있었다. 또한 여러 가지 정신질환에 대한 정보를 얻으면서 나의 정신적인 상태를 점검해 보았다. 그러던 중 내가 과거에 전혀 인식하지 못했던 것을 알게 되었다.

나는 어릴 적부터 성격이 활발하다는 얘기를 많이 들었다. 다른 사람들과 함께 있을 때는 늘 그렇게 행동했었다. 그런데 집에 있거나 혼자 있을 때는 달랐다. 할아버지, 할머니와 살면서 대화상대가 없다 보니 혼자 상상을 자주 하곤 했는데, 그럴 때 하는 상상은 주로 슬픈 상황의 것이었다. 그런 상상을 하면서 눈물도 펑펑 흘리곤 했었다. 원래부터 눈물이 많았었기 때문에 그다지 울어야 할 정도의 상황이 아니어도 쉽게 눈물을 흘리곤 했다. 아버지와 함께 살게 되면서부터는 나의 눈물샘이 아예 쉬지를 못했다. 내가 생각했던 것과는 달리 아버지는 괴팍한 성격으로 나를 늘 비난하고 억누르려고 했었기 때문

8) 『그래서 나는 오늘 정신과로 간다』. 이규환. 그린비, 1997.

에 나는 집에서 거의 먹지도 못했으며 스트레스에 시달렸다. 그러다 보니 살도 많이 빠지고 밤엔 거의 매일 울다가 잠이 들었다.

나는 칭찬이 없는 분위기 속에서 어떠한 동기도 부여받지 못한 채 자꾸만 무기력해져 가고 있었고 별로 원하는 것도 없었다. 어릴 적부터 공부엔 욕심이 많았었지만 그마저도 신경 쓰지 않게 되었다. 그러다 보니 성적은 많이 떨어지고 꿈도 없어졌다. 학교에서 학생회 활동을 하거나 친구들과 어울릴 때는 원래 그랬던 것처럼 자신감 있게 생활하기도 했지만 혼자 있을 때는 늘 축 쳐져 있었다.

유난히 많이 울고 외로움을 많이 타며 내 자신을 가장 불행하다고 여기면서 살았던 그때, 이제 와서 생각해 보니 나는 심각한 '우울증'에 시달렸던 것 같다. 그땐 몰랐다. 그게 우울증인지 뭔지. 지금도 여전히 우울한 상상이나 부정적인 생각을 할 때가 종종 있다. 그런 점을 빨리 고쳐야 할 것 같다. 앞으론 되도록 경쾌한 음악을 많이 듣고, 유쾌한 영화나 TV 프로그램을 보면서 많이 웃고, 또 긍정적인 사고를 가질 수 있도록 좋은 책도 많이 접해야 할 것 같다.

이 책은 정신과와 정신질환에 대해 쉽게 접근하고 이해할 수 있게 해 주었다. 앞으로 살아가면서 혹시 정신질환이 있는 사람들을 대하게 되더라도 그들의 질환과 상황을 잘 이해하고, 그들이 질환을 잘 극복할 수 있도록 조금이나마 도움을 줄 수 있을 것 같다.

내가 심각한 우울증을 겪었음에도 불구하고, 그것을 깨닫지 못해 전혀 적극적으로 대처하지 못한 채 소중한 청소년기를 힘들게 보냈던 것을 생각해 보면 참 안타깝다. 그래서 정신적으로 문제를 겪고 있지만 그게 정신질환인지 모르거나 혹은 정신질환에 대한 선입견으로 그것을 받아들이지 못하는 사람에게 이 책을 권하면 좋을 것 같다. 자신이 겪고 있는 정신적 문제에 대해 어떻게 대처해야 할지 몰라 하는 사람에게 넌지시 권해도 좋을 듯싶다. 또한 정신질환이 있는 사람의 가족이나 주변인들이 이 책을 읽으면 그 사람이 질환을 극복하는 과정에서 많은 도움을 줄 수 있을 것이다.

독서치료 강의를 통해서 나는 참 은혜를 많이 입었다. 말이나 행동, 그리고 사고방식에까지 많은 변화가 생겼다. 사소한 대화 속에서도 강의 시간에 느끼게 된 것들을 떠올리며 말을 조심해서 하게 되고, 그동안 내가 이해할 수 없었던 타인들을 좀 더 포용력 있게 받아들일 수 있게 되었다.

나에게 있어 가장 많은 상처를 안겨 줬던 유년시절을 잊으려고만 했던 과거에 비해 이제는 그것을 적극적으로 생각하고 정리하려는 자세를 갖게 되었다. 우리 가정만이 특수한 것이 아니라 어느 가정에나 문제는 있기 마련이라는 것을 알게 되면서 다른 사람들에게 가족에 관한 이야기를 편하게 할 수 있게 된 것도 큰 변화이다. 그런 가운데 훨씬 마음도 가벼워지고 나도 모를 답답함에서 벗어날 수 있었다. 유년시절과 가정을 다룬 상황이 나에게 가장 큰 도움이 되었던 것 같다. 그래서 앞으로 그 쪽으로 좋은 책들을 더 접하고 싶다.

그동안 자유를 가르쳐 주지 못한 부모님에게 아직도 어느 정도 억압당하고 있는 현상을 돌아보고 진정으로 책임감 있는 자유를 찾고 싶어졌다. 그동안 가정에 너무 얽매여 내 자신을 많이 포기하고 살았는데 이제는 어떤 선택을 할 때 가족과 나를 분리시켜 나 자신에게 중심을 두기 시작했다. 어떤 상황에서든 다른 요소에 구애받지 않고 내가 진정으로 원하는 것이 무엇인지를 먼저 생각하게 된 것이다.

우리 가정이 역기능 가정이란 것을 알고 나서부터는 나 자신에게서 나타나는 성인아이적 모습을 없애기 위해 의식적으로 노력하고 있다. 물론 아버지가 성인아이임을 알고부터는 아버지의 행동이나 태도를 많이 이해할 수 있었고, 아버지에게 이전에 비해 조금 더 다가설 수 있었다. 요즘은 아버지와 대화도 곧잘 하는 편이고, 전과 비교해 내 동생에게 더욱 신경을 쓰고 있다. 내 동생은 밝고 건강한 정신을 갖고 살아가게 하고 싶다.

예전에는 우울한 생각이 들면 그냥 생각나는 대로 내버려 둔 채 생활을 했었지만 이제는 의식적으로 기분을 전환하기도 하고 스트레스도 해소하고 있다. 나만의 스트레스 해소법이 따로 없었는데 이번 기회에 찾을 수 있었다.

이 강의를 통해 전반적으로 가장 의미 있는 변화는 아마도 책을 읽는 자세에 대한 변화일 것이다. 언제나 흥미위주로 혹은 어떤 목적을 갖고 지식을 얻기 위해 책을 접했었는데 이제는 정신적으로 자신을 풍요롭게 해 줄 수 있는 책을 찾게 된다. 그러고는 계속해서 책을 접하게 되었다. 아마도 제3의 독서영역[9]을 알리고 개발하는 것이 사람들로 하여금 독서량을 신장시킬 수 있는 좋은 방법이 될 듯하다.

어떤 상황에서나 생각을 깊이 그리고 긍정적으로 할 수 있는 여유가 생겼고 주변 사람들에게 더욱 신경을 쓰게 되었다. 가장 놀라운 것은 나 자신이 갖고 있는 상처와 문제점을 스스로 인정하고 그것을 떨쳐 버리기 위해 노력하는 자신을 발견하는 것이다. 사소한 말이나 행동, 생각에도 의식적으로 좀 더 신중을 기하는 것을 느낄 때마다 역시 '모르는 게 약' 이 아니라 '아는 게 약' 이란 생각을 하게 된다.

9) 세계 책의 날 특별기고 : 제3의 독서영역. 김정근. 〈교수신문〉, 2002년 4월 29일.

3. 독서치료의 직업적 의미와 전망

앞서 나의 개인적인 체험에서 밝혔듯이 독서치료는 나에게 매우 의미 있는 것이었다. 그리고 내가 효과를 본 만큼 다른 사람들에게도 충분히 가능성이 있다고 생각한다. 그렇다면 독서치료를 과연 누가 이끌어 나가야 할 것인가. 그건 아마도 사서직에 종사하는 사람들의 몫일 것이다. 여기서는 독서치료가 직업적으로 어떤 의미를 갖는지에 대해 생각해 보고자 한다. 그리고 나아가 도서관 프로그램으로서 어떤 의미를 가지고 어떻게 실천해 나갈 수 있는지에 관해 이야기하고자 한다.

나는 사서라는 직업에서 독서치료가 갖는 의미가 매우 대단하며 중요하다고 생각한다. 물론 여러 가지 방향에서 생각해 볼 수 있겠지만 그중에서도 가장 중요한 것이 사서직의 전문성을 강화할 수 있다는 점이다. 독서치료는 다른 치료법들과 마찬가지로 충분히 전문성을 갖춘 사람이 주도해야 한다. 여기서 관련된 글을 인용해 보고자 한다.

> 치료법의 선택은 해당 질환자의 일차적인 정신치료를 행했던 의사나 전문 상담가들에 의해 대안적으로 권유될 수도 있고, 이상심리를 가진 본인이 선택할 수도 있다. 각각의 치료법은 해당 영역의 전문가들에 의해 오랜 시간 동안 연구되고 다듬어진 결과인데, 음악을 모르는 이가 음악치료를 주도할 수 없고 미술에 문외한인 사람이 미술치료를 주도할 수 없듯이 책에 대해 잘 모르는 사람이 독서치료를 주도할 수는 없다. 다른 대안적 치료와 마찬가지로 독서치료가 갖는 전문성이 여기에 있다고 본다.[10)]

독서치료는 사서직의 전문성을 강화시킬 수 있는 좋은 과업이 될 것이며 사서직이 사회를 향해 갖는 사명감을 높일 것이다. 독서치료를 통해 사서가 창출해 내는 효과는 개개인을 넘어서 사회 전반에 걸친 큰 영향일 것이다. 이러한 점에서 독서치료의 직업적 의미를 찾을 수 있을 것이다.

이러한 독서치료를 가장 효과적으로 운영할 수 있는 곳은 어디일까? 바로 도서관이다. 그렇다면 독서치료는 도서관 프로그램으로서 어떠한 의미를 지니는가. 독서치료는 도서관에서 이용자들에게 서비스할 수 있는 것들 중에서 가장 심층적인 것일 수 있다. 또한 가장 적극적인 서비스가 될 수 있을 것이다. 독서치료를 활성화시키면 도서관을 찾는 사

10) 『독서치료와 도서관의 역할』. 신주영. 한울, 2004, 41쪽.

람들의 발길을 붙잡을 수 있을 것이며 독서치료를 통해 지역사회에 참으로 의미 있는 봉사를 할 수 있게 된다. 독서치료가 도서관에서 하나의 프로그램으로서 어떤 의미가 있는지 관련 자료를 통해 제시하고자 한다.

도서관에는 자료가 많이 있다. 그러나 정작 어떤 문제를 해결해 주는 힘은 없다고 생각한 지 오래다. 도서관의 자료가 적실성이 떨어진다는 얘기다. 이제까지 우리나라 도서관들이 장서의 규모를 크게 만드는 데 노력해 왔다면, 이제부터는 장서의 질을 높이는 데 주력해야 할 것이다.

특히 대학도서관의 경우 지식 이외의 것을 의도적으로 제공할 수 있고, 때에 따라서는 사람의 마음마저도 변하게 할 수 있다는 점을 고려하지 않고 있다. 그러나 앞에서 살펴본 여러 사례들을 분석해 볼 때, 우리 사회는 인간 개개인의 심리적인 측면에까지 관심을 가져야 할 한계점에 온 느낌이다. 이러한 논의에서 도서관도 빠질 수가 없으며, 오히려 책이라는 막강한 치료제를 가지고 있기 때문에 사회의 어떠한 기관보다 중요한 주체가 되어야 한다고 생각한다. 의사나 상담자들은 제한적인 치료효과를 낼 수 있으나 도서관은 무한대의 치료효과를 낼 수 있기 때문이다.

사회 구성원들의 정신건강이 심각하게 나빠져 있는 우리의 현실을 돌이켜보면 하루 빨리 독서치료라는 영역을 도서관에서 흡수해야 한다고 생각한다. 우선 사람의 마음을 치유하는 독서치료에 책과 도서관과 사서가 일정 부분 기여할 수 있다는 생각을 도서관계가 인식하는 것이 무엇보다 중요하다.[11)]

위에서 볼 수 있듯이 도서관에서 독서치료가 갖는 의미는 막강하며 하루빨리 흡수되어야 할 부분이다. 그리고 아래의 글에서 우리는 도서관이 독서치료뿐만 아니라 다른 치료법들도 제공할 수 있는 최적의 공간임을 알 수 있다.

다른 한편으로 음악, 그림, 그 외 다양한 매체들도 마음의 상처와 병을 치료하는 데 효과가 있다. 상담이나 글쓰기 등을 통한 상처의 표출이라는 방법이 마음의 상처 치유에 가장 효과가 있다고 생각하지만, 확인된 상처를 치유하는 과정에는 음악, 그림 등 다양한 치료제들도 활용이 된다. 사람의 마음의 상처가 다양한 만큼 치유하는 방법도 다양하리라고 본다. 이런 매체들도 도서관에서 제공할 수 있다.

그렇다면 현재 독서치료가 행해지고 있는 도서관에서는 어떻게 독서치료를 운영하고

11) 신주영, 앞의 글, 125-126쪽.

있는지 살펴보자.

부산 연산도서관에서는 김경숙 사서가 주부들 대상의 12주 과정으로 주 1회 2시간씩 교육하는 독서치료가 행해지고 있다. 독서치료 과정에서 사용되는 콘텐츠는 주로 논픽션 치유서로 구성되어 있고 픽션도 섞여 있다. 김경숙 사서의 교육방향은 다음과 같다.

독서치료의 과정은 상황에 맞는 책읽기를 통해서 마음속에 잠복해 있는 상처의 근원을 인식하고 그 상처가 완화되거나 치유되는 경험을 하는 것이며, 그 교육과정은 상황별로 주어진 매체를 읽고 상호토론을 할 수 있도록 편성되어 있다고 말한다. 구체적으로는 인상적으로 만나게 되는 다양한 문제들을 열 가지 상황으로 구분하여 상황별로 두 가지 매체 중 하나를 선택하여 읽고, 독서치료의 역동적인 원리인 동일화, 투사, 카타르시스 통찰을 경험함으로써 독서치료 마인드를 함양한다고 설명한다. 또한 교육의 초점은 토론식 수업으로 진행하여 참여자 모두가 독서치료를 체험할 수 있도록 하는 데 맞추어져 있다고 말하고 있다.[12]

경남 창녕도서관은 2002년 4월에 [마음을 치유하는 책들 모음]과 2002년 9월에 [마음을 움직이는 책들 모음] 이라는 독서목록을 발간했다. 그리고 독서목록집에 실은 책을 중심으로 '마음을 움직이는 책들 모음' 이라는 코너를 도서관 입구 가까운 곳에 만들었다. 도서관에 오는 사람들은 그 코너를 반드시 거쳐서 지나가도록 위치를 잡아, 책을 대출하는 사람들이 그 코너의 책을 1~2권 정도는 항시 같이 대출하고 있는 실정이다. 지금은 창녕도서관에서 가장 활발하게 이용되는 코너가 되었고 코너에 책을 계속 늘려 가고 있다.[13]

울산 남부도서관의 사례를 보면, 김순화 열람팀장을 중심으로 2003년 도서관주간 행사를 목적으로 독서치료와 관련한 사전 사서연수모임을 2002년 11월부터 가져왔다. 그 모임은 독서치료에 대한 이해를 위해 사서들이 직접 마음의 상처를 확인하고 치유하는 책을 읽고 토론하는 형식으로 진행되었으며, 그 결과로 254종의 책의 목록을 실은 [마음 아픈 이들을 위한 자가치유 도서목록]을 발행하였다. 또한 독서치료 관련 도서를 선정하여 2층 종합 자료실에 별도의 코너도 마련했다. 이용자들의 이상심리 현상에 대한 이해를 돕기 위해 현직 정신과 의사를 초청하여 이상심리 일반에 대한 특강을 개최하기도 했

12) 김정근의 독서치료 이야기 : 치료사(therapist)는 누구인가?, 김정근, 출판저널, 2004, 10월호, 128-129쪽.
13) 신주영, 앞의 글, 127쪽.

다. 특강 후에 도서목록에 대한 이용자들의 관심이 확연히 달라졌다. 울산 남부 도서관에서는 사서들의 모임을 매주 계속 가지고 있으며, 자료도 더 확충해 나갈 것이다.[14)]

위의 3곳 도서관의 사례를 통하여 현재 도서관 현장에서 독서치료가 어떻게 이루어지고 있는지 대략이나마 알 수 있었다. 창녕도서관의 사례를 통해서 독서치료의 움직임을 작은 실천으로 시작할 수 있다는 것을 깨달았고, 도서목록을 만들고 그와 관련한 코너를 만드는 것으로 시작하여 이용자와 독서치료가 친숙해진 다음에는 독서치료 모임을 운영하는 등의 확장된 방법을 강구할 수 있을 것이다.

위 도서관들의 성공적인 사례를 통해 다른 도서관에서도 독서치료에 한 걸음씩 가까워질 수 있는 가능성이 충분히 있다고 확신을 갖게 되었다. 이렇듯 독서치료가 도서관 현장에서 가지는 의미는 실로 막강하다.

독서치료는 도서관에 의해서가 아니라 문헌정보학계가 필요에 의해 개척한 영역이다. 따라서 문헌정보학계는 독서치료를 도서관의 서비스 영역에 포함시켜야 함을 일깨우고 사서에게 독서치료의 중요성을 인식시킬 의무가 있다.

독서치료를 도서관에 적용할 수 있는 방안에 대한 연구는 진행된 지가 얼마 되지 않았다. 문헌정보학계는 독서치료의 필요성과 중요성을 알리기 위해 다양한 노력을 기울여야 할 것이다. 논문을 쓰고 학회에 발표를 하며 여러 가지 강연을 벌이고 사서들을 재교육시켜야 한다. 학부와 대학원의 교과과정에 독서치료 관련 강의를 개설함으로써 독서치료를 운영할 수 있는 사서를 양성해 내고 교육할 수 있을 것이다.

학계에서 개척한 독서치료의 필요성이 도서관 현장에 인식되기 위해서는 도서관 관련 단체들의 역할도 중요할 것이다. 도서관협회에서는 사서들이 많이 모이는 전국도서관대회를 이용하여 독서치료에 대해 알릴 수 있을 것이며 도서관주간행사에도 독서치료와 관련하여 행사를 실시할 수 있다. 국립중앙도서관에서의 사서직 재교육 프로그램에 독서치료를 추가하는 것도 중요한 계기가 될 수 있다. 문화관광부에서도 독서주간을 이용하여 독서치료와 관련된 행사를 벌일 수 있다. 책읽기의 관심이 고조되고 있는 상황을 잘 이용하면 홍보의 효과가 클 것이다.

졸업할 때가 다되어서 독서치료를 만나게 된 것이 아쉬울 정도로 독서치료는 문헌정보학을 공부하는 한 명의 학생으로서 새로운 자극이었다. 이번 강의를 통해서 독서치료에 대한 지식을 얻었음은 물론이거니와 나 스스로가 독서치료를 통해 큰 도움을 받았

14) 신주영, 앞의 글, 128쪽.

다. 앞에서 말한 것처럼 내적 그리고 외적으로 긍정적인 변화가 많이 일어났고 예전에 비해 정신이 건강해진 기분이 든다. 생각하는 방식이 달라졌다는 것이 가장 큰 이유일 것이다.

독서치료는 '사서'라는 직업군에 있어 굉장한 의미를 지니고 있다. 나도 도서관에서 독서치료와 관련된 서비스를 할 수 있도록 전문성 있는 사서가 되고 싶다는 소망을 가져 본다. 그리고 그렇게 막강한 힘을 가진 독서치료를 통해 앞으로 문헌정보학계와 도서관계가 사회적으로 많은 관심을 받으며 성장하기를 내심 기대해 본다. 독서치료의 힘은 위대할 것이라고 그 가능성을 믿는다. 물론 많은 노력이 필요하겠지만 가능성이 있기에 그 노력들이 힘들지만은 않으리라 생각한다.

앞에서도 말했지만 참으로 은혜로운 만남을 가졌다. 내 영혼과 독서치료의 만남.

내 마음의 상처 그리고 독서치료

–강세윤(책정연 회원)

1. 상처와 자가치유서의 만남

시간이 약이다? 아니다. 시간은 독약이다. 독서치료라는 점에서 생각했을 때 시간은 약이 아닌 것 같다. 사람들은 힘든 일이 있는 사람들에게 이렇게 위로한다. 시간이 약이라고, 지금은 힘들어도 나중에는 기억도 나지 않는 일이 되어 있을 것이라고. 하지만 정말 기억에 남아 있지 않는 일이 된다고 해서 그 사람이 진정으로 치유되었다고 말할 수 있는 것일까? 내 대답은 "노(No)!"이다. 그것은 그 사람의 무의식 안으로 들어가 버렸을 뿐이지 더 이상 그 사람에게 아무런 영향을 끼칠 수 없는 곳으로 가 버렸다는 뜻이 아니다. 시간이 지나 그 일을 잊기 전에 그 일에 대해 오히려 더 깊게 생각하고 본질적으로 이해하여 자신 스스로 그 일에 대해 해결을 한다면 잊으려 애를 쓰지 않아도 잊히는 것이다. 그리고 이렇게 함으로써 자신을 괴롭히던 일을 진정으로 잊고 다른 일에 매진할 수 있는 것이다.

상처를 입은 나무도 계속해서 자란다. 하지만 상처가 난 부분을 치료하지 않은 채 자라면 그것은 계속해서 상처로 남아 있다. 위로 뻗어 나갈 수 있는 상태가 되었다고 해서 그 나무가 치료된 것은 아니다. 아픔이 사라졌을 뿐이지 상처는 그대로 남아 있는 것이다. 그 상처는 알게 모르게 나무에 영향을 끼칠 것이다. 나무가 더 이상 자라지 않을 수도 있고, 물을 쉽게 빨아들이지 못할 수도 있다. 나무가 비대칭적으로 성장할 수도 있고 똑같은 상처가 왔을 때 제대로 대처하지 못하고 계속해서 아프게 된다. 하지만 치료를 한 나무는 괜찮다. 물론 상처가 아주 없어지지는 않겠지만 똑같은 상처가 왔을 때 좀 더 쉽게 치료할 수 있고, 나무가 자라는 데 그 상처가 큰 걸림돌이 되지는 않을 것이다.

나도 그랬다. 힘든 일이 있으면 절대 생각하지 않으려 했다. 해결하기 위해 노력하지 않고 치료하지 않고 단지 잊으려고만 했다. 하지만 생각하지 말아야겠다고 생각하는 것이 더 그 일을 생각나게 하고 나를 괴롭게 했다. 생각을 떠올리되 괴롭다고 해서 그 일에 대한 본질적인 이해는 피하려고만 하니 계속 괴롭고 힘들었다.

나는 결국 '시간이 약' 이라는 말대로 이렇게 힘든 과정을 겪어서 그 괴로운 일을 잊었다. 하지만 내가 정말 그 일을 잊은 것일까? 혹시 그 힘든 일 하나하나가 모여서 가끔 '나는 왜 이럴까?' 라는 생각을 만드는 것이 아닐까?

다른 사람들처럼 독서치료를 접하기 전에는 나도 '나는 아무 문제없어. 나는 화목한 가정에서, 좋은 학교에서 큰 아픔 없이 잘 자랐어' 라고 생각했다. 정말 그렇게 생각한 것인지 아니면 그렇게 생각하고 싶었던 것인지는 모르겠다. 그래서 이 수업도 그냥 호기심으로 온 것이지 치료를 받고 싶은 마음은 아니었던 것 같다. 하지만 나는 이 수업의 진정한 수혜자가 되었다. 적어도 내 스스로 상처가 치유되었다고 생각하고 친구들에게 이 수업에 대해 항상 말하게 되었으니 말이다.

독서치료라는 것이 참 묘한 매력이 있다. 사람들은 자신의 아픈 마음을 꺼내 놓기보다는 다른 사람의 아픔을 듣기를 더 좋아하는 것 같다. 그러면 나만 힘든 것이 아님을 알게 되고, 나만 아픈 것이 아님을 알게 되기 때문이 아닌가 싶다.

하지만 독서치료에서는 다르다. 자신의 마음을 꺼내 놓으면 놓을수록 이상하게 마음이 가라앉고 그 아픈 일이 치료가 되는 것이다. 독서치료가 사람을 바꿔 놓는 것일까? 처음에는 나도 싫었다. 나의 좋은 점이 아닌 나의 아픔을 말한다는 것이 싫었다. 그리고 자신의 마음을 솔직하게 꺼내 놓지 않는 사람도 있었기 때문에 내가 이렇게 말하면 저 사람이 어떻게 생각할까 하는 생각도 들고, 나는 사람들 눈에 단지 행복한 사람으로 남아 있고 싶다는 생각도 들었다.

하지만 내 마음은 독서치료 수업 시간이 되면 달라졌다. 둘러앉아서 쉽게 말을 할 수 있는 분위기와 다른 사람들의 진실함과 솔직함이 나를 바꿨다. 그리고 나를 이야기할 수 있도록 만들었다. 독서치료시간에 자신을 이야기하지 않는 것은 바보다. 그만큼 자신의 마음을 드러내 놓지 못하는 것이고, 그만큼 자신의 아픔을 치료하지 못하는 것이기 때문이다. 2개를 얻을 수 있는 곳에서 1개만 얻어 가니(다른 사람들의 이야기를 들으면서 느끼고 생각할 수 있는 치료) 바보이다. 하지만 다행히 나는 빨리 마음을 열고 사람들의 이야기를 들으며 내 이야기를 할 수 있었다. 그래서 이 수업에서 더 많은 것을 얻어 가는 것이 아닌가 싶다.

처음에는 힘들지 않을까 생각했다. 한 달에 책을 한 권도 읽을까 말까 하는 내가 일주일에 한 권이라니. 그리고 글쓰기를 너무 싫어하는 내가 일주일에 한 번씩, 다른 사람들의 글을 짜깁기하는 것도 아니고, 순수하게 내 생각을 적어야 한다니 정말 걱정이었다. 학점만 바라고 본다면 이 수업은 분명히 나와 맞지 않는 수업이었다. 하지만 이상하게 끌렸다. 아마도 내 마음 깊은 곳에서는 마음을 치료해 보고 싶다는 생각이 들었던 것 같다. 그리고 이 수업은 나에게 학문만이 아니라 그보다 더 큰 것을 가르쳐 주었다. 그것도 나의 말로, 친구들의 말로 진실성 있게 다가올 수 있도록 그 많은 것은 가르쳐 주었다.

2. 내 마음의 상처를 보듬어 준 독서치료

수업시간에는 정확하게 나의 아픔이 어떤 것과 관련되었다고 말하지 못했다. 그냥 필요한 정도의 언급만 하고 넘어갔다. 그럴 수밖에 없는 것이 내 아픔과 관련된 사람이 수업에 있었기 때문이다. 처음에는 그것 때문에 걱정이었다. 좁은 강의실 안에서 마주하기 껄끄러운 상대와 마주해야 한다는 것, 내 아픔을 드러낸다는 것이 힘들었다. 하지만 그 사실 때문에 이 수업을 포기하고 싶지는 않았다. 다른 사람들은 대부분 자신의 가정에 대해서 고민하고 이야기했지만 나는 항상 나의 인간관계에 마음이 머물렀던 것 같다. 나는 독서치료를 통해 인간관계에서 겪었던 내 마음의 상처를 이끌어 내기에도 벅찼기 때문에 다른 문제에 대해서는 신경을 많이 쓰지 못한 것 같다.

지금까지 자주 만나고 연락하는 고등학교 친구는 3명이 있다. 이 친구들과는 물론 재밌는 이야기도 하고, 놀기도 하고, 여행을 함께 가기도 하지만 무엇보다 고민이나 진지한 이야기를 자주한다. 나는 주로 인간관계에 대해 말을 하곤 하는데 친구들 말이 하나같다. 내 성격이 아주 많이 바뀌었다는 것이다. 예전에는 씩씩하고, 말도 쉽게 툭툭 내뱉었는데 요새는 그러질 못하고 많이 소심해졌다는 것이다. 언제부터냐니깐 고등학교 졸업할 때부터 그랬던 것 같단다.

생각나는 것이 있다. 22년이라는 짧지만 긴 시간을 살면서 그 시간 중 가장 재밌는 시간을 함께 보낸 친구들…… 누군가가 나에게 내 인생에서 가장 재밌었던 시간을 묻는다면 나는 고민하지 않고 고등학교 2학년 중반에서 3학년 중반까지였다고 말할 수 있다. 정말 죽이 잘 맞는다고 생각되는 친구였는데 다른 사람을 잘 챙겨 주는 성격이고, 재밌고 예쁘기까지 해서 정말 마음에 드는 친구였다. 친구의 친구로 만났고 나와 다른 반이었음에도 불구하고, 그 친구는 쉬는 시간마다 우리 반에 와서 같이 놀다 가고, 같이 집에 가고, 같이 독서실도 다니고, 같이 학원에도 다니는 등 그 1년이라는 시간 동안 거의 항상 함께했던 친구였다. 만약 나에게 평생 갈 친구 단 한 사람만 말하라고 한다면, 당연히 그 친구라고 생각했다.

그런데 갑자기 이 아이가 나를 멀리하기 시작하는 것이었다. 그래서 내가 왜 그러는 거냐고, 나한테 무슨 섭섭한 일이라도 있는 거냐고 문자를 보내고 편지도 보냈지만 답이 없었다. 나는 그 친구를 좋아했던 만큼 그 친구가 너무 미웠기 때문에 나도 그렇게 하기 시작했다. 그 후에 그 친구가 얘기나 한번 하자고 전화가 왔는데 나는 그러기 싫다면서 그 친구와 다시 만나지 않았다.

나는 이때 엄청난 상처를 받았지만 고3이라는 입시를 앞둔 상황이었기 때문에 빨리 잊으려 노력했고, 결국은 그 일을 생각하지 않게 되었다. 하지만 그 상처는 내 마음에 그대로 남아 있었다. 그런 일이 있은 후 대학생활을 시작했다. 1학년 2학기가 되어서 동아리에 들었는데 왜 그렇게 미운 사람이 많고, 싫은 사람이 많은지. 너무 좋아하다가도 그 사람이 약간 안 좋은 말을 하면 그 사람이 밑도 끝도 없이 싫어지는 것이었다. 그러다가도 그 사람이 조금만 잘해 주면 좋아하고, 다시 싫어지고, 다시 좋아지고.

결국 나는 동기 한 명을 밀어냈다. 하지만 그 친구에게서 이미 상처를 받을 만큼 받은 상태였고, 그것으로 인해 심한 우울증에 시달려야 했다. 대학교 2학년 2학기 내내 나는 이 친구 때문에 힘들었고, 거의 날마다 울었다. 그 근본적인 이유는 이 친구였는지 모르겠지만 그때 상황에서는 그 이유가 아닌 다른 이유를 만들어대며 울었다. 재밌는(?) 일은 내가 먼저 이 친구에게 잘 지내자고 말을 한 후에 이 친구는 대답이 없었고, 이 친구가 나에게 전화로 얘기나 한번 하자고 했는데 이때는 내가 거부했다는 것이다. 이때는 정말 내가 미친 건 아닐까 할 정도로 우울증에 시달렸기 때문에 나는 정신과 치료를 받아 보고 싶었다. 하지만 그때는 '정신과' 라고 하면 '정신병원' 만 떠올랐기 때문에 그럴 수 없었고, 마음의 상처는 알게 모르게 계속 쌓여만 갔다.

그 후 3학년 말에 또 한 사람을 만났다. 이 사람은 내 남자 친구의 친구 여자 친구인데 남자 친구의 친구들과 술자리에서 만나게 되었다. 그 친구를 본 첫 느낌은 '동아리의 그 친구와 많이 닮았네' 였다. 그리고 나는 이 친구를 심하게 싫어하기 시작했다. 왜 그렇게 싫은지도 모르지만, 그냥 너무 싫었다. 그 애가 하는 행동, 그 아이의 집안환경, 옷차림 등등 모든 것이 싫고, 그 친구가 있는 자리면 일부러 피하고 가지 않았다. 이때 나는 '전이' 라는 것을 경험한 것 같다. 동아리 친구의 모든 감정이 이 아이에게로 다 옮아 가서 미워졌던 것이다.

그리고 또 한 친구는 대학생으로서의 마지막인 이번 학기, 같은 수업을 듣는 아이이다. 생각해 보면 이 친구와 나는 잘 맞지 않았던 것 같다. 한 번도 싸운 적이 없었고, 그냥 지내 온 것 같다. 하지만 그렇게 3년을 둘이 다니면서 같이 영화를 보러 간 적도, 근사한 곳에 밥을 먹으러 간 적도 없다. 나는 그래도 대학 4년을 함께 보낸 친구인데 이렇게 지내다 나중에 사회에 나가 연락도 하지 않고 지내고 싶지는 않았다. 그래서 그 친구에게는 내가 두 번의 화해 신청을 했었는데, 잘 지내다가 또 어긋나 버렸는지 관계가 끝이 났다. 지금은 서로 말도 하지 않고 그냥 모르는 사람처럼 되어 버렸다.

독서치료 수업을 듣는 내내 내가 집중했던 생각은 위에서 말한 친구 문제였다. 계속해서 친구들과 틀어지니 내 성격이 이상한가 하는 생각을 자주 했었고, 그럴 때마다 고등학교 친구들은 아니라고 하며 내 편이 되어 주었다. 하지만 독서치료를 통해 책을 읽어가면서 나는 책이 나에게 던져 주는 메시지를 많이 받았다. 그리고 그것에 대해 생각하고, 글로 쓰고, 남들에게 말하는 과정에서 많은 치료를 받은 것 같다.

내가 가장 큰 도움을 받은 책은 정신과 의사 김정일의 **『이런 부모가 자식을 정신병자로 만든다』**[15)]라는 책이었다. 책을 읽는 내내 나의 성격에 대해 자연스럽게 생각해 볼 수 있었는데, 특히 정신과 의사의 답변에서보다 상담을 의뢰한 글에서 많은 도움을 받았고, 치료를 할 수 있는 기회를 얻은 것 같다. 내 성격 중 스스로 가장 고치고 싶은 두 가지는 착함병과 피해의식이다.

나는 '착함병' 이라는 것을 가지고 있는 것 같은데 그렇다고 내가 착한 것은 아니다. 이 착함병은 진짜 착한 것과 달라서 착한 일[16)]을 하고 난 후에 후회감 같은 것이 든다. 내가 하고 싶어서 한 일이 아니라 어떻게 하다 보니 떠밀려서, 그리고 괜히 남을 의식해 착하다고 생각되는 행동을 하는 것이다. 그러고 후회감이 들고, 손해 봤다는 생각이 머리를 떠나지 않는 것이다. 그러면서도 '웬만하면 내가 이해하지 뭐, 내가 좀 손해 보지 뭐'

15) 『이런 부모가 자식을 정신병자로 만든다』. 김정일. 박영률출판사, 2002.
16) 착한 일이라기보다는 내가 손해 봄으로써 남이 좀 더 편해지는 일이라는 것이 더 맞는 말인 것 같다.

라고 생각하며, 계속해서 그렇게 행동하는 것이다. 그리고 또 후회하고. 이런 후회는 거기서 그치지 않고, 이렇게 나를 손해 보게 한 장본인을 생각나게 하며, 그 사람을 미워하게 만든다. 이게 문제인 것이다.

이 착함병이라는 것이 다른 사람들을 지나치게 의식하기 때문에 일어나는 게 아닌가 싶은데 실제로 나는 다른 사람을 굉장히 의식하는 편이고, 지나치게 정을 잘 주는 편이다. 이런 성향이 내 마음에 상처를 많이 가져다주는 것 같다. 이 때문에 괜히 상처받을 일이 많아지는 것이다. 나는 어떤 사건을 계기로 기대하지 않으면 실망도 없다는 것을 절실히 깨달았다. 그 전에도 이 간단한 진리를 모르는 것이 아니었음에도 불구하고, 괜히 상처받고 후회할 행동을 많이 한 것 같다.

하지만 이제는 그러지 않을 수 있을 것 같다. 그 일을 통해 깨달은 바가 있고, 그 깨달음이라는 것이 이 책을 통해 더욱 확고해졌기 때문이다. 그 깨달음의 첫째는 인간관계에 집착하지 않는 것이고, 둘째는 외로움에 강해져야 한다는 것이다. 외로움에 강해지면 인간관계에 집착하지 않게 되고, 이로써 오히려 더욱 바람직한 인간관계를 만들어 낼 수 있는 것이다.

내 문제는 이 두 가지였다. 나는 외로움을 상당히 못 견뎌 하고, 이 때문에 인간관계에 집착하는 것이다. 그렇다고 내가 지인들의 생일마다 잊지 않고 연락을 잘 하고, 친구들에게 나하고만 놀자고 하는 것은 아니다. 오히려 내 고등학교 친구들은 내가 자주 연락하지 않고, 먼저 보자고 하지 않는 것을 섭섭해하니 말이다. 그러니 그것보다는 친구에게 많이 의지한다는 말이 맞는 듯하다. 또, 나는 남들에 비해 정을 너무 빨리 많이 줘 버리기 때문에 친구에 대해 실망도 쉽게 하고, 다른 사람들 같으면 그냥 덮어 두고 지낼 수도 있는 일을 꼭 짚고 넘어가려 하여, 결국 절교까지 하게 되는 것이다.

나는 이 책을 읽고 이런 부분에서 정말 많은 것을 느꼈다. 그리고 느낀 바대로 행동하려고 노력하였다. 여기서 내가 상당히 많이 변한 것을 느낄 수 있다. 그렇게 행동한 후 나는 그 전에 알지 못했던 것을 알게 되었다. 바로 나와 상당히 친하고 좋은 사람들이 매우 많다는 것이다. 그중 한 사람이 나에게 이런 말을 했다. 그렇게 너무 많은 사람들이랑 친해지려고 노력하지 말라고. 자신이 봤을 때 나는 이미 많은 사람과 친하게 지내고 있는데, 그 사람들을 관리(?)하는 것도 힘들지 않느냐고.

그 말을 듣고 나는 깨달았다. 나는 너무 인간관계에 집착했고, 이 때문에 내가 스스로 사람들을 정리한 것이 아닌가 하고 말이다. 굳이 절교까지 할 필요는 없었다. 나랑 맞지 않는 사람은 맞지 않는 대로 지내고, 친하게 지내지 않으면 된다. 그뿐이다. 맞지 않는 사람과 친하게 지내려고 억지로 노력하기보다는 그런 사람들과도 그냥 큰 문제없이 지낼 수 있도록 노력하는 유연한 면이 필요했던 것이다. 이제는 마음이 많이 편해졌음을 느낀다.

위에서 말한 '내가 손해 보고 말지 뭐' 하는 생각과 착함병이라는 일을 한 후 나를 그렇게 만든 장본인이 생각나는 것은 내 성격의 두 번째 문제인 '피해의식' 과 관계가 있는 듯하다. 어떻게 보면, 다른 사람들이 봤을 때 내가 한 행동은 착한 일이 아닐 수도 있다. 남 일에 끼어들어 해결한 것일 수도 있기 때문이다. 하지만 나 스스로가 '나는 그 상황에서 그렇게 할 수밖에 없었다' 고 말하고 '나의 그 행동 때문에 괜히 내가 힘들어졌어' 라고 생각하며, 나를 자책하기보다는 오히려 그 사람에게 책임을 돌리는 것이다.

나는 같은 책에 대한 과제물 중 사람들이 '내 탓이오' 라고 생각하지 않는 것은 '살기 위해서' 라는 말을 한 적이 있는데, 이 피해의식이 반대로 내 탓이 아닌 계속되는 남 탓으로 생기는 것이고, 내 정신을 피폐하게 만드는 것이다. 너무 억울하다는 생각에 빠져 살게 되는 것이다. 이 책을 통해 내 성격 중 이런 부분이 모든 일에 있어서 자의적인 해석에 빠져서 일어난 일이 아닌가 하고 생각하였다. 그리고 무슨 일이든지 다른 사람을 의식해 행동하기보다는 내 마음이 가는 대로, 단 다른 사람에게 피해를 주지 않는 행동을 해야겠다는 생각이 들었다. 너무 남 탓만 하기보다는 그 일에 있어서 내 생각은 없었는가, 없었다면 왜 그렇게 행동하였는가에 대해서 즉, 본질적인 문제를 짚고 넘어가야겠다는 생각도 들었다.

두 번째로 도움이 됐던 책이 심윤경의 『**나의 아름다운 정원**』[17]이었다. 이 책을 읽고는 굉장히 의외의 곳에서 대답을 얻었다. 그 대답이라는 것은 바로 동구의 말속에 들어 있었다. 동구의 말은 한 사람이 자신의 이익을 다 챙기려고 하면 다른 한 사람은 피해를 보게 마련이라는 뜻을 가진 말이었다. 나보다도 어린 동구가 이렇게 단순한 진리를 말해 주다니 놀라웠다. 내가 같이 수업을 듣는 친구와 맞지 않은 것이 이 이유였다. 그 친구와의 관계에서는 내가 너무 많은 것을 양보해야 했다. 그리고 그 친구가 일부러 그러는 것이 아니라 눈치가 없어서 그런다는 사실 때문에 나는 모든 것을 이해해야 했다. 처음에는 그래도 친구니까 다 이해해야지 하고 생각했는데, 그것이 3년이 되니 내가 너무 힘들어지는 것이었다. 게다가 그 친구는 당연하다고 생각하는 것 같으니 말이다. 옆에서 챙겨 주기만 해야 하고 나는 그걸 기대할 수 없다는 사실이 너무 속상했다. 실제로 나는 손해를 많이 보는 편이다. 하지만 그건 그냥 '내가 손해 보고 말지' 라고 생각하고 행동하기 때문에 그렇게 되는 것이다. 그런데도 나는 그걸 마음에 담아 둔다. 동구처럼 그냥

17) 『나의 아름다운 정원』, 심윤경, 한겨레신문사, 2002.

'이익을 보는 사람이 있으면 손해 보는 사람도 있는 것. 너무 당연한 것이고 손해 보는 게 나일 수도 있는 것' 하고 넘어가지 못한다. 그래서 그 피해의식이 계속해서 생기는 것이다.

이 책을 읽고 더 이상 그러지 말아야겠다는 생각이 들었다. 그리고 여기서 동구의 말보다 중요한 건, 내가 힘들었다면 그냥 그런 건 피해 버리면 될 일이었다. 내가 다 해 주고 있다가 내 풀에 지친 꼴이었으니 말이다.

나에게는 사귄 지 3년이 조금 넘은 남자 친구가 있다. 대학교 1학년 2학기 때부터 사귀었는데 지금이 4학년 2학기이니 대학생활의 거의 대부분을 같이 보냈다고도 할 수 있을 것이다. 나의 엘렉트라 콤플렉스 때문인지 남자 친구는 우리 아버지와 상당히 비슷한 점이 많다. 말수가 적고, 그렇다고 적극적이지 않은 것도 아니고, 가끔씩 하는 말이 너무 재미있고, 게다가 외모까지 비슷하다.

남자 친구와는 동아리에서 만났는데, 내가 2학기에 동아리에 들어갔기 때문에 서로를 안 지 얼마 되지 않아서 사귄 친구다. 서로 이성을 처음 사귀는데도 이렇게 오랜 시간 한 번도 헤어지지 않고 잘 지낼 수 있는 것은 그 친구가 워낙에 무던한 성격이고, 내 성격을 잘 받아 주기 때문이 아닌가 싶다. 화를 낸 것도 거의 한 손에 꼽힐 정도이고, 싸우는 것도 항상 일방적으로 내가 몰아세우는 것 밖에 없으니 말이다.

처음부터 우리가 이렇게 쉽게 잘 지낼 수 있었던 것은 아니었다. 나는 특히 이 친구에 대해 약간의 호감만 있는 단계에서 사귀었기 때문에 나름대로 힘든 일도 많이 있었다. 가장 힘든 건 이 친구가 여자에 대해 너무 모른다는 것이었다. 어떻게 해 줘야 좋아하는지, 그리고 뭘 싫어하는지 내가 그런 걸 가르치기도 이상하고…… 그 부분이 힘들었다. 그리고 우린 성격이 너무 달랐기 때문에 부딪히는 부분도 많이 있었다. 물론 그 성격이 다른 것 때문에 이 친구에게 호감을 가진 것이었지만, 그 성격에 황당할 때도 있었다.

사귀기 전에 내 친구는 남자 친구의 혈액형부터 물었다. 그 친구는 혈액형에 대해 거의 맹신하고 있는 친구인데 AB형을 상당히 싫어한다. 아마도 어머니께서 내친구에게 AB형이랑은 결혼하지 말라고 어릴 때부터 교육을 시키셔서 그런 게 아닌가 하는 생각이 든다. 친구 아버지가 AB형이기 때문이다. 어쨌든 이 친구도 엘렉트라 콤플렉스가 있었기 때문인지 아버지와 비슷한 사람을 사귀었다. 그리고 많이 힘들어했다.

친구 말에 따르면, AB형은 주변 사람에게 관심이 없단다. 그렇기 때문에 남의 고민을 잘 들어주지 못하고, 주위에 관심이 없으니 별로 고민도 없다고 한다. 그리고 자신이 너무 화가 나 있을 때 정작 화를 나게 한 장본인은 아무렇지도 않게 있고, 그냥 그 상황을 그만하자 한다고 하였다. 자신은 그래서 AB형이 너무 싫다며 자신이 화가 나고 고민이 있을 때 AB형은 전혀 도움이 되지 못한다고 했다. 내가 남자 친구 혈액형이 AB형이라고 하니 늦어지기 전에 잘 생각해 보라고 했다.

하지만 나는 AB형의 그런 면이 좋았다. 왜냐하면 나는 주위에 너무 신경을 많이 써서 나 스스로 힘들었는데 남자 친구가 그러지 않아 좋았고, 주위에 신경을 쓰지 않음에도 불구하고 남들이 남자 친구를 좋아해 주는 것이 신기하기도 하고 기뻤기 때문이었다. 그래서 나는 친구에게 "내 생각에 나는 AB형이랑 잘 어울리는 것 같다"고 말하고 별로 신경 쓰지 않고 넘어갔었다.

그러나 나는 친구가 말했던 그 AB형의 모습을 내 남자 친구에게서 어렵지 않게 찾을 수 있었다. 남자 친구를 사귀면서 가장 이해할 수 없었던 부분은 그렇게 말 잘하고 게다가 재치 있는 말까지 잘하던 그가 내가 화가 나 다그치기 시작하면 꿀 먹은 벙어리가 된다는 것이었다. 내가 어떤 질문을 했을 때 그에 알맞은 대답을 하지 않으면 나는 너무 화가 났다. 그래서 더더욱 다그쳤는데 그는 그럴수록 대답을 못하고 "어……"라는 말만 할 뿐이었다. 내가 왜 말을 안 하고 "어"라는 말만 되풀이하냐고 하면 그래도 "어……"라는 말만 계속하고 말을 하지 못하는 것이었다. 그래서 내가 조금은 누그러진 자세로 말해 보라고 하면 그제야 "말을 잘 못하겠어. 어떻게 말해야 할지, 무슨 말을 해야 할지 잘 모르겠어"라고 말했다.

나는 그럴 때마다 남자 친구가 너무 답답하고 더욱 화가 났다. 내가 화내고 소리치면 차라리 그도 같이 소리치고 내가 하는 말에 대답을 했으면 좋겠다는 생각도 했다. 내가 물은 것에 대해 그냥 답을 하면 되는데 왜 하지 못하는 것일까? 나는 그게 AB형의 문제라고 치부해 버렸고, 남자 친구에게 다른 혈액형이었으면 좋겠다는 말도 해 버렸다.

두 번째로 이해할 수 없었던 것은 나 역시 여자인지라 내가 고민이 있을 때 남들에게 털어놓고 싶은데 내가 그런 이야기를 남자 친구에게 하면 도무지 잘 듣고 있는 것 같지가 않은 모습이었다. 호응도 해 주지 않고 답답한 말만 해대니 너무 짜증이 났다. 그래서 나는 고민 같은 것을 말하려다 괜히 남자 친구 때문에 화가 나서 남자 친구에게 한바탕하기 일쑤였다. 그저 내가 말하는 것을 잘 들어주기만 하면 되는데, 내 말에 호응만 해 주면 되는데 그렇지 않으니 너무 속상한 것이었다. 안 그래도 속상한데 애인이라는 사람이 내 마음을 더 아프게 한다고 생각하니 나에 대한 배려가 너무 없는 것이 아닌가, 그리고 내가 좋은 말할 때만 나를 좋아하나 하는 생각까지 들었다.

나는 위에서 남자 친구가 나에게 화를 거의 내지 않는다고 말한 바 있다. 화를 내지 않는 데다가 화를 내고도 바로 미안하다고 말하며 평소대로 돌아가는 친구이다. 그런 남자 친구가 나에게 처음으로 화를 낸 것은 내가 그의 학점에 대해 말했을 때였다. 남자 친구는 대학교 1학년 1학기 때부터 동아리(볼링동아리)에 푹 빠져 살았고, 이 때문에 학점이 많이 낮은 편이다. 반면에 나는 1학년 1학기 때는 동아리도 없었고, 학과 생활도 하지 않았고, 동문도 나가지 않았기 때문에 말 그대로 학교-집만 왔다 갔다 했다. 그래서 내 성적은 괜찮은 편이다.

하지만 나는 대학의 낭만을 가장 잘 느낄 수 있는 1학년 때에 인간관계를 넓히지도 않고, 그렇다고 다른 취미를 개발하는 것도 아니고, 공부만 하면서 지냈다는 것이 스스로 생각하기에 너무 한심하고, 안타까웠다. 그래서 차라리 남자 친구처럼 동아리와 볼링에 푹 빠져서 보냈다면 더 많은 것을 배울 수 있는 시간이 아니었을까 하고 자주 생각해 왔었다. 나는 뒤늦게 동아리에 빠져서 공부해야 할 때 공부하지 못하고 놀아 버렸기 때문이다. 그래서 이상하게 들릴지 모르겠지만 나는 그런 남자 친구가 부럽기도 했다. 특히 남자는 복학 후에 학점을 좋게 만들어도 늦지 않다고 생각하기 때문이다. 하지만 남자 친구는 그게 아니었나 보다.

동아리에 LG에 취직한 선배가 있었다. 그 선배는 LG도 붙고 서울대 대학원도 붙어서 결국 서울대 대학원에 갔는데 나는 그게 참 좋아 보이고 부러웠다. 그래서 그냥 선배에게 장난스럽게 "얘 좀 데리고 가서 공부 좀 시키세요. 옥이도 오빠처럼 공부 잘해야 하는데"라고 말했을 뿐인데 남자 친구가 영 기분이 안 좋아 보이는 것이었다. 그래서 왜 그러냐니깐 아무 말 안 하더니 너무 자존심이 상한다는 것이다. 나는 뭐가 자존심 상할 일이냐고, 장난으로 말한 거 모르냐고, 그런 뜻이 아니었다고 말했는데도 계속 기분이 안 좋은 것 같았다. 분명히 그도 자신이 학점 낮은 것에 대해 사람들과 장난스럽게 얘기하곤 했는데, 나는 너무 의아하고 황당했다. 나는 그게 내 남자 친구의 약점이라고 여기면서 '별게 다 약점이네' 라고 생각하고 넘어갔었다.

나는 남자 친구에 대한 많은 의문들을 존 그레이의 『**화성에서 온 남자 금성에서 온 여자**』[18]를 읽으면서 어느 정도 해소할 수 있었다. 나는 이 책을 읽으면서 '아, 그래서 남자 친구가 그랬던 거구나. 남자와 여자가 달라서 생기는 문제들인데 이렇게 간단한 것을 몰랐다니' 하는 생각이 들고, 나도 모르게 웃음이 나올 때도 있었다. 남자 친구는 이미 이 책을 읽었기에 책을 다 읽은 후 나는 남자 친구에게 책에 있었던 내용에 대해 물어보았는데, 서로의 차이점에 대해 알아 가는 과정이 너무 재미있었다. 그리고 그동안 궁금하게 생각해 왔던 일들 중 많은 부분을 이해할 수 있었고, 다행히도 더 좋은 관계로 발전할 수 있었다.

18) 『화성에서 온 남자 금성에서 온 여자』. 존 그레이/김경숙 옮김. 친구미디어, 2000.

내가 이 책을 통해 가장 많은 도움을 받았다고 생각하는 것은, 내가 남자 친구를 이해하지 못했던 부분이 내 남자 친구만의 문제가 아니라 대부분의 남자에게 나타나는 행동이라는 것이다. 나는 내 친구의 오래된 AB형 미워함에 동조하여 남자 친구가 내가 이해할 수 없는 행동을 할 때마다 'AB형이라서 그렇지', '피는 바꿀 수 없는 것이라니까', '어쩔 수 없지' 라고 생각해 왔다. 그리고 나는 너무 속상하면 남자 친구에게 이런 말을 하곤 했는데, 그 말에 남자 친구는 정말 큰 상처를 받았다.

먼저 내가 화나서 쏘아대면 남자 친구가 대답하지 못하는 것도 내 남자 친구만의 문제인 줄 알았다. 그런데 남자는 여자와는 달리 말을 즉흥적으로 할 수 없고 구조적으로 생각하고 이해한 후에 이야기하는 것이 가능하다고 하니 남자 친구의 행동이 조금은 이해가 갔다. 게다가 왜 말을 못하냐고, 바보냐고, 그리고 겨우 남자 친구가 무슨 말을 하면 지금 이런 상황에 그런 얘기가 나오냐고 쏘아 붙였으니 더욱 할 말이 없었을 것이다. 머리 속에서 몇 마디 말들이 빙빙 돌기만 했을 것이다.

나는 고등학교 때 성격이 변해서인지, 조금 더 나이를 먹어서인지 대학교에 들어와서는 남에게 소리 지르고, 화를 낸 적이 한 번도 없다. 그런데 유독 남자 친구에게만은 별일도 아닌 일에 언성을 높이고, 화를 내는 나 자신을 자주 발견했다. 하지만 이제는 남자 친구를 조금 더 이해하게 되었고, 다르게 대할 수 있게 되었다. 실제로 이것을 알게 된 후, 나는 너무 화가 나더라도 그 화를 누그러뜨리고 남자 친구 입장에서 얘기를 들으려고 노력하게 되었으니 서로에게는 더 좋은 일이 된 것이다.

내가 남자 친구에게 가장 많이 그리고 가장 자주 화를 냈던 부분은 왜 내 말을 들어주지 못하냐는 것이었다. 나는 대학교 2학년 2학기 때 심한 우울증에 걸려 있었다고 이미 앞에서 말했는데, 이 때 남자 친구는 나에게 큰 위안을 주는 친구이기도 하면서 나를 화나게 만드는 친구이기도 했다. 나는 고민을 말하다가 남자 친구에게 화를 내기 일쑤였는데, 이때 남자 친구는 '왜 괜히 나한테 고민을 말하면서 결국 나한테 화를 내는 걸까? 매일 되풀이되는데 그냥 이야기하지 않으면 안 되나?' 하고 생각했다고 했다. 그 후 남자 친구는 이 책을 읽고 여자는 고민을 털어놓는 것을 좋아하므로 남자가 도와줘야 한다는 사실을 알게 되었다고 한다. 그래서 내가 왜 그러는지는 이해가 되었는데 도무지 어떻게 해야 할지는 잘 모르겠다면서 나에게 조심스럽게 그 부분에 대해 물었다.

나는 남자 친구 얘기를 듣고 웃기기도 했지만 호응하는 법을 가르쳐 주었다. '네가 내 입장이었으면 어떨지' 를 생각해 보고 호응해 달라고 말이다. 잘 듣고 있다는 신호만 보내 주면 된다고 말이다. 지금 그 얘기를 한 지 2년 정도 지났는데 남자 친구는 나름대로 잘하고 있다. 너무 호응을 잘해 줘서 내가 고민을 얘기하다가 웃어 버릴 때가 있기도 하니 말이다.

그런데도 얼마 전에는 고민을 털어놓다가 내가 화를 내 버렸다. 운전을 하고 있어서인지 아니면 남자라서인지 나는 그가 내 말을 잘 듣고 있지 않다고 느꼈기 때문이다. 나는 "너는 AB형이라서 그래" 라고 말했다. 남자 친구는 그 때 심한 좌절감을 느끼고 어떡해야 할지 난감하기만 했다고 한다. 다행히 나는 이 책을 읽고 그게 "AB형의 속성" 이 아니라 "남자의 속성" 이라는 사실을 깨달았다. 그리고 그 문제에 대한 해결책을 얻게 되어서 매우 기뻤다. 남자 친구에게도 그건 AB형의 속성이 아니라는 것을 알려 주었는데 매우 기뻐했다. 자기는 내가 자신의 그런 면을 너무 싫어하는 것 같아서 힘들었다는 것이다. 그게 단순한 성격의 문제라면 바꿔 보기라도 하겠는데 그게 AB형의 속성이라니 피를 바꿀 수도 없고 어떡해야 할지 난감하기만 하더라는 것이다.

나는 단지 그냥 '네가 AB형이라서 그런 거니 할 수 없지. 내가 이해해야지' 라는 뜻이었는데 남자 친구는 그 이상– 즉, 그 성격 때문에 헤어질 수도 있다는 뜻으로 생각하고 오해해 버린 것이었다. 여기서 나는 또 남녀의 차이를 인식하지 않을 수 없었다. 그리고 요즘에는 말을 들어주기가 곤란할 때에는 억지로 들어주려 하기보다 "지금은 잘 들어줄 수가 없는데, 잠시 후에 말하면 안 될까?" 라고 말을 함으로써 나를 뿌듯하게 한다.

그리고 남자의 말과 여자의 말에는 상당한 차이가 있다는 것도 이 책을 통해 알게 되었다. 지은이는 같은 단어의 뜻이 다르다고 말했는데 그 부분에 상당히 공감한다. 똑같은 말을 해도 남자와 여자가 얼마나 다르게 받아들이는지 이미 많이 느꼈기 때문이다. 남자 친구의 학교 성적 문제도 그런 것 같다. 나는 다른 남자가 있는 앞에서 남자 친구에게 면박을 준 것이다. 그리고 장난스럽긴 하지만 무시하는 말투로 면박을 줬으니 얼마나 자존심이 상했을까 하는 생각이 들었다. 장난이 아닌 진심으로 공부를 좀 하는 게 어떻겠냐고 말하게 될 때는 다른 사람이 없는 곳에서, 조심스럽게 적당한 단어를 골라 말해줘야 한다는 것을 깨달았다.

나는 소심하다고 알려져 있는 A형이다. 나는 정말 걱정이 많은데, 그 걱정의 대부분은 쓸데없는 것이다. 즉, 나 스스로 일어날 가능성이 0.1%도 되지 않는 일을 상상하고 고민한다. 우리가 하는 고민 중의 95%는 일어날 가능성이 전혀 없거나, 희박한 일이라고 말한 삽화를 본 적이 있다. 그 말은 내게 정말 크게 다가왔는데, 그래도 예전만큼은 아니지만 여전히 걱정이 많은 편이다. 때문에 스스로 스트레스를 많이 주고, 많이 받곤 한다. 걱정 많은 성격이 안 좋다는 사실을 알면서도 그게 잘 고쳐지지가 않았다. 그리고 무슨 일이든 쉽게 잘 받아들이지 못하고, 빡빡하게 굴기도 했다. 일상에서 일어날 수 있는 작고 사소한 일들 때문에 걱정을 하고, 결국 그것이 나를 너무 힘들게 하는 것이다.

그리고 정말 중요하다고 생각되지 않는 일 즉, 사소한 일에 목숨을 건다. 아무리 생각해도 별일 아닌데 한참을 고민하고 신경 쓰곤 한다. 심할 때는 하루 종일 아무 일도 못하고 그 생각만 하게 된다. 그게 시험기간이든 친구랑 만나서 얘기를 하는 중이든지 말이다. 예를 들면, 친구에게 아주 작은 말실수를 했는데 그게 하루 종일 기억에 남아 집으로 돌아오는 버스 안에서도, 집에 와서 씻으면서도 계속 그 생각에 빠져 있는 것이다. 결국 신경이 쓰여 친구에게 전화하면 대부분의 경우 친구는 내가 그런 말을 했는지조차 모를 때가 많다. 무슨 일이든지 갑자기 내가 뭔가 실수했다는 생각이 떠오르면 계속 고민 속으로 빠지게 된다. 그래서 결국은 아무 일도 아니라는 것을 확신하고 난 후에야 평정심을 찾는다.

또 이런 면도 있다. 친하다고 생각하는 사람에게는 그렇지 않은데, 아직 별로 친하지 않다고 생각하는 사람에게는 이상스러울 만큼 신경을 쓴다. 예전에 어떤 친구가 나에게 '섭섭하다' 는 말을 했었다. 너무 받았던 부분을 되돌려 주려 하지 말라는 것이었다. 그 말을 기점으로 나는 그 친구와 친하다고 생각하였고, 실제로 상당히 친해졌다.

요즘은 많이 나아지긴 했지만 아직까지 사람들과의 어울림에 있어서 그들이 나를 어떻게 생각하고 평가하는가에 대해 상당히 예민하다. 다행히 이 부분에 심하게 무신경한 친구를 만나서 많이 고쳐진 것 같기는 하다. 예전에는 이런 문제로 상당히 고민하고, 괴로워하곤 했다. '누구는 날 어떻게 생각할까?' 라고 고민하는 것만큼 상대방을 대하는 데 불편하게 하는 것은 없다. 무슨 말 한마디를 해도 고민하고, 답답한 말만 늘어놓게 되는 것이다. 그러다 보면 실제 내 모습에서의 말은 하나 없고, 그 사람에게 맞춰 말하게 되어, 결국 누구를 만났을 때의 모습이 내 본모습인지 알 수 없게 된다.

나는 독서치료 시간에 실제로 배운 책에서도 많은 도움을 받았지만 가장 큰 도움을 받은 책은 리차드 칼슨의 『**우리는 사소한 것에 목숨을 건다**』[19]였다. 교수님께서 수업시간에 추천해 주시기도 했고, 우연히 서점에 갔다가 이 책을 발견했기 때문에 나는 그 자리에서 이 책을 읽게 되었다.

이 책을 읽으면서, 내가 사소한 것들 때문에 곤란한 상황에 빠졌을 때 짜증을 부리거나 화를 내고, 고민에서 헤어나지 못하는 등 과민 반응을 일으키는데, 이는 더 깊은 좌절감을 느낄 뿐만 아니라 실제로도 원하는 것을 얻지 못하게 한다는 점을 깨닫게 되었다. 좀 더 거시적으로 보면 별일도 아닌데 괜히 사소한 일에 집착함으로써 스스로는 물론이

19) 『우리는 사소한 것에 목숨을 건다』. 리차드 칼슨/정영문 옮김. 창작시대, 2001.

고 주위의 사람까지 짜증 나게 만드는 것이다. 나에게 있어 이 책의 가장 명쾌한 답은 바로 이것이었다. 무슨 일이든 그것이 그리 대단한 일이 아니라고 생각하면 문제는 쉽게 해결된다. 나는 특히 사소한 일에도 마치 위급하고 대단한 문제가 일어난 것처럼 행동한다. 이 때문에 어떻게든 문제를 해결하기 위해 우왕좌왕하지만, 이는 오히려 문제를 더욱 복잡하게 만들어 버린다.

또, 나는 의외의 곳에서 이 성격을 해결할 수 있었다. 바로 최화숙의 **『아름다운 죽음을 위한 안내서』**[20]라는 책이었는데, '죽음' 을 인지하고 살면 사소한 일에 초연할 수 있고 좀 더 거시적인 안목을 가지고 살아갈 수 있다는 것을 깨달았다. 이에 나는 평소에 죽음에 대한 생각을 가지고 사는 것이 좋겠다는 결론을 내리게 되었다. 그렇게 생각하면 세상살이에 좀 더 의연해지고, 좀 더 큰 세상을 보며 살 수 있을 것 같다. 또한 자신이 죽는다는 사실을 염두하고 생활한다면 평소에도 더 넓은 마음으로 살 수 있지 않을까 하는 생각이 들었다.

사람은 누구나 죽고, 이는 모두가 알고 있는 사실이다. 다만 아직 그것이 자신에게 해당하지 않는다고 생각하고 죽음에 대한 생각 없이 살아갈 뿐이다. 그렇기 때문에 작은 일에도 아등바등하며 자신을 괴롭히는 것이다. 이 책에 나오는 대부분의 사람들처럼 죽게 되어서야 삶에 집착하는 것이 아니라 평소에도 후회하지 않는 삶을 살아야겠다는 생각이 들었다. 이 책은 나에게 여러 면에서 큰 도움이 되었다. 친구와의 관계나 삶에 대한 나의 가치관, 더불어 성격 면에도 많은 도움이 됐으니 말이다.

3. 중용의 길을 터 준 독서치료

나는 이 수업에서 정말 많은 것을 배웠다. 연습장에 적으면서 외워야겠다며 줄을 긋고 외운 것도 아닌데, 살아가면서 필요한 지혜를 꽤나 많이 배우고 가는 것 같다. 내가 많은 사람들에게 독서치료에 대해 계속 말하고 다닌 것도 나만 알기에는 너무 아까운 지혜가 많았기 때문이다. 그래서 조금이라도 부모님께, 친구들에게, 남자 친구에게 더 알려 주려고 노력했던 것 같다.

이 과정에서 배운 것은 인간관계에 있어서의 문제 해결, 남자 친구와의 차이 인지, 사소한 것에 대한 나의 집착 문제 해결만이 아니다. 이것들을 얻은 것만도 나에게 큰 힘이

20) 『아름다운 죽음을 위한 안내서 : 인생의 마감시간에 우리는 무엇이 되어 만날 것인가?』. 최화숙. 월간조선사, 2004.

되었지만, 그보다 더 많은 것을 얻었다. 이들이 서로 시너지 작용을 일으켰는지 이제 더 이상 우울증에 걸리지도 않고, 세상을 좀 더 여유 있게 바라볼 수 있겠다는 확신이 들었다.

나는 그동안 여유를 가지고 살지 못했다. 시간관리를 잘 하지 못한다는 문제도 있었지만 그보다는 사소한 일에 목숨을 걸기 때문이었다. 그래서 다른 사람들 눈에 나는 항상 바쁘게 살아가는 것처럼 보였을지도 모르겠다. 실은 남들보다 더 많은 것을 하면서 산다고 생각할 수는 없는데 말이다.

나는 이번 독서치료 과정에서 너무 소중한 것을 얻었다. 그동안 정민이 지은 『미쳐야 미친다』[21]와 같이, 어쩌면 나에게 독약이 될지도 모르는 책에만 관심을 기울이고 더 아등바등 살아왔는데 이제 중용의 길을 걸을 수 있으리라는 자신감이 생겼다. 너무 여유 부리는 삶과 악착같이 살아가는 삶의 중간을 지킬 수 있을 것 같다는 말이다. 그리고 독서치료 수업에서 내가 미처 알지 못했던 많은 상처를 알게 되었고, 어쩌면 무의식 속에 잠들어 내 삶을 지배하고 있었을지 모를 많은 상처를 끄집어내어 치료하였다. 이것은 앞으로 내가 살아가는 데 항상 큰 힘을 불어넣어 주는 원동력이 될 것이다.

만남이 있는 공간

-손규희(책정연 회원)

1. 독서치료와의 소중한 만남

진정한 만남은 상호 간의 눈뜸이다. 영혼의 진동이 없으면 그건 만남이 아니라 한때의 마주침이다. 그런 만남을 위해서는 자기 자신을 끝없이 가꾸고 다스려야 한다. 좋은 친구를 만나려면 먼저 나 자신이 좋은 친구감이 되어야 한다. 왜냐하면 친구란 내 부름에 대한 응답이기 때문이다. -법정스님의 『오두막 편지』 중에서-

21) 『미쳐야 미친다』. 정민. 푸른역사, 2004.

나에게 있어 만남이란, 이전에는 그다지 즐거운 것이 아니었다. 특히 새로운 만남에 있어서는 더욱 그랬다. 나는 나를 표현하는 데 서투르고 내성적인 사람인 데다가 낯을 많이 가렸기 때문에 새로운 사람을 만난다는 사실에 대해 많은 거부감이 있었다. 그래서 새로운 만남이 있기 전날 밤에는 잠을 설치기도 했고, 친구랑 즐겁게 있다가도 그 친구가 나는 모르는 다른 친구를 데려오면 갑자기 기분이 가라앉고 초조해하며 급격하게 내성적으로 변하는 등의 대인 공포 증세가 약간 있기도 했다. 그래서 사람 만나는 것을 피하기만 했다. 하지만 사람도 변한다. 나에게는 정말 큰 변화일지도 모르겠다. 어느 계기를 만난 후 나는 변했고 지금은 새로운 만남도 그다지 걱정스럽지만은 않다.

요즘 들어 '만남' 의 소중함을 새삼 느낀다. 운명을 믿는다고 딱히 말할 수 없는 내가 사람의 인생에 있어 '만남' 이란 그 인생이 드라마틱하건 그렇지 않건 간에 인생의 전환점이 될 수 있겠구나 하고 생각하게 된다. 운명이 있다면, 그 운명의 갈림길에서 내가 한쪽 길을 선택하는 것은 나 혼자만의 결정이 아니라 수많은 만남을 통한 인도라는 생각이 든다. 지금 우리가 서 있는 이 길이 갈림길이건 한 길의 연장선상이건, 우리는 또 다른 만남을 향해 끝없이 나아가고 있는 것이 아닐까. 때문에 만남은 소중하다.

인생의 수많은 이음새에는 만남이 자리하고 있다. 내 인생에 나 혼자만 등장하는 것은 아니다. 만남을 통해 다른 사람과의 인생도 공유하게 된다. 가족과의 만남, 친구, 동료, 애인 등 수많은 지인들과의 만남은 그 어느 순간에도 존재한다. 혼자 있을 때에 접하는 많은 것들도 또한 만남이다. 텔레비전을 통한 세상과의 만남, 독서를 통한 책과 세상과의 만남. 인터넷은 더 수많은 사람들과의 만남이다.

하지만 모든 만남이 자신에게 영향을 주는 것은 아니다. 태풍 같은 바람이 있고, 여름날 부는 시원한 바람도 있고, 겨울에 부는 매서운 칼바람도 있지만, 나뭇잎 하나 살랑거릴 정도의 작은 바람도 있다. 그렇듯이 어떤 만남이 자신에게 영향을 미치지 않는다면 그다지 중요하진 않은 것 같다. 반면에 정말 한 만남이 그 사람에게 하나의 행운으로서 작용을 한다면 소중히 하지 않을 수 없다. 그것이야말로 아름다운 만남이다. 내게도 그런 영향을 미친 몇몇의 만남이 있다. 짧지도 길지도 않은 내 인생을 뒤돌아봤을 때 그런 만남은 인생의 전환점(너무 거창하게 들릴지도 모르겠지만)마다 있어 왔다.

2004년 12월 현재, 졸업을 코앞에 놔둔 시점. 또 한 번의 터닝포인트이다. 그런데 최근에 소중한 만남이 있었다. 스쳐 가는 마주침이 아니라 나의 눈을 뜨게 한 만남. 그 만남에 대한 글을 적으려 한다. 만남, 시간, 공간 그리고 나에 대한 것이 모두 포함된 이야기가 될 것 같다. 그리고 나에게 소중했던 이 만남이 이후에 스쳐 지나가지 않았으면 하는 작은 바람으로 이 글을 적는다.

4학년 2학기. 이제 이 한 학기만 마치면 졸업이다. 그동안 숨 가쁘게 달려온 학교생활을 잠시 멈추고 학업 이외에 나를 발전시켜 볼 요량으로 1년 동안 휴학을 했었다. 하지만 그 시간 동안 내가 이룬 건 별로 없었다. 다시 학교에 돌아오려고 하니 1년이라는 시간이 허무하기만 했다. 이젠 수업을 많이 듣지 않아도 된다. 그럼 뭘 듣지? 그러다 눈에 띈 것이 바로 이 수업이다. 휴학을 하기 전, 김정근 교수님과의 〈연구방법론〉 수업. 아직까지도 내 기억 속, 머릿속에 남아 있는 수업이었다. 그래서 교수계획표를 열어 보았고 이번 수업은 독서치료에 관한 내용이라는 것을 알게 되었다. 독서치료라…… 예전에 교수님으로부터 언뜻 들은 적이 있지만 나는 약간 멋모를 두려움과 함께 한편으로 유익한 수업이 되리라는 기대감을 가지고 수강신청을 했다(지금 생각해 보면 아마 이것도 나도 모르게 내 인생이 '만남의 길' 로 인도하고 있었던 것이 아닐까).

드디어 첫 수업시간이었다. 독서치료에 대한 교수님의 오리엔테이션이 시작되었고, 비로소 나는 독서치료가 무엇인지 처음 듣게 되었다. 하지만 생소할 수밖에 없었다. 그나마 흔하다고 하는 미술치료, 음악치료도 생각해 보면 내가 그 효능을 직접 본 일도 없고, 그저 검증되어 널리 쓰인다고 알고 있는 정도였다. 그런데 책으로 심리치료를 한다니! 전공자인 우리들조차도 생소하여 많은 의문(또는 의심)을 가지게 하는 독서치료란 용어와 그에 대한 수업. 그런데 교수님은 이 모든 것을 간파하고 계신 듯하였다. 김정근 교수님은 수업초기에 우리들의 궁금증을 풀어 주기 위해 많은 증거들과(사람들의 상처에 관한) 일상에서의 자료들(비디오 자료 등)을 가지고 독서치료의 개념과 필요성에 대해 그리고 효능과 가능성까지도 설명하는 데 시간을 할애해 주셨다.

그 덕분에 이제까지 전공공부 4년을 하면서 처음, 독서의 제3영역을 알게 되었다. 제1영역은 좋은 인간이 되기 위한 책읽기, 제2영역은 능력 있는 인간이 되기 위한 책읽기로, 교양서와 지식을 쌓기 위해 읽는 책들이 이 두 영역에 해당하며 우리가 지금까지 읽어 왔던 것과 동일하다. 하지만 교수님은 우리에게 이제 제3의 영역을 말씀하셨다. 제3의 독서영역은 성숙을 위한 책읽기로, 아픈 마음을 어루만지고, 상처를 치유하기 위한 책읽기 영역이다.[22] 다시 한 번 책의 매력을 느낀다. 어느새 치유적 기능까지 마련해 놓고 있었다니!

하지만 고대 사람들은 이미 알고 있었나 보다. 고대 테베의 도서관에는 '영혼을 치유

22) "그것을 나는 '성숙' 을 위한 책읽기라고 부른다. 말하자면 인간을 귀납적으로 이해하고, 아픈 마음을 어루만지고, 상처를 치유하고, 장애를 뛰어넘게 해 주는 책읽기이다. 생산과 산업에 함몰된 인간형을 지양하고 정신복지형을 지향하며, 성취와 성공 지향의 인간형을 극복하고 행복한 인간형에 눈을 돌리는 책읽기이다. 지난날 독자를 사로잡곤 하던 톨스토이의 인생론, 카네기의 처세술, 법정, 신영복, 김동길, 안병욱과 같은 지은이들의 초월적이며 연역적인 교양주의와는 일정하게 구분이 되는 영역이다." – 세계 책의 날 특별기고 : 제 3의 독서영역. 김정근. 〈교수신문〉, 2002년 4월 29일.

하는 곳' 이라는 글이 새겨져 있다고 한다. 이제 책의 치료적 효능을 무시할 수 없게 되어 버렸다. 거기다 전공자로서의 의무감을 더해, 나는 이 독서치료를 포기할 수 없게 되었다.

마음에도 병이 생길 수 있다는 사실을 의심할 사람은 이제 없는 것 같다. 하지만 그 마음을 돌보는 데에는 인색한 것 같다. 그나마 '웰빙(Well-being)' 바람과 더불어 정신건강에 관심을 가지게 된 일은 고무적이다. 마음의 병이 심각하게 받아들여지기까지는 정말 오랜 세월이 걸렸다. 프로이트가 심리치료와 신경정신과에서 '바이블' 이 될 수 있었던 것은, 정신질환에 대한 연구조차도 양지에 드러날 수 없는 사회적, 문화적 배경 위에서 하나의 연구로 인정받았기 때문이었다. 얼마나 많은 아픔들이 사람의 내면에 존재하는가 하는 것은 굳이 뉴스를 들춰 가며 증거를 찾지 않아도 명백히 알 수 있다.

다행히 이제 사람들은 마음의 상처도 돌보려는 시도를 하고 있다. 그러나 마음의 상처는 밖으로 드러나지 않는 것이 그 특성인지라, 모르는 사이에 외면되고 있는 실정이다. 혹여, 그 상처가 극단적인 형태로 외부로 표현되더라도, 정신병원조차 우리의 인식에서 얼마나 멀어져 있는가. 그런데 우리가 쉽게 손에 넣을 수 있는 책으로도 우리의 마음을 치유할 수 있다고 하니 신빙성을 떠나서 참 좋다고 생각했다. 책이 정말로 도움을 줄 수만 있다면, 하는 생각이 들었다.

나는 의구심을 품은 채로 이 수업을 택했다. 왠지 이번에도 대단한(?) 만남이 되리라는 느낌이 들었다. 〈연구방법론〉 수업이 내게 그러했듯이 닫혀 있던 내 안의 상자를 열어 주지 않을까 하는……. 수업이라고 해서 내가 지식을 꼭 배워 간다는 생각보다는, 우선 내 마음이 안정되어야 사서가 되어 현장에 나가고 이용자들과 만났을 때 도움이 되어 줄 수 있을 것이기 때문에 나를 먼저 생각했다. 정말 내 마음을 돌보는 시간이었으면 했다.

이로써 나는 두 가지 과제를 해결하기 위해 발을 디디고 섰던 것이다. 하나는 독서치료에 대한 의구심 해결이고, 두 번째는 내 마음의 상처에 대한 치유였다. 결국, 그 기대감은 무너지지 않았고 나도 변했다. 이 두 가지는 따로 떼어 놓을 수 없었다. 확신이 있다면 치료 가능성이 있을 것이고, 또 치료가 가능하다면 확신이야 100%가 될 테니 말이다.

2. '진정한 나' 와 대면하게 해 준 자가치유서

문헌정보학과를 다니면서 나는 얼마나 책을 읽었을까? 아마 대부분은 전공 공부에 필요해서 읽은 것이고 나머지는 여가시간의 활용으로 문학작품 등을 읽었겠지. 그런데 이제 4학년 2학기나 되어서야 나는 또 다른 책읽기를 발견했다. 지금까지 나에게 감동을 주는 책이 몇 권 있긴 했다. 하지만 거기까지였다. 그 책이 나에게 어떠한 영향을 주고 있는지는 깨닫지 못하고 있었다.

그러면 또 다른 책읽기란 무엇이며, 새로운 만남이라는 것은 무엇인가? 바로 책을 통해 나 자신과 대면하게 된 것이다. 나의 모습을 면면이 확인하고, 또 상처와 마주하고, 과거부터 이어져 온 현재의 나부터 미래의 모습까지 보게 되며, 나아가 타인의 모습까지 발견하게 된다. 그것은 책을 통해 새로운 지식을 얻게 되는 기쁨과는 또 다르다.

현재의 나에게 독서란 또 다른 즐거움이 있는 매력적인 취미가 되었고, 그것을 내 주위사람들에게 전해 주는 것을 망설이지 않는다. 마법 같은 책의 효용을 정말이지 널리 알리고 싶다. 이제 한 학기 수업이 진행되는 동안 내가 경험한 책과의 새로운 만남을 이야기하려 한다.

내가 평범하다고 생각했을 때가 있었고, 그래서 스스로 상처를 가진 것조차 인지하지 못했었던 적이 있었다. 때문에 내가 불행한지 행복한지조차 알 수 없었다. 이후에 내가 가진 상처를 알게 되고 나에게 무슨 일이 일어났던가에 대해 똑바로 직시할 수 있었지만 그 상처는 아직 앙금으로 남아 있었다. 그런 상태에서 김정근 교수님을, 이 수업을 만났다. 앞에서도 말했듯이 의구심을 남겨둔 채로 진행된 수업이었기 때문에 나는 하루아침에 변할 수가 없었다.

갖가지 '상황' 에 맞춘 독서를 시작하게 되었는데, 첫 번째 치유서 이호철의 『학대받는 아이들』[23]은 나뿐 아니라 다른 친구들에게까지도 공감을 주며 엄청난 반응을 일으킨 것으로 기억한다. 치료적 목적이 있다는 걸 안 상태에서 읽은 것이 분명했지만 그 반응은 예상치 못한 것이었다.

이 책뿐 아니라 다른 책도 마찬가지다. 공감하지 못한 책도 각기 있었겠지만 공감을 했던 책이라면 다들 자신도 모르게 몰입했던 경험은 동일할 것이다. 나는 『학대받는 아이들』에서는 유년기를 떠올렸으며, 심윤경의 소설 『나의 아름다운 정원』[24]에서는 할머니에 대한 기억을, 책 자체에 대한 공감을 많이 얻진 못했지만 메리 파이퍼의 『내 딸이 여자가 될 때』[25]에서는 가정 또는 사회에서 여자로서 겪는 아픔을 떠올리게 되었다. 나는 말 그대로 이 책들에 '몰입' 했고, 결국엔 나도 모르는 사이에 '전이' 를 경험한 것이 틀림없다. 이전에도 내가 책을 읽지 않은 것은 아니었으나 새삼 책을 읽고 동요하게 된

23) 『학대받는 아이들』. 이호철. 보리, 2001.
24) 『나의 아름다운 정원』. 심윤경. 한겨레신문사, 2002.
25) 『내 딸이 여자가 될 때 : 잃어버린 자아를 찾아가는 딸과 여자들의 44가지 사례 연구』. 메리 파이퍼. 문학 동네, 1999.

것이다.

그렇다면 정말 내 안의 상처는 무엇이었을까? 이번 수업을 통해 알게 되었지만 크게 살펴보면 나는 두 가지 때문에 상처받아 왔다. 하나는 가정문제이고, 다른 하나는 여자로서의 성역할에 대한 것이다. 나는 내 인생을 불행하게 생각하고 있었고 그 근원이 모두 가정에 있다고 생각했다. 당연히 가정, 가족에게 불만이 많았고, 어릴 적에는 내가 불만을 느끼고 있다는 것조차 인식하지 못했다. 다만 나는 집에서 '착한 큰딸' 이었기 때문에 모든 것을 감내하는 것을 당연시하고 있었다.

무조건 순종적이고 온순하게 살았다. 그 속에서 나는 메리 파이퍼가 말하는 '거짓자아' 를 키워 왔는데, 그것은 욕심 내지 않는 것, 친구들에게조차 나를 다 보여 주지 못한다는 것, 부탁을 쉽게 거절 못한다는 것 등으로 표출되었고, 그 사이에서 진정한 나는 점점 작아지고 있었다. 남에게 착하다고 인정받아야 했고, 공부도 잘해야 했다. 한마디로 '매우 순종적인 여자' 의 길을 걸어야만 했다.

그 사이 우리 가정은 부모님의 불화로 상황이 악화되었고, 결국 부모님이 이혼하시면서 동생과 나는 정신적 방황을 하게 되었다. 부모님의 이혼사실이 1차적 상처였겠지만, 나는 그보다 그 이후에 오는 생활고(어머니가 안 계심으로 인한)를 겪는 동안 더 많은 상처가 생겼다. 이제 더더욱 내 이야기를 할 곳이 없어졌고, 외로움도 늘었다.

기억나는 일이 하나 있는데 보통 사람들이라면 청소년기에 꿈을 가지고 자신의 인생을 계획함에도 나는 어른이 되는 것이 너무 싫어 20살까지만 살고 싶다는 생각을 늘 하기도 했었다. 하지만 이런 것들은 대부분 내가 이전에 인식하고 있던 것이었다. 내가 자각한 것도 있고 친구들이 일깨워 준 것도 있다. 그래서 나는 진짜의 나를 찾기 위해 변하려고 노력했고, 그때보단 좀 더 만족스러운 모습으로 살고 있다. 그렇다면 정말 상처가 치유된 것일까?

나는 이번 수업을 통해 그것이 끝나지 않았음을 알았다. 그리고 내가 알지 못한 상처도 발견할 수 있었다. 상처가 치유된 것이 아니라, 나는 그냥 그것을 가라앉혀 놓았던 것이다. 조금만 휘저으면 금방 또 드러날 텐데 말이다. 특히 최현주 목사의 『위장된 분노의 치유』[26]를 읽으면서 지은이의 인생에 공감하기보다 내 인생 전체를 다시 들여다보아야 했다. 아직 내 안에서 치유하고 극복해야 할 상처들이 많음을 알게 되었다. 매사에 부정적인 내 모습, 나 자신을 사랑하지 않는 나, 결혼에 대한 회의 등등. 거기다 최근엔 마음의 여유까지 잃게 되었다.

26) 『위장된 분노의 치유』. 최현주. 규장, 1995.

이렇게 나는 다름 아닌 책을 통해서 나를 보고 있었다. 그리고 어느새 내 이야기를 술술 털어놓고 있는 자신을 발견했다. 그래서 종종 이 수업은 '마법의 시간'이라고 생각하곤 했다.

사람이 이기적인 동물이기 때문인 걸까, 나는 책을 읽으면서 사실 다른 사람을 떠올리기보다 나에게 더 집중했다. 그것이 급했기 때문이다. 그동안 친구들에게조차 내 마음을 전부 털어놓지 못한 것은, 늘 친구들보다 내가 더 불행하다고 여겼기 때문이다.

사람들은 "힘들지 않은 사람이 어디 있나"라는 말을 흔히 하지만 나는 정말 힘든 사람은 따로 있다고 생각했다. 만약 친구들에게 내 이야기를 털어놓았을 경우를 생각해 보자. 물론 무엇을 바라고 한 이야기는 아니지만 친구들의 다양한 반응에 따라 나는 또 한 번 상처를 입게 될지도 모른다. 친구가 "그래 힘들겠구나, 다 이해해"라고 말한다면, 나랑 같은 경험을 하지 못한 친구가 나를 정말로 100% 이해해 줄까 하는 의심이 들지도 모르고, 내 고민을 가지고 이런저런 충고를 하려 든다면 나는 더욱더 큰 상처를 받을지도 모른다고 생각했다.

예전에 내게 유일한 이성 친구 한 명이 술을 하자고 권해 왔다. 서로 많은 이야기들을 나누고 공유하고 있던 터라 아주 좋은 취지에서 술이 오가고 있었다. 내가 힘든 상황임을 알고 위로해 주고 싶던 그 친구는 왜 힘든 것인지 알려 했지만 나는 도무지 입을 열지 않았다. 결국 그 친구는 나에게 섭섭해했고, 나는 왜 털어놓을 수 없는지에 대해서만 얘기했다. 사실 나도 답답했다. 정말 다 털어놓고 싶은 반면에 절대로 털어놓지 못하게 만드는 아이러니한 그 무엇이 나를 가로막고 있었다.

그 친구도 나름대로 살면서 힘든 일이 많았겠지만 나는 평범하고 화목한 가정에서 자란 그가 내 가정사를 듣고 제대로 나를 이해해 줄 수 없다고 판단했고, 그렇게 이야기하는 것을 들은 친구는 화를 냈다. 그 이후 그 친구와의 사이는 더 이상 옛날 같지 않았지만 내 입장에서는 어쩔 수 없는 일이었다. 그 이후에도 난 오랫동안 '눈물 젖은 빵을 먹어 보지 않은 사람은 그 사람 심정을 이해할 수 없다'라는 말을 신봉했다. 그때까지도 내게는 내 자신이 가장 불행한 사람이었다.

그런데 책을 읽으면서 놀라운 경험을 했다. 책을 통해 다른 사람의 고통을 본 후 그 고통은 나에게도 전해졌고, 그러면서 자연스레 다른 사람의 고통에 눈을 돌리게 되었다. 처음에 나 자신에게 집중했다면 이제는 다른 사람들에게 집중하게 되었다. 가족 때문에 내가 상처를 받았다면 분명 그 상처를 안고 삐뚤게 사는 나 때문에 또 상처받는 가족도 있다는 사실을 알게 된 것이 가장 큰 변화였다. 나도 모르게 부모님에게, 동생에게 상처 주는 일이 분명 있었다.

그리고 주위에 나랑 고통의 종류는 다르지만 똑같이 힘들어하는 친구들이 눈에 보였다. 전에도 친구의 말을 잘 들어주는 나였지만 이번엔 진심으로 그 고통을 이해하려 애쓰고 있었다. 그것은 정말 책 덕분이라고 하지 않을 수 없다. 같이 수업을 듣는 친구들은 사실 나와 그다지 친한 사람들이 아니다. 나보다 한 학년 아래이고 수업을 들은 적이 있어서 아는 정도인데 토론할 때 그 친구들의 이야기에도 빠져 들었다.

이제 더 이상 나만 불행하지는 않다. 눈물 젖은 빵을 먹어 보지 않은 사람이 어디 있을까? 고통과 눈물의 양이 다를 뿐, 더 이상 상처는 나만 가진 게 아니다. 이것도 성숙이라면 성숙일까? 같이 자란 동생이 가진 상처는 내가 가진 상처보다 더 크다고 생각을 하니 이제껏 동생을 대하던 태도가 잘못되었음을 깨닫는 내가 보인다.

이렇게 나는 변화하고 있다. 이전에는 소극적이었다면 지금은 적극적으로 나의 변화를 수용하고, 또 노력한다. 내가 하고 싶은 일에는 당당하게 욕심을 부릴 줄도 알게 되었다. 최근 졸업 때문에 스트레스가 많아서인지, 생각도 복잡해지고 점점 자신감이 줄어드는 나를 보면서 더 많은 책을 읽게 되었다. 예전에 비해 책이 정말 가까워진 느낌이다. 책이 만병통치약일 수는 없지만 적어도 예방주사는 된다는 걸 알았으니까.

이젠 친구를 만나서 고민을 듣다 보면 어느새 책을 권해 주고 있다. 당연히 그전에 내가 책을 사서 읽는 일도 많아졌다. 그것은 내 전공에 대한 의무감은 아니다. 하지만 이 훌륭한 예방주사를 친구들에게 권해 주어야 하지 않겠는가.

지금 가방에 넣고 다니는 책은 리처드 칼슨의 『우리는 사소한 것에 목숨을 건다』[27]로, 교수님께서 추천해 주신 책이다. 아마 이 책을 다 읽고 나면 또 누군가의 손에 쥐어 줄 것 같다. 최근 기독교인인 어머니에게도 『위장된 분노의 치유』를 드렸다. 나 한 명이 변화함으로써, 내 주위의 여러 사람이 변할 수도 있겠구나 하는 생각이 든다.

안타깝게도 내 인생은 현재진행형이므로 아직 완전한 결론을 내릴 수는 없다. 내 안의 상처가 다 나은 것인지도 알 수 없다. 인간의 평균수명을 내가 다 산다고 보면 지금까지 살아온 인생보다 살아가야 할 인생이 더 많을 테니까. 지금의 변화가 정말 의미 있는 것인지는 아마 죽음의 순간에 이르러서야 알 수 있지 않을까. 하지만 하나 확실한 것은, 지금의 변화가 어떻든 나는 계속 변화하리라는 것이다. 아마도 지금보다 더 많은 인생경험을 하고, 또 많은 책들을 만나다 보면 분명 그렇게 될 것이다.

27) 『우리는 사소한 것에 목숨을 건다』. 리처드 칼슨/정영문 옮김. 창작시대, 1998.

3. 만남이 있는 공간 – 기적의 도서관? 마법의 도서관!

개인마다 책과 만나는 장소는 각기 다르다. 방안, 지하철이나 버스, 도서관, 심지어 화장실까지도……. 책이 있는 곳이라면 어디에서나 우리는 책과 만날 수 있고 치유 경험도 할 수 있다. 그렇기 때문에 사실 독서치료에 있어 딱히 가장 좋은 곳이라는 정답은 없다. 어떤 곳이더라도 책을 통해 내면의 상처와 만날 수만 있다면 상관없다.

만약 독서치료를 널리 알리고자 한다면 학교도 더 없는 장소일 수 있다. 상담소가 곳곳에 생긴다면 더더욱 효과가 있을 것이다. 아마 독서치료를 이끄는 사람들의 궁극적 목표는 바로 이런 것이 아닐까. 우리가 있는 어디에서든 책과 만날 수 있고 치유적 경험을 할 수 있는 것 말이다.

하지만 지금 우리의 상황은 그리 넉넉한 편이 아니다. 책을 많이 읽는 사람들조차 독서의 치료적 기능을 이해하지 못하는 상황이 아닌가. 이처럼 독서치료에 대한 믿음과 인식이 부족한 단계에서는 독서치료를 선구적으로, 주도적으로 이끌어 나가야 하는 주체나 장소가 필요하다. 그렇게 볼 때 가장 적합한 장소는 바로 도서관이 될 수 있다. 우리 주위에서 책의 힘이 가장 집중되어 있는 곳이기 때문이다.

특히 공공도서관의 잠재력은 어마어마하다. 그러나 지금까지 공공도서관의 역할은 어떠하였는가? 근대 이후 주로 지식보급과 확산에 주력해 오다 정보화 사회로 들어서면서 좀 더 다양한 요구를 수용하기 시작하였고, 지금은 정보적 기능, 문화적 기능, 교육적 기능의 대표적인 기관이 되었다. 하지만 우리가 앞으로 기대하는 기능은 좀 더 복지 지향적인 수준이 아닐까?

따라서 바로 지금이 우리의 정신건강을 점검하고 돌볼 수 있는 새로운 대안인 독서치료의 해법을 공공도서관 현장에 적용해 볼 만한 때일 것이다. 지금과 같은 정신보건 현실에서는 더욱 그 필요성이 대두되며, 궁극적으로는 지역사회발전을 위한 사회기관인 공공도서관이 지역주민의 삶의 질을 향상시키고, 지역사회의 건강한 발전에 기여할 수 있다는 점에서 가치 있다고 하겠다. 또한, 이것은 한 단계 진보된 서비스를 요구하는 지역주민의 바람에 부응할 수 있는 길이 될 것이다. [28)]

28) 「정신보건을 위한 공공도서관 역할 연구」 석사학위논문. 송영임. 부산대학교 대학원, 2003, 87쪽.

그리고 현재 도서관의 위기와 관련하여 도서관계의 입장에서 생각해 본다면, 책이 이슈가 되는 이 시점에서조차 도서관이 외면당하는 극한 상황을 모면하기 위해서도 당연히 도서관은 그 봉사의 대상이 되는 일반 대중과 손잡아야 한다. 무조건 장서를 늘리고 친절한 서비스만을 강조할 것이 아니라, 서비스 개발에 앞장서야 한다는 말이다. 그런데 이때 도서관이 앞장서서 지역주민들의 상한 마음을 치유해 주는 데 큰 역할을 할 수 있다면 책의 힘, 도서관의 힘을 더욱 홍보하는 일이 될 것이다. 이것은 독서치료를 널리 홍보하는 동시에 도서관의 역량을 넓히는 일이다.

내가 사는 지역의 한 공공도서관에서 6개월 정도 일한 경험이 있다. 아르바이트 정도의 일이었지만 자료봉사과에 있으면서 도서관의 일이 어떻게 돌아가는지 직접 체험할 수 있는 좋은 경험이었다. 때로는 각 열람실에 지원업무도 나갔기 때문에 도서관의 여러 가지 서비스는 다 체험해 볼 수 있었다. 생각보다 지역주민들의 공공도서관에 대한 요구와 관심이 많음을 알게 된 것이 보다 소중한 경험이었다. 주민들로부터 때로는 갖가지 서비스에 대한 아이디어들이 나오기도 했다.

도서관 프로그램 중 교양강좌가 있는데 무료 또는 매우 적은 돈으로 다양한 강좌를 들을 수 있기 때문에 지역주민들의 관심이 많았다. 내가 있던 기간에 교양강좌가 있었는데 대부분이 주부를 위한 강좌였다. 그중에 가장 인기가 많아서 미처 수용하지 못했던 것은 어린이 독서교실이었다. 어린이를 위한 단 하나의 강좌였는데, 독서치료와는 상관없었지만 자녀들의 독후활동에 대한 어머니들의 관심이 얼마나 큰지 알 수 있었다.

바로 그것이다. 독서관련 프로그램이 있다면 마찬가지로 호응을 얻을 수 있고 독서치료를 더 알리는 데 큰 몫을 할 것이다. 그땐 치료라는 이름을 부드러운 용어로 바꾼다면 좋을 것이다. 대상은 주로 주부들이나 어린이들이 될 것이다. 그런데 이러한 노력이 곳곳에서 이루어지고 있다는 것은 교수님으로부터 처음 알게 되었다. 아직 실험단계라지만 나는 독서치료의 효용이 분명히 있기에 그런 노력들이 계속된다고 생각한다.

더불어 중요한 서비스가 하나 더 있다. 바로 치유서 목록의 개발일 것이다. 독서치료에 있어 '상황'이란 것이 매우 중요하다고 한다. 하지만 그 상황이란 딱히 정해져 있는 것도 아니다. 사람마다 처한 상황에 따라 입는 상처들이 다르다. 똑같은 상황이라도 상처의 유형은 다를 수 있다. 또 시대에 따라 상황도 달라질 수 있다.

이처럼 정해진 답이 없을뿐더러 인구 숫자보다 만 배나 더 많을지도 모르는 마음의 상처들은 도대체 무슨 책을 읽어야 치료할 수 있을까? 물론 찾아보면 눈에 보이는 완벽한 상황과 거기에 맞는 치유서도 있다. 하지만 우리가 접한 치유서나 영화 등의 자료를 보자. 픽션을 가지고도 얼마든지 자기 상황에 대입시킬 수 있음을 경험하였다. 자기도 모르는 사이에 상처가 드러나고 또 치유되기도 한다. 똑같은 책을 읽어도 적용되는 범위는 상이하다. 그런데 공공도서관 특성상 지역사회를 대상으로 하기 때문에 개개인에게 많은 시간을 할애할 수는 없으므로 개개인의 상황을 일일이 파악하기란 실제로 어렵다.

멍이 들었을 때 바르는 약이 다르고 찰과상이 났을 때 바르는 약이 다르고 화상을 입었을 때 바르는 약이 다르듯이, 독서치료에서도 중요한 사실은 증상에 맞는 책을 읽어야 한다는 것이다. 특히 다양한 심리적 상황에 있는 이들에게 맞는 상황별 독서목록을 만든다는 것은 오랜 시간과 전문적인 노력을 요하는 어려운 일이다.[29)]

그러므로 독서치료의 영역에 있어서 그 누구도 아닌 바로 사서들이 가장 큰 힘을 발휘할 수 있는 부분은 치유서 목록의 개발이 아닐까? 도서관에서 일하면서 말로만 듣던 MARC의 아웃소싱을 경험했다. 이제 사서들도 점점 MARC입력에만 시간을 빼앗기지 않을 것이다. 그렇다면 사서의 정체성은 또 다른 곳에서 확보할 수 있어야 한다. 이것 또한 그 대안이 될 수 있다는 말이다.

요즘 서점에서 흔히 볼 수 있는 광경 한 가지는 한편에 마련되어 있는 음악치료관련 명상음반코너이다. 그런데 명색이 서점인데도 독서치료용 코너나 목록은 전무하다. 예전에 명상관련 책들이 쏟아져 나올 때 딱 한 번 본 듯하지만 그때뿐이었다. 도서관도 마찬가지다. 신간목록과 몇 가지 추천목록을 볼 수 있을 뿐이다. 치유서가 따로 모아져 있지 않더라도 목록만이라도 제시하고 있는 도서관이 얼마나 될까.

내가 있던 공공 도서관은 특성화도서관 정책으로 인해 그중에서도 취업특성화 도서관이었다. 그래서 취업관련 도서는 따로 별치 코너를 마련해 배가해 놓고 있었다. 현재 우리나라에서는 실업문제가 극심한 상태다. 그러면 그 속에서 가장 상처받는 사람도 실업자일 수 있다. 물론 당장의 취업에 도움이 될 만한 책을 읽는 것도 좋지만 취업으로 인한 스트레스나 상처들을 씻어 내버리게 하는 책들을 함께 읽는다면 어떨까. 그런데 아쉽게도 아직 그런 노력은 없었다.

내가 아쉬워하는 것들은 그런 것이다. 생각의 전환, 그리고 노력(물론 그곳의 사서들도 매우 바쁘고, 하기 싫어 준비하지 못한 것이 아님을 알고 있다. 단지 독서치료 쪽으로 생각이 부족한 것이다). 아마 이제 이 과제는 나에게로 넘어왔다 할 수 있겠다. 물론 아직은 내가 공부하는 학생일 뿐이고 앞으로 도서관에서 일하게 될지는 잘 모르지만 말이다.

29) 『독서치료와 도서관의 역할』. 신주영. 한울, 2004, 135쪽.

도서관은 책으로 둘러싸인 답답한 공간으로서만 기억되길 원하지 않는다. 왠지 도서관에만 가면 기분이 좋고 뭔가 잘 풀릴 것 같은, 그런 매력적인 장소가 되었으면 좋겠다. 기적의 도서관, 마법의 도서관으로 말이다.

4. 새로운 시작을 선물한 독서치료

유아교육을 포기하고 문헌정보학을 택한 나에게 묻는다. "후회하지 않습니까?" 물론 대답은 "후회하지 않는다" 이지만, 100% 후회가 없는 것은 아니다. 우리가 공부한 4년 동안 도서관은 얼마나 변했을까? 아직도 우리가 바라는 만큼 축복의 장소는 아니다. 하지만 다시 한 번 느낀다. 책은 여전히 종말을 맞을 매체가 아니라고.

책 한 권이 한 사람을 만나고 그 사람의 인생을 바꾸어 놓고, 또 그 사람은 다른 사람의 인생까지 변화시킬 수 있다. 만약 그 책을 만나는 장소가 도서관이라면 그 사람의 인생에서 도서관은 아름다운 장소가 될 것이다. 이제 독서치료의 효용성과 가능성에 대한 믿음을 가지기 시작했을 뿐이다. 확신은 아마 지금보다 더 많은 삶을 산 후에나 가능하겠지.

나는 지금도 만남을 꿈꾼다. 내게 영향을 줄 수 있는, 영혼과 감동을 공유하게 만드는 만남. 나뭇잎이 수면 위로 떨어져 일으키는 작은 파동마저도 없는 지루한 연못 같은 삶은 너무 싫다. 때론 태풍이 불어 물 밑바닥과 수면을 확 뒤집을 날도 와야 하는 것이다. 하지만 나뭇잎같이 작은 영향이더라도 내게 와 닿는 그런 인연을 만나고 싶다. 졸업을 코앞에 둔 내가 우연찮게 이 수업을 만났던 것은 다 그런 바람이 안내한 탓일까? 졸업 덕분에 우울했던 내게 또 다른 자극제가 되었다. 이제 더 이상 나에게 학교생활이란 없을지도 모른다. 초등학교 때부터 16년이 넘게 달려왔다. 그 속에서 우리는 꿈도 바뀌고, 인생의 계획도 바뀌었을 것이다. 경쟁의 틈바구니 속에서 한숨조차 쉴 여유가 없었을 때 우리가 꼭 해야만 했던 무언가를 놓치고 사는지도 모른다. 우리는 미래에만 매달려 과거와 현재의 나를 돌아보는 일에 무관심했다.

나 자신에게 묻는다. "지금 행복합니까?" 나의 대답은 자신이 없어진다. 이 질문에 망설임 없이 그렇다고 대답할 사람이 몇 명이나 될까? 하지만 희망을 덮어 두고 사는 사람은 없다. 나의 지난 상처를 스스로 돌보고, 극복해 나가면서 희망을 또다시 만드는 것이다.

'사라지다' 를 다르게 써 보면 '살아지다' 가 된다. 내가 과거의 상처로 인해 그냥 사라지고 말 것인가, 아니면 그럼에도 불구하고 살아 나갈 것인가. 선택은 자신이 하는 것이다. 여기에 책은 크나큰 도움이 될 수 있다. 독서치료에 있어 가장 직접적인 치료사이자 처방전, 예방약은 바로 책이다. 사서는 그 책과의 만남을 이끄는 주선자이다.

그동안 상처를 유기해 온 나에게 화를 냈다. 그 상처를 유기해 온 덕분에 나를 싫어하게 되었다. 하지만 이제는 그런 모습들을 버리고 새로운 모습을 찾는다. 나 자신에게, 또 문헌정보학에 있어 새로운 길을 보여 주시고자 한 교수님께 감사하며 많이 부족한 이 글을 마친다. 그리고 더 많은 책이 날 기다리고 있다. 그 책들에게도 감사하며……

이제 마지막이 아니라 또 다른 시작이다.

Part. 3

성인의 정신건강을 돕는 독서목록과 해제

한국도서관협회 독서진흥위원회에서 만든 독서치료를 위한 상황별 독서목록(성인편)을 증보하여 수록하였다.

#05 정신건강편:

1. 정신건강/ 2. 마음의 상처–상처의 뿌리 · 성장의 아픔 · 어른들의 무지와 몰이해 · 생활 속의 상처

#06 성격편:

1. 수줍음/ 2. 슬픔 · 상실감/ 3. 화 · 분노 · 증오/ 4. 자기학대/ 5. 우울증/ 6. 대인공포증/ 7. 강박증/ 8. 알코올중독/ 9. 인터넷중독/ 10. 성인아이/ 11. 성폭력/ 12. 용서/ 13. 사랑/ 14. 자아 찾기/ 15. 자기 존중/ 16. 마음의 평화

#07 몸의 건강편:

1. 나이 듦/ 2. 삶과 죽음/ 3. 장애

#08 가정편:

1. 부부관계–여자와 남자 · 결혼과 이혼 · 가정위기 · 가정폭력 · 독신/ 2. 가족관계–아들과 딸 · 부모 · 가족 일반 · 조부모 · 형제 · 가부장사회

#09 직장편:

1. 직장 내 대인관계/ 2. 직장 내 성차별/ 3. 스트레스/ 4. 슬럼프/ 5. 실직/ 6. 성공 · 자기계발

#05 정신건강편 [정신건강/마음의 상처]

1. 정신건강

- 강자와 약자. 폴 투르니에/정동섭 옮김. IVP, 2000.
- 거짓의 사람들 : 인간 악의 치료에 대한 희망. 스캇 펙/윤종석 옮김. 비전과리더십, 2003.
- 건강은 마음 안에 있다. 폴 브레너/이수정 옮김. 북라인, 2002.
- 그래서 나는 오늘 정신과로 간다 : 정신과 클리닉 A to Z. 이규환. 그린비, 1997.
- 긍정의 심리학. 이민규. 원앤원북스, 2006.
- 노이로제의 이해와 치료. 이동식. 일지사, 2003.
- 마음의 구리거울. 김진. 한언, 2006.
- 마음의 문을 열어주는 정신의학 이야기. 최훈동. 한울, 2001.
- 마음의 병을 고친 사람들 이야기 : 행복한 삶을 선택하는 현실요법. 나오미 글라써/조성희 외 옮김. 사람과사람, 2002.
- 마음의 치료. 서광. 불광, 2002.
- 사람풍경. 김형경. 예담, 2006.

- 30년 만의 휴식. 이무석. 비전과리더십, 2006.
- 아직도 가야 할 길. 스캇 펙/신승철 · 이종만 옮김. 열음사, 2002.
- 어른으로 산다는 것. 김혜남. 갤리온, 2006.
- 완전한 행복. 마틴 셀리그만/곽명단 옮김. 물푸레, 2004.
- 욕망의 심리학 : 내 마음은 상처받지 않는다. 카트린 방체/이세진 옮김. 대한교과서, 2006.
- 울고 싶을 때 울어라. 전현수. 한강수, 1994.
- 의미를 향한 소리 없는 절규. 빅터 프랭클/오승훈 옮김. 청아, 2005.
- 인간치유. 폴 투르니에/권달천 옮김. 생명의말씀사, 2002.
- 재난과 정신건강. 대한불안장애학회 재난정신의학위원회. 지식공작소, 2004.
- 정신건강 클리닉 : 마음이 건강해야 몸이 건강하다. 권영재. 하서, 2000
- 정신과 클리닉 : 우리 시대의 노이로제. 민성길. 편집회사사람들, 1997.
- 정신분석에로의 초대. 이무석. 이유, 2003.
- 정신분석이라는 이름의 인간 드라마. 후쿠시마 아키라 외/고은진 옮김. 이손, 2003.
- 제이디. 토리 헤이든/이원영 옮김. 샘터, 2004.
- 죽음의 수용소에서. 빅터 프랭클/이시형 옮김. 청아, 2005.
- 천 개의 공감. 김형경. 한겨레출판, 2006.
- 철학상담소 : 우울한 현대인을 위한 철학자들의 카운슬링. 루 매리노프/김익희 옮김. 북로드, 2006.
- 철학으로 마음의 병을 치료한다. 루 매리노프/이종인 옮김. 해냄, 2000.
- 치유 : 우울증, 불안, 스트레스, 화. 다비드 세르방-슈레베르/정미애 옮김. 문학세계사, 2004.
- 현대인과 노이로제. 이동식. 한강수, 2001.
- 현대인과 스트레스. 이동식. 한강수, 2000.
- 현대인의 정신건강. 이동식. 한강수, 2000.

2. 마음의 상처

2.1 상처의 뿌리

- 우리 아이 왜 이럴까. 이영식 · 진태원. 시서례, 2001.
- 우리 아이가 이럴 땐 어떻게 할까요. 변영인. 오늘의책, 2002.
- 이 아이들을 어찌할 것인가. 이오덕. 청년사, 1977.
- 학대받는 아이들. 이호철. 보리, 2001.

2.2 성장의 아픔

- 마린을 찾아서. 유용주. 한겨레신문사, 2002.
- 상처받은 아이들 : 유년기의 상처를 말하고, 이해하고, 극복하기. 니콜 파브르/김주경 옮김. 동문선, 2003.
- 외딴방. 신경숙. 문학동네, 1999.
- 원만한 정서생활을 가로막는 몸에 밴 어린 시절. W. 휴 미실다인/이종범 · 이석규 옮김. 가톨릭출판사, 2006.
- 천재가 될 수밖에 없었던 아이들의 드라마. 앨리스 밀러/권혜경 옮김. 권혜경음악치료센터, 2002.
- 행복의 발견. 에드워드 할로웰/김연수 옮김. 이레, 2003.

2.3 어른들의 무지와 몰이해

- 마음속의 그림책. 이희경. 미래M&B, 2000.
- 미안하다고 말하기가 그렇게 어려웠나요. 이훈구. 이야기, 2001.
- 엄마가 내 맘을 알아?. 진태원. 느낌이있는책, 2004.
- 학대받는 아이에서 학대하는 어른으로. 낸시 벤벵가/문종원 옮김. 생활성서사, 2003.

2.4 생활 속의 상처

- 네 마음을 보여 줘. 박현경. 문이당, 2006.
- 도대체 내가 왜 이러지? : 행복해지기 위한 자기발견의 지침서. 이자벨 피이오자/남윤지 옮김. 여성신문사, 2004.
- 따귀 맞은 영혼. 배르벨 바르데츠키/장현숙 옮김. 궁리, 2002.
- 사랑하라 한 번도 상처받지 않은 것처럼. 류시화. 오래된미래, 2005.
- 수다가 사람 살려. 오한숙희. 웅진닷컴, 2004.
- 우리는 사소한 것에 목숨을 건다. 리처드 칼슨/정영문 옮김. 창작시대, 2001.
- 우리는 사소한 것에 목숨을 건다 2 : 당신만 모르는 행복의 5원리. 리처드 칼슨/강미경 옮김. 창작시대, 2001.
- 피해의식의 심리학 : 피해자의 역할에서 벗어나는 법. 야야 헤릅스트/이노은 옮김. 양문, 2005.

정신건강편 독서목록에 대한 해제

1. 정신건강

강자와 약자

–폴 투르니에/정동섭 옮김/IVP/2000

지은이는 스위스의 내과 의사이자 정신 의학자로서 '인격의학'의 제창자이다. 현대심리학을 기독교와 통합시키는 데 크게 기여했다.

이 책은 인간이 가진 공포와 두려움의 감정이 다르게 나타나는 방식과 그 원인, 그리고 치유방법에 대해 통찰하고 있다. 인간은 나와 타인, 그리고 삶과 죽음 등에 대해 끊임없이 두려워하고 반응을 나타내는 것은 공통적이지만, 그 나타내는 방식에 있어 차이를 보인다. 어떤 이는 강하게 반응하고, 어떤 이는 약하게 반응한다. 물론 강자와 약자의 구분은 본질적인 것이 아니다. 기독교 심리학의 입장에 서는 지은이는 이렇게 강한 자와 약한 자의 내면에 숨겨져 있는 동기를 풍부한 예화와 깊이 있는 통찰력으로 철저히 분석하면서 스스로 자신의 문제를 분명히 인식하고, 그 악순환에서 벗어날 수 있도록 돕는다.

거짓의 사람들 : 인간 악의 치료에 대한 희망

–스캇 펙/윤종석 옮김/비전과리더십/2003

『아직도 가야 할 길』의 후속편이다. 전편에서 '악'을 게으름이라고 규정한 바 있는 지은이는 이 책에서 '악'의 주제만을 놓고 깊이 있게 들어간다. 정신과 의사로서 여러 상담 사례를 통해 악한 사람들이 보이는 전형적인 특징들을 보여 준다.

인간은 어릴 때 누구나 자기중심으로 세상을 본다. 일종의 나르시시즘에 빠져 있는 상태라고 볼 수 있다. 이 과정을 거쳐 비로소 나를 둘러싼 사람들을 이해하고 배려해야 한다는 것을 깨닫고 성장하게 되는 것이다. 악한 사람들은 이 나르시시즘의 상태에서 성장이 멈춘 사람들이다. 자기 자신이 불완전하며 정신적으로 계속 성장해야 한다는 것을 인정하지 않는 미숙아들이다.

지은이는 '악'이란 우리가 파괴함으로써 없어지는 게 아니라, 우리가 끊임없이 자기 자신을 되돌아보며 정신의 성장을 거듭해 나가는 가운데 저절로 설 자리를 잃는다고 한다. 악한 사람들은 결코 대결의 대상이 아니라고 한다. 단, 구별하여 피해야 할 존재라고 강조한다.

건강은 마음 안에 있다

–폴 브레너/이수정 옮김/북라인/2002

이 책은 전통 서양 의학자가 어느 날 침술을 접하면서 전인 의학자로 변신해 가는 과정을 따뜻하게 그리고 있다. 건강과 삶에 대한 통찰력과 신랄한 유머가 가득한 그의 이야기는 한 편의 재미있는 에세이이며, 우리의 마음과 삶을 치유하는 건강서이다. 지은이 브레너 박사는 의사로 살아온 자신의 지난 40년의 시간을 털어놓으면서 지금의 의학이 잃어버리고 있는 것이 무엇인지, 건강의 본질은 어디에 있는지, 그 안에서 발견하게 된 참다운 삶의 의미는 무엇인지를 말하고 있다. 책 말미에 가면 그가 암 진단을 받게 된 이야기가 나온다. 그러나 그는 그로 인해 변화된 것이 없다는 말을 하고 있다. 암을 자신의 삶의 한 부분으로 받아들였기 때문이다.

그래서 나는 오늘 정신과로 간다 : 정신과 클리닉 A to Z

–이규환/그린비/1997

이 책은 한 정신과 전문의가 일반인을 위해 사람의 마음속에 있는 비정상적인 것에 대한 두려움이나 편견을 줄이는 데 도움을 주기 위해 내놓았다.

이 책은 크게 2부로 구성되어 있는데, 1부에서는 비정상이라고 낙인찍어 삶과 사회의 가장자리로 밀어낸 정신질환과 정신질환자에 대한 왜곡된 인식과 편견을 바로잡기 위해 노력한다. 일반인이 정신과에 대해 흔히 가지는 33가지 질문에 대답하는 형식을 취한다. 2부에서는 정신질환에 대한 설명을 통해 정신질환이란 과연 무엇인가를 자세히 알아본다. 정신질환에 대한 설명은 욕구와 욕망의 특성에 따른 순서로 이루어졌는데, 전반부에서는 사고장애, 정서장애 등 사회적 욕망과 관련된 질환을 서술하였고, 후반부에서는 성욕과 관련된 질환인 성기능장애와 성도착증, 식욕과 관련된 식이장애, 수면욕과 관련된 수면장애 등 생리적 욕구의 장애를 서술하고 있다.

긍정의 심리학

–이민규/원앤원북스/2006

어떤 사람은 99개를 가지고 있으면서도 한 개가 부족하다고 생각한다. 그러나 어떤 사람은 한 개만 갖고도 그것이 없는 것보다 낫다고 생각한다. 또 어떤 사람은 친구 9명을 두고도, 싫어하는 한 사람을 생각하며 괴로워한다. 그러나 어떤 사람은 친구가 한 명뿐이라도 그 친구를 둔 것에 감사하며 행복해한다.

임상심리 전문가이며 심리학 박사인 지은이는 이렇게 서로 다른 태도가 긍정적인 생각과 부정적인 생각의 차이에 있다고 지적한다. 그리고 인생의 행복과 성공은 긍정적인 태도에 달려 있다고 강조하며, 부정적인 생각을 긍정적인 생각으로 전환할 수 있는 생활 속의 실천 방법들을 제시하고 있다.

사실 이 책에서 제시하는 긍정적 삶을 위하여 실천해야 할 여러 가지 지침들은 누구나 알 만한 것일 수도 있다. 하지만 기존의 판에 박힌 책들과 달리 긍정적인 삶을 가로막는 장애물들의 원인을 심리학적으로 파헤치고, 나아가 딱딱한 심리학적 접근을 넘어 현실적인 문제해결 방법들을 제시하고 있는 점이 이 책을 돋보이게 한다.

노이로제의 이해와 치료

–이동식/일지사/2003

이 책은 우리나라 정신과 의사 1세대의 저작으로서 초판이 나온 것은 1974년이었다. 지금 서점에 나와 있는 것은 13쇄를 기록하고 있다. 내용은 지은이의 임상 체험을 기초로 하고 있으며, 대부분 1950년대 말부터 1970년대 초까지 생산된 글들로 구성되어 있다. 1부는 정신과 의사의 진료 수첩이다. 현대정신의학에 대한 인식이 희박했던 당시 의료인과 일반인을 계몽할 목적으로 집필되었다. 2부는 노이로제 환자와 가족을 위해 예방과 치료의 문제점을 설명한다. 3부는 지식인 독자, 일반 의사, 정신과 의사, 카운슬러, 심리학자, 사회복지사, 간호사, 상담 목회자, 신부, 승려를 대상으로 하는 전문적인 논문들을 수록하고 있다.

지은이는 정신의학에서 면담 기법을 매우 중요시한다. 책에서도 지은이의 입장이 잘 나타나 있다. 바로 이 점이 상담학의 한 갈래라고 볼 수 있는 독서치료 관련자들에게 도움을 준다.

마음의 구리거울

–김진/한언/2006

정신과 전문의에 의해 쉬운 문체로 잘 쓰인 정신건강서이다. 지은이는 신학과 정신의학의 접목을 위해 노력하고 있으며, 그와 같은 입장이 책에 반영되어 있다.

인위적으로 억압되는 정신적 내용물에는 욕망, 충동, 감정, 생각, 소원, 환상, 기억 등이 포함된다. 그런데 그런 것들에 대해 억압이 일어나는 이유는, 대개의 경우 그것들이 있는 그대로 표현되면 자신에게 곤란한 일이 일어날 것이 예상되기 때문이다. 즉, 자기를 방어하고 보호하기 위해서이다.

이 책에서 지은이는 우리의 삶에서 우리가 당연시하고 있는 것들 중에 어떤 왜곡들이 있으며, 그 왜곡들의 원인에는 어떤 것들이 있는지 알려 준다. 구체적으로 정신분석학에서 '방어기제' 로 다루는 억압, 전치, 투사, 합리화, 동일시를 여러 가지 사례를 통해 설명한다.

마음의 문을 열어주는 정신의학 이야기

–최훈동/한울/2001

이 책은 정신과 전문의가 쓴 정신의학 계몽서이다. 신경정신과에 대한 올바른 이해를 돕고, 사람들이 스스로 마음의 병을 진단하여 현명하게 대처할 수 있도록 쓰였다. 정신과 뇌의 관계, 무의식의 신비, 정신치료의 중요성 등을 일반인이 이해하기 쉽도록 설명하고, 신경정신질환 환자들에게 흔히 볼 수 있는 마음의 병을 예로 들어 그 원인과 치료법을 소개한다.

이 책의 1부는 정신과 신체의 관계를 비롯한 원론적인 내용을, 2부는 신경정신과 진료실에서 흔히 다루는 질환을 다루었으며, 3부는 사회와 정신의학을 관련지은 글들로 구성되었다. 본문에 나타나는 다음과 같은 부분은 지은이의 저술 의도를 단적으로 보여 준다.

결국 정신병은 감기나 당뇨병과 같은 신체질환과 다를 바가 없다. 다만 나타나는 병리 현상이 신체적으로 나타나느냐 정신적으로 나타나느냐의 차이가 있을 뿐이다. 또한 정신질환은 당뇨병, 고혈압과 같은 신체의 병처럼 치료가 가능한 병이다. 정신질환을 영적인 현상, 또는 귀신이나 마귀의 작용으로 보거나 하늘이 내린 벌과 같은 괴이한 병, 난치의 병, 무속이나 종교적으로 치유해야 하는 신병으로 바라보는 시각은 크게 잘못된 것이다. -본문 중에서-

마음의 병을 고친 사람들 이야기 : 행복한 삶을 선택하는 현실요법

-나오미 글라써/조성희 외 옮김/사람과사람/2002

현실요법(reality therapy)을 적용하여 고통과 좌절을 극복하고 행복한 삶을 선택한 다양한 사람과 사례를 소개한다. 소개된 사례는 다음과 같다.

- 인정받지 못한 좌절감과 우울증으로 부모에게 반항하는 10대 소녀
- '비행에 소질 있다' 면서 학교에서 말썽만 부리는 비행소녀
- 오빠의 성폭행으로 자살과 불안발작에 시달리는 17세 여고생
- 가난한 미혼모 부부의 무관심과 갈등에 방황하는 10대 소녀
- 대인관계에서 불안하고 수동적 성격에 궤양까지 앓고 있는 20대 여성
- 부모의 그늘에 얽매인 의존적 성격으로 무기력증에 빠진 20대 청년
- 결혼 불만족으로 인한 혼외정사로 광장공포증에 시달리는 30대 주부
- 일중독에 빠져 있으면서 아들과 갈등하는 40대 의사
- 아버지의 성적학대로 인해 '어린아이' 로 남기를 고집하는 30대 여성
- 아들의 죽음과 가족의 무책임한 행동을 자기 탓으로 여기는 어머니
- 이성에 대한 두려움과 자신감 결여로 섭식장애를 일으킨 30대 미혼여성
- 자제력 부족으로 교도소 수감생활마저 적응하지 못하는 20대 청년
- 누가 뭐라든 내 방식대로 산다고 고집하는 노인을 어떻게 모실 것인가

마음의 치료

–서광/불광/2002

미국 보스턴 서운사의 주지로 있는 스님의 저서. 불교상담학에 기반을 두고 마음의 고통으로부터 벗어나 성장과 변화를 꿈꾸는 이들에게 도움을 주고자 했다. 〈불광(佛光)〉지에 연재를 통해 '마음의 치료' 를 설파해 온 지은이가 그동안 사람들을 만나며 주고받은 치유의 기록을 묶었다. 부부 사이 사랑의 표현, 배우자의 외도에 대한 대책, 자녀의 반항에 대한 도움말에서부터 '참된 나' 찾기와 인간도(人間道)의 심리학적 이해 등 학문적 주제들까지 담아냈다.

사람풍경

–김형경/예담/2006

소설가 김형경의 심리 · 여행 에세이. 지은이가 세계의 여러 곳을 여행하면서 만난 풍경과 사람들과의 에피소드를 통해 인간의 내면에 내재한 감정과 본성에 대해 사색한 글을 담았다. 인간 심리에 대한 관찰과 솔직한 분석, 삶과 사람을 바라보는 작가의 시선을 엿볼 수 있으며, 불안과 회의, 결핍과 갈망 속에서도 살아가는 의미를 찾으려는 현대인의 모습을 담았다.

책은 일반적인 기행수필처럼 시간적 순서에 따라 진행되는 게 아니라 정신분석의 진행방식을 따른다. 감추고 싶은 내면의 어두운 그림자, 지금껏 외면해 온 억압된 무의식을 인정한 다음 건강한 정신을 갖기까지의 과정이 27편의 에세이에 담겨 있다.

30년 만의 휴식

–이무석/비전과리더십/2006

지은이는 정신과 전문의이자 대학 교수이다. 이 책은 성공은 했으나 행복하지 않은 30대 성공주의자 '휴' (休)의 내면여행을 담고 있다. 늘 조급하고 지나치게 성취 지향적이어서 쉴 줄도 몰랐던 그가 30년 만에 마음에 진정한 쉼을 얻고 자유로워진 이야기를 통해 독자들도 심리적 현실의 자유를 누릴 수 있도록 돕고 있다.

또한 이 책에는 세상의 휴(休)들에 대한 이야기도 실려 있다. 분노하고, 좌절하고, 열등감을 느끼고, 교만하고, 의존적이고, 두 얼굴을 가지기도 하는 세상의 휴(休)들. 지은이는 그들에게 마음을 들여다볼 것을 권한다. 그리고 자신의 무의식을 이해하고, 참된 마음의 쉼을 누리기를 바라며, 그 길을 안내하고 있다.

아직도 가야 할 길

–스캇 펙/신승철 · 이종만 옮김/열음사/2002

이 책은 1978년에 미국에서 초판이 나온 이래 '뉴욕타임즈 북 리뷰' 선정 베스트셀러 리스트에

10년 이상 올라온 이력이 있는 '초대형' 출판물이다. 우리나라에서도 1991년에 처음 번역 출간된 이후 꾸준히 읽히고 있는 스테디셀러이다. 2002년 이후에 나온 번역본은 출간 25주년을 기념하는 특별 서문을 싣고 있다.

지은이는 정신과 의사로서 자신의 임상 경험을 토대로 인격적인 완성에 이르는 길을 제시한다. 사람의 삶에서 사랑과 종교가 차지하는 위치를 중요하게 생각하며, '사랑' 이란 다른 사람의 정신적 성장을 돕기 위해 자기 자신의 경계를 확대해 나가려는 시도라고 정의한다.

매일매일 환자를 진료하면서 발견한 것을 바탕으로 '환자들이 어떻게 자신들과 씨름하면서 보다 높은 차원으로 성숙해 나가는가' 또는 '이런 씨름에서 실패한 환자들은 어떤 길을 걷고 있는가' 에 중점을 두어 기술하였다. 효과적이면서도 실천적인 인간 이해의 원리를 잘 설명하고 있다.

어른으로 산다는 것

-김혜남/갤리온/2006

정신과 의사인 지은이는 50여 년의 인생을 딸, 아내, 맏며느리, 두 남매의 엄마, 의사, 교수 등으로 살아오면서 수많은 시행착오를 거듭했다. 그리고 그때마다 마음속의 상처 입은 어린아이를 만나 성장통을 겪었다. 지은이는 5년 전 우연히 예상치 못한 병을 발견하면서 인생 전체가 뿌리째 흔들리는 경험을 하게 되었다. 하지만 그녀는 지나고 보니 그 또한 성장통이었다고 담담히 말한다. 병을 안고 살면서도 더 행복해지기 위해, 더 자유로워지기 위해 겪어야만 했던 인생의 역정을 솔직하게 드러낸다. 지은이는 누구나 마음속에 상처 입은 어린아이가 살고 있다고 말한다. 이 책은 정신분석 전문의로 일해 온 지 올해로 20여 년이 된 지은이가 크고 작은 성장통을 겪으며 어른으로 사는 게 두려운 사람들에게 건네는 작은 위로다.

완전한 행복

-마틴 셀리그만/곽명단 옮김/물푸레/2004

지은이는 심리학 교수이며 긍정심리학의 창시자이다. 이 책은 인간의 약점보다는 강점에 초점을 맞추고 있으며, 좋은 유전자나 행운이 행복을 가져온다는 따위의 주장을 부정한다. 사람들이 자신 안의 힘을 최대로 발휘해서 지속적 만족과 기쁨을 얻을 수 있도록 하는 데 목표를 두고 있다. 정신병리학, 범죄 피해자학, 정신질환을 연구하는 기존 심리학이 긍정심리학으로 변해 가는 새로운 패러다임을 제시한다.

지은이는 사람의 강점과 미덕 24가지에 대한 설명과 함께 사람은 누구나 5가지 이상의 '대표 강점' 을 가지고 있고, 이를 통해 자신의 최대 잠재력을 발견하고 계발할 수 있다고 주장한다. 대표 강점을 삶에 통합시켜 삶에 도움을 얻을 수 있도록 했다. 자신의 강점과 긍정적 정서를 측정할 수 있는 간단한 검사지와 평가도구가 함께 실려 있어 자신의 상태를 진단해 볼 수 있다.

욕망의 심리학 : 내 마음은 상처받지 않는다

–카트린 방세/이세진 옮김/대한교과서/2006

지은이는 프랑스의 정신과 의사이자 심리치료사이다. 지은이는 사람이 보편적으로 겪는 심리 경험을 되짚으며, 우리가 어떻게 욕망을 억누르며 살아왔는지 보여 준다. 스스로에게 좋은 것을 당당히 요구하지 못하는 소극적인 태도와 고통을 피하고자 하는 태도가 결국 고통의 원인이라고 말한다.

책은 '욕망'을 긍정적으로 바라보는 것에서 답을 찾는다. 욕망은 고통을 주기도 하지만 그보다는 우리의 가장 내밀한 감정들을 재발견하게 해 주고, 단조로운 일상에 새로운 존재감을 불어넣어 주는 힘이라고 한다. 욕망은 우리가 삶에 적극적으로 참여하고 있다는 증거라는 것이다.

지은이는 신체적, 정신적 고통에서 시작해 '무엇인가 문제가 있음'을 인정하고 그로부터 자유롭고 균형 잡힌 사고를 추구하게 되는 변화의 과정을 보여 준다. 무엇을 어떻게 해 보라든가, 무엇부터 시작하라는 식의 구체적이고 실질적인 조언을 제시하는 대신 '고통과 욕망'이란 감정의 다양한 층위들을 세심하게 살피는 데 중점을 두었다.

울고 싶을 때 울어라

–전현수/한강수/1994

불교와 정신치료의 통합을 위해 노력하고 있는 정신과 의사의 저서이다. 하루하루 쌓여만 가는 고민과 스트레스, 울고 싶을 때 마음껏 울 수 없는 현대인들의 답답한 심정, 이런 것이 일시적이면 회복이 가능하지만 오랫동안 계속되면 병이 된다. 흔히 말하는 신경성이 되고 화병이 되는 것이다. 이 책은 이와 같은 상황에서 탈출하는 방법에 대해 말한다.

지은이는 이 책에서 자신을 찾고자 하는 사람들에게 정신과 의사로서 들려주고픈 44가지 심리처방을 준비했다. 그 가운데 다음과 같은 대목이 특히 눈에 들어온다. '생후 6년이 정신건강을 좌우' '심리적 고통에는 뿌리가 있다' '여자 속옷을 훔치는 아이' '잠 잘 자는 게 최고의 입시 준비' '슬플 때 울 수 없으면 장기(臟器)가 운다' '말을 못해 사표 썼어요' '남자가 적극적인 결혼, 여자가 적극적인 결혼' '교제 중의 남녀가 겪는 갈등' '잡념이 없어야 정신이 건강'.

의미를 향한 소리 없는 절규

–빅터 프랭클/오승훈 옮김/청아/2005

누군가는 비극에 맞닥뜨리고 고통 속에 있으면서도, 의미를 기대하며 행복감을 느낀다. 의미에는 진정 치료의 힘이 있다는 것이 지은이의 입장이다. 따라서 의미가 결여되어 있을 때, 그 정신적 공허를 채우는 것이 치료의 효과를 가진다.

생전에 오스트리아 빈 의과대학의 신경정신과 교수였던 지은이는 이 책에서 인간이 '의미'라는 화두에 대해서 생각한다는 것 자체가 얼마나 숭고한 일인지 강조한다. '진정한 인간 존재는 의미를 추구한다' 를 설명하는 그의 논조가 이 책에서 한 번 더 분명해진다. 다음과 같은 옮긴이 오승훈의 말도 눈여겨볼 만한 대목이다.

프랭클은 이 책을 1977년에 출간했다. 하지만 그가 사회원인성 신경증, 집단 신경증의 원인을 '실존적 공허' 로 규정하면서 새로운 신경증상, '현대인의 병' 을 경고한 것은 1955년이다. 그로부터 50년의 세월이 지난 2005년, 한국 사회가 프랭클의 주장을 뒷받침하는 '가장 이상적인 임상 실험장' 이 됐다는 사실은 이 책의 첫 장만 읽어도 수긍할 수 있을 것이다. 서글프지만, 인정해야 할 사실이다.

인간치유

–폴 투르니에/권달천 옮김/생명의말씀사/2002

인격의학의 제창자인 지은이의 핵심 저작 가운데 하나이다. 이 책은 오늘날 대표적인 기독교 치유서로 꼽힌다. 지은이는 의사로서 자신의 체험에 비추어 만성병의 치료는 의약품에 의존하거나 육체적인 증상의 치료에 치중하는 것보다는 병의 심리학적 원인을 뿌리 뽑는 것이 첩경이라는 것을 알게 되었다고 증언한다. 아울러 기독교와 심리학의 관계를 설명한다.

1967년에 쓰인 이 책은 1978년에 쓰인 스캇 펙의 『아직도 가야 할 길』과 여러 면에서 닮아 있다. 두 책 모두 정신질환이나 정신적 원인으로 인한 육체적 질병의 원인을 '도피' 로 본다. 받아들이고 훈련되어야 할 과업을 회피하고 억압하는 과정에서 일은 더욱 어려워진다는 것이다.

스캇 펙은 그 책 속에서 내내 정신치료를 넘어서는 종교적 무언가를 암시하지만 이야기하지는 않는다. 반면, 폴 투르니에는 시종일관 기도와 하나님과의 인격적 만남을 이야기한다.

재난과 정신건강

–대한불안장애학회 재난정신의학위원회/지식공작소/2004

각종 재난과 참사 때문에 사람들은 정신적 충격을 받는다. 그 후유증으로 고통 받는 사람들이 우리 사회에는 엄청나게 많다. 그러나 사고가 났을 때만 반짝 관심을 보일 뿐이다. 과학적인 정보와 합리적 대안은 항상 부족하다. 그 사이에 피해자와 그 가족 친지의 고통은 깊어 간다. 우리 사회 전체의 정신적 건강도 함께 병들어 가고 있다.

이 책은 재난의 피해자와 그 보호자, 구조 참여 인력, 각종 시민단체와 공공기관의 관련 인력을 위해 준비되었다. 그들에게 실질적인 정보를 제공하고자 관련 정신과 전문의들이 직접 집필하였다.

이 책은 외상 후 사고와 재해의 역사에서부터 각종 사고와 재난을 유형별로 정리하고 있다. 각각의 상황에 따른 스트레스를 개괄하고, 이에 대한 평가 방법과 효과적인 예방 및 치료 방법을 별도로 정리하고 있다. 재난의 또 다른 정신적 피해자이면서도 막상 주목받지 못하고 있는 현장 구조 인력의 스트레스 문제도 함께 다루고 있다.

정신건강 클리닉 : 마음이 건강해야 몸이 건강하다

-권영재/하서/2000

사람들은 독감에 걸리면 곧바로 병원에 간다. 그러나 고독이나 공포 같은 감정문제로 병원을 찾는 사람은 거의 없다. 독감도 방치하면 큰 병의 원인이 되는 것처럼, 사소하다고 치부해 버리는 고독이나 공포 같은 일상적인 감정들도 해소되지 않은 채 누적되면 큰 병이 될 수 있다.

정신과 전문의인 지은이는 일부 비정상인만이 병을 앓는다는 무지와 편견을 깨고 정신병이라면 무언가 숨겨야 할 병이라는 낡은 인식, 일부 의사들의 고압적인 자세와 병원의 높은 문턱을 단호하게 허물기 위해 이 책을 썼다고 밝힌다.

1장 '당신은 멀쩡하십니까' 에서는 흔히 듣는 신경증이란 무엇인지, 그 종류와 증상을 알기 쉬운 문장으로 설명하고 있고, 2장 '의창에 비친 성' 에서는 성도착증, 성기능장애 등 현대인에게서 두드러지는 질병을 다루고 있다. 3장 '치료와 속설' 에서는 속설로 전해 온 정신병 치료의 허와 실, 치료방법들을, 4장 '진료실 넘어 본 세상' 에서는 그동안 지은이 자신의 환자치료 경험과 생활에 대해 느끼는 따스한 이야기들을 담고 있다.

정신과 클리닉 : 우리 시대의 노이로제

-민성길/편집회사사람들/1997

정신과 전문의가 일반인들을 위해 쉽게 쓴 책이다. 20년 이상의 진료 생활을 통해 관찰한 바를 틈틈이 써서 모아 두었던 것을 한 권의 책으로 묶었다. 유려한 문체가 돋보인다.

인간이 무엇인가 하는 비밀은 뇌의 구조와 기능, 의식적 무의식적 정신현상, 그리고 이러한 여러 양상에 영향을 미치기도 하고 영향을 받기도 하는 사회문화 현상에 숨겨져 있다. 그리고 이 세 가지, 신체, 정신, 사회를 통해 인간이 표현되며, 그중 일부가 이른바 '비정상적이다', '노이로제다' 라고 부르는 병적현상, 즉 정신 병리적 행동이다. 이 책에는 지은이가 이러한 노이로제 현상을 정신과 진찰실의 현장에서 생생하게 경험한 내용이 담겨 있다.

1부와 2부에서는 뇌와 신체 그리고 정신(감정) 간의 관련과 거기서 나타나는 신체적 현상들을 다루었고, 3부에서는 스트레스에 대해 설명한다. 4부에서는 사람들이 정신건강 문제라는 것을 미처 깨닫지 못한 채, 여러 가지 모습으로 나타내는 노이로제 현상들, 즉 정신 병리들을 설명한다. 5부에서는 이런 문제들의 극복과 해결에 관한 정신 건강적 방법들을 설명한다.

정신분석에로의 초대

–이무석/이유/2003

이 책은 이해하기 어렵다는 평을 듣고 있는 정신분석학을 좀 더 쉽게 접근할 수 있도록 쓰인 개론서이다. 다양한 그림과 사진, 풍부한 증례들이 실려 있어 기존의 개론서보다는 좀 더 재미있게 읽을 수 있다. 특히 치료법으로서의 정신분석을 설명하기 위해 증례를 다양하게 소개했다.

제1장에서는 정신분석의 창시자인 프로이트의 생애와 정신분석의 역사를 기술했다. 제2장부터 제7장까지는 이론에 대한 설명이며, 제8장부터 제11장까지는 정신분석의 진행과정과 코허트와 클라인 학파 등에 대해서도 소개하고 있다.

정신분석이라는 이름의 인간 드라마

–후쿠시마 아키라 외/고은진 옮김/이손/2003

대표 지은이 후쿠시마 아키라는 도쿄대학 의학부를 졸업하고, 동 대학원에서 의학박사 학위를 받았다. 현재 조치대학 심리학과 교수로 있다. 그 이외에 참여 지은이들도 임상심리, 심리요법 등 정신보건 계통의 전공자들이다.

책은 프로이트 이후의 정신분석학자들을 중심으로 많은 환자, 치료자, 학자들이 '정신분석학'이라는 하나의 학문 속에서 수렴되어 현대 정신분석학에 도달하기까지의 과정을 그린 인물 소개서라고 볼 수 있다. 소개의 대상에는 다수의 일본인이 포함되어 있다.

정신분석학자들의 학설이 그를 주장한 학자의 생애와는 어떤 관련이 있는지를 살펴봄과 동시에, 정신분석 및 학설에 대한 개론서와 같은 성격도 지니고 있어 핸드북처럼 이용할 수 있도록 꾸며졌다. 학자 이외에도 정신분석학의 발전에 공헌한 환자와 천재들, 작가와 심리학자 등까지 포괄적으로 다루고 있다.

제이디

–토리 헤이든/이원영 옮김/샘터/2004

성적 학대와 있었을지도 모르는 이교도의 악마의식으로 인해 깊은 상처를 받고 말하기를 거부하는 여덟 살 소녀 제이디는 토리 선생님을 만나면서 조금씩 마음의 문을 연다. 1970년대 미국의 한 시골 학교에서 실제로 일어난 사건을 바탕으로 씌었다. 불행을 당하는 아이의 심리를 고스란히 전해 준다.

책은 선택적 함묵증이라는 정서 장애를 가진 여덟 살 소녀 제이디가 특수교사 토리 선생님의 심리치료 과정을 거치면서 안정과 행복을 찾게 되는 이야기를 사실적으로 적고 있다. 책은 중심인물 제이디 말고도, 토리 선생님이 맡은 특수 학급의 다른 네 명의 아이들 이야기도 함께 펼친다.

토리 선생님의 믿음과 사랑도 훌륭하지만, 제이디를 돕기 위해 움직인 수많은 사람들, 그것을 가능하게 한 사회 시스템도 놀랍다. 특수교사, 심리학자, 사회복지사, 경찰관, 정신과 의사는 제이디를 구하기 위해 머리를 맞대고, 때로는 극렬한 의견충돌을 빚기도 한다. 이 가운데 가장 중요하게 배려한 것은 아이의 안전이었다.

죽음의 수용소에서

–빅터 프랭클/이시형 옮김/청아/2005

지은이는 생전에 오스트리아 빈 의과대학의 신경정신과 교수였다. 제2차 세계대전 당시 3년 동안 다카우와 다른 강제수용소가 있는 아우슈비츠에서 보냈다. 이 책은 나치의 강제수용소에서 겪은 생사의 엇갈림 속에서도 삶의 의미를 잃지 않고 인간 존엄성의 승리를 보여 준 지은이의 자전적 체험 수기이다. 그 체험을 바탕으로 지은이는 자신의 독특한 정신분석 방법인 로고테라피(logotherapy)를 창시한다.

1부 '강제수용소에서의 체험' 은 지은이의 실제 체험을 바탕으로 쓴 것이다. 2부 '로고테라피의 기본 개념' 은 지은이의 경험에서 도출되는 교훈을 바탕으로 그가 창시한 기본 개념을 정리한 것이다. 3부 '비극 속에서의 낙관' 은 사람들의 관심사를 살펴보고 인간 존재의 모든 비극적인 요소에도 불구하고 어떻게 하면 삶에 대해 '예스' 라고 말하는 것이 가능한지 얘기한다.

천 개의 공감

–김형경/한겨레출판/2006

'사람풍경' 에 이은 소설가 김형경의 두 번째 심리 에세이. 주로 '관계 맺기' 에 어려움을 겪는 이들을 위한 조언을 담고 있다. 작가가 이십대부터 접해 온 심리학적 지식과, 실제 정신분석치료를 받은 경험을 바탕으로 집필하였다.

신문의 상담 코너를 통해 독자들과 나누었던 질문과 대화가 책의 기초가 되었다. 자기 자신과의 관계가 행복하지 않은 사람, 폭력적인 부모나 상사 때문에 고통 받는 사람, 우정이나 사랑 같은 친밀한 관계 때문에 힘든 사람들과의 이야기다. 김형경의 글쓰기는 질문자들의 갈등에 대한 공감에서 비롯되고, 그러한 공감에서 찾아낸 해결책을 제시한다.

본문은 네 파트로 구성된다. 1부 '자기 알기' 는 정신분석적 심리 치료를 통해 마음의 문제를 해결하는 과정을 설명한다. 2부 '가족 관계' 는 생애 초기의 가족 관계에서 우리의 성격과 생존법이 형성된다는 내용이다. 3부 '성과 사랑' 은 생애 초기에 배운 사랑의 역량을 성인이 된 후의 사랑에 그대로 적용하는 문제에 대해 짚어 본다. 4부 '관계 맺기' 는 개별적인 감정의 문제들을 해결하면서 타인과 어울려 사는 법을 모색한다.

문제의 원인이나 해결책뿐 아니라 모든 좋은 것도 저마다의 내부에 있습니다. 인정, 지지, 사랑, 행복, 즐거움 등을 스스로 향유하고 타인과 나눌 수 있는 역량이 우리 모두의 내면에 있습니다. 이제는 그것들을 외부에서 받으려고 기대할 게 아니라 스스로에게 베풀어야 합니다. 자신의 욕망을 잘 이해하고, 스스로의 노력으로 그것을 적절하게 충족시켜 주어야 합니다. –본문 28쪽에서–

철학상담소 : 우울한 현대인을 위한 철학자들의 카운슬링

–루 매리노프/김익희 옮김/북로드/2006

지은이는 철학 박사이자 뉴욕 시티 칼리지의 철학 교수이다. 그는 철학을 상아탑에서 꺼내어 일상생활 속으로 가져와 생활 속에서 벌어지는 각종 상황에 적용시킴으로써, 내담자 스스로가 철학을 통해 자신의 딜레마를 해결할 수 있도록 돕는 '철학 카운슬링' 운동을 펼치고 있다. 철학 카운슬링은 전통적인 치료법을 대체하는 획기적인 방안으로, 전 세계적으로 철학 카운슬링센터가 운영되고 있다.

고대에는 철학이 '영혼의 의술' 이라고 불리기도 했다. 이 책은 바로 이 '마음을 치료하는' 철학을 집중적으로 소개한다. 도덕적 딜레마, 직업적 갈등, 대인관계와 정체성의 혼돈, 돌연한 상실감 등 인생의 수많은 난제를 해결하는 데 철학을 적극적으로 활용하는, 이른바 '철학 카운슬링' 이 그 주인공이다.

책은 '상담소' 라는 제목처럼, 풍부한 상담 사례를 끌어들여 그에 대한 철학적 처방을 내리는 방식으로 구성되어 있다. 9.11 테러로 가족을 잃은 슬픔, 아들의 동성애자 정체성을 인정할 수 없는 부모의 괴로움, 폐암 판정을 받은 한 보험회사 부회장의 절망 등 누구에게나 불어 닥칠 수 있는 삶의 심각한 문제들에 대한 조언을 제공한다. 아내의 외도로 고민하는 남성에게 사르트르의 실존주의를 권하는 것이 그 한 예이다.

철학으로 마음의 병을 치료한다

–루 매리노프/이종인 옮김/해냄/2000

1980년대에 독일의 철학자 게르트 아헨바흐가 시작한 '철학 카운슬링' 은 기존 정신과 치료에 대한 하나의 대안으로, 고전 철학을 통해 일상의 문제를 해결하려는 운동이다. 즉, 마음의 병을 고치기 위해 프로잭(항우울제)이 아니라 플라톤(철학)을 선택하라는 것. 이 운동의 선구자 중 한 명인 지은이는 이 책을 통해, 우리가 겪는 일상의 문제들을 어떻게 철학 카운슬링을 통해 해결해 나갈 수 있는지 그 내용을 차근차근 설명한다.

철학 카운슬링을 받으러 온 사람들은 유년 시절에 대한 지루한 토론, 항우울제의 복용, 행동 패턴의 따분한 분석 등으로 괴로움을 겪지 않는다. 그 대신 키에르케고르, 칸트, 노자, 아리스토텔레스 등 위대한 사상가로부터 남녀 간의 갈등, 가정에서의 문제, 직장에서의 갈등, 중년의 위기 등 구체적인 일상의 딜레마 상황을 해결할 수 있는 아이디어를 얻을 수 있다는 것이다.

치유 : 우울증, 불안, 스트레스, 화

-다비드 세르방-슈레베르/정미애 옮김/문학세계사/2004

정신과 의사이며 인지신경학의 선구자인 지은이가 펴낸 대중의학서이다. 정신분석요법이나 의약품에 의존한 치료법에서 벗어난 새로운 치료법을 제시하여 주목을 받았던 책이다. 최근 새롭게 밝혀진 뇌의 기능에 뿌리를 두고 있는 이 책의 치유법들은 몸을 소중하게 다루며 또한 정신을 치료하는 데에 목적을 두고 있다.

책에 의하면 모든 인간의 뇌에는 심리적 안정뿐 아니라 심장기능, 혈압, 호르몬, 소화계, 면역체계를 조절하는 감정뇌가 있다고 한다. 불면증 환자를 6분의 1로 감소시킨 '정상 심박동 훈련', '15분 만에 정신적 장애를 없앤 안구운동 요법', '우울증을 개선하는 빛을 통한 생체시계 조절' 등의 방법들이 신뢰성 있는 사례와 함께 제시되어 있다.

현대인과 노이로제

-이동식/한강수/2001

지은이는 '머리말' 에서 이 책을 다음과 같이 소개하고 있다.

그동안 이 책은 대학에서 정신위생 교재로 많이 쓰였다. 많은 정신과 의사나 상담에 종사하는 심리학자들로부터 '환자나 내담자에게 이 책을 보게 하면 치료가 잘된다.' 는 찬사를 자주 받았다. 지은이 역시 심한 정신병으로 치료를 해도 잘 낫지 않았던 환자가 이 책을 여러 번 읽고는 스스로 병을 깨닫고 낫는 경우를 많이 보았다.

책읽기를 통한 정신치유를 과업으로 삼는 독서치료 관련자들에게 지은이의 이와 같은 입장은 매우 시사적이다. 책은 치유하는 힘이 있다는 것을 직접적으로 언급하고 있는 것이다. 과연 이 책은 노이로제로 고민하는 사람, 부부간의 갈등과 고부간의 갈등으로 고심하는 사람, 자녀교육 때문에 걱정이 많은 사람에게 읽는 것 자체만으로 치유적 효과를 가져올 수 있도록 친절하게 씌어 있다.

현대인과 스트레스

-이동식/한강수/2000

정신치료와 도(道)의 접목을 통해 현대 정신의학계에 기여하고 있는 이동식 박사의 또 다른 저서이다. 그 어느 때보다 안팎으로 스트레스를 많이 받고 있으며 그로 인해 생명의 위협까지 느끼고 있는 현대인의 정신건강을 위한 지침서이다. 특히 이 책에서 지은이는 한국인의 정신건강을 진단하면서 그 치유책을 한국 문화의 우수성에서 찾고 있다. '세계를 위해 한국인의 건강한 심성을 간직해야 한다' 고 역설한다. 짧은 에피소드 형식으로 지은이의 생각과 사례들을 여러 편 담고 있다. 지은이의 높은 식견과 깊은 통찰력이 돋보인다.

현대인의 정신건강

–이동식/한강수/2000

우리나라 1세대 정신과 전문의로서 지금도 현역인 이동식 박사가 동양의 정신과 불교에 사상적 기반을 두고 안내한 정신건강서이다. 환자들을 치료하는 과정에서 관찰하고 터득하게 된 정신건강이 무엇이고, 노이로제나 정신병의 원인이 무엇이며, 정신병의 예방과 치료는 어떻게 해야 하는지 등 정신과적 해결책을 꼼꼼하게 제시하고 있다.

1부 '버려야 얻을 수 있다' 는 다분히 지은이의 불교적 입장을 풍긴다. 마치 법정스님의 '무소유' 라는 글에 나오는 '아무것도 갖지 않을 때 비로소 온 세상을 갖게 된다.' 는 구절을 연상시킨다. 2부 '가정이 사람을 낳고 세계를 만든다' 는 가정 배경이 정신건강의 기초임을 암시한다.

2. 마음의 상처

2.1 상처의 뿌리

우리 아이 왜 이럴까

–이영식 · 진태원/시서례/2001

소아정신의학이란, 아이가 어떤 이유에서 정상적인 발달에 장애를 초래하여 가정, 학교, 사회생활에 적응하지 못할 때 장애의 원인을 알아보고, 이를 시정하고, 제거함으로써 정상 발달을 도와주는 분야이다. 이 책은 이 분야에서 일반인도 읽을 수 있도록 쉽게 쓰인 대중서이다.

아동의 발달에 대한 책은 출판시장에 이미 많이 나와 있다. 그러나 실제 문제행동이 나타나 병원의 소아정신과를 찾는 아동의 사례를 토대로 삼아 직접적이고 알기 쉽게 쓰인 책은 많지 않은 것이 사실이다. 이 책은 이 분야의 전문의 두 사람의 공동저작으로서 특히 대중성을 강조한다. 지은이들은 부모는 물론이고 아동들과 함께하는 여러 분야의 종사자들을 염두에 두고, 소아정신의학이라는 딱딱한 굴레를 벗어나 되도록 평이한 표현을 사용하며 전문적 의학용어도 피했다고 밝히고 있다.

우리 아이가 이럴 땐 어떻게 할까요

–변영인/오늘의책/2002

이 책은 성장하고 있는 아이들을 위해 부모가 할 수 있는 일이 무엇인지에 대해 전문상담가인 지은이의 풍부한 현장 경험을 바탕으로 씌었다. 아이가 자라면서 보일 수 있는 문제 행동들을 중요한 몇 가지 부분으로 나누고, 각 부분별로 부모가 알아야 할 사항들을 정리해 놓았다. 모두 다섯 장으로 나누어 아이들의 문제 행동에 부모가 적절히 대응하는 방법을 가르쳐 준다.

1장과 2장에서는 기본적으로 부모가 갖추어야 할 덕목들을 소개한다. 문제 아이는 문제 부모에서 태어난다는 점을 강조하고, 부모는 자식을 낳은 이상 대화와 사랑으로 양육할 의무가 있음을 알려 준다. 아울러 아이의 문제 행동을 부모의 입장이 아닌 자녀의 입장에서 생각해 능동적으로 해결할 것을 조언해 준다.

3장에서 5장까지는 발달장애, 정동장애, 품행장애가 있을 때 아이들이 보이는 구체적인 행동을 중심으로 해결 방법을 모색한다. 학습장애가 있거나 산만한 아이, 외상 후 불안해하는 아이, 잠자리에서 오줌을 싸거나 말을 더듬는 아이, 게임에 빠져 있거나 친구들에게 따돌림을 당하는 아이들을 가정에서 어떻게 교육시킬지에 대해 자세히 언급한다.

이 아이들을 어찌할 것인가

–이오덕/청년사/1977

지은이 이오덕은 초등 교육과 글쓰기 교육 분야에서 큰 공헌이 있는 사람이다. 이 책은 그가 지은 많은 책 가운데 특히 '어린이 변론서' 라고 할 만하다.

지은이는 이 책을 내는 목적을 "버림받은 이 땅의 아이들을 모든 부모와 교사들이 외면하지 않기를 바라서" 라고 밝힌다. 그래서 어른들에 의해 아이들이 스스로의 영토를 잃고 쫓겨나 짓밟히고 삐뚤어져 병든 어른이 되어 가고 있는 현실을 강도 높게 비판한다.

이 책은 분노와 사랑이 함께 있는 책이다. 아이들의 처지에 관한 참으로 진지하고 깊이 있는 문제 제기이다. 아이들이 몸담고 있는 지역 사회와 교육 현장의 현실을 있는 그대로 드러내고 있어 더욱 큰 감동을 준다. 출간된 지 오래된 책이지만 담고 있는 메시지는 여전히 신선하다.

학대받는 아이들

–이호철/보리/2001

초등학교 현직 교사가 쓴 천대받고 '학대받는 아이들' 에 대한 생생한 현장 리포트이다. 지은이는 아이들을 위한 글쓰기 작업을 꾸준히 해 오면서 우리 주위에 만연해 있는 아동 학대의 실상을 모아 이 한 권의 책으로 엮었다.

아동 학대란 흔히 언론에서 고발하는 것처럼 부모나 어른에게 매 맞는 것만을 뜻하지 않는다.

사사롭게 아무 생각 없이 내뱉는 언어적 폭력에서부터 아이들에게 심리적 스트레스를 주는 행위, 사랑의 매를 빙자한 과한 체벌, 성희롱과 성폭력이 모두 포함된다고 할 수 있다.

지은이는 '매 맞는 아이들', '부부갈등과 아이들', '집안 걱정과 아이들', '학대받는 아이들의 성' 등 폭력과 갈등의 유형에 따른 8가지 주제에 따라 아동학대의 실태를 구체적으로 서술하고 있다. 주로 아이들의 직접적인 고백을 바탕으로 삼고 있다.

부모나 다른 어른들은 이 책을 통해 아이들에게 가해지는 폭력에 대해 보다 넓은 문제의식을 가질 수 있을 것이다. 혹시 알지 못하는 사이에 아이에게 상처를 주는 언행을 하지는 않았는지 되돌아보고 반성하는 기회가 될 것이다.

2.2 성장의 아픔

마린을 찾아서

-유용주/한겨레신문사/2002

한겨레신문에 연재됐던『유용주의 노동일기』가 제목을 바꾸어 출간된 책이다. 새 제목에 붙게 된 '마린'은 이성에 눈을 뜬 주인공이 짝사랑의 대상이었던 여대생에게 붙여 준 별명이다. 이 책은 작가 유용주가 중국음식점 심부름꾼 노릇을 시작한 열네 살 어린 나이부터 노동으로 헤쳐 나간 십대 후반을 기록한 자전적 성장소설이다.

뼈저린 가난 때문에 어린 나이에 거친 세상으로 던져졌던 어린아이가 청년으로 성장하기까지 겪어야 했던 혹독한 노동과 삶을 힘차면서도 섬세한 필치로 실감나게 담아내고 있다. 14살의 어린 나이로 중국집 명월각에서 새벽부터 밤까지 중노동에 시달려야 했던 아이, 대전에서의 식당 일, 자전거 배달, 트럭운전사 조수 노릇, 빵공장 일, 서울로 도망쳐 금은방에서 보석세공 조수 노릇 등을 거치면서 열네 살의 소년은 어느덧 청년으로 성장한다.

이 작품은 어린 화자가 경험하는 잡다한 노동과 이를 중심으로 형성되는 밑바닥 삶의 애환을 도드라지게 그려 낸 전형적 노동문학이다. 이 책에는 성장기의 아픔들이 풍성한 어휘와 서러우면서도 따뜻하고 익살스런 필치로 흥미롭게 기술돼 있다.

상처받은 아이들 : 유년기의 상처를 말하고, 이해하고, 극복하기

-니콜 파브르/김주경 옮김/동문선/2003

정신분석가인 지은이는 임상에서 다룬 여러 어린이의 사례를 잔잔하고 섬세한 필치로 소개한다. 예를 들면, 담임선생님을 싫어하는 파비앙, 어머니의 비극적인 죽음을 가슴에 묻어 두었던 상드라, 침묵에 짓눌린 프랑크, 뱃속에서부터 이미 손상되었던 세브랭의 경우 등을 통해 상처가 밖으로 표현됨으로써 아물어 가는 것을 보여 준다. 지은이는 치료 과정에서 심리요법이 하는 역할과 아이가 정신분석가에게서 구할 수 있는 도움을 자세하게 설명한다.

가정과 학교에서 어른들은 때때로 아이들에게 아픔을 주기도 하고, 그들의 고통스러운 외침에 귀를 닫기도 한다. 또 곁에 없는 부모로 인해 상처를 입는 아이가 생기는 것은, 아이에게 부모의 빈자리를 제대로 설명하지 못했기 때문이다. 뿐만 아니라 어떤 사실에 대해 아이에게 전혀 말을 하지 않고 비밀에 부치는 것은 아이를 무기력하게 만들며, 삶의 의욕마저 앗아 갈 수 있다. 아이의 허약한 육체나 질병도 삶에서 심리적인 문제를 가져올 수 있다.

유년기에는 이처럼 찔리고 터지고 깨지고 찢어진 온갖 상처들이 존재할 수 있다. 그런데도 흔히 우리는 아이가 표현할 수 없는, 혹은 표현할 줄 모르는 고통 같은 것을 옆으로 제쳐 놓기 십상이다. 지은이는 이 책에서 이처럼 어른들이 간과하기 쉬운 아이들의 심리 과정을 친절하게 드러내 보여 준다.

외딴방

–신경숙/문학동네/1999

아픔과 상처로 얼룩진 또 하나의 괄목할 만한 성장 기록이다. 작가는 1963년 1월 전라북도 정읍에서 태어났다. 초등학교 6학년 때 겨우 전기가 들어올 정도의 시골에서 농부의 딸로 태어나 열다섯 살에 서울로 올라오게 되고, 구로공단 근처에서 전기회사에 다니며 서른일곱 가구가 다닥다닥 붙어 사는 '닭장집' 에서 큰오빠, 작은오빠, 외사촌누이와 함께 한방에서 살았다. 공장에 다니며 영등포여고 산업체 특별학급에 다니다 최홍이 선생님을 만나 문학 수업을 시작하게 된다. 컨베이어벨트 아래 소설을 펼쳐 놓고 보면서, 좋아하는 작품들을 첫 장부터 마지막 장까지 모조리 베껴 쓰는 것이 그 수업 방식이었다. 그 후 서울예술대학 문예창작과를 졸업한 뒤 문예지 신인문학상을 받으며 정식으로 등단했다.

이 작품은 작가 신경숙의 이와 같은 개인사를 배경으로 하고 있다. 작가 자신이 몸으로 겪은 바를 나직한 목소리로 들려준다. 고향을 떠나 대도시에 나와서 아픔과 고통 속에 성장을 거듭해 간 사람들의 삶을 형상화해 내고 있다. 한 시대에 대한 '찬란한' 증언이다.

원만한 정서생활을 가로막는 몸에 밴 어린 시절

–W. 휴 미실다인/이종범 · 이석규 옮김/가톨릭출판사/2006

지은이는 정신과 의사로서 '몸에 밴 어린 시절' 이 어른이 된 이후에도 어떻게 영향을 미치는가를 풍부한 상담 경험을 통해 밝힌다. 지은이는 현실에서 문제가 되는 정서 장애의 대부분은 부모의 잘못된 양육 방식에 의한 것이라고 진단한다. 강압, 과보호, 징벌, 성적 자극, 방치, 거부와 같은 행동은 성장한 후는 물론, 그 자신의 자녀에게까지 대물림된다는 것이다. 그렇기 때문에, 지은이는 어린 시절을 있는 그대로 받아들이는 태도가 중요하다고 지적한다. 스스로가 스스로에게 훌룡한 부모가 되어 줌으로써 과거로부터 벗어나야 한다고 충고한다.

프로이트의 '무의식' 보다는 조금 더 능동적인 개념의 '내재적과거아'(inner child of the past) 이론을 차근차근 흥미롭게 펼쳐 보인다. 프로이트가 역설한 무의식이라는 눈에 보이지 않는, 막연히 신비스러운 압도적인 힘에서 벗어나, 의식 있는 성인이 한때 거쳐 왔으며 현재도 계속 내재하고 있는, 잘 알려진 어린 시절의 필요와 감정을 직시하는 데 문제 해결의 길이 있다고 주장한다. 각각의 정서적 문제에 대해 잘 분류하고 있으며, 그것들의 특성과 치료 방법에 대해 높은 식견을 보인다.

천재가 될 수밖에 없었던 아이들의 드라마

–앨리스 밀러/권혜경 옮김/권혜경음악치료센터/2002

아이는 부모라는 거인으로부터 생존을 보장받기 위해 정말 힘든 삶을 살고 있다. 부모에게 사랑받고 인정받기 위해 자신의 참자기를 버리고 성취에만 매달리게 되면서 과대망상과 우울증을 겪게 된다. 자기보다 약한 사람을 무시하고 경멸하는 성향은 자신이 부모로부터 겪었던 아동기의 무력감과 굴욕감을 회피하고자 하는 데서 기인한다. 이런 상처들을 발견하고 치유하지 않으면 그것은 고스란히 다음 세대로 옮아 가 악순환을 거듭하게 된다. 이 책에서 지은이는 우리가 한 번도 의심하지 않았던, 조금도 의심하고 싶지 않았던 우리의 과거에 대해 침착하게 도발을 한다.

아동학대의 악순환, 변태성욕, 우울증과 과대망상, 이와 같은 정신적 장애 현상은 왜 끊임없이 일어나는가. 현대 심리치료 분야의 고전으로 불리는 이 책은 우리 개개인 그리고 우리 사회 전반에 깔려 있는 문제들에 대한 원인과 그것을 해결하기 위한 방법을 제시한다. 또한 날카롭고 사고의 전환을 요구하는 이 책은 자기애적인 부모들이 어떻게 자기 아이들의 삶을 형성하고 또 피폐하게 만들 수 있는지 보여 준다. 또한 독자들이 자신들의 진정한 욕구와 진실을 발견함으로써 자신들의 삶을 교정해 갈 수 있도록 도와준다.

행복의 발견

–에드워드 할로웰/김연수 옮김/이레/2003

지은이는 유명한 정신과 의사이자 베스트셀러 작가이다. 이 책은 그의 자전적 이야기다. 결혼에 두 번 실패하고 알코올중독이 된 어머니와 정신 질환을 앓고 있는 형, 학대를 일삼는 계부 이야기 등, 지은이의 유년 시절은 아픈 기억으로 점철되어 있다. 지은이는 이처럼 불우한 유년 시절을 보낸 자신이 사람들과의 어울림을 통해 삶을 치유해 가는 과정을 보여 준다. 지은이는 지금 상처를 딛고 일어나 다른 사람들의 아픈 마음을 치유하고 있다. 그는 우리가 무심코 지나쳐 버리는 행복의 순간이 어디에 있는지, 이 순간을 통해 어떤 식으로 삶을 변화시킬 수 있는지를 자신의 체험을 통해 드러내 보인다.

이 책에는 또한 지은이가 정신과 상담을 하면서 만난 사람들의 특별한 사례들이 함께 실려 있다. '행복의 순간' 을 경험함으로써 자신의 삶을 변화시킨 사람들, 가족 간의 사랑, 친구와의 우정, 더불어 살아가는 세상살이의 소중함의 중요성을 깨닫게 한다.

옮긴이는 이 책을 소개하면서 "이 책을 읽고 나면 당신은 바뀔 것이다. 천지개벽할 정도는 아니고 그냥 조금. 아마도 다른 사람들이 '무슨 좋은 일 있어?' 라고 물을 정도로만." 이라고 적고 있다.

2.3 어른들의 무지와 몰이해

마음속의 그림책

-이희경/미래M&B/2000

이 책은 고등학교 교사인 지은이가 미술치료를 통해 아이들이 가정에서 부모들에게 상처받은 마음을 들여다본 상담 기록이다. 지은이는 '물고기 가족화' , '나무 그림' , '동그라미 가족화' 등 아이들의 내면과 심리 상태에 간접적으로 접근할 수 있는 검사를 통해 그들의 마음을 읽어 내고 있다.

심리 검사를 통한 미술치료의 의미는 겉으로 쉽게 드러나지 않는 아이들의 의식 저변을 단편적으로나마 추측해 내고 그것을 바탕으로 바람직한 치유를 할 수 있다는 데 있다. 이 책에 실린 사례 속의 아이들은 모두 부모에게 직접적으로, 또는 간접적으로 상처를 받았지만 치유하지 못한 마음을 가지고 있다.

지은이는 이 책에서 미술치료의 방법을 제시하려는 목적이 있는 것이 아니다. 그보다 그의 시선은 안타까운 아이들의 모습에 훨씬 더 많이 가 있다. 그래서 이 상담 자료들을 통해 지금의 부모와 앞으로 부모가 될 이들이 '사랑을' , '제대로 된 사랑을' 베풀게 되기를 간절히 바라고 있다.

미안하다고 말하기가 그렇게 어려웠나요

-이훈구/이야기/2001

2000년 5월 부모 토막살해로 전국을 충격 속에 몰아넣었던 이은석 군 사건이 일어났다. 가끔 존속 살해가 보도되는 일은 있었지만, 이 사건은 수법의 엽기성과 범인이 명문대생이라는 이유로 그 충격의 강도를 더했다.

이 책은 심리학 교수인 지은이가 사건 이후 1년여 동안 이은석 군과의 인터뷰, 그의 일기와 편지글, 주변 인물들의 증언 등을 모아 심리학의 관점에서 그 사건을 새롭게 조명한 것이다. 지은이는 이 책에서 과도한 입시 경쟁과 가족 간의 갈등, 가정폭력, 학원폭력과 집단 따돌림, 그리고 오염된 미디어와 인터넷 중독 등을 이 사건의 배후 용의자로 지목한다. 그러고는 사회의 기본인 가정에서의 사랑과 화목이 정신건강에 얼마나 중요한 요소인지를 강조한다.

책에서 인용하는 여러 자료들은 한 인간을 극도의 피폐 상태로 몰아가는 우리의 현실이 얼마나 억압적인가를 보여 주고 있다. 지은이는 이 사건을 그저 우발적인 충격으로 치부할 것이 아니라, 보다 건강한 사회를 만들기 위한 밑거름으로 삼아야 할 것이라고 이야기하고 있다.

엄마가 내 맘을 알아?

–진태원/느낌이있는책/2004

정신과 전문의가 집에 청소년을 둔 부모들을 위해 내놓은 지침서이다. 집단 따돌림 문제, 게임 중독, 폭력적인 행동, 우울증 등 청소년기에 나타날 수 있는 이상 증후들과 그에 대해 어른이 알아야 할 대처법을 제시한다. 실제 상담사례와 치료사례를 직접 제시해 청소년 자녀를 둔 부모들이 고민하고 있는 문제를 해결하는 데 도움을 준다.

지은이는 정신적 장애를 겪는 대부분 청소년들이 바로 가족의 잘못된 환경에서 나타난다고 보고 있다. 자라나는 청소년들의 정서적 자양분은 결국 가정의 부모와 가족들로부터 얻어지기 때문이라는 것이다.

지은이는 특히 어머니의 역할이 자녀의 정신건강에 큰 영향을 미친다고 주장한다. 자녀와 항시 가까이 지내는 어머니의 역할과 행동에 따라 아이들이 느끼는 정서적 환경은 확연히 달라진다는 것이다. 공부에 대한 강박관념이나 그 밖의 청소년기에 경험할 수 있는 각종 스트레스는 어머니의 지혜로운 생각과 행동에 의해 얼마든지 줄여 나갈 수 있다는 뜻이다.

학대받는 아이에서 학대하는 어른으로

–낸시 벤벵가/문종원 옮김/생활성서사/2003

이 책은 정서적 학대를 받으며 자라 온 지은이 자신의 경험을 반영하고 있다. 정서적으로 학대를 받고 있는 어린이 문제에 대한 심각한 각성과 이를 치유하기 위한 방법들을 일러 주고 있다. 지은이가 신체적 학대나 성적 학대가 아니라 정서적 학대에 관심을 기울이는 이유는 정서적 학대가 '모르고 지나치기 쉬운 학대'의 한 유형이기 때문이다. 이런 학대로 받은 상처는 보이지 않기 때문에 몇 년 동안이나 드러나지 않고 계속될 수 있다. 그러나 만일 그 보이지 않는 상처가 치유되지 않는다면, 그 어린이는 성인이 되어도 학대를 받는 사람이 되거나 학대를 가하는 사람이 되는 악순환이 계속해서 일어난다.

이 책은 부모로서의 자신을 돌아보고 몸과 마음이 좀 더 건강한 아이들을 키우고자 하는 이들을 위해, 그리고 이미 자신이 정서적 학대로 얼룩진 경우 그 상처를 치유하고 예방하고자 하는 이들을 위해 마련되었다. 실제 경험을 바탕으로 여러 사례들을 들어 이야기하고 있어 이해가 쉽다.

2.4 생활 속의 상처

네 마음을 보여 줘

-박현경/문이당/2006

2001년 등단한 소설가 박현경의 첫 단편집으로 상처받은 영혼들의 아픔을 드러내는 동시에 그 상처를 감싸 안고 극복해 가는 과정을 그린 열 편의 소설이 실렸다. 탄탄한 서사 구조와 구체적이면서 유려한 묘사가 돋보인다.

지은이는 가족의 유대감을 허무는 부부간의 무관심이나 배우자의 외도, 부모 자식 간의 끈끈한 혈연관계를 망각하는 일련의 행위, 여성에게 폭력을 휘두르는 남성의 모습 등을 통해 우리가 간과하고 망각하며 사는 것들을 개인의 삶 차원에서 사회로 끄집어낸다. '우연한 사고' 라 여겼던 것들은 사실 사회적 메커니즘으로 인해 필연적으로 발생될 수밖에 없었던 것이며, 이것이 '나락 같은 구덩이', '뚜껑 열린 맨홀', '끔찍한 생의 구멍' 이 되어 도처에서 우리에게 상처를 입히는 흉기라는 것이다.

유치원생 쌍둥이 아들 둘을 기르며 단란한 가정을 꾸려 가는 30대 주부인 나는 이웃집에 이사 온 젊고 활달한 소영과 친하게 지내게 된다. 나는 시간이 갈수록 소영이 내 집 내 식구들 속으로 깊숙이 들어오는 것을 느끼게 된다. 한편 나는 요절한 선배의 습작을 가로채어 신춘문예에 응모하고 싶은 욕망에 사로잡힌다. 크리스마스이브에 몸이 아파 누워 있게 된 나는 아이들과 함께 파티에 같이 가고 싶어 하는 소영에게 그렇게 하라고 한다. 그날 모차르트의 레퀴엠이 하이든의 것을 표절한 것이라는 줄거리의 선배의 소설을 표절하여 낸 것으로 신춘문예에 당선되었다는 연락을 받는다. 그리고 크리스마스 파티가 끝나고 다정한 모습으로 같이 걸어오는 그녀와 남편, 아이들의 모습을 보게 된다. -〈'도둑' 중에서〉-

삶에서 상처받은 가련한 이들의 아픔을 작가 특유의 섬세한 감각으로 그려 내면서, 그 아픔을 순수하고 아름다운 영혼의 빛으로 치유함으로써, 진정 인간다운 삶이 무엇인지를 깨우쳐 주고 있다. 더불어 그런 내용을 탄탄한 서사 구조와 구체적이면서 유려한 묘사, 절제된 어조로 형상화하고 있다. -문흥술(서울여대 국문과 교수, 문학평론가)

도대체 내가 왜 이러지? : 행복해지기 위한 자기발견의 지침서

-이자벨 피이오자/남윤지 옮김/여성신문사/2004

사람을 한자로 인간(人間)이라 한 것은 사람이 남과 관계를 맺어 가며 살기 때문에 그런 것이다. 그런데 그 관계는 기쁨을 주기도 하고 반대로 슬픔을 주기도 한다. 이 책은 상처를 주는 인간관계를 피하고, 언짢은 일을 겪었을 때 자신의 마음을 다스리는 방법을 안내한다. 사람을 피하는 것은 불가능하므로, 스트레스 상황을 어떻게 스스로 극복하느냐는 것에 초점이 맞춰져 있다.

마음을 다스리려면 먼저 자신의 마음이 어떤 상태인지 알아야 한다. 심리치료사인 지은이는 먼저 마음과 나를 분리해 거리를 두고 자신을 관찰하라고 한다. 이를 위해 가정과 직장, 연인, 부모 등 다양한 관계 속에서 발생하는 자신의 감정을 진단할 수 있는 여러 가지 질문서를 제시한다. 가령 '화가 나는데 그 사실을 말할 수 없을 때, 당신은 어떻게 행동하는가' 라는 질문 아래 '다른 사람을 비난하는가', '침묵으로 일관하는가', '지나치게 민감한 모습을 보이는가', '숨어 버리나', '정보 메시지 서류 업무 등을 잊어버리나' 등의 예시를 주며 자신이 어떤 종류의 사람인지를 파악하게 돕는다. 아울러 불만이 생겼을 경우 수수방관하거나 당황하지 말고 자신만의 전략을 세워 적극적으로 해결하라고 권한다. '심호흡하기', '외부로 관심 돌리기', '긴장 풀기', '명상하기' 등 정서를 관리하는 데 도움이 되는 몇 가지 힌트도 전달한다.

따귀 맞은 영혼

–배르벨 바르데츠키/장현숙 옮김/궁리/2002

심리치료사인 지은이는 사람들이 일상에서 겪는 마음의 상처를 화두로 삼는다. 지은이는 이 책에서 게슈탈트 심리학적인 접근을 통해 독자들로 하여금 내면의 상처와 마주 보게 한다. 게슈탈트 심리 치료란, 내담자로 하여금 자신이 의식하지 못하는 그늘 속에 존재하던 감정이나 욕구를 대면하게 해 주는 방법을 말한다. 상처와 직접 대면하는 연습을 통해서 사람들은 다른 시각으로 사물을 볼 수 있게 된다고 지은이는 말한다.

어떤 일로 인해 정신적으로 상처받는다고 느낄 때의 내면 상태, 그것을 이 책에서는 '마음 상함' 이라고 한다. 이때 우리의 자존감을 직접 건드림으로써 마치 마음에 따귀를 맞은 것처럼 느끼게 하는 계기들, 소소하게는 남의 불친절에서부터 크게는 실연이나 입사 시험 불합격 통지 같은 명백한 퇴자에 이르기까지 상처의 계기가 되는 일들은 그야말로 부지기수다. 지은이는 무엇보다도 우리가 언제 특히 마음을 잘 다치는가 하는 문제에 초점을 맞춘다. 적절히 대응만 한다면 이 고통스런 마음 상함이 오히려 기회가 될 수도 있기 때문이다. 아물지 않은 과거의 상처 부위를 찾아내어 이제야말로 근본적인 마음의 치유를 시작할 수 있음을, 지은이는 풍부한 상담 사례를 통해 설명하고 있다.

사랑하라 한 번도 상처받지 않은 것처럼

–류시화/오래된미래/2005

힐링 포엠(Healing Poem, 치유의 시)을 주제로 한 시집이다. 이 힐링 포엠은 21세기에 들어와 서양의 여러 명상 센터에서 마음을 치유하기 위한 한 방법으로 '시' 라는 도구를 사용하면서 새롭게 등장한 장르이다.

한 편의 좋은 시가 보태지면 세상은 더 이상 전과 같지 않다. 좋은 시는 삶의 방식과 의미를 바꿔 놓으며, 자기 자신과 자신을 둘러싼 세상에 대한 이해를 돕는다. 시는 인간 영혼으로 하여금 말하게 한다. 그 상처와 깨달음을. 그것이 시가 가진 치유의 힘이다. 우리는 상처받기 위해 사랑하는 것이 아니라, 사랑하기 위해 상처받는 것이다.

고대 이집트 파피루스 서기관에서부터 노벨 문학상 수상자에 이르기까지 41세기에 걸쳐 시대를 넘나드는 유명, 무명 시인들의 시가 포함되어 있다.

인간이라는 존재는 여인숙과 같다. 매일 아침 새로운 손님이 도착한다. 기쁨, 절망, 슬픔 그리고 약간의 순간적인 깨달음 등이 예기치 않은 방문객처럼 찾아온다. 그 모두를 환영하고 맞아들이라. 설령 그들이 슬픔의 군중이어서 그대의 집을 난폭하게 쓸어가 버리고 가구들을 몽땅 내가더라도, 그렇다 해도 각각의 손님을 존중하라. 그들은 어떤 새로운 기쁨을 주기 위해 그대를 청소하는 것인지도 모르니까. 어두운 생각, 부끄러움, 후회, 그들을 문에서 웃으며 맞으라. 그리고 그들을 집 안으로 초대하라. 누가 들어오든 감사하게 여기라. 모든 손님은 저 멀리에서 보낸 안내자들이니까. -〈여인숙 : 잘랄루딘 루미〉-

삶을 하나의 무늬로 바라보라. 행복과 고통은 다른 세세한 사건들과 섞여 들어 정교한 무늬를 이루고, 시련도 그 무늬를 더해 주는 색깔이 된다. 그리하여 마지막 순간이 다가왔을 때 우리는 그 무늬의 완성을 기뻐하게 되는 것이다. -〈영화 아메리칸 퀼트 : 휘트니 오토〉-

수다가 사람 살려

-오한숙희/웅진닷컴/2004

'하고픈 말은 하고 살자'를 좌우명으로 삼는 여성학자 오한숙희가 '쓸데가 너무 많아서 사람까지 살리는 말, 수다'를 치유적 화두로 삼아 낸 책이다.

지은이는 지난 10년 동안 방송과 강의, 상담을 통해 사람들을 만나면서 수다가 갖고 있는 치료능력을 발견했다고 말한다. 이 책은 이 같은 현장 경험을 토대로 생각해 낸 '수다요법', 이른바 '오한숙희식 수다론'이다.

책은 '억압-왜곡-발설-소통-연대'의 단계로 수다치유의 단계를 체계화하고 이를 사람들의 삶에서 적극적으로 활용할 수 있는 방법들을 소개하는 데 중점을 두었다. 10여 년의 현장 경험에 바탕을 둔 풍부한 사례와 더불어 지은이 자신의 어머니를 주인공으로 한 이야기를 실어 보다 생생하게 수다를 통한 치료와 소통의 현장에 다가갈 수 있게 했다.

우리는 사소한 것에 목숨을 건다

–리처드 칼슨/정영문 옮김/창작시대/2001

지은이는 오랜 기간 심리치료사로 일해 왔다. 개인과 그룹과 기업을 상대로 일상의 스트레스와 인간관계의 갈등 같은 것에 어떻게 현명하게 대처해야 하는지를 지도해 왔다. 이 책은 지은이의 이와 같은 경험에 기반을 두고 있다. 그리고 모든 힘을 쥐어 짜내 인생에 대항하는 대신 문제들을 '그냥 지나가도록' 하는 법을 터득하기만 하면, 삶은 순조로워진다고 충고한다. '변화될 수 있는 것들은 변화시키고, 그럴 수 없는 것들은 수용하고, 그 둘 사이의 차이를 아는 지혜' 를 터득하라는 것이다.

지은이는 자신의 심리치료 경험에 입각해, 우리가 일상생활에서 흔히 접하게 되는 난감한 상황을 소개하고 나서, 그것을 능숙하게 처리하는 100가지 방법을 제시한다. 코앞에 닥친 문제들에 달려드는 대신 잠시 멈춰 서서 살아 있다는 것에 대해 감사를 느끼고, 분노나 절망 같은 우리의 감정을 조절하고, 다른 사람들과 조화롭게 살아가는 방법을 터득하라고 한다.

핵심은 모든 사건들을 균형 있는 시각으로 바라보고, 문제 해결의 열쇠는 자기 자신이 쥐고 있다는 사실을 깨달으라는 것이다. 우리는 미래에 일어날 어떤 순간을 위해 리허설을 하듯이 인생을 바삐, 온갖 걱정들에 휩싸여 살아간다. 하지만 인생은 그런 것이 아니다. 어느 누구도 자신이 내일 살아 있으리라고 보장할 수 없다. 바로 지금 이 순간이야말로 우리가 가진 유일한 시간이다. 그렇게 소중한 시간을 작고 쓸데없는 일에 쏟아 부으며 아무 소용도 없는 푸념으로 낭비할 수는 없다. 이것이 지은이의 메시지다.

우리는 사소한 것에 목숨을 건다 2 : 당신만 모르는 행복의 5원리

–리처드 칼슨/강미경 옮김/창작시대/2001

『우리는 사소한 것에 목숨을 건다』(정영문 옮김)의 속편이다. 전편이 일상의 스트레스를 다스리는 100가지의 지침을 들려준 것에 비해 2편에서는 좀 더 적극적인 방향으로 한 발자국 나간다. '당신만 모르는 행복의 5원리' 라는 부제에서 느껴지듯 2편은 일상을 좀 더 행복하게 꾸려 나갈 수 있는 5가지의 지혜를 담고 있다.

가령 '감정의 원리' 를 말하는 대목에서 지은이는 다음과 같이 충고한다. 무조건 자신은 옳아야 한다는 정신적 압박보다 긍정적인 감정을 우위에 놓는 사람들은, 그렇지 않은 사람들보다 사고방식이 훨씬 합리적이라고 한다. 실제로 옳아야 한다는 강박 관념을 버릴수록 진실에 다가서게 된다는 것이다. 긍정적인 감정 상태는 다른 입장에 서도록, 좀 더 열린 마음으로 타인의 말을 들을 수 있게 해 주며, 우리의 신념을 좀 더 여유 있고 부드러운 방식으로 표현하도록 도와준다는 것이다. 특히 지은이의 오랜 임상 경험이 빛나는 책이다.

피해의식의 심리학 : 피해자의 역할에서 벗어나는 법

-야야 헤릅스트/이노은 옮김/양문/2005

사람들은 늘 '왜 나는 이런 거지?' 라고 불만을 호소하지만, 그 불만이 피해의식에서 비롯된다는 사실은 깨닫지 못한다. 불만족, 자기비하, 시기심, 열등감, 우울증, 열패감…… 이는 모두 피해의식이라는 큰 범주에 묶이며, 현대사회 인간들에게 보편적으로 한두 개씩 잠재한 요소들이다.

과거의 상처와 절망감에서 생긴 이들 피해의식은 자신의 책임을 남에게 떠넘기고, 늘 자신이 피해자라는 생각 속에 불만으로 가득 차 있다. 책은 세상을 탓하고 환경을 탓하는 이러한 '피해자의 역할' 을 넘어설 수 있는 방법들과 구체적 피해의식에 대한 심리분석 등을 다루고 있다. 지은이는 심리치료사이자 상담사이다.

#06 성격편 [수줍음/슬픔 · 상실감/화 · 분노 · 증오/자기학대/우울증/대인공포증/강박증/알코올중독/인터넷 중독/성인아이/성폭력/용서/사랑/자아 찾기/자기 존중/마음의 평화]

1. 수줍음

- 당당하게 살자 : 수줍음을 극복하는 법. 머라이 스테인 · 존 워커/이훈구 옮김. FKI미디어, 2002.
- 수줍음. 블레인 스미스/송경숙 옮김. 한국기독학생회출판부, 2002.

2. 슬픔 · 상실감

- 상실. 조앤 디디온/이은선 옮김. 시공사, 2006.
- 상실과 슬픔의 치유. 하버트 앤더슨/김형준 외 옮김. 상담과치유, 2004.
- 슬픔이 내게 말을 거네. 존 제임스 · 러셀 프리드만/장석훈 옮김. 북하우스, 2004.
- 우리 아이가 슬퍼할 때. 러셀 프리드만 · 레슬리 랜던 매뉴스 · 존 제임스/홍현숙 옮김. 북하우스, 2004.

3. 화 · 분노 · 증오

- 내 안의 화 다스리기. 베티 퍼킨스/박윤정 옮김. Human & Books, 2003.
- 자신의 분노를 이기는 방법. 매튜 맥케이 · 피터 로저스/박애선 옮김. 시그마프레스, 2004.
- 죽이러 갑니다. 가쿠타 미쓰요/송현수 옮김. 미디어2.0(media2.0), 2007.
- 화가 날 때 읽는 책. 알버트 엘리스/홍경자 · 김선남 옮김. 학지사, 2002.
- 화, 분노에서 벗어나기 : 10개의 일반적인 분노 유형과 이에 따른 대처 방법. Ron · Pat Potter - Efron/석태기 옮김. 눈과 마음, 2004.
- 화 : 화가 풀리면 인생도 풀린다. 틱낫한/최수민 옮김. 명진, 2002.

4. 자기학대

- 왜 자기 자신을 학대하는가. 존 먼더 로스/류지호 옮김. 문학사상사, 2000.

5. 우울증

- 검은 태양 : 우울증과 멜랑콜리. 줄리아 크리스테바/김인환 옮김. 동문선, 2004.
- 검정개 블래키의 우울증 탈출기. 베브 아이스베트/김은령 옮김. 명진출판사, 2004.
- 나만 혼자 몰랐던 내 우울증. 노무라 소이치로/변은숙 옮김. 팝콘북스, 2006.
- 보이는 어둠 : 우울증에 대한 회고. 윌리엄 스타이런/임옥희 옮김. 문학동네, 2002.
- 사람은 왜 죽고 싶어 하는가. 시모조노 소우타/이수진 옮김. 홍익, 2004.
- 왜 나만 우울한 걸까. 김혜남. 중앙M&B, 2003.
- 우울의 늪을 건너는 법 : 우울증은 나의 인생을 어떻게 바꾸었나. 홀거 라이너스/이미옥 옮김. 궁리, 2003.
- 우울증 스스로 극복하기. 폴 호크/김희수 · 박경애 옮김. 사람과사람, 2005.
- 우울증에 관한 희망의 보고서. 루이스 월퍼트/이원경 옮김. 청어람, 2003.
- 우울증 웃어야 산다! 수지 수마이유/박정연 옮김. 예신, 2003.
- 우울증은 치료된다. 와타나베 쇼스케/오강섭 감수. 동도원, 2000.
- 우울한 현대인에게 주는 번즈 박사의 충고. 데이비드 번즈/박승룡 옮김. 문예, 1998.
- 조울병, 나는 이렇게 극복했다. 케이 레드필드 재미슨/박민철 옮김. 하나의학사, 2000.

○ 한낮의 우울. 앤드류 솔로몬/민승남 옮김. 민음사, 2004.

6. 대인공포증

○ 대인공포 클리닉 : 대인관계, 자신 있습니까?. 이시형. 이다, 2002.
○ 사회공포증의 이해와 극복하는 방법 : 수줍음의 비밀. Franklin Schneler/오동재 · 오강섭 옮김. 하나의학사, 2001.
○ 사회불안증의 인지행동치료. Debra A. Hope 외/최병휘 옮김. 시그마프레스, 2006.
○ 오해의 심리학. 오드리 넬슨 · 수잔 골런트/김경숙 옮김. 친구미디어, 2006.
○ 이시형 박사의 대인공포증 치료 상, 하. 이시형. 풀잎, 2004.

7. 강박증

○ 강박증 이제 안녕. EDNA B. FOA/박형배 옮김. 하나의학사, 2000.
○ 공중그네. 오쿠다 히데오/이영미 옮김. 은행나무, 2005.
○ 나는 왜 나를 피곤하게 하는가. 권준수. 올림, 2000.
○ 살아 있는 죽음 강박증 1, 2. 김선인. 한솜, 2002.
○ 자살하고 싶을 때. Thomas E. Ellis · Cory F. Newman/육성필 · 이혜선 옮김. 학지사, 2005.

8. 알코올중독

○ 나는 알코올중독자. 허근. 가톨릭출판사, 2002.
○ 술 권하는 사회 술에 먹힌 사람. 이영국. 예영커뮤니케이션, 1998.
○ 알코올중독. 박현주 · 정남운. 학지사, 2000.
○ 중독. 로너 크로지어 · 페트릭 레인/이은선 옮김. 홍익출판사, 2002.
○ 한 잔만 더 : 알코올 중독 치료리포트. 앤더슨 스피카드 · 바바라 R. 톰슨/정지훈 옮김. 창조문화, 2003.

9. 인터넷 중독

- 딜레마에 빠진 인터넷. 홍윤선. 굿인포메이션, 2002.
- 인터넷 중독의 이해. Stephen O. Watters/이소희 외 옮김. 학지사, 2003.
- 인터넷 중독증. 킴벌리 S. 영/김현수 옮김. 나눔의집, 2000.

10. 성인아이

- 상처받은 내면아이 치유. 존 브레드쇼/오제은 옮김. 학지사, 2004.
- 아직도 아물지 않은 마음의 상처. 찰스 셀/정동섭 옮김. 두란노, 2002.
- 어떻게 사람을 변화시킬 수 있는가. 정동섭. 요단, 2000.
- 위장된 분노의 치유. 최현주. 규장, 1995.
- 잃어버린 자아의 발견과 치유 : 역기능 가정에서 자란 성인아이의 발견과 치유를 위한 안내서. C. L. 휘트필드/김용교 · 이인출 옮김. 글샘, 1995.

11. 성폭력

- 나는 인생을 믿는다 : 고통 받는 소녀에서 당당한 여성으로. 사미라 벨릴/용경식 옮김. 마음산책, 2003.
- 러블리 본즈. 앨리스 세볼드/공경희 옮김. 북&북스, 2003.
- 이야기해 그리고 다시 살아나 : 성폭력의 기억은 절대로 잊혀지지 않아. 수잔 브라이슨/여성주의 번역모임 '고픈' 옮김. 인향, 2003.

12. 용서

- 상처와 용서. 송봉모. 바오로딸, 1998.
- 세상에서 가장 아름다운 용서. 레이첼 킹/황근하 옮김. 샨티, 2006.
- 어떻게 당신을 용서할 수 있을까. 재니스 A. 스프링/양은모 옮김. 문이당, 2004.
- 용서. 텐진 갸초(달라이 라마) · 빅터 챈/류시화 옮김. 오래된미래, 2004.
- 용서 : 나를 위한 용서, 그 아름다운 용서의 기술. 프레드 러스킨/장현숙 옮김. 중앙M&B, 2003.

○ 용서의 과정. 윌리엄 A. 메닝거/성찬성 옮김. 바오로딸, 2002.
○ 용서의 기술. 루이스 스머즈/배응준 옮김. 규장문화사, 2004.
○ 우리들의 행복한 시간. 공지영. 푸른숲, 2005.
○ 잃어버린 기술 용서 : 용서를 통해 회복을 경험한 사람들의 이야기. 요한 크리스토프 아놀드/전병욱 옮김. 쉴터, 1999.

13. 사랑

○ 나는 정말 너를 사랑하는 걸까?. 김혜남. 중앙M&B, 2002.
○ 내가 증오한 사랑. 이유하천. 창작정신, 2004.
○ 남자는 왜 여자의 왼쪽에서 걸을까. 필리프 튀르셰/권나양 옮김. 에코리브르, 2005.
○ 너무 사랑하는 여자들. 로빈 노우드/이미영 옮김. 한마음사, 1996.
○ 사랑 중독증. Martha R. Bireda/신민섭 옮김. 학지사, 2005.
○ 사랑을 선택하는 특별한 기준 1, 2. 김형경. 푸른숲, 2006.
○ 사랑의 기술. 에리히 프롬/황문수 옮김. 문예, 2000.
○ 사랑하는 사람을 사랑하는 방법. 배리 비셀 · 조이스 비셀/전경자 옮김. 열린, 2002.
○ 여자의 사랑이 남자를 바꿀 수 없다 : 당신을 괴롭히는 '나쁜 사랑'의 심리학. 파트리시아 들라애/최내경 옮김. 시공사, 2006.
○ 왜 나는 너를 사랑하는가. 알랭 드 보통/정영목 옮김. 청미래, 2002.

14. 자아 찾기

○ 갑옷 속에 갇힌 기사. 로버트 피셔/김연수 옮김. 뜨인돌, 2004.
○ 강한 여자의 낭만적 딜레마. 마야 스토르히/장혜경 옮김. 푸른숲, 2003
○ 결국은 아름다움이 우리를 구원할 거야 1, 2. 현경. 열림원, 2002.
○ 동화 밖으로 나온 공주. 마샤 그래드/김연수 옮김. 뜨인돌, 2002.
○ 릴리스 콤플렉스 : 원초적인 모성애로 최고의 엄마 되기. 한스 요아힘 마츠/이미옥 옮김. 참솔, 2004.
○ 무엇이든 할 수 있는 자유, 아무 것도 하지 않을 자유. 홍신자. 명진, 2002.
○ 새로운 나를 여는 열쇠. 제프리 E. 영 · 자넷 S. 클로스코/최영민 · 김봉석 · 이동우 옮김. 열음사, 2004.
○ 우리 속에 숨어 있는 힘. 미리암 그린스펀/고석주 옮김. 또하나의문화, 1995.

○ 우리 속에 있는 남신들. 진 시노다볼린/유승희 옮김. 또하나의문화, 2003.
○ 우리 속에 있는 여신들. 진 시노다볼린/조주현 옮김. 또하나의문화, 2003.
○ 참자기. 제임스 F. 매스터슨/임혜련 옮김. 한국심리치료연구소, 2000.

15. 자기존중

○ 왜 남과 자신을 비교하는가. 폴 호크/김희수 옮김. 사람과사람, 2001.
○ 자기긍정의 힘. 이민규. 원앤원북스, 2003.
○ 자기를 믿지 못하는 병. 롤프 메르클레/장현숙 옮김. 21세기북스, 2004.
○ 자기 보살핌. 앨리스 D. 도마 · 헨리 드레허/노진선 옮김. 한문화, 2002.
○ 자부심을 키워주는 50가지 원칙. 잭 캔필드 · 재클린 밀러/윤은기 옮김. 물푸레, 2001.
○ 자존감. 데이비드 칼슨/이관직 옮김. 두란노, 2002.
○ 행복한 이기주의자. 웨인 다이어/오현정 옮김. 21세기북스, 2006.

16. 마음의 평화

○ 기도. 틱낫한/김은희 옮김. 명진, 2006.
○ 마음의 행복을 찾아주는 책. 멜바 콜그로브 · 해롤드 브롬필드 · 피터 맥 윌리엄스. 느낌이있는책, 2002.
○ 마음의 휴식. 유진 워커/김광수 옮김. 명진, 2001.
○ 마음혁명, 생각의 집착을 끊어라. 리처드 칼슨. 창해, 2006.
○ 평화로움. 틱낫한/류시화 옮김. 열림원, 2002.

성격편 독서목록에 대한 해제

1. 수줍음

당당하게 살자 : 수줍음을 극복하는 법

–머라이 스테인 · 존 워커/이훈구 옮김/FKI미디어/2002

어떤 사람들에게 수줍음은 안전하고 따뜻하며 조용한 누에고치와 같다. 하지만 대부분의 사람들은 수줍음의 어둡고 긴 터널에서 벗어나 삶의 밝은 빛을 찾고자 하며, 수줍음을 극복하여 새로운 자유를 얻길 원한다. 이 책의 지은이들은 수줍음증 치료의 세계적인 대가들로, 수줍음 환자를 직접 치료한 경험을 바탕으로 이 책을 저술했다.

행동수정원리를 토대로 독자에게 수줍음증을 자가진단하고 이를 교정할 수 있는 다양한 방법을 소개하고 있으며, 독자가 이를 직접 실습하고 치료할 수 있도록 구성되어 있다. 대상은 중학생 이상 성인으로, 수줍음 때문에 고생하는 사람들에게 좋은 지침서가 된다. 수줍음 때문에 학교에서 왕따 당하고 우울증에 시달리는 청소년들과 그들의 부모, 학교 교사에게 유용한 처방전이 될 수 있으며, 각 학교의 어머니회, 직장의 연수교육, 대학교의 상담소에서 수줍음증을 다룰 때 좋은 안내서 겸 치유서로 활용할 수 있다.

수줍음

–블레인 스미스/송경숙 옮김/한국기독학생회출판부/2002

이 책은 기독교적 입장에서 수줍음이라는 특정 주제를 자세하게 다루고 있다. 수줍음을 나쁜 것으로만 치부하지 않고 그 유익한 점을 잘 살릴 수 있도록 격려하며, 그리스도인으로서 대인관계를 잘 맺고 사회적으로 활발한 성격을 기르는 실제적인 방법을 제안한다.

지은이 자신이 수줍음을 탄 경험에서 출발하여 수줍음의 실체와 대처 방안을 성경적 시각에서 모색하고, 두려움을 처리하는 방법과 자신 있게 대인관계를 맺는 실제적인 방법을 제안한다. 또한 자기주장을 분명히 하고 낙천적인 사고방식을 개발하는 것의 중요성을 강조하며, 부록에서는 청중 앞에 서는 법도 다루고 있다. 비록 기독교인을 중심으로 수줍음의 문제를 다루었지만, 사람들과 관계를 맺으며 살아가는 모든 이들에게 도움이 될 수 있다.

2. 슬픔 · 상실감

상실

–조앤 디디온/이은선 옮김/시공사/2006

작가인 지은이가 사랑하는 남편과 딸을 잃은 상실감과 슬픔을 극복해 가는 과정을 진솔하게 그려낸 에세이 집이다. 저녁식사를 하던 도중 갑작스럽게 남편 존 그레고리 던을 심장마비로 잃게 된 지은이가 남편을 떠나보내고 겪은 공허감과 상실감, 자기연민의 아픔들을 절절하게 기록했다.

그녀는 특히 사랑하는 사람을 잃은 '비통함' 에 초점을 두고 기술하는데, 사람들이 '사랑하는 사람의 죽음' 에 대해 상상했을 때의 '비통함' 이란 것과 실제 상황에서 느끼는 그것의 차이는 실로 엄청나다고 강조한다.

남편의 죽음을 받아들이지 못하고 남편이 곧 돌아올 것이라 믿으며 구두를 간직하고, 사망 전후 시간을 되돌리며 이야기를 재구성하려 노력하고, 신혼부터의 추억을 복기하여 징후를 찾아내려 애쓰는 지은이의 모습은 상실이 불러낸 비통함이 이성까지 마비시키는 과정을 구체적으로 보여 준다. 지은이가 사랑하던 사람의 죽음을 인정하고 받아들이는 과정을 통해 삶과 죽음의 의미와 감당하기 힘든 상실감을 이겨 낼 수 있는 방법을 진지하게 모색해 보게 된다.

상실과 슬픔의 치유

–하버트 앤더슨/김형준 외 옮김/상담과치유/2004

이 책은 상실과 슬픔으로 고통 받는 사람들을 돌보는 교인들을 위한 지침서로 씌었다. 그러나, 심리학적인 차원에서 상실과 슬픔의 본질에 대해서도 깊이 있고 간결하게 접근하고 있어, 다른 사람들을 돌보기 위한 것이든 혹은 자기 자신을 위한 것이든 상실과 슬픔을 이해하고 극복하고자 하는 모든 사람들에게 도움이 된다. 인간은 왜 애통하고, 인간의 삶에서 슬픔의 시작은 어떤 것이며, 애통이 지닌 역동성과 그 특성에 대하여 다루고 있으며, 그들을 어떻게 도울 수 있는지, 목회적 돌봄은 어떻게 해야 하는지 등이 수록되어 있다.

슬픔이 내게 말을 거네

–존 제임스 · 러셀 프리드만/장석훈 옮김/북하우스/2004

우리는 살아가면서 크고 작은 무수한 상실을 경험하고 슬픔을 느끼게 된다. 그러나 우리들 대부분은 슬픔에 어떻게 대처해야 할지 잘 모른다. 그저 그 슬픔을 마음속에 묻어 두고 혼자서 운다. 『슬픔이 내게 말을 거네』의 지은이들은 상실의 경험과 슬픔에 대하여 긍정적인 관점을 제시한다.

죽음, 이혼, 그 밖의 여러 가지 상실감으로 야기된 감정적 고통으로부터 놓여나는 방법에 대해 알려 주고 있으며, 상실감을 치유하고 슬픔에 대면하여 맞서 일어날 수 있는 길을 보여 준다. 상실과 슬픔을 바라보는 새로운 시각과 구체적인 설명, 그리고 상처를 치유하기 위해 적용할 수 있는 실천 지침들을 다루고 있다.

존 제임스와 러셀 프리드만은 학문적인 이유에서나 직업적인 차원에서 슬픔과 상실감에 관심을 가지게 된 것이 아니라, 지은이 모두 상실의 아픔을 직접 겪고 본인들이 상처를 극복했던 경험을 가지고 있다. 그래서 이 책은 개념적이며 이성적인 관점에서 상실감을 다루지 않고, 상실감에 빠진 사람들에게 삶에 대해 다시 눈을 뜨게 해 주는 진실성이 담겨 있다.

우리 아이가 슬퍼할 때

–러셀 프리드만 · 레슬리 랜던 매뷰스 · 존 제임스/홍현숙 옮김/북하우스/2004

이 책은 아이의 감정 중에서도 특히 슬픔과 상실감에 대해서 본격적으로 다루고 있다. 기존의 육아서가 아이의 학습 능력 발달이나 인성 계발에 초점을 맞춘 부모의 기대치를 반영한 부모 중심적인 성격이 강했다면, 이 책은 온전히 아이에게 초점을 맞추어 아이의 내면과 감정을 부모가 더 잘 이해할 수 있도록 도와준다.

아이가 힘들고 고통스러운 경험을 겪을 때 부모가 어떻게 아이의 마음을 어루만져 줘야 하는지 소개하고 있으며, 상실을 경험하는 아이들의 성장과정을 부모가 어떻게 이끌어 주어야 하는지 이야기한다. 또한 아이의 마음을 밝고 건강하게 키우기 위한 구체적인 대화법과 실천지침들을 제시하고 있다. 자녀를 감정적으로 성숙하고 정신적으로 풍요로운 아이로 키우고 싶은 부모들을 위한 육아지침서라 할 수 있다.

3. 화 · 분노 · 증오

내 안의 화 다스리기

–베티 퍼킨스/박윤정 옮김/Human & Books/2003

베티 퍼킨스는 우리들 마음속에 끊임없이 생겨나 자신은 물론 타인들과의 관계에 심각한 상처를 입히는 화, 질투, 시기의 감정들을 사자에 비유한다. 그리하여 자기 안의 화를 다스리는 것은 사자 조련사가 야생 사자를 길들이는 과정과 유사하다고 역설한다.

마음속에 쌓여 있는 화, 분노, 불만 등의 감정적 잡동사니들을 청산하고 내면을 치유, 타인들과의 관계를 원만하게 하기 위한 구체적인 방법들로 삼켜 두었던 울음의 표출, 전하지 못한 생각의 표현, 억눌렀던 부정적 감정의 표출, 자신의 모든 부분을 인정하기, 자신과 타인에 대한 용서 등을 제시한다. 지은이는 이렇게 사소해 보이는 내면 치유 과정의 중요성을 과소평가하지 말아야 한다고 하는데, 자신을 힘들게 하는 주변 사람들과의 관계를 향상시키는 것은 곧 세상을 향상시키는 일이기 때문이라고 역설한다.

인간관계에 대한 깊은 통찰과 유머로 가득한 이 책은 삶에서 맞닥뜨리는 '사자' 들을 내면의 이해와 개인의 성장을 위한 기회로 변화시키도록 도와준다. 20여 년에 걸친 다양한 연구 활동을 토대로 지은이는 인간관계를 편안하게 되돌려 줄 실질적인 테크닉들을 이 한 권의 책 속에 고스란히 담았다. 그리고 자신은 물론 힘들게 하는 타인들을 대하는 법에 대해 처방을 제시해 주고 있다.

자신의 분노를 이기는 방법

–매튜 맥케이 · 피터 로저스/박애선 옮김/시그마프레스/2004

분노에 대한 심리서로 분노를 바라보는 새로운 시각과 통찰력을 지니도록 도와주는 책이다. 분노(憤怒)란 분하여 몹시 성을 내는 것을 말한다. 또는 흔히 일상생활에서 '신경질 난다, 짜증 난다, 화난다, 성난다' 등의 약한 강도의 말을 하거나 '분노나 격노' 등의 강한 강도의 감정을 말하기도 한다.

분노는 심리적, 신체적, 사회적 등의 측면에서 심각한 문제를 일으킨다. 심리적으로는 불안과 우울 등의 감정을 일으키게 하며, 신체적으로는 근육긴장과 자율신경계의 각성 등을 동반하므로 몸의 이상을 가져오게 된다. 또한 사회적으로는 폭력, 비행 등의 불행한 결과를 불러올 수도 있다.

사람들은 분노를 표현하지 못하거나 잘못 표현함으로써 인간관계에 손상을 가져오고 불행함을 느끼게 된다. 따라서 인간의 행복 정도는 자기 자신의 분노를 어느 정도 통제할 수 있느냐에 달려 있다고 볼 수 있다.

이 책은 분노를 보다 효율적으로 조절할 수 있도록 그에 대한 기술들을 단계별 형태로 설명하고 있다. 또한 분노를 조절하는 훈련과 함께 그와 관련된 핵심 정보 등을 수록하고 분노를 이겨내어 건강한 삶을 영위할 수 있도록 아이디어를 제공해 준다.

죽이러 갑니다

–가쿠타 미쓰요/송현수 옮김/미디어2.0(media2.0)/2007

누구라도 '죽이고 싶을' 정도로 미운 사람을 만날 수 있다. 법 없이 살 사람이라도 그렇다. 이유 없이 괴롭히는 직장상사, 날 버리고 떠난 애인, 공연히 위세를 부리는 거래처 상대 등을 보며 번득 살의(殺意)가 스쳐 간데도 이상할 것이 없다.

책에 실린 7편의 단편소설은, 그 같은 증오의 극단적 모습을 보여 준다. 소설적 재미는 찾기 힘들지만 일상에서 만날 수 있는 사소한 사건과 심리를 세밀하게 묘사한 것은 섬뜩하면서도 흡인력이 있다. 이를 테면 '맑은 날 개를 태우고' 에서 주인공 노리유키는 자신의 아이를 지우고 다른 남자에게 가 버린 전 애인의 애완견을 죽이려 든다. 세상 구경도 못한 채 떠난 딸의 이름을 개에게 붙여 준 무심함을 응징하기 위해서다. '루리짱' 이란 개를 훔쳐 낸 노리유키는 교외에 갖다 버리기로 마음을 바꾸지만 그것도 실패한다. 차를 타고 가던 루리짱이 그의 바지에 멀미를 했기 때문이다.

비릿한 냄새를 풍기는 그 오물이 허벅지에 놀라울 정도로 따뜻하게 다가왔다. 슬프지도 힘겹지도 않고 그저 화가 치밀어 오를 뿐인데 노리유키의 오른쪽 눈에서 눈물이 한 방울 떨어져 굴렀다. 씨발, 비릿한 냄새를 맡으며 노리유키는 다시 한 번 중얼거렸다. -본문 중에서-

화가 날 때 읽는 책

-알버트 엘리스/홍경자 · 김선남 옮김/학지사/2002

우리 인간은 거의 모두가 좌절당할 때 화가 치밀어 오르는 것을 일상적으로 경험한다. 때로는 극도로 분노하여 인간관계에 상처를 주고 후회하게 되는 경우도 허다하다. 그리하여 어떻게 하면 자신의 마음을 통제하여 의연하고 담담하게 지낼 수 있는가를 고심하게 된다. 이러한 면에서 이 책이 유익하게 활용되리라 생각한다. 인간의 행 · 불행은 마음가짐에 달려 있다고 보는 엘리스는 합리적 사고의 능력을 중요하게 보고, 자기 스스로 노력을 통하여 화내는 습관에서 해방되는 방법을 자세히 제시하고 있다.

이 책은 독특한 심리치료 이론을 창안한 지은이가 그의 심리치료 이론을 소개한 것으로, 전문가의 도움 없이 자신이 노력하여 화내는 습관에서 벗어나고, 어떻게 하면 자신의 마음을 통제하여 의연해질 수 있는지에 대한 활용 방법을 제시해 준다.

화, 분노에서 벗어나기 : 10개의 일반적인 분노 유형과 이에 따른 대처 방법

-Ron · Pat Potter-Efron/석태기 옮김/눈과마음/2004

분노는 인간이 살아가는 데 있어 자연스러운 조건이다. 하지만 이를 다스리기란 쉽지 않으며, 때로 해를 입히기도 한다. 이 책의 지은이들은 개인적으로 활동하고 있는 심리치료사들로, 전문 분야는 분노관리다. 이들은 10가지 스타일의 화를 소개하고, 실례를 들어 가며 각 유형에 따라 건강하고 생산적인 방법으로 화를 표현하는 방법을 제시한다. 책에 나와 있는 자기 테스트와 실제 사례를 통해서 스스로의 유형(단일한 유형 및 여러 유형들의 혼합)을 진단할 수 있으며, 만일 특정 유형에 빠져 있다면 거기서 벗어날 수 있는 길을 찾을 수 있다.

화 : 화가 풀리면 인생도 풀린다

-틱낫한/최수민 옮김/명진/2002

틱낫한은 베트남의 승려이자 시인, 평화운동가로 잘 알려져 있으며, 100여 권의 책을 집필한 불교계의 상징적 인물이다. 이 책에서는 인간의 무의식 깊이 자리하고 있으면서 수시로 나타나 합리적이며 이성적으로 살아가는 것을 방해하는 '화(anger)'에 대하여 이야기한다. 화란 무엇이고 어떻게 나오며 어떤 속성을 가지고 우리의 정신에 작용하며, 이런 화를 어떻게 다스리고 대응해야 하는지, 다른 사람들과의 관계에서 어떻게 풀어 나가야 하는지를 조용히 알려 주고 있다.

지은이는 화를 모든 불행의 근원이라고 말한다. 그리고 화를 안고 사는 것은 독을 품고 사는 것과 마찬가지라고 한다. 화는 나와 타인과의 관계를 고통스럽게 하며, 인생의 많은 문을 닫히게 한다고도 한다. 무엇보다 화는 보살핌을 간절히 바라는 아기와도 같아 우리는 화라는 아기의 어머니로 자신에게 역할해야 한다고 얘기한다. 마음의 상처에 대해서도 언급하는데, 우리 대다수는 아직도 마음속에 상처를 갖고 있으나 어린 시절의 상처를 치유하는 방법을 몰랐기 때문에 그 상처를 우리 부모들에게 물려받고 또 우리 자손들에게 옮겨 줄 수도 있다고 지적하면서, 우리가 마음속의 상처를 더듬어 내어 치유해야 하는 이유를 설명하고 있다.

4. 자기 학대

왜 자기 자신을 학대하는가

-존 먼더 로스/류지호 옮김/문학사상사/2000

'새도매저키즘'이란 새디즘(타인에게 공격적이며 고통을 주는 데 쾌감을 느끼는 성향)과 매저키즘(타인에게 학대와 고통을 받으며 쾌감을 느끼는 성향)이 한 개인 안에 존재한다고 보는 심리학적 용어이다. 인간은 스스로 의식하든 안 하든 간에, 타인을 자유자재로 조종하길 원하는 마음이 있다. 또한 자신이 누군가에게 복종하고 벌을 받고 고통을 맛보는 것을 무의식중에 상상한다. 이것이 바로 '일상생활의 새도매저키즘'인 것이다.

이 책은 새도매저키즘을 주제로 하고 있으며, 지은이는 우리가 잘 알고 있는 영화나 소설, 그리고 의사로서 자신이 겪어 왔던 환자들의 실례를 통해 새도매저키즘에 대하여 상세히 설명하고 있다. 그러나 타인을 학대하고 고통을 줌으로써 혹은 타인의 학대를 참고 견디며 쾌감을 느끼는 것은 비록 일시적인 만족을 줄지는 모르지만 불안, 공포, 허탈감이 공존하는 불안정한 정신상태라는 것이 지은이의 설명이다. 지은이는 심리요법 등의 치료법과 치료과정을 제시하며 새도매저키즘을 극복하고자 한다. 이 책을 통해, 일상생활 속에서 나타나는 새도매저키즘의 양상들을 분명히 알 수 있을 것이고, 그 원인과 치료법을 찾을 수 있을 것이다.

5. 우울증

검은 태양 : 우울증과 멜랑콜리

–줄리아 크리스테바/김인환 옮김/동문선/2004

프랑스 정신분석의사인 줄리아 크리스테바가 우울증을 집중적으로 분석하며 우울증 이기는 방법을 안내하는 책이다.

지은이는 '멜랑콜리' 즉 우울증을 세기병이라고 진단하며 '슬픔의 심연, 가끔 그리고 자주 우리의 마음을 지속적으로 송두리째 빼앗고, 말을 하거나 행동을 할 기력마저도, 살고 싶은 의욕마저도 잃어버리게 만드는 의사소통 불능의 고통' 이라 정의한다. 이런 우울증에 대해 언어학, 기호학, 심리학, 인류학, 사회학, 철학, 페미니즘, 미학 등 다양한 분야에 걸쳐 논의를 시도한다.

전통적인 정신분석학에서는 우울증을 억압된 분노의 표현이라고 이야기한다. 분노는 잃어버린 대상에 대해 느끼는 감정이며 '돌아오지 않은 사랑' 이다. 그러므로 우울증은 '상실한 대상에 대한 참기 힘든 슬픔의 상' 에서 비롯된다는 것이다. 반면, 현대 정신분석의들은 우울증을 '불완전하고 텅 빈 원초적 자아의 신호' 라 보고, 우울증은 어떤 근본적인 결점, 선천적인 결여로 고통받는 질병이라고 생각하며, 정신분석을 통해 자아의 신호를 감지하는 것이 가장 좋은 치료방법이라고 제안한다.

검정개 블래키의 우울증 탈출기

–베브 아이스베트/김은령 옮김/명진출판사/2004

인간은 누구나 우울해질 때가 있다. 각자가 처한 상황이나 문제를 바라보는 시각에 따라서 우울증의 정도나 그 기간에는 차이가 있다. 이 책은 경미한 우울증을 앓고 있는 사람, 우울증을 인간사에서 빚어지는 자연스러운 현상으로 받아들일 수 있는 여유를 가진 사람이나 일시적인 슬럼프에 빠진 사람들이 우울증을 예방하기 위해 가벼운 마음으로 잡을 수 있다.

호주의 인기 작가이자 일러스트레이터인 지은이 역시 한때 우울증에 빠져 괴로운 나날을 보냈다. 그 경험이 이 유쾌한 우울증 탈출기에 녹아 있다. 지은이는 우울증 그 자체이면서도 우울증에 걸린 현대인의 모습이기도 한 주인공 '블래키' 를 통하여 재치와 유머가 있으면서 단순하고도 명확하게 우울증에 대해 이야기하고 있다.

블래키(Blackie)는 검정개(Black dog)에서 유래되었다. 영국의 위대한 지도자이자 노벨문학상 수상자인 처칠은 평생 우울증으로 고통 받았으며, 일생 동안 자신을 괴롭힌 우울증을 '검정개' 라 불렀다. 다양한 모습의 삽화로 그려진 블래키의 모습을 통해 우울증의 징후와 증상, 원인을 정확하게 파악할 수 있으며 자신이 가지고 있는 문제도 객관적으로 바라볼 수 있다. 또한 블래키가 우울증을 극복하는 과정을 살펴봄으로써 우울증 극복의지를 스스로 고양시킬 수 있다.

심각하게 생각했던 우울증을 웃음과 유머로 다루고 있는 이 책은 우울한 시대를 살아가는 현대인에게 긍정적인 사고방식과 자신감을 심어 줄 것이다. 긍정적인 사고방식과 자신감이 바로 우울증을 탈출할 수 있는 비법이라는 것이다.

나만 혼자 몰랐던 내 우울증

-노무라 소이치로/변은숙 옮김/팝콘북스/2006

현대인들에게 감기처럼 만연해 있는 '우울증'의 자가진단과 극복법, 구체적인 치료 절차에 대해 설명해 주는 책이다. '우울한 감정'과 '우울증'은 분명 다르다. 그러나 항상 마음이 무겁거나 기분 변화가 잦고 비관적인 생각이 든다면, 자신이 우울증이 아닐까 의심해 볼 필요가 있다.

이 책에서는 우울증일지도 모르는 여러 비관적인 감정에 대해 설명하고, 가면 우울증, 산후 우울증, 계절성 우울증 등 생활 속 우울증에 대해 소개해 준다. 또한 우울증 자가 진단 테스트를 통해 스스로 자신의 우울증을 진단해 볼 수 있게 하였으며, 우울증 극복과 치료법에 대해 구체적인 사례 위주로 소개해 놓았다.

스스로를 우울증이라고 진단한 사람들을 위한 치료 방법과 약물까지 아울러 소개하고 있다. 우울증에 시달리고 있는 사람, 힘들고 지쳐 우울증이 아닐까 걱정하는 사람들 모두에게, 스스로를 돌아보고 자신의 문제를 파악하여 해결책을 찾아낼 수 있도록 도와준다.

보이는 어둠 : 우울증에 대한 회고

-윌리엄 스타이런/임옥희 옮김/문학동네/2002

이 책은 영화 〈소피의 선택〉의 원작자로 잘 알려진 윌리엄 스타이런이 경험했던 우울증에 대한 솔직하고 통렬한 보고서이다. 퓰리처상을 수상하고, 그 어느 때보다도 문학적 역량을 발휘하던 지은이는 1985년 가을 극심한 우울증을 겪게 된다. 그 과정에서 통과하게 된 수많은 감정의 터널과 그것을 극복하기까지의 과정을 담담하면서도 적나라하게 펼쳐 보인다. "시골 동네 전화국이 홍수에 잠겨 드는 것처럼" 가라앉기 시작한 자신을 바라보며 느껴야 했던 절망, 또 그것과의 사투, 결국 "절망을 넘어선 절망이자 언어 너머에 있는 어둠"을 바로 보게 되기까지의 체험이 고스란히 녹아들어 있다.

우울증은 '마음 상함'에 근거한다. 어떤 계기로 어느 때, 마음이 상했는지 모르지만 특정 시점에 우울증이란 질병으로 발병한다. 그러나 우울증은 의지박약의 징후이거나 나약한 정신의 치욕이 아니라, 고통으로 인해 죽음에 이를 수 있는 치명적인 병이라는 것을 지은이의 회고를 통해 알 수 있게 해 준다. 결국 우울증의 고통은 자신만의 것이고, 스스로 헤쳐 가야 하는 병이다. 동시에, 이 병과 싸워 이겨 회복된 많은 사람들이 입증하듯, 극복할 수 있는 병이기도 하다. 우울증의 심각성을 알려 주고 동시에 지은이의 우울증 극복과정이 감동적으로 기술되어 있다.

사람은 왜 죽고 싶어 하는가

–시모조노 소우타/이수진 옮김/홍익/2004

일본의 카운슬러인 지은이는 죽고 싶어 하는 사람들을 수없이 많이 만나고 상담해 온 결과, 죽고 싶은 마음과 싸우는 이들, 사랑하는 사람을 자살로 잃을까 두려워하는 이들, 사랑하는 사람을 자살로 잃고 자신을 책망하는 이들에게 이 책을 권한다.

지은이는 '감정프로그램' 이라는 자신만의 독특한 방식으로 우울한 상태를 설명한다. 그에 따르면 이들 감정 기제 가운데 고통 프로그램이 오작동을 일으키면 '나는 충분히 쉬고 있다', '이 일은 나밖에 할 사람이 없다', '지금은 최선을 다해야 할 시기다' 라며 고통을 주관적으로 조종한다. 그리고 분노 기제가 오작동하면 '나만 옳다' 는 경직된 사고에 빠져 바른 충고도 무시한다. 불안 기제가 제대로 작동하지 않으면 쉽게 잠들지 못하고, 슬픔 기제가 기능을 못하면 먹는 양이 급격히 줄고 맛도 못 느낀다. 보통 이들 기제가 한꺼번에 발동하면서 우울증에 빠진다고 보는 것이다. 덧붙여 감정프로그램 오작동의 예방과 치료를 위하여 구체적인 방법들을 제시하고 있다.

현재 겪고 있는 괴로움으로 인해 책을 읽어도 그 내용이 좀처럼 머리에 들어오지 않을 독자를 위해서 테마별로(끊임없이 괴로워하는 사람에게, 죽고 싶어진 사람에게, 사랑하는 사람의 죽고 싶은 마음을 알게 된 당신에게, 회복기를 완전히 극복하는 방법, 회복을 돕고 있는 당신에게) 나뉘어 있고 현재 자신이 가장 알고 싶어 하는 부분을 먼저 읽어도 무리가 없도록 구성되어 있다.

왜 나만 우울한 걸까

–김혜남/중앙M&B/2003

이 책의 장점은 학술적인 전문용어들을 쓰지 않으면서도 마치 소설을 읽는 것처럼 여러 가지 사례와 함께 자신 특유의 화법으로 우울증에 대한 이야기를 풀어 놓고 있어, 독자로 하여금 무거운 주제인 우울증마저도 편안하게 받아들이고 치유에 이를 수 있도록 하는 지은이의 역량과 배려가 느껴진다는 점이다. 이것은 지은이 역시 고 3때 언니의 죽음이 상처로 남아 오랫동안 우울에 시달렸고 우울이 한 인간의 영혼을 얼마나 갉아 먹는지, 얼마나 고통스러운지를 몸으로 체험하였기 때문일 것이다. 그래서 정신분석 전문의인 지은이가 우울을 바라보는 시각은 남다르다. 그는 우울마저도 피하지 말고, 이를 기회로 지금껏 참아 왔던 눈물이라도 흘리고 나면 시원해진다고 여유 있게 이야기한다.

좌절이나 슬픔을 경험할 때 해결되지 않은 공격성이 울음이라는 통로를 통해 빠져나가게 놔두는 것은 그래서 중요하다. 어떠한 이유에서든지 울음을 억제할 경우, 공격성을 방출하고 중화시키는 눈물의 기능이 억압된다. 그리고 방출되지 않는 공격성은 내부에 쌓여 결국 자신을 공격한다. 그래서 어느 순간 우울에 확 빠져 버리는 것이다. –본문 중에서–

그리고 우울의 강을 현명하게 건너는 법으로 '나쁜 마음도 숨 쉴 수 있게 하라, 당신이 먼저 손을 내밀기만 하면 된다, 외로움을 이겨 보겠다고 애쓰지 마라, 보통 사람이 되는 걸 부끄러워하지 마라' 등의 방법을 권한다.

우울의 늪을 건너는 법 : 우울증은 나의 인생을 어떻게 바꾸었나

–홀거 라이너스/이미옥 옮김/궁리/2003

이 책은 현재 독일의 저명한 건축가이자 성공한 사업가이며 단란한 가족의 가장이기도 한 지은이가 20년 이상 고통 받던 우울증의 늪에서 빠져나와 새 삶을 살 수 있게 된 과정을 담담하지만 치열하게 적은 고백서이다.

무능하고 성의 없는 의사를 만나 약물중독의 위험에 빠지기도 했던 지은이는 몇 년 만에야 자신을 우울증의 늪에서 건져 줄 참된 의사를 만나게 된다. 자신을 무조건적으로 믿어 주며, 희망의 끈을 놓지 않았던 담당의 덕분에 과다한 약물치료에 의존하지 않게 된 지은이는, 자신만의 우울증 극복 노하우를 쌓아 가기 시작한다. 햇빛의 중요성, 달리기의 효용, 규칙적인 일과표가 주는 자신감, 의사 앞에서 백 퍼센트 솔직해지기 등 지은이가 몸으로 부딪쳐 터득해 낸 우울증 치료법들을 눈물겹게 그려 내고 있다.

오늘날까지도 우울증의 그림자에서 완전히 벗어나지 못했다고 말하는 지은이는 그렇지만 우울증 역시 신경통이나 당뇨병과 같은 일상의 '병'에 불과하다고 말한다. 발병인자를 다룰 줄 알고 메커니즘을 이해하고 이에 적응하면 우울증을 안고서도 살아갈 수 있으며, 잘 통제하면 남보다 잘 살아 나갈 수도 있다고 한다. 지은이가 말하는 우울증의 원인은 '자신의 고유한 삶이 아닌, 다른 사람의 삶을 모방하려는' 자세다. 이때 현실과 환상 사이의 괴리가 우울증을 낳는다고 말한다. 자기 자신만이 가진 고유한 가치를 인정하고 자존심의 붕괴를 막을 때, 비로소 우울증의 순환고리를 끊을 수 있다는 깨우침을 주는 책이다.

우울증 스스로 극복하기

–폴 호크/김희수 · 박경애 옮김/사람과사람/2005

수십 년간 우울증 환자들을 상담, 치료한 미국의 저명한 심리치료 전문가 폴 호크(Paul A. Hauck) 박사가 우울증의 원인을 분석하며 인지–정서–행동치료요법으로 우울증 이기는 방법을 안내하는 책이다.

폴 호크 박사는 우리가 너무나 당연하다고 믿는 비합리적 신념이 바로 우울증의 원인이라고 지적하고, 오랫동안 굳어진 이 잘못된 생각들을 바꾼다면 우울증에서 충분히 벗어날 수 있다고 강조한다.

호크 박사가 바꿔야 한다고 지적한 고정관념은 '① 뭔가 잘못했거나 부도덕한 행동을 저질렀을 때 또는 다른 사람에게 해를 끼쳤을 때 죄책감을 갖는 게 도덕적으로 옳다는 생각, ② 슬픈 사건이나 비극적인 사건에 부딪혔을 때 두렵고 참기 힘들어하는 것은 당연하다는 생각, ③ 다른 사람의 고통이나 불행을 보고 슬퍼하며 우울한 감정이 드는 것이 당연하다는 생각' 등이다. 이 책에서는 우리들이 상식적이라고 믿고 있는 이러한 신념들이 왜 비합리적이며 잘못된 것인지, 그 틀에서 벗어나려면 어떻게 해야 하는지를 설득력 있게 기술하고 있다. 특히 실제로 생각을 바꿔 우울증을 극복한 생생한 임상사례를 제시하는 점이 바람직하다.

예를 들면, 아내를 무시하는 남편에게 공평성 문제를 들어 화내고 미워한 것이 아니라 남편의 결점을 고치고 약점을 보완할 방법을 찾은 주부, 자식을 알코올중독자로 만들어 놓고도 함께 술을 마시자는 청을 거절하면 불효임을 앞세워 야단치는 부친 때문에 우울증에 걸렸다가 죄책감 없이 부친의 요구를 거절할 수 있었던 아들, 빈민들을 위해 일하다가 그들의 고통으로 자신도 비애를 느끼고 끝내 우울증에 걸린 사회복지사가 타인에 대한 동정을 극복하고 다시 일터로 나갈 수 있었던 사례 등을 구체적으로 제시하여 우울증도 극복될 수 있다는 희망적 메시지를 전해 준다.

우울증에 관한 희망의 보고서

–루이스 월퍼트/이원경 옮김/청어람/2003

이 책은 우울증으로 심한 고통을 받았던 지은이가 이를 극복한 후 객관적인 관점에서 우울증을 살펴보고 치유방법을 제시하고 있다. 지은이는 이 책에서 단순하고 일시적인 기분 변화로서가 아니라 질병으로서의 우울증을 다루고 있다.

우울증의 역사, 원인과 치료에 대한 심리학적, 생물학적 해석 및 치료 효과, 치료법 등 우울증에 대한 전반적인 지식을 충실하게 전달함으로써 우울증의 본질을 이해하도록 도움을 준다. 동시에 우울증으로 고통 받고 있는 사람과 같이 생활하거나 함께 일하는 사람들이 우울증의 본질을 이해하도록 도와주는 책으로, 서양과 그 외 다른 문화권에서 우울증의 진단과 관련된 문제점도 알려 주고 있다.

우울증 웃어야 산다!

–수지 수마이유/박정연 옮김/예신/2003

인구의 15%가 평생에 한 번쯤은 걸린다고 하는 우울증은 유전적 취약성과 동시에 인성과 과거에 있었던 부정적인 사건, 상실과 포기의 경험들, 새로운 상황 적응 능력을 필요로 하는 고통스러운 변화 등 복잡한 요인들로 인해 우울증적 소질을 갖추게 되면 상황 대처 능력을 상실하게 된다고 한다. 그로 인해 설명할 수 없는 슬픔, 관심과 즐거움의 상실, 피로감, 에너지 상실, 스스로 즐거움을 느낄 수 없음, 수면 장애, 식욕 부진, 느린 어조와 행동, 무능력감, 죄책감, 불안감, 마음의 동요, 모든 것들에 대한 부정적인 인식과 해석, 음울한 생각, 자살에 대한 생각 등의 증상으로 나타난다.

의학전문기자가 쓰고 정신과 전문의가 감수한 이 책은 우울증에 대한 실용서이다. 전문학술서의 성격이라기보다는 우울증에 대한 단편적인 정보들을 모아 놓은 대중서로서, 우울증에 대한 심각성을 부각시키고 건강에 대해 많은 지식을 갖춘 대중들의 범위를 더욱 확대시키고자 하는 의도에서 출간되었다. 내용은 우울증에 대한 요인, 증상, 치료법을 아홉 개의 큰 주제로 나누고 있으며, 특히 각 주제와 관련된 주요 내용은 신문의 박스기사처럼 강조하여 우울증에 대한 정보 전달에 중점을 두고 있다.

우울증은 치료된다

-와타나베 쇼스케/오강섭 감수/동도원/2000

우울증은 인간에게 극히 보편적이며 인류가 시작되어 온 이래로 계속되고 있는 병이면서도 우울증에 대한 정확한 지식과 그 해결책을 알고 있는 사람은 드물다. 우울증을 의미하는 '멜랑콜리' 라는 말은 그리스어로 '검은 담즙' 을 뜻한다고 한다. 고대 그리스 병리학에서는 혈액이나 점액, 담즙 등 체액 사이의 균형이 깨졌을 때 우울증이 발생한다고 생각하였고, 히포크라테스는 공포감과 우울이 오랫동안 계속되는 것은 멜랑콜리라는 병 때문이라고 기술하였다.

일본 가와사키 의대교수인 지은이는 오랜 기간 우울증을 치료한 경험을 바탕으로 우울증을 앓고 있는 환자, 가족, 또는 동료가 어떻게 대처하면 좋을지 구체적으로 설명하고 있다. 우울증이란 무엇인가를 먼저 밝히고 정상인의 기분 좋지 않은 상태와 우울증과의 차이를 살폈다. 그리고 우울증이 발생하게 되는 원인과 증상 및 유형, 치료방법과 의사의 역할, 환자와 가족의 역할, 그 예방까지 망라하여 아우르고 있다.

자신의 병을 치료하는 데 병을 극복하려는 자세와 스스로의 노력이 더해진다면 그 치료 결과가 더 좋아질 것이라는 생각에서 가능하면 전문용어를 쓰지 않고 쉬운 용어를 사용하여 우울증에 대한 이해를 돕고 있다. 글을 읽어 내려가다 보면 우울증은 우리가 생각하는 것보다 심각하지만 반드시 치료될 수 있다는 지은이의 신념을 강하게 느낄 수 있다.

우울한 현대인에게 주는 번즈 박사의 충고

-데이비드 번즈/박승룡 옮김/문예/1998

약물을 쓰지 않고도 '인지요법' 으로 고통스런 우울증을 쉽게 극복할 수 있는 방법을 소개하는 책이다. 데이비드 번즈는 인지 요법의 창시자 중 한 사람이며, 이 책에서는 우울증에서 나타나는 심각한 정서 장애와 불안을 감소시킬 수 있는 혁신적인 방법과 항상 기분을 밝게 할 수 있는 여러 가지 '인지요법' 의 기법들을 제시하고 있다.

우울증은 분노와 불안감을 대표하는 장애이다. 우울증 증상은 자신의 객관적 모습과는 무관하고 또한 근거조차 없는 무력감 · 비하감 · 자책감 · 비애감 등에 시달리는 것이다. 우울함을 느낄 때 인간의 사고는 부정적 정서에 의해 지배받는다. 그런데 부정적 사고에는 거의 언제나 큰 왜곡이 포함되어 있으며 그 비합리적이고 뒤틀린 생각이 고통의 중요한 원인이 된다는 것이다. 따라서 우울하고 불쾌하게 만드는 정신적 왜곡들을 똑바로 바라보고, 정확히 가려 내어 제거하고, 효과적으로 자신의 기분을 다룰 수 있도록 하는 것이 가장 좋은 우울증의 치료법이라고 강조한다.

이 책에는 우울증 정도를 진단할 수 있는 구체적 항목, 우울증의 기초를 이루는 10가지 인지적 왜곡 방식, 왜곡된 자기 인식을 벗어 버리고 우울증에서 걸어 나올 수 있는 구체적인 실천방법들이 소개되어 있어 스스로 우울증을 진단하고 치료할 수 있도록 도와준다.

조울병, 나는 이렇게 극복했다

-케이 레드필드 재미슨/박민철 옮김/하나의학사/2000

임상심리학 박사인 케이 재미슨 박사가 실제로 조울병을 앓았고, 또 극복한 사람의 입장에서 조울증의 원인과 치료방법을 소개한 책이다.

케이 재미슨 박사는 17세 때 일명 양극성 정동장애, 또는 기분장애라고 불리는 조울병이 발병하여 대학, 대학원, 임상심리 훈련과정을 마치고 대학교수가 되어 기분장애 클리닉 소장을 역임할 때까지 수많은 우여곡절을 겪었다.

그녀는 심리검사, 교육, 연구에 몰두할 때도 있었고, 연인과의 사랑에 빠질 때도 있었으며, 사랑하는 남편의 도움으로 결혼생활을 잘 해 나가기도 했고, 마음이 들뜬 상태에서 이룰 수 없는 많은 계획을 세우고 돈을 낭비하고, 날을 새워 가며 흥분에 들떠 있었던 때도 있으며, 절망과 절규 속에서 자살기도를 할 때도 있었다. 이런 많은 시간 속에서 지은이는 자신의 병을 받아들여 리튬을 복용하고 담당의사의 정신치료를 잘 받고 있었을 때는 모든 것이 무난했지만, 약의 부작용 또는 환자라는 생각 때문에 복용을 거부할 때는 상태가 악화되어 어려운 인생을 겪었다고 한다.

조울병 환자이면서 대학병원 정신과의 기분장애 클리닉 소장으로 일하고 있는 지은이가 겪은 힘겨운 투병과정을 통해 조울병은 환자, 가족, 의사의 마음이 함께하면 얼마든지 극복할 수 있고, 조울증 환자라 하더라도 얼마든지 멋진 인생을 살아갈 수 있다는 가능성을 보여 준다.

한낮의 우울

-앤드류 솔로몬/민승남 옮김/민음사/2004

우울증을 경험한 다양한 환자들과 의학 전문가들의 의견과, 약물의 종류와 작용 방식에서부터 명상에 이르기까지 우울증의 치료 방법을 폭넓게 소개하는 책이다.

자신이 우울증을 겪고 있는 지은이 앤드류 솔로몬은 1998년 '뉴요커'에 "멜랑콜리에 관하여"라는 글을 발표한 후 천여 통의 편지를 받았다. 저널리스트 솔로몬은 수많은 주제를 다루었지만 그토록 많은 사람들이 그토록 할 말이 많은 주제는 없었다고 말한다.

솔로몬은 인터뷰와 방대한 자료 조사를 통해 과학, 철학, 역사, 정치, 문화 전 분야에서 "멜랑콜리"를 집요하게 추적했다. 먼저 지은이 자신의 우울증에서 시작하여 타인의 유사한 우울증, 타인의 색다른 우울증, 그 다음에 전혀 다른 환경의 우울증의 순서를 따라 접근한다. 절망에 저항한 헤겔, 고통 속에서 묘한 위안을 받은 키에르케고르, 정신 질환을 지배 구조로 설명한 푸코 등 철학적인 고찰을 통해 '고독'이라는 인간의 근원과 우울증을 살펴본다. 또한 자살, 약물중독, 불안, 유전자, 스트레스와 우울증의 관계, 그리고 우울증이 야기하는 인간관계와 성격의 변화에 대해서도 깊이 있는 설명을 제공한다.

이 책은 우울증과 관련된 환자들과 의학 전문가들의 모든 의견과, 약물의 종류와 작용 방식에서부터 명상까지 모든 치료 방법을 무게 있게 다루면서, 우울증의 절망을 딛고 일어난 사람들의 이야기를 통해 우울증 치료의 방법을 폭넓게 탐색했다.

6. 대인공포증

대인공포 클리닉 : 대인관계, 자신 있습니까?

-이시형/이다/2002

이 책은 대인공포 클리닉에서 환자를 진료한 경험을 바탕으로 대인공포에 대한 이론적 배경이나 치료지침을 이해하고, 누구나 쉽게 읽고 생활에 바로 응용할 수 있도록 신경정신과 전문의가 쓴 실용서이다. 지은이의 조사 결과 전 인구의 5%정도가 대인공포증 환자이며, 대인 불안으로 어려워하고 있는 사람들이 80%를 웃돌고 있다고 한다.

특히 한국 사람들은 편한 사람들과 왁자지껄하게 떠들다가도 낯선 사람을 만나면 유난히 부자연스러워하고 어색해한다. 외국 사람을 만나거나 승강기 안에서의 모습은 이러한 대인관계의 불편을 단적으로 보여 주는 사례이다.

대인공포증은 의식적인 노력으로 성격 개조를 할 것이 아니라 자기 성격을 배척하지 말고, 그것을 자신의 일부로 받아들이며, 자기 성격의 장점을 찾아내어 이를 적극 활용하라고 조언한다. 대인공포의 다양한 사례와 심리적 원인, 대처방법, 극복방안에 대해서 지은이 특유의 배짱과 낙관으로 여유 있게 풀어 놓고 있어 누구나 쉽게 읽고 받아들일 수 있다.

사회공포증의 이해와 극복하는 방법 : 수줍음의 비밀

–Franklin Schneler/오동재 · 오강섭 옮김/하나의학사/2001

사회적 상황을 자기 멋대로 잘못 해석하면서 긴장을 하는 사회 공포증 환자들을 위한 책이다. 사회공포증과 인간의 두려움에 대한 설명과 사회적 불안의 원인에 대해 생물학적인 것과 심리학적인 것, 사회학적인 것, 문화적인 것 등을 체계적으로 기술했다.

사회공포증은 다른 사람들과의 관계를 중요시하는 집단주의 문화권에서 더 많이 나타나는 장애이다. 사회공포증의 핵심은 '다른 사람들이 나를 어떻게 볼까' 하는 것이다. 즉 '다른 사람들이 나를 어떻게 생각할까' 와 관련하여 자신에 대한 타인의 부정적 평가를 두려워하는 사회공포증 양상이 더하며, '상대에게 해를 끼치지는 않았나', '내가 한 말에 기분이 상하지 않았나', '내가 공격적으로 비치지 않았나', '상대에게 폐가 된 것은 아닌가' 등의 가해 염려적인 내용이 추가되어 나타난다.

이 책에서는 사회공포증을 가진 사람들이 호소하는 불안의 양상과 극복방법을 상세하게 제시한다. 즉, 자기배려 행동, 불안 행동, 체취, 분노 가능성, 얼굴 붉히기, 시선접촉 등 타인을 불쾌하게 만들거나 불편하게 할지도 모르는 행동을 두려워하지 않고 자연스럽게 표현할 수 있도록 정보를 제공한다.

사회불안증의 인지행동치료

–Debra A. Hope 외/최병휘 옮김/시그마프레스/2006

미국 템플대학교 Richard Heimberg 박사 등에 의해 개발된 사회불안증 인지행동치료 프로그램인 'Managing Social Anxiety' 의 참가자용 교재이다. 사회불안과 인지행동치료에 대한 방대하고도 자세한 내용들을 담고 있어 프로그램 참가자들뿐 아니라 이 분야를 전공하는 전문가들에게도 많은 도움이 되는 내용을 담고 있다.

이 책에서는 구조화된 점진적 노출과 인지재구성, 그리고 약물치료와 같은 다양한 인지 행동적 기술들과 치료법에 관한 자세한 정보를 수록하여 사회불안으로 고통 받는 사람들에게 도움을 준다.

오해의 심리학

–오드리 넬슨 · 수잔 골런트/김경숙 옮김/친구미디어/2006

남녀 간 대화 속에 숨겨진 비언어적 의사소통의 실체를 면밀하게 연구하여 사람들이 인식하지 못하는 비언어적 의사소통의 중요성을 일깨워 주는 책이다.

지은이는 남자와 여자의 생물학적 특성과 사회적으로 형성되어 온 인위적 성별 특성을 설명하고, 이러한 성별 특성이 비언어적 의사소통에 어떻게 표현되고 있는가를 보여 준다. 또한 비언어적 신호체계(얼굴, 눈, 웃음, 신체접촉, 개인공간의 필요, 태도와 자세, 몸짓, 목소리, 경청, 대화기술, 복장 등등)로 인해 가정과 직장, 사회 속에서 무수한 오해와 갈등을 가져왔는지를 충분한 사례와 함께 생생히 보여 주고 있다.

또한 성공적인 의사소통을 이뤄 나가기 위해서는, 남자와 여자가 각각의 성별 특성을 유지하면서 상대방의 비언어적 행동의 장점을 받아들이는 양성적인 의사소통이 요구된다. 또한 남성과 여성은 이러이러해야 한다는 성별 고정관념에서 탈피하고, 남성과 여성이 서로를 이해하는 성유연성이 필요하다고 강조한다.

이시형 박사의 대인공포증 치료 상, 하

–이시형/풀잎/2004

이 책은 지은이가 처음 개발하고 시행하였던 '대인공포증 집단치료' 과정에서 의사와 환자들이 나눈 대화를 녹취하여 싣고, 새 치료기법에 대한 이론적 배경을 설명하고 있다. 대인공포증은 사람에 대한 공포라기보다 자기 상태에 대한 불안을 느껴 그것이 다른 사람들에게 어떻게 비춰질까, 타인이 자신의 결점을 눈치 채고 자신을 기피하거나 싫어하지 않을까 두려워하는 증상이라고 한다. 이 증상은 혼자 있을 때 아무 증상이 없다가도 대인 상황에서 발생한다는 것이 특징이다.

지은이는 우리나라 사람들에게 유별나게 많은 대인공포증의 원인을 사회문화적 요인에서 찾고 있으며, 이것을 치료하기 위해 집단치료를 시도한다. 집단치료는 3~4회의 개인면담을 거친 후 8주(주 1회)에 걸쳐 시행되고 4회의 추적치료의 수순을 거친다. 지은이가 제시하는 집단치료의 장점은 다음과 같다. 첫째, 의식의 왜곡을 깨닫게 하기 위해 치료자의 지적보다 환자 상호 간의 대화, 지적, 논평, 다른 환자의 관찰을 통해 자신의 착각임을 통찰하게 한다. 둘째, 환자들이 두려워하고 피하고 싶은 집단에 노출시킴으로써 현실과 같은 상황에서 실제적인 치료가 된다. 셋째, 역할연습 등 행동기법을 실제 집단상황에서 실시할 수 있다. 이 책은 진지하게 읽고 합리적으로 사고하고 유연하게 대처할 때 치료가 가능하도록 되어 있는 자가치유서다.

7. 강박증

강박증 이제 안녕

–EDNA B. FOA/박형배 옮김/하나의학사/2000

이 책에서는 강박사고와 증상에 대해 균형 있는 시각을 가질 수 있고 강박사고에서 벗어나는 법과 강박행동을 조절하는 법을 배울 수 있다. 지은이는 강박장애에 대한 전문가로, 이 책에서 강박증으로 고통 받는 사람들을 위하여 20년 이상 유수한 임상센터에서 평가받고 효율성이 입증된 자조치료훈련(self help instruction) 프로그램을 소개하고 있다. 최근의 연구결과에 의하면 자조치료훈련 프로그램이 전문가의 치료만큼 효과적이라고 한다.

책에서 다뤄지는 강박증 환자의 유형으로는 반복해서 씻기와 청결하게 하는 사람, 반복해서 확인하는 사람, 반복적인 행동을 하는 사람, 반복해서 정리 정돈하는 사람, 사소한 물건도 못 버리고 모으는 사람, 생각으로 의식적 행위를 하는 사람, 반복해서 걱정하는 사람, 순수한 강박적 사고를 하는 사람이 있다. 특히, 자신의 강박증상을 분석하고 증상에 맞게 활용할 수 있도록 치료전략들을 제시하고 있으므로, 경미한 강박증 증상의 경우 치료될 수 있다는 믿음을 가지고 이 책에서 제시된 자조치료훈련을 따르면 정신보건 전문가의 직접적 지도 없이도 증상을 극복할 수 있도록 되어 있다. 증상이 심한 경우에는 전문가의 도움을 받아 집중훈련을 받도록 권유하고 있다.

공중그네

–오쿠다 히데오/이영미 옮김/은행나무/2005.

어딘가 수상해 보이는 정신과 병원을 배경으로, 이라부 박사와 여러 환자들이 벌이는 요절복통 사건들과 엉뚱한 치유과정을 재미있게 그려 낸 소설이다.

사람들은 누구나 살아가면서 슬럼프 또는 견뎌 내기 힘든 상황을 만나게 되는데, 그 벽을 넘지 못하면 더 이상 나아갈 수 없다는 강박관념과 무게에 의해서 더욱 수렁에 빠지는 경우가 많다. 이 책에서는 이러한 상황에서 어떻게 헤쳐 나가야 하는지, 강박관념을 어떻게 이겨 내는지, 두려움을 어떻게 없애는지를 조금은 황당무계하게, 그러나 효과만점으로 보여 주고 있다.

진지하고 무겁게 생각했던 마음의 문제를 가볍고 유쾌하게 풀어내고 있는 이 소설은 읽기 쉽다는 장점을 지녔으며, 어려움에 처한 이들에게 새롭게 삶을 마주하도록 힘과 용기를 주는 즐거운 책이다.

나는 왜 나를 피곤하게 하는가

–권준수/올림/2000

현대문명의 혜택이 정신적 편안함까지 보장해 주지는 못한다. 사회가 복잡해지고 전문화되면서 사람들은 정신적으로 더 초조하고 불안하며 피곤한 삶을 살고 있다. 지은이는 경쟁이 치열하고 세계 어느 나라보다도 변화의 속도가 빠른 한국에서 사는 사람들의 대부분이 과도한 정신적 중압감에 시달리고 있으며 대부분이 강박증을 앓고 있다고 진단한다.

강박증이란 '본인이 원하지 않는데도' 마음속에 어떠한 생각이나 충동이 자꾸 떠올라 이로 인해 불안을 느끼고 그 불안을 없애기 위해 반복적으로 일정한 행동을 하는 것이다. 말하자면 강박증은 '내가 나를 피곤하게 하는 것' 이라고 정의할 수 있다. 강박증은 신경증, 즉 노이로제의 일종으로 인간에게 장애를 가져오는 10번째 질환이며 우울증, 약물중독, 공포증에 이어 오늘날 네 번째로 흔한 질병이라고 한다.

지은이는 강박증 클리닉을 운영하면서 얻은 체험의 산물로 우리 사회의 강박증에 대한 인식을 높이기 위하여 이 책을 출간하였다. 1부에서는 우리 주변의 강박 증세, 2부에서는 강박증의 실체와 사례, 3부에서는 정신치료, 약물치료, 인지행동치료 등의 최신치료법을 다루고 있으며 부록으로 강박증상 체크리스트가 있다.

살아 있는 죽음 강박증 1, 2

–김선인/한솜/2002

지은이는 비전공자로서 5년 동안 개인 연구의 고독을 극복하며 강박증이 불안장애가 아니라는 관점의 연구를 계속했다. 국내 유일의 강박증 환자를 돕는 비영리 단체인 '한국 강박증 봉사회'의 대표로 있으면서 2002년에 강박증은 사람이 어떤 순간을 느끼려 하고 괴로움을 겪을 때 발병하는 중독성 병이며, 치료의 핵심은 환자의 욕구를 약화시키는 것이라는 탈교과서적 이론을 정립했다.

이 책에서는 강박증에 대한 이해를 위하여 강박증에 대하여 포괄적으로 다루고 있다. 1권에서는 다이어트 강박증, 경쟁 강박증 등 왜곡된 강박증에 대해 여러 사례와 함께 제시하고, 어린이 강박증 환자가 강박증을 이해하는 데 도움이 되도록 강박증을 우화형식으로 소개한다. 2권에서는 지은이의 병인론과 치료적 접근법에 대한 완경 이론과 함께 지은이가 강박증 환자를 도우며 상담한 답변 내용을 소개한다. 강박증 봉사회와 다음 카페 강박증 연구회 회원들의 고백의 글도 실려 있다.

자살하고 싶을 때

–Thomas E. Ellis · Cory F. Newman/육성필 · 이혜선 옮김/학지사/2005

자살을 생각하고 있는 사람들과 그들을 사랑하는 주위 사람들을 위한 책으로 30년 이상 많은 자살환자들을 접하고 그 과정에서 얻은 실제 경험을 활용하여 쓴 것이다. 이 책은 자살을 생각하는 사람들과 주위의 가족, 친구, 교사들이 적절한 도움을 제공하고 조치를 취할 수 있도록, 스스로 자신의 자살 위험성이 어느 정도인지를 파악할 수 있도록 해 주며, 좀 더 풍족하고 만족스런 삶을 살 수 있는 방법을 찾을 수 있도록 구체적인 방법을 안내해 준다.

인지행동치료를 기본으로 하여 자살의 본질, 자살과 관련된 위험요인, 문제해결기술, 자기주장훈련, 건강한 정서표현 등의 기법을 활용하여 자살하려는 사람들이 죽음 대신에 삶을 선택하도록 도움을 주는 책이다.

8. 알코올중독

나는 알코올중독자

-허근/가톨릭출판사/2002

지은이는 신부로, 앉은 자리에서 소주 8병, 맥주 24병을 마셨던 폭주가였다. 1982년 해병대 군종신부로 배치되며 처음 술을 마셨던 그는 한때 세 끼 식사를 술로 때울 정도였다. 결국 그는 98년 병원 치료를 받았고 99년 알코올 사목센터를 열었다. 이 책은 허근 신부의 알코올중독자로서의 고백부터 시작하여 알코올중독의 폐해와 이를 극복하는 체험기와 알코올중독 재발을 경고하는 37가지 증상 등 진정한 단주생활을 위한 대안을 제시하고 있다. 한편 부록으로 알코올중독자 자기 진단 테스트와 알코올중독자 가족들의 건강과 자기 진단 테스트가 수록되어 있다.

술 권하는 사회 술에 먹힌 사람

-이영국/예영커뮤니케이션/1998

우리나라와 같이 술 권하는 사회에서 꼭 필요한 책이다. 알코올중독으로 인한 역기능은 다세대에 걸쳐 당사자의 육체와 마음은 물론 그들의 가족관계에 이루 말로 다할 수 없는 피해를 끼치고 있다. 그러나 우리 사회는 이렇다 할 대책 없이 음주를 질병으로 인정하지 않고 사회적으로 용인하고 있다. 이 책은 알코올을 남용하면서 자해적인 생활을 이어 가고 있는 중독자를 이해하고 치료할 수 있도록 중독자 자신과 그 가족에게 구체적 도움을 제공할 목적으로 만들어졌다.

먼저 알코올중독의 원인과 그 발전 단계에 대해 기술하고 있으며, 알코올중독이 신체와 정신에 미치는 영향과 가정에 미치는 영향 그리고 그 치료 방안에 대해 설명하였고, 부록으로 알코올중독 예방 프로그램 안내서, 알코올중독 자가진단표, 전국 단주 모임 및 약물 상담과 치료기관 안내에 대해 소개하고 있다.

알코올중독

-박현주 · 정남운/학지사/2000

한국의 음주문화는 혈연, 지연, 학연이 얽힌 집단주의와 어우러지면서 가정적으로나 사회적으로 엄청난 피해를 양산하고 있다. 우리 사회의 술 문화가 그렇듯이, 나쁜 일 좋은 일 모두 술로 풀며, 또 술주정이나 술에 대한 이미지가 그렇게 나쁘진 않다. 그러나 이런 것이 은근히 술에 의한 건강 문제나 알코올중독과 같은 문제를 은폐시키는 역할을 하기도 한다.

이 책은 가족과 자신을 파괴시키는 알코올중독을 그 역사부터 개괄하여, 진단 기준을 제시하고, 유병률을 알아본다. 특히 알코올중독의 단기적 효과와 장기적인 신체적 · 병리적 영향을 통해서 그에 대한 깊이 있는 이해를 가능하게 한다.

그 다음에 알코올중독으로 인한 문제들인 범죄, 가정 내 폭력, 아이문제, 우울 등을 살핀 후, 그 원인으로 유전 이론, 사회문화적 이론, 정신역동 이론, 사회학습 이론을 살펴본다. 알코올중독은 다른 이상심리학의 소재들보다 상대적으로 많이 알려져 있는 것이기 때문에 무엇보다 치료가 중요할 텐데, 이 책은 여러 치료 방법을 통해서 그 대책을 마련해 준다. 그리고 부록으로 알코올중독자와 그 가족을 위한 조언을 덧붙여 사회적 문제로서 알코올중독을 이해하고 극복하는 데 도움을 준다.

중독

–로너 크로지어 · 페트릭 레인/이은선 옮김/홍익출판사/2002

캐나다에서 가장 유명한 문인 10명이 고백하는 충격의 중독 고백서. 마약, 알코올, 폭식, 담배, 대마초, 코카인, LSD, 암페타민 등에 빠진, 무절제한 섹스와 파티로 얼룩진 삶. 그 속에서 펼쳐지는 자기연민과 분노, 절망, 혼돈의 내면풍경이 읽는 이들을 숨죽이게 한다. 중독자들이 어떻게 자신의 정신을 황폐케 하고, 그것이 자신과 사회에 어떤 결과를 초래하며, 중독을 치유하기 위해 어떤 과정을 밟아 나갈 것인지를 열 가지 이야기 속에 담았다.

한 잔만 더 : 알코올중독 치료리포트

–앤더슨 스피카드 · 바바라 R. 톰슨/정지훈 옮김/창조문화/2003

오랫동안 알코올중독 치료를 담당해 온 지은이들이 알코올중독에 대한 올바른 접근과 문제 인식부터 해결방안까지 제시한 책이다. 자신이 알코올중독자인지 알아보기 위한 설문지도 들어 있고, 국내 알코올 관련 치료 기관, 상담 기관, 모임 주소를 첨부했다.

알코올중독자들의 실제 사례를 들어 생생하게 그 문제점과 치료 과정을 들여다볼 수 있게 했다. 어떻게, 왜 알코올중독에 빠지며, 그 폐해가 어디까지이며 어떻게 치료를 해야 하는지 자세히 보여 준다.

9. 인터넷 중독

딜레마에 빠진 인터넷

–홍윤선/굿인포메이션/2002

이 책은 세계 최고의 인터넷 보급률을 자랑하는 IT 강국으로 떠오른 한국의 이면에 숨겨진 어두운 인터넷 문화를 바라보는 책으로, 1999년 인터넷 포털 사이트 '네띠앙'의 대표이사를 지내며 인터넷의 대중화를 선도해 온 지은이의 솔직한 느낌과 비평을 담았다.

지은이는 지금의 인터넷 문화를 '우리의 보기 싫은 모습을 드러내는 거울'에 비유하며 난립하는 음란사이트와 자살사이트, 정보의 과부하와 게임 중독, 사이버 테러, 해킹 등 정체성의 위기에 직면한 우리의 인터넷 문화를 돌아본다. 과연 우리는 인터넷이란 도구의 주체인지, 아니면 그 도구에 종속되었는지를 되묻는 지은이는 우리의 인터넷 문화가 딜레마에 빠졌음을 솔직하게 인정한다. 그러나 그가 바라보는 인터넷의 미래는 희망적이다. 가상세계의 경험이 혼란을 가져올 수는 있지만, 현실세계에서 내가 누구인지를 깨닫는 일에서부터 시작해 인간과의 연계를 이뤄 낸다면 인터넷은 그 어떤 것보다 유용한 도구일 수 있기 때문이다.

이 책은 인터넷의 역기능을 극복하기 위해 개인이 어떻게 분별력과 내면적 힘을 길러야 하는지를 지은이의 개인적 경험에 비춰 쉽고 재미있게 풀어냈다. 상업적 토대에서 성장한 인터넷 속에서 정체성의 혼란을 겪는 개인이 인터넷 문화의 주체로 설 수 있는 방법이 무엇인가? 이에 대한 답을 얻고자 하는 사람들에게 이 책을 권하고 싶다. -안철수-

인터넷 중독의 이해

-Stephen O. Watters/이소희 외 옮김/학지사/2003

'인터넷 중독 상담사' 프로그램 개발을 위해 관련 교수들과 연구자들이 그에 대한 연구를 목적으로 채택하였다. 이제 인터넷의 오남용에 대한 문제의 심각성에는 많은 사람들이 인식을 같이하고 있으나 그 영향에 대한 연구는 국내 · 외적으로 시작단계라고 할 수 있다. 기독교적인 관점에서 인터넷 중독을 극복하는 방법에 대해 기술하고 있으나, 비단 기독교인이 아니더라도 종교적인 입장에서 인터넷을 극복할 수 있도록 지도하고 있어서 우리 모두에게 일독의 가치가 있다.

책의 구성은 서론인 인터넷 중독의 진정한 문제점, 1장 인터넷 중독으로 의한 문제들, 2장 일상의 유혹, 3장 인터넷과 금전적 강박증, 4장 게임, 5장 관계, 6장 포르노그래피, 7장 인터넷 중독의 극복, 8장 지원공동체, 9장 중독행동 다루기, 10장 중독자의 생각과 감정 다루기, 11장 하나님과의 관계 회복, 12장 중독자들을 위한 실제적 해결책, 13장 얻을 수 있는 것들로 구성되어 있다.

인터넷 중독증

-킴벌리 S. 영/김현수 옮김/나눔의집/2000

이 책은 인터넷 예찬론자를 위협하거나 인터넷 중심의 생활을 시기하는 반문명적 내용을 담고 있지 않다. 오히려 건강하게 인터넷을 사용할 수 있는 안내지침을 전한다. 우리 사회가 나누어야 할 기본적 규범과 자세를 논의할 수 있는 문제의식을 전한다고 할 수 있다.

이 책은 다양한 사례를 통하여 실제 인터넷에 중독된 사람들에게 나타났던 현실의 문제를 소개한다. 아울러 부부생활, 학교, 가정, 직장에서 인터넷에 중독된 사람들에 대한 회복을 어떻게 다루어야 하는지 구체적인 전략을 제시하고 있다.

책의 구성은 서문 : 인터넷 중독. 우리 시대의 새로운 중독증, 인터넷 시간 왜곡 경험, 온라인 중독에 취약한 성격 특성, 얼굴 없는 공동체, 사이버 미망인 : 사이버 공간을 통한 외도의 희생자, 부모 · 아이, 그리고 새로운 시한폭탄, 캠퍼스의 새로운 사교클럽, 직장의 인터넷 중독문제, 회복의 길로 구성되어 있다.

10. 성인아이

상처받은 내면아이 치유

-존 브레드쇼/오제은 옮김/학지사/2004

아직 치료되지 않은 내면의 상처로 인해서 현재도 계속되는 심리적 문제들과 대인관계와 가족관계(부모, 부부, 자녀), 그리고 학대, 폭력, 중독 문제로 고통당하는 이들에게 자기 안의 '상처받은 내면아이(Inner Child)' 를 발견하고 가치체계의 핵심요소를 직접적으로 치유함으로써 행복한 삶을 살 수 있도록 도와주는 책이다.

이 책은 모두 4부로 나뉘어 있는데 1부에서는 당신의 '놀라운 아이' 가 어떻게 해서 그 경이로움을 잃어버리게 되었으며, 어린 시절의 상처가 지금도 계속해서 당신의 인생을 파멸시키는지에 대해서 설명한다.

2부에서는 어린 시절의 각 성장단계들로 돌아가서, 건강하게 제대로 성장하기 위해서는 무엇이 필요했었는지를 알려 준다. 각 장의 끝에는 설문지를 통해서 자신의 내면아이가 각 단계에서 필요로 했던 것들을 충족했는지의 여부를 판단하게 한 후, 각 단계에서 아이였던 자신을 발견하고 스스로 돌볼 수 있도록 안내한다.

3부에서는 자신의 아이가 성장하고 피어날 수 있도록 돕는 특정한 교정 연습을 제시한다. 마지막 4부에서는 자신의 내면아이가 건강하게 잘 성장하여 행복해질 수 있는 방법을 알려 준다. 내면치료, 가족치료, 부부상담, 중독치료를 하고 있는 상담자들에게 좋은 길잡이가 되어 준다.

아직도 아물지 않은 마음의 상처

-찰스 셀/정동섭 옮김/두란노/2002

역기능 가정에서 자란 '성인아이들' 이 겪는 공통된 문제들을 다루는 책이다. 이 책의 중심 주제라고 할 수 있는 "성인아이의 문제" 는 다른 여러 나라와 마찬가지로 한국 내에도 존재하고 있다. 결혼한 부부들 중에는 같은 집에 동거하고 있지만 정서적으로 이혼한 상태이고 부모와 자녀들 간에 대화를 나누는 데 어려움을 겪는 경우가 있다.

알코올중독자 부모는 자신의 중독으로 인해 그들의 자녀를 학대하거나 거들떠보지도 않는다. 또한 아버지들은 아침부터 저녁 늦게까지 일하느라 가정에서 자녀들과 함께하는 시간을 만들기가 힘들다. 시어머니와 며느리 사이의 긴장과 갈등은 가족 간의 교류를 어렵게 만들고 갈등과 분노가 가정을 잠식하고 있지만, 많은 가정은 너무 부끄럽게 생각한 나머지 가정 분위기를 바꾸기 위해 도움을 구할 용기를 내지 못하고 있다.

이 책은 마음속에 있는 과거의 상처들로 인하여, 성인이 된 후에도 대인관계나 사회생활, 가정생활에서 문제를 겪고 있는 사람들에게 마음의 상처를 다루는 법을 자세하게 설명해 주며 내적치유를 돕는다.

어떻게 사람을 변화시킬 수 있는가

–정동섭/요단/2000

역기능 가정에서 심리적 고아로 성장한 지은이는 '책읽기를 통한 정신치유' 의 지은이인 이영애 씨의 남편으로, 아내를 통해 변화된 경우이다. 이 책은 우리가 가정에서 받은 상처(쓴 뿌리)를 어떻게 치유받을 수 있는가를 부제로 채택하고 있는데, 역기능 가정과 순기능 가정의 특징과 가정이 청소년의 인격형성에 절대적인 영향을 미치고 있음을 기술하고 있다. 지은이의 기독교적 상담을 통해 역기능 가정의 성인아이 치유와 성인아이의 치유를 위한 집단상담 등의 내용이 실려 있다.

위장된 분노의 치유

–최현주/규장/1995

이 책은 '성인아이' 출신의 목회자가 어떻게 역기능의 피해를 극복하고 순기능 가정을 이루게 되었는가를 고백한 기록이다. 목사의 위치에 있는 사람이 자기의 치부를 드러낸다는 것이 우리 문화에서 쉬운 일이 아님에도 불구하고, 최현주 목회자가 직접 자기의 약한 부분을 공개하며 간증하는 책이다.

섬마을에서 태어나 아버지 술심부름을 하며 수치심으로 얼룩진 어린 시절을 회상하는 것으로 시작하여, 구원받은 그리스도인이 된 후에도 완벽주의 성향으로 주변사람을 괴롭게 하던 이야기, 끓어 오르는 분노를 추단하지 못하여 아내를 구타하여 갈비뼈를 3대나 부러뜨린 일, 또한 아이들을 공포에 떨게 했던 내면세계를 공개하고 있다.

잃어버린 자아의 발견과 치유 : 역기능 가정에서 자란 성인아이의 발견과 치유를 위한 안내서

–C. L. 휘트필드/김응교 · 이인출 옮김/글샘/1995

우리는 어린 시절 무의식적으로 받은 부모들의 영향과 사회적인 영향을 통해 자신의 내면에 존재하는 어린 속성을 부정하며 살고 있다. 이 내재아(內在兒 : child within)가 양육되지 못하거나 표현되지 못하면 거짓된 자아 또는 상호의존적 자아(성인아이)가 형성된다. 그러면 '나는 피해자다' 라고 생각하며 살게 되고, 정서적인 상처(외상 : trauma)들을 해결하는 데 어려움을 겪게 된다. 정신적인 또는 정서적인 불만족이 내적으로 축적되어 만성적으로 두려움, 염려, 혼돈, 공허감, 죄책감, 열등감, 수치심, 때로는 엄청난 분노, 그리고 불행을 경험하게 된다. 특히 문제가정(역기능가정), 예를 들어 가족 중 누군가가 오랫동안 신체적이거나 정신적 질환을 앓고 있는 가정, 지나치게 엄격한 가정, 냉랭한 가정, 알코올중독 가정, 또는 제대로 된 양육이 결여된 가정 등에서 자란 어린이나 성인들에게는 내재아를 부인한 결과 상호의존적인 자아가 나타나는 일이 유난히 많다. 그러나 해결책은 있다. 우리의 내재아를 발견하고 치료하며, 고통에서 자유롭게 되는 길이 있는 것이다. 이 책의 목표가 바로 그것들을 발견하는 데 있다.

11. 성폭력

나는 인생을 믿는다 : 고통 받는 소녀에서 당당한 여성으로

–사미라 벨릴/용경식 옮김/마음산책/2003

지은이인 사미라 벨릴은 알제리 이민가정 출신의 프랑스 여성이다. 부모와 사회로부터 보호받지 못한 채 거리를 떠돌던 10대 시절, 그는 두 차례의 윤간과 한 차례의 강간을 당했다. 그 상처로 인해 20대를 다 보낼 때까지 굴욕감과 자기비하에 몸부림치면서 강간의 후유증과 싸웠다. 이 책은 자살을 꿈꾸던 10대 소녀가 20대 후반 자신의 삶을 긍정하기까지 주변 사람들과 사회, 그리고 자신의 내면과 벌였던 처절한 투쟁을 기록한 책이다. 즉, 불행한 개인적 체험의 육성고백을 뛰어넘어 청소년 문제에 대한 '상식적' 이해가 실은 얼마나 비틀려 있는가를 보여 주고 있다.

먹고살기 바쁜 데다 권위와 폭력으로 자식을 다스리려고만 한 부모 아래서 사미라는 일찍부터 '불량소녀' 의 길을 걸었다. 10대 초반 이미 뒷골목을 배회하던 그가 윤간을 당했을 때 주변사람들은 '창녀', '걸레' 라는 말로 그를 조롱했고, 아버지는 집에서 내쫓으려 했다. 지은이는 이러한 이중의 폭력이 그를 더 어두운 수렁으로 빠뜨렸다고 이야기하면서 '불량소녀(청소년)는 보호할 가치가 없다' 는 사회의 암묵적 방기가 강간보다 더 큰 폭력이 될 수 있음을 환기시킨다.

러블리 본즈

-앨리스 세볼드/공경희 옮김/북&북스/2003

2002년 미국에서 가장 많이 팔린 책. 일본에서도 45만 부 이상 판매고를 올렸으며, 뤽 베송, 림 랜지 등 유명 감독에 의해 영화화될 예정이다.

이 소설의 화자는 이웃집 남자에게 성폭행당한 뒤 살해당한 수지라는 소녀이다. 죽은 소녀가 우리에게 이야기를 들려주는 식. 천국에 머물게 된 소녀는 자신의 죽음을 감당해야만 하는 사람들을 바라본다. 딸, 그리고 언니의 빈자리를 견뎌 내는 가족들과 그녀를 잃은 기억을 안고 성장해 가는 친구들. 그들은 서로에게 기대고 의지하거나 혹은 외면하며 남은 삶을 이어 간다. 또한 심지어 소녀는 천국에서 살인자의 내면과 과거를 들여다보면서 그의 인간적인 면을 이해하려고까지 한다. 결국 선의 승리와 악의 패배라는 세속적 공식과는 무관한 이야기, 슬픔과 안타까움을 넘어선 사랑과 희망의 이야기다. 작가는 이렇듯 끔찍한 비극을 소재로 선택했지만, 슬픔을 과장하지 않으며 그 안에 삶과 가족에 대한 깊이 있는 통찰을 담아내고 있다.

이야기 해 그리고 다시 살아나 : 성폭력의 기억은 절대로 잊혀지지 않아

-수잔 브라이슨/여성주의 번역모임 '고픈' 옮김/인향/2003

철학자인 지은이(미국 다트머스대학 철학과 조교수)는 자신이 성폭력을 당한 후, "나는 더 이상 성폭력을 겪기 이전의 나와 동일한 사람이 아니었다. 변했다고 생각되는 것들 중 하나는 내 몸과 이전과는 다른 관계를 갖게 되었다는 점이었다. 내 몸이 원수처럼 느껴졌다."고 술회하고 있다. 성폭력을 당한 뒤 자신의 문제를 서양철학의 논리를 빌려 풀어 보려 했지만 아무런 도움이 되지 못했다. 그녀가 발견한 것은 그토록 탐구해 온 서양전통철학이 남성중심의 이기적인 방법론에 불과하다는 거였다.

객관적이고 보편적인 지식을 추구하는 서양철학은 개인의 삶에서 일어나는 우연적 사건은 무시하며 개인의 자아가 몸과는 상관없이 규정될 수 있다고 생각한다. 그러나 여성주의는 자아를 규정하는 데 몸이 결정적으로 개입하며 사회와 떨어진 게 아니라 관계적 본성을 갖고 있다고 본다. 그녀의 결론은 여성주의의 시각으로 인간을 바라볼 때, 기존 철학의 한계를 넘어 인간에 대한 새로운 이해를 갖고 성폭력 피해자들의 회복을 기할 수 있다는 것이다. 지은이는 자신의 생생한 성폭력 경험을 들려주며, 성폭력 피해자들이 자아를 되찾기 위해서는 자신의 목소리로 겪은 일과 그 이후의 삶에 대해서 이야기하는 게 중요하다고 주장한다.

그녀는 여성주의적 삶의 방식은 아이를 낳고 기르는 일과 매우 유사하다고 말한다. 많은 여성주의자들이 출산과 육아를 여성에 대한 굴레로 보는 것과 달리 지은이는 그것이 갖는 해방의 잠재력을 높이 산다. 이것이야말로 세상을 넓게, 그리고 실용적으로 안고 가는 여성주의의 치유력이라고 주장하고 있다.

12. 용서

상처와 용서

–송봉모/바오로딸/1998

인간관계 속에서 상처받았을 때 상대방을 왜 용서해야 하고 그러한 상처에서 벗어나려면 어떻게 해야 하는지 다양한 예시문을 통해 보여 주고 있는 책이다. 송봉모 신부가 고통을 겪는 사람들과 상담하면서 얻은 치유의 경험을 통해 "진정한 용서가 이루어지려면 먼저 유죄판결이 있어야 한다."고 말하고, 값싼 용서가 아닌 진정한 용서를 하라고 강조한다.

예를 들어 '그래, 어머니는 내가 어릴 때 나를 학대했어. 하지만 어머니도 인간이지. 어머니가 내게 잘못한 것은 그분의 인간적 결함 때문이야. 그분도 자기 나름대로는 최선을 다하다가 어쩔 수 없어 그렇게 했겠지. 어머니도 어렸을 때 나름대로 상처를 받았을 테고 자라면서 그런 인격을 갖게 되었기에 당신도 어쩔 수 없이 아픔을 주었을 거야.' 라고 생각하는 것이다. 이러한 태도는 값싼 용서요, 애써 좋게 봐 주는 행위이지만, 진정한 용서는 저지른 잘못이나 악과 정면으로 맞서는 것이다.

적극적인 용서는, '어머니가 나에게 한 짓은 어떤 이유에서든 잘못이야. 어머니는 내게 더 잘해 줄 수 있었는데도 그런 잘못을 저지른 거야. 내 인생에 큰 해를 입히고, 큰 상처를 주었어. 하지만 나는 이제 어머니를 용서할 거야.' 라고 생각하는 것이라고 한다.

세상에서 가장 아름다운 용서

–레이첼 킹/황근하 옮김/샨티/2006

살인에 의해 사랑하는 사람을 잃은 피해 유가족들이 슬픔과 분노를 떨치고 가해자를 용서할 뿐 아니라 사형제도 폐지를 주장하는 데까지 나아간 열 사람의 이야기를 생생히 담은 책이다.

지은이는 이들 열 사람을 꼼꼼히 인터뷰한 뒤, 이들의 가족이 살인자에 의해 얼마나 끔찍이 죽어 갔는지, 가족의 살해 소식을 접한 뒤 겪을 수밖에 없었던 혼란과 갈등, 복수의 감정 등을 어떻게 헤쳐 나왔는지, 용서를 통한 치유의 경험이 어떠하였는지, 살인자를 용서하고 만나고 화해하는 과정에서 다른 가족들과는 어떤 갈등 혹은 아픔을 겪었는지, 그리고 용서와 화해 이후 이들의 삶이 어떻게 달라졌는지 등을 이들의 육성과 섬세한 묘사를 통해 보여 주고 있다.

사랑하는 사람을 죽인 자를 용서하고 그와 화해하기까지 피해 유가족들이 보여 준 감동적인 이야기는 우리가 용서와 연민의 힘을 통해 어떻게 고통으로부터 치유될 수 있는지 보여 준다. 그들은 사형제도를 거부함으로써 응보와 복수의 가치관을 버리고, 그 자리에 회개와 변화의 힘에

대한 믿음을 채워 넣는다. 궁극적으로 이 책은 희망에 관한 책이다. -〈들어가며〉-

우리는 보통 용서란 우리가 다른 누군가를 위하여 하는 거라고 생각하지만, 실은 우리 자신을 위한 선택이다. 용서는 마음이 약하다는 증거가 아니다. 격심한 고통과 슬픔 속으로 깊이 파고들어 가려는 의지와 노력이 없다면 용서하기란 어렵다. 믿을 수 없을 만큼 끔찍한 경험에서 회복하려면 엄청난 노력과 인내가 필요하다. 그러한 노력과 인내가 있어야 고통을 극복할 수 있고 온전한 삶을 살 수 있다. -본문 17쪽 중에서-

어떻게 당신을 용서할 수 있을까

-제니스 A. 스프링/양은모 옮김/문이당/2004

지은이가 30년간 심리치료 워크숍과 병원을 운영하면서 얻은 임상 경험을 바탕으로 상처를 어떻게 치유하고, 상대방을 어떻게 용서할 수 있는지를 사례를 통해 담아낸 책이다.

지은이는 부모와 자식 사이, 부부 사이, 친구와 직장 내의 인간관계 등에서 일어나는 갈등과 범죄들을 설명하면서 사람이 반응하는 용서의 모델로 값싼 용서, 용서 거부, 수용, 순수한 용서 등 4가지를 제시하고 있다. 그리고 각각의 모델별로 성격의 유형, 장 · 단점, 용서를 얻기 위한 방법, 용서를 허락하는 방법 등을 자세하게 설명하고 있다.

자신이 받은 상처를 어떻게 치유하고, 아픔과 분노에서 벗어나 상대를 어떻게 용서할 수 있는지, 철저한 분석과 수많은 사례를 통해 그 해법을 보여 주며 바람직한 용서의 모델을 제시해 준다.

용서

-텐진 갸초(달라이 라마) · 빅터 챈/류시화 옮김/오래된미래/2004

텐진 갸초는 달라이 라마로 잘 알려진 인물이다. 티베트 민족의 정신적, 정치적 지도자로서 비폭력 평화주의에 입각한 독립운동을 주장하며 다양한 종교와 문화 간의 상호 존중과 이해를 강조해 왔으며, 1989년 노벨 평화상을 수상했다.

이 책은 30년 넘게 달라이 라마와 깊은 우정을 나누어 오고 있는 중국인 학자인 지은이의 입을 통해, 달라이 라마의 용서에 대한 철학을 담고 있다. 중국인인 자신이 어떻게 달라이 라마와 깊은 우정을 나눌 수 있었는지, 달라이 라마가 보여 준 용서의 지혜란 무엇인지를 생생한 일화와 대화, 관찰을 통해 이야기한다.

막연한 설교로서가 아니라 오랜 시간 곁에서 달라이 라마를 지켜본 경험을 바탕으로 구체적인 이야기를 들려주고 있는 것이 이 책의 힘이다. 달라이 라마는 "미움은 강인함이 아니라 나약함의 다른 모습"이라고 한다. 남을 미워하기는 쉽지만, 용서하려면 용기가 있어야 하기 때문이다. 그러나 용서는 우리에게 상처 준 사람을 받아들이는 것만을 의미하지 않는다. 용서는 내 마음을 갉아 먹는 미움과 원망을 몰아낸다는 점에서 남을 위한 것이 아니라 자기 자신에게 베푸는 가장 큰 자비이고 사랑이라고 갈파한다.

이 책을 읽은 법정 스님의 말이 인상적이다. "용서는 가장 큰 마음의 수행이다. 상처의 가장 좋은 치료약은 용서하는 일이다."

용서 : 나를 위한 용서, 그 아름다운 용서의 기술

-프레드 러스킨/장현숙 옮김/중앙M&B/2003

이 책은 지은이가 과학적 조사와 연구를 바탕으로 심리학과 의학 지식을 두루 섭렵한 결과, 용서가 가진 치유력과 의학적 유익함에 대해 새로운 통찰을 소개하고 있다. 똑같이 주변 사람으로부터 억울한 일을 당해도 어떤 사람은 상처를 입지 않고 또 다른 누군가는 상처를 입게 된다. '스탠퍼드 대학교 용서 프로젝트'의 설립자인 지은이는 그 원인이 '용서'를 하는가 그렇지 않는가에 있다고 말한다.

여기서 말하는 용서는 마음속에 느끼는 평화로서 당신에게 유익한 것이지, 절대로 당신을 괴롭힌 자를 위한 게 아니며 이 행위를 통해 당신은 당신의 잃어버렸던 내면의 힘을 되찾게 된다. 또한 용서는 자기 기분의 책임을 스스로 떠맡겠다는 각오도 포함하는데, 당신의 상처를 치유하는데 목적이 있을 뿐 상처를 낸 상대방과는 상관이 없다. 야구공 던지기를 배우듯 훈련을 통해 배워 익힐 수 있는 기술인 용서는 당신에게 감정 조절 능력을 키워 줄 뿐 아니라 정신적 · 육체적 건강을 증진시키는 효과가 있다. 상처받은 피해자가 아닌 씩씩한 용사로서 자기 인생을 바라볼 수 있게 하는 이 용서라는 행위는 전적으로 개인의 선택이며, 따라서 누구나 용서하기를 배울 수 있다. 용서는 자신의 상처에 대한 치유라는 점을 알려 준다.

용서의 과정

-윌리엄 A. 메닝거/성찬성 옮김/바오로딸/2002

용서하고 싶지만 할 수가 없다, 용서가 그토록 힘든 이유는 무엇인가에 대한 의문을 가지고 있는 사람들이나, 죽음의 순간에 용서의 치유력을 절감할 만큼 용서가 그토록 중요하고 큰 영향력을 발휘하는 이유는 무엇인가에 대하여 의혹을 가진 이들에게 이 책은 적절한 해답을 제시한다.

지은이는 용서란 나약함이 아니라 적극적 자존심의 표지이자 원동력임을 이야기한다. 용서란 무엇인지, 우리는 누구로부터 어떤 유형의 상처를 받았으며, 그리고 어떻게 용서의 과정을 거치는가에 대하여 다루고 있다. 특히, 에니어그램 이론이 제시하는 아홉 가지 성격 유형을 통해 자신의 특정한 상처를 발견하여 치유에 이르게 한다. 우리는 성격에 따라 저마다 다른 방식으로 상처를 입을 수 있으며, 근원 자체에서 비롯되는 깊은 상처를 고찰함으로써 완성과 용서에 대한 여정에 오르게 된다.

용서의 기술

–루이스 소머즈/배응준 옮김/규장문화사/2004

이 책은 미국에서 40만 부 이상 판매된 '용서에 대한 고전' 중의 하나이다. 지은이는 사람들이 어떻게 증오심을 간직하게 되는지 그 심리를 세밀하게 꿰뚫고 있다. 또한 그 증오심이 어떻게 우리 자신과 주변 사람들의 영혼을 파괴하는지도 보여 준다. 지은이의 이러한 세밀한 묘사가 '절대 용서 못해' 라며 증오심을 키워 가고 있는 우리 마음의 벽을 녹이는 힘을 발휘한다.

볼 수 없는 사람을 용서하기, 용서받는 데 관심조차 없는 사람들을 용서하기, 자신을 용서하기 등 그 정도와 대상별로 자세히 기술을 알려 준다. 또한 천천히 용서한다, 한 번에 조금씩 용서한다, 기초적인 느낌으로 용서한다 등 구체적인 용서 방법을 알려 준다.

인간 심리를 파헤치는 날카로운 분석력과 지은이의 체험을 통해 읽는 이로 하여금 진정 자신을 깊이 돌아보며 용서의 유익을 깨닫고, 용서를 할 수 있는 용기를 갖게 해 주며, 누군가에 대한 증오심으로 아직도 괴로워하고 있는 사람들에게 마음의 짐을 덜 수 있게 해 준다.

우리들의 행복한 시간

–공지영/푸른숲/2005

사랑의 위대함과 죄와 용서의 의미에 대해 생각해 보게 하는 소설이다. 겉으로는 화려하고 가진 게 많은 듯 보이지만, 어린 시절의 씻을 수 없는 상처와 가족들에 대한 배신감으로 인해 냉소적인 삶을 살아가며 여러 번 자살기도를 했던 서른 살의 대학교수 문유정. 그리고 불우한 어린 시절을 보내고 세상의 밑바닥으로만 떠돌다가 세 명의 여자를 살해한 죄로 사형선고를 받은 스물일곱의 정윤수. 지울 수 없는 상처로 마음의 문을 닫아 버린 두 주인공이 만나 진정한 영혼의 교감을 이루며 사랑하고, 이별하면서 세상과 화해하는 과정을 그린 소설이다.

유정은 교도소를 찾아다니며 봉사 활동을 하는 고모 모니카 수녀를 통해 윤수를 만난다. 두 사람은 생의 절망을 체험한 자와 세상으로부터 버림을 받아 본 자로 서로의 모습이 닮았음을 알게 된다. 그러나 그 닮아 있음 때문에 만남 자체가 힘들고 버겁기만 했던 두 사람은 한 주일, 두 주일, 마치 세상의 마지막 시간을 대하듯 일주일에 세 시간씩, 일 년 동안의 만남을 갖는다. 그러면서 두 사람은 누구에게도 하지 못했던 '진짜 이야기' 들을 나누게 되고 서로의 모습을 통해 자기 안의 어두운 방을 비로소 찬찬히 들여다보기 시작한다. 애써 외면해 왔던 어둠의 밑바닥을 정면에서 응시하는 시간은 때로는 아프고 잔인하게, 때로는 슬프도록 아름답게, 일 년간 이어진다.

생의 마지막 순간에 나눈 참된 사랑을 통해 윤수는 자신이 지은 죄를 뉘우치며 죽음을 맞게 되고, 유정은 자기연민과 슬픔에서 빠져나와 한층 성숙된 모습으로 자기 앞의 생과 사람들을 끌어안게 된다. 상처받은 두 영혼의 가슴 아픈 사랑과 아름다운 이별이 읽는 이의 마음을 정화시켜 준다.

잃어버린 기술 용서 : 용서를 통해 회복을 경험한 사람들의 이야기

-요한 크리스토프 아놀드/전병욱 옮김/쉴터/1999

고통스러운 일이 일어났었다는 사실을 부정하거나 망각하는 것이 용서가 아니다. 용서란, 이미 일어나 나쁜 일이 비록 나의 과거를 망가뜨렸을지언정 오늘과 미래는 결코 파괴할 수 없다는 힘찬 자기 선언이다.

이 책은 상상도 못할 어려움 가운데서도 자신들에게 해를 끼친 사람들을 용서하여 평화를 찾은 사람들의 이야기들이다. 폭탄 테러 사건에서 딸이 죽임을 당한 고든 윌슨이나 월남전의 참혹한 상황 속에서 모든 것을 잃어버린 아홉 살짜리 소녀 판티킴푹, 서로 증오할 정도로 다투는 남편과 아내, 외도로 관계가 깨진 부부들, 그리고 부모에게 학대받은 자녀들의 이야기 등 가정문제와 연관된 용서의 이야기들도 담고 있다. 범죄와 배반과 학대, 그리고 전쟁으로 상처 입은 사람들이 용서의 능력을 경험함으로써 치유받은 실제 이야기를 담고 있으며, 다른 사람과 자기 자신을 용서하지 못하는 사람들에게 용서의 의미를 감동적으로 그리고 있다.

13. 사랑

나는 정말 너를 사랑하는 걸까?

-김혜남/중앙M&B/2002

15년간 정신분석 전문의로 활동해 온 지은이의 다양한 치료 사례들을 근거로, 정신분석학적 관점에서 그들이 사랑을 밀어내는 방식, 그들이 깨야 할 사랑에 관한 편견과 환상들을 예리하게 짚어 내고, 그들이 사랑을 하기 전에 먼저 버리거나 갖추어야 할 태도들을 조목조목 제시하고 있다.

또한 사랑과 인간관계를 다루는 영화, 책 등 다양한 매체에 나타나는 사랑과 상처를 정신분석적인 관점에서 조용히 읽어 내고 있다. 결국 이 책은 그대로의 나 자신의 모습을 인정하고 받아들여야 하는 방법을 알려 주는 책이기도 하다. 본문의 일부에 이 책의 주제인 사랑의 상처에 대해 잘 기술하고 있다.

사람들이 부대끼며 사는 곳에 상처 없는 무균실 같은 곳은 결코 존재하지 않기 때문이다. 아무리 서로 사랑하는 사이일지라도 함께 부대끼며 살아가는 동안 알게 모르게 서로 상처를 주고받을 수밖에 없다 …… [중략] …… 상처 없는 사랑이란 없다. 중요한 것은 사랑의 치명적인 상처를 어떻게 피해 가며, 상처를 입었을 때 그것을 어떻게 치유해 나가느냐다. -본문 중에서-

내가 증오한 사랑

-이유하천/창작정신/2004

나의 사랑은 진실하다고 믿고 있는 우리들에게, 우리들의 사랑의 진정성에 대한 의문을 제기하는 이 소설은 가부장제와 사랑이라는 전혀 별개의 문제가 사실은 같은 맥락에서 이해되고 해석될 수 있다는 충격을 주는 작품이기도 하다.

우리 사회 구성원들의 인간적 성숙과 행복을 가로막는 가장 큰 걸림돌을 가부장제라 파악하고 있는 지은이는 가부장제적인 맥락에서 우리의 여자를, 남자를, 사랑을, 자식을, 부모를, 사회를 바라본다. '내가 증오한 사랑' 에서는 특히 남녀의 사랑을 새롭게 들여다본다. 우리 사회에서 남녀 간의 사랑이라는 것도 온전한 의미의 순수하고 진실하고 소중한 사랑이 아니라는 것이다. 이기적이고 권위적인 마음이 가슴속 깊이 박혀 있는 남자들, 왠지 모를 피해의식과 때로는 남자들의 권위에 적당히 안주하려는 이중적인 마음의 여자들이 나누는 사랑이 온전할 수 있을까? 그것은 가부장제라는 굴레가 만들어 낸 거대한 구조하에서 만들어지고 형성된 반쪽 사랑인 것이다. 그 사랑은 온전할 수가 없고 진정일 수가 없다. 그래서 남녀 간의 만남으로 인한 발전적인 성장과 성숙보다는 만남으로 인한 상처와 불만족과 피해의식만 증폭시키고 마는 것이다.

이 소설은 우리 주위에 널려 있는 사랑이 지닌 모순과 한계를 편지라는 흡입력 있는 문학 형식을 빌려 보여 주면서, 참된 자유와 성숙을 주는 사랑이 무엇인지를 생각하게 해 준다.

남자는 왜 여자의 왼쪽에서 걸을까

-필리프 튀르셰/권나양 옮김/에코리브르/2005

현대의 연인들에게 드러나는 '사랑 증후군' 에 대해 심리학적, 인류학적, 해부학적 고찰을 시도한 책이다. 비언어적 커뮤니케이션 연구의 권위자인 지은이는 팔짱을 끼고 걷는 남녀 2만 쌍을 관찰, 신체 접촉이 없는 남녀의 53%가 남성이 여성의 왼쪽에서 걸으며, 신체접촉이 늘어날수록 이 비율은 늘어나 73.4%로 증가한다는 점을 발견했다.

남자가 여자의 왼쪽에 서면 오른팔과 왼쪽 눈을 사용하게 되고 이를 관장하는 부분이 통제 기능을 담당하는 뇌의 왼쪽 반구다. 즉, 남자는 여자의 왼편에 섬으로써 관계를 통제하려는 것이다. 이처럼 남녀가 관계를 이어 가는 본질은 자연스런 감정이라기보다는 애착을 본질로 하는 사랑 증후군이며 애정 문제의 책임이 이 증후군에 있음을 밝히고 있다. 그러나 여느 커플들보다 훨씬 더 조화로운 커플이 존재함을 밝히고 사랑 증후군을 극복할 수 있는 해결책도 제시하고 있다.

너무 사랑하는 여자들

–로빈 노우드/이미영 옮김/한마음사/1996

대부분의 여자들은 한 번쯤 지나치게 사랑한 경험이 있고, 일생 동안 여러 번 되풀이하는 사람도 있다. 남성과의 관계성에 집착하는 나머지, 거의 아무것도 하지 못하는 여자도 간혹 있다. 혹은 자신들이 사랑하는 사람이 아닌, 필요한 사람만을 골라 불행한 결혼생활을 하기도 하고, 진정으로 자신을 사랑해 주는 남자가 나타나면 그에게 무료감을 느끼고, 상처투성이인 남자와 극적인 사랑을 해야지만 쾌감을 느낀다.

이 책은 많은 여자들이 왜 사랑하고 사랑받는 대상을 열렬히 추구하면서도 으레 그녀의 사랑을 부당하게 다루는 남성을 사랑하게 되는지, 성실하지 못하고 성숙하지 못한 남자와의 연애라고 생각하면서도 왜버리지 못하고 오히려 그에게 더욱 집착을 가지는지, 그 배경에는 어떤 심리가 숨어 있는지를 고찰한다. 만약, 자신이 사랑하는 데 어려움을 느끼고 있다면, 특히 '병적인 상호 의존성' 에 시달리고 있다면 이 책에서 도움을 받을 수 있을 것이다.

사랑 중독증

–Martha R. Bireda/신민섭 옮김/학지사/2005

사람과 사람 사이에서 일어나는 중독된 관계, 즉 사랑 중독의 증상에 대해 알아보고 그 치료방법을 소개하는 책이다.

사랑받고 사랑하는 것은 우리 삶에서 가장 중요하며, 우리는 다른 사람과의 관계를 떠나 섬처럼 외롭게 살 수 없는 존재이다. 그러나 사랑하는 사람의 욕구가 언제나 자신보다 중요하며, 상대방에게 과도하게 몰입하고 과잉반응을 보이는 반면, 자기 자신은 조금도 돌보지 않고 자신의 가치감이 오로지 상대방의 사랑에만 의존하게 될 때, 그 관계는 비정상적으로 중독된 것이라고 할 수 있다.

누군가를 지나치게 사랑하면서도 자기 자신은 지나치게 사랑하지 않을 때, 그것은 균형이 깨진 사랑이며 건강하지 못한 사랑이다. 사랑 중독증이 생기는 원인을 분석하고 어떻게 이러한 중독적 관계가 유지되는지를 알기 쉽게 설명하고 있다. 사랑 중독증에 빠진 사람들에게 자신의 가치를 인정하고 자기를 사랑하는 법을 가르쳐 주면서 정서적 자립을 이루도록 도와준다.

사랑을 선택하는 특별한 기준 1, 2

–김형경/푸른숲/2006

이 책은 여성으로 산다는 것의 특별한 어려움을 어릴 때 입은 상처로 풀어낸다. 작품은 사랑 불능의 여자 주인공 세진을 중심으로 전개된다. 세진은 태어난 지 얼마 안 되어 이내 남동생이 생긴다. 그래서 어렸을 때 부모로부터 떨어져 외가에서 지내면서 소외감을 몸에 익힌다. 그 후 부모의 이혼이라는 상처를 입는다. 결과적으로 30대 후반에 이른 세진에게는 이 세상에 혼자 버려졌다는 거절감이 핵심 정서로 남는다. 이 때문에 세진은 항상 분노와 피해의식에 젖어 있다. 어린 시절 함께 성장했던 인혜 또한 마음의 상처를 안고 살아가면서 결혼에 실패한다.

지은이는 이들 주인공들이 상처를 직시하고 불능을 치유하는 정체성 찾기의 지난한 여정을 성실하게 추적한다. 그리고 이 모든 과정에 정신분석학적인 기법을 활용한다. '과거 기억해 내기'를 통해 자신의 오래된 비밀들을 드러내고, 그 무의식 안에 억압되어 있던 유년기 및 유아기에 입은 상처를 스스로 보듬는 작업은 육체적 · 정신적으로 보다 건강한 삶을 가져오게 한다. 그 길고 긴 과정을 기꺼이 직면하고자 하는 주인공의 의지는 생 자체에 대한 의지이다. 무의식, 오이디푸스 콤플렉스, 페르소나(가면), 그림자, 전이 같은 정신분석 용어는 소설의 치유 효과를 더해 준다.

사랑의 기술

–에리히 프롬/황문수 옮김/문예/2000

현대인의 미성숙한 사랑을 비판적으로 분석하고, 진정한 사랑의 방향을 제시해 주는 에리히 프롬의 에세이이다. 전 세계적으로 유명한 정신분석학자 에리히 프롬이 정신분석학적 입장에서 사랑의 본질을 분석하고, 사랑의 이론과 기술을 설명해 준다.

지은이는 사랑은 감정이나 느낌이 아니라 의지이고 노력임을 주장하며, 인간이 자신의 전인격을 계발시키고자 적극적으로 노력해 생산적인 방향으로 나아가지 않는다면, 사랑을 위한 모든 시도는 결국 수포로 돌아가게 될 것이라고 강조한다.

각 장에서 사랑에 대한 두려움을 어떻게 극복할 것인가, 수치심과 불안을 극복하기 위해 어떻게 사랑을 사용할 수 있는가, 숨겨진 잠재성을 표출시키기 위해 사랑을 이용하는 방법은 무엇인가, 어떻게 하면 사랑을 인생의 가장 유쾌하고 흥분되는 경험이 되도록 할 수 있는가 등에 관해 구체적으로 하나하나 예를 들어 설명하고 있다. '사랑' 의 의미와 실천방법에 대해 생각해 보게 만드는 책이다.

사랑하는 사람을 사랑하는 방법

–배리 비셀 · 조이스 비셀/전경자 옮김/열린/2002

우리 외부에 있는 모든 존재의 아름다움을 깨달을 때 인간관계도 발전하고, 모든 관계는 자아성찰을 기반으로 하여 서로를 통해 자신의 단점뿐만 아니라 아름다움과 사랑스러움까지 발견할 수 있다. 이러한 측면에서 이 책은 영적 성장의 길과 관계의 길을 통합하는 지침서이다. 이 두 길은 항상 부분적으로 중첩되면서 개인의 영적 성장은 관계를 풍성하게 하고, 관계는 개인의 영적 깨달음을 풍성하게 한다는 것이 이 책 전체를 통하여 명확히 기술되고 있다. 또한 남녀의 본질적인 차이를 설명한 뒤 정신 심리학적 차원에서 각자의 마음 안으로 들어가는 방법을 안내하고 있으며, 자신의 내면 안에 숨겨져 있는 영적 능력을 깨우치는 명상법도 소개하고 있다.

여자의 사랑이 남자를 바꿀 수 없다 : 당신을 괴롭히는 '나쁜 사랑' 의 심리학

–파트리시아 들라애/최내경 옮김/시공사/2006

철학자이자 교육사회학자로, 20년 동안 기자로 활동하며 부부와 사랑에 관한 글을 써 왔던 지은이는 서문에서 "이 책은 해서는 안 될 사랑 때문에, 사랑해서는 안 되는 사람 때문에 고통 받는 모든 이들을 위한 책이다" 라고 밝히고 있다.

지은이는 지나치게 사랑하는 사람들이 저지르기 쉬운 것 중에 하나가, "사랑을 할 때 너무 '열렬히' 사랑하는 것이 아니라, '서둘러' 사랑하는 것이다" 라고 지적한다. 이는 오늘날의 사랑이 만나고, 헤어지고, 다시 사랑하고, 다시 헤어지고를 반복함에 있어서 자유롭다고 할 만치 사랑의 수레바퀴가 현기증 나는 속도로 돌고 도는 세태를 꼬집는 것이다. 또한 '서두름' 을 경고하는 것은 이상적인 관계를 꿈꾸다 현실의 사랑에 마음의 문을 닫는 상처를 받지 않도록 방어 수단을 숙고하라는 뜻이기도 하다.

본서를 읽다 보면, 여권이 충분히 신장되었다고 여기는 프랑스 사회에서조차 가부장적 권위의식을 가진 남성들에 의한 폭력이 심심치 않게 발생하고 있다는 사실에 경악하게 된다.

"파리에서는 보름마다 부부싸움 끝에 3명의 부인이 남편이나 동거 남성의 폭력으로 세상을 떠난다. 파리 법의학연구소에서 10년간 연구한 652건의 주부 피살자 중에서 절반이 배우자에 의해 살해당했다." 더 경악할 일은 "매 맞은 여성의 40퍼센트가 아이를 가진 상태에서 폭력을 겪었다" 고 고백했다는 사실이다. 그런데 이처럼 심각한 폭력에 노출된 여성들이 남성과 "헤어지기로 결정하기 위해서는 평균 34번의 폭력을 겪고 난 후라고 한다" 는 사실이다.

지은이의 말처럼 '여자의 사랑이 남자를 바꿀 수 없다' 는 말은 자기를 존중하듯 상대를 존중하는 사람은 '상대방을 (일방적으로) 바꾸고자 하는' 일종의 권력 남용을 하지 않는다는 의미일 것이다.

왜 나는 너를 사랑하는가

–알랭 드 보통/정영목 옮김/청미래/2002

한 쌍의 남녀가 만나고 이별하는 과정을 분석적이고 철학적 시선으로 그려 낸 독특한 소설이다. 20대 건축가인 주인공은 파리발 런던행 비행기에서 5840.82분의 1의 인연으로 클로이와 옆자리에 앉게 되어, 전화하고 밥 먹고 산책하고 섹스를 나누는 '평범한' 과정을 거쳐 연인이 되고, 또 화내고 싫증 내는 역시 '예정된' 코스를 밟아 헤어진다.

사랑에 빠진 남녀 사이의 첫 키스에서부터 말다툼과 화해에 이르기까지, 친밀함과 부드러움으로부터 불안과 상심에 이르기까지 연애의 진전이 섬세하게 펼쳐진다. 사랑의 실체를 돌아보게 하는 책이다.

14. 자아 찾기

갑옷 속에 갇힌 기사

–로버트 피셔/김연수 옮김/뜨인돌/2004

"무엇도 삶을 바꿀 수는 없다. 자신만이 자신의 삶을 바꿀 수 있다. 자신의 깊은 절망만이, 자신의 깊은 슬픔만이, 자신의 깊은 열망만이 삶을 바꿀 수 있다."

이 책은 아침부터 저녁까지 행복한 삶을 살기 위해 열심히 생활했건만, 점점 더 절망에 빠져 드는 한 기사가 진정한 자아를 찾아가는 유쾌하고 따뜻한 모험담이다. 기사의 모험을 읽으며 우리는 자신의 삶을 되돌아보게 된다.

강한 여자의 낭만적 딜레마

–마야 스토르히/장혜경 옮김/푸른숲/2003

자기 일, 자신의 여성성, 그리고 남성도 사랑하는 여자, 경제력이 있으며 자기 의견을 당당히 밝히는 여자. 매력적인 현대여성의 상징이다. 이렇게 매사 '똑' 소리 나는 강한 여성이 사랑에만 빠지면 이상해진다. 착한 남자에겐 모질게 굴다가도 야비한 '늑대' 에겐 비굴할 만큼 순종적이 된다. 여성파워의 상징이면서도 애인에게 "왜 전화를 안 받아? 내가 지금 갈까?"라며 노예근성을 보인다는 마돈나가 대표적 인물이다.

심리학자인 지은이는 임상경험과 융 심리학을 토대로 왜 강한 여자가 사랑에 실패하는지 그 심리의 근원을 유쾌하게 풀어 보인다. 그 '낭만적 딜레마' 를 이 책은 '해결되지 못한 오이디푸스 콤플렉스' 라는 것으로 분석한다. 가령, 부권 가정에서 나고 자란 강한 여성은 어머니처럼 되고 싶지는 않았지만, 아버지에 대한 오이디푸스 콤플렉스는 해결되지 않은 채로 무의식에 남게 된다. 어느 날 강한 남성을 만나는 순간, 강한 여자는 곧바로 '아버지의 딸' 역할에 빠져 들게 된다는 것이다.

결국은 아름다움이 우리를 구원할 거야 1, 2

–현경/열림원/2002

뉴욕의 유니언 신학대학의 현경 교수가 어떤 상처, 분노, 두려움도 큰 기쁨과 치유, 자비와 자유로 바꿀 수 있는 여성의 내적인 힘과 치유의 사명에 대해 전하는 책이다.

『결국은 아름다움이 우리를 구원할 거야 1』에서는 유니언 신학대학의 종신 교수직을 맡아 한국을 떠날 때까지 보수적 학교 · 교단 · 가부장적 사회와 부딪혀 상처받았던, 그러나 과감하게 틀을 깨는 창조적 신학자였던 지은이의 삶이 생생하게 펼쳐진다. 『결국은 아름다움이 우리를 구원할 거야 2』에서는 '참자아'를 찾아가는 지은이에게 '여신'이 보여 준 열 개의 '비전'을 들려준다. 여성의 힘과 자신에 대한 믿음으로 삶의 상처를 치유하고 영혼의 안식을 찾게 된 지은이의 치유의 진솔한 순례기가 감동을 주며, 자신의 모습을 돌아보게 한다.

동화 밖으로 나온 공주

-마샤 그래드/김연수 옮김/뜨인돌/2002

"행복하다는 느낌보다 아프다는 느낌이 더 많다면 그건 사랑이 아니야. 그 감정에서 헤어나지 못한다면 너는 스스로 만든 틀 속에 갇히게 되지. 그렇게 되면 눈앞에 환하게 펼쳐진 자유로 향한 문을 볼 수 없게 돼. 그래, 이제 고통 따윈 벗어던져 버려, 그러면 네 마음에 사랑과 즐거움이 들어갈 공간이 더 많아질 거야. 옛 시절은 모두 지나갔어. 그 시절의 위험도 모두 사라졌어. 이제는 마음 푹 놓고 자기 자신이 되는 거야. 지금 있는 그대로 네가 가장 독특하고 완벽하니까." -본문 중에서-

어린 시절의 고통에 시달리는 사람, 착한 사람이 돼야 한다는 강박관념에 사로잡힌 사람, 상처만 입히는 왕자에게 굴복해 자기 의지를 상실한 사람들에게 더 눈부신 해피엔딩이 준비돼 있다는 사실을 보여 주는 작품이다.

릴리스 콤플렉스 : 원초적인 모성애로 최고의 엄마 되기

-한스 요아힘 마츠/이미옥 옮김/참솔/2004

모성애의 장애가 생겨나는 사회 심리적 원인을 밝히고 억압이 야기한 모성애 장애와 문제점 및 그 해결책에 대해 이야기하는 책이다.

유대교 성경에 따르면, 릴리스는 신이 인간을 창조할 때 아담과 똑같은 방식으로 만든 최초의 여인으로, 아담에게 복종하기를 거부하고 동등한 권리를 요구하다 결국 에덴동산에서 도망침으로써 '음탕한 여자' '악녀'의 상징이 되어 버린 신화적 인물이다. 흔히 여자는 이브형과 릴리스형으로 나뉜다. 이브가 착한 여성, 현모양처를 상징하는 인물인 반면, 릴리스는 남성과 동등한 권리를 내세우고, 성생활에도 적극적이며 여성상위를 요구하는 인물로 임신과 육아를 당연한 것으로 여기지 않는다.

여성 내면에는 이러한 성녀와 창녀가 함께 공존하지만, 인류는 언제나 이브적인 미덕만 찬미해 왔다. 지은이는 여성의 본성 중 이와 같은 릴리스적 특성을 억압하는 심리를 가리켜 '릴리스 콤플렉스'라고 칭하고 모성의 장애를 강요하는 사회 심리적 원인과 해결책을 제시하고 있다.

모든 아이에게는 훌륭한 어머니가 필요하지만, 어떤 어머니도 이런 기대에 적절하게 부응하지 못하며 여성이 스스로의 선택으로 어머니가 되었다고 의식하는 한편, 한계를 인정하고 자신을 솔직히 드러내고 릴리스적인 측면을 받아들일 때, 비로소 참되고 훌륭한 모성애를 베풀 수 있다고 말한다.

무엇이든 할 수 있는 자유, 아무것도 하지 않을 자유

–홍신자/명진/2002

라즈니쉬의 첫 한국인 제자이자 세계적인 무용가 홍신자의 자유에 관한 에세이집이다. 지은이는 무조건 떠난다고 해서 자유가 얻어지는 것이 아니며 자유는 자신의 본성대로 살 때 다가온다고 강조한다.

자신의 생생한 체험을 바탕으로 영혼을 치유하며 있는 그대로의 자신을 사랑하는 법, 어린아이 같은 마음으로 자유를 누리는 방법 등 행복한 삶을 위한 노하우를 구체적으로 전해 준다.

새로운 나를 여는 열쇠

–제프리 E. 영 · 자넷 S. 클로스코/최영민 · 김봉석 · 이동우 옮김/열음사/2004

어린 시절의 문제점들로 인해 빠지기 쉬운 11가지 인생의 덫에 대해 그 근원과 해결방법에 대해 다루는 책이다. 각각의 사례연구를 통해 인생의 덫에 대하여 하나하나 설명하고, 일반인들이 스스로를 진단할 수 있는 체크리스트를 제공하여 자신의 덫을 스스로 파악하고 대처하는 방법까지 습득할 수 있게 하고 있다.

한 예로, 증권 중개인 제드는 성공의 정점에 서 있다. 직업으로만 성공한 것이 아니라 여복도 터져서 수많은 여성을 소위 '정복' 한 플레이보이이기도 하다. 그러나 기실 그의 내면은 외롭고 공허하며 지루하다는 느낌과 싸우고 있다. 그래서 다시 허전함을 채워 줄 여자를 찾아 나서지만, 여자로부터 "사랑한다"는 고백을 듣는 순간 그 여성을 향했던 자신의 열정은 얼음처럼 식어 버린다. 바로 '정서적 박탈' 이라는 덫에 걸려 있는 바람둥이 제드는 아버지의 얼굴도 모르는 상태로 냉정한 어머니 밑에서 성장했다. 사랑받지 못한 상처를 극복하기 위해 그는 사랑을 주는 데도 인색해졌다. 그는 결국 사귀는 여자와 정드는 것이 두려워 여자를 차고는 그로 인해 다시 외로움에 빠져 드는 아이러니를 반복하는 것이다.

정신과 상담을 전문으로 하는 이 책의 지은이들은 사람을 불행으로 몰아가는 성격상의 결점들을 찾아내 그것을 치유하는 방법을 안내하고 있다. 지은이들은 이런 성격상의 결함을 '인생의 덫' 이라고 표현한다.

지은이들은 삶을 불행하게 하는 덫을 11개 범주로 분류하고 있다. 나와 가까운 사람이 죽을 것이라는 우려를 떨칠 수 없다면 그는 '버림받음' 이란 덫에 걸려 있는 것이고, 남들이 나를 해코지

할 것이라는 피해의식을 떨칠 수 없다면 '불신과 학대' 의 덫에, 자신이 항상 최고의 대접을 받아야 한다고 믿는다면 '특권의식' 의 덫에 걸린 것이다. 이 밖에도 '의존', '취약성', '사회적 소외', '가혹한 기준' 등의 덫이 우리의 정신건강을 좀먹는다고 한다. '인생의 덫' 은 마치 마술과도 같아 사람의 생각을 부정적 방향으로 고착시켜 버린다. 가령 '실패의 덫' 에 걸린 사람은 자신이 '학교든 직장이든 운동이든 어떤 분야에서도 성공할 수 없다' 고 믿어 버린다. 지은이들은 이런 덫들이 마음속에 자리 잡는 이유로 어린 시절의 경험을 강조한다.

'인생의 덫' 은 일생 동안 반복되는 패턴이고, 자기 파괴적이며, 그 덫으로부터 자신을 보호하기 위해 끝없이 투쟁하게 하는 피곤한 딜레마이다. 지은이들은 인생의 덫에서 벗어나기 위해 먼저 "당신이 걸려 있는 덫을 확인하고 이름을 붙이라" 고 주문한다. 즉, 이런 의식적인 노력을 통해 사람은 정신적 딜레마들로부터 벗어날 수 있다고 강조한다. 또한 덫을 극복하는 과정에서 수반되는 고통을 극복하는 방법도 안내한다.

우리 속에 숨어 있는 힘

–미리암 그린스펀/고석주 옮김/또하나의문화/1995

전통적인 심리상담(프로이트로 대표되는)의 폐해와 성장상담의 약점에 대해서 이야기하며 여성 중심의 심리 상담 모델을 소개하는 책이다.

왜 여성들은 우울증, 무기력증, 상실감을 더 많이 느끼는 것일까? 왜 여성은 남성보다 정신 질환을 많이 앓는 것일까? 여성들은 자신의 의지대로 살 수 없게 만드는 남성 중심의 사회 제도와 문화 속에서 계속 좌절을 경험할 수밖에 없고, 이런 경험들이 여성을 무기력하고 우울하게 만든다.

지은이는 '여성들의 무기력함, 우울함, 상실감에는 표현되지 못한 기존의 남성 중심 사회에 대한 분노가 자리 잡고 있으며, 진정으로 여성들이 자신의 문제를 치유하고 자신의 삶을 변화시키기 위해서는 무기력함 속에서 분노를 찾아내고 그 속에 있는 무궁무진한 여성의 힘, 즉 여성 자신의 삶을 온전하게 지켜 내고 자신을 실현시키려는 의지를 찾아내야만 한다' 고 강조한다.

우리 속에 있는 남신들

–진 시노다볼린/유승희 옮김/또하나의문화/2003

가부장제는 여성은 물론 남성의 삶도 망쳐 놓았다. 가부장제의 프로쿠루스테스 침대는 남성의 눈물과 감정은 가차 없이 거세하고, 출세욕을 잡아 늘이고 부풀렸다. 지난 92년 '또문' 에서 번역된 『우리 속에 있는 여신들』의 남매편인 이 책은, 활기차면서도 다정다감한 남성의 원형적 모습을 고대 그리스신화에 등장하는 남신들의 면모에서 찾아낸다.

프로쿠루스테스 침대에서 도마뱀 꼬리처럼 잘려 나간 남성성의 회복 · 재생을 기원하고 있다. 남성의 내면 깊숙한 곳에서 휴화산처럼 꿈틀거리는 남신의 모습을 지은이(정신과 의사)는 8유형으로 분류하고 있다.

제우스는 가부장제 문화의 지배적인 원형으로 군림한다. 훌륭한 궁수이자 예술의 후견역을 맡은 아폴로의 속성을 지닌 사람은 가부장제 사회에서 출세할 수 있다. 사기꾼 기질이 농후한 헤르메데스, 대장간의 신이자 올림프스 신들 가운데 유일하게 노동을 했던 절름발이 신 헤파이스토스, 그 밖에 포세이돈, 하데스, 아레스, 디오니소스 등의 속성을 풀이하고 있다.

우리 속에 있는 여신들

-진 시노다볼린/조주현 옮김/또하나의문화/2003

결혼과 아이에 큰 가치를 두는 여성이 있는가 하면, 독립과 성취를 가장 중요하게 여기는 여성이 있는 것은 무엇 때문일까? 세심한 것에 주의를 쏟으며 외향적이면서도 논리적인 전문가인 여성이 다른 곳에 가면 내성적이고 가정적인 사람으로 바뀔 수도 있는 것은 어떤 이유에서일까?

지은이는 인간의 삶이 신화의 원형을 따르듯, 인간의 성격에는 신화 속 인물의 원형이 간직돼 있다는 가설을 제시한다. 책에는 권력 지향적인 아테나 여신, 모성의 여신 데미테르, 순종적인 딸 페르세포네, 사랑과 미의 여신 아프로디테 등 아홉 가지 여신 원형이 제시되고 있다. 모든 여성의 내면에는 이런 성격 원형들이 내재하며, 그중 어떤 원형을 더 활성화시키는가에 따라 그 사람의 중심 성격이 결정된다는 것이다. 처녀 여신들로는 사냥과 달의 수호신으로 경쟁심이 가득한 우리들의 큰언니인 아르테미스, 지혜와 공예의 수호신이자 전략가이며 아버지를 잘 따르는 여신인 아테나, 화로와 신전의 수호신이자 지혜로운 노처녀 고모 성향을 보이는 헤스티아가 있다. 상처받기 쉬운 여신들로는 결혼의 수호신이자 신실한 아내인 헤라와 곡식의 수호신, 양육자, 어머니 성향을 보이는 데미테르, 처녀이자 지하 세계의 여왕, 감수성이 예민한 여성이자 어머니의 딸인 페르세포네가 있으며, 사랑과 미의 수호신, 창조적인 여성, 연인인 아프로디테가 있다.

지은이는 표면적 성격 원형 밑에 억압돼 있는 다른 원형들을 해방시켜야만 활기차고 창조적인 삶을 꾸려 갈 수 있다고 한다.

참자기

-제임스 F. 매스터슨/임혜련 옮김/한국심리치료연구소/2000

사람들이 마음의 병을 치료해 가는 과정을 구체적으로 소개하는 책이다.

인간의 참자기가 어린 시절에 어떻게 발달하는지, 참자기의 능력에는 어떤 것이 있는지, 인간이 환경에서의 실험과정을 거치면서 어떻게 참자기를 확인, 표출하는지, 그리고 그 실험 결과를 일과 사랑을 통해 어떻게 외부세계와 조화시키는지 기술하고 있다.

15. 자기 존중

왜 남과 자신을 비교하는가

-G. 호크/김희수 옮김/사람과사람/2001

상담치료의 독특한 분야인 인지-정서-행동 치료의 원리와 기법을 활용하여, 자신을 형편없는 사람으로 평가하는 평범한 사람들이 자신의 문제를 해결하고 행복해질 수 있는 방법에 대해 기술하고 있는 책이다.

지은이는 갑작스런 생활환경 변화로 자신을 남과 비교하여 의기소침해지고 '주눅 들었을 때' 〈눈앞의 즐거움의 유혹을 거부하라〉, 〈서툴더라도 끈기 있게 계속하라〉, 〈큰 일도 작게 쪼개서 완성하라〉, 〈똑같은 실수를 반복하지 마라〉, 〈자신을 칭찬하고 때로는 벌하라〉 등 절대로 남과 자신을 비교하거나 평가하지 말고 자신의 행동만을 돌아보며 자신감을 갖고 생활할 것을 강조한다.

자기긍정의 힘

-이민규/원앤원북스/2003

임상심리학자인 지은이가 자기긍정이야말로 사람이 가질 수 있는 최고의 에너지라고 강조하며 긍정의 힘을 모으기 위해 노력할 것을 강조하는 책이다.

사람이 아무리 많은 것을 갖고 있더라도 가진 것을 외면하고 부족한 부분에만 초점을 맞춘다면 결코 만족할 수 없다. 아무리 재능이 뛰어나더라도 세상의 부정적인 점에 초점을 맞추면 결코 행복할 수 없다. 부정적인 느낌이 드는 이유는 부정적인 것에 초점을 맞추기 때문이며, 부정적인 것에 초점을 맞추는 이유는 부정적인 생각을 하기 때문이다.

부정적인 생각에서 벗어나는 유일한 방법은, 그것을 긍정적인 생각으로 대치하는 것이다. 자신의 생각을 긍정적으로 변화시킨다면, 행동이 달라지고, 그에 대한 세상의 반응도 긍정적으로 변화하게 된다. 행복한 삶을 위해 취해야 할 긍정적인 관점의 필요성을 설득력 있게 전해 준다.

자기를 믿지 못하는 병

-롤프 메르클레/장현숙 옮김/21세기북스/2004

자기 사랑이 얼마나 삶에 중요한 요소인지를 이야기하며 자기 자신을 사랑할 수 있는 전략을 제시한 책이다.

심리치료사인 롤프 메르클레는 우선 자기 가치감이 무엇인지를 설명하고 이기심과 자기 사랑을 구별한다. 또한 외적으로 아무리 성공한 삶처럼 보인다 해도 그가 정작 자신과의 연애에 실패한다면, 스스로 그 성공을 누리지 못하기 때문에 외적 성공은 큰 의미가 없다고 강조한다. 지은이는 자기 신뢰신뢰 · 자기 사랑이 얼마나 우리 삶에 중요한 요소인지를 설득력 있고 친근하게 설명해 준다. 누구나 살면서 여러 번 겪었을 법한 문제를 생생하게 드러내고 상담하듯 풀어 가는 지은이의 섬세한 배려가 돋보인다.

자기 보살핌

–앨리스 D. 도마 · 헨리 드레허/노진선 옮김/한문화/2002

하버드 의대 여성심신건강센터 책임자인 도마 박사가 오랜 임상과 연구를 통해 얻어 낸, 여성을 위한 '자기 보살핌' 의 실질적인 방법들을 제시하는 책이다.

가정과 사회의 여성들은 진정한 여성의 역할이란 자신을 부정하는 대신, 타인을 돌보고, 달래고, 즐겁게 하는 것이라고 교육받아 왔다. 그러나 이러한 자기 부정은 자신과 주변 사람에게 결코 좋은 영향을 줄 수 없다. 베풀기 증후군에 빠져 있거나 소극적, 부정적인 사람들에게 진정한 자기 보살핌의 가치와 필요성을 알려 주면서 자기 자신만을 돌보는 구체적인 요령을 계절별로 제시해 준다.

이 책은 겨울편의 명상법와 이완법, 봄편의 운동과 요가, 여름편의 휴식과 놀이, 가을편의 영성과의 접속 등을 포함해 부정적인 사고방식을 긍정적으로 재구성하는 인식요법과 현대 심리치료학에서 개발한 방안들을 총체적으로 전하며 적극적인 자기보살핌의 실천을 당부하고 있다.

자부심을 키워주는 50가지 원칙

–잭 캔필드 · 재클린 밀러/윤은기 옮김/물푸레/2001

기업의 조직원 한 사람 한 사람의 자부심이 살아 숨 쉬고, 따뜻한 영혼이 교차되는 일터를 만들 수 있는 방법들을 알려 주는 책이다.

복잡한 현대 사회에서 인간은 질서 정연하고, 정교한 기계의 부속처럼 살아간다. 특히 각 조직에 속해 노동을 해야 하는 우리 직장인들은 영혼이 빠져나간 채, 마치 로봇처럼 반복되는 일상 속에서 하나의 부속품처럼 소극적으로 생활하게 된다. 그러나 인간은 거대한 구조 속에서 단지 일만 하는 기계가 아니라 고유한 인격체이다. 스스로 선택하여 생산적이고, 즐겁고, 의미가 있는 일을 한다면 훨씬 더 행복한 삶을 살게 될 것이라는 가정하에 직원들의 자부심을 높여서 기업과 직원들이 함께 성장해 갈 수 있는 구체적인 방법을 제시해 준다. 이 책은 앞으로 다가올 미래사회의 핵심적인 직업 문제들을 제기하며 기업과 사회가 이 같은 위기에 어떻게 대처해야 할지 유용한 정보를 제공해 준다.

자존감

–데이비드 칼슨/이관직 옮김/두란노/2002

내담자의 심리적이고 영적인 상처를 어떻게 치유해 줄 것인지를 성경에 기초하여 실제적으로 보여 주는 책이다.

사람은 누구나 상처를 입으며 성장한다. 과거의 상처, 실패, 거절, 비판 등은 부정적인 자아상을 만들며 이로 인해 사람들은 열등감과 낮은 자존감에 시달리며 고통 받고 있다. 또는 자아도취나 과장된 자신감, 거짓 겸손 같은 왜곡된 '자기 사랑' 을 만들기도 한다.

지은이는 이 책을 통해 자기 사랑에 대한 성경적, 심리학적 개념뿐 아니라 자신을 양육하는 방법, 자존감 세우는 단계, 문제 가정을 위한 상담 전략 등을 구체적으로 제시해 준다.

행복한 이기주의자

–웨인 다이어/오현정 옮김/21세기북스/2006

심리학자인 웨인 다이어가 자신의 임상치료 경험을 바탕으로 개개인이 행복해지는 방법을 구체적으로 제시한 책이다.

지은이는 '행복한 사람이야말로 진정 똑똑한 사람' 이라며 철저히 행복 추구형 인간이 될 것을 강조하면서, 눈치 보지 않고 의무에 매이지 않으며 정의의 덫에 빠지지 않는 '행복한 이기주의자' 가 되는 10가지 비결을 상세하게 소개하고 있다.

스스로를 소중히 여기는 '행복한 이기주의자' 는 어떤 사람들일까? 지은이는, 행복한 이기주의자는 에고이스트와 전혀 다르다고 말한다. 에고이스트는 자신의 이익을 위해 타인을 희생시키는 사람인 반면, 행복한 이기주의자는 자신을 배려할 줄 알기에 타인도 배려할 줄 알고, 스스로를 사랑하기에 타인을 사랑하는 법을 아는 사람이라는 것이다. 행복한 이기주의자란 결국 자신의 인생은 자신이 개척해 나가되, 그 틀 안에서 자신이 취해야 할 것과 가려야 할 것에 대해 확실한 자립관을 가지고 있는 사람임을 알려 준다.

16. 마음의 평화

기도

–틱낫한/김은희 옮김/명진/2006

틱낫한 스님이 기도의 의미를 성찰하며 우리 삶이 고통 받는 이유, 우리의 마음이 평화롭지 못한 이유를 풀어 나가는 내용이 담겨 있다.

인생은 불확실하다. 그래서 사람들은 종교를 찾아 마음의 의지처로 삼고, 신에게 행복을 기도 한다. 하지만 기도가 이뤄지지 않았을 때, 열심히 기도해도 상황이 나아지지 않을 때, 믿음은 의문으로 바뀌고 신에 대한 확신은 흔들리게 된다.

삶도 마찬가지다. 삶에 대한 의문부호들이 마음을 채울 때 우리는 눈앞에 있는 행복을 놓치게 된다. 틱낫한 스님이 '기도' 하면 떠오르는 숱한 의문들, 즉 '진실한 기도란 무엇인가, 내가 하는 기도는 올바른 기도일까, 내 기도는 신에게 전달되었을까, 신은 어디에 있는가……' 등에 대해 가톨릭과 기독교, 불교를 넘나들며 하나씩 풀어 나간다. 기도의 진정한 의미를 재발견하게 해 주는 책이다.

마음의 행복을 찾아주는 책

–멜바 콜그로브 · 해롤드 브롬필드 · 피터 맥 윌리엄스/느낌이있는책/2002

사랑하는 것들을 잃어버리고 상처 입은 사람들의 마음을 다독여 주는 책이다.

지은이는 마음에 상처를 입게 되면, 우리 마음은 육체와 똑같이 자연스러운 치유과정을 시작한다고 이야기한다. 그러므로 상처가 자연적으로 치유되도록 그냥 두고 기다리라고 한다. 그런 과정 중에 고통은 지나가며, 고통이 지나간 후에 더 강해지고, 더 행복해지며 더 지혜로워지게 된다고 위로한다. 지은이가 친구처럼 건네는 따뜻한 위로가 마음에 위안이 되어 줄 것이다.

마음의 휴식

–유진 워커/김광수 옮김/명진/2001

변화의 소용돌이 속에서 늘 불안과 스트레스를 안고 살아가는 직장인들에게 불안 증후군의 해결방안을 여러 가지 각도에서 제시하는 책이다.

임상 심리학자이며 컨설턴트인 유진 워커는 스트레스의 절대 원인이 '목적을 잃은 라이프스타일' 에 있음을 강조하고, 불안에 시달리는 사람들에게 효과적인 해결방법을 소개한다.

구체적인 처방전으로는 일요일 저녁만 되면 아침, 점심, 저녁에 3~5분씩 해 볼 수 있는 긴장 완화법이나 명상, 근육 이완, 집중법과 같은 기초적인 임상 심리학적 방법과, 부정적인 생각을 버리고 긍정적인 사고방식을 갖는 삶의 태도와 스트레스를 받지 않기 위한 식습관이나 운동습관 등을 제시하고 있다. 이외에 스트레스와 긴장, 불안 등 마음의 부정적 요소들을 인정하고, 동반자로 만드는 방법도 제안한다.

마음혁명, 생각의 집착을 끊어라

–리처드 칼슨/창해/2006

지나간 과거와 아직 오지 않은 미래에 대한 걱정으로 오늘을 허비하는 현대인들에게 지금 이 순간의 삶을 즐길 수 있는 방법을 제시하는 책이다.

지은이의 말에 따르면, 과거나 미래는 모두 생각 속에만 존재할 뿐인데 정작 사람들이 그러한 사실을 깨닫지 못해 현재의 삶을 즐기지 못하고 있다는 것이다. 따라서 이런 불행감에서 벗어나기 위해서는 과거의 부정적이고 어두운 면에 집착하지 말고, 우리에게 선천적으로 부여된 '건강한 심리작용'으로써 감정의 시계추를 균형점에 맞출 것을 권한다.

예를 들면, 우울함이 찾아올 때 그 우울함을 가져온 이유나 원인을 분석하려 하지 말고 우울함을 떨쳐 버림으로써 기분이 좋아지도록 노력해야 한다는 것이다. 이러한 긍정적인 변화를 위해서는 우리 자신의 꾸준한 연습이 필요하다고 강조하며 꾸준한 실천을 당부한다. 현재를 충실하게 살아가는 것이 행복한 미래에 도달할 수 있는 방법임을 깨닫게 해 준다.

평화로움

-틱낫한/류시화 옮김/열림원/2002

틱낫한이 말하는 진정한 평화로움에 이르는 길을 소개하는 책이다.

지은이는 쉽고 구체적이며 통찰력 있는 비유를 통해, 세상의 그 무엇도 따로 떨어져 존재하는 것은 없다고 말한다. 책의 한 구절, 또는 이 종이 안에서 내가 수많은 '나 아닌 존재' 들로 이루어져 있음을 비로소 깨닫는 것, 그것이 틱낫한이 말하는 진정한 평화로움에 이르는 길이다. 이런 종이 한 장의 깨달음을 통해, 내 안에서 수없이 많은 나 아닌 존재들을 발견해 내는, 그 느리지만 잔잔한 철학이 바로 틱낫한의 명상의 핵심이다.

전 세계의 토착민들을 카메라에 담아 온 필 보르게스의 사진 속에서 눈빛 맑은 어린아이와 어른들의 평화로운 미소를 발견할 수 있다.

#07 몸의 건강편
[나이 듦/삶과 죽음/장애]

1. 나이 듦

- 나는 이렇게 나이 들고 싶다. 소노 아야코/오경순 옮김. 리수, 2004.
- 나이 드는 것의 미덕. 지미 카터/김은령 옮김. 끌리오, 1999.
- 나이 듦에 대하여 : 여성학자 박혜란 생각모음 여자, 그리고 나이. 박혜란. 웅진닷컴, 2001
- 나이 듦의 즐거움. 김경집. 랜덤하우스코리아(랜덤하우스중앙), 2007.
- 또 다른 나라. 메리 파이퍼/공경희 옮김. 모색, 2000.
- 마흔에서 아흔까지 : 행복한 노년을 위한 인생지도. 유경. 서해문집, 2005.
- 멋진 노후를 예약하라. 최윤희. 황매, 2005.
- 서드 에이지, 마흔 이후 30년. 윌리엄 새들러/김경숙 옮김. 사이, 2006.
- 성찰 : 나이 듦과 변화 그리고 아름다운 마무리. 람 다스/강도은 옮김. 씨앗을뿌리는사람, 2002.
- 실버들을 위한 유쾌한 수다 : 고광애의 실버 상담실. 고광애. 바다, 2003.
- 아름다운 노년을 위하여. 고광애. 아침나라, 2000.
- 우아한 노년. 데이비드 스노든/유은실 옮김. 사이언스북스, 2003.

○ 정오에서 해 질 녘까지 : 새로운 시작, 영원을 향한 중년 이후의 여정. 메리 다피츠/남학우 · 김효성 옮김. 성바오로, 2003.

2. 삶과 죽음

○ 메멘토 모리, 죽음을 기억하라 : 한국인의 죽음론. 김열규. 궁리, 2001.
○ 모리와 함께한 화요일. 미치 앨봄/공경희 옮김. 세종서적, 2005.
○ 베로니카, 죽기로 결심하다. 파울로 코엘료/이상해 옮김. 문학동네, 2003.
○ 빛, 색깔, 공기 : 죽음을 사이에 둔 두 신학자의 대화. 김동건. 대한기독교서회, 2002.
○ 사람은 어떻게 죽음을 맞이하는가. 셔윈 B. 뉴랜드/명희진 옮김. 세종서적, 2003.
○ 섭섭하게, 그러나 아주 이별이지는 않게. 능행. 도솔, 2005.
○ 아름다운 죽음을 위한 안내서 : 인생의 마감시간에 우리는 무엇이 되어 만날 것인가?. 최화숙. 월간조선사, 2004.
○ 인간의 죽음 : 죽음과 임종에 관하여. 엘리사벳 퀴블러로스/성염 옮김. 분도출판사, 1997.
○ 인생 수업. 엘리자베스 퀴블러 로스 · 데이비드 케슬러/류시화 옮김. 이레, 2006.
○ '죽이는' 수녀들의 이야기 : 호스피스 활동 사례 모음. 마리아의작은자매회. 성바오로, 2003.

3. 장애

○ 그래, 네 마음은 눈을 감고도 볼 수 있단다. 이상재. 상상공방, 2006.
○ 손끝으로 느끼는 희망 : 듣지도 보지도 못하는 삶. 페터 헤프/박정미 옮김. 사람과 책, 2006.
○ 앨리슨 래퍼 이야기. 앨리슨 래퍼/노혜숙 옮김. 황금나침반, 2006.

몸의 건강편 독서목록에 대한 해제

1. 나이 듦

나는 이렇게 나이 들고 싶다

–소노 아야코/오경순 옮김/리수/2004

모든 '늙어 가는' 사람들을 위해 쓰인 '늙음을 경계하는 글(계로록(戒老錄))'이다. 노여움 · 푸념 · 잔소리 등에서 자유로워질 것과 너그러운 삶의 자세를 강조하고, '자주 씻을 것' 등의 시시콜콜한 잔소리도 잊지 않았다. 지은이 자신의 경험이 녹아 있는 이 책은 지은이가 41세 때 처음 출판되었고, 51세와 65세 때 수정, 가필하여 새로 출간된 책이다.

너그럽고 온화한 할머니, 할아버지로 멋지게 늙어 가기 위해 우리가 경계해야 할 것들은 무엇일까. 내면의 휴식기인 노년에 보다 가치 있는 삶과 행복을 영위하려면 중년부터 어떠한 마음가짐과 준비를 해야 할까. 심오한 인생철학을 쉽고도 가슴에 와 닿는 문장으로 표현하여 일본에서는 이미 장기 베스트셀러가 된 책이다. 이 책은 1부 엄중한 자기 구제, 2부 생의 한가운데에서, 3부 죽음을 편안하고 친숙하게로 구성되어 있으며, 행복한 노년을 위한 안내서로 쉽고도 가슴에 와 닿는 말들이 많다.

나이 드는 것의 미덕

–지미 카터/김은령 옮김/끌리오/1999

지은이는 전직 미국 대통령이다. 그는 이 책에서 나이 든다는 건 꽤 괜찮은 일이라고 결론을 내린다. 그는 칠순을 맞을 무렵, 유명한 바바라 월터스 쇼에 출연했을 때의 일을 회상하며 다음과 같이 말한다.

장시간의 특별 인터뷰에서 바바라 월터스는 농장에서 잠수함까지, 사업부터 주지사와 대통령직에 이르기까지, 백악관에서 플레인스의 집에 이르기까지 내 인생 모든 부분에 대해 낱낱이 캐물었다. 그러고 나서 그녀는 진지하게 생각해 봐야 할 질문을 하나 던졌다.

"당신은 흥미진진하고 도전적인 인생을 살았습니다. 그중 최고는 언제였다고 생각하십니까?"

잠시 후 나는 확신을 갖고 대답했다.

"지금이 최고인 것 같군요."

그녀는 놀라서 다시 질문했다.

"어째서죠?"

나는 깊이 생각할 수 있고, 가족들과 좀 더 많은 시간을 함께 보낼 수 있으며, 이전에 저지른 잘못을 고칠 수 있는 기회를 갖게 되었기 때문이라고 어물거리며 대답했다. -본문 중에서-

이 책은 은퇴 후 어떻게 사는 것이 가장 좋은 삶인지를 재고할 수 있도록 한다.

나이 듦에 대하여 : 여성학자 박혜란 생각모음 여자, 그리고 나이

-박혜란/웅진닷컴/2001

이 책에 실린 산문들은 '여자'와 '나이'라는 두 개의 키워드를 소재 삼은 것이다. 여자로서 자신에게 다가온 '나이 듦'을 긍정해 나가는 모습을 통해 주위 사람들과 자신에게 여자가 나이를 먹는다는 것이 어떤 일인가를 일상이라는 프리즘을 통해 찬찬히 이야기해 나간다.

특히 지은이 자신에게 '나이 듦'이란 질병이라는 폭력적인 형태로 다가왔다. 여자로서의 정체성을 구성하는 자궁과 난소를 잃게 만든 질병 때문에 지은이는 비로소 제 나이를 돌아보게 되었다는 것이다.

사람은 나이를 의식하지 않고 살 수 없다. 내 이름이 쓰이는 한 그 옆에는 괄호가 쳐지고 숫자가 매겨지게 마련이다. 하지만 누구나 세상이 값을 셈하는 대로 자신의 나잇값을 저울질하며 살 필요는 없다. 다른 사람에게 팔 것도 아닌데 내 나잇값은 내가 마음대로 매기면 그뿐이다. 괄호 속 숫자에 얽매이지 않는 자기만의 나잇값을 셈하며, 자기만의 일을 찾는 사람들이 늘어날 때 연령차별이 사라지는 날이 올 게다. 그때 우리는 한결 넓어진 세상에서 한결 풍요로운 삶을 살 수 있을 것이다. -박혜란-

한때는 인생이 예측가능하다고 믿었다. 인생이 자신을 속인다고 울부짖는 사람들은 탄탄한 준비를 하지 않은 게으른 자들이라고 생각했다. 살아가는 길 곳곳에 숨어 있다는 함정에 난 절대로 빠지지 않을 자신이 있다고 자만했다. 남들은 다 빠져도 나만은 결코 빠지지 않으리라는 그 자만심이 과연 어디서 비롯되었던 것인지. 남에게 일어날 수 있는 일은 바로 나에게 일어날 수 있는 일이라는 당연한 진리를 깨닫는 데 참 오래도 걸렸다. -본문 137쪽에서

나이 듦의 즐거움

-김경집/랜덤하우스코리아(랜덤하우스중앙)/2007

문학과 철학, 음악과 미술 등 다양한 분야의 왕성한 책읽기를 통해 농익은 사색과 폭넓은 문화적 소양을 갖춘 인문학자 김경집의 산문집이다.

지은이가 3년 전부터 일주일에 한 번씩 주변 지인들과 동료 학자들에게 보낸 글 중 68편을 가려 묶은 것이다. 따라서 이 책에는 긴 삶의 궤적 속에서 그가 깨닫게 된 인생의 진정한 의미와 가치, 그와 동년배들이 함께 걸었던 세월의 무게가 고스란히 담겨 있다.

스치는 일상과의 사색적 만남, 지은이의 자유로운 감성과 깊이 있는 사색의 언어들을 통해 무리하거나 억지를 부리지 않고 세월의 결을 따라 산다는 것이 얼마나 위대하고 소중한 것인지를 깨닫게 한다. 또한 중년의 문턱에서 찬란한 비상을 꿈꾸는 이들에게, 세상살이에 지친 이들에게 마음의 위로와 따뜻한 삶의 훈향을 전해 주고 있다. 나이 듦은 쇠약하거나 소멸돼 가는 것이 아니라 세상을 보는 지혜와 생의 본질을 깨달아 가는 과정이라고 이야기하고 있다.

속도를 얻으면 풍경을 잃고 풍경을 얻으면 속도를 잃기 쉽다는, 삶에서의 경험이 자꾸만 우리를 엉거주춤하게 만듭니다. 그러나 무심하게 흘러가기만 한 줄 알았던 시간은, 어쩌지 못하는 그 곤경도 조금은 덜어 내며 살 수 있음을 가르쳐 줍니다. 그게 삶이라는 걸, 참 늦게 깨달았습니다.
–김경집–

먼 곳은 졸보기안경을 써야 하고 가까운 곳은 돋보기안경을 써야 하는 이 어정쩡한 눈이, 어쩌면 조금 일찍 찾아왔다 싶기도 합니다. 하지만 가까운 것, 적당한 것, 먼 것을 이 안경, 저 안경, 그리고 맨 눈, 이 세 가지로 나누어 볼 수 있게 됨으로써 세상을 그렇게 세 토막으로 쪼개어 볼 수 있는 스펙트럼을 갖게 된 것 같습니다. 그게 돋보기를 써야 하는 처지의 유치한 자기 합리화일지도 모르지요. 하지만 잊고 있었던 것들을 따뜻하게 볼 수 있는 너그러움을 배운다는 점에서 고맙게 느껴지기도 합니다. 잃은 것은 시력이지만 얻은 것은 심력이 아닌가 하는 생각이 듭니다.
–〈잃은 것은 시력, 얻은 것은 심력〉 중에서

또 다른 나라

–메리 파이퍼/공경희 옮김/모색/2000

심리상담가이자 베스트셀러 작가의 책이다. 지은이는 이 책에서 '노년' 이라는 미지의 땅을 안내하는 것을 목표로 한다. 현재 노인들과 그들의 자녀들은 똑같은 것을 보고도 똑같은 감정을 가지지 못하고, 서로가 서로를 무시하거나 경멸할 정도로 대화가 중단되어 있다. 왜 그럴까? 노인문제를 상담해 온 지은이는 노년을 '또 다른 나라' 라고 표현한다. 부모와 조부모는 그들의 자녀와 다른 시간 속을 살았고, 이 때문에 자녀들은 그들의 부모가 쓰는 말을 이해도 하지 못하고, 노인들의 감정까지 알기란 더욱더 어렵다. 게다가 너무나 바쁘게 살기 때문에 부모를 이해하기 위해 노력할 시간도 없다.

지은이는 이런 상황에 대해 무척 안타까워하며 노년의 아름다움에 대해 이야기한다. 노년은 건강이 나빠지고, 어린아이처럼 되어 버리기도 하지만 우리가 잃은 것들을 되찾는 기간이 될 수도 있다고 이야기한다. 또한 우리는 이런 노년의 부모를 돌보면서 우리의 자녀에게 우리를 돌보도록 가르칠 수 있고, 부모의 나이 드는 것을 보면서 용기 있고 위엄 있게 늙는 것을 배울 수 있다고 제안한다. 이 기간을 잘 보내면 노인과 젊은이는 서로의 성장을 도울 수 있다는 것이다. 이를 위해 지은이는 자신들의 부모나 나이 든 친척들과 끊임없이 교류할 것을 제안한다. 그리고 노인들을 이해하기 위해 '노년' 이라는 다른 나라의 언어를 배워야 한다고 이야기한다.

마흔에서 아흔까지 : 행복한 노년을 위한 인생지도

-유경/서해문집/2005

노년 에세이 『꽃진 저 나무 푸르기도 하여라』의 지은이 유경이 지난 몇 년간 SBS 노년 프로그램에 고정 출연해 방송했던 것과 〈여성신문〉, 〈출판저널〉, 〈빛과 소금〉, 〈생활성서〉 등에 연재했던 내용을 바탕으로 그녀의 생각을 새롭게 정리한 책이다.

노년 전문가로 통하는 지은이는 이 책을 통해서 노년을 위한 인생지도를 그려 준다. 중년부터 미래를 준비해야 할 10가지와 당당하고 행복한 노년을 위해 실천해야 할 100가지, 그리고 함께 어울리는 노년을 만들기 위하여 노는 법, 대화법, 사랑법과 더불어 '노년 왕따 예방지침' 10가지도 정리하였으며, 주위에서 만나는 노년들도 10가지 유형으로 정리해 제시하고 있다. 에세이처럼 읽어 나가면서 자신의 노년을 미리 그려 볼 수 있는 좋은 기회를 마련해 주는 책이다.

노년은 젊음의 저울로 달아서 내버려야 할 무엇이 아니라, 젊음을 고스란히 비추어 주는 거울이다. 노년준비는 바로 이 거울을 말갛게 닦는 일이다. 그러므로 재테크나 노(老)테크에 앞서, 주위 어르신들을 보며 내게도 그들과 같은 노년이 오리라는 사실을, 어떻게 살든 결국 나도 늙으리라는 것을 인정하고 받아들이는 일이 가장 우선되어야 한다. 노년에 대해 거리감과 거부감을 지닌 채 노년준비를 이야기하고 노후자금을 모은다는 것은 있을 수 없다. 노년을 모르고 노년에 대한 애정이 없는데 어찌 나의 노년이 아름답고 행복하겠는가. -본문 303쪽에서-

멋진 노후를 예약하라

-최윤희/황매/2005

행복학 박사 최윤희가 이 책을 통해 당당하고 행복하게 늙어 가는 방법을 제안하고 있다. 절대 공허한 가짜 처방전이 아닌 자신의 체험담과 목격담이 절절이 녹아 있는 방법들을 골라 담고 있다.

멋진 노후는 준비된 이들에게만 주어지는 선물과 같다. 멋진 노후를 예약하는 준비 자세는 30~40대부터 갖추어야 한다. 한숨만 내쉬며 사는 '전전긍긍 인생' 과 새로운 행복을 시작하는 '유토피아 인생', 그 차이를 만드는 것은 다름 아닌 우리, 자기 자신이다.

이 책 속에는 지은이가 직접 만나 가슴으로 공감한 30여 명의 멋진 노후가 담겨 있다. 자신을 사랑하고 아끼는 당당한 노후, 가족과 이웃과 사랑을 나누는 노후, 배움과 일에 대한 열정을 놓지 않는 불타는 노후, 인생의 오후를 만끽하기 위해 준비하는 노후 등 멋진 노후를 제시하는 대표주자들이 한데 모였다. 60의 나이가 믿겨지지 않는 재기발랄한 문체로 30여 개의 생생한 에피소드와 마주하는 순간 우리는 진정한 행복과 삶의 소중한 가치를 깨닫게 된다.

지은이의 '유쾌하는 늙는 법' 은 머리로 공감하는 법칙 혹은 공식과 거리가 멀다. 스스로의 경험으로 체득하여 가슴으로 공감하는 인생의 지혜이다. 또한 지은이는 노년의 삶도 두려워하지 않는다. 오히려 '깔깔' 거리며 인생의 오후를 만끽하는 여유를 발휘한다.

서드 에이지, 마흔 이후 30년

-윌리엄 새들러/김경숙 옮김/사이/2006

지은이 윌리엄 새들러 박사는 하버드대 성인발달연구소에서 임상실험을 통해 '중년' 의 삶을 연구해 온 중년 전문가이다. 특히 지은이는 마흔 이후 30년을 『서드 에이지(third age)』라 명명(first age: 배움의 단계, second age: 일과 가정을 이루는 단계, third age: 마흔 이후 30년, forth age: 노화)하여 설명하고 있으며, 다양한 중년들의 실례와 함께 '인생의 새로운 성장을 위한 6가지 원칙'을 함께 제시하고 있다.

즉, 〈중년의 정체성 확립하기〉, 〈일〉과 〈여가 활동〉의 조화, 〈자신에 대한 배려〉와 〈타인에 대한 배려〉의 조화, 〈용감한 현실주의〉와 〈낙관주의〉의 조화, 〈진지한 성찰〉과 〈과감한 실행〉의 조화, 〈개인의 자유〉와 〈타인과의 친밀한 관계〉의 조화이다. 언뜻 보면 서로 대립되어 동시에 실행할 수 없을 듯 보이는 역설적인 각각의 두 요소 사이에서 〈균형〉을 이루는 것이 마흔 이후 새로운 삶을 위한 핵심이라고 강조하고 있다.

고령화 시대에 접어들면서 노후 대책에 많은 관심이 쏠리고 있으나, 경제적 대비책뿐만 아니라, 심리적 측면과 삶의 방식 측면에서도 준비를 해야 한다고 지은이는 강조한다. 사회적 상실감을 딛고 〈정서적 성숙함〉과 〈심리적 안정감〉을 위한 준비 또한 게을리 해선 안 된다는 충고를 하면서, 지금까지 우리가 알고 있는 마흔 이후 삶에 대해 새로운 시각을 제시해 준다.

성찰 : 나이 듦과 변화 그리고 아름다운 마무리

-람 다스/강도은 옮김/씨앗을뿌리는사람/2002

지은이의 본명은 리처드 앨퍼트로, 1931년 미국에서 태어났다. 그는 삼십대에 반전 민권 운동의 지도자였다. 그는 하버드대학의 교수가 되었지만 얼마 후 교수직을 사임하고 인도로 건너가 영적 탐구자의 길에 들어섰다. 그의 또 다른 책 『지금 여기에 살라(Be Here Now)』는 현대의 가장 위대한 영적 고전 가운데 하나로 불린다.

1997년에 갑자기 뇌출혈로 쓰러진 뒤 언어 장애와 신체장애를 겪고 있는 그는, 이 책 『성찰(Still Here)』에서 자신의 어려움을 극복한 경험을 바탕으로, 이전부터 연구해 오던 '나이 듦', '변화', '죽음', '죽어 간다는 것' 에 관한 생각을 좀 더 새롭고 깊이 있는 언어로 풀어낸다. 나이 든 이들에게 진정으로 필요한 건 '젊어지는 비법' 이 아니라 '늙음을 받아들이는 법' 이라고 지은이는 말한다. 그는 다음과 같이 충고한다.

피곤함이 느껴지면, 느리게 살면서 그 순간에 참여하라는 신호가 아닌지 자신에게 물어보아야 합니다. 그 순간에 피곤함과 함께 있고, 그것을 맛보고 껴안는 것 말입니다. 여유를 되찾는 방법은 지금 여기에 주의를 집중하는 것입니다. 에너지가 약해진다는 것은 바로 우리가 진보하고 있고, 좀 더 고요해지고 있으며, 더 반성하며 생각하는 법을 찾아야 한다는 신호가 아니겠습니까? …… 우리의 육신은 늙어 가고 있으며, 이제는 우리 몸 안에 살고 있는 어떤 존재의 말을 들을 시간입니다. 다시 말해 노년기는 무언가를 성취하기에 바빠서 듣지 못했던 우리 안에 있는 존재의 말을 들을 시간인 것입니다. -본문 중에서-

실버들을 위한 유쾌한 수다 : 고광애의 실버 상담실

-고광애/바다/2003

90살 친정어머니, 70대 남편, 그리고 386자녀와 N세대 손자들 속에서 살아가는 한 60대 신중년의 당당한 실버인생 제안을 담았다. 영화 '바람난 가족' 의 임상수 감독의 어머니이기도 한 지은이는 SBS 라디오 프로그램에 몇 년째 출연하여 노인들의 고민을 상담해 주고 있다. 노인들의 심리를 예리하게 꼬집어 가며 젊은 세대들과 잘 어울려 지내는 법, 노년을 잘 보내는 법을 알려 준다.

그러나 책의 제목에서도 알 수 있듯, 이토록 냉철하게 현실적인 노인 문제를 거론하지만 절대로 책의 인상을 무겁거나 심각하게 만들지 않고, 도리어 옆집 할머니가 풀어 주는 재미난 수다처럼 들리는 것이 이 책의 최대 미덕이다. '내가 엊그제에는 이러이러한 일을 당했는데……', '나아는 절친한 동창 녀석 하나는……' 식으로 예화를 들면서 흥미롭고 리얼하게 제 할 말을 다 풀어내고 있는 지은이만의 매력 때문이다. 책의 구성은 다음과 같다.

1장 마음 한번 고쳐먹기는 노인들의 정신적인 성숙에 관한 내용이다. 2장 가족으로부터 홀로서기에서는 좀 더 구체적인 노인들 일상 문제 등을 다루었다. 3장 늙어도 실천해야 할 것들에서는 나이 많은 사람들이 저지르기 쉬운 공적인 실수나 잘못된 사회적 인식을 꼬집는다. 4장 내 몸, 나만이 챙길 수 있다의 내용은 특별히 실버들이 가장 걱정하고 관심을 두는 문제, 곧 건강 다루기이다. 5장 실버들의 사랑과 결혼에서는 노인들의 이성교제, 황혼 즈음에 다시 시작하는 재혼 문제, 그리고 영화로도 상영되어 근래 들어 자주 이슈화되고 있는 노인들의 성생활 등을 다루었다. 6장 아름다운 이별 준비의 내용은 삶을 정리하는 데 필요한 현실적인 조언이다.

아름다운 노년을 위하여

–고광애/아침나라/2000

인생의 1/3이나 차지하는 노년을 어떻게 보낼 것인가? 하는 것은 우리들에게 심각하고도 중요한 문제가 아닐 수 없다. 노년은 자신의 문제이기도 하지만 가족의 문제이기도 하다. 자칫하면 가족들(자식들)에게는 부담만 주고, 자신은 허무하고, 외롭고, 춥고, 배고프게 노년을 보내야 할지도 모르기 때문이다.

그렇다면 어떻게 노년을 준비해야 할까? 이 책은 노인문제라는 무거운 주제를 모든 사람이 부담 없이 접근할 수 있도록 지은이 자신의 체험과 다양한 인용을 통해 흥미로우면서도 진지하게 풀어 가고 있다. 노년의 문화, 노인의 홀로서기 방법, 세대차이 극복법, 자식들과의 관계, 노년기의 경제학, 건강관리, 노년기의 마음가짐 등등 노년기를 제대로 보내고 싶어 하는 중 · 장년들을 위한 충고와 제안이 담겨 있다.

우아한 노년

–데이비드 스노든/유은실 옮김/사이언스북스/2003

누구나 장수를 꿈꾼다. 그러나 단지 목숨만 연장하는 건 별 의미가 없다. 나이가 들어서도 기억력을 건강하게 유지하고 자신의 생각과 감정을 적절하게 표현하고 영화나 소설과 신문을 읽어 내는 데 힘들지 않으면 얼마나 '우아' 할 것인가.

이 책은 병의 원인을 밝히는 역학 연구자인 지은이가 가톨릭 수녀들의 삶을 조사해 노화의 비밀을 추적한 기록이다. 수녀들을 대상으로 인지기능검사, 비디오촬영이나 직접 관찰한 내용, 수녀원 입회 전의 사회적 배경, 자서전의 분석, 심지어 사후 뇌절편 조직검사, 유전자검사, 혈액검사 등 다양한 방법을 통하여 치매에 걸리는 사람과 그렇지 않은 사람의 차이를 밝히고 있다. 다른 학술지에 발표된 뇌, 장수연구에 대한 연구 결과도 같이 소개하면서 문제를 흥미롭게 풀어 나간다.

어린 시절의 어휘 능력을 바탕으로 노년의 뇌 건강을 정확하게 예측할 수 있다는 것, 노화와 알츠하이머병 예방을 위한 최선의 영양학적 전략은 과일과 채소의 다량 섭취라는 것, 일상의 스트레스를 빨리 없애는 것도 도움이 된다는 사실 등 흥미로운 관찰 결과를 보여 준다. 연구 대상이 된 수녀들의 영적이고 진지한 삶의 단면이 녹아 있어 마치 좋은 수필처럼 잔잔한 감동을 주기도 한다.

정오에서 해 질 녘까지 : 새로운 시작, 영원을 향한 중년 이후의 여정

–메리 다피츠/남학우 · 김효성 옮김/성바오로/2003

인생에는 여러 단계가 있다. 유년기, 청소년기, 장년기, 노년기로 이어지는 인생은 그 어느 것 하나 중요하지 않은 때가 없다. 그런데 지금까지는 중년 이후의 인생에 대해서 그리 심각하게 다루어지지 않았다. 사람들은 일반적으로 중년을 맞으면서 엄청난 심리적 변화를 느낀다. 왜냐하면 많은 경우 인생의 황금기라고 하는 중년 이전에 자신의 목표를 성취해야 한다고 여기고 있기 때문이다.

이 책은 날로 고령화되어 가는 현대 사회에서 중년 이후의 삶을 의미 있게 보내는 데 도움을 주기 위해 기획되었다. 중년 이후의 세대를 위로만 하려는 것이 아니라, 그 시기에 담긴 가치를 심리학, 의학, 그리스도교의 영성을 접목하여 조명한다.

가톨릭 수녀이며 연구자인 지은이는 중년의 삶과 노화를 혼란과 과도기, 그리고 위기라고 말한다. 그러나 그는 이 시기에 새로 탄생할 수 있는 잠재력이 있다고 강조한다. 이때가 바로 자아의 깊은 곳으로부터 자신의 정체성이 드러나며, 외부로부터 오는 영향에 방해받지 않은 채 무엇이 될지를 선택하는 시기라는 것이다.

2. 삶과 죽음

메멘토 모리, 죽음을 기억하라 : 한국인의 죽음론

-김열규/궁리/2001

한국인의 죽음론을 총체적으로 분석한 책이다. 다소 심각한 주제를 다루면서도 현학적이거나 난해하지 않게 처리한다. 책은 죽음의 의미를 고찰하는 데서 시작한다. 지은이의 말을 빌리면, 우리가 죽음을 말할 때, 그것은 언제나 인간의 죽음에 한정지어진 이야기다. 왜냐하면 다른 생물이나 동물의 경우 죽음은 곧 소멸을 의미하기 때문에 그 이상 얘기할 필요가 없다. 실제로 여러 생물학자들이 밝히고 있듯 지구상의 생명체 중에서 죽음에 특정한 가치를 부여하는 생물은 인간 외에는 존재하지 않는다.

지은이는 죽음의 의미를 우리 민족의 풍속을 통해 구체적으로 검토한다. 죽음과 연결된 여러 가지 어휘들, 지역별로 다양한 장례 풍습, 무덤의 방향, 영과 육의 의미, 이승과 저승의 구별, 죽음과 관련된 귀신들의 역할, 호상과 악상의 차이 등을 두루 소개한다. 그리고 삼국유사 등 우리 옛 기록에 나타나는 신앙과 신화들을 서양 것들과 비교하면서 특징을 살핀다.

죽음을 삶의 막다른 골목이자 돌연한 단절로 보지 않고, 새 것과 묵은 것 사이의 교환이자 '전체로서의 하나' 로 자연스럽게 받아들이자는 시사가 전체를 관류한다.

모리와 함께한 화요일

-미치 앨봄/공경희 옮김/세종서적/2005

이 책의 중심인물은 모리 슈워츠라는 사회학 교수이다. 사지를 쓰지 못하다가 결국 숨 쉬기도 힘들어지는 루게릭 병(물리학자 스티븐 호킹이 앓고 있는 병)이라는 희귀병을 앓으며 죽음을 앞둔 환자다. 그런 그가 살아 있는 사람들에게 살아 있음의 의미, 죽어 감의 의미를 들려준다. 그가 마지막 숨을 모아 가며, 어떻게 죽어야 할지 알면 어떻게 살아야 할지 알 수 있다는 메시지를 전한다.

이 책은 그의 제자 미치가 모리가 세상을 떠나기 전 서너 달 동안 매주 화요일에 만나 인생을 주제로 가진 '수업' 내용을 적은 글이다. 독자는 이 글을 읽으면서 매사추세츠 주 보스턴 근교의 집 서재에서 모리 교수가 들려주는 삶과 죽음에 관한 강의에 참여하게 된다. 이것을 통해 삶에서 정말 중요한 것이 무엇인지 곱씹어 보게 된다. 세상이 중요하다고 선전하는 무의미한 것들에 매달리는 대신 타인을 동정하고 공동체를 사랑하는 마음을 배우게 된다. 또 사는 것과 함께 나이 들어 가는 것, 죽는 것을 소중히 여기는 마음도 배우게 된다. 결국 이 책은 죽음과 삶의 기술을 가르쳐 준다.

베로니카, 죽기로 결심하다

–파울로 코엘료/이상해 옮김/문학동네/2003

세계적 밀리언셀러 작가, '소설의 연금술사' 로 불리는 파울로 코엘료의 신작 소설이다. 평범한 하루하루, 더 나을 것도 나쁠 것도 없는 미래, 좌절된 꿈 때문에 인생의 꿈을 잃어버린 베로니카는 삶을 버리고자 결심한다. 그러나 네 병의 수면제를 들이키고 다시 눈을 뜬 곳은 정신병원 '빌레트' . 그곳에서 그녀는 세상에서는 만날 수 없는 '다른' 사람들을 만나게 된다. 베로니카가 '이제 다시 살아 볼까' 하고 마음먹을 무렵에, 그녀에게 시한부 선고가 내린다. 그토록 죽으려고 애썼던 베로니카지만 똑딱이는 시계나 쳐다보며 10일 후로 못 박혀 정해진 죽음을 기다린다는 것은 무리다. 두렵다.

일주일 남짓한 생의 시간 속에서, 그리고 자신이 선택한 죽음과 선택하지 않은 죽음 사이에서 사랑을 알게 되고, 생을 빛으로 채우기 시작한다. 명성에 걸맞게 열정이 깃든 시적인 문체로 생의 드라마를 이끄는, 작가의 능력이 돋보이는 소설이다.

움베르토 에코가 "내 마음에 꼭 드는 작품이다. 깊은 감동을 느꼈다" 라고 평한 이 소설은 프랑스에서 베스트셀러 1위에 오르며 500만 부 이상 팔려 나갔다. 죽음과 광기가 소재이지만 사실 삶과 열정에 대해 말하는 소설이다.

빛, 색깔, 공기 : 죽음을 사이에 둔 두 신학자의 대화

–김동건/대한기독교서회/2002

평생 목사와 신학자로 성도들과 제자를 가르치며 외길을 걸어온 부산 장신대 고(故) 김치영 교수가 암 선고를 받은 뒤, 역시 같은 길을 걷고 있는 아들 김동건 교수와 나눈 생의 마지막 대화를 한 권의 책으로 엮었다.

두 신학자가 삶과 죽음과 신에 대해 나누는 성찰의 무게도 묵직하지만, 무엇보다 아버지와 아들이 두런두런 나누는 대화와 교감이 따뜻하게 와 닿는다. 김치영 교수는 평소에 강단에서 선포했던 것처럼 죽음과 고통을 담담히 내 것으로 받아 누리며 생의 마지막을 맞이한다. 평생 고심해 온 질문들에 하나 둘 답을 구하며……

이 책은 고통 끝에 종래에는 암을 이기고 건강을 회복하는 기존의 극적인 암투병 관련 책들과는 다른 특징을 지닌다. 신앙인으로서 끝까지 삶에 의미를 부여하며 어떻게 죽음을 받아들였는지에 대한 과정이 그려져 있다. 그것과 맥을 같이 하여 죽음을 앞두고 다시 성찰해 본 여러 가지 신학적 주제들은 딱딱한 신학 이론의 틀을 벗고, 구체적인 삶의 정황 가운데 생생한 호흡을 얻고 있다.

오늘도 아버지는 별 말씀이 없으셨다. 나는 아버지가 너무 말씀이 없어서 일부러 이런저런 이야기도 하고 몇 가지 질문도 했다. 그런데 아버지는 내 말에 대답하는 대신 고통에 대해 말씀하셨다.

"나는 요즘 머리 속에 온통 고통에 대한 생각으로 꽉 차 있다. 자꾸 통증이 오니까 어쩔 수 없이 '고통' 이 가장 친숙한 주제가 되는구나. 인간은 누구나 고통을 겪는다. 고통은 사고를 통해 오기도 하고, 병을 통해 오기도 한다. 살면서 우리는 덜컥 어떤 고통을 당하게 되는데, 그것은 피할 수 없다. 고통을 겪는 것은 기독교인도 예외가 아니다. 고통을 겪는다는 사실에는 기독교인과 비기독교인의 차이가 없지. 그러나 고통에 임해서 기독교인이 가져야 될 차이가 있다. 기독교인에게 고통은 육체의 고통으로 끝나야 한다. 우리는 고통이 올 때, 신음할 수 있다. 고통을 호소할 수도 있고…… 이는 부끄러운 것이 아니다. 그러나 그 고통이 불평과 절망이 되고, 그 고통이 허무감으로 연결된다면 이는 불신앙이다." -〈고통〉 중에서-

사람은 어떻게 죽음을 맞이하는가

-셔윈 B. 뉴랜드/명희진 옮김/세종서적/2003

40여 년간 수많은 죽음을 보아 온 의사가 죽음의 과정과 의미에 대해 이야기한다. 죽음으로 이끄는 가장 큰 요인인 심장질환, 노화, 알츠하이머 질환, 살인과 자살, 에이즈와 암과 맞닥뜨린 환자들의 사례를 통해 가감 없는 죽음의 과정을 보여 준다.

지은이는 죽음에 대한 잘못된 감정, 공포, 고통에서 벗어나 생명의 자연스러운 과정으로 받아들이라고 충고한다. 모든 생물이 소생 혹은 재생하기 위해서는 죽음이 선행돼야 한다는 것이다. 오래 사는 것만이 가장 좋은 것은 아니라는 사실, 얼마나 아름답게 삶의 마지막을 장식하느냐가 중요하다는 진리를 일깨워 주는 책이다.

섭섭하게, 그러나 아주 이별이지는 않게

-능행/도솔/2005

"삶을 누렸듯이 죽음도 누려라!" 더 이상 살 수 없다고 선고 받은 사람들의 마지막 삶이 조금이라도 아름답게 떠날 수 있게 도와주는 일을 하고 있는 정토마을 비구니 능행스님의 외침이자, 메시지다. 그렇다면 어떻게 죽음을 누려야 하는가. 그것은 죽는 순간이 아니라 지금 이 순간의 삶을 말한다. 바로 지금 잘 살아야 한다는 것, 잘 죽기 위해 잘 살아야 한다는 것이다.

결혼을 두 달 앞두고 급성 위암을 판명 받아 약혼자와 함께 정토마을로 온 스물여섯 살 아가씨의 눈물겹고도 아름다운 이별 이야기, 군인의 아내로 아들 셋과 딸 하나를 모두 박사로 키웠지만 어느 날 암 선고를 받자 바쁘다는 핑계로 자식들이 잘 돌보지 않아 외롭게 이 세상을 떠나는 한 어머니의 이야기, 땅을 제일 많이 가지고 있는 불교계이건만 정작 묻힐 곳이 없어 기독교 묘지에 묻혀야 하는 한 스님의 이야기, 모든 것을 용서하고 비로소 평화롭게 떠나는 한 여인의 마지막 순간 등, 그들에게는 한순간이라도 아쉽고 안타까운 순간순간들이 책의 페이지 페이지마다 그려지고 있다.

늘 죽음을 접하면서도 능행은 매번 사람을 떠나보낼 때마다 좌절하고 절망하여 운다. 떠나는 사람마다 생에 대한 집착이 너무 강하여 고통스럽게 떠나기 때문이다. 떠나며 남긴 그들의 표정과 여운을 이렇게 글로라도 남기지 않으면 잠이 들 수 없었다고 한다. 그러다가 어느 날 능행도 병석에 누워 자신을 정리하다가 지난 세월 몸과 마음이 아플 때마다 적어 놓았던 노트의 메모들을 발견하고는 누군가 이런 수행을 이어 갔으면 좋겠다는 생각에 원고들을 모으고 정리한 것이다.

이 책은 실제 에피소드로 그려진 우리나라 최초의 죽음에 관한 이야기이며 마지막 순간의 기록이자 우리들 미래의 시추에이션이다. 자신이 살아온 삶의 총체적인 모습이 죽음이다. 어떻게 살 것인가. 능행은 이 세상을 떠나가는 사람들의 입을 통해 묻고 있다.

아름다운 죽음을 위한 안내서 : 인생의 마감시간에 우리는 무엇이 되어 만날 것인가?

-최화숙/월간조선사/2004

이 책은 지은이가 지난 17년 동안 호스피스 활동을 하면서 만나게 된 말기 환자들의 마지막 시간의 기록이다. 가정 호스피스에 등록하기로 결정하고 자신들의 삶을 열어 보인 환자들과 함께 울고 웃고 가슴 조이던 내용을 사실 그대로 기록한 것이다.

남편과 함께 세계여행도 못해 보고 죽음을 맞이하는 것을 아쉬워하는 자궁암 말기 환자의 이야기도 있고, 시아버지와 시누이를 용서하고 편안한 마음으로 "이젠 죽어도 괜찮아요. 하고 싶은 것 다했어요."라고 고백하는 죽음의 이야기도 있다. 최고로 행복했던 순간들을 기억하면서 삶의 아쉬움을 접는 사람도 있고, 죽고 싶지 않지만 이룰 수 없는 소원이기에 할 수 없이 포기하는 모습도 있다.

부록에서는 호스피스에 대한 소개와 함께 죽음을 편안하게 준비하려면 건강할 때 어떤 자세로 살아야 하는지, 말기 환자의 가족들이 환자를 위해 어떻게 해야 하는지, 자원봉사자들이 말기 환자를 도울 때 어떤 자세로 접근해야 하는지에 대해 안내한다.

인간의 죽음 : 죽음과 임종에 관하여

–엘리사벳 퀴블러로스/성염 옮김/분도출판사/1997

정신과 의사인 지은이가 죽어 가는 환자들과 함께 일하면서 느낀 점, 인터뷰를 통해서 알게 된 그들의 죽음에 대한 태도, 심적 변화, 죽음을 앞둔 환자의 치료, 가족 관계 등을 다루고 있다.

지은이가 이 책에서 강조하는 것은 임종을 앞둔 환자는 주변 사람들이 관심을 가져 주며 대화를 나누고, 무엇보다 인격체로 대해 주어야 한다는 점이다. 의사의 임무는 환자의 생명 연장뿐 아니라 환자의 편에 서서 고통을 함께하며 대화를 나눔으로써 평화롭게 최후를 맞이하거나, 혹은 삶의 희망을 가지도록 해야 한다는 것이다. 지은이는 죽음을 맞는 단계로서 부정과 고립, 분노, 타협, 우울, 순응을 제시한다.

이 책은 죽음을 앞둔 환자에게 불안과 공포심을 덜어 주고 편안한 마음으로 임종을 준비할 수 있도록 도움을 준다. 환자의 가족과 의료진에게도 갖추어야 할 태도에 대해 좋은 지침을 제공한다.

인생 수업

–엘리자베스 퀴블러 로스 · 데이비드 케슬러/류시화 옮김/이레/2006

타임이 선정한 '20세기 100대 사상가' 중 한 명인 엘리자베스 퀴블러 로스가 죽음 직전의 사람들을 만나고 쓴 '인생에서 꼭 배워야 할 것들' 에 관한 기록들이다. 죽음을 앞둔 뒤 인생을 더욱 분명하게 볼 수 있게 된 '인생의 스승들' 이 전하는 삶의 진실과 교훈이 담겨 있다. 이 책은 호스피스 운동의 선구자로 꼽히는 지은이 자신이 2004년 눈을 감기 전에 남긴 마지막 저서이기도 하다.

마지막으로 바다를 본 것이 언제였는가? 아침의 냄새를 맡아 본 기억은? 죽음을 앞둔 사람들은 한 번만 더 별을 보고 싶다고, 바다를 보고 싶다고 말한다. 마지막 순간에 간절히 원하게 될 것, 그것을 지금, 하라고 그들은 말한다.

죽음을 눈앞에 둔 사람들과 뛰어난 사상가인 지은이가 공통적으로 말하는 바는 삶이 우리에게 사랑하고, 일하고, 놀이를 하고, 별들을 바라볼 기회를 주었다는 것이다. 지금 이 순간을 더 충실하게 살라는 단순한 메시지가 단순하게만 들리지 않는 까닭은, 그것이 죽어 가는 사람들의 진심에서 나온 말이기 때문이리라. 잔잔한 문체와 감동적인 이야기가 오랜 여운을 남기는 책이다.

이 삶의 가장 큰 상실은 죽음이 아니다. 가장 큰 상실은 우리가 살아 있는 동안 우리 안에서 어떤 것이 죽어 버리는 것이다.

배움을 얻는다는 것은 다른 사람이 아닌 자기 자신의 인생을 사는 것을 의미한다.

갑자기 더 행복해지거나 부자가 되거나 강해지는 것이 아니라, 세상을 더 깊이 이해하고 자기 자신과 더 평화롭게 지내는 것을 의미한다.

아무도 당신이 배워야 할 것이 무엇인지 알려 줄 수 있는 사람은 없다. 그것을 발견하는 것은 당신만의 여행이다. –본문 중에서–

'죽이는' 수녀들의 이야기 : 호스피스 활동 사례 모음

–마리아의작은자매회/성바오로/2003

죽음 앞에서 사람은 누구나 두렵고 외로우며 버림받은 듯한 느낌을 갖는다. 이 책은 '마리아의 작은자매회' 소속 수녀들이 말기 환자를 돌보는 활동을 펼쳐 오면서 경험한 내용을 담고 있다. 무료 호스피스 활동을 통해 말기 환자들에게 사랑을 나눈 이야기가 진솔하게 기록되어 있다.

남편을 잃고 재혼을 위해 두 남매를 버린 죄책감을 안고 평생을 살다 죽을병에 걸린 할머니와 버림받은 자식들을 화해시킨 이야기('그 해 겨울은 따뜻했네'), 뜻밖에 찾아온 죽음에 절망해 주위의 모든 사람에게 분노를 터트리는 에이즈 환자의 마음을 열어 '에이즈 쉼터'를 만든 일('에이즈 환자의 희망'), 후두암 말기로 약을 전해 주기 위해 집을 찾은 수녀들의 목소리에 답을 못하자 20분 동안 바닥을 기어 나와 문을 열어 준 아이를 부둥켜안고 울었던 이야기('겨울에 만난 예수님') 등이 잔잔한 필치로 전해진다. 임종을 앞둔 이들에게는 의지와 희망을, 가족과 친지들에게는 추억을 전하는 책이다.

3. 장애

그래, 네 마음은 눈을 감고도 볼 수 있단다

–이상재/상상공방/2006

미국 피바디 음대 최초의 시각장애인 음악박사이자, 클라리넷 연주자인 이상재 씨의 육아일기인 이 책은 자식 앞에서 한없이 약해지고 마는 '장애인 아버지'의 애틋함이 가득하다. 어린 시절 교통사고를 당한 뒤 녹내장으로 시력을 잃은 이 씨는 첫 딸을 낳고부터 줄곧 시각장애인용 음성인식 컴퓨터로 육아일기를 써 이번에 책을 냈다.

지은이는 동료 장애인 3명과 함께 전국 초·중·고교 34개 학교를 도는 순회공연 연주회를 2005년부터 시작했다. 이 순회공연의 이름은 '희망으로 콘서트'. 소아마비로 다리가 불편한 테너 최승원 씨와 가수 박마루 씨, '네 손가락의 피아니스트'로 불리는 이희아 씨가 이 콘서트의 멤버이다.

이 책에는 아직 어려 장애를 이해하지 못하는 아이들을 대하는 아버지의 애끓는 심정이 그려져 있다. 평생을 벗 삼기로 마음먹었다는 장애였지만 아이들을 볼 때마다 그는 착잡한 심정을 금할 수 없다고 털어놓는다. "정성과 마음과 영혼을 다 바쳐 아끼고 사랑한다 해도 아빠가 장애인이라는 그 큰 상실감은 결코 치유될 수 없을 거라는" 자책감 때문이다. "네 마음은 눈을 감고도 볼 수 있지만 네 고운 입술은 볼 수 없다"는 탄식 등 자식 키우는 부모라면 고개를 끄덕거릴 사연들이 진솔한 고백에 담겼다.

나는 그들을 존경한다. 하지만 그들에 대한 나의 존경은 그들의 성공이나 명성에 연유하지는 않는다. 물론 정상인이라고 자처하는 사람들도 자기 인생 하나 치다꺼리하기조차 벅찬 세상에서 장애인으로 그런 성공을 거두려면 정상인보다 몇 배나 피눈물 나는 노력을 기울여야 한다. 어찌 존경하지 않을 수 있으랴. 그러나 인간의 최종목표는 성공이 아니라 사랑이다. 나는 이상재 박사가 간직하고 있는 사랑과 희생에 깊은 존경을 표한다. -이외수(소설가)-

손끝으로 느끼는 희망 : 듣지도 보지도 못하는 삶

-페터 헤프/박정미 옮김/사람과책/2006

지은이는 태어나 세 살이 되기까지 말문이 늦게 트이는 것이려니 생각했을 뿐 청각장애인 줄 알지 못했다. 청각장애아 학교에서 수화로 세상과 소통하는 법을 배우고 기계를 조립하는 기술자가 되었다가, 수도원으로 가서 마음의 평화를 구하지만, 스물아홉이 되던 해 시각장애가 그를 덮쳐 와 절망한다.

지은이는 상실, 절망과 어둠을 결국 희망으로 극복한다. 절대 고독의 고통스러운 내면의 아우성은 곧 자신과 화해하고 평화를 이루어 냄으로써 정체성을 찾고, 보이지 않는 것들을 볼 수 있는 통찰력을 갖게 된 과정을 찾는다. 가장 불행할 때 자신을 찾고, 자신이 해야 할 일을 찾은 지혜의 순례자 이야기다.

나는 목발을 짚고 다니는 데다 귀머거리이고 눈도 잘 안 보였지만, 체념할 이유는 전혀 없었다. 단지 내게 주어진 운명을 받아들이고 장애인에 대한 사회의 구속에서 스스로 벗어나야 했다. 특히 나를 가두고 있는 마음의 감옥에서 탈출해야 했다. 나는 스스로에게 다짐했다. '피터 헤프, 너는 할 수 있어. 아직 희망이 있어. 자, 이제 게으르지 말고 늘 긴장하며 지내는 것부터 시작해 보는 거야!' -본문 127쪽 중에서 -

앨리슨 래퍼 이야기

–앨리슨 래퍼/노혜숙 옮김/황금나침반/2006

"방금 태어난 아기 말이죠. 상태가 끔찍해요. 팔다리가 없고 붉은 점이 얼굴을 뒤덮고 있어요. 차라리 작은 괴물이라고 해야 할 판이에요." 산모는 병실에서 왜 아기를 보여 주지 않는지 궁금해하고 있었고, 간호사는 이 산모가 '작은 괴물'의 엄마인 줄도 모르고 아기와 관련된 병실 밖 소식을 이렇게 전했다.

지난해 대영제국 국민훈장과 세계여성성취상을 받은 여성구족화가 겸 사진작가 앨리슨 래퍼(41)의 자서전 '앨리슨 래퍼 이야기'는 이렇게 살풍경한 묘사로 시작된다. 현재 그는 탁월한 예술적 성취를 인정받아 '살아 있는 비너스'로 불리지만, 출생 당시 양팔은 없고 다리가 짧게 붙어 있는 '해표지증'이라는 장애를 갖고 태어났다. 이 책에 그려진 그의 삶은 차별과 편견과의 싸움으로 점철돼 있다.

장애인 보호 시설에서 마주쳤던 비장애인 교사들의 무지와 몰이해, 딸의 출생을 '신의 형벌'로 받아들였던 어머니에게서 온 트라우마(정신적 외상), 결혼 이후 돌변한 남편의 상습 폭행, 2년 만의 이혼, 임신 소식을 알리자 중절수술을 강요했던 남자친구 등 래퍼에게 인생은 결코 호의적이지 않았다.

그럼에도 불구하고 래퍼는 자신의 불행에 대해 감상적인 태도를 내비치지 않는다. 과장 없는 어조에는 강인한 정신력이 묻어 나온다. 자신의 결함을 받아들이고 극복해 나가는 자세는 감탄스럽다. 특히 적극적인 성격과 사회성이 그의 성장에 얼마만큼 긍정적 요소로 작용했는가는 시사하는 바가 크다. "힘들다면 나를 보라"는 그의 조언은 그래서 더 성큼 마음에 다가온다.

#08 가정편 [부부관계/가족관계]

1. 부부관계

1.1 여자와 남자

- 그 남자가 원하는 여자, 그 여자가 원하는 남자. 김성묵. 김영사, 2003.
- 남자는 왜? 여자는 왜? 와다 히데키/이유영 옮김. 예문, 2002.
- 말을 듣지 않는 남자, 지도를 읽지 못하는 여자. 앨런 피즈/이종인 옮김. 가야넷, 2003.
- 아주 작은 차이. 알리스 슈바르처/김재희 옮김. 이프, 2001.
- 여자의 탄생. 나임윤경. 웅진지식하우스, 2005.
- 한 번에 한 가지밖에 못하는 남자, 잔소리를 멈추지 않는 여자. 앨런 피즈 · 바라라 피즈/서현정 옮김. 베텔스만코리아, 2003.
- 화성에서 온 남자 금성에서 온 여자. 존 그레이/김경숙 옮김. 친구, 2002.

1.2 결혼과 이혼

- 결혼하면 행복한가요?. 김선희. 넥서스북스, 2004.

○ 그녀는 왜 이혼했을까 : 기가 막혀 말도 안 나오는 이혼스토리 25편. 이다담. 컬처클럽, 2001.
○ 남자의 결혼, 여자의 이혼. 김혜련. 또 하나의 문화, 1995.
○ 다시 : 이혼한 사람들을 위한 셀프 리빌딩. 브루스 피셔 · 로버트 앨버티/이경미 옮김. 친구미디어, 2004.
○ 하나님, 저 이혼했어요. 박은영. 창조문화, 2000.

1.3 가정위기

○ 결혼의 적들. 세르주 헤페즈 · 다니엘 로페르/조정훈 옮김. 마고북스, 2004.
○ 맞벌이의 함정 : 중산층 가정의 위기와 그 대책. 엘리자베스 워런 · 아멜리아 워런 티아기/주익종 옮김. 필맥, 2004.
○ 부부 사이의 사랑과 분노. 데이비드 메이스/권혁재 옮김. 진흥출판사, 2001.
○ 소파 전쟁. 박혜란. 웅진지식하우스, 2005.
○ 운명이라 믿었던 사랑이 무너졌을 때. 제니스 A. 스프링 · 마이클 스프링/이상춘 옮김. 중앙M&B, 2004.
○ 위기의 커플 : 흔들리는 관계에서 슬기롭게 나아가기. 크리스 벨쇼/박미영 옮김. 아침나라(둥지), 2004.

1.4 가정폭력

○ 저는 오늘 꽃을 받았어요 : 가정폭력과 여성인권. 정희진. 또 하나의 문화, 2001.
○ 폭력의 기억 : 사랑을 잃어버린 사람들. 앨리스 밀러/신홍민 옮김. 양철북, 2006.

1.5 독신

○ 단독비행. 캐롤 M. 앤더슨 · 수잔 스튜어트/엄영래 옮김. 또하나의문화, 1998.
○ 혼자 사는 기술. 카타리나 침머/안미현 옮김. 이마고, 2003.

2. 가족관계

2.1 아들과 딸

○ 가슴으로 말하는 엄마, 머리로 듣는 딸. 데보라 태넌/문은실 옮김. 부글북스, 2006.
○ 나의 라디오 아들. 바바라 러셀/윤미연 옮김. 한언, 2004.
○ 내 딸이 여자가 될 때 : 잃어버린 자아를 찾아가는 딸과 여자들의 44가지 사례 연구. 메리 파이퍼/김영재 옮김. 문학동네, 1999.
○ 무엇이 내 아들을 그토록 힘들게 하는가. 댄 킨들론 · 마이클 톰슨/문용린 옮김. 세종서적, 2000.
○ 아들 키우는 부모들에게 들려주고 싶은 이야기. 스티브 비덜프/김선경 옮김. 북하우스, 1999.

2.2 부모

- 부모와 십대 사이. 하임 G. 기너트/신홍민 옮김. 양철북, 2003.
- 부모와 아이 사이. 하임 G. 기너트/신홍민 옮김. 양철북, 2003.
- 부모의 양육태도와 아동의 성격장애. 남명자. 학지사, 2004.
- 아버지가 변해야 가족이 행복하다. 사이토 사토루/이규은 옮김. 종문화사, 2002.
- 어머니가 변해야 가족이 행복하다. 사이토 사토루/송진섭 옮김. 종문화사, 2002.
- 이런 부모가 자식을 정신병자로 만든다. 김정일. 박영률출판사, 2002.
- 흔들리는 부모들. 수잔 포워드/한창환 옮김. 사피엔티아, 2000.

2.3 가족 일반

- 가족의 심리학. 토니 험프리스/윤영삼 옮김. 다산초당, 2006.
- 누구와 함께 살 것인가. 또하나의문화 동인들. 또하나의문화, 2003.
- 식구 : 우리가 사랑하는 이상한 사람들. 김별아. 베텔스만, 2005.
- 아름다운 가족. 버지니아 사티어/나경범 옮김. 창조문화, 2006.

2.4 조부모

- 나의 아름다운 정원. 심윤경. 한겨레신문사, 2002.
- 나의 할아버지 피카소. 마리나 피카소/백선희 옮김. 효형출판, 2002.
- 달의 제단. 심윤경. 문이당, 2004.

2.5 형제

- 장남과 그의 아내 : 33쌍과의 인터뷰. 김현주. 새물결, 2001.
- 형제라는 이름의 타인. 양혜영. 올림, 2001.

2.6 가부장사회

- 공자가 죽어야 나라가 산다. 김경일. 바다출판사, 1999.
- 나는 제사가 싫다 : 삼십 년 동안 가부장제와 맞서 싸운 한 여성작가의 외침. 이하천. 이프, 2000.
- 남자의 탄생 : 한 아이의 유년기를 통해 보는 한국 남자의 정체성 형성과정. 전인권. 푸른숲, 2003.

가정편 독서목록에 대한 해제

1. 부부관계

1.1 여자와 남자

그 남자가 원하는 여자, 그 여자가 원하는 남자

-김성묵/김영사/2003

수많은 상담과 강연을 통해 부부라면 누구나 겪게 되는 갈등과 오해의 상황들을 제시하고, 그동안 이해하지 못했던 남자와 여자의 행동을 설명해 준다.

대한민국 남녀라면 누구나 공감할 수 있는 풍부한 사례들로 글 읽는 재미를 더하는 이 책은 『화성에서 온 남자 금성에서 온 여자』의 한국판이라고도 할 수 있겠다. 올 컬러 삽화가 예쁘게 들어가 있다.

남자는 왜? 여자는 왜?

-와다 히데키/이유영 옮김/예문/2002

현대 남자와 여자들의 차이를 이상심리, 행동을 정신분석학적, 심리학적 관점에서 분석하며 이상행동이 왜 나타나는가에 대하여 초점을 맞추어 설명하는 책이다.

이 책의 지은이 와다 히데키는 남자와 여자는 200그램이라는 뇌의 무게에서 차이가 날 뿐만 아니라 시대적, 문화적 배경에 따라 인간의 능력이나 성향이 다르게 나타날 수밖에 없다고 한다. 과거에는 여자들이 성에 대하여 얘기하는 것을 금기시했지만 지금은 섹스에 대하여 아무렇지도 않게 공공연히 얘기하고 즐기기도 한다.

또한 남자들은 전쟁을 일삼던 시대에는 근육질의 남자가 되고 싶어 했고 여자들도 힘센 남자를 동경했다. 하지만 지금은 오히려 아내를 어머니처럼 여겨 의존하는 남자들이 많아졌다. 시대에 따라 변화하는 남자와 여자의 역할과 이상행동의 양상과 문제점을 구체적으로 분석해 낸다.

말을 듣지 않는 남자, 지도를 읽지 못하는 여자

-앨런 피즈/이종인 옮김/가야넷/2003

왜 남자는 신문이나 TV를 볼 땐 아무것도 못 들을까? 왜 여자는 평행 주차를 그렇게 못할까? 왜 남자는 여자에게 거짓말을 하면 90% 들통이 날까? 왜 여자는 수다스럽고 남자는 과묵할까? 왜 남자는 포르노를, 여자는 로맨스를 좋아할까? 왜 남자는 섹스를 원하고 여자는 사랑을 원할까?

이 책은 남녀의 두뇌구조, 공간지각력, 언어구조, 감성체계와 논리구조가 생리학적으로 완전히 다르다는 과학적 주장에 대해 생활의 실례를 들어 가며 재미있게 설명하고, 남녀가 이러한 서로의 차이를 이해, 극복하고 진정한 사랑과 존중, 평화를 위해 어떻게 행동해야 하는지 그 방법을 구체적으로 제안한다. 책의 내용은 최신 인류학적, 생리학적 증거에 근거를 두고 있지만 이야기를 풀어 가는 솜씨는 결코 무겁거나 딱딱하지 않다. 은근한 해학과 촌철살인의 유머로 풀어 나간 문장은 술술 읽히고, 남녀의 차이를 엿볼 수 있는 일상생활 속의 다양한 상황 시나리오, 대화, 생각 등이 익살스런 카툰과 함께 실려 있어 읽는 재미가 한결 배가된다.

아주 작은 차이

–알리스 슈바르처/김재희 옮김/이프/2001

이 책에는 10여 명의 독일 여성들이 등장해서 자신들의 이야기를 들려준다. 물론 그녀들의 사례 하나하나는 특수하다. 하지만, 당혹스러울 정도로 '보편적' 이다. 중산층 여성, 빈곤층의 여성, 전문직의 여성, 비정규직의 여성, 학생 등 등장하는 여성들의 위치는 다양하지만 놀라울 정도로 '동일한' 성적 억압에 처해 있다. 더구나 이 이야기들은 25년의 세월과 지구 반 바퀴의 거리를 넘었음에도 우리나라 여성들의 상황과 너무나 똑같다. 이러한 억압들은 여성의 삶을 파탄 내고, 진정한 삶의 의미를 찾을 수 없도록 만들며, 심지어는 그녀들을 죽음의 위협으로 몰고 가기도 한다. 이런 불행은 그녀들 개개인에게는 혼자만의 문제일 뿐인 것처럼 경험되지만, 사실은 어떤 여성이나 겪는 문제이며, 따라서 사회 전체의 문제이다.

이 책은 여러 유형의 여성들과의 심도 깊은 인터뷰를 통해 우리 시대 여성들의 삶을 섬세하게, 그러나 강렬하게 살려 냈다. 계층과 세대를 넘어 같은 고민을 털어놓는 여성들의 모습은 그들의 삶이 개인의 운명이 아닌, 왜곡된 사회구조의 산물임을 우회적으로 보여 주고 있다.

여자의 탄생

–나임윤경/웅진지식하우스/2005

딸에서 아줌마가 되기까지, 심리학 실험과 개인적 체험을 통해 여성의 정체성 형성 과정을 흥미롭게 짚어 보면서 '여자로 태어나는 것이 아니라 만들어지는' 실상과 문제점을 날카롭게 지적하는 책이다.

왜 여아는 붉은색을, 남아는 푸른색을 좋아하는지, 왜 여자는 남자에 비해 성욕이 약하다고 느끼는지, 왜 아줌마는 그저 드센 모습으로 그려지는지 등 우리 모두가 당연하다고 느끼는 것을 너무나 손쉽게 뒤집으면서 여성의 정체성을 만들어 낸 갖가지 '방법' 들을 날카롭게 해부해 낸다. 남녀차별의 현주소를 보여 줌으로써 양성평등의 필요성과 실천방법을 생각해 보게 한다.

한 번에 한 가지밖에 못하는 남자, 잔소리를 멈추지 않는 여자

–앨런 피즈 · 바라라 피즈/서현정 옮김/베텔스만코리아/2003

남자와 여자가 서로 자신을 이해해 주지 못한다며 화내고 실망하고 싸우는 것은 남자에게 여자가 되기를 바라고 여자에게 남자가 되기를 바라는 마음 때문에 비롯된다고 본다. 그렇다면 이성에게 아무것도 바라지 말라는 말인가? 물론 그런 건 아니다. 다만, 어디까지 기대해도 되는가, 그 기대의 한계를 알아야 한다는 것이다.

이 책은 쉽고 재미있게 그 기대의 한계를 설명하고 있다. 『말을 듣지 않는 남자, 지도를 읽지 못하는 여자』의 새로운 버전. 이전의 책들이 남녀의 차이를 설명하기 위한 과학적 근거와 이론, 연구 자료들을 포함하고 있었다면, 이 책은 이론과 설명을 최소한으로 넣고 남녀가 어떻게 다른지에 대해 핵심적인 부분들만을 양쪽에 한 쪽씩 할애하여 정리한 것이다.

화성에서 온 남자 금성에서 온 여자

–존 그레이/김경숙 옮김/친구/2002

옛날 옛적에 화성 사람과 금성 사람들은 서로를 발견하자마자 한눈에 반했다. 사랑의 마법에 걸린 듯 그들은 무엇이든 함께 나누면서 기쁨을 느꼈다. 비록 서로 다른 세계에서 왔지만 오히려 그 차이를 마음껏 즐겼다. 그러다가 지구에 와서 살게 되자 이들은 기억상실에 빠진다. 제각기 다른 곳에서 왔다는 사실을 잊은 것이다. 이 같은 비유를 들어 시작하는 이 책은 이혼의 위기에 처한 2만 5천여 부부들을 위한 세미나의 결과로 만들어졌다.

남자와 여자는 생각하는 방식이나 언어, 행동 등 모든 점에서 서로 다르다. 그래서 많은 부부들과 연인들은 상대방이 자기를 이해하지 못한다고 속상해한다. 가장 소중한 친구이자 연인이 되려한다면, 그를 변화시키려 애쓰지 말고 오히려 서로 다른 점을 편하게 받아들이라고 이야기하고 있다.

1.2 결혼과 이혼

결혼하면 행복한가요?

–김선희/넥서스북스/2004

부부문제 클리닉의 상담전문의인 지은이가 700여 쌍 부부들의 심리평가 자료와 실제 상담 사례들을 분석한 책. 날카로운 분석과 진단을 통해 부부갈등의 진정한 원인과 그 해결책을 알려 준다.

결혼이라는 측면에서 볼 때 판이하게 다른 방식으로 살면서도 이십 년 이상 친분을 유지해 온 선후배 관계의 두 여성의 삶을 통해, 국내의 부부 치료에 관한 임상심리 전문가의 책인 『결혼하면 행복한가요?』와 독일의 발달심리학자의 책인 『혼자 사는 기술』로 구성되어 있다. 두 책 모두 실제적인 임상 사례나 일상적 경험을 토대로 해 인간관계에 대한 전문적 성찰을 제시하고 있다.

그녀는 왜 이혼했을까 : 기가 막혀 말도 안 나오는 이혼스토리 25편

–이다담/컬처클럽/2001

우리 사회에 날로 이혼이 늘고 있지만 이에 대해 언급한 책은 드물다. 이혼을 종교적인 시점에서 본 책들이나 이혼에 관한 법률을 따로 정리한 책, 이혼 준비, 절차에서부터 이혼 후 아이 키우기, 그리고 이혼 후의 후유증 극복 안내서 등이 있지만 순수 이혼스토리를 모은 책이라고 할 수는 없다. 흔히 이혼을 했거나 이혼을 하려는 사람들은 남보다 인내심이 부족하거나 문제가 있는 사람이라고 생각한다. 이혼을 할 수밖에 없는 당자들의 현실을 들여다보며 이해하고 감싸려는 시선이 한없이 부족한 것.

이 책은 이혼이 무엇인지, 개인과 사회에는 어떤 영향을 끼치며 이혼 후의 삶은 바람직한 것인지 진지하게 이야기하려는 의도에서 출판되었다. 이혼하게 된 이유를 배우자의 폭력, 외도, 가출, 사기 결혼, 금전 문제 등 총 다섯 가지 주제로 나누고, 그에 해당하는 25가지의 이혼 사례를 제시했다.

남자의 결혼, 여자의 이혼

–김혜련/또 하나의 문화/1995

결혼생활에 대한 회의와 고통 속에서 끊임없이 이혼을 생각하면서도 이혼하지 못하는 사람들, 어렵게 이혼을 결정했지만 사회의 냉담한 시선 속에 또 다른 고통을 안고 살아가는 사람들, 이혼의 고통을 헤치고 자신의 삶을 당당히 걸어가는 사람들을 통해 결혼과 이혼의 진실한 모습을 보여 준다.

다시 : 이혼한 사람들을 위한 셀프 리빌딩

–브루스 피셔 · 로버트 앨버티/이경미 옮김/친구미디어/2004

삶의 소중한 기간에 정겹던 동행(同行)의 추억들을 청산해야 하는 남녀, 복수심 또는 절망 · 무력감으로 몸서리 치며 남남이 된 이들에게, 이혼을 체험한 전문 심리치료사와 위기의 남녀들을 상담했던 심리학자가 새로운 삶을 열어 주려 낸 책(원제 Rebuilding : When Your Relation Ends)이다. '이혼 공화국' 이라 자탄하는 현실에서, 1981년 출간된 뒤 10여 개국에서 400만 독자를 모았다는 사실은 이혼이 국경을 넘은 '절박한 화두' 임을 새삼 일깨운다.

이 책은 이혼 후 느끼는 감정 변화의 19단계를 따라가며 충고한다. 두려움 · 외로움 · 비애 · 분노 · 자존감(내가 그렇게 형편없지는 않지!) · 사랑(누가 나를 진정으로 좋아할까?) · 독신(이것도 괜찮지?) · 목표(내게도 미래가 있어!) · 자유(어떻든 자아를 실현할 수 있어!) 같은 태도 이행을 말한다.

'바람직한 이혼은 바람직하지 않은 결혼생활보다 낫다' 란 명제는 옳다고 하더라도, 혼란에 빠진 아이는 어떻게 할 것인가? 아이들이 목표를 찾고 성취할 수 있도록 고려해야 할 사항에 대해서도 논한다. 떠난 사람은 유죄, 남겨진 사람은 무죄인가? 이혼의 외상(外傷)을 따라다니는 두 감정, 즉 떠난 쪽의 죄책감과 남은 쪽의 거부당한 느낌을 분석하면서 '약간의 죄책감이 큰 효과를 발휘한다', '아이는 절대 버리지 마라' 같은 재건(再建)의 원칙을 조언한다.

하나님, 저 이혼했어요

-박은영/창조문화/2000

크리스천으로서 이혼을 경험한 한 여성이 자신의 완성되지 않은 결혼에서부터 이혼에 이르기까지의 그 원인과 결과에 대해 담담히 이야기를 풀어 간다. 순탄치 않았던 결혼생활과 시댁식구들과의 갈등, 어려운 경제사정과 붕괴되어 가는 가정. 지은이는 신실한 신앙심으로 이 모든 어려움을 극복하고자 하였다.

잘못 끼운 첫 단추에서부터 이혼에 이르기까지의 고뇌와 결단, 그리고 신에 대한 믿음으로써 이를 극복해 나가는 그녀의 이야기는 같은 여성으로 이러한 일을 경험한 사람들에게 새로운 치유가 될 것이며, 경험하지 못한 이들에게는 지혜를 줄 것이다. 더불어 한국 사회에서 이혼녀가 짊어질 수밖에 없는 사회의 선입견에 대한 문제제기도 하고 있다.

1.3 가정위기

결혼의 적들

-세르주 헤페즈 · 다니엘 로페르/조정훈 옮김/마고북스/2004

이 책은 가족이 아닌 부부문제만 집중해 다루기 때문에 임신 · 출산 · 육아를 둘러싼 갈등에 대해서는 거의 언급이 없고, 부부관계의 내적인 발전이 각 구성원의 자아발견과 성숙에 풍부한 자양분을 제공해 줄 수 있다는 전제에서 이야기를 시작한다. 따라서 혹 당장 불을 꺼야 하는 위기감에 쫓겨 책을 읽고자 하는 이에게는 도움이 안 될지도 모른다.

지난 20년간 정신분석학자이며 부부와 가족문제를 다루는 임상의학자로 일해 온 지은이는 자신에게 상담을 청해 온 부부들의 풍부한 사례를 통해 위기에 처한 부부가 자신들의 관계를 되돌아볼 때 들춰 보아야 할 것들을 예시해 준다.

이 책의 원제는 '커플의 춤' 으로, 지은이는 '부부생활은 춤과 같아서 스텝 하나하나가 중요한 의미를 가진다' 고 한다. 즉, 파트너가 나와 똑같은 사람이 되어 줄 것, 또 그가 나를 위해 기꺼이 변해 줄 것이라는 믿음은 착각이며 그보다는 현실적으로 부부가 조화롭게 춤추는 방식을 찾아내야 한다고 전한다.

맞벌이의 함정 : 중산층 가정의 위기와 그 대책

–엘리자베스 워런 · 아멜리아 워런 티아기/주익종 옮김/필맥/2004

2000년부터 시작된 우리나라의 폭발적인 가계대출. 이 대출의 절반 이상이 주택 구입용 대출이다. 막대한 자금이 주택시장에 투입되면서 아파트 가격의 급상승을 불러왔고, 많은 중산층 가정들이 집을 얻은 대신 빚을 잔뜩 지게 됐다.

지은이들은 중산층 가정의 재정위기가 아이들이 있는 부모들의 욕구에서 시작되었다고 보고, 그러한 욕구는 엄마들의 사회진출을 가속화시켰다고 한다. '맞벌이의 함정' 에 다가서게 된 것이다. 가정경제의 위험을 직시하지 못한다면 '맞벌이의 함정' 과 가정경제의 파탄에 빠질 수 있다고 경고하면서 그러한 함정과 파탄에서 빠져나올 수 있는 대책을 제시하고 있다.

부부 사이의 사랑과 분노

–데이비드 메이스/권혁재 옮김/진흥출판사/2001

지은이 메이스 박사는 그의 아내 베라와 더불어 개발하고 손수 자기들 부부관계 내에서 실천한 '분노처리' 이론과 원리를 활용해, 한 쌍의 부부가 일상생활 중에서 겪게 되는 숱한 사랑과 분노의 순환 속에서 어떤 상호 작용을 거치게 되는지를 보여 주고 있다.

분노를 긍정적인 자원으로 활용함으로써 서로를 사랑하고, 돌보며, 격려하는 창조적인 분노 조종법을 제시하는 것이다. 지은이는 이러한 분노 조종법을 이용해 많은 부부들의 사랑과 희망이 지켜지기를 원한다고 밝힌다.

소파 전쟁

–박혜란/웅진지식하우스/2005

소설 형식으로 쓴 열두 부부 이야기다. 중년 부부들의 다양한 위기감을 독백, 편지, 극본, 엽편소설 등 다양한 형식을 도입해 풀어낸 박혜란의 블랙콩트이다. 중년의 나이가 되어 가지각색의 모습으로, 또한 제각각의 이슈로 티격태격 살고 있는 열두 부부의 일면을 통해 가난과 질병, 무위와 소외, 폭력, 그리고 성(性)이라는 보편적인 중년의 문제를 연극 보듯, 남의 일처럼 가만히 들여다본다.

읽다 보면 사람 사는 삶이 너무나 적나라하여 마음이 아플 수도 있고, 너무나 내 상황과 비슷하여 가슴이 철렁 내려앉을 수도 있다. 현재 이런 문제들에 직면해 있는 중년의 부부뿐만 아니라 아직 앞날이 창창한 젊은 부부들에게도 심한 위기감을 몰고 오기도 할 것이다. 지금 우리 부부의 가장 큰 문제는 무엇인가, 그리고 남은 생을 어떻게 살아야 할 것인가, 어떻게 준비하고 지금 이 순간부터 무엇을 실천해 나가야 할 것인가, 그것을 판단하는 건 물론 각자의 몫이다.

텔레비전 리모컨 쟁탈전, 저녁 메뉴 고르기, 쇼핑센터에서 물건 사기, 가벼운 산책에 이르기까지 하루에 전쟁만도 4차전! 사사건건 이렇게 취향과 성격이 다른데도 불구하고 부부가 그 수많은 날들을 한집에서 살았다는 건 정말 기적이 아닐까. -〈소파 전쟁〉-

정년퇴직한 아버지는 집안에서 꼼짝도 안 한 채 텔레비전만 끼고 있고, 그게 답답해진 엄마는 아침부터 나가 밤늦게까지 거리를 배회한다. 아버지는 상행선, 어머니는 하행선, 이 평행선을 만나게 하는 방법은 단 하나, 내가 그분들의 적이 되는 것이다. -〈공공의 적〉-

밥을 자꾸 흘리는 것도 보기 싫고, 집 안에서만 뒹구는 것도 짜증 나고, 런닝 바람으로 왔다 갔다 하는 것도 거슬리고, 머리 스타일도 마음에 안 든다. 아, 저 늙은 아담은 대체 아무 짝에도 쓸모가 없다. 그나마 필요할 때만 나타나게 하는 뭐, 좋은 방법이 없을까. 놀랍게도 이영희가 선택한 방식은 나이답지 않게 대단히 신선하다고 평가할 수 있다. '투명인간 프로젝트' 라고나 할까. 남편을 투명인간으로 만들기였다. 뭐 영화에 나오는 것처럼 무슨 특수약물을 주입하는 식의 촌스러운 방식이 아니다. 그보다 훨씬 고차원적이면서 누구나 쉽게 사용할 수 있는 방식이다. -〈투명 인간〉-

운명이라 믿었던 사랑이 무너졌을 때

-제니스 A. 스프링 · 마이클 스프링/이상춘 옮김/중앙M&B/2004

파트너의 외도로 위기를 맞은 부부나 연인들이 서로의 상처를 치유하고 극복하는 데 필요한 조언을 상세히 담은 안내서이다.

27년 이상 금이 간 부부관계를 치료해 온 지은이 제니스 스프링 박사는 '배반자' 와 '피해자' 라는 개념에서 벗어나 '상처받은 쪽' 과 '불성실한 쪽' 이라는 열린 시각으로 양쪽 입장에 동등한 무게를 싣고 배우자의 불륜 문제를 다룬다.

파트너의 불륜 이후에도 사랑을 지키기로 선택한 커플에게는 위기 극복에 대한 현실적인 조언을 제시하고, 결별 혹은 이혼을 선택한 커플에게는 정신적인 치유(특히 타인에 대한 불신 극복)와 공감할 만한 메시지를 제시한다.

지은이는 "만일 지금 파트너와의 관계가 당신이 생각하는 이상적인 사랑과 거리가 있다면 두 사람의 관계보다 당신의 사고방식에 문제가 있을 가능성이 많다" 며 "사랑에 대한 현실적이고 합리적인 인식은 당신을 더 이해심 많고 관대하게 만들 것" 이라고 지적한다.

누구에게도 속 시원하게 털어놓을 수 없는 '외도' 문제를 매우 세심하고 솔직하게 다루고 있어 배우자의 불륜으로 상처받은 사람들에게 실제적인 도움을 준다.

위기의 커플 : 흔들리는 관계에서 슬기롭게 나아가기

–크리스 벨쇼/박미영 옮김/아침나라(둥지)/2004

갈등을 겪고 있는 커플에게 도움이 되는 긍정적인 해결방법을 담고 있다. 이론적 · 현실적 접근, 구체적인 사례가 골고루 들어가 있어서, 첫머리에서는 남녀의 기질을 이론적인 측면에서 설명해 주고, 본론에서는 일반적인 커플이 거치는 단계를 나누어 보여 준다.

1.4 가정폭력

저는 오늘 꽃을 받았어요 : 가정폭력과 여성인권

–정희진/또 하나의 문화/2001

가정폭력방지법이 겨우 제정되기는 하였지만, 아직까지도 우리 사회에는 가정폭력에 대하여, "부부싸움은 칼로 물 베기", "북어와 마누라는 사흘에 한 번씩 패야 한다", "맞을 짓을 했으니까 맞지" 식의 생각들이 온존하고 있다.

이 책은 한국 사회의 '아내폭력'을 여성 인권의 시각에서 조망한 것이다. 지은이 정희진은 10년 동안 여성폭력에 대한 상담과 공부를 바탕으로 여성주의 시각에서 피해 여성과 가해 남성들에 대한 심층 면접 결과를 분석해 냈다. 지은이는 먼저 '아내폭력'을 여성 개인의 권리 침해가 아니라, 가족 해체의 문제로 환원하는 기존의 가족 중심적인 시각에 문제를 제기한다. 가족 내 남녀 불평등의 문제를 비판하지 않은 상태에서의 '아내폭력' 경험은 근본적인 해결이 어렵다는 것이다.

그래서 이 책에서는 '아내폭력'의 원인과 대책을 제시하는 것뿐만 아니라, 폭력 당하는 아내의 가족 내 성별 정체성을 문제화한다. 여성의 정체성을 아내, 어머니, 며느리 등 가족의 구성원으로서만 규정하는 한국 사회의 구조가 어떻게 '아내폭력'을 지속, 재생산시키는지를 피해 여성의 경험을 통해 파헤친다. '인간이 그럴 수 있나'라는 생각이 들 만큼 잔인하고 기가 막힌 사례들이 읽는 이의 가슴을 아프게 한다.

부록으로는 가정폭력방지법의 특징, '아내폭력' 피해자의 일상적 권리와 재판과정에서의 권리 등 가정폭력 피해자에게 필요한 상세한 정보가 담겨 있다.

피해 여성이 피해 여성에게 주는 편지

–작가 미상 –

저는 오늘 꽃을 받았어요
제 생일이거나 무슨 다른 특별한 날이 아니었어요
우리는 지난밤 처음으로 말다툼을 했지요

그리고 그는 잔인한 말들을 많이 해서 제 가슴을 아주 아프게 했어요
그가 미안해하는 것도
말한 그대로를 뜻하지 않는다는 것도 전 알아요
왜냐하면 오늘 저에게 꽃을 보냈거든요
저는 오늘 꽃을 받았어요
우리의 결혼기념일이라거나 무슨 다른 특별한 날이 아닌데도요
지난밤 그는 저를 밀어붙이고는 제 목을 조르기 시작했어요
마치 악몽 같았어요
정말이라고 믿을 수가 없었지요
온몸이 아프고 멍투성이가 되어 아침에 깼어요
그가 틀림없이 미안해할 거예요
왜냐하면 오늘 저에게 꽃을 보냈거든요
저는 오늘 꽃을 받았어요
그런데 어머니날이라거나 무슨 다른 특별한 날이 아니었어요
지난밤 그는 저를 또 두드려 팼지요
그런데 그전의 어떤 때보다 훨씬 더 심했어요
제가 그를 떠나면 저는 어떻게 될까요?
어떻게 아이들을 돌보죠?
돈은 어떻게 하구요?
저는 그가 무서운데 떠나기도 두려워요
그렇지만 그는 틀림없이 미안해할 거예요
왜냐하면 오늘 저에게 꽃을 보냈거든요
저는 오늘 꽃을 받았어요
오늘은 아주 특별한 날이었어요
바로 제 장례식날이었거든요
지난밤 그는 드디어 저를 죽였지요
저를 때려서 죽음에 이르게 했지요
제가 좀 더 용기를 갖고 힘을 내서 그를 떠났더라면
저는 아마 오늘 꽃을 받지는 않았을 거예요

폭력의 기억 : 사랑을 잃어버린 사람들

-앨리스 밀러/신홍민 옮김/양철북/2006

어린 시절에 받은 학대와 상처가 성인의 삶에 끼치는 부정적인 영향을 소개하며 아동학대의 문제점과 심각성을 경고하는 책이다.

어른들의 시각이 지배하는 사회에서 아동에 대한 폭력과 체벌은 '사랑의 매' 라는 이름으로 정당성을 인정받고 교육의 일환으로 인식되어 왔다. 거부하거나 반항할 수 없는 약자의 입장에 선 아이들은 어른의 폭력에 일방적으로 노출되어 있고, 서툰 의사 표현으로 인해 외부의 도움을 요청하기 힘들기 때문에 아동학대는 쉽사리 드러나지 않는다. 또한 가해자 대다수가 부모와 친지, 교사 등 아동과 밀접한 관계에 있는 사람들이기 때문에, 학대는 더더욱 은폐될 수밖에 없고, 가해자에 대한 규제나 처벌의 수위가 다른 범죄에 비해 낮은 편이다.

현대에 들어와서 아동학대는 점점 더 빈번해지고 다양한 형태로 나타나고 있고, 피해 아동도 해마다 늘고 있는 실정이다. 그러나 아동학대로 인한 부정적 영향은 일시적인 것에 그치지 않고 평생에 걸쳐 나타난다. 어린 시절에 겪은 불안과 좌절, 원망과 두려움은 아이의 신체와 정신에 각인되어 인생 전체를 지배하며 또 다른 피해자를 만들어 낸다.

이 책에서는 20여 년의 정신과 의사 생활을 바탕으로 한 다양한 상담 사례와 어린 시절의 상처로 평생을 고통 속에 보내야 했던 문호들의 삶과 작품을 자신만의 독특한 시각으로 분석하며 아동학대의 문제점을 구체적으로 제시하고 있다. 지은이는 아동학대의 심각성을 경시하는 사회 분위기에 대해 언급하면서, 자신이 느낀 정당한 분노를 인정하고 진정한 의사소통의 창구를 찾았을 때, 학대로 인한 상처는 비로소 치유될 수 있음을 이야기하고 있다.

1.5 독신

단독비행

-캐롤 M. 앤더슨 · 수잔 스튜어트/엄영래 옮김/또하나의문화/1998

어쩔 수 없는 대안으로 결혼을 선택하기보다는 독신으로 성인기의 일부 또는 전부를 지내는 것이 여성에게 정당하고 긍정적인 대안일 수 있다는 것을 보여 주는 독신 지침서이다.

가족치료사인 지은이들이 미국의 60년대 문화변동기를 겪은 40세에서 50세 정도의 독신여성을 연구함으로써 행복하고 만족스럽게 살아가는 중년기 독신여성들의 삶의 분석하면서 여성들이 자신의 신념과 희망과 꿈과 삶을 스스로 선택할 것을 격려한다. 여성이 행복한 삶을 누리기 위한 조건이 무엇인지 진지하게 생각하게 만드는 책이다.

혼자 사는 기술

-카타리나 침머/안미현 옮김/이마고/2003

인간이라면 누구나 부딪히게 되는 혼자 있는 상태의 의미와 그 상태로 인해 생기는 불안의 이유를 밝힘으로써 혼자 있는 상태를 직시하게 하고, 혼자의 삶을 긍정적으로 받아들이기 위한 자기 성찰의 기회와 구체적인 방법과 전략을 알려 주는 책이다.

오늘날 독신은 사회적으로 다양한 평가를 받고 있다. 힘 있고 독립적이라는 경탄에서부터 미숙하고 자기중심적이라는 비난까지 다양한 양상으로 나타난다.

지은이는 인간의 유전적인 기질이나 발달 과정, 혼자 있는 상태에 대한 사회적인 평가, 잠과 같은 심리생물학적인 현상, 특정한 사회적 불안감과 공포감이 혼자 있는 상태에 어떤 영향을 미치는지를 분석한다. 또한 혼자 있는 상태의 가장 큰 적인 그리움, 혼자 있는 것보다 더 외로운 상태인 사랑, 현대인의 고독에 대해서도 설명한다. 책의 말미에는 고독을 두려워하는 사람을 위한 자가 치료 프로그램도 소개돼 있다. 독신자들이 건강한 삶을 유지할 수 있도록 돕는 유용한 정보들이 담겨 있다.

2. 가족관계

2.1 아들과 딸

가슴으로 말하는 엄마, 머리로 듣는 딸

-데보라 태넌/문은실 옮김/부글북스/2006

엄마가 말한다.

“그걸 입겠다고?”, “디저트는 꼭 먹어야겠니?”

딸은 엄마의 말을 이렇게 이해한다.

‘제발 좀 남부끄럽지 않게 옷을 입어라.’, ‘넌 적어도 6kg은 빼야 해.’

이렇게 대화의 ‘행간’을 읽는 게 여자들의 속성이다. 당연히 이어지는 모녀의 대화엔 잔뜩 날이 선다. 그런데 똑같이 ‘금성에서 온’ 모녀가 왜 이렇게 충돌할까. 엄마처럼 살지 않겠다고 결심하는 딸들은 왜 이다지도 많은 걸까. 특히나 외모의 빅3(머리, 옷, 몸무게)에 관해 서로 깎아내리기 바쁘다.

지은이의 해석은 이렇다. 우선, 너무 가깝다. 친하지 않고서는 외모의 결점을 따질 수 없다. 게다가 서로 너무나 닮은 엄마와 딸은 상대방을 세상에 자기 대신 내보이는 사람으로 여긴다. 특히 여자는 외모로 평가받는 세상 아닌가. 그러나 딸을 자신의 투영이라 여기는 엄마의 감정은 독립된 인격이고픈 딸의 소망과 충돌을 빚는다. 엄마는 다 자란 딸의 위험을 해결하지 못한다는 무력감 때문에 끊임없이 잔소리를 하지만, 실상 딸은 엄마를 여전히 거인처럼 압도적인 존재로 느끼기에 사소한 비난에도 발끈하는 것이다.

딸은 엄마를 '언제든 달려올 사람' 으로 여기고, 엄마는 딸을 '말하지 않아도 알아서 나를 챙겨주는 사람' 이라 생각해 서로 많은 걸 기대한다. 따라서 아버지에겐 화내지 않아도 엄마에겐 함부로 하는 딸의 모습은 쉽게 발견할 수 있다. 지은이는 일반적으로 가족 내 '비서' 역할을 맡는 엄마, '여자에겐 많은 걸 기대하면서도 그 노력에 대해서는 별로 값을 매겨 주지 않는 사회의 경향' 에서도 그 원인을 발견한다.

특히 딸과 엄마는 독특한 감정적 부담을 지고 살아간다. 아들이 성공하면 아무 상관없지만, 딸자식이 자신보다 낫다고 생각할 때 엄마의 행복지수가 낮아진다는 연구 결과도 있다. 딸보다 못했던 자신의 과거, 이미 늙어 버린 현실을 인지하게 만들기 때문이다. 백설공주의 판본 중 상당수에서 사악한 왕비는 계모가 아니라 친모라는 점은 시사하는 바가 크다. 엄마와 딸은 이렇게 '사랑과 질투' 의 양극단을 달린다.

지은이는 엄마와 딸이 화해하려면 커뮤니케이션 방법을 바꿔 보라고 충고한다. 이메일 등 신매체를 활용하고, 예민한 부분은 아예 언급하지 말고, 수다가 아닌 다른 활동을 함께하라는 것이다. 미국 조지타운 대학의 언어학 교수인 지은이는 베스트셀러 '남자를 토라지게 하는 말, 여자를 화나게 하는 말' 을 쓴 바 있다.

나의 라디오 아들

–바바라 러셀/윤미연 옮김/한언/2004

이 책은 바바라 러셀이 자신의 아들에 대해 쓴 이야기다. 18개월에 글을 읽고 아주 세세한 부분까지 기억해 내는 비상한 기억력을 가진 아들 벤, 또 라디오 방송을 들을 때면 한 마디도 빼놓지 않고 그대로 흉내 내기를 좋아하는 아이 벤이 어느 날 다른 아이들과 다르다는 것을 발견하게 된다. 지은이는 벤이 정상적이지 않다는 것을 발견하고 그를 평범한 아이로 만들기 위해 모든 수단과 방법을 아끼지 않는다. 그러나 벤은 그 상황을 더욱더 불안해할 뿐이며 변하지 않는다.

이 책은 지은이의 아들 벤이 '아스퍼거 증후군' 을 앓고 있음을 알게 되기까지 평범한 보통아이처럼 만들기 위한 엄마의 긴 여정을 담고 있다. 벤이 정신병자도 아니고 비정상적인 사람도 아니라는 사실을 발견한 어머니는 그제야 진정한 자신의 아들을 발견하게 된다. 두려움과 수치심으로 가득했던 삶에서 있는 그대로의 벤을 껴안게 되기까지 그녀가 겪어야 했던, 아들이 겪어야 했던 삶이 고스란히 묻어나 진솔하게 그려진다.

내 딸이 여자가 될 때 : 잃어버린 자아를 찾아가는 딸과 여자들의 44가지 사례연구

-메리 파이퍼/김영재 옮김/문학동네/1999

심각한 문제를 안고 있는 수많은 10대 소녀들의 생생한 육성과 상담치료 과정이 소설처럼 그려져 있다. 이 책은 지은이가 아이들의 생생한 육성과 상담치료 과정을 통하여 얻은 사례들을 모아 놓은 책이다.

지은이는 성과 새로운 문화들을 스스로 받아들여야만 하는 청소년기 아이들은 어른들보다 더 혼란스럽다고 말하고 있다. 또한 아이들의 입장에서 그들의 성숙함을 지지해 주고 어른스러움을 인정해 줘야 한다고 말하고 있다. 자신의 청소년기를 기준으로 자기 아이들의 행동을 이해하려다가 난처하고 당혹스러운 적이 있는 부모들에게 올바른 해결책을 제시해 주고 있다.

무엇이 내 아들을 그토록 힘들게 하는가

-댄 킨들론 · 마이클 톰슨/문용권 옮김/세종서적/2000

이 책은 슬퍼하고, 두려워하고, 분노하고, 때로는 침묵하면서 정서적 고통을 당하고 있는 소년들의 심리를 생생하게 보여 준다. 지은이는 성경에 있어서의 카인을 "사랑받고 싶다는 욕구를 의사소통이 아닌 폭력의 방식으로 표현한 전형적인 사례"로 분석하고 있다.

인류 최초의 살인사건은 사랑받고 싶어 하는 욕구, 특히 아버지에게 사랑받고 싶어 하는 욕구를 반영하고 있다. 아들을 남자답게 길러 보겠다는 욕망을 가진 부모들은 이 책을 통해 방법을 바꿔야 한다고 말하고 있다. 이제부터라도 아들을 한 인간으로 인정하고 끊임없는 대화를 통해 타인의 정서를 이해하게 하고 공감할 수 있도록 내면의 힘을 길러 줘야 하며, 이것이야말로 아들을 진정한 의미의 강자로 키우는 것이라고 말하고 있다. 이 책은 교육지침서요, 진정한 부모가 되기를 바라는 사람들의 부모입문서이다.

아들 키우는 부모들에게 들려주고 싶은 이야기

-스티브 비덜프/김선경 옮김/북하우스/1999

남성 심리학자이자 자녀양육과 가족상담에 있어 세계적 전문가인 지은이가 20여 년간의 수많은 상담경험과 연구를 토대로 새로운 자녀양육 기법들을 소개하고 있다. 아들의 심리를 이해하고 당당하고 멋진 남자로 우뚝 설 수 있도록 돕는 방법이 담겨 있다. 이 책에서 지은이는 남자 아이들의 특징과 문제점, 그들을 이해하고 좀 더 가슴 따뜻하고 남을 배려할 줄 아는 활기 넘치는 성인 남자로 자라나도록 돕는 법에 대해 이야기한다. 다양한 보충 설명과 사례, 삽화를 이용하여 쉽고 재미있게 설명하고 있다.

2.2 부모

부모와 십대 사이

-하임 G. 기너트/신홍민 옮김/양철북/2003

이 책은 자녀가 바른 길로 갈 수 있도록 도와주고 싶은 부모와 그것을 불필요한 간섭이라고 생각하는 십대 사이의 대화방법에 대해 이야기하고 있다. 십대 아이들의 감정과 욕구, 혼란기의 시기적 정체성에 대해 현실적으로 접근한 책으로 아이에게 유익한 칭찬과 비판, 바람직하지 않은 칭찬과 비판에 대해서도 자세하게 기술하고 있다. 이성교제와 성, 음주, 학교 공부까지 다양한 문제에 대한 바람직한 가치관과 대처법에 대해서도 안내한다. 무조건 반항만 한다고 생각하는 부모와 부모는 잔소리만 한다고 생각하는 십대 사이의 갈등을 평화롭고 의미 있게 해소하는 대화방법에 대해 실제적인 사례를 통해 제시해 준다. 마음에 상처 주지 않는 대화법과 함께 십대 아이들의 심리를 파악하고 부모와 십대가 함께 서로 존중하며 살아가는 방법에 대한 길잡이라고 할 수 있다. 부모와 아이 각자의 입장에서 상대방을 생각해 볼 수 있게 해 준다.

부모와 아이 사이

-하임 G. 기너트/신홍민 옮김/양철북/2003

부모만큼 그 자녀를 사랑하는 사람은 없다. 그 사랑에 비례하여 자녀에게 상처를 가장 많이 주는 사람이 또한 부모이다. 이 책에서 지은이는 부모들 대부분이 자녀를 배려하는 마음이 없기 때문이 아니라 지식이 부족하기 때문에 상처가 발생한다고 말한다. 따라서 그 문제에 대한 해답으로 부모와 자녀 간 바람직한 대화법을 기술적으로 설명하고 있다.

현실에서 대면하게 되는 문제를 구체적인 사례를 들어 해결책을 제시해 주고 있는 이 책은 자신이 제대로 아이를 키우고 있는지 어떻게 키워야 하는지를 고민하는 부모에게 답을 주는 책이다. 또한 의사소통 기술을 통해 아이들의 감정을 파악하여 대응하는 방법에 대해서도 이야기한다. 자녀와의 바람직한 대화방법 중 특히 부모들은 '손님 대하듯' 아이들을 대하는 법을 익혀야 한다고 강조한다. 역동적으로 변화하는 현실 속에서 가정교육을 고민하는 부모들에게 자녀교육의 지침서가 될 수 있는 책이다.

부모의 양육태도와 아동의 성격장애

-남명자/학지사/2004

부모의 양육태도는 아동의 성격형성에 영향을 미치는 주요 요인이 된다. 미국의 한 연구에 따르면 비평 속에서 성장한 아이는 비난하는 아이로, 적대감 속에서 성장한 아이는 공격적인 아이로, 아량 속에서 자란 아이는 인내하는 아이로, 격려와 칭찬 및 인정을 받고 자란 아이는 자신감이 있는 아이로, 애정을 받고 자란 아이는 사랑이 많은 아이로 성장한다고 한다. 이 책은 부모의 양육태도와 아동의 성격장애, 그 상관관계에 대해 논하고 있다. 아이와 부모의 애착관계에 대해 그리고 부모의 양육태도가 아이의 성격 장애에 어떤 영향을 미치는지, 또한 성격장애를 가진 유명 예술가들과 그들 부모와의 관계를 살펴보고 있다.

아버지가 변해야 가족이 행복하다

–사이토 사토루/이규은 옮김/종문화사/2002

이 책은 30년간 정신과 임상의로 근무한 지은이가 상담 경험을 토대로 문제점을 분석하고 있다. 지은이는 아버지가 자신의 존재를 자녀들에게 정확하게 깨우쳐 줘야 한다고 강조한다. 또한 부모의 기능으로 첫째, 품에 안고 기르는 것. 둘째, 자식들의 행동에 한계를 설정하는 것. 셋째, 자식 떼어 놓기를 들고 있다. 이 세 가지 부모의 기능 중 두 번째, 세 번째는 아버지가 해야 할 일이라 하고 있다. 아버지의 역할이 없을 때 자녀들은 흔들리게 된다는 것이다. 이 책에서는 아무런 문제점이 없어 보이는 가정에서의 자녀 탈선을 예로 들어 아버지가 지녀야 할 본래의 모습이 무엇인지 알 수 있게 한다. 또한 부모와 자식의 관계뿐 아니라 부부간의 다양한 문제에 대해서도 해결책을 제시하고 있다.

어머니가 변해야 가족이 행복하다

–사이토 사토루/송진섭 옮김/종문화사/2002

이 책은 정신과 의사로서 알코올 의존증, 거식증, 가정 내 폭력 등을 오랫동안 연구해 온 지은이 사이토 사토루가 임상 경험에서 얻은 '진정한 가족과 가족이란 무엇인가' 에 관한 것을 쓴 책이다. 지은이는 많은 환자와 상담한 임상 경험에서 얻은 사례를 들어 가정 내 인간관계, 특히 어머니를 중심으로 한 가족 간의 관계에서 빚어지는 다양한 문제를 설명하며 구체적인 해법을 제시하고 있다. 또한 자녀의 폭력, 아동학대, 학교폭력, 알코올 의존증, 일중독증에 의한 아버지의 부재 등 다양한 경험 사례를 제공함으로써 여성의 역할에 대해 말하고 있다. 또한 '패턴의 반복' 에서는 이러한 문제점들이 또다시 되물림되는 현상을 임상 사례를 통하여 보여 주고 있다.

시대는 변하고 있으나 여전히 변하지 않는 현모양처 강박 등 여성의 문제를 다루며, 지은이는 "여성들도 이제는 가정에서 제 자리를 찾고 새로운 시대에 맞는 가정상을 정립해 나가야 할 때" 라고 강조한다. 새로운 시대의 어머니상에 대해 생각해 보게 한다.

이런 부모가 자식을 정신병자로 만든다

–김정일/박영률출판사/2002

이 책은 '일찍 죽은 부모, 이혼한 부모, 정신적으로 문제가 있는 부모' 가 자식을 정신병자로 만든다고 생각하는 지은이가 이 세 가지 부모로 고통 받고 있는 사람들을 실제로 상담한 글로 이루어져 있다. 또한 실제 상담 내용 외에도 자신의 아이들을 키우며 얻은 자녀교육에 대한 지은이의 생각이 함께 실려 있다. 부모로부터 참사랑을 받은 아이들은 고통을 감내하고 행복을 즐길 줄 아는 여유를 갖지만, 사랑을 받지 못한 아이들은 작은 고통에도 무척 아파하고 행복을 즐기는 데도 인색하다고 말한다.

아이들을 키우는 과정에서 절대적인 교육방침은 '자유'라고 말하는 지은이는 아이들을 자신의 도구로 생각하고 자신의 범주에 가두려는 현대 부모들의 사고방식을 비판하고 있다. 인생은 정답도 없고 왕도도 없다. 그래서 남 탓, 과거 탓 할 에너지를 잘 모아 두었다가 현재의 문제 해결에 쏟아 붓는 게 현명하다고 말한다.

흔들리는 부모들

–수잔 포워드/한창환 옮김/사피엔티아/2000

흔들리는 부모 밑에서 자란 아이는 어른이 된 뒤에 어떤 결함을 갖게 될까? 이 책은 이런 부모 밑에서 자란 아이가 또 문제 있는 아이가 된다는 것을 보여 주며 부모가 의식 없이 한 말이나 행동이 자녀에게 큰 상처가 된다는 사실을 말해 준다. 따라서 지은이는 부모들이 자녀들에게 미치는 영향이 미래에 어떻게 작용하는가를, 그리고 다음 세대가 어떻게 이 문제를 벗어나서, 새로운 삶을 출발할 수 있는가를 임상 사례들을 들어 제시하고 있다.

이 책은 부모의 해로운 영향으로부터 심리적으로 해방될 수 있도록 하는 길잡이 역할을 하며 그들이 이에 대한 대답을 찾아가는 여정이라고 할 수 있다. 제1부는 흔들리는 부모에는 어떤 타입이 있는지에 관하여 제시하고, 2부는 그런 부모를 가진 사람이 자기를 회복하기 위한 방법에 관해 말해 주고 있다.

2.3 가족 일반

가족의 심리학

–토니 험프러스/윤영삼 옮김/다산초당/2006

가족, 부부, 어른, 청소년, 아이들을 직접 상담치료하면서 얻은 경험을 바탕으로 다양한 가족 문제와 심리학적 원인에 대해 살펴보고 있는 책이다.

가족을 이룬다는 것은 가족 구성원들의 행복을 책임진다는 의미를 가진다. 그러나 책임을 맡기 위해 준비를 하고 가족을 이루는 사람은 거의 없다. 막연히, 어떻게 되겠지, 부모님이 하던 대로 하면 되겠지 하는 안일한 생각들이 대부분이다. 이런 이유들 때문에 각종 가족 문제, 더 나아가 사회 문제는 가족이 만들어질 때 이미 잉태되는지도 모른다. 행복은 준비된 사람에게만 찾아온다. 특히 가족의 행복을 짓는 건축가인, 부모의 기술은 아무리 강조해도 지나치지 않다.

1장에서는 가족이 과연 무엇인지 전체적으로 살펴보고 2장과 3장에서는 고통스러운 가족의 전형적인 두 가지 유형에 대해 살펴본다. 4장부터 10장까지는 사랑이 넘치는 가족을 만드는 핵심적인 요소 및 갈등을 해결하는 다양한 방법과 지침에 대해 소개한다. 마지막 11장에서는 가족의 건강도를 평가할 수 있는 가장 핵심적인 문제에 대해 살펴보고 있다. 지은이 자신의 경험과 여러 상담 사례를 바탕으로 가족이라면 누구나 알아야 할 건강하고 행복한 가족의 조건을 소개한다. 결혼을 앞둔 사람들이나 아이를 가지려고 하는 예비부모들에게 가족을 이루는 데 앞서 무엇을, 어떻게 준비해야 하는지에 관한 깊은 통찰을 제공해 줄 것이다.

누구와 함께 살 것인가

–또하나의문화 동인들/또하나의문화/2003

'가족' 을 주제로 이십대와 오십대의 이야기를 진솔하게 담아낸 책이다.

이십대는 자신이 태어난 가족을 떠나 '누구와 살까?' 라는 물음을 던지면서 부모가 아닌 '자기' 가 중심이 되는 삶의 첫 번째 사이클에, 오십대는 자녀들을 막 떠나보내고 '사추기' (?)를 맞이하는 삶의 세 번째 사이클에 서 있다. 이와 함께 세대 간 단절, 인터넷의 발달, 의료 기술의 발전 등의 사회 변화로 인해 균열되고 있는 현대의 가족적 삶을 진단한다.

〈지구상에 살아남기 위하여〉는 '측은지심' 을 중심으로 보살핌의 공감을 확대하고 모성적 사회를 만들어 가야 한다는 오십대 페미니스트들의 비전을 제시한다. 조형, 박혜란, 조한혜정 등 할머니 나이에 접어든 페미니스트들이 보여 주는 변함없는 진지한 태도와 자기 성찰이 눈길을 끈다.

〈집을 떠나는 사람들〉에 실린 글들은 자신이 태어난 가족에서 빠져나와 새로운 가족을 만들기 시작한 이십대들의 이야기다. 살아가는 이야기의 내용만이 아니라 작은 노래를 내뱉듯 부분만을 부각해서 쓰는 표현법에서도 그들의 남다른 사유가 드러나 있다. 이어서 십대 소녀들의 수다도 짧으나마 그들의 현재를 잘 알려 준다. 삼십대 남자의 이혼을 다룬 자전적인 글, 이십대 여자들의 동거 실험을 회고한 삼십대 여자의 글, 싱글즈, 동거, 그리고 십년 후도 볼 수 있다.

식구 : 우리가 사랑하는 이상한 사람들

–김별아/베텔스만/2005

소설가 김별아의 가족 이야기를 담은 책이다. 가장 가까운 사이면서도 잘 알지 못하고, 서로를 깊이 감싸 주지 못했던 '가족' 의 모습을 딸로서, 아내로서, 엄마로서 솔직하게 풀어냈다.

이 산문집은 식구, 가족이라는 테마로 꿸 수 있는 41개의 작은 이야기들로 구성돼 있다. 지은이는 이 책을 통해 작가로서의 삶만이 아닌, 우리 주변의 평범한 30대 주부의 삶을 이야기한다. 가사노동에 힘겨워하고, 자녀교육에 전전긍긍하고, 시댁과 남편 사이에서 팽팽한 긴장을 유지하는 모습들이 그렇다. 이런 모습과 더불어 현실적인 문제들, 즉 가족의 위기와 해체, 여성의 정체성 등에 대한 고민도 깊이 있게 풀어내고 있다. 그리고 그 고민의 끝에서, 사람을 변화시키고 세상을 변화시키는 힘은 결국 '사랑' 이라는 것을 발견한다.

미혼 여성들에게는 결혼에 대한 좋은 정보를, 기혼 여성들에게는 자신의 일상을 돌아보는 성찰의 기회를 제공해 줄 이 책은 스스로를 찾고 싶은 모든 이들에게 위로와 격려를 전해 줄 것이다.

아름다운 가족

–버지니아 사티어/나경범 옮김/창조문화/2006

가족치료 선구자 중 한 사람인 '버지니아 사티어' 가 수년간 가족치료를 진행하며 겪은 수많은 가족들의 이야기를 담아낸 책이다. 가족은 삶의 바탕이며, 지친 삶을 품어 주고 보호하는 쉼터가 되어 주는 귀한 존재이다. 그러나 지나친 산업화와 개인주의는 가족 간의 유대감을 약화시키고 구성원 간의 갈등을 불러일으키고 있다.

지은이는 현대인이 겪고 있는 가족의 위기를 경고하면서 가족의 회복을 통한 행복의 비결을 구체적으로 안내하고 있다. 또, 가족이란 빙산과 같아서 사람들은 가족에 대해 열 가지 중 하나만을 알 수 있을 뿐이며, 가족에 대한 무관심과 무지는 가족 모두를 위험한 상태에 놓이게 할 수 있다고 경고한다. 가족이 행복하기 위해서는 무엇보다 가족 간의 의사소통이 활발해야 한다고 강조한다.

의사소통이란, 한 사람의 건강과 그와 다른 사람들과의 관계에 영향을 끼치는 가장 커다란 요인이다. 활발한 의사소통을 통한 갈등의 해결은 가족 구성원의 자존감을 높여 준다. 가족 구성원들 사이에 수평적인 의사소통이 자연스럽게 일어날 수 있을 때 그 가정은 건강해지고 구성원 모두 건강한 인격체로 성장할 수 있게 된다고 한다. 가족 안에서 자아 존중감을 확립한 개인은 자신뿐 아니라 자신과 더불어 사는 사람들을 사랑할 수 있는 능력을 갖게 되므로 사회도 건강해진다.

사티어는 가족체계 가운데서도 부부생활의 중요성을 강조하였다. 사랑은 결혼을 시작하게 하는 감정이지만 결혼을 성공시키는 것은 결국 끊임없는 인내와 노력이다. 많은 부부가 파경을 맞는 요인은 상대가 한결같이 자신과 같기를 바라는 기대감을 갖기 때문이다. 그러나 그것은 불가능하다. 지은이는 부부가 항상 다른 부분들이 있다는 것을 깨닫고 서로의 차이를 인정하고 존중해 주어야 한다고 당부한다. 배우자가 자신과 생각이 다르다고 비난하거나 상대가 자신과 같아질 것을 요구하는 일은 부부싸움을 발생시키는 중대요인이 된다.

부부관계에서 오는 차이를 건설적으로 발전시켜서 서로 보완해 갈 수 있는 방법을 찾을 수 있도록 서로 노력해야 한다는 점을 강조한다. 가족문제로 갈등하며 상처받는 사람들에게 위로와 희망을 주고 가족 간의 사랑을 회복할 수 있는 유용한 정보를 제공하는 책이다.

2.4 조부모

나의 아름다운 정원

–심윤경/한겨레신문사/2002

1977년부터 1981년 사이에 있었던 한 가족의 이야기를 중심으로 어린 소년의 성장기를 담아내고 있는 이 소설은 작중 인물 '할머니' 때문에 치유서로 권할 만하다. 이 할머니는 상식 속의 할머니와는 다르다. 결코 자애롭지 않다. 완고하고 심술궂고 입에서 욕이 떨어지지 않는다. 그래서 아버지, 어머니, 초등학생 동구, 동구의 동생 영주, 모두를 무찔러 무력화시켜 버린다. 할머니의 패악으로 인한 가족의 고통은 결국 동구가 4학년이 되도록 글을 제대로 읽지 못한다는 사실과 어머니의 정신병원 입원으로 나타나게 된다. 결코 행복하다고 할 수 없는 가정에서 일어나는 이야기를 통해, 순수하고 사려 깊은 동구가 세상을 살아가는 과정이 그려지면서 역설적으로 치유하는 사회를 지향하고 있다.

나의 할아버지 피카소

–마리나 피카소/백선희 옮김/효형출판/2002

이 책은 14년간 정신 상담을 받고 자신을 찾은 피카소의 손녀 마리나 피카소가 쓴 가족 이야기다. 사람들은 피카소를 천재라 불렀고, 그런 그의 모습을 가까이에서 보고 싶어 했으며 그와 가까이 지낼 수 있는 그의 가족들을 부러워했다. 그러나 아무도 피카소라는 이름을 굴레처럼 쓰고 살아야 했던 가족들의 아픔을 몰랐다.

이 책에서는 한 세기를 풍미했던 천재 화가 피카소의 그늘에서 그 이름의 굴레가 되어 비참하게 살아야 했던 가족들의 아픔이 그려진다. 무능하고 의지박약한 아버지와 정신착란 증세를 보이는 어머니, 그리고 믿고 의지하던 오빠마저 락스를 마시고 자살하게 되는 가족사. 사랑에 굶주린 불행한 삶을 살았던 그녀가 고통을 뛰어넘고 자유를 찾기까지, 원망스럽기만 했던 할아버지에 대한 새로운 깨달음을 얻기까지 솔직하게 이야기하고 있다.

달의 제단

–심윤경/문이당/2004

이 책은 심윤경의 두 번째 소설로, 쇠락한 명문 종가의 위신과 문화를 되살리는 일에 종교적 열정을 가지고 평생을 매달려 온 '할아버지'의 위세 앞에 모든 가족 구성원이 허망하게 쓰러지고 패퇴당하는 이야기다.

작중에서 '할아버지'는 종부의 격에 맞는 풍산 유 씨 가문의 규수 해월당 유 씨를 며느리로 낙점하지만 서울에서 학교를 마친 아버지는 할아버지의 뜻을 어기고 미모의 중학교 미술교사와 결혼하고 만다. '나' 는 그 둘 사이에서 태어난다. 그 뒤 '할아버지' 의 성화를 못 이긴 아버지는 해월당 유 씨와 정식으로 결혼하지만 이내 자살로 생을 마감하고 만다. '할아버지' 의 개입으로 '나' 는 생모와 이별하고 해월당 유 씨의 엄격한 규율 밑에서 성장한다. 어디 하나 정 붙일 데 없는 '나' 는 종가의 종손이지만 심리적으로는 언제나 불안하고 불행하다. 이제 23살의 '나' 는 '할아버지' 의 간절한 소망과는 달리 아주 어긋난 길을 걷고 만다. 소설의 마지막에서 종가집 효계당이 불에 타 무너져 내린다. 갈등의 주체인 '할아버지' 와 '나' 는 그 불 속에서 최후를 맞는다.

이 책을 읽는 동안 독자는 자신의 '근원가정' 을 회상하고 성장기의 기억을 무의식의 심연으로부터 건져 올리면서 치유의 경험을 할 수 있다.

2.5 형제

장남과 그의 아내 : 33쌍과의 인터뷰

-김현주/새물결/2001

결혼생활 10년을 넘지 않은 33쌍의 장남 혹은 외아들 부부를 직접 인터뷰하고 쓴 이 책은 이 시대 장남 부부의 생활상을 그대로 보여 주고 있다. 장남으로 태어난 것을 업으로 생각하고 받아들이는 장남과, 결혼한 남자가 장남이라는 이유로 치러야 하는 대가가 감당하기 힘든 아내의 반란, 때로는 체념하고 때로는 합리적인 판단으로 세대 간의 갈등을 극복해 가는 사람들을 보여 주고 있다. 특히 이 책에서는 일방적인 피해자라는 생각이 지배적인 장남과 그 아내들의 입장을 대변하면서도, 심화되어 가는 세대 간의 갈등을 해결할 수 있는 삶의 유형들을 제시하고 있어 시대에 맞는 새로운 가족상을 정립해 볼 수 있다.

형제라는 이름의 타인

-양혜영/올림/2001

형제란 무엇인가? 출생과 함께 시작되어 죽을 때까지 지속되는 독특한 관계이다. 비교적 동등한 힘을 가진 평등한 관계이며, 협력자이며 지지자, 동시에 부모의 사랑과 관심, 가정의 한정된 자원을 공유하며 경쟁해야 하는 상대가 바로 형제이다. 형제 관계는 애정과 증오라는 양면성에 뿌리를 둔다. 어떤 형제 관계는 그 양면성이 희미하게 나타나고 어떤 형제 관계는 너무나 극명하게 드러난다. 이 책은 형제 관계의 양면성을 심리학적으로 분석하고 있다. 쉬우면서도 어려운 관계, 우리가 알지 못했던 형제간의 차이점을 알기 쉽게 설명하고 있다.

2.6 가부장사회

공자가 죽어야 나라가 산다

-김경일/바다출판사/1999

지은이 김경일 교수는 아이러니컬한 책 제목을 통하여 오늘날의 일탈된 사회 현상은 유교에서 비롯되었음을 강조한다. 유교 생성 당시에 가진 비합리적 가치, 즉 과도한 조상숭배, 법을 유린한 인정주의, 남존여비 사상, 상명하복의 수직적이고 획일적인 윤리, 미신 숭배, 점술 등은 오늘날 한국사회를 병들게 하고 있음을 말하고 있다. 이러한 사회 시스템의 마비현상을 '공자 바이러스'라 명명하고 있다. 이 책은 한국사회 문제의 뿌리인 공자와 유교문화에 대해 던지는 근본적인 비판서라 할 수 있다. 오늘날 한국사회의 병폐를 다시 한 번 되새겨 보게 하며 새로운 방향을 모색해 보는 계기를 갖게 하는 책이다.

나는 제사가 싫다 : 삼십 년 동안 가부장제와 맞서 싸운 한 여성작가의 외침

-이하천/이프/2000

30여 년 동안 가부장적 사회와 맞서 싸운 지은이가 우리나라 고유의 미풍양속인 '제사 의식'에 도전장을 내민 책이다. 가부장제의 핵은 제사와 호주제인데, 조상으로 향해 있는 이 중심 축대를 후손에게로 돌리지 않는 한, 그리고 평등개념을 도입하지 않는 한 절대로 우리의 창의성은 꽃피지 않을 것이며 우리의 정신세계는 다음 단계로 올라가지 못한다는 것이다. 이 책에서 지은이는 무조건 제사를 지내지 말자는 것이 아니다. 남녀평등의 새로운 제사라면 무방하다는 생각이다. 부산 근교 기장군의 농촌마을에서 6가지 해방개념이 들어간 실험 집을 짓고 살면서 우리 사회의 잘못된 제도와 행태를 비판하고 있는 지은이는 가부장제의 모습들을 타파할 것을 주장하고 있다. 가부장제에 대해 여러 가지 예를 들어 비판하고 있는 지은이는 내면적 언어발달, 고양이에 대한 동물사랑과 자녀교육에 대해서도 이야기하고 있다.

남자의 탄생 : 한 아이의 유년기를 통해 보는 한국 남자의 정체성 형성과정

-전인권/푸른숲/2003

"나는 두 공간에서 서로 다른 두 개의 언어를 배웠다. 하나는 아버지를 대할 때 사용하는 존댓말이었고, 다른 하나는 어머니를 대할 때 사용하는 반말이었다." 이 책은 중견 정치학자인 지은이의 자아찾기 궤적을 그리고 있다. 부제는 '한 아이의 유년기를 통해 보는 한국 남자의 정체성 형성과정'으로, 60년대 유년기(5~12세)의 삶을 살아온 지은이는 어린 시절을 돌아보며 자신의 가치관, 성격, 의식 등 인성(人性)의 형성과정을 꼼꼼하게 그리고 있다.

지은이 자신의 유년기 삶을 통해 찾아낸 한국 남자의 인간형은 '동굴 속 황제'다. 즉 '권위주의와 자기애(나르시시즘)의 동굴에 갇혀 주위를 제대로 살펴보지 못하는 사람' 이다. 권위주의는 유년시절 아버지로부터 배웠고, 자기애는 어머니의 희생적 · 무조건적 사랑이 빚어 낸 산물이다. 지은이는 "대한민국 국적을 가진 한 아이의 가족 로망스를 분석해 보니, 그 결과는 철저히 한국적인 남자를 만드는 과정이었다" 고 밝힌다. 한국적인 남자의 탄생은 상당부분 유년시절에 이뤄진다는 것이다.

지은이는 이를 극복할 대안으로 두 가지를 제시한다. 하나는 둥글게 둘러앉아 놀이하고 이야기를 나눴던 '커뮤니케이션' 의 문화를 발전시키자는 것이다. 또 하나는 '내 안의 아버지, 네 안의 아버지를 살해하라' 는 것이다. 우리 자신 안에 형성돼 있는 어린 시절 우상으로서의 아버지를 살해함으로써 자기부정을 통해 자기긍정의 길로 나아가자는 것이다.

#09 직장편
[직장 내 대인관계/직장 내 성차별/스트레스/슬럼프/실직/성공 · 자기계발]

1. 직장 내 대인관계

- 대화의 기술 : 공격적이지 않으면서 단호하게 나를 표현하는. 폴렛 데일/조영희 옮김. 푸른숲, 2002.
- 따뜻한 카리스마. 이종선. 랜덤하우스중앙, 2004.
- 설득의 심리학. 로버트 치알디니/이현우 옮김. 21세기북스, 2002.
- 칭찬은 고래도 춤추게 한다. 켄 블랜차드/조천제 옮김. 21세기북스, 2003.

2. 직장 내 성차별

- 남자들이 여자들을 부려 먹는 놀라운 방법들 : 성공하는 여성을 위한 직장남성 연구. 클라우디아 피늘/장혜경 옮김. 웅진닷컴, 2001
- 남자처럼 일하고 여자처럼 승리하라. 게일 에반스/공경희 옮김. 해냄출판사, 2000.
- 성희롱, 당신의 직장은 안전합니까?. 한국여성민우회. 21세기북스, 2000.

3. 스트레스

- 굿바이 스트레스 웰컴 석세스. 클레어 해리스/박수철 옮김. 이가서, 2003.
- 스트레스 솔루션. 닥 췰드리 · 하워드 마틴/하영목 옮김. 들녘미디어, 2004.
- 유쾌한 스트레스. 로레타 라로슈/최세민 옮김. 예문, 2004.
- 유쾌한 하루하루를 위한 101가지 이야기 : 직장, 여성, 세상으로부터 스트레스 받는 모든 남성들을 위한 책. 리처드 칼슨/장은화 옮김. 국일미디어, 2003.
- 지나친 책임감을 벗어라. 엘리자베스 슈룸프 · 하이디 베르더/손영미 옮김. 문화과학사, 2003.

4. 슬럼프

- 슬럼프를 즐겨라. 한기연. 팜파스, 2005.
- 위기관리와 리더십. 웨스 로버츠 · 빌 로스/최창현 옮김. 한언출판사, 2004.
- 위기를 기회로 바꿔라. 매경이코노미 글로벌비즈니스팀. 매일경제신문사, 2003.
- 플러스+ 사고력 : 위기를 기회로 바꾸는 생각의 전환. 아나 야스오/주혜란 옮김. 이른아침, 2004.
- 화이트칼라의 위기. 질 안드레스키 프레이저/심재관 옮김. 한스미디어, 2004.

5. 실직

- 불안한 시대로부터의 탈출. 정혜신. 명진, 1999.
- 실직 새로운 출발. 조성표. 예영커뮤니케이션, 2001.
- 인생의 흐름을 바꾼다 : 해고와 실직을 넘은 제3의 길. 박선욱 · 후지하라 가즈히로/박봉구 옮김. 샘터사, 2000.

6. 성공 · 자기계발

- 나를 변화시키는 좋은 습관. 한창욱. 새론북스, 2004.
- 마시멜로 이야기. 호아킴 데 포사다 · 엘런 싱어/김경환 · 정지영 옮김. 한국경제신문사, 2005.
- (생각만 하고 실행하지 못하는 사람들을 위한) 변화 프로그램. 제임스 프로차스카 · 존 노크로스 · 카를로 디클레멘트/강수정 옮김. 에코리브르, 2003.

ㅇ 성공하는 사람들의 7가지 습관. 스티븐 코비/김경섭 옮김. 김영사, 2003.

ㅇ 실패에서 성공으로. 프랭크 베트거/최염순 옮김. 카네기연구소(성공전략연구소), 1999.

ㅇ 평범했던 그 친구는 어떻게 성공했을까. 토마스 A. 슈웨이크/서현정 옮김. 위즈덤하우스, 2004.

직장편 독서목록에 대한 해제

1. 직장 내 대인관계

대화의 기술 : 공격적이지 않으면서 단호하게 나를 표현하는

-폴렛 데일/조영희 옮김/푸른숲/2002

이 책은 자기 의사 표현을 제대로 하지 못해 늘 피해의식에 사로잡혀 사는 이들, 특히 여성에 초점을 맞춰서 '공격적이지 않으면서 단호하게' 내 생각을 말하는 법을 알려 준다. 하고 싶은 말을 좀 잘해 보고 싶은 사람, '나'를 표현하고 싶은 사람이라면 관심을 가질 만한 책이다. 자신의 생각이나 의견, 하고 싶은 말은 많은데도 어떻게 해야 할지 잘 몰라, 자신이 없어, 또는 상대방이 당황해하지는 않을까 걱정스러워 망설이는 이들이 많다. 그러고 나서 나중에 의사표현을 못한 자신의 가슴을 쿵쿵 치며 후회한다. 지은이의 말처럼 많은 여성들이 특히 그러하다. 이 책은 그런 여성들을 위해 당당하면서도 여성스러움을 잃지 않는 대화법을 안내한다. 자기 의사 표현을 제대로 못해서 가슴속에 응어리가 쌓여 가는 여성들에게 필요한 실질적인 어드바이스를 제공한다.

커뮤니케이션 분야 컨설턴트인 지은이는 "의사표현을 하는 것도 외국어 회화나 바느질, 피아노를 배우는 것처럼 하나의 기술"이라고 단호하게 말한다. 책에는 모두 10단계의 프로그램이 제시됐다. 단호한 의사표현의 중요성, 제2의 언어인 '몸짓 언어', 두려움을 뿌리치고 단호하게 거절하는 방법들, 눈치를 보지 않고 당당하게 '나'를 주장하는 법, 요구와 협상 · 타협하는 법, 자신을 농담거리로 삼는 독설가에게 대처하는 법 등이다. 주변에 흔히 있는 생생한 현장 사례와 함께 구체적인 훈련방법 등이 담겼다.

따뜻한 카리스마

-이종선/랜덤하우스중앙/2004

우리는 흔히 카리스마를 권위와 아집 그리고 강함이라는 특성으로 인식하고 있다. 이는 카리

스마를 예전의 수직적인 구조 속 상위조직에서 생겨나는 것으로 알고 있기 때문이다. 그러나 카리스마의 본래 의미는 신으로부터 특수한 능력을 부여받아 기적을 베푸는 것을 말한다. 치열한 비즈니스 현장에서 서비스와 PI(Personal Identity) 컨설팅을 하는 지은이는 '지금 시대는 수평적 네트워크 중심의 조직으로 변화하고 있다.' 라고 강조하면서 이런 시대에 성공하는 사람들이 가진 공통적인 요소가 바로 '따뜻한 카리스마' 라고 말한다. 따뜻한 카리스마란, 조직의 부품이 아닌 온전한 인간으로서 사고하며 싸우지 않고도 이기는 힘이라고 정의한다.

성공적인 자신의 모습을 완성하기 위해 갖추어야 할 따뜻한 카리스마의 중요 요소로 자기 표현력, 공감능력, 신뢰, 설득력, 겸손, 거절의 기술, 자기극복, 유머, 인연, 비전이라는 10가지를 제시한다. 또 자신의 장단점을 이해하고, 이미지 관리를 효과적으로 해낸 따뜻한 카리스마를 지닌 인물들을 개혁, 나눔, 이성, 화합, 창의, 도전, 성취, 헌신, 열정이라는 관점에서 분석하여 소개한다.

설득의 심리학

-로버트 치알디니/이현우 옮김/21세기북스/2002

사회생활의 기본은 의사소통이다. 특히 상대를 설득시켜 나의 뜻을 관철시키는 능력은 성공으로 이끄는 주요한 요소다. 개인 간, 기업 간, 국가 간의 대화와 협상에서 설득의 기술이 중시되는 것도 이런 까닭이다.

사람의 마음을 사로잡는 방법, 상대를 설득시켜 내 요구를 관철시키는 비결! 심리학자인 지은이는 각양각색의 설득전략을 알아내기 위해 세일즈맨, 자선기금 조성자, 광고업자로의 변신도 서슴지 않았다. 그 결과, 6가지 불변의 법칙을 제시하고 있다.

이 책은 다른 사람이 베푼 호의를 그대로 갚아야 한다는 강박관념이 작용하는 상호성의 법칙, 말이나 행동에 일관성을 보여야 한다는 부담을 느낀다는 일관성의 법칙, 다른 사람들과 행동을 같이해야 한다는 사회적 증거의 법칙, 예쁘면 모든 것이 용서된다는 호감의 법칙, 권위 앞에서는 무조건 복종한다는 권위의 법칙, 이번이 마지막 기회라는 희귀성의 법칙 등 인간심리를 여실히 보여 준다. 그리고 이 법칙들을 상품구매, 기부금, 투표, 양보 및 승낙에 대한 요구들과 결합시킨 전문가들이 얼마나 강력한 영향력을 발휘하는지 다양한 이론과 사례를 들어 설명하고 있다.

칭찬은 고래도 춤추게 한다

-켄 블랜차드/조천제 옮김/21세기북스/2003

무게가 3톤이 넘는 범고래가 환상적인 점프와 멋진 쇼를 연출하는 비결은 조련사의 칭찬이다. 범고래가 쇼를 멋지게 해냈을 때는 즉각 칭찬하고, 실수했을 때에는 질책하는 대신 관심을 다른 방향으로 유도하며 중간 중간에 계속해서 격려하는 것이다. 상대방에 대한 긍정적인 관심과 칭찬 또는 격려가 가정과 직장에서 존경받는 부모와 상사, 높은 성과를 올리는 사업가가 되는 방법이라는 설명이다.

누구나 인간관계에서 긍정적 관심과 칭찬 그리고 격려가 중요하다고 생각한다. 그러나 실제로 가정과 직장의 일상생활에서 다른 사람에 대해 긍정적 관심을 가지고 지속적으로 칭찬과 격려를 하는 사람은 드물다. 오히려 우리 삶은 타인에 대한 무관심과 부정적 반응으로 둘러싸여 있다.

'고래 반응' 이라 불리는 범고래 훈련법은 성공적인 인간관계를 위한 훈련법과 다르지 않다. '고래 반응' 의 핵심은 바로 즉각적인 칭찬, 질책하기보다는 지속적인 격려에 있다. 잘 생각해 보면 우리 모두는 가정과 직장에서 다른 사람들이 일을 잘하고 있을 때는 무관심하다가 잘못된 일이 생겼을 때만 흥분하고 질책한다. 이 책에서는 그러한 부정적 반응을 '뒤통수치기 반응' 이라고 말한다. 사람들이 실수를 저지를 때 뒤통수를 치듯 반응한다는 의미이다. '뒤통수치기 반응' 에 둘러싸인 환경에서는 결코 사람들이 최선을 다하지도 않고 열정을 바치지도 않는다. 이 책은 기업체, 교사와 학부모 층의 호응도 커서 '칭찬운동' 을 확산시키는 기폭제가 되었다.

2. 직장 내 성차별

남자들이 여자들을 부려 먹는 놀라운 방법들 : 성공하는 여성을 위한 직장남성 연구

–클라우디아 피늘/장혜경 옮김/웅진닷컴/2001

이 책은 '항상 바쁜 척 야근하기', '여자가 해야 더욱 잘할 수 있다며 일 떠맡기기', '슬그머니 빠져나가기', '남의 업적 가로채기', '칭얼대기', '교묘하게 업무 분담하기', '칭찬하고 인정해 주는 척하기', '대외활동 핑계로 일 미루기', '주 업무는 회사 내 권력게임', '회의시간에만 떠들기', '사조직 만들어 관리하기' 등 18개 항목에 걸쳐 구체적인 사례와 대처요령을 조목조목 제시하고 있다.

남성은 여성을 같은 지위의 존재로, 자신들과 마찬가지로 많은 돈을 벌며 상대방에게 만족을 주는 일을 하고, 능력을 인정받으며 승진을 할 수 있는 권리를 가진 동료로 보지 않는다. 같은 직급의 동료 사이에서도 암묵적으로 성역할이 작용하고 있다.

남성은 여성을 보조원으로 취급한다. 일단 자신이 일을 만들면 뒤처리는 여성들이 맡아서 할 거라고 생각한다. 그리고 여성이 그 일을 하고 있을 동안 남성은 또 다른 '창조적인 도전' 을 찾아 나서는 것이다. …… 남자들에게 있어서 직장이란 일을 하지 않아도 시간을 재미있게 보낼 수 있는 곳이다. 노동 현장에는 따지고 보면 별 부담 없고 재미있는 일거리가 많이 있다. 복잡한 일이 있으면 여자들에게 슬쩍 떠넘기면 된다.

야근을 밥 먹듯 한다지만 남자들은 결코 바쁘지 않다. 단지 바쁜 척하는 것일 뿐이다. 여자들에

게 일을 시키면 너무나 잘 처리해 주는데 바쁠 이유가 없다. -본문 중에서-

지은이는 이처럼 냉소적인 문체를 통해 바쁜 척 야근을 밥 먹듯이 하고, 회의시간에는 온통 자기들이 일을 처리하는 양 떠들어대고, 잘된 일은 모두 자기 때문이라고 자랑하고 다니며, 귀찮은 일에서는 은근슬쩍 빠져 버리고, 일 자체보다는 회사 내 권력게임과 파벌 형성에 더 관심이 많은 직장 남성들의 행태를 통쾌하게 꼬집는다.

남자처럼 일하고 여자처럼 승리하라

-게일 에반스/공경희 옮김/해냄출판사/2000

노동 인구의 절반이 여성이지만 '포춘' 지 선정 500대 기업 최고경영자 가운데 여성은 단 4명뿐이다. 왜일까? 지은이는 대부분의 여성이 비즈니스라는 게임을 풀어 가는 방법을 배우지 못했기 때문이라고 말한다. 이에 반해 남성은 게임의 규칙을 너무도 잘 알고 있다는 것이다. 왜냐하면 바로 그들 자신이 만들었으니까. 하지만 전혀 다른 성향과 교육을 받은 후 그 게임에 뛰어드는 여성의 경우 처음부터 규칙을 배울 필요가 있다.

'남자처럼 일하고' 는 남자들의 게임법칙을 속속들이 알고 행동으로 옮겨야 한다는 것. '여자처럼 승리하라' 는 여자가 갖고 있는 장점, 즉 탁월한 조정력, 부드러운 인간관계, 섬세한 일처리 등을 최대한 살리며 경력을 쌓아 나가자는 것이다.

이 책은 직장에서 일어날 수 있는 여러 가지 상황에 남성과 여성이 대응하는 행동 패턴을 대비시킨다. 여성이 무의식중에 저지르고 마는 행동의 문제점이 무엇인지, 그것을 어떻게 해결해야 하는지 구체적인 사례들을 통해 일목요연하게 보여 주고 있다.

남성은 할 수 있지만 여성은 할 수 없는 행동 다섯 가지

- 남자는 울 수 있지만 여자는 그럴 수 없다.-남자가 울면 합당한 이유가 있을 거라 생각하지만 여자가 울면 눈물을 무기로 내세운다고 여긴다.
- 남자는 성관계를 가질 수 있지만 여성은 그럴 수 없다.-남자에게 스캔들은 별거 아니지만 여자의 경우 해고당하거나 한직으로 내몰리는 데 연애사건이 결정적으로 작용한다.
- 남자는 안절부절못할 수 있지만 여자는 그럴 수 없다.-손가락으로 계속 탁자를 치는 등 남자의 안절부절못한 행동은 '이쯤에서 끝냅시다' 는 소리 없는 메시지로 여겨지지만 여자의 그런 행동은 짜증스런 작은 습관으로 보인다.
- 남자는 소리칠 수 있지만 여자는 그럴 수 없다.-남자가 소리 지르는 것은 이상한 일이 아니지만 여자의 분노는 자제력을 잃은 것으로 여겨진다.

• 남자는 추해도 되지만 여성은 그럴 수 없다.-남자의 과체중은 사회적 성공의 증표로 여겨지는 경우도 없지 않다. 하지만 여자는 날씬하지 않으면 자기 절제력이 부족해 일 진행에도 문제 있는 인물로 치부된다." -본문 중에서-

성희롱, 당신의 직장은 안전합니까?

-한국여성민우회/21세기북스/2000

이 책은 한국여성민우회가 성희롱을 겪고 있는 여성과 남성 피해자들, 성희롱 없는 바람직한 직장문화 만들기에 노력하고 있는 기업들, 그리고 가해자의 대다수를 차지하고 있는 남성들의 왜곡된 성문화를 바꾸기 위해 고민하고 있는 남성들에게 도움이 되고자 씌었다. 이 책의 곳곳에 나와 있는 대부분의 사례는 민우회가 직장 내에서 성희롱으로 피해를 당한 적이 있는 여성들을 만나며 들은 생생한 목소리이다. 기존의 책들과 달리, 이 책은 성희롱을 사례별로 정리할 뿐 아니라 상황에 따른 대처방안 및 대안을 제시해 주고 있다.

1장에서는 직장 내 성희롱의 개념과 성희롱의 원인과 영향을 분석하고, 2장에서는 예고 없이 찾아오는 성희롱에 맞서는 기본자세와 대처방안을 제시한다. 또한 성희롱에 맞서서 해결한 사람들의 얘기를 들려준다. 3장에서는 직장 내 성희롱의 유형과 피해자의 법적 대처방안을 자세히 소개하며, 부록에서는 성희롱 관련법 및 직장 내 성희롱 관련 사이트와 유관기관 연락처, 소장 작성법을 설명한다.

3. 스트레스

굿바이 스트레스 웰컴 석세스

-클레어 해리스/박수철 옮김/이가서/2003

직장 내에서 겪을 수 있는 다양한 스트레스의 경로를 일목요연하게 정리해 놓았다. 상사나 동료와의 문제, 거래처 문제, 개인적인 업무상의 문제 등 각 상황에서 처할 수 있는 스트레스를 해결하고 여유로운 마음가짐을 가질 수 있게 돕는다. 스트레스에 대한 응급 처치법(심호흡, 굳은 어깨와 등 푸는 법, 자세를 바로 하는 법), 각 상황별 스트레스의 발생 원인과 대처법 등을 다루었다.

스트레스 솔루션

-닥 췰드리 · 하워드 마틴/하영목 옮김/들녘미디어/2004

스트레스는 일반적으로 단순한 걱정, 근심이나 일에 대한 불만족 또는 지나친 과로 등으로 생기는 것으로만 알려져 있어 그 관심과 대응법이 소극적이었다. 하지만 실제로 한국 남성의 높은 사망률을 차지하는 대부분의 질병은 바로 스트레스성 질병이거나 그 영향으로 발병되는 질환들이어서, 스트레스에 대한 새로운 인식의 전환과 그 대응법에 좀 더 적극적으로 대처해야 할 필요성이 대두되고 있다.

이 책은 스트레스에 대한 과학적 접근을 시도한 것으로, 심장에는 두뇌의 피질 하부센터에서 발견되는 뉴런(신경세포) 숫자와 비슷한 4만 개의 뉴런이 있는데 이 뉴런들은 심장과 뇌 사이의 양방향 교신을 가능하게 한다. 따라서 스트레스와 심장은 밀접한 연관이 있음을 밝히고 있다. 스트레스가 우리의 삶과 인간관계에 어떤 영향을 미치는지, 그리고 스트레스를 어떻게 하면 해결할 수 있을지에 대한 과학적인 해답을 얻을 수 있다.

이 책은 '하트매스 솔루션'이라 불리는 10가지 핵심 기법들을 통해 스트레스를 획기적으로 줄일 수 있는 방법을 구체적으로 알려 주고 있다.

유쾌한 스트레스

-로레타 라로슈/최세민 옮김/예문/2004

인생 자체가 스트레스인 현대인들에게 '스트레스를 인정하고 그것을 즐기라'고 충고를 해 준다. 이와 동시에, 적당한 스트레스는 오히려 삶의 활력이 될 수 있음을 역설한다. 이를 뒷받침해 주는 근거로, 일상을 유쾌하게 만들어 주는 10가지 진리를 제시한다.

기분이 나쁠 때, 불안할 때, 갈등으로 괴로워할 때 우리가 얼마나 많은 에너지를 쓰는지 한번 살펴보라. 그리고 그렇게 느끼는 진짜 원인이 무엇인지 생각해 보라. 그 원인이 사소한 일이라면 그렇게 에너지를 낭비할 필요가 없지 않은가? 자기 자신에게 이렇게 물어보자. 과연 이만한 가치가 있을까? 베개 하나가 결혼생활이랑 맞바꿀 가치가 있을까? 하룻밤을 뜬눈으로 지새울 만한 일일까? 온 신경을 쏟아야 할 만큼 중요한 일일까? 우리 모두가 사소한 일에 고민하고 집착하면서 낭비하는 에너지를 긍정적인 방향으로 돌릴 수만 있다면 세계 평화도 단 하루 만에 이루어질 것이다. - '1장 스트레스를 더 받다간 돌아 버릴 거예요' 중에서-

스트레스를 인생의 활력으로 바꿀 수 있는 탄력성, 과거와 미래가 아닌 지금 이 순간을 오롯이 즐기며 순간에 충실한 자세, 인생을 긍정적으로 바라보고 이를 위해 신념을 가지고 끈기를 발휘하게 하는 낙천주의 등은 모든 이들이 머리로는 알고 있지만, 쉽게 가지지 못하는 삶의 자세이다.

지은이는 살아오는 동안 체득한 이러한 진리를 여러 가지 에피소드와 훈련법과 함께 알려 준다. 심리학과 심신의학 등을 기반으로 설명한 중간 중간의 글들은 지은이와 책에 대한 신뢰도를 높여 준다.

유쾌한 하루하루를 위한 101가지 이야기 : 직장, 여성, 세상으로부터 스트레스 받는 모든 남성들을 위한 책

-리처드 칼슨/장은화 옮김/국일미디어/2003

이 책의 지은이는 이미 자신의 저서『우리는 사소한 것에 목숨을 건다』를 통해 사소한 일에 쩔쩔매는 현대인들을 꼬집은 바 있다. 그는 이 책에서 눈에 보이는 목표를 향해 돌진하여 반드시 성공해야 한다는 '맨 콤플렉스' 에 빠진 남성들에게 삶을 살아 나갈 수 있도록 좀 더 현명하고 지혜로운 또 다른 제안을 하고 있다.

그동안 당신의 일에 밀려 뒤돌아볼 수 없었던 가족에 대한 사랑, 친구와의 우정을 나누기 위한 배려, 그리고 나만을 위한 시간을 만들어 보다 행복한 삶을 누릴 수 있는 제안으로 가득하다. 또한 삶의 여유를 즐기는 법, 유쾌한 일상을 만드는 법, 내 인생을 특별하게 하는 비결 등을 알려 주고 있다.

지나친 책임감을 벗어라

-엘리자베스 슈룸프 · 하이디 베르더/손영미 옮김/문화과학사/2003

책임감이 지나쳐 자기희생적인 태도로까지 발전한 사람들의 심리를 분석하고, 여러 사례를 통해 그 폐해와 해결책을 보여 준다. 이런 지나친 책임감 증세는 죄책감, 두려움, 부족한 자존감 등이 원인으로 부모의 기대나 가족사의 비밀, 정신적 문제, 사회적 요인들을 통해 굴절된 형태로 드러난다. 지은이들은 책임감과 자의식의 균형을 맞출 수 있도록 자기 자신을 주의 깊게 파악해 보는 연습법을 알려 준다.

4. 슬럼프

슬럼프를 즐겨라

-한기연/팜파스/2005

슬럼프는 누구에게나 찾아온다. 승승장구 아무리 잘나가는 사람이라 해도 어느 순간엔 슬럼프에 빠지게 되어 있다. 그렇게 어차피 맞닥뜨려야 하는 슬럼프라면 피하거나 예방해야 할 대상으로 보지 말고, 우리 인생의 '터닝 포인트' 로 삼아 '즐길 수 있는 대상' 으로 바라보는 것도 좋은 길일 수 있다.

임상학자인 지은이는 문제의 유형을 크게 5가지로 나눠 슬럼프를 겪는 사람들을 바라본다. 그리고 그 갖가지 유형의 슬럼프를 치유할 수 있는 방안을 제시하고 있다.

위기관리와 리더십

-웨스 로버츠 · 빌 로스/최창현 옮김/한언출판사/2004

'진정한 리더는 위기 상황에 강하다' 로 시작하는 이 책은 TV 시리즈 '스타트랙' 을 응용하여 진정한 리더의 모습과 위기대응 전략 등을 설명한 책이다. 피카르 함장이라는 성공적인 지도자상을 통해 집중력, 결단력, 효과적인 의사소통, 팀워크 등 숨 가쁜 위기상황에 대처하기 위해 뉴리더가 반드시 갖추어야 될 자질들을 선명하게 제시하고 있다.

본문 내용 중 '뛰어난 결단력은 집중력에서 온다' 즉, 투철한 사명감이 집중력을 부른다와 '물고기를 주지 말고 고기 잡는 법을 가르쳐라!' 에서 지은이는 권한을 이양하고 책임을 부여하라! 라고 제시하고 있다. '가장 강력한 힘은 지식이 아니라 그것을 활용하는 능력이다' 에서는 지식과 경험을 창조적으로 활용하라! 라고 강조하며, '도저히 이해 못해! 라고 말하는 사람은 리더가 될 수 없다' 에서는 의사소통은 위기의 해결사라고 주장하고 있다. '정의' 의 이름으로 권력을 남용하지 마라!' 에서는 공포와 불신은 조직의 암세포임을 설명하고 있으며, '최악의 순간에도 자신에게 정직하라!' 에서는 정직이 최고의 무기임을 강조하고 있다. '탁월한 독불장군보다는 겸손한 협력자가 되라!' 에서는 팀워크를 중시하고, 공생의 규칙을 따르라! 라고 주장하고 있으며, '일등보다는 이등의 성공 가능성이 더 크다' 에서는 상처는 가능한 빨리 치유하라! 라고 권하고 있다.

위기를 기회로 바꿔라

-매경이코노미 글로벌비즈니스팀/매일경제신문사/2003

세계적인 불황을 예고하는 목소리가 많다. 그러나 능력 있는 경영자는 어려울 때 더욱 빛을 발한다. 소니, 휴렛패커드, 포드, 맥도날드, 스와치, 월마트 등의 초일류 글로벌 기업들은 무한 경쟁 시대의 경영환경에서 필연적으로 얘기되곤 하는 위기 상황들을 어떻게 넘겼을까. 그리고 어떻게 경영혁신을 이룰 수 있었을까.

휴렛패커드의 칼리 피오리나는 위기 상황에서 과감한 투자로 컴팩과의 합병을 추진하여 위기를 기회로 바꿨으며, GM의 릭 왜고너는 신기술과 디자인을 부르짖으며 위기상황을 헤쳐 나갔다. 카를로스 곤은 닛산을 회생시켜 일본 열도를 흔들었으며, 다임러크라이슬러는 과감히 독일인 CEO를 영입하며 자동차업계의 맹주 자리를 회복하였다.

이 책은 저성장과 이라크 전쟁에 의한 유가불안, 개인 파산자 급증에 의한 소비 위축 등 심각한 경영위기를 맞은 국내 기업들이 위기에서 오히려 경영혁신의 기회를 만들 수 있는 명쾌한 해답을 제시한다. 45개 초일류 기업들의 경영혁신 사례를 변화의 중심에 선 CEO, 경영혁신에 앞장 선 기업, 구조조정으로 다시 태어난 기업, 실패로 끝난 기업 개선의 4개 파트로 나누어 소개하고 있다.

플러스+ 사고력 : 위기를 기회로 바꾸는 생각의 전환

-아나 야스오/주혜란 옮김/이른아침/2004

혼란과 위기가 없는 인생은 없다. 문제는 이런 혼란과 위기에 의연하게 대처하면서 더욱 활기차게 인생을 가꾸어 나가는 능력에 달려 있다. 이 책은 지금 현재의 자기 모습 그대로를 받아들이면서도 발상의 전환이 가능해지는 52가지 플러스 사고의 법칙을 소개함으로써, 위기를 기회로 바꾸는 생각의 전환 방법을 제시한다. 좀 더 유연하게 문제에 대처하고, 스트레스를 조절하며, 타인과 원만한 대화를 나누고, 더 탁월한 성과들을 창출해 내는 방법 등을 배울 수 있다.

화이트칼라의 위기

-질 안드레스키 프레이저/심재관 옮김/한스미디어/2004

성공한 직장인일지라도 과로와 스트레스, 게다가 줄어든 급여와 불안정한 미래를 피하기 힘든 이즈음, 직장인 스스로를 소모품 정도로 여기게 된, 사무직 종사자인 화이트칼라조차 직장생활이 위태로운 시대다. 비용절감과 정리해고, 효율 극대화를 위한 합병 그리고 끊임없는 부서 축소 같은 기업 동향에서 '더 많이 일하고 보수는 줄어든' 현실은 글로벌시대에 나라 안팎이 마찬가지다.

이 책은 세계적 대기업의 잘나가는 임원 등을 포함해 다양한 직종의 직장인을 면담한 생생한 실제상황을 적고 있다. 남녀 · 연령 · 지위를 막론하고 모두가 어려운 풍토에서, 과연 어떻게 개선의 실마리를 찾을 것인가. 무엇보다 회사는 잘돼도 근로여건은 나빠지며, "마음에 안 들면 다른 곳을 찾아보라"는 직장의 현실을 정확하게 파악하는 게 급선무라고 지적하고 있다.

5. 실직

불안한 시대로부터의 탈출

-정혜신/명진/1999

이 책은 오늘날 한국 남성이 겪고 있는 사회심리적 문제들을 파헤치고 이에 대한 구체적인 해결책을 제시한다. 정신과 전문의인 지은이는 다양한 임상 경험을 바탕으로 여러 가지 사례를 곁들여 재미있게 이야기를 엮어 나간다.

사상초유의 구조조정, '중년'이라는 시기가 가져다주는 심리적 위압감, 과도한 책임의식, 그리고 따라잡기 벅차기만 한 경쟁들…… 이러한 여러 가지 문제들을 앞에 둔 중년의 남성들을 위한 삶의 지침서라고 해야 할까.

우리의 아버지, 남편을 가만히 놓아두지 않는 비정한 시대적 상황들은 더 이상 남의 문제가 아닌, 바로 우리 자신의 문제이다. 이 책을 통해 우리는 이러한 현실을 제대로 인식할 수 있을 뿐만 아니라, 한 사람의 '준의사'로서 아버지와 남편을 대할 수 있게 된다. 이것을 내 가정의 문제로 받아들이고, 아버지와 남편에게 우리 스스로 다가갈 때 비로소 가정이 바뀌고 사회가 바뀌는 것이다. 그런 의미에서 이 책은 피할 수 없는 갖가지 스트레스 사이에서 고민하는 남성들에게 일할 의미와 의욕을 되돌려 주는 동시에 우리의 가정에 다시금 활력을 가져다줄 것이다.

실직 새로운 출발

–조성표/예영커뮤니케이션/2001

이 책은 경북대 조성표 교수를 비롯해 11명의 경제전문가들이 제안하는 구체적인 실직 탈출 안내서이다. 지은이들은 이젠 직장을 옮기는 일이 일반적인 현상이 되고 있다며 실직은 비정상적인 현상이 아니라, 오히려 적극적으로 대처해 인생을 전환하는 유익한 기회로 삼아야 한다고 말하고 있다. 실직에 대한 우리의 태도변화를 요구하고 있는 이 책은 실직에 대한 올바른 이해가 중요함을 기술했고, 실직으로 인한 가정의 깨어짐을 보면서 실직극복의 첫 출발이 화목한 가정임을 역설하고 있다.

실직자와 실직할 위기에 처해 있는 직장인들을 위한 생활 가이드북으로서, 가정에서의 가족 관계와 재정 관리, 정부의 도움과 자기 개발 방법, 새로운 직장 또는 사업을 찾는 방법, 그리고 영적인 충고에 이르기까지 실직을 적극적이고 긍정적으로 극복하는 방법을 안내하고 있다.

인생의 흐름을 바꾼다 : 해고와 실직을 넘은 제3의 길

–박선욱 · 후지하라 가즈히로/박몽구 옮김/샘터사/2000

지식 자본주의 시대의 도래와 함께 이제 평생직장의 신화는 무너지게 되었다. 직장 생활의 연륜이 깊어 가면서 적잖은 직장인들이 승진이라는 기쁨과 함께 자칫 해고될지도 모른다는 불안에 시달리고 있다. "Head Hunt"라는 단어가 낯설지 않은 시대, 평생직장이라는 개념이 사라지고 누구나 자신의 능력에 따라 자유롭게 직장을 옮기거나, 반대로 어느 날 갑자기 해고당하는 시대에 모든 직장인들이 직면해 있다.

이 책은 이러한 '전직 · 해고'의 이분법의 틈 사이에 존재하는 "펠로(fellow) 제도"라는 제3의 길을 소개하면서 그 길을 통해 인생의 흐름을 바꾼 지은이의 경험과 교훈을 생생하게 들려준다. 처세술과 관련하여 유명한 저술가이기도 한 지은이는 자신의 경험을 바탕으로 자기 인생의 주인이 될 수 있는 삶의 태도와 방법들을 세세하고도 힘 있는 목소리로 웅변한다. "상식을 깰 수 있는 사람이 흐름을 바꾼다.", "사람을 좋아하게 만드는 힘이 흐름을 바꾼다." 등의 가르침과 함께 그와 연관되어 있는 우리 기업들의 구체적인 사례 11개를 들고 있다.

6. 성공 · 자기계발

나를 변화시키는 좋은 습관

−한창욱/새론북스/2004

지은이가 기자 생활을 하면서 만났던, 성공한 한국인들에게서 찾을 수 있었던 공통점과 그들에게 들은 경험담을 묶어 독자들에게 성공을 이야기하는 책이다. 진짜 성공을 하기 위해선 자금을 넉넉히 조달하는 것보다는 마음가짐과 태도가 중요하다고 이 책은 말한다.

성공을 위한 기본 조건부터, 성공을 향한 실전 법칙, 성공을 향한 선택, 안내, 충고 등 모두 다섯 장으로 꾸며졌다. 성공하기 위해 꼭 갖추어야 할 좋은 습관 72가지는 과연 어떤 것들일까? 책을 읽다 보면 그것은 어떤 특별한 비결이 있는 것이 아니라 우리 자신의 마음가짐과 습관 하나하나에 달려 있다는 평범하면서도 아주 큰 진리를 발견하게 된다.

"성공하고 싶다면 꼭 성공하겠다는 마음부터 갖고, 이를 위해 자신을 변화시키기 위한 아주 작은 것들부터 실천하라!"는 이 책의 메시지는 단순한 처세술 차원을 넘어, 인생에 있어 진정한 성공과 행복을 꿈꾸는 이들에게 좋은 시작이 되어 줄 것이다.

마시멜로 이야기

−호아킴 데 포사다 · 엘런 싱어/김경환 · 정지영 옮김/한국경제신문사/2005

성공하는 사람들은 늘 소수다. 삶의 곳곳에 숨어 있는 은밀하고 달콤한 유혹들에 발목이 잡혀 늘 그날이 그날인 삶을 살아가는 사람들이 너무나 많다. 이 책은 이 같은 사람들에게 경각심을 불러일으키고 있으며 오랫동안 잊고 살았던 '성공'에 대한 지혜로운 성찰들을 담고 있다.

미국 스탠퍼드 대학의 월터 미셸 박사는 아이들을 대상으로 한 '마시멜로 실험'을 통해 놀라운 사실을 발견했다. 그는 실험에 참가한 네 살배기 아이들에게 달콤한 마시멜로 과자를 하나씩 나누어 주며 15분간 마시멜로 과자를 먹지 않고 참으면, 상으로 한 개를 더 주겠다는 제안을 한다. 그 결과 실험에 참가한 아이들 중 3분의 1은 15분을 참지 못한 채 마시멜로를 먹어치웠고, 3분의 2는 끝까지 기다림으로써 상을 받았다.

그런데 정작 놀라운 사실은 그로부터 14년 후, 당시 마시멜로의 유혹을 참아 낸 아이들은 스트레스를 효과적으로 다룰 줄 아는 정신력과 함께 사회성이 뛰어난 청소년들로 성장해 있었다. 반면, 눈앞의 마시멜로를 먹어치운 아이들은 쉽게 짜증을 내고 사소한 일에도 곧잘 싸움에 말려들었던 것이다. 10여 년 전의 작은 인내와 기다림이 눈부신 성공을 예비하는 강력한 '단서'로 작용한 것이다.

이 책은 전혀 다른 삶을 살아온 두 사람의 이야기로 시작한다. 마시멜로 실험에 참가한 경험을 인생의 성공으로 발전시킨 조나단 사장. 조나단의 리무진을 몰며 하루하루 순간적인 만족과 유혹에만 충실한 운전기사 찰리. 두 사람은 늘 같은 자동차에 타고 있지만 각자가 바라보는 삶의 이정표는 너무도 다르다.

내일보다는 오늘의 만족에만 열중해 살아온 찰리, 그에게 진정 '내일' 은 없었다. 꿈을 이룬 사람들의 성공을 늘 부러운 시선으로 바라보았을 뿐이다. 그러던 어느 날, 아주 특별한 마시멜로 이야기를 통해 새로운 '성공' 의 비밀에 눈을 뜬 그는 비로소 자신의 삶을 장밋빛으로 가꾸어 나갈 줄 알게 되었다. 그에게 소중한 내일을 안겨 준 마시멜로, 그것은 바로 세상에서 가장 아름답고 달콤한 오늘이 준 선물이었다.

성공은 고통과 시련이 아니라 '즐거움' 과 '행복' 의 대가, 눈을 뜬 사람만이 성공을 꿈꿀 수 있으며, 세상에서 가장 아름다운 유혹은 '성공' 이라는 말을 전하고 있다.

(생각만 하고 실행하지 못하는 사람들을 위한) 변화 프로그램

-제임스 프로차스카 · 존 노크로스 · 카를로 다클레멘트/강수정 옮김/에코리브르/2003

이 책은 혼자서 변화를 이룩한 사람과 전문가의 도움으로 변화에 성공한 사람 수천 명을 대상으로 12년 넘게 '변화의 원리' 를 연구한 공동저작이다. 지은이들은 모두 심리학 교수이다.

지은이들은 오로지 굳은 의지 하나만으로 변화하고자 하는 것은 무모하며, 변화의 원리를 이해하는 것이 중요하다고 말한다. 책은 변화의 과정은 어떤 단계들로 나뉠 수 있는지, 각 단계의 특징은 무엇이며, 단계별로 사용할 수 있는 기법으로는 어떤 것들이 있는지 차근차근 설명해 준다. 간단한 자체평가와 사례연구, 그리고 각 단계와 과정을 명료하게 이해할 수 있도록 구체적인 예를 들고 있다. 지은이들은 이런 변화의 과정에 대한 적절한 이해와 대응을 통해, 패배적인 중독성 행동과 결별할 수 있다고 주장한다.

이 책에 실린 변화 모델은 미국국립알콜중독연구소, 암연구소, 질병통제센터, 미국폐협회 등에서 사용하고 있다.

성공하는 사람들의 7가지 습관

-스티븐 코비/김경섭 옮김/김영사/2003

자기계발서의 고전으로 자리 잡은 이 책은 자기 사명서, 4사분면을 통한 시간관리, 관심의 원과 통제의 원, 윈윈 패러다임, 시너지 효과 등 당시 새로운 개념이었던 것을 소개해 화제가 되었다. 습관은 하루아침에 생기지 않는 법. 자신과 싸워 이기려면 그만큼 오래 꾸준히 노력해야 한다는 뜻을 담고 있다. 거기다 500쪽에 가까운 분량은 얄팍한 편법을 바라는 마음으로는 감히 책을 펼 수 없게 만든다.

지은이 스티븐 코비는 자잘한 훈수가 아니라 본질적인 변화를 위한 지침을 준다. 그는 원칙 중심의 삶을 강조한다. 뿌리 깊은 나무가 바람에 흔들리지 않듯, 원칙이 분명하게 선 사람은 상황에 휩쓸리지 않고 제 갈 길을 간다는 논리다.

"참된 변화는 내면에서부터 시작되어야 한다. 나뭇잎을 쳐 내는 것과 같은 응급처치식의 방법으로는 태도와 행동을 바꿀 수 없다. 이것은 뿌리, 즉 사고의 바탕이자 기본인 패러다임을 바꿈으로써만 가능하다. 이 패러다임은 우리의 성품을 결정하고, 우리가 세상을 보는 관점의 렌즈를 창조해 준다." -본문 중에서-

그가 제시하는 7가지 원칙은 하나같이 가슴을 울린다. 자신의 삶을 주도하라, 끝을 생각하며 시작하라, 소중한 것을 먼저 하라, 끊임없이 쇄신하라, 할 수 있는 일에만 주목하라, 긴급한 일에만 매달리지 말고 독서, 운동 등 중요한 일에 꾸준히 투자하라. 인간관계는 계좌거래와 같다. 신뢰를 주며 윈윈(win-win)의 관계를 만들라. 말하기 전에 잘 들어라. 심신을 단련하라 등 성공자들의 7가지 습관을 체계적으로 서술하고 있다.

실패에서 성공으로

-프랭크 베트거/최염순 옮김/카네기연구소(성공전략연구소)/1999

29세의 프랭크 베트거는 세일즈맨으로서는 완전히 실패했었다. 그 후 몇 년 사이에 베트거는 자신을 미국에서 가장 성공한 사람으로 변모시켰다. 그는 피델리티 상호 생명보험회사에서 근무하던 20년 동안 전국 5위권 안에 들 정도로 성공한 세일즈맨이었다.

이 책은 그의 개인적인 경험과 세일즈맨으로서 성공하기까지 그가 터득한 세일즈 원칙을 낱낱이 소개하고 있다. 형편없이 자신 없어 하던 시절, 그는 데일 카네기 코스에서 카네기를 만난다. 카네기 코스에서 자신감을 회복한 그는 카네기의 성공강연회에서 자신의 성공담을 이야기해 달라는 요청을 받았었고, 강연회 내용에 감명 받은 카네기로부터 책을 써 보라는 권유로 출간하게 되었다.

이 책에는 지은이의 솔직한 경험담 속에 세일즈의 비법이 담겨 있다. 노먼 빈센트 필 박사는 '이 책이 나에게 끼친 영향은 실로 막대한 것이다. 누구라도 성공하길 원하는 사람은 반드시 이 책을 읽어야 한다.' 라고 추천하고 있으며, 데일 카네기도 '이 책을 읽는 사람은 보험, 자동차, 증권 등 무엇을 판매하는 사람이든 상관없이 베트거의 날카로운 통찰력에 많은 도움과 영감을 받을 것이다.' 라며 추천하고 있다.

평범했던 그 친구는 어떻게 성공했을까

-토마스 A. 슈웨이크/서현정 옮김/위즈덤하우스/2004

'성공하기 위해 가장 필요한 것은 무엇인가?' 이 질문에 대한 성공한 사람의 대답은 무엇일까? 미국에서 변호사와 자기계발 전문가로 활동하는 지은이가 빌 클린턴 전 대통령, 메리어트 호텔의 빌 메리어트 회장 등 다양한 분야에서 성공한 100인을 직접 만났다. 그리고 심층 인터뷰와 설문조사를 통해 그들이 정상의 자리에 오르기 위해 활용한 경력 관리, 이미지 관리, 조직 관리의 놀라운 비결과 성공에 대한 27가지 오해와 진실을 밝혀낸다. 성공에 대한 원칙과 개념으로 이루어진 기존의 성공서와는 달리, 실전 노하우를 담아 막연히 성공 욕구만 가졌던 사람들에게 구체적으로 실현 가능한 방법을 알려 준다.

Part. 4

어린이와 청소년의 훈육을 위한 부모 · 교사용 독서목록과 해제

한국도서관협회 독서진흥위원회에서 만든 독서치료를 위한 상황별 독서목록(부모 · 교사편)을 증보하여 수록하였다.

#10 정신건강편:

1. 정신건강/ 2. 마음의 상처

#11 성격편:

1. 가정 · 부모/ 2. 학교 · 교사

#10 정신건강편
[정신건강/마음의 상처]

1. 정신건강

- 내 딸이 여자가 될 때 : 잃어버린 자아를 찾아가는 딸과 여자들의 44가지 사례 연구. 메리 파이퍼/김영재 옮김. 문학동네, 1999.
- 딥스. 버지니아 M. 액슬린/주정일 · 이원영 옮김. 샘터, 2002.
- 무엇이 내 아들을 그토록 힘들게 하는가. 댄 킨들론 · 마이클 톰슨/문용린 옮김. 세종서적, 2000.
- 아들 키우는 부모들에게 들려주고 싶은 이야기. 스티브 비덜프/김선경 옮김. 북하우스, 1999.
- 아이를 현명하게 키우는 비결. 존 그레이/윤규상 옮김. 들녘미디어, 2000.
- 아이에게 상처를 주는 101가지 말과 행동. 김주희. 한울림, 2003.
- 우리 아이가 이럴 땐 어떻게 할까요. 변영인. 오늘의책, 2002.
- 우리 아이 어떻게 기를까. 전정재. 열음사, 1998.
- 우리 아이 왜 이럴까?. 이영식 · 진태원. 시서례, 2001.
- 이런 부모가 자식을 정신병자로 만든다. 김정일. 박영률출판사, 2002.
- 제이디. 토리 헤이든/이원영 옮김. 샘터, 2004.

○ 천국엔 새가 없다 1, 2. 프레드릭 플레취/장세희 옮김. 홍익출판사, 1999.
○ 한 아이 1. 토리 헤이든/이희재 옮김. 아름드리, 1998.
○ 한 아이 2. 토리 헤이든/이수정 옮김. 아름드리, 1998.

2. 마음의 상처

○ 마음속의 그림책. 이희경. 미래M&B, 2000.
○ 미안하다고 말하기가 그렇게 어려웠나요. 이훈구. 이야기, 2001.
○ 상처받은 아이들 : 유년기의 상처를 말하고, 이해하고, 극복하기. 니콜 파브르/김주경 옮김. 동문선, 2003.
○ 원만한 정서 생활을 가로막는 몸에 밴 어린 시절. W. 휴 미실다인/이종범 · 이석규 옮김. 가톨릭출판사, 2006.
○ 학대받는 아이들. 이호철. 보리, 2001.
○ 흔들리는 부모들. 수잔 포워드/한창환 옮김. 사피엔티아, 2000.

정신건강편 독서목록에 대한 해제

1. 정신건강

내 딸이 여자가 될 때 : 잃어버린 자아를 찾아가는 딸과 여자들의 44가지 사례 연구

-메리 파이퍼/김영재 옮김/문학동네/1999

이 책은 임상심리학자인 지은이가 자신의 상담 경험에서 얻은 사례들을 모아 놓은 것이다. 심각한 문제를 안고 있는 수많은 10대 소녀들의 생생한 육성과 상담치료 과정이 소설처럼 그려져 있다. 지은이는 성과 새로운 문화들을 스스로 받아들여야만 하는 청소년기 아이들은 어른들보다 더 혼란스럽다고 말한다. 또한 아이들의 입장에서 그들의 성숙함을 지지해 주고 어른스러움을 인정해 줘야 한다고 말한다. 자신의 청소년기를 기준으로 자기 아이들의 행동을 이해하려다가 난처하고 당혹스러운 적이 있는 부모들에게 올바른 해결책을 제시해 준다.

딥스

–버지니아 M. 액슬린/주정일 · 이원영 옮김/샘터/2002

버지니아 M. 액슬린 박사는 한 유치원으로부터 딥스라는 소년의 치료를 의뢰받는다. 유명한 과학자인 아빠와 외과 의사 출신인 엄마 밑에서 물질적 풍요를 누리며 자라는 다섯 살 아이 딥스는 정신지체로 의심될 정도의 느린 언어 능력, 비정상적인 행동, 원만치 못한 대인관계로 정신과 치료가 필요했다. 딥스의 치료를 맡은 액슬린 박사는 딥스의 자아를 찾게 하는 '놀이치료' 를 시작한다. 딥스는 치료과정에서 부모에 대한 강한 적대감을 드러낸다. 아이는 섣부른 기대에 가로막혀 자신을 숨겨 왔던 것이다. 딥스는 결국 세상 속으로 걸어 나온다.

'놀이치료' 를 통해 한 자폐아가 자아를 찾아가는 과정을 그린 고전이다.

무엇이 내 아들을 그토록 힘들게 하는가

–댄 킨들론 · 마이클 톰슨/문용린 옮김/세종서적/2000

정신과 의사와 아동심리학자가 함께 쓴 책. 이 책은 슬퍼하고, 두려워하고, 분노하고, 때로는 침묵하면서 정서적 고통을 당하고 있는 소년들의 심리를 생생하게 보여 준다.

지은이들은 성경에 나오는 카인을 "사랑받고 싶다는 욕구를 의사소통이 아닌 폭력의 방식으로 표현한 전형적인 사례" 로 분석하고 있다. 인류 최초의 살인사건은 사랑받고 싶어 하는 욕구, 특히 아버지에게 사랑받고 싶어 하는 욕구를 반영하고 있다는 것이다. 아들을 남자답게 길러 보겠다는 욕망을 가진 부모들은 방법을 바꿔야 한다고 지은이들은 말한다. 이제부터라도 아들을 한 인간으로 인정하고 끊임없는 대화를 통해 타인의 정서를 이해하고 공감할 수 있도록 내면의 힘을 길러 줘야 하며 이것이야말로 아들을 진정한 의미의 강자로 키우는 것이라고 말한다.

이 책은 교육지침서이며 진정한 부모가 되기를 바라는 사람들의 부모입문서이다.

아들 키우는 부모들에게 들려주고 싶은 이야기

–스티브 비덜프/김선경 옮김/북하우스/1999

남성심리학자이자 자녀양육과 가족상담 분야의 전문가인 지은이가 20여 년간의 수많은 상담 경험과 연구를 토대로 새로운 자녀양육 기법들을 소개하고 있다. 아들의 심리를 이해하고 당당하고 멋진 남자로 우뚝 설 수 있도록 돕는 방법들이 가득 담겨 있다. 지은이는 남자 아이들의 특징과 문제점, 그들을 이해하고 좀 더 가슴 따뜻하고 남을 배려할 줄 아는 활기 넘치는 성인 남자로 자라나도록 돕는 방법에 대해 설명한다. 사례와 삽화를 이용하여 이해에 도움을 준다.

아이를 현명하게 키우는 비결

–존 그레이/윤규상 옮김/들녘미디어/2000

이 책은 『화성에서 온 남자 금성에서 온 여자』로 유명한 존 그레이가 내놓은 자녀 양육서이다. 지은이의 이름값에 손색이 없는 획기적인 면이 보인다. 확실히 상투적인 육아서와는 구분이 된다. 그것은 지은이의 오랜 상담 경험에서 근거를 찾을 수 있을 것 같다.

지은이는 아이들이 성장하는 데 필요한 모든 것을 갖고 태어나며 부모로서 해야 할 일은 그 성장과정을 돕는 것이라는 전제에서 출발한다. 이와 같은 전제하에서 지은이는 아이를 현명하게 키우는 비결로서 5가지 '긍정적인' 양육법을 제시한다. 내용은 다음과 같다.

- 남과 다르더라도 괜찮다.
- 실수하더라도 괜찮다.
- 부정적인 감정을 토로해도 괜찮다.
- 더 원하더라도 괜찮다.
- '아니오' 라고 말해도 괜찮지만 보스는 아빠, 엄마다.

긍정적인 양육법을 쓰면 아이는 체벌의 두려움이 아니라, 부모를 기쁘게 해 주고 부모와 협력을 하고픈 자연스런 본능에서 부모의 말을 따르게 되고, 이 가운데 무엇이 옳은지도 배우게 된다고 한다. 아이를 비난해 동기를 유발시키거나 죄의식을 이용해 아이를 조정하려는 잘못도 지적해 두었다.

아이에게 상처를 주는 101가지 말과 행동

–김주희/한울림/2003

"도대체 넌 커서 뭐가 되려고 그래?"

"너란 아이는 왜 항상 그 모양이야!"

부모가 아이에게 무심코 던지는 이러한 말 한마디가 아이에게는 큰 상처가 되고, 아이의 무한한 꿈을 꺾을 수 있다. 내 아이의 행복한 삶을 위해 아이를 있는 그대로 인정하고 존중하는 것이 중요하다. 부모가 존중하며 키운 아이는 자신감이 넘치고, 자신의 꿈을 실현하기 위해 노력하는 사람으로 성장한다.

이 책은 아이에게 상처를 주는 말을 사례별로 101가지를 뽑아 제시하고, 긍정적인 사고와 자존감을 가진 아이로 키울 수 있는 방법을 알려 준다. 모두 10장으로 나누어, '아이의 자부심에 상처를 주는 말과 행동', '아이의 의욕을 꺾는 말과 행동', '부모를 신뢰하지 못하게 하는 말과 행동' 등을 정리했다.

지은이는 어린이 책 작가이며, 집필 이외에도 틈틈이 인터넷 사이버 상담소 'Childpia' 에서 유아독서 상담도 하고 있다.

우리 아이가 이럴 땐 어떻게 할까요

–변영인/오늘의책/2002

이 책은 성장기의 아이들을 위해 부모가 할 수 있는 일이 무엇인지에 대해 전문상담가인 지은이의 풍부한 현장 경험을 바탕으로 씌었다. 아이가 자라면서 보일 수 있는 문제 행동들을 중요한 몇 가지 부분으로 나누고, 각 부분별로 부모가 알아야 할 사항들을 정리해 놓았다. 모두 다섯 장으로 나누어 아이들의 문제 행동에 대해 부모가 적절히 대응하는 방법을 일러 준다.

1장과 2장에서는 기본적으로 부모가 갖추어야 할 덕목들을 소개한다. 문제 아이는 문제 부모에게서 태어난다는 점, 부모는 자식을 낳은 이상 대화와 사랑으로 양육할 의무가 있다는 점을 강조한다. 아울러 아이의 문제 행동을 부모의 입장이 아닌 자녀의 입장에서 생각해 능동적으로 대처할 것을 조언한다.

3장에서 5장까지는 발달장애, 정동장애, 품행장애가 있을 때 아이들이 보이는 구체적인 행동을 중심으로 해결 방법을 모색한다. 학습장애가 있거나 산만한 아이, 외상 후 불안해하는 아이, 잠자리에서 오줌을 싸거나 말을 더듬는 아이, 게임에 빠져 있거나 친구들에게 따돌림을 당하는 아이들을 가정에서 어떻게 교육시킬지에 대해 자세히 설명한다.

우리 아이 어떻게 기를까

–전정재/열음사/1998

자녀교육 전문가로 유명한 전정재 박사의 자녀교육 클리닉. 실제 사례별로 문제를 분석하고 도출한 데이터를 통해 상세하고 적절한 방법으로 각각에 대한 상담과 지도를 하고 있다. 이러한 실제 사례 분석과 적용이 이 책의 가장 큰 장점이다.

이 책은 '공부를 잘하는 자녀' 가 아니라 '자신감 있는 자녀' 로 키우기를 원하는 부모들을 위해 씌었다. 무엇보다 단계별로 아이들에게 자신감을 길러 주는 방법에 초점을 두어 설명하는 것이 특징이다. 책의 서두에서 지은이는 자신의 자녀교육 철학을 다음과 같이 요약하고 있다.

마음의 상처를 많이 받고 자란 자녀는,
자립심이 약하며
울타리가 너무 높은 곳에서 자란 자녀는,
박차고 나가고 싶어 반항을 하며
맞고 자란 자녀는,

증오심과 죄의식에 사로잡혀 남과 싸우기를
잘하는 성인으로 자란다.
반면에,
사랑을 받고 자란 자녀는,
남에게 사랑을 베푸는 성인으로 자라며
격려를 받고 자란 자녀는,
노력을 할 줄 알며
인정을 받고 자란 자녀는,
남을 귀하게 여길 줄 알아 더불어 살 줄 알며
칭찬을 받고 자란 자녀는,
신념이 강하여 자신감을 갖게 된다.

우리 아이 왜 이럴까?

–이영식 · 진태원/시서례/2001

이 책은 소아정신의학 분야에서 일반인도 읽을 수 있도록 쉽게 쓰인 대중서이다. 소아정신의학이란 아이가 어떤 이유에서 정상적인 발달에 장애를 일으켜 가정, 학교, 사회생활에 적응하지 못할 때 장애의 원인을 찾고, 이를 시정하고, 제거함으로써 정상 발달을 도와주는 분야이다. 아동 발달에 대한 책은 출판시장에 이미 많이 나와 있다. 그러나 실제 문제 행동이 나타나 병원의 소아정신과를 찾는 아동의 사례를 토대로 삼아 직접적이고 알기 쉽게 쓰인 책은 많지 않은 것이 현실이다. 이 책은 이 분야의 전문의 두 사람의 공동저작으로서 특히 대중성을 강조한다.

지은이들은 부모는 물론이고, 아동과 함께하는 여러 분야의 종사자들을 염두에 두고 딱딱한 학문적 굴레를 벗어나 되도록 전문적 의학용어는 피하고 평이한 표현을 사용했다고 밝히고 있다.

이런 부모가 자식을 정신병자로 만든다

–김정일/박영률출판사/2002

이 책은 한 정신과 의사의 자녀교육론이다. 살아가면서 어떤 사람은 고통과 행복을 적절하게 조화시키며 행복으로 나아가지만, 어떤 사람은 처절하게 분노하고 절규하고 오만하게 맞으며 불행으로 치닫는 이유를 묻는다. 지은이는 여기에 중요한 영향을 미치는 것이 부모의 역할이라고 주장한다. 부모의 자식 사랑에 따라 자식의 행복과 불행이 결정될 수 있다는 것이다.

이 책에서는 지은이가 실제 상담에 임했던 여러 사례와 2남 1녀의 아버지로서의 자신의 체험을 살려 부모의 역할에 대해 조언해 준다. 내용은 크게 네 장으로 구성되어 있다. 첫 번째 장에서는

'이런 부모가 자식을 정신병자로 만든다' 라는 제목 아래 일찍 죽은 부모, 이혼한 부모, 정신적으로 문제 있는 부모가 아이에게 어떤 영향을 미치는지 풀어 놓았다. 상담 의뢰인들과 주고받은 통신문이 내용의 주를 이룬다. 다음의 3개 장에서는 지은이 자신의 경험을 중심으로 실제 상담 사례를 섞어 가며, 아이를 어떻게 대하는 것이 좋은지 조언한다. 가끔씩 정신분석학 이론들을 동원하고 있지만, 자신의 삶을 주로 한 이야기이므로 쉽게 읽힌다.

제이디

–토리 헤이든/이원영 옮김/샘터/2004

이 책은 지은이이자 특수교사인 토리 헤이든의 실제 경험 이야기다. 성적 학대와 있었을지도 모르는 이교도의 악마 의식으로 인해 깊은 상처를 받고 말하기를 거부하는 여덟 살 소녀 제이디는 토리 선생님을 만나면서 조금씩 마음의 문을 연다. 1970년대 미국의 한 시골 학교에서 실제로 일어난 사건을 바탕으로 쓰였다. 불행을 당하는 아이의 심리를 고스란히 전해 준다.

이 책은 선택적 함묵증이라는 정서 장애를 가진 여덟 살 소녀 제이디가 특수교사 토리 선생님의 심리치료 과정을 거치면서 어떻게 안정과 행복을 찾게 되었는지를 사실적으로 보여 준다. 책의 지은이는 『한 아이 1, 2』의 토리 헤이든 선생님이다.

책의 중심인물 제이디 말고도, 토리 선생님이 맡은 특수 학급의 다른 네 명의 아이들 이야기도 함께 펼쳐진다. 자폐아 루벤, 약물에 중독되어 미숙아로 태어난 필립, 입이 거친 싸움꾼 예레미아, 기저귀도 떼지 못하고 신체와 정서에 모두 장애가 있는 부루시, 보통 사람이라면 단 1분도 견디기 힘든 교실에서 토리 선생님은 아이들의 안전과 치료를 위해 열과 성을 다한다.

한국인 독자가 특히 주목할 점이 있다. 토리 선생님의 믿음과 사랑도 훌륭하지만, 제이디를 돕기 위해 움직인 수많은 사람들, 그것을 가능하게 한 사회 시스템 또한 놀랍다. 특수교사, 심리학자, 사회복지사, 경찰관, 정신과 의사는 제이디를 구하기 위해 머리를 맞대고, 때로는 극렬한 의견충돌을 빚기도 한다. 이 가운데 가장 중요하게 배려한 것은 아이의 안전이었다.

천국엔 새가 없다 1, 2

–프레드릭 플레춰/장세희 옮김/홍익출판사/1999

이 책은 미국 코넬대학 교수이자 국제적으로 이름 높은 정신의학자인 프레드릭 플레춰 박사와 정신병을 앓는 그의 딸 리키가 함께 쓴 수기이다. 무려 20여 년에 걸쳐 힘든 생활을 해야만 했던 리키와 그 자신이 정신과 의사이면서 딸의 정신병 앞에서는 무력하기만 했던 아버지의 심정을 잘 나타내고 있다.

어느 날 아침 갑자기 사라진 딸아이를 찾아 나선 아버지는 수녀들이 운영하는 학교에서 리키를 발견한다. 멍한 얼굴로 교실 천정을 쳐다보고만 있는 딸을 그저 사춘기 시절에 나타나는 우울증

정도로만 알았던 아버지에게 의사들은 정신분열증이라는 진단을 내놓는다. 리키의 치료를 위해 정신병원 입원을 허락할 수밖에 없는 아버지 자신이 정신과 의사라는 부분은 아이러니가 아닐 수 없다.

리키가 스스로 자신의 몸 여기저기에 담뱃불을 지지고, 자신의 손목을 긋고, 음독자살을 시도하는 부분은 독자의 가슴을 몹시 아프게 한다. 리키를 무력하게 병원에 맡긴 채 심적인 고통을 겪는 아버지의 절박한 심정도 가슴을 아리게 한다. 정신과 의사인 아버지는 자신이 환자들에게 했던 행동들을 직접 겪으면서 그제야 환자와 그 가족들의 아픔을 절실하게 알아 간다.

한 아이 1

-토리 헤이든/이희재 옮김/아름드리/1998

정상적이지 못한 여섯 살 난 어린 소녀에 관한 이야기다. 아이의 이름은 쉴라. 그 아이는 누구에게든 절대 말을 하지 않고, 아무리 아파도 울지 않으며, 눈은 항상 분노로 이글거렸다. 어렸을 때 엄마로부터 길가에 버려졌고, 술주정꾼인 아버지에게 매를 맞으며 자랐다. 그 후 쉴라는 동네의 네 살 난 어린 남자 아이를 유괴해 나무에 매어 놓고는 불을 질러 커다란 화상을 입게 만들었다. 결국 이 아이는 정신병원이 지어지는 대로 그 곳에 들어간다는 조건하에 이곳저곳을 전전하다 '쓰레기반' 이라고 불리는 중증 정서장애아들로 이루어진 문제아 반에 배정되었다. 이곳에서 쉴라는 토리 헤이든 선생님을 만나면서 서서히 변한다. 분노로 이글거리던 눈은 사랑스러운 눈으로 바뀌게 되었다. 아이는 사랑을 받지 못하고 자랐기 때문에 그동안 엇나갔던 것이다. 토리 헤이든 선생님은 쉴라와 함께 있으면서 쉴라가 여느 다른 아이들과 다르게 지능지수가 매우 높은 천재아라는 것을 알았다. 쉴라의 지능지수는 180-190이었던 것이다.

이 책은 한 아이와 헌신적인 교사가 함께 끌어가는 영혼의 여행기이다.

한 아이 2

-토리 헤이든/이수정 옮김/아름드리/1998

『한 아이 1』에서 지은이 토리 헤이든은 어떻게 자신이 쉴라를 만나 그녀가 역경을 이길 수 있도록 특수교사로서 도움을 주게 되었는지 소개하고 있다면, 『한 아이 2』에서는 토리 헤이든의 일방적인 느낌이 아니라 청소년이 되어서 다시 만난 두 사람의 관계에 대해 이야기하고 있다. 토리 헤이든이 그렇게도 열정을 가지고 변화시키고 수렁에서 구출해 냈다고 믿었던 여러 가지 사건들이 토리 자신의 해석이나 느낌과 현실적으로 얼마나 다르게 드러나는지를 소개한다.

독자들은 『한 아이 2』를 읽으면서 『한 아이 1』에서 해결되지 못하고 넘어갔던 몇 가지 문제들이 새로운 시각으로 해석되는 경험을 하게 될 것이며, 어린 시절의 유기와 아동학대가 한 영혼에게 얼마나 크고 깊은 상처를 남기는지, 또한 그 상처의 치유가 한 인간의 성장에서 얼마나 중요한 문제인지 이해할 수 있게 될 것이다.

2. 마음의 상처

마음속의 그림책

–이희경/미래M&B/2000

이 책은 고등학교 교사인 지은이가 미술치료를 통해 아이들이 가정에서 부모들에게 상처받은 마음을 들여다본 상담 기록이다. 지은이는 '물고기 가족화', '나무 그림', '동그라미 가족화' 등 아이들의 내면과 심리 상태에 간접적으로 접근할 수 있는 검사를 통해 그들의 마음을 읽어 내고 있다.

심리 검사를 통한 미술치료의 의미는 겉으로 쉽게 드러나지 않는 아이들의 의식저변을 단편적으로나마 추측해 내고 그것을 바탕으로 바람직한 치유를 할 수 있다는 데 있다. 이 책에 실린 사례 속의 아이들은 모두 부모에게 직접적으로, 또는 간접적으로 상처를 받았지만 치유의 과정을 거치지 못하고 방치된 경험을 가지고 있다.

지은이는 이 책에서 미술치료의 방법을 제시하려는 목적이 있는 것이 아니다. 그보다 그의 시선은 현실 속의 안타까운 아이들의 모습에 훨씬 더 많이 가 있다. 그래서 이 상담 자료들을 통해 지금의 부모와 앞으로 부모가 될 이들이 '사랑'을, '제대로 된 사랑'을 베풀게 되기를 간절히 바라고 있다.

미안하다고 말하기가 그렇게 어려웠나요

–이훈구/이야기/2001

부모 토막살해로 전국을 충격 속에 몰아넣었던 이은석 사건이 일어난 것은 2000년 5월이었다. 가끔 존속 살해 사건이 보도되는 일은 있었지만, 이 사건은 수법의 엽기성과 '범인'이 명문대생이라는 이유로 그 충격의 강도를 더했다.

이 책은 심리학 교수인 지은이가 사건 이후 1년여 동안 이은석과의 인터뷰, 그의 일기와 편지글, 형을 포함한 주변 인물들의 증언 등을 모아 심리학의 관점에서 사건을 새롭게 조명한 것이다. 지은이는 이 책에서 과도한 입시 경쟁과 가족 간의 갈등, 가정폭력, 학원폭력과 집단 따돌림, 그리고 오염된 미디어와 인터넷 중독 등을 이 사건의 배후 용의자로 지목한다. 그러고는 사회의 기본인 가정에서의 사랑과 화목이 정신건강에 얼마나 중요한 요소인지를 강조한다.

책에서 인용하는 여러 자료들은 우리의 현실이 어떻게 한 인간을 극도의 피폐 상태로 몰아가며 또한 억압적인가를 생생하게 보여 준다. 지은이는 이 사건을 그저 우발적인 충격으로 치부할 것이 아니라, 보다 건강한 사회를 만들기 위한 밑거름으로 삼아야 할 것이라고 강조한다.

상처받은 아이들 : 유년기의 상처를 말하고, 이해하고, 극복하기

–니콜 파브르/김주경 옮김/동문선/2003

정신분석가인 지은이는 직접 임상에서 다룬 여러 어린이의 사례를 잔잔하고 섬세한 필치로 소개한다. 예를 들면 담임선생님을 싫어하는 파비앙, 어머니의 비극적인 죽음을 가슴에 묻어 두었던 상드라, 침묵에 짓눌린 프랑크, 뱃속에서부터 이미 손상되었던 세브랭의 경우 등을 통해 상처가 밖으로 표현됨으로써 아물어 가는 것을 보여 준다. 지은이는 치료 과정에서 심리요법이 하는 역할과 아이가 정신분석가에게서 구할 수 있는 도움을 자세하게 설명한다.

가정과 학교에서 어른들은 때때로 아이들에게 아픔을 주기도 하고, 그들의 고통스러운 외침에 귀를 닫기도 한다. 또 곁에 없는 부모로 인해 상처를 입는 아이가 생기기도 한다. 지은이에 따르면 이것은 아이에게 부모의 빈자리를 제대로 설명하지 못했기 때문이라고 한다. 뿐만 아니라 어떤 사실에 대해 아이에게 전혀 말을 하지 않고 비밀에 부치는 것은 아이를 무기력하게 만들며, 삶의 의욕마저 앗아갈 수 있다고 한다. 아이의 허약한 육체나 질병도 삶에서 심리적인 문제를 가져올 수 있다고 한다.

유년기에는 이처럼 찔리고 터지고 깨지고 찢어진 온갖 상처들이 존재할 수 있다. 그런데도 흔히 우리는 아이가 표현할 수 없는, 혹은 표현할 줄 모르는 고통 같은 것은 옆으로 제쳐 놓기 십상이다. 지은이는 이 책에서 이처럼 어른들이 간과하기 쉬운 아이들의 심리 과정을 친절하게 드러내 보여 준다.

원만한 정서생활을 가로막는 몸에 밴 어린 시절

–W. 휴 미실다인/이종범 · 이석규 옮김/가톨릭출판사/2006

이 책의 지은이는 정신과 의사로서 '몸에 밴 어린 시절'이 어른이 된 이후에도 어떻게 영향을 미치는가를 자신의 풍부한 상담 경험을 통해 밝힌다. 지은이는 현실에서 문제가 되는 정서 장애의 대부분은 부모의 잘못된 양육 방식에 의한 것이라고 진단한다. 어릴 때 영향을 받은 완전주의, 강압, 과보호, 징벌, 방치, 거부 등의 충격은 성장한 후는 물론, 그 자신의 자녀에게까지 대물림된다는 것이다.

지은이는 이 책에서 어린 시절을 있는 그대로 받아들이는 태도가 중요하다고 지적한다. 스스로가 스스로에게 훌륭한 부모가 됨으로써 과거의 통제로부터 벗어날 수 있다고도 한다. 지은이의 이와 같은 입장은 20세기를 풍미한 프로이트의 '무의식' 이론을 다소 비켜 간 것으로서, 그 나름대로의 '내재적과거아(inner child of the past)' 이론에 근거한 것이다. 프로이트가 역설한 무의식이라는 눈에 보이지 않는, 막연히 신비스러운 힘에서 벗어나, 의식 있는 성인이 한때 거쳐 왔으며 현재도 계속 내재하고 있는, 잘 알려진 어린 시절의 필요와 감정을 주목한 것이다. 이는 기존의 무의식 개념이 개인이 통제할 수 없는 절대적이나 막연히 알 수 없는 힘에 의해 인간을 무기력화한 데 반해, 개인 스스로가 과거의 경험이나 감정을 수용하고 통제함으로써, 스스로에게 성공적이고 분별 있는 부모 노릇을 할 수 있다는 좀 더 적극적인 개념이다.

학대받는 아이들

-이호철/보리/2001

초등학교 현직 교사가 쓴 천대받고 '학대받는 아이들' 에 대한 생생한 현장 리포트이다. 지은이는 아이들을 위한 글쓰기 작업을 꾸준히 해 오면서 우리 주위에 만연해 있는 아동 학대의 실상을 모아 이 한 권의 책으로 엮었다.

여기서 아동 학대란 흔히 언론에서 고발하는 것처럼 부모나 어른에게 매 맞는 것만을 뜻하지 않는다. 사사롭게 아무 생각 없이 내뱉는 언어적 폭력에서부터 아이들에게 심리적 스트레스를 주는 행위, 사랑의 매를 빙자한 과한 체벌, 성희롱과 성폭력이 모두 포함된다고 할 수 있다.

지은이는 '매 맞는 아이들', '부부갈등과 아이들', '집안 걱정과 아이들', '학대받는 아이들의 성' 등 폭력과 갈등의 유형에 따른 8가지 주제에 따라 아동학대의 실태를 구체적으로 서술하고 있다. 주로 아이들의 직접적인 고백을 바탕으로 한다.

부모나 다른 어른들은 이 책을 통해 아이들에게 가해지는 폭력에 대해 보다 넓은 문제의식을 가질 수 있을 것이다. 혹시 알지 못하는 사이에 아이에게 상처를 주는 언행을 하지는 않았는지 되돌아보고 반성하는 기회가 될 것이다.

흔들리는 부모들

-수잔 포워드/한창환 옮김/사피엔티아/2000

흔들리는 부모 밑에서 자란 아이는 어른이 된 뒤에 어떤 결함을 갖게 될까? 이 책은 이런 부모 밑에서 자란 아이가 또 문제 있는 사람이 된다는 것을 보여 주며 부모가 의식 없이 한 말이나 행동이 자녀에게 큰 상처가 된다는 사실을 말해 준다. 따라서 지은이는 부모들이 자녀들에게 미치는 영향이 미래에 어떻게 작용하는가를, 그리고 다음 세대가 어떻게 이 문제를 벗어나서, 새로운 삶을 출발할 수 있는가를 임상 사례들을 들어 제시하고 있다. 이 책은 부모의 해로운 영향으로부터 심리적으로 해방될 수 있도록 하는 길잡이 역할을 한다.

제1부는 흔들리는 부모에는 어떤 타입이 있는지에 관하여 제시하고, 제2부는 그런 부모를 가진 사람이 자기를 회복하기 위한 방법에 관해 말해 주고 있다. 지은이는 심리치료사이며 방송에서 상담 프로그램도 진행한다.

#11 가정편 [가정 · 부모/학교 · 교사]

1. 가정 · 부모

- 나쁜 아이가 세상을 바꿨어요. 가와이 하야오/김옥엽 옮김. 학지사, 2003.
- 나쁜 아이는 없다 : 아이를 키우는 어른들에게 보내는 긴급 메시지. 강지원. 삼진기획, 1999.
- 네 꿈과 행복은 10대에 결정된다. 이민규. 더난출판사, 2002.
- 맘껏 우는 아이가 활짝 웃을 수 있다. 이자벨 피이오자/전광철 옮김. 한울림, 2001.
- 문제는 항상 부모에게 있다. 서광. 북폴리오, 2004.
- 믿는 만큼 자라는 아이들. 박혜란. 웅진닷컴, 1996.
- 방황하는 10대들의 홀로서기. 메리 번팅 데커 · 카랜 랜쇼 조슬린/박미경 옮김. 개미, 2002.
- 부모들이 기억해야 할 쓴소리. 문용린. 갤리온, 2006.
- 부모와 십대 사이. 하임 G. 기너트/신홍민 옮김. 양철북, 2003.
- 부모와 아이 사이. 하임 G. 기너트/신홍민 옮김. 양철북, 2003.
- 10년 후 성공하는 아이 이렇게 키워라. 공병호. 주니어김영사, 2005.
- 아버지가 변해야 가족이 행복하다. 사이토 사토루/이규은 옮김. 종문화사, 2002.

- 아버지로 산다는 것. 카를 게바우어/심재만 옮김. 예담, 2004.
- 어머니가 변해야 가족이 행복하다. 사이토 사토루/송진섭 옮김. 종문화사, 2002.
- 엄마가 내 맘을 알아?. 진태원. 느낌이있는책, 2004.
- 엄마는 미친 짓이다. 주디스 워너/임경현 옮김. 프리즘하우스, 2005.
- 왕따 리포트 : 왕따 실태, 원인에서 해결 방안까지. 가우디/우리교육, 1999.
- 자녀 교육의 비법은 없다. 이성호. 문이당, 2004.
- 친구들이 따르는 아이 친구들이 떠나는 아이 : 머리보다 인간성과 사교성 좋은 아이로 키우는 비결!. 송종용. 팝콘북스, 2005.
- 평등한 부모 자유로운 아이. 또하나의문화 동인들. 또하나의문화, 1995.

2. 학교 · 교사

- 교사와 학생 사이. 하임 G. 기너트/신홍민 옮김. 양철북, 2003.
- 나쁜 아이. 메리 매크라켄/홍한별 옮김. 양철북, 2004.
- 내 아이에겐 분명 문제가 있다. 멜 레빈/김미화 옮김. 소소, 2003.
- 누르는 교육 자라는 아이들. 또하나의문화 동인들. 또하나의문화, 1995.
- 미래로부터의 반란. 김진경. 푸른숲, 2005.
- 사랑의 매는 없다 : 폭력과 체벌 없는 어린 시절을 위하여. 앨리스 밀러/신홍민 옮김. 양철북, 2005.
- 새로 쓰는 청소년 이야기 1, 2. 또하나의문화 동인들. 또하나의문화, 1997.
- 아이의 뇌를 읽으면 아이의 미래가 열린다. 멜 레빈/이창신 옮김. 소소, 2003.
- 얘들아, 너희가 나쁜 게 아니야. 미즈타니 오사무/김현희 옮김. 에이지21, 2005.
- 학교를 거부하는 아이 아이를 거부하는 사회. 조혜정. 또하나의문화, 1996.
- 학교를 찾는 아이 아이를 찾는 사회. 조한혜정. 또하나의문화, 2000.
- 학교종이 땡땡땡. 김혜련. 미래M&B, 1999.

가정편 독서목록에 대한 해제

1. 가정 · 부모

나쁜 아이가 세상을 바꿨어요

–가와이 하야오/김옥엽 옮김/학지사/2003

이 책은 교육자이자 상담자로서의 지은이가 자신의 어린 시절부터 '나쁜 모습의 나 자신'에 대한 문제 행동으로 고민했던 사실이 있었고, 그 후 교육자로 경험을 쌓으면서 부모나 교사들이 너무나도 성급히 문제 행동을 못하게 하는 것에만 초점을 두고 아동 · 청소년을 지도한다는 점이 안타깝게 느껴져 이 책을 지었다고 한다. 특히 부모와 교사의 지각없는 행위가 아이를 망치고 있으며, '이해 없는 엄격함은 아이에게 상처만 남긴다.' 라고 이야기하고 있다.

창의적인 일을 하고 있다고 인정받은 사상가, 작곡가, 만화가, 화가들의 청소년 시절은 완전한 암흑의 시절이었다. 그러나 그 암흑으로부터 현재의 창의적 에너지가 만들어졌다. '좋은 아이' 라고 불릴 수 있는 시절을 보낸 사람은 아무도 없었다. 등교거부, 훔치기, 집단 따돌림, 거짓말, 게으름, 소외감과 고독, 반항 등등의 문제 행동의 꼬리표가 늘 그들을 따라다녔다. 그러나 오늘날 그들은 독보적인 위치에 설 수 있게 만든 성공의 동기는 바로 그들의 문제 행동에서 찾을 수 있었다. 문제 행동은 창의력의 진원지가 되었던 것이다. 이 책은 그들의 이야기이고 나쁜 내 아이의 이야기다. –본문 중에서–

나쁜 아이는 없다 : 아이를 키우는 어른들에게 보내는 긴급 메시지

–강지원/삼진기획/1999

지은이는 이 책을 이 나라의 모든 학부모와 교사 그리고 사회 각계각층의 지도자들에게 바치는 심정으로 썼다고 한다. 이 나라 청소년 문제의 심각성을 적나라하게 보고하고, 좀 더 따뜻한 관심을 가져 주기를 촉구하기 위해 쓴 책으로 제1부 "이럴 수가" 편에서는 각종 청소년 문제 및 일탈에 대하여 이야기하고 있으며, 제2부 "극복을 위하여" 편에서는 청소년 문제에 대한 대안을 제시하고 있다.

결론적으로 지은이는 "나쁜 아이는 없다. 다만 '실수' 하는 아이가 있을 뿐이다. 그러나 나쁜 어른들은 너무나 많다" 고 이야기하고 있다. 또한 청소년에게도 인권이 있으며 어린이 · 청소년들의 인격을 존중해 주고 따뜻하게 지도해 주는 격려와 배려가 아쉬운 때라고 이야기하고 있다.

네 꿈과 행복은 10대에 결정된다

–이민규/더난출판사/2002

심리학 박사이자 두 아이의 학부모이기도 한 아주대 심리학과 이민규 교수가 부모로서 아이에게 해 주고 싶은 말들을 담았다. 부모에게는 '아이에게 이렇게 말해 주어야겠다' 는 해법과, 자녀에게는 후회하지 않을 10대를 보낼 수 있는 진솔한 이야기가 가득하다.

입시전쟁터라는 우리 현실에서 근시안적으로 대학에 매달리는 부모와 학생들에게 미래와 공부 문제에 대한 설득력 있는 해답을 제시한다. 적절한 사례와 심리학적 근거를 이용하면서, '문제 행동에도 반드시 존재 이유가 있다' 는 전제하에 청소년기에 가지는 문제와 고민의 원인, 그리고 해결 방안을 쉽고 금방 실천할 수 있는 것부터 차근차근 보여 준다.

단순하게 '학생은 –해야 한다' 는 당위론적 처방전에서 벗어나, 심리학자로서의 전문성을 살려 각종 사례, 영화, 문학 작품 등을 통해 10대들의 문제에 현실적으로 접근하려고 노력하였다.

맘껏 우는 아이가 활짝 웃을 수 있다

–이자벨 피이오자/전광철 옮김/한울림/2001

심리치료사이자 두 아이의 어머니이기도 한 지은이는 이 책에서 "자기감정을 이해하고, 표현하고, 적극적으로 활용하는 방법을 배우는 것은 아이들이, 또 그들이 어른이 되어서도 성공적이고 행복한 삶을 살기 위해 매우 중요하다"라고 말한다. 지은이는 자신의 수많은 상담 경험을 바탕으로 아이의 감정을 깊고 풍부하게 키우는 방법들을 조언한다. 그중 가장 중심 되는 것은 아이들의 감정을 존중하고 이해해야 한다는 것이다. 아이의 감정표현을 억누르거나 소홀히 넘기지 말고 그들이 정녕 원하는 것은 무엇인가, 그걸 제대로 잡아내서 키워 줘야 한다는 것이다. 그렇다고 아이들의 요구를 모두 들어주라는 말은 아니다. 중요한 것은 아이들의 욕구불만을 어떤 식으로 조절해 나갈 것이며, 아이들이 불만 때문에 성질내는 것을 어떻게 이해하고 받아들이는가 하는 점이라고 한다.

지은이가 실제로 겪은 여러 사례들과 자신의 두 아이를 키우면서 매번 깨닫고 느낀 것들을 진솔하게 풀어 놓기 때문에 책을 읽기는 편하다. 하지만 책에 실린 수많은 사례들은 읽는 이로 하여금 정말 부모 되기란 어렵다는 것을 새삼 실감하게 만든다.

문제는 항상 부모에게 있다

–서광/북폴리오/2004

부모들의 마음이 모든 아이교육의 뿌리이기 때문에 부모 자신의 문제를 해결하지 않고는 아이들의 문제를 근본적으로 치유할 수 없다고 강조하는 서광 스님의 자녀교육 지침서이다.

심리학 박사이자 미국 보스턴 서운사 주지스님으로 있는 서광스님은 "진정한 부모는 인생에 대한 올바른 가치관과 따뜻한 가슴을 가진 사람"이라고 '부모관'을 제시하며 "아이는 시키는 대로 크지 않고 보는 대로 큰다"고 강조한다. 따라서 아이와 더 이상 씨름하지 말고 부모가 먼저 바뀔 것을 당부하고 있다.

지난 94년부터 실시한 부모상담 및 어린이 교육경험 사례들을 바탕으로, 몸과 마음이 건강한 아이로 키우기 위해 부모 자신부터 마음을 다스리고 행복해지는 길을 상세하게 소개하고 있다.

믿는 만큼 자라는 아이들

–박혜란/웅진닷컴/1996

여성학자가 쓴 자녀교육론으로 자신의 세 아들을 키우는 방식에 대해 이야기한다. 특별한 교육법이라기보다 자연스러운 양육 방법을 말한다. 아이들을 키운다는 것이 부모가 동동댄다고 되는 것이 아니라 자연스럽게 아이의 특성을 이해하고 자기를 잃지 않도록 밀어 주며 믿고 기다려 주는 것이 최상의 방법이라고 이야기한다. 지은이는 가수 이적의 어머니로 더 잘 알려져 있다.

방황하는 10대들의 홀로서기

–메리 번팅 데커 · 카랜 랜쇼 조슬린/박미경 옮김/개미/2002

이 책은 각각 교육학과 사회복지학을 전공하고 10대 자녀를 키우고 있는 미국인 지은이들의 수많은 상담 경험으로, 부모님들이 10대를 제대로 키우기 위해 알아야 할 방법을 구체적이고 다양한 사례를 통해 제시하고 있다. 10대 자녀가 가출을 하거나, 거짓말을 하고, 왕따를 당할 때 어떻게 대처해야 할지 77가지 상황별로 구분해 놓았다.

부모들이 기억해야 할 쓴소리

–문용린/갤리온/2006

30년간 서울대 교수로 재직하고 있는 전 교육부 장관 문용린 교수의 자녀교육 에세이이다. 소신을 굽히지 않는 교육학자로 알려진 지은이는 일평생 교육학에 정진한 국내 교육계 석학으로서, 그간의 연구업적과 두 아이의 아버지로서 살아온 생생한 경험담을 이 책에 풀어 놓았다.

지은이가 주장하는 바는 단 하나, 파행적인 교육 현실 속에서 아이들이 이 시대가 원하는 인재로 자라기 위해서는 부모가 먼저 자기 철학과 흔들리지 않는 원칙을 세워야 한다는 것이다. 이 책에서 지은이가 부모들에게 주는 쓴소리는 '좋은 부모상'을 두고 갈등하고 있는 부모들에게 지침이 되어 준다.

열 살 전후의 아이들에게 딱딱한 논리 교육은 효과가 없다. 정서적으로 다가가는 것이 훨씬 머리에 잘 남을뿐더러 이후에 받은 논리 교육은 든든한 밑바탕이 된다. 책을 백 번 읽어도 재미가 없고 어려우면 머리에 남질 않는다. 마음으로 읽은 책이라야 비로소 자기가 읽은 책이 된다. -본문 145쪽 증에서-

아이가 공부를 좀 못한다고 두려워할 이유도 없고, 공부를 좀 잘한다고 우쭐할 이유도 없다. 모름지기 자기가 좋아하는 일로 진로를 선택한 아이들은 무엇을 해도 열정적이다. 그런 열정을 안고 더 높은 경지에 오르기 위해 노력하다 보면 분명 부모들이 바라는 것보다 더 크게 성공할 것이다. 열정보다 확실한 성공의 비결은 세상 어디에도 없기 때문이다. -본문 27쪽 중에서-

목차는 1장 공부에 질린 아이는 결코 성공할 수 없다, 2장 부모들이 반드시 기억해야 할 15가지 쓴소리, 3장 아이 기르기를 대나무 보듯 하라, 4장 두 아이를 키운 아버지로서 부모들과 나누고 싶은 이야기로 구성되어 있다.

부모와 십대 사이

-하임 G. 기너트/신홍민 옮김/양철북/2003

이 책은 자녀가 바른 길로 갈 수 있도록 도와주고 싶은 부모와 그것을 불필요한 간섭이라고 생각하는 십대 사이의 대화 방법에 대해 이야기한다. 십대 아이들의 감정과 욕구, 정체성의 문제에 대해 현실적으로 접근한 책이다. 유익한 칭찬과 비판, 바람직하지 않은 칭찬과 비판에 대해서도 자세하게 기술하고 있다. 이성교제와 성, 음주, 학교 공부까지 다양한 문제에 대한 바람직한 가치관과 대처법에 대해서도 안내한다. 무조건 반항만 한다고 생각하는 부모와 잔소리만 한다고 생각하는 십대 사이의 갈등을 평화롭고 의미 있게 해소하는 대화방법에 대해 실제적인 사례를 통해 제시해 준다. 마음에 상처 주지 않는 대화법과 함께 십대 아이들의 심리를 파악하고, 부모와 십대가 서로 존중하며 살아가는 방법에 대한 길잡이라고 할 수 있다. 지은이는 임상심리학자이며 어린이 심리치료사이다. 이 책은 지은이의 '우리들 사이 시리즈' 제2권이다.

부모와 아이 사이

-하임 G. 기너트/신홍민 옮김/양철북/2003

부모만큼 그 자녀를 사랑하는 사람은 없다. 그 사랑에 비례하여 자녀에게 상처를 가장 많이 주는 사람이 또한 부모이다. 이 책에서 지은이는 부모들 대부분이 자녀를 배려하는 마음이 없기 때문이 아니라 지식이 부족하기 때문에 상처가 발생한다고 말한다. 따라서 그 문제에 대한 해답으로 부모와 자녀 간 바람직한 대화법을 기술적으로 설명하고 있다. 현실에서 대면하게 되는 문제를 구체적인 사례를 들어 해결책을 제시해 주고 있는 이 책은, 자신이 제대로 아이를 키우고 있는지 어떻게 키워야 하는지를 고민하는 부모에게 답을 주는 책이다. 또한 의사소통 기술을 통해 아이들의 감정을 파악하여 대응하는 방법에 대해서도 이야기한다. 자녀와의 바람직한 대화방법 중 특히 부모들은 '손님 대하듯' 아이들을 대하는 법을 익혀야 한다고 강조한다.

역동적으로 변화하는 현실 속에서 가정교육을 고민하는 부모들에게 자녀교육의 지침서가 될 수 있는 책이다. 지은이는 임상심리학자이며 어린이 심리치료사이다. 이 책은 지은이의 '우리들 사이 시리즈' 제1권이다.

10년 후 성공하는 아이 이렇게 키워라

–공병호/주니어김영사/2005

『10년 후, 한국』의 공병호 박사가 21세기 자녀교육을 위한 안내서를 펴냈다. 우리 아이들이 자라 세상으로 나가게 될 즈음인 10년 후, 변화될 한국과 세계 환경에 발맞추고 나아가 성공하는 사람이 되기 위해, 지금 이 시점에서 부모가 어떻게 자녀를 교육해야 할 것인지를 제시해 준다. 지은이는 두 아들을 둔 아버지로서의 교육경험과, 우리나라 교육제도의 많은 불합리한 문제에 대한 고민과 갈등을 바탕으로 이 책을 집필했다. 외국어의 중요성과 돈에 대한 개념 갖기, 감성교육의 필요, 올바른 사회의식 갖기 등의 키워드를 짚어 내며, 거시적인 안목의 교육방법을 제안했다.

아버지가 변해야 가족이 행복하다

–사이토 사토루/이규은 옮김/종문화사/2002

30년간 정신과 임상의로 근무한 지은이가 자신의 경험을 바탕으로 '진정한 가정과 가족이란 무엇인가'에 대해 쓴 책이다. 지은이는 많은 환자와 상담한 임상 사례를 예로 하여 가정 내 인간관계, 특히 아버지를 중심으로 한 가족 간의 관계에서 빚어지는 다양한 문제를 설명하며 구체적인 해법을 제시한다.

지은이는 아버지가 자신의 존재를 자녀들에게 정확하게 깨우쳐 줘야 한다고 강조한다. 단지 경제적인 역할뿐 아니라 자녀들의 부모로 존재한다는 것을 심어 주어야 한다는 말이다. 그리고 새로운 시대에 맞는 아버지로 변하여 가족의 모든 일을 하찮게 여기지 말고 어머니와 함께 육아에서 출발하여 자녀의 학교생활에 이르기까지 관여할 것을 권유한다.

또한 지은이는 부모와 자녀의 관계뿐 아니라 부부간의 다양한 문제–황혼이혼, 섹스를 하지 않는 부부, 일중독, 초로의 우울증과 정년 후–에 대한 문제 제기와 해결책을 제시하고 있다.

아버지로 산다는 것

–카를 게바우어/심재만 옮김/예담/2004

지은이는 오랫동안 교육계에서 일하며(학교 교장을 지냄) 부모의 역할과 아이들의 교육 문제에 대한 집필, 강연 활동을 했던 경험을 바탕으로 우리 시대의 아버지들이 처한 현실과 문제점을 인터뷰들을 통해 분석한다. 이와 함께 좋은 아버지가 되기 위한 조건을 제시한다.

3부로 구성된 책의 1부에서는 '아이에게 아버지는 무엇인가' 라는 명제를 제시하고 아버지가 아이의 성장에 어떤 영향을 미치는지를 이야기한다. 2부 '아버지를 찾아서 : 우리 시대 아버지 16인의 이야기' 에서는 아버지들이 가정과 일터, 사회에서 수많은 어려움을 겪으며 아버지로서의 자기 과제를 어떻게 해결해 가는지에 대해 이야기한다. 3부 '좋은 아버지가 되기 위하여' 에서는 2부의 인터뷰들을 중심으로 진정한 아버지가 되는 데 미치는 결정적인 영향을 밝힌다.

인터뷰의 주인공들은 '가족을 위해서라면 어떤 일이든 해내는' 자신의 아버지를 떠올리며 존경하는 마음을 표현하기도 하고, 폭력을 휘두르거나, 자신을 사랑했지만 아무런 표현도 해 주지 않았던 아버지에 대해 서운한 감정을 드러내기도 한다.

책은 좋은 아버지가 되기 위해서 우선 남자로서의 정체성을 안정적으로 확립하고, 성장과정에서 큰 영향을 준 자신의 아버지를 새로운 시각으로 바라보며, 스스로 이상화한 아버지상에서 벗어나는 것이 중요하다고 말한다.

어머니가 변해야 가족이 행복하다

–사이토 사토루/송진섭 옮김/종문화사/2002

이 책에서 정신과 의사인 지은이는 많은 환자와의 상담 경험을 토대로 가정 내 인간관계, 특히 어머니를 중심으로 한 가족 간의 관계에서 빚어지는 다양한 문제를 설명하며 구체적인 해법을 제시하고 있다.

'가족을 만드는 여성들', '사랑이 지나친 여자들', '건전한 가족이라는 올가미', '어머니와 딸의 위태로운 관계', '또 하나의 내가 보일 때' 등 9개 장으로 구성되어 있으며 적절한 사례를 중심으로 전개하고 있다.

엄마가 내 맘을 알아?

–진태원/느낌이있는책/2004

왕따 문제, 게임 중독, 폭력적인 행동, 우울증 등 청소년기에 나타날 수 있는 이상 증후들과 그에 대해 부모가 알아야 할 대처법이 담겨 있다. 실제 상담 사례와 치료 사례를 직접 제시하고 있어 청소년 자녀를 둔 부모들이 고민하고 있는 문제를 해결하는 데 도움을 준다.

지은이는 엄마의 역할이 자녀의 정신건강에 큰 영향을 미친다고 주장한다. 엄마의 역할과 행동에 따라 아이들이 느끼는 정서적 환경이 매우 달라지며, 공부에 대한 강박관념이나 청소년기에 경험하는 각종 스트레스는 엄마의 현명한 생각과 행동에 의해 얼마든지 줄여 나갈 수 있다고 기술하고 있다.

엄마는 미친 짓이다

–주디스 워너/임경현 옮김/프리즘하우스/2005

지은이는 다양한 분야에 걸쳐 논픽션을 써 온 베테랑 작가이다. 힐러리 클린턴의 전기 『더 인사이드 스토리(The Inside Story)』를 비롯하여 다수의 저서가 있다.

이 책은 미국 엄마들이 미약한 사회보장제도와 함께 사람들 사이에 일반화되어 있는 '엄마' 라는 환상 때문에 겪을 수밖에 없는 억압과 심적 고통이 어떠한 수준에 이르렀는지 보고한다. 쉽고 친근한 표현을 사용하고 있다. 지은이는 그 원인을 역사, 언론, 페미니즘, 문화 자료의 분석을 통해 제시한다. 또한 그에 대응하는 여성들의 미온적 태도와 정부 정책을 신랄하게 비판한다.

금전적인 압박 속에 안정된 직장과 건강, 노후를 걱정하면서도 오늘날의 엄마들은 언제나 아이들을 위한 좋은 학교와 아이들 장래에 대한 불안으로 괴로워한다. 아이들이 원하는 것은 무엇이든 들어줘야 한다고 생각하는 '모성의 덫' , 그것은 결코 미디어가 조장한 것도 인간 본성의 문제도 아니다. 문제는 바로 승자가 모든 것을 차지하는 사회풍조에 있다. 이것은 워싱턴 포스트가 이 책의 서평에서 사용한 말이다.

왕따 리포트 : 왕따 실태, 원인에서 해결 방안까지

–가우디/우리교육/1999

우리 사회 왕따 현상의 실태와 원인으로부터 해결 방안까지를 정리한 왕따에 관한 종합 보고서 형식의 책이다. (주)가우디의 주최로 열린 '왕따 해결 방안 현상 공모' 로 모인 각계각층에서의 수많은 해결책과 논문들 중에서 60여 필자의 글을 추려 편집 기획안에 맞추어 실었다.

이 책에 실린 해결 방안은 개인 차원, 학교와 학급의 차원, 국가와 사회의 차원, 가정 차원으로 나뉘어 상세히 다뤄지고 있다. 일일 왕따 체험, 또래 상담반, 왕따 도우미, 사랑의 명찰 달아 주기, 친구 부모님에게 편지 쓰기 등등 왕따 해결책과 관련해 많은 묘안들이 제출되었다.

"요사이 왕따가 문제가 된다면 그것은 이 사회가 어떤 식으로든지 그 원인을 제공한 탓이다. 아이들은 그냥 자라지 않는다" 라는 말이 암시하듯, 왕따 문제를 해결하는 데는 '특별한 지혜' 가 필요하다는 것이 엮은이들의 말.

책의 마지막 부분에는 '왕따 해결 방안 현상 공모' 의 당선작과 우수작이 실려 있다. 이들 교사들의 글은 왕따를 보는 '상식적인' 시선을 조금 달리하도록 해 주며, 아이들의 삶을 다시금 건강하게 복원시키는 방법은 더디고 힘든 과정을 거쳐, 삶의 동기를 긍정적으로 변화시키는 것 외에 특별한 묘책이 없다는 점을 말하고 있다.

자녀교육의 비법은 없다

–이성호/문이당/2004

1994년 『지금 당신의 자녀가 흔들리고 있다』를 통해 전인교육의 필요성을 강조한 연세대 교육학과 이성호 교수의 자녀교육 지침서. 자녀교육의 기본 원리를 하나하나 되짚으며, 내 자녀를 잘 키우기 위해서는 우선 부모가 먼저 바로 서야 함을 강조한다. 다양한 사례와 일상사를 중심으로 교육학의 기본 이론을 구체적으로 서술했다.

우리 주변에는 자기 앞가림도 제대로 못하면서 자녀에게 "넌 이렇게 자라야 한다" 고 말하는 부모가 많다. 원칙 없는 자녀교육, 부모의 기대만 존재하는 자녀교육. 이것이 우리 자녀를 망치고 있다. 부모는 자녀와 함께 성장해야 한다. 부모 됨의 준비에서 바른 부모가 되기 위한 노력까지를 알려 준다.

이 책은 '어떻게, 무엇으로 우리의 아이들을 가르쳐야 할 것인가' , '나는 부모로서 아이들에게 어떤 역할을 하여야 하는가' 에 대해 답을 제시한다. 부모들이 타성적으로 잘못 생각하고 있는 원칙들을 예로 들면서, 어떤 믿음으로 자녀를 가르칠 것인가, 자녀를 이해하기 위해 부모는 어떤 방법으로 대화를 이끌어야 할까, 자녀를 변화시키려면 부모가 어떻게 변해야 하는가를 알려 준다.

친구들이 따르는 아이 친구들이 떠나는 아이 : 머리보다 인간성과 사교성 좋은 아이로 키우는 비결!

–송종용/팝콘북스/2005

친구들이 따르는 아이와 친구들이 떠나가는 아이 사이엔 어떤 차이가 있을까? 아이들의 사회성 발달에 대해 이야기한 책. 사회 문제로 부각된 왕따 현상에서부터 해결의 실마리를 찾고자 했다. 한 인간이 어떤 성격으로 어떻게 살아가느냐의 기본 바탕이 되는 부모의 역할, 왕따의 성격과 행동을 지닌 아이들의 행동과 사례를 분석해서, 잘못된 부모들의 교육 방법을 따져 본다.

자녀교육 전문가 송종용의 알기 쉬운 설명으로 차근차근 아이의 문제를 짚어 나간다. 격언과 유명인의 일화를 참고로 삼을 수 있도록 했고, 실질적인 사례분석을 통해 아이의 사회화를 돕는다. 아이가 친구들과 잘 어울리는 능력은 초등학교 이전에 결정되고, 때문에 부모들의 교육이 중요하다고 역설했다.

평등한 부모 자유로운 아이

–또하나의문화 동인들/또하나의문화/1995

자신의 의사 표현을 분명히 하고 의견을 나누어 가질 줄 아는 이들에 의해서만 민주적 사회가 이룩되리라는 '또하나의문화' 동인들의 믿음을 실천으로 옮긴 성과물이다. 자녀 양육은 우리 모두가 부모로서, 배우는 사람으로서 체험을 통하여 절실히 느끼고 있는 문제로, 가부장적 권위주의와 불평등 제도의 극복이라는 큰 과제를 풀어 나가는 첫 실마리이다. 이 책에서 동인들은 성별 분업과 성차에 대한 고정관념이 아이들이 자유롭게 커 나가는 데 어떤 형식으로 영향을 미치는지 밝히고, 성역할에 대한 고정관념에서 벗어나 더욱 자유롭고 밝은 세상을 만들어 갈 세대를 위한 창작물도 실었다.

2. 학교 · 교사

교사와 학생 사이

–하임 G. 기너트/신홍민 옮김/양철북/2003

임상심리학자이며 어린이 심리치료사인 지은이의 야심적 기획물 '우리들 사이 시리즈' 의 제3권이다. 지은이는 이 책에서 대개 교사는 교과내용에 충실하고 학생들을 사랑하고 친절하면 된다고 막연하게 생각하는데, 이것이 반드시 그렇지만은 않다고 경고한다.

교실에서는 늘 예상 밖의 일들이 벌어지고 교사도 때로는 자기감정을 통제하기 어려울 때가 많으며, 교사는 이와 같은 상황을 지혜롭게 관리할 수 있어야 한다는 것이다. 교실에서 문제해결능력이 뛰어난 학생을 칭찬해 주는 것은 중요하나, 수업과 전혀 관련 없는 학생 개인의 '인격' 에 찬사를 보내 다른 학생들에게 상처를 줄 수 있다. 단지 어떤 문제에 대한 해결력이 일시적으로 부족할 뿐인데 자신의 인격에 대해 불신하게 만드는 발언을 들은 학생들은 심하게 위축될 수 있다는 것이다. 이것은 교사들이 흔히 저지르는 실수로 여겨지지만, 많은 학습부진아들에게는 학업에 대한 의욕을 꺾고 자신의 자존감을 낮추게 하는 중대한 잘못이 될 수 있다는 것이다.

가르침에는 진심과 인격도 필요하지만, 특별한 기술이 필요하다는 주장은 이 책의 처음부터 끝까지 흐르는 주요 논지이다. 이 책은 교실에서 부딪히는 여러 가지 문제들을 심도 있게 살피면서 그에 대처하는 방법과 문제를 심리적으로 해결하는 방법을 일러 준다.

나쁜 아이

–메리 매크라켄/홍한별 옮김/양철북/2004

한 교사의 지속적인 관심과 사랑이 아이의 삶을 어떻게 바꾸어 놓았는지를 보여 주는 기록. 정서 장애를 겪던 아이가 건강하고 밝은 아이로 변화되는 과정을 담았다. 책은 스물네 차례나 방화와 절도로 경찰서를 들락거렸던 일곱 살 난 아이에게 필요한 것은 치료가 아니라 '지속적인 관심' 과 '사랑' 이라는 것을 알려 준다.

내 아이에겐 분명 문제가 있다

–멜 레빈/김미화 옮김/소소/2003

『아이의 뇌를 읽으면 아이의 미래가 열린다』의 후속작이다. 전작이 각 개별 아동의 두뇌 특성을 파악하기 위한 신경발달기능들과 학습과정의 전반적 이해에 초점을 맞추고 있다면, 이 책은 철저히 사례 중심으로 기술되어 있다. 지은이가 직접 상담하여 성공으로 이끈 일곱 아이의 사례를 직접 보여 주기 때문에 쉽고 흥미롭게 읽힌다. 사례로, 기억력이 떨어지는 아이, 잠시도 가만 있지 못하는 아이, 한치 앞도 내다볼 줄 모르는 충동적인 아이, 의사표현이 서툰 아이, 창의성이 없는 모범생, 어질러 놓기 선수, 운동신경이 둔한 아이가 제시된다.

아이들은 숙제를 잘해 가서 선생님께 칭찬을 듣고 싶고, 좋은 성적을 올려서 부모를 기쁘게 하고 싶다. 이것은 자연스러운 현상이다. 아이들이 원하는 수준의 결과를 내지 못하는 것은 결코 게을러서가 아니다. 성취를 갈망하는 내재된 본능을 가로막는 문제가 있기 때문이다.

자신의 성과가 만족스럽지 못할 때 가장 고통스러운 사람은 부모도 교사도 아닌 '아이' 자신이다. 그런데도 부모들은 흔히 자녀들에게 '노력하지 않는다' 고 꾸짖는다. 이것은 자녀를 게으름뱅이로 모는 노골적인 도덕적 정죄와 다르지 않다. 아이의 마음은 두뇌회로상의 문제로 인한 고통에, 게으름뱅이, 즉 나쁜 사람이라는 죄책감까지 겹쳐져 깊은 상처를 입는다.

누르는 교육 자라는 아이들

–또하나의문화 동인들/또하나의문화/1995

우리 교육 현장은 몇몇 교육 전문가의 힘만으로 개선될 수 있을 것인지, 어두운 느낌을 준다. 이 책은 병이 들대로 들어 있는 지금의 교육 현실을 다각도로 해부하고 치유의 가능성을 모색한다. 돈 봉투, 점수와 숙제, 극단적 학력 경쟁의 풍토 속에서 시들어 가고 있는 어린이들과 학력 관리자로 전락해 가고 있는 어머니, 과중한 잡무와 낮은 사회적 처우에 시달리는 교사의 소리도 실었다.

그러나 이러한 어두운 현실 속에서도 밝음을 잉태해 온 대안적 움직임들도 있었음을 지적한다. 해방 교육, 자율 교육, 자주 교육에 관한 이론적 논의들과 현장 연구 및 실험적 활동 보고서들은 독자의 상상력을 불러일으킨다.

미래로부터의 반란

–김진경/푸른숲/2005

지은이는 교사이며 교육운동가이다. 1985년 서울 양정고등학교 재직 때 '민중교육' 사건으로 구속돼 1년 2개월 수감 생활을 하고, 전교조 창립에도 관여했다. 2000년에 복직하여 4년 정도 다시 교단에 섰다. 이 책은 지은이가 교단 복직 후의 현장경험을 바탕으로 교육 문제의 원인을 진단하고 해결책을 제시한 내용을 담고 있다.

아이들의 변화하는 감성에 부합하는 교육제도를 갖추는 일이 시급함을 지적하고, 국내외의 다양한 사례들을 소개하면서 대안을 제시한다. 기존 대입 제도를 비롯해서 7차 교육과정안과 2008학년도 대입 개선안이 갖고 있는 문제점에 대한 분석도 실었다.

사랑의 매는 없다 : 폭력과 체벌 없는 어린 시절을 위하여

–앨리스 밀러/신홍민 옮김/양철북/2005

정신과 의사이자 심리치료 분야의 권위자 앨리스 밀러가 알려 주는 체벌과 아동학대의 후유증. 가정과 학교에서 학습된 폭력이 한 인간의 마음과 몸을 얼마나 파괴하는지, 그리고 가해진 폭력이 어떻게 미래로 전달되는지를 보여 준다. 과학적인 근거와 다양한 사례를 통해 폭력이 개입된 교육이 낳는 부정적 결과를 과학적으로 증명해 보인다.

어른들은 아이를 위하여 '사랑의 매' 를 든다고 변명하지만, 앨리스 밀러에 따르면 '사랑의 매' 는 결코 존재하지 않는다. 체벌은 단기적으로 아이의 문제 행동을 줄일 수 있지만, 마음의 상처는 결코 치유되지 않는다. 체벌은 불안과 두려움을 동반하기 때문에 아이는 다른 사람과 제대로 관계를 맺을 수 없는 어른이 되고 만다. 어떤 행동을 할 때, '처벌' 을 먼저 떠올리기 때문이다.

새로 쓰는 청소년 이야기 1, 2

–또하나의문화 동인들/또하나의문화/1997

1권은 '아이들이 없다' 는 부제가 암시하듯이 아이들이 '가 버린 곳' 들을 찾아 그 속에서 무언가 일을 꾸미고 벌이는 청소년들의 이야기들을 모았다. 이 글들 속에서 스스로를 '어른들' 과 구분해 내려는 아이들이 벌이는 갖가지 문화적 게릴라 작전을 본다. 아이들의 눈으로 세상을 바라보는 연습을 하면서, 이제 아주 새로운 눈으로 새 질문을 던져야 할 때임을 자각하게 된다.

2권은 '틈새내기' 라는 부제를 달고 있다. 여기서는 아이들과 더불어 성장하는 어른들의 이야기를 통해 어른과 아이라는 이분법을 넘어서 새로운 삶의 공간을 열어 가는 시도들이 소개된다. 아이들과 함께 고민하고 성장하려는 어른들, 아이들에게 권력을 행사하지 않으려는 어른들, 어른을 피하지 않고 함께 좋은 세상을 만들어 가기 위해 애쓰는 아이들의 해법이 특이한 느낌으로 다가온다.

아이의 뇌를 읽으면 아이의 미래가 열린다

–멜 레빈/이창신 옮김/소소/2003

학습이론 전문가이며 소아과 교수인 지은이가 30여 년 동안 학교생활에서 어려움을 겪는 아이들을 상담하면서 성공으로 이끈 경험을 바탕으로 쓴 책이다. 그러므로 구체적으로 제시된 지침들은 과학적이고 실용적이다.

아이들에게 뭔가를 효율적으로 가르치려면 무엇보다 먼저 아이들이 어떻게 배우는지 알아야 한다. 또한 아이마다 다른 학습방식을 이해해야 한다. 이 책은 부모나 교사들이 이해하기 쉬운 글로 아이들의 학습방식을 설명한다.

지은이는 아이들은 다 어떤 특정한 영역에서 소질을 가지고 있으며, 이 소질을 발견하기만 하면 훗날 사회에서 자신의 역할을 찾아내 성공할 수 있다고 말한다. 이 책은 아이들이 가진 강점과 약점을 찾아내는 방법, 강점을 강화시키고 약점을 보완하거나 피해 갈 수 있는 방법, 이것을 아이의 미래와 연결시킬 수 있는 과학적인 방법을 알려 준다. 특히 학업능률이 오르지 않는 아이를 둔 부모나 현장에서 아이들을 지도하는 교사와 사서들에게 큰 도움이 될 것이다.

얘들아, 너희가 나쁜 게 아니야

–미즈타니 오사무/김현희 옮김/에이지21/2005

일본에서 '밤의 선생' 으로 불리는 미즈타니 오사무의 교육 에세이. 유명 진학학교 교사로 재직하던 중, '밤거리를 전전하는 녀석들에겐 제대로 된 교육이 필요 없다' 는 동료 교사의 말에 반발하여 야간고등학교로 전근, 13년간 거리에서 아이들을 만나 온 이야기를 담았다.

지은이는 일본 NHK에서 다큐멘터리로, TBS에서 드라마로 제작되었을 만큼 많은 관심을 받고 있는 인물로, 마약상인에게 옆구리를 찔리고 조직폭력배의 사무실에서 손가락을 잘려 가면서도 거리에서 아이들을 만나는 일을 계속해 온 덕에 '일본에서 가장 죽음 가까이에 서 있는 교사' 라고도 불린다. 등교거부, 마약중독, 성매매, 자살 등을 생각하며 아이들이 보내 온 메일에 하나하나 답하고, 전화 상담을 하고, 전국 각지에서 부모들을 대상으로 강연회를 열고 있는 지은이의 바쁜 일상과 그 속에서 만난 아이들의 이야기가 소개된다.

학교를 거부하는 아이 아이를 거부하는 사회

–조혜정/또하나의문화/1996

세상은 빠르게 변하는 데 반해 교육 현실은 낡은 틀을 벗어나지 못하고 있다. 학생들은 이제 더 이상 학교의 낡은 질서에 순종하기를 거부하고 제 갈 길을 찾아가고 있다. 그런데도 우리 학교와 사회는 학교를 떠나 방황하는 학생들을 수용하지 못하고 있는 것이 현실이다. 유연하지 못한 우리의 교육 현실은 학생은 물론이고 사회와도 불화 중이다.

지은이는 이 책에서 달라지고 있는 학교 풍경과 세상 풍경을 개관하고 입시교육의 현실과 중퇴자 연구, 청소년 문화에 대한 다각적 고찰을 통해 학교와 학생과 사회의 화해를 조심스럽게 모색한다.

학교를 찾는 아이 아이를 찾는 사회

–조한혜정/또하나의문화/2000

전에 나온『학교를 거부하는 아이 아이를 거부하는 사회』에서 낙후된 공간에 갇혀 있는 십대들의 현실과 문제성을 지적했던 지은이는, 이번에는 그들과 더불어 시대적 위기를 타개해 나갈 대안을 찾고 있다.

1장은 같은 사회에 살고, 같은 언어를 쓰면서도 서로를 '이물질' 처럼 보는 세대 간에 소통하는 방법을 제시한다. 지은이는 '다품종 소량 생산 체재', '소비 위주의 사회', '위험 사회' 로 이행함에 따라, 시대 인식을 공유하고 남의 이야기를 들으며, 십대들과 함께 새로운 학교를 만들어 가는 것이 필요하다고 말한다.

2장은 지은이가 십대와 소통하는 방식을 소개한다. 학급붕괴에 대한 지은이의 생각과 학생들의 견해를 함께 실었으며, '십대들에게 보내는 편지' 에서는 두 세대의 만남이 따뜻하게 느껴진다.

3장은 '학생' 이라는 정체성에서 벗어난 '청소년' 내지 '십대들' 의 자리를 논의한다. 청소년은 학생이라는 단일한 주체성을 가진 존재가 아니라, '다중적 주체' 이며 그 범주엔 탈학교 청소년, 장애인, 가출 청소년들도 포함되어 있음을 지적한다.

4장에서는 학교와 사회가 '배움' 이 있는 곳으로 소생할 수 있는 대안을 고심한다. 이 장의 마지막 부분에서는 지은이가 관계한 '하자' 이야기가 소개된다. '하자 센터' 는 일과 놀이를 엄격히 분리시켰던 대량 생산 공장 체제를 벗어나, 일과 놀이와 학습이 한꺼번에 이루어지는 다품종 소량 생산 체제의 청소년 공간이다. 이 실험의 결과는 우리 사회의 문화, 경제, 교육 여건에 대해 많은 것을 시사한다.

학교종이 땡땡땡

–김혜련/미래M&B/1999

교사 경력 20년이 되는 지은이의 학교 현장 보고서이다. "지금의 학교는 학생과 교사 모두에게 불행하다." 이것이 지은이의 진단이다. 영상과 컴퓨터에 친숙한 감각적인 세대에게 수십 년간 변하지 않은 학교 교육은 괴롭다. 가르치는 선생도 괴롭다. 그들을 이해할 수가 없는데 이해해야 하기 때문이다.

이 책은 여러 사례들을 들어 학교 현장의 실상을 보여 준다. 수업 시간 대부분을 누워 자는 아이들의 일상과 세상 밖에서의 재미를 못 쫓아오는 학교의 정체된 모습을 적나라하게 드러낸다. 지은이는 그 속에서 고민한다. 과연 학교 교육은 이대로 괜찮다는 것인가? 말만 개혁을 부르짖으면서 나아갈 방향과 개선책을 모색도 하지 않는 교육 현실은 뜻 깊은 교사들의 사기를 떨어뜨리고, 학생들을 지옥 속에 방치한다. 지은이가 그리는 학교 현실은 무겁다.

Part. 5

청소년의 성장을 돕는 독서목록과 해제

한국도서관협회 독서진흥위원회에서 만든 독서치료를 위한 상황별 독서목록(청소년편)을 증보하여 수록하였다.

#12 자아정서편:

1. 가족-부모/자녀 · 형제 · 가난/ 2. 자아-자아정체성/자아존중감 · 자기계발 · 진로/ 3. 정서문제-우울 · 수줍음/불안 · 강박증 · 자살/ 4. 신체-성 · 신체장애

#13 대인관계편:

1. 학교-학업부진 · 성적/시험/입시 · 학교부적응 · 교사와의 관계/ 2. 대인관계-친구관계 · 왕따/은따/집단 따돌림/ 3. 청소년 일탈-가출 · 폭력 · 불량 서클 · 성폭력/성피해 · 사이버 중독 · 휴대폰 중독

#12 자아정서편 [가족/자아/정서문제/신체]

1. 가족

1.1 부모/자녀

- 나의 아름다운 정원. 심윤경. 한겨레신문사, 2002.
- 내 아들아 너는 인생을 이렇게 살아라 : 아버지가 아들에게 보내는 인생 최대의 교훈. 필립 체스터필드/권오갑 옮김. 을유문화사, 2001.
- 아들 마음 아버지 마음. 김용택. 마음산책, 2005.
- 아버지라는 이름의 큰 나무. 레오 버스카글리아/이은선 옮김. 홍익출판사, 1999.
- 오이대왕. 크리스티네 뇌스트링거/유혜자 옮김. 사계절출판사, 1998.
- 조개 줍는 아이들. 로자문드 필처/구자명 옮김. 김영사, 1992.

1.2 형제

- 형제. 테드 반 리스하우트/신홍민 옮김. 양철북, 2004.

1.3 가난

- 괭이부리마을 아이들. 김중미. 창작과비평사, 2001,
- 그리운 메이 아줌마. 신시아 라일런트/햇살과나무꾼 옮김. 사계절출판사, 2005.
- 나는 희망의 증거가 되고 싶다 : 가발공장에서 하버드까지. 서진규. 북하우스, 1999.
- 행복이 찾아오면 의자를 내주세요. 미리암 프레슬러/유혜자 옮김. 사계절출판사, 2006.

2. 자아

2.1 자아정체성/자아존중감

- 날고 싶지만. 한국글쓰기연구회 · 고등학생 48명. 보리, 2001.
- 내게 정말 소중한 나. 스테파니 H. 메이어 · 존 메이어/손희승 옮김. 좋은생각, 2003.
- 너는 쓸모가 없어. 카렌 쿠시맨/배미자 옮김. 다른출판사. 2005.
- 불량소녀백서. 김현진. 한겨레신문사, 2005.
- 10대여 마음 가는 대로 해라 : 멋진 미래를 꿈꾸는 10대가 스스로 그리는 인생지도. 아키모토 야스시/고성미 옮김. 창해, 2001.
- 아무에게도 하지 못한 말. 한국글쓰기연구회 · 중학생 34명. 보리, 2001.
- 열여섯 더하기 하나. 실비 플로리앙 푸유/용경식 옮김. 문학동네, 2005.
- 오늘과 다른 내일을 살아라. 제이 맥그로우/공병호 옮김. 을파소, 2004.
- 우리들의 오필리아. 사라 샌들러/김은영 옮김. 루비박스, 2003.
- 지금 알고 있는 걸 그때도 알았더라면. 류시화. 열림원, 1998.
- 청소년 백과사전. 김옥. 낮은산. 2006.
- 퀴즈 왕들의 비밀. E. L. 코닉스버그/이현숙 옮김. 보물창고, 2006.
- 토미를 위하여. 곤살로 모우레/송병선 옮김. 파랑새, 2007.
- 호밀밭의 파수꾼. 제롬 데이비드 샐린저/공경희 옮김. 민음사, 2001

2.2 자기계발

- 성공하는 10대들의 7가지 습관. 숀 코비/김경섭 · 유광태 옮김. 김영사, 2005.
- 아들아, 머뭇거리기에는 인생이 너무 짧다 1, 2, 3, 4. 강헌구. 한언출판사, 2000.
- 친구야 너와 나는 특별하단다 : 글로벌 리더를 꿈꾸는 10대를 위한 리더십 이야기. 한국리더십센터 엮음. 고즈윈, 2005.
- 폰더 씨의 위대한 하루. 앤디 앤드루스/이종인 옮김. 세종서적, 2003.

○ 황금의 씨앗을 뿌려라 : 10대를 위한 공병호의 자기경영노트. 공병호. 21세기북스, 2002.

2.3 진로

○ 그래, 엄마 나 미쳤어. 서철인. 맥스미디어, 2004.

○ 나에게 꼭 맞는 직업을 찾는 책. 바바라 배런 티저 · 폴 D. 티저/백영미 · 최석순 옮김. 황금가지, 2002.

○ 너의 꿈은 무슨 색깔이니. 하영목. 가산출판사, 2002.

○ 성공을 꿈꾸는 10대들의 위대한 준비 : 글로벌 시대를 열어가는 미래의 직업관 · 직업준비. 공병호. 중앙M&B, 2005.

3. 정서문제

3.1 우울

○ 왜 나만 우울한 걸까. 김혜남. 중앙M&B, 2003.

3.2 수줍음/불안

○ 당당하게 살자 : 수줍음을 극복하는 법. 머레이 B. 스타인 · 존 R. 워커/이훈구 옮김. FKI 미디어, 2002.

○ 소년, 세상을 만나다. 시게마쯔 키요시/오유리 옮김. 양철북, 2004.

○ 수줍음. 블레인 스미스/송경숙 옮김. 한국기독학생회출판부, 2002.

3.3 강박증

○ 성공한 사람은 사소한 일에 목숨을 걸지 않는다. 리처드 칼슨/박혜진 옮김. 창해, 2000.

○ 10대를 위한 단순하게 살아라. 프란츠 베르거/유혜자 옮김. 김영사, 2003.

○ 쿨보이. 사소 요코/이경옥 옮김. 생각과느낌, 2004.

3.4 자살

○ 청소년 자살 예방론 : 원인분석과 대책. 최병목. 홍익제, 2002.

4. 신체

4.1 성

- 내 마음의 포르노그라피. 김별아. 이룸, 2000.
- 니 잘못이 아니야. 구성애. 올리브, 2003.
- 똑똑한 나 아름다운 섹스 : 학교에선 죽었다 깨어나도 배울 수 없는 성과 사랑. 미하엘라 뵘/장혜경 옮김. 동아일보사, 1999.
- 오늘, 청소년의 性을 읽다. 손승영. 지식마당, 2002.
- 우리가 성에 관해 알고 싶은 것, 그러나 하이틴 로맨스에도, 포르노에도, 나와 있지 않은 것. 김성애 · 이지연. 또하나의문화, 1998.
- 청소년을 위한 성과 사랑 에세이. 강영계. 답게, 1996.
- 포르노 All Boys Do It. 엄기호. 우리교육, 2000.

4.2 신체장애

- 달려라 형진아. 박미경. 월간조선사, 2004.
- 도토리의 집. 야마모토 오사무/김은진 옮김. 한울림, 2005.
- 아우야! 세상엔 바보란 없단다. 안의정/고성원 그림. 밝은세상, 2002.
- 오체불만족. 오토다케 히로타다/전경빈 옮김. 창해, 2001.

자아정서편 독서목록에 대한 해제

1. 가족

1.1 부모/자녀

나의 아름다운 정원

−심윤경/한겨레신문사/2002

한겨레문학상 제7회 수상작품집. 신인 심윤경의 첫 번째 장편소설임에도 소설적 재미와 소재를 다루는 솜씨가 빼어나다. 소설은 1977년부터 1981년 사이에 있었던 한 가족의 이야기다.

동구는 동생과 어머니, 할머니, 삼촌, 선생님과 그 주변 인물들과의 관계를 통해 나름대로 세상을 해석해 나간다. 글을 쓰고 읽는 데 어려움을 느끼던 동구는 박 선생님을 만나 조금씩 세상 밖으로 난 창을 열어 나가는데…… 욕쟁이 할머니와 무정한 아버지의 세계를 찢고 동구는 세상 밖으로 나올 수 있을까?

엄마의 표정은 근심스러워 보였지만 내가 곁에 가자 애써 밝은 표정을 지으며 땅콩 한 알을 입에 넣어 주었다. 엄마는 마음속으로 '괜찮아, 걱정 마.' 하고 말하고 있는 것 같았다. 사실은 엄마도 걱정되면서. −본문 69쪽 중에서 −

내 아들아 너는 인생을 이렇게 살아라 : 아버지가 아들에게 보내는 인생 최대의 교훈

−필립 체스터필드/권오갑 옮김/을유문화사/2001

이 책은 영국의 정치가이자 문필가인 필립 체스터필드의 세계적 명저로 평가받고 있는 『아들에게 보내는 편지(Letters To His Son)』(1774)를 번역한 것이다. 원제에서 알 수 있듯이 이 책은 18세기 영국의 귀족인 체스터필드가 자신의 아들에게 보낸 편지를 모은 것이다. 예컨대 사회생활에서 필요한 에티켓, 시간을 유익하게 보내는 방법, 인간관계의 비결, 독서와 여행에서 얻을 수 있는 것, 친구 사귀는 법 등 인생을 살아가는 지혜를 자상하게 가르치고 있다. 때문에 그 내용은 시간적 공간적 거리를 초월하여 오늘날의 청소년들에게도 매우 유익한 충고의 말로 가득하다.

특히 "작은 일을 소홀히 하지 않는 사람이라야 성공한다", "오늘 1분을 웃는 자는 내일 1초에 운다", "눈과 귀와 발로 배운 지식이야말로 참지식이다", "친구는 너의 인격을 비추는 거울이다", "친구가 많고 적이 적은 사람이 강자다", "학문으로 배울 수 없는 교육이야말로 중요하다", "언행

은 부드럽게, 의지는 굳게" 등 그 소제목 하나하나가 이미 훌륭한 격언이라 할 수 있다. 이 책은 우리나라에서는 1989년 처음 소개되어 청소년 교육에 관심이 있는 사람들과 부모님들 사이에서 큰 반향을 일으켜 많은 사랑을 받아 온 베스트셀러로, 이번에 판을 바꾸어 개정판을 선보이게 되었다.

아들 마음 아버지 마음

-김용택/마음산책/2005

2002년 봄부터 2005년 초까지 대안학교인 '한빛고등학교' 기숙사에서 생활하는 아들 민세에게 보낸 50통의 편지를 엮은 책이다. 책 읽을 시간이 넉넉하지 않은 아들에게 한 편의 에세이를 보내듯 쓴 편지 모음. 처음에는 책으로 만들려는 의도가 없었지만, 이 땅을 살아가는 부모와 자식 간의 일이 극히 사사로울지라도 그것이 우리에게 보편적인 이야기가 될 수 있겠다는 생각이 들었기에 출판을 결심할 수 있었다고 한다.

시인의 아들 민세는 여느 아이들과 조금 다른 길을 걷고 있다. 입시 위주의 고등학교 수업과 수능 시험, 대학 진학으로 이어지는 이른바 '정규 코스'를 밟지 않은 것. 지금 민세는 세계적인 요리사가 되겠다는 꿈을 품고 미국에서 어학연수를 하고 있는 중이다. 시인은 아들이 '자연을 연구하는 사람'이 되기를 바랐지만 아들은 아버지의 뜻대로만 자라 주지는 않았다. 그럼에도 김용택 시인은 결국 아들에게 제 갈 길을 가게 했고, 그 이면에는 '공부가 인생의 전부는 아니다'라는 소박하지만 확고한 교육관이 자리하고 있다.

아버지라는 이름의 큰 나무

-레오 버스카글리아/이은선 옮김/홍익출판사/1999

이 책의 원제는 "PAPA, MY FATHER"로 돌아가신 아버지를 회고하며 쓴 에세이이지만, 단순히 아버지가 아들에게 베푼 사랑이나 아버지에 대한 그리움을 그린 수필집이 아니다. 이 책은 "선생님, 아버지가 없는 아이는 …… 없어요."라고 울음을 터트리며 선생님에게 항의하는 이 조그만 소녀의 말로 이야기는 시작된다.

그렇다. 아버지가 없는 아이는 없다. 다만 어른이 되면서 아버지를 저 벽 쪽으로 밀어 버리고 살기 때문에 '아버지를 잊는' 것뿐이다. 거인이고 영웅이기까지 했던 아버지가 경멸의 존재로까지 밀려난 뒤 그의 자리를 세상의 기준이 대신 채우게 된 것뿐이다.

이 책은 초등학교를 중퇴하고, 한 번도 가난을 떨치지 못한 이탈리아계의 무식한 촌부를 아버지로 둔, 성장한 아들의 '아버지에 대한 추억기(追憶記)'다. 세상의 기준으로 보면 존경은커녕 보통의 관점으로도 보기 힘든, 어찌 보면 인생의 실패자이기도 한 아버지를 지은이는 '자신을 지켜주는 큰 나무'였다고 회상한다.

평범하지만 절망에 빠져서도 희망을 놓지 않는, 소박하지만 내실 있는 그런 삶을 살아간 아버지는 무엇보다 행동으로 세상을 어떻게 살지를 보여 준 인생의 선배이며 스승이었다. 그리고 자식보다 먼저 감사의 말을 건네는 한 그루 고목나무였던 것이다.

이 책의 요지는 간단하다. '아무리 못나고, 혹은 잘난 아버지라도 아버지는 아버지이다. 아버지는 자식을 위해 나무가 되길 원한다. 그러면서도 아버지는 사람이다. 약점 많고, 나약하고 소심하기까지 한 그냥 평범한 사람이다. 그것을 받아들일 때, 비로소 인생 선배로서의 아버지를 인정할 수 있는 것이다.'

오이대왁

-크리스티네 뇌스트링거/유혜자 옮김/사계절출판사/1998

주인공인 볼프강이 괴상하게 생긴 오이대왕의 출현에서부터 사라지기까지의 과정을 보고형식으로 적어 놓은 작품. 겉으로 보기엔 아무 문제가 없는 듯 보이는 한 가족이 실제로는 얼마나 자기중심적이며 서로에 대한 이해가 없었는가를 보여 준다. 정이 흐르는 공동체로 바뀌어 가는 모습을 통해 현대 사회에서의 가족의 의미를 되돌아보게 한다. 독일 청소년 문학상 수상작이다.

조개 줍는 아이

-로자문드 필처/구자명 옮김/김영사/1992

자녀들에 대한 아낌없는 애정뿐만이 아니라 그들이 세상에 나가 자립할 수 있도록 적당한 무관심을 보여 주었으며, 평생을 검소하게 생활했으면서도 타인에게 나름대로의 풍성한 식탁을 제공하는 데 아낌이 없었다. 사람을 판단하는 데 있어서 탁월한 능력을 보여 주었으며, 무엇보다 매혹적이었던 건 죽음을 앞두고 치밀하게 정리함으로써 죽음 뒤에 남겨질 가족들의 분란을 미리 막을 수 있었다는 것이다.

아무것도 제대로 이루어 놓은 것이 없다는 좌절감을 느낄 때, 앞으로의 삶에 대한 막연한 불안을 느낄 때, 현재의 상황들이 나를 힘들게 할 때, 언제나 이 책은 나에게 희망을 준다. 살면서 무언가 커다란 성과를 남겨야만이 능사가 아니라, 소박하게 스스로 만족하면서 열심히 살아가는 것도 꽤 매력적인 인생이라 생각하게 해준다. 언제든지 살아가는 힘을 얻을 수 있게 해 주는 책이라는 중평.

1.2 형제

형제

–테드 반 리스하우트/신홍민 옮김/양철북/2004

동생의 죽음과 동성애의 문제를 감각적인 언어로 그려 낸 청소년 소설. 1999년 독일 청소년 문학상을 받은 작품으로, 죽음, 성, 가족 관계, 상실감으로 고통 받는 청소년의 예민한 내면을 여과 없이 그려 내고 있다. 무거운 주제를 친근하고 다소 우울한 유머를 바탕에 깐 가벼운 느낌의 일기로 풀어 나간다.

동생 마리우스가 죽은 후 형은 동생의 일기장을 우연히 발견하게 된다. 그리고 동생이 쓰다 남겨 둔 일기장 뒷부분에 자신의 일기를 쓰기 시작한다. 일기장을 매개로 형 루크는 죽은 동생과 대화를 시도한다. 둘 사이에 이야기가 이루어지면서 두 형제가 무엇을 숨기고 있었는지를 알게 된다.

일기장 속의 대화를 통해 인간의 정체성과 덧없음을 조용히 토로하고 있다. '인간이 어떻게 살아가야 하는가' 에 대한 무겁고 힘든 질문에 대해 이 책은 쉬운 해결책을 제시하거나 도피하지 않는다. 다만, 삶은 지속되어야 한다는 것, 죽음 이후에도 지속되는 유대감이 있다는 것에서 희망을 발견하게 한다.

1.3 가난

괭이부리마을 아이들

–김중미/송진헌 그림/창작과비평사/2001

인천 만석동 달동네의 별칭인 괭이부리말을 배경으로 서로 위로하고 의지하며 꿋꿋하게 성장해 나가는 아이들의 모습이 그려진다. 괭이부리말은 6 · 25 전쟁 직후 가난한 피난민들이 모여 살면서 만들어진 동네로 인천에서 가장 오래된 빈민 지역이다.

지은이 김중미는 1987년부터 괭이부리말에서 살며 지역운동을 해 왔고, 지금도 그곳에서 공부방을 운영하고 있다. 지은이는 자신의 경험을 생생하게 살려, 초등학교 5학년인 숙희와 숙자 쌍둥이 자매를 중심으로 가난한 달동네의 구석구석을 착실하게 그려 나간다.

그리운 메이 아줌마

–신시아 라일런트/햇살과나무꾼 옮김/사계절출판사/2005

사랑하는 사람을 잃은 슬픔을 따뜻하고 섬세한 필치로 그려 낸 아름다운 이야기. 1993년 뉴베리 상과 보스턴 글로브 혼북 상 수상작. 미국 도서관 협회가 선정한 '최우수 청소년 작품' 과 스쿨

라이브러리 저널이 선정한 '올해의 최고 우수작' 에 꼽히는 등 뛰어난 작품성을 인정받고 있는 소설이다.

고아 소녀 서머에게 푸근한 사랑을 베풀어 주던 메이 아줌마가 세상을 떠나자 서머와 메이 아줌마의 남편 오브 아저씨는 심한 상실감과 아픔으로 괴로워한다. 그러던 중 죽은 메이 아줌마의 영혼을 만나려고 떠난 여행에서 둘은 슬픔을 극복하는 진정한 방법을 깨닫게 된다.

가장 사랑하는 사람을 잃고도 또 다른 사람을 잃을까 봐 전전긍긍해하는 어린 소녀의 쓸쓸하기만 한 마음을 들여다보면서 함께 느끼는 애착들, 그리고 자신의 아픈 관절을 위해 저녁 내내 연고를 문질러 줄 부인을 더 이상 만날 수 없어 살아가는 의욕을 찾지 못하는 늙은 홀아비의 공허감을 세심하게 묘사하고 있다.

이 소설은 사람을 진정으로 사랑한다는 것은 세상에 그가 없을 때, 그 사실로 자신의 삶을 망가뜨리는 것이 아니라 그가 주었던 사랑을 기억하며, 그 슬픔에서 벗어나 현실에 발 딛고 사는 것이라는 소중한 생각을 품게 한다.

나는 희망의 증거가 되고 싶다 : 가발공장에서 하버드까지

–서진규/북하우스/1999

KBS 일요스페셜 '가발공장에서 하버드까지' 와 MBC '다큐멘터리 성공시대' 에 소개되어 전 국민을 감동시켰던 서진규 씨가 자신의 꿈과 도전, 좌절과 성취를 담백한 필체로 적어 내려간 자전적 에세이. 이 책은 꿈과 도전의 다큐멘터리이다.

삶의 가장 낮은 곳에서 지핀 '희망의 등불' 이 마침내 '희망의 증거' 가 되기까지 지은이는 자신을 가로막는 벽돌을 뚫고 나간다. 지은이는 '황무지에서 맺어진 열매가 달콤하다. 그러나 그 열매는 여럿이 나눌 가치가 있다' 고 역설한다.

나는 무슨 일에 도전하기에 앞서 항상 세 가지 리스트를 작성한다. 첫째, 나에게 꼭 필요한 것은 무엇인가. 둘째, 내가 가지고 있는 것은 무엇인가. 셋째, 나는 무엇을 준비해야 하는가. 이 세 가지 문제에 답할 수 있다면, 현재의 나를 정확히 파악하고 있는 것이다. 희망에 도전하려는 나를 알고 있다면, 그 희망은 이미 절반은 이룬 셈이다. –본문 중에서–

행복이 찾아오면 의자를 내주세요

–미리암 프레슬러/유혜자 옮김/사계절출판사/2006

독일 청소년 문학상 수상작. 1950년대 초 독일의 한 보육원을 배경으로 해서 쓰인 소설이다. 불우한 상황 속에서도 자신의 정체성을 지키려는 사춘기 소녀 할링카의 의지와 행복에 대한 갈망을 통해 성장기에 있는 청소년들의 힘겨운 몸짓을 공감하게 해 준다.

할링카에게 행복이 찾아온 적은 아주 드물었다. 할링카는 열네 살이고, 몇 해 전부터 기숙사에서 살고 있다. 친구도 없고, 친구를 사귈 생각도 없다. 그냥 골방에 있는 아늑한 비밀장소에 혼자 있는 것을 좋아한다. 할링카는 그 곳에서 머릿속에 떠오르는 명언과 생각들을 소중히 기록한다. 그리고 가끔 허클베리 핀과 미시시피 강 물줄기를 타고 여행하는 꿈을 꾸기도 한다. 어느 날 사감이 기숙사에 있는 아이들에게 '어머니 쉼터' 시설을 위한 기금을 모금해 오라고 한다. 할링카는 어떻게 해서든 기금을 가장 많이 모으기로 결심한다. 그래야 그리운 로우 이모를 만날 수 있으리라 생각하기 때문에. 하지만 할링카가 자신의 감정과 마음속의 그리움을 드러내는 작은 시작일 뿐이다. 할링카는 행복이 찾아오면 의자를 내어 줄 준비가 되어 있다. 언제라도, 지금 당장이라도.

2. 자아

2.1 자아정체성/자아존중감

날고 싶지만

-한국글쓰기연구회 · 고등학생 48명/보리/2001

말도 많고 탈도 많은 고등학교 시절. 이 땅의 고등학생들은 마음 아픈 일도 많고 고민도 많고 하고 싶은 일도 많다. 학교와 미성년자라는 현실을 벗어나 훨훨 날아가고 싶지만, 날아가는 일은 그리 쉬워 보이지 않다. 그리고 설령 날아갔다고 한들 그 뒤에 무엇이 기다리고 있을지는 오직 날아가 본 사람만이 알 것이다.

이 책에는 상업 고등학교, 인문계 고등학교, 공업 고등학교 학생들의 글이 골고루 실려 있다. 어른들은 부모가 해 주는 따뜻한 밥을 먹으며 그저 공부 잘하는 것만이 아이들의 할 일 전부인 것처럼 생각하지만, 세상에는 그렇지 않은 아이들이 더 많음을 보여 준다.

아이들은 딸로서, 아들로서, 학생으로, 사회의 구성원으로 고등학생이 살아가는 이야기를 솔직하게 고백한다. 어수선한 집안 형편, 취직 고민, 부모님의 빈자리 등 어려움 속에서도 자기를 잃지 않고 제 몫의 삶을 온전하게 살아가는 아이들. 이 아이들은 어른들보다 더 강하고, 착하고, 지혜로우며, 정직하다.

수록된 글들에는 어떤 기교도 없다. 자신이 느낀 현실과 처한 생활을 담담하고 솔직하게 기록하고 있을 뿐이다. 이러한 담담함이 바로 이 글의 장점이다. 이러한 담담함이 독자에게 큰 감동을 준다. 또 우리의 아이들은 우리가 생각하는 것보다 훨씬 더 건강하며 미래에 대한 진지한 성찰을 하고 있음을 깨닫게 한다.

내게 정말 소중한 나

–스테파니 H. 메이어 · 존 메이어/손희승 옮김/좋은생각/2003

십대들이 정말 솔직하게 털어놓은 '친구', '사랑', '상실', '가족', '영웅' 같은 이야기와, 그들의 상상력을 엿볼 수 있는 단편 소설이 함께 담긴 책이다. 흔히 천방지축 사고뭉치로 치부되기 십상인 청소년이지만 이 책을 읽어 보면 그것이 편견이라는 것을 알 수 있다. 비록 어른이 되어 그 시절을 다 잊었다지만, 우리들은 모두 고민과 희망을 오가며 힘들지만 푸르렀던 시절을 보내지 않았던가. 우리가 미처 알지 못했거나 혹은 잊어버린 것들, 심각하게 바라보지 않았던 십대들의 내면이 고스란히 담겨 소통을 도와주는 책이다.

너는 쓸모가 없어

–카렌 쿠시맨/배미자 옮김/다른출판사/2005

한 고아 소녀가 가혹한 시련 속에서도 자신에 대한 믿음을 잃지 않으며 성숙해 가는 과정을 통해 삶에 대한 희망을 전하는 성장소설이다.

생애 첫 기억이라곤, 동물의 배설물과 음식 찌꺼기와 질퍽한 짚단의 기억뿐인 고아 소녀 '앨리스'. 이름도, 집도, 엄마에 대한 기억도 없이 오늘도 허기진 배를 움켜잡고 이집 저집 구걸을 다니는 이 소녀 뒤에는 어김없이 짓궂은 사내아이들의 발길질이 기다리고 있다. 그러던 어느 날, 소녀에게 눈이 칼날처럼 매서운 산파 '제인'이 나타난다.

산파 제인은 앨리스를 부려 먹기만 할 뿐, 혹시라도 자신의 비법을 들키게 될까 봐 앨리스를 경계한다. 그러나 엘리스는 제한된 선택과 어찌할 수 없는 상황에서 누구의 가르침이나 교육 없이 스스로 내면의 '선한 의지'를 찾아 자신을 사랑하게 되고, 마침내는 성공적인 삶을 살아가게 된다.

역사상 가장 '어두운 시대', 중세에 가장 불행하다는 요소를 모두 갖고 태어난 고아 소녀의 성장기를 통해, 힘겨운 인간의 내면에는 그 모든 '부정'한 것을 넘어서는 선한 의지가 숨어 있다는 것을 발견하고 자신을 사랑하며 살아가기를 당부하는 책이다.

자신이 쓸모 있는 존재임을 깨닫고 스스로를 사랑하게 되기까지, 그리하여 포기하지 않는 용기를 얻게 되기까지, 소녀가 헤쳐 나가는 잔인한 시간을 작가는 눈물 자국 없이 아주 짧게 끊어지는 문장으로 쓰고 있다. 이러한 무정함이 오히려 독자의 가슴에 더욱 깊은 골을 새기며 서늘한 감동으로 파고든다. 사춘기를 통과하며 자신의 정체성을 고민하는 중학생들에게 권하고 싶은 책이다. –오미환(한국일보 기자) –

불량소녀백서

–김현진/한겨레신문사/2005

한국예술종합학교 영상원(연출과) 최연소 입학생으로 『네 멋대로 해라』를 펴냈던 김현진의 두 번째 에세이. 20대 중반을 향해 가는 여성으로서 겪고 느끼고 생각한 단상들을 자유분방하게 기록했다.

내게도 '불량소년' 이고 싶었던 때가 있었다. 불행히도 내겐 '불량소년백서' 를 건네준 사람이 없었다. 물론 내 삶이 '우량' 과는 아주 거리가 멀었고, 지금도 역시 멀다는 것쯤이야 안다. 그래도 가끔은 억울하다. 인생에는 불량해도 좋은, 아니 불량 '해야만 하는' 시절이 있는 법이니까. 그 불량의 시절을 겪어야만 인생이 온전해지는 법이니까. 김현진이 눈을 똥그랗게 뜨고 눈꺼풀 깜박거리는 일도 없이, 이렇게 얘기한다. " '다른 사람이 좋아하는 나' 가 아니라 '내가 좋아하는 나' 가 되고 싶다면 당신이 바로 불량소녀다"라고. 억장이 무너지는 소리다. –조병준(문학평론가)–

10대여 마음 가는 대로 해라 : 멋진 미래를 꿈꾸는 10대가 스스로 그리는 인생지도

–아키모토 야스시/고성미 옮김/창해/2001

흉금을 털어놓고 전하는 서른다섯 가지의 메시지. 방송작가와 작사가로서 하고 싶은 일을 하며 살아왔다고 자부하는 지은이 아키모토 야스시가 각자의 개성, 사랑, 우정, 학교생활, 공부, 가족, 미래에 대해 이야기해 준다. 주요 골자는 창조적이며 즐겁고 자신이 원하는 '나' 를 만들어 가는 삶을 살라는 것. 그러면서도 10대에 해야 할 일을 하는 것에 대한 따끔한 충고도 아끼지 않는다.

보통 어른들이 이야기하는 내용이라면 현실과 동떨어진 내용이라거나 너무 교훈적이 아닐까라고 생각하기 쉽지만 이 책은 그렇지 않다. 일단 '너 ~하지?' 하고 툭 털어놓고 이야기를 건네는 말투가 마치 말 잘 통하는 삼촌이 옆에서 이야기하듯 다정하고 믿음이 가기 때문이다. 여러 분야에 걸쳐 한 번쯤 어떻게 하면 좋을까라고 고민했을 법한 문제들에 대해 직설적이고 재치 있게 대답해 준다.

아무에게도 하지 못한 말

–한국글쓰기연구회 · 중학생 34명/보리/2001

한국 글쓰기 연구회 선생님들이 십 년 넘게 중학교에서 아이들에게 글쓰기 교육을 시키면서 또래 중학생들이 볼 만한 글을 뽑아 엮은 책.

이 땅의 열다섯들은 어떻게 살아가고 있을까? 대부분의 아이들은 중학교에 가서 공부를 하고 있을 것이다. 그러나 아이들이 지고 있는 짐은 공부만은 아니다. 그들은 어른들 못지않은 삶의 무게에 짓눌려 있다. 몸이며 마음이며 괴로운 것이 많고, 학교 공부와 친구들과 부모님과의 관계,

앞으로의 진로와 불우한 가정환경 때문에 고민하는 아이들이 많다. 그러나 어려움 속에서도 아이들은 자기 몫의 삶을 찾아가며, 맑고 씩씩하게 살아간다.

아이들은 또래들로부터 많은 것을 배운다. 이 책을 읽는 학생들은 자기와 같은 시대를 살아가는 친구들의 글 속에서 자신의 고민을 발견하고, 해결책을 발견하게 될 것이며, 때로는 위안을 받기도 할 것이다. 이 글은 잘 쓴 문장을 가르치기 위해 만든 책이 아니다. 15살짜리 아이들이 자기 목소리로 이야기하는 건강함이 담겨 있는 책이다. 문장은 조금 거칠지 모르지만 그 안에 진솔함과 따뜻함이 느껴진다.

열여섯 더하기 하나

-실비 플로리앙 푸유/용경식 옮김/문학동네/2005

『그들의 세계는 얼마나 부서지기 쉬운가』의 주인공 리자에게 새로운 한 해가 시작되었다. 진학한 고등학교에서는 선생님 때문에 골치가 아프고, 새엄마는 여전히 마음에 들지 않는다. 남자친구와 만나도 처음처럼 가슴 떨리지 않고…… 봄은 약속을 지키지 않는 친구처럼 변덕스럽다.

리자는 자신을 되돌아본다. 그리고 시련과 슬픔을 겪으면서, 자신이 음악과 춤과 카페 테라스에 내리는 어둠을 좋아한다는 것을 발견한다. 외면했던 사랑도 곧 돌아오겠지. 열여섯이 된 리자는 쉽게 변할 수도, 또 쉽게 변하지도 않는 세상 한가운데를 씩씩하게 걸어 나간다.

오늘과 다른 내일을 살아라

-제이 맥그로우/공병호 옮김/을파소/2004

진로와 미래에 대해 고민하는 청소년을 위한 에세이. 자신의 꿈을 이루기 위한 진취적인 10대를 위해 어떻게 하면 잘 할 수 있는지를 10가지 인생법칙으로 정리해 구체적으로 알려 준다. 필 맥그로우의 책 『인생전략』을 그의 아들인 제이 맥그로우가 청소년의 눈높이에 맞춰 새롭게 고쳐 썼다.

청소년들이 고민하는 이성문제, 취미생활, 학교공부, 친구관계에 이르기까지 다양한 조언을 해 주고 있다. 원하는 것을 이루기 위해 이러한 문제들을 어떻게 해결해야 할지를 솔직하게 말해 준다. 지은이가 제일 강조하는 것은 바로 '자기 자신을 믿어라'로, 세상에서 하나뿐인 자신을 존중하라고 충고해 준다.

우리들의 오필리아

-사라 샌들러/김은영 옮김/루비박스/2003

어른의 관점에서 청소년의 문제를 다룬 책은 흔하다. 그중에서 물론 잘된 것도 많다. 이 책의 지은이인 17세 소녀 사라 샌들러가 읽고 큰 감명을 받은 메리 파이퍼의 『오필리아의 회생』처럼 말이다. 하지만 결국 '그들이 보는 우리의 이야기'에는 한계가 있다는 것이 사라의 말. '오필리아'를 다시 살리려면 사춘기 소녀들의 말과 행동으로, 그들만이 다가갈 수 있는 정확함과 친근함이 필요하다는 생각이 이 책의 출발점이 되었다.

이 책은 다양한 인종과 종교를 가진 전 세계의 12~18세 소녀들이 혼신을 다해 쓴 815개 원고를 발췌해 엮은 것이다. 몸매, 남자친구, 부모, 정치, 학교, 섹스, 마약에 이르기까지 정말로 솔직한 이야기들이 담겼다. 책의 매력을 더해 주는 건 집필 당시 17세였던 지은이의 시선이다. 꾸짖거나 나무라는 대신 진심으로 이해하고 편안하게 감싼다.

청소년뿐만 아니라 정체성으로 고민하는 모든 여성, 특히 사춘기 자녀를 둔 부모나 소녀 시절의 악몽과 화해하지 못한 성인 여성, 이제 막 스무 살이 된 여성들이 읽으면 좋을 책이다('오필리아'는 잘 알려진 대로 『햄릿』 속에 나오는 인물. 정의롭고 선한 일만 하고, 다른 사람에게만 사랑받기를 원하다가 결국 버림받는 인물이다. 『오필리아의 회생』에서 메리 파이퍼는 이 오필리아를 요즈음의 소녀들과 동일시한 바 있다).

나는 미디어가 키운 아이였다. 텔레비전은 내가 가장 좋아하는 보모였고 가장 신뢰하는 친구였으며 가장 되고 싶은 역할의 모범이었다. …… 내 외모는 미디어에서 보여 주었던 완벽한 이미지와는 거리가 멀었다. 미디어 속의 연인으로서, 나는 절망적이었다. –본문 '미디어가 키운 이미지' 중에서 –

〈목차〉1장: 유린당하는 육체–미디어가 키운 이미지/식사 질환/자신에게 가하는 상처/중독/강간과 성적 학대, 2장: 가족 간의 문제–어머니/아버지/형제와 자매/붕괴되는 가정/안전한 곳은 없다/임신/가족의 죽음, 3장: 좋은 친구와 나쁜 친구–친구의 도움/잃어버린 우정/친구의 죽음, 4장: 욕망 때문에–순진한 매력/성의 유혹/다양한 성/조종과 지배/실연, 그리고 홀로 서기, 5장: 장애의 극복–공부의 압박감/우울증과 치료/페미니즘

지금 알고 있는 걸 그때도 알았더라면

–류시화/열림원/1998

시인이자 명상가인 류시화 씨가 엮은 잠언시집. 인디언에서 수녀, 유대의 랍비, 회교의 신비주의 시인, 걸인, 에이즈 감염자, 가수 등 지역과 시대를 뛰어넘은 다양한 무명씨들의 고백록이나 기도문들을 모아 엮었다. 지금과는 다른 새로운 삶을 원하는 사람, 새로운 존재를 영위하고 싶은 모든 사람들에게 자신의 삶의 방식에 대한 냉정한 관찰법과 웃음과 감동을 전해 주는 시집이다.

이 시집은 진정한 행복이란 사회적인 성공도, 물질적인 풍요도 아니라고 말한다. 살아가면서 오로지 자신의 참모습을 찾기 위해 끊임없이 노력하는 것, 그것이 바로 성공적인 삶이라고 가르친

다. 내 삶을 살기 위해 다른 사람의 시선은 필요 없으며, 생 앞에서 지나친 두려움으로 움츠러들 필요 또한 없으며, 단지 현재만을 살고 즐기며 무조건 행복하라고 말한다. 이 세상에는 초라한 삶이란 존재하지 않는다고…… 각자 자신이 인생의 위대한 영웅이며, 지금의 당신 모습이 최선이라고 말한다. 아! 주위의 어떤 누구도 인정해 주지 않던 내 삶이 고귀하다고 말해 주고 있는 것이다.

청소녀 백과사전

–김옥/낮은산/2006

부모들에게 두려움과 떨림의 대상이라는 자녀들의 사춘기. 사춘기는 지켜보는 부모나 겪는 당사자 모두에게 그저 인생의 암흑기에 불과한 것일까. 사춘기를 다룬 일곱 편의 단편이 수록된 이 책은 보는 각도에 따라 사춘기가 생의 다음 단계로 훌쩍 뛰어오르는 구름판일 수 있다는 기분 좋은 힌트를 준다. 아직 덜 다듬어지긴 했어도 생기가 흘러넘치는 사춘기 아이들의 풋풋한 모습이 책장을 덮고 난 뒤에도 빙그레 미소를 짓게 한다.

표제작 '청소녀 백과사전' 의 주인공 경은은 "내 나이 올해로 열세 살, 먹을 만큼 먹었다. 마침내 나도 사춘기에 접어든 청소년, 아니 청소녀가 된 것이다! 청소녀의 마음에 대해서는 백과사전 한 권 분량보다 더 많은 지식을 갖게 됐다" 고 주장하는 아이다.

"내가 누구 때문에 이렇게 열심히 사는데" 라고 하소연하는데 "엄마가 좋아서 엄마 인생 사는 거지. 나는 절대로 엄마처럼은 살지 않을 거야" 라고 쏘아붙인다면?〈 '야, 춘기야' 〉, "세상 모든 일을 다 알아 버린 것 같다가도 한없이 바보 같은 느낌이 든다" 고 토로한다면?〈 '착한 아이' 〉. 〈 '김마리 이야기' 〉의 마리는 나훈아를 닮은 새 담임선생님이 오자 "누군가가 방금 사서 상표도 뜯지 않은 새 옷 같은 선생님을 우리에게 보내 줬다" 며 환호작약하고, 가족신문을 만들어 오라고 하자 "우리 가족은 모차르트를 좋아해서 아침이면 우리 집에 모차르트 음악이 울려 퍼진다" 고 천연덕스럽게 소설을 쓴다. 예린은 갈색으로 머리를 물들이고 화장품으로 얼굴을 울긋불긋 스케치북으로 만들어 엄마에게 야단을 맞자, 외할머니에게 엄마의 어린 시절 뒷조사를 한다.

보수적인 어른들이 보면 '뭐 이렇게 발랑 까졌어' 라고 할지도 모르는 아이들, 그러나 우리 주변에 늘 있는 평범한 아이들. 그런 아이들의 속내가 솔직하고 생동감 있게 그려졌다.

퀴즈 왕들의 비밀

–E. L. 코닉스버그/이현숙 옮김/보물창고/2006

주인공 노아, 나디아, 에탄, 줄리안은 6학년 아이들로, 스스로를 '영혼들' 이라 부르며 매주 토요일 오후 4시 유래가 깊은 실링턴 저택에 모여 차를 마신다. 그러면서 각자 가진 상처를 우정, 친절, 가족에 대한 이해와 사랑을 바탕으로 극복해 간다.

자신의 상처를 치유하는 것은 물론, 상처 입은 다른 영혼들을 돕는 과정도 함께 이야기한다. 장애로 인한 신체적, 심리적 상처를 지닌 담임선생님에게 친절을 베풀고 퀴즈 대회의 흥미를 안겨 줌으로써 자신감을 갖고 세상을 살아가도록 도와준다.

감동의 이야기를 전하는 동시에, 퀴즈대회라는 형식을 빌리고 있어 자연스럽게 역사, 지리, 사회, 자연에 대한 지식을 얻을 수 있다. 뉴베리 상을 수상한 검증된 작가이면서 화학교사였던 경험을 바탕으로, 자신의 장기를 살려 정보와 재미가 함께 담긴 퀴즈 대회를 배경으로 했다.

가장 뛰어난 작품을 쓴 작가에게 씌워 주는 왕관에 박힌 보석 같은 작품. -미국 학교도서관신문협회

올린스키 선생님은 퀴즈 대회에 나갈 팀원들을 어떻게 뽑았나? 이 글은 이러한 의문점에서 출발해 이야기의 실타래를 풀어 나갑니다. 하지만 퀴즈 대회 우승은 이 글의 최종 목적이 아니라 하나의 부산물일 뿐입니다. '영혼들' 은 우승을 향해 가는 동안 한층 더 성숙해진 자신을 만나게 됩니다. 그리고 무엇보다 다른 사람을 이해하고 받아들이는 것이 결국 자신을 위한 가장 큰 선물이라는 소중한 진리를 깨닫게 됩니다. -지은이-

사람들은 누구나 나름대로 크고 작은 상처를 지니고 있습니다. 남을 이해하고 배려하는 마음에서 비롯되는 사랑과 우정은 자신의 상처를 극복하는 데 큰 힘이 되지요. 여러분 곁에도 소중한 친구들과 그들의 삶이 담긴 이야기가 늘 함께 있습니다. 주변 사람들과의 인연을 소중히 여긴다면 우리 모두의 삶도 '영혼들' 의 삶처럼 더욱 풍요로워질 것입니다. -이현숙(옮긴이)-

토미를 위하여

-곤살로 모우레/송병선 옮김/파랑새/2007

그란 앙굴란드 청소년 문학상 수상작으로 어른들의 욕망에 눌려 성장을 멈춘 아이들의 이야기를 담았다. 정신적 결핍을 갖고 있는 두 청소년이 음악을 매개로 우정을 쌓고 성장해 나가는 과정을 담은 청소년 소설이다. 이레네는 자신을 천재라고 믿고 피아노를 강제로 가르쳐 온 부모님에 대한 원망이 큰 17살 소녀다. '윌리엄스 증후군' 을 연구하는 의사 아버지를 따라 여름방학 때 시골로 간 이레네는 그곳에서 이 병을 앓고 있는 토미를 만난다.

'윌리엄스 증후군' 은 음악적 능력이 매우 뛰어나지만 일상생활에는 아주 서툰 정신 장애다. 이레네는 하모니카 연주를 매개로 토미와 친구가 되고 둘은 음악을 통해 대화를 하고 아픔을 치유해 나간다.

호밀밭의 파수꾼

–제롬 데이비드 샐린저/공경희 옮김/민음사/2001

1951년 처음 발표된 이래 가장 사랑받는(특히 젊은이들로부터) 고전의 자리를 놓치지 않아 온 J.D. 샐린저의 장편소설을 번역가 공경희 씨가 다시 옮겼다. 마침 2001년은 『호밀밭의 파수꾼』이 발표된 지 꼭 50년이 되는 해이다. 이 책은 지금도 여전히 매년 약 30만 부가 팔려 나간다.

소설은 홀든 콜필드라는 16세 소년이 학교에서 퇴학을 당한 후, 집으로 돌아가기까지 단 2일간의 이야기를 주절주절 늘어놓은 것이다. 뉴욕 부르주아 집안의 아들이지만 허영과 위선으로 가득 찬 사립학교와 사람들을 견디지 못하는 그의 독백이다. 독자는 홀든이 정신병원(혹은 요양소)에 들어가 있다는 것을 이미 알지만, 홀든의 눈에 비친 세상을 꼭 홀든의 시각 그대로 보게 된다. 그의 영혼이 얼마나 순수하고 깨끗한 것인지도 알게 된다.

2.2 자기계발

성공하는 10대들의 7가지 습관

–숀 코비/김경섭 · 유광태 옮김/김영사/2005

10대들의 문제를 진단해 주고 그 해결 방법과 성공적인 삶을 위한 방향을 이야기한 책이다. 지은이는 10대들이 삶의 거울로 삼을 만한 격언들과 다양한 사례, 만화와 컷들을 제시하여 실제 생활에서 바로 도움을 받고 이용할 수 있도록 책을 구성했다. 각 장마다 '걸음마' 코너를 통해, 직접 생활에서 실천해 볼 수 있는 일들의 꼭 필요한 원칙들을 쉽게 자신의 것으로 만들 수 있게 도왔다.

숀 코비는 『성공하는 사람들의 7가지 습관』를 지은 스티븐 코비의 아들로, 자신이 직접 체험했던 7가지 습관의 원칙을 막 지난 10대의 기억을 되살려 이야기를 풀어 나간다. 딱딱하고 지루한 설교조의 문장을 피하고 10대들의 목소리로 그들의 입장에서 이야기했다. 많은 교육전문가의 추천을 받은 작품이다.

나는 10대들에게 희망을 주기 위해 이 책을 썼다. 변화할 수 있고, 나쁜 버릇을 끊고, 인간관계를 발전시킬 수 있다는 희망, 문제를 해결하고 숨은 능력을 발휘할 수 있다는 희망을. 가족생활이 엉망이고, 학교에서 퇴학당하고, 친구라고는 고양이 한 마리밖에 없더라도 포기하지 마라. –숀 코비 –

아들아, 머뭇거리기에는 인생이 너무 짧다 1, 2, 3, 4

–강헌구/한언출판사/2000

서울과 수원에 있는 '비전스쿨' 에서 젊은이들에게 '비전을 가지는 것의 중요함' 을 가르치고 있는 강헌구 교수가 쓴 젊은이를 위한 인생 지침서이다.

1권은 '비전 편'으로 원대한 비전을 세워 성공한 사람들의 이야기 70가지를 들려주고, 다음에는 어떻게 비전을 세우고 매진해 가는지 방법을 알려 준다. 2권 '커뮤니케이션 편'은 강헌구 교수가 그의 스승 이원설 박사와 함께 쓴 책으로, 지은이는 요즘 젊은이들이 친구들과의 잡담이나 재치 있는 말장난에는 능하지만 정작 말이 필요한 자리에서는 입을 열지 못한다고 지적하며, 그들에게 진정한 토크 파워를 길러 주는 비결을 제시하고 있다. 3권 '리더십' 편은 리더십이 왜 필요한지, 어떤 것이 진정한 리더십인지, 또 리더십을 함양하여 성공적인 리더가 되려면 어떻게 해야 하는지 등의 내용을 감동적인 스토리를 통해 소개하고 있다. 4권 'Body Mind' 편은 자기 인생의 주인공이 되어 쉼 없이 달려 나가기 위해서는 강인한 몸이 뒷받침되어야 한다는 점을 강조하고 있다.

오늘날 전 세계를 이끌어 가는 최고의 리더들이 어떻게 강인한 몸을 통해 꿈을 키우고, 절망과 포기의 순간에 자신을 추슬렀는지, 살아 있는 스토리로 생생하게 소개한다.

친구야 너와 나는 특별하단다 : 글로벌 리더를 꿈꾸는 10대를 위한 리더십 이야기

–한국리더쉽센터 엮음/고즈윈/2005

사회 각계의 리더 11명이 십대 청소년에게 글로벌 리더의 성품과 역량으로서의 리더십이 무엇인지 알려 주는 책. 변호사 강지원, 전 교육부 장관 문용린, 삼성사회정신건강연구소 소장 이시형, 가수 강원래 등이 자신들의 경험을 바탕으로 하여 솔직하고 설득력 있는 메시지를 전한다. 자신의 꿈과 재능을 탐색하는 데 서투른 청소년들이 스스로 비전을 찾는 계기를 마련해 주려는 의도로 기획되었다.

적성발견 리더십, 자기관리 리더십 등 11가지의 리더십 항목에 각각의 목표 달성을 위한 구체적인 실천방법–미래 명함 만들기, 시간 관리 매트릭스 등–을 더했다. 한국 리더십센터에서 주관한 제1회 주니어 리더십 페스티벌에서 강연한 내용을 기초로 책을 만들었다.

폰더 씨의 위대한 하루

–앤디 앤드루스/이종인 옮김/세종서적/2003

이 책은 '데이비드 폰더'라는 한 중년 가장이 만 하루 동안 겪은 환상여행을 감동적인 필치로 그려 낸 소설 형식의 자기계발서이다. 연이은 실직, 쌓인 빚, 딸의 대수술 등으로 곤경에 처한 40대 가장 폰더 씨는 우연한 사고로 인해 역사 속으로 여행을 떠나게 된다.

폰더 씨는 여행에서 7명의 역사적 인물(트루먼 대통령, 안네 프랑크, 체임벌린 대령, 콜럼버스 등)을 차례로 만나게 되는데, 이들에게서 '성공적인 삶이란 어떤 것인가'에 관한 소중한 메시지 7가지를 선물로 받고 환상에서 깨어난다는 내용이다.

이 책은 이런 단순한 플롯에도 불구하고, 독자 자신과 동일시하게 만드는 폰더 씨라는 인물의 전형성, 역사적 인물들의 사실적인 재현, 감동적 장치들의 적절한 배치, 긴박하고 빠른 줄거리 진행 등으로 감동과 설득력을 자아내고 있다.

이 책은 2002년 말 미국에서 출시되어 2003년 내내 미국 독자들의 큰 관심을 끌고 있다. 이 책의 가장 큰 가치는 힘든 오늘을 살아가는 독자들에게 삶에 대한 용기와 함께 낙관적인 눈을 길러준다는 데 있다.

황금의 씨앗을 뿌려라 : 10대를 위한 공병호의 자기경영노트

-공병호/21세기북스/2002

'열심히 살아야 한다, 공부만 잘하면 된다' 라는 단순한 말은 더 이상 10대들에게 통하지 않는다. 변화하는 현실 속에서 부모들도 자녀들에게 이런 밑도 끝도 없는 얘기 말고, 세상과 미래를 직시할 수 있는 안목과 현실적인 조언을 하여야 한다고 지은이는 주장한다.

이 책은 10대들의 인생을 어떻게 설계하고 준비해야 하는가에 대해, 미래, 비전, 직업, 금전 등 4가지 주제별로 지은이의 풍부한 경험과 사례를 제시하고 있다. 또한 소주제들이 끝날 때마다 마련한 생각 노트를 통해 자신만의 생각을, 미래를 정리할 수 있도록 하고 있다.

2.3 진로

그래, 엄마 나 미쳤어

-서철인/맥스미디어/2004

요리, 미용, 관공, 통역, 보석 세공, 만화, 애니메이션 등 실무 위주의 기능인을 양성하는 특화고 아이들의 이야기를 담았다. 고등학교 때부터 직업에 대한 전문적인 교육을 받는 특화고 아이들은 일찍부터 진로를 정했기 때문에 별다른 방황 없이 미래를 건실하게 설계한다.

전국 특화고등학교 12개교를 선정, 자신의 미래를 위해 특화고를 선택한 재학생들의 실제 이야기를 소개하고, 특성화 학교를 졸업한 뒤 해외 전문 교육 기관에 진학하거나 유명회사에 입사한 졸업생들의 체험담과 포부를 자세히 게재했다.

"너 대학은 어떻게 가려고 그래?"

내가 인문계보다 입학 전형이 빠른 한진고에 입학 원서를 내고 온 날 친구들은 걱정스럽다는 듯 한마디씩 쏘아붙였다. 누구나 대학 진학이 목표인 친구들이니 당연히 그럴 만도 했다. 그런 친구들에게 '아무 계획도 없이 무작정 대학만 가고 보자는 식의 진학은 싫다' 는 말은 차마 하지 못했다. 큰 고민 없이 정해진 수순을 밟는 친구들에게 혼란을 주고 싶지 않았기 때문이다. 그 아이

들에게는 나의 선택이 위험천만한 일탈 행위로 여겨졌으리라. –본문 111~112쪽 중에서 –

나에게 꼭 맞는 직업을 찾는 책

–바바라 배런 티저 · 폴 D. 티저/백영미 · 최석순 옮김/황금가지/2002

이 책은 〈포천〉이 선정한 500대 기업과 삼성, 현대 등 국내 대기업에서 활용하고 있는 MBTI 성격 테스트를 통해, 나에게 꼭 맞는 직업을 찾는 방법을 제시한다. 출판된 지 10여 년이 지났지만, 수많은 직업 전문 컨설턴트들과 일반인들에게 꾸준히 읽히고 있는 구직 가이드의 고전이다.

이 책에서 지은이들은 MBTI(Myers-Briggs Type Indicator : 마이어 브리그스의 성격 유형 지표)가 제시하는 열여섯 가지 성격 유형을 통해, 많은 사람들이 간과해 오거나 미처 깨닫지 못한 성격의 비밀을 밝혀 개개인에게 꼭 맞는 최상의 직업을 제시한다.

지은이들은 직업이 자신에게 잘 맞지 않는 이유가 성격을 고려하지 않았기 때문이라고 말하면서, MBTI가 제시하는 열여섯 가지 성격 유형별로 특정한 성격의 소유자가 어떤 일을 좋아하고 어떤 일을 싫어하는지, 그리고 특정한 성격 유형에 맞는 직업 분야에는 어떤 것이 있는지 사례를 통해 구체적으로 제시한다. 또한 성격 유형에 따른 장점과 단점, 구직 활동을 해야 할 때 주의할 점들도 함께 제시한다.

너의 꿈은 무슨 색깔이니

–하영목/가산출판사/2002

진로문제로 고민하는 청소년들과 대학생들 또한 학부모들은 점수위주의 배치판정표나 입시자료집에 의존하는 경우가 많다.

이 책은 지은이가 포항공과대학 설립 당시 학생모집 책임자로 학부모들과 지원자들의 전공선택과 진로상담을 한 경험과 한국 Coca Cola 보틀링과 한국 Johnson & Johnson 등 세계적인 기업의 인재 선발 및 경력관리를 했던 경험을 바탕으로 쓴 진로지침서이다.

이 책에서 지은이는 사람마다 타고난 성격이 있고 자신에게 맞는 직업과 전공이 따로 있다는 전제하에, 세계에서 가장 널리 이용되고 있는 MBTI(마이어 브리그스의 성격 유형 지표) 성격검사지를 이용하여 자신의 성격을 진단해 보고 이해하도록 한다.

그 다음 16가지 성격 유형별 특성(책임형/충성형/사색형/자립형/실리형/예술형/이상형/개념형/자발형/관대형/낙관형/발명형/불변형/조화형/설득형/위엄형)과 성격에 맞는 장래 직업과 전공 분야를 제시하고, 그 이유를 설명하고 있다. 성격 유형별로 강점과 약점뿐 아니라 어떻게 해야 균형잡힌 원만한 성격으로 스스로를 계발하고 발전시킬 수 있는지 개선방향을 제시하고, 각 유형별로 성공적인 삶을 살아온 사람들의 이야기도 실어 놓았다.

지은이는 '직업의 미래' 장에서 학력파괴의 시대, 탈직장시대를 예견하면서 직업은 참행복을 위하여 선택해야 한다고 주장하고 있다.

성공을 꿈꾸는 10대들의 위대한 준비 : 글로벌 시대를 열어가는 미래의 직업관 · 직업준비

-공병호/중앙M&B/2005

10대들이 자신의 미래 직업을 준비하고 성공적인 삶을 살기 위해 필요한 성공의 법칙을 제시하는 청소년 자기계발서다. 급격하게 변화하는 한국과 세계경제에 대해 탁월한 식견을 펼쳐 보이는 공병호 박사가 10대 청소년에게 제시하는 진로와 직업 선택에 대한 구체적인 해석과 방법론을 담고 있다.

'준비되어 있는 인재' 에게는 커다란 기회가 주어지지만 '준비되지 않은 인재' 에게는 일자리를 구하지 못하는 위기가 발생합니다. 그래서 나는 여러분에게 '준비하라! 준비하라! 또 준비하라!' 고 부탁합니다. 준비에 따라 커다란 차이가 생겨나는 시대라는 점을 꼭 기억하기 바랍니다. 그런데 준비하기로 마음먹고 행동하는 사람은 자신을 대신해 줄 수 있는 사람이 아무도 없다는 점을 잘 알고 있습니다. 자기 자신만이 준비의 주역이 될 수 있습니다. -본문 25쪽 중에서 -

3. 정서문제

3.1 우울

왜 나만 우울한 걸까

-김혜남/중앙M&B/2003

16년간 정신분석 전문의로 활동해 온 경험을 토대로 우울을 못 견디거나, 우울을 무기로 삼는 사람들에게 치유를 주는 책. 지은이는 우울에 대한 무수한 편견으로 인해, 정상적인 우울이 우울증으로 커져 버린 여러 가지 사례들을 보여 주고, 그렇게 되지 않기 위해서 정상적인 우울을 어떻게 맞이해야 하는가를 알려 준다.

모든 게 귀찮기만 하다는 귀차니스트, 죽도록 먹거나 먹지 않는 사람들, 무언가에 중독되어야만 살 수 있는 사람들, 외모에만 집착하는 사람들, 자살을 꿈꾸는 사람들, 늘 피곤하다는 사람들, 그들은 언뜻 다른 범주에 있는 사람들 같지만 모두 우울과 깊은 관련을 가지고 있다. 이 책은 그들이 우울과 어떤 관련을 가지고 있는지 조목조목 밝혀내고, 그들이 자신의 마음속에 숨어 있는 우울을 어떻게 다스려야 하는지를 일러 준다.

또한 인터넷과 메신저, 문자메시지 등을 타고 급속하게 번지고 있는 심각한 언어 파괴 현상, 인

터넷 폐인과 리플족의 탄생, 조폭영화와 코미디에 열광하는 심리 등을 통해 우울에 빠진 시대를 짚어 낸다. 우울한 시대가 만든 사람들, 키덜트족의 심리도 파헤친다.

사람들이 자살을 택하는 가장 중요한 심리적 요소는 바로 희망의 상실이다. 사실 희망을 상실했다는 것처럼 무서운 것도 없을 것이다. 이제 모든 것이 끝난 것 같은 느낌, 빠져나갈 탈출구는 보이지 않고 손을 뻗어 구해 줄 누군가가 없다는 절망감은 자살이라는 극한 상황으로 내몰 수 있는 충분한 감정이다. -본문 127쪽 중에서 -

3.2 수줍음/불안

당당하게 살자 : 수줍음을 극복하는 법

-머레이 B. 스타인 · 존 R. 워커/이훈구 옮김/FKI미디어/2002

수백만 명의 사람들이 극도의 수줍음과 사회적 불안을 느끼면서 살아가고 있다. 이 책은 사회적 불안의 성격과 이를 극복하기 위해 할 수 있는 방법을 이해하는 데 도움을 줄 것이다. 이 분야에 탁월한 두 명의 전문가가 쓰고 미국불안장애협회에서 공동 출간한 이 책은 당당하게 자신의 능력을 과시하지 못하는 '수줍음 환자' 를 직접 치료한 경험을 소개하고, 독자가 직접 이를 실습하고 치료할 수 있도록 한다.

증상별 케이스, 치료 기법 및 불안 사고와 신체적 증상을 스스로 관리하는 데 도움이 될 수 있는 훈련 방법 등을 소개하고 있다. 또한 약품과 치료법에 대한 최신 정보 및 수줍음의 굴레에서 벗어나는 데 도움이 될 유용한 자료들을 소개한다.

소년, 세상을 만나다

-시게마쯔 키요시/오유리 옮김/양철북/2004

도쿄 근교의 신도시에 여성들만을 노리는 연쇄 노상범죄가 잇달아 일어난다. '길 위의 악마' 라고 불리는 범인은 놀랍게도 평소에 말이 없고 수줍은 소년 다카얀이었다. 다카얀의 도발적인 행동에 반 친구들은 놀라움과 의혹에 휩싸인다. 다카얀이 던져 준 의문을 따라가면서 사춘기 소년들의 일상이 펼쳐진다.

'무언가 내 맘속에서 활화산처럼 꿈틀댄다' , '모르겠다. 뭔지 모르겠다' , '위선 같고 맘에 안 든다' 사춘기 소년들의 매일은 일견 평온해 보이지만 그 내면은 결코 간단하지 않다. 10대 남자 아이들의 아픔과 번민을 그들의 언어로 그려 내 청소년들의 공감을 이끌어 낸다.

쿨한 우등생에서 불량배, 게임으로 한밤을 지새우는 아이, 환경과 인류의 미래를 걱정하는 아이, 농구에 몰두하는 아이, 성실한 아이, '선' 을 넘어 버린 소년 범죄자, 첫사랑의 몸살을 앓고 있는 아이. 이야기 속에 등장하는 아이들은 각기 다른 문제를 떠안고 살아가면서 자신을 찾기 위해 노력한다.

아사히신문에 연재된 소설로, 야마모토 슈고로 상을 받은 작품. 사춘기 특유의 '불안과 충동'으로 혼란스러워하는 십대들의 모습을 생생한 언어로 치밀하게 그렸다. 특히, 청소년 사이에 존재하는 연대의식과 세상 속에서 자기만의 방식으로 스스로를 발견하는 과정을 치밀하게 묘사했다.

수줍음

–블레인 스미스/송경숙 옮김/한국기독학생회출판부/2002

수줍음의 실체와 대처 방안을 성경적 시각에서 모색한 책. 두려움을 처리하는 방법과 자신 있게 대인관계를 맺는 실제적인 방법을 제안한다. 또 자기주장을 분명히 하고 낙천적인 사고방식을 개발하는 일이 왜 중요한가를 설명하였다. '자신 있게 대중 앞에 서는 법'을 부록에 실었다.

3.3 강박증

성공한 사람은 사소한 일에 목숨을 걸지 않는다

–리처드 칼슨/박혜진 옮김/창해/2000

『우리는 사소한 것에 목숨을 건다』의 지은이, 리처드 칼슨이 10대 청소년을 위해 쓴 책. 10대 시절은 지나고 나면 행복한 추억거리가 되기도 하지만 당시에는 온통 혼란스럽고 변덕스럽고 불안정하게 느껴지기 마련이다. 세상을 비난하고, 남들을 삐딱한 시선으로 보며 분노를 폭발시키는 이유들은 대부분 사소한 것들이다. 지은이의 말대로 사소한 것들에 대해 모두 비상사태나 되는 것처럼 반응한다면, 삶은 피곤해지고 정말 중요한 일을 처리하기도 전에 지쳐 버리고 말 것이다. 특히 10대는 순간적인 감정으로 크게 후회할 일을 저지를 수도 있는 충동적인 시기이기에 더욱 그렇다.

이 책은 이런 10대들을 위해 '사소한 것들에 목숨을 걸지 않고' 초연해질 수 있는 여러 방법들을 제안하고 밝고 긍정적으로 세상을 보게 해 준다. 일례로 지은이는 생각과 생각 사이의 공간을 찾으라고 제안한다. 화가 치밀어 올라 곧장 부정적인 대응을 해야겠다는 생각으로 옮아 가기 전에, 공간을 두라는 것이다. 그러면 나중에 후회할지도 모르는 일을 하기 전에 브레이크를 걸 수도 있고, 현명하게 대처할 수도 있기 때문이다. 그 외에도 연인과의 이별, 슬럼프, 나쁜 감정처럼 살다 보면 끊임없이 겪을 수밖에 없는 사건이나 감정변화에 어떤 마음가짐으로 대처하는 것이 현명한지 가르쳐 준다.

10대를 위한 단순하게 살아라

–프란츠 베르거/유혜자 옮김/김영사/2003

생각할 틈도 없이 쏟아지는 과제들, 1년 내내 계속되는 시험, 불확실한 미래는 청소년의 삶을 혼란스럽게 만든다. 이 책의 원제 『혼란이여 안녕(Chaos Ade!)』에 맞게 청소년들의 혼란스런 일상을 단순하게 정리해 줄 해법을 제시한다.

시간과 공간 관리, 원만한 친구 관계를 유지하며 미래의 꿈을 키우기 위한 7가지 원칙과 꿈을 이루기 위해 반드시 명심해야 할 5가지 SMART 원칙을 알려 준다. 잘못된 습관 하나가 시간과 인생을 얼마나 낭비하고 있는지 보여 줌으로써, 자신의 인생이 얼마나 소중한지를 깨닫게 한다. 이 책은 단순히 원칙들을 나열하는 데 그치지 않고, 풍부한 자가진단을 통해 자신의 생활패턴을 살펴볼 수 있도록 했다.

쿨보이

–사소 요코/이경옥 옮김/생각과느낌/2004

엘리트 코스를 거쳐 돈 많이 버는 기업에 취직하겠다는 꿈을 가진 야무진–아직도 현실의 매운맛을 모르는 또래에 비하면 야무져도 너무 야무진–중학교 2학년 남학생 호시노 유의 이야기. 호시노는 쿨해 보이지만 불안한 마음을 냉소로 숨기는 평범한 사춘기 남자 아이이다.

호시노는 정말 열심히 공부하는 중학생이다. 또래들이 사춘기를 겪으면서, 이런저런 반항을 저지를 때 호시노는 학원에 다니고 예습과 복습에 열을 올린다. 호시노가 공부하는 것은 엄마 아빠나 학교가 시켜서가 아니다. 호시노는 자신의 꿈을 이루기 위해–물론 또래들하고는 조금 다르긴 하지만–열심히 공부한다. 물론, 맘먹은 대로만 되지 않는 게 인생의 법칙이고, 그 법칙은 굳이 호시노만을 예외로 하진 않는다. 갑작스럽게 시골로 이사를 가게 된 호시노는 자신의 인생계획이 망가질까 봐 완강히 저항하지만, 곧 시골생활을 받아들이게 된다. 그리고 그곳의 특별한 무엇이 호시노를 변화시킨다.

『화성에 간 내 동생』으로 국내에 소개된 사소 요코의 작품. 독특한 구성과 기막힌 반전으로 산케이아동출판문화상을 수상했고, NHK 청소년 드라마로 만들어지기도 했다. 어쩌면 약한 소리를 할지도 모를 자신을 숨기기 위한 포장들을 모두 걷어 내고, 진실한 모습으로 세상과 마주 보게 된, 호시노의 성장 이야기다.

3.4 자살

청소년 자살 예방론 : 원인분석과 대책

-최병목/홍익제/2002

청소년 자살에 대한 원인분석과 대책을 제시한 책이다. 청소년들에게 자살 문제가 사회 문제로 대두된 것은 기성세대에게 크나큰 부담이 아닐 수 없다. 한창 공부하고 삶의 지혜를 닦아야 할 시기에 죽음을 선택하는 무엄한 청소년에게 어른들이 할 일은 무엇일까. 문제의 심각성은 알지만 남의 일로 생각하고 지나칠 수밖에 없는 자살을 예방하기 위해 집필의 용기를 낸 지은이의 시도는 시사하는 바가 크다. 청소년의 자살에 관한 자료와 사례 연구를 정리하고, 이를 바탕으로 대처 방안을 강구했다.

4. 신체

4.1 성

내 마음의 포르노그라피

-김별아/이룸/2000

이 책은 지은이가 소설이기 전에 자신이 세상에 갚는 마음의 빚 중 일부라고 소개하고 있다. "호기심과 욕망은 여태까지 나의 성장을 이끈 친밀한 벗이었고, 내 발목을 잡는 족쇄였고, 내가 마지막으로 해방될 부채이기도 하다. 나는 이 글이 풍선처럼 터질 듯한 호기심을 지닌 소녀들과, 죄의식과 갈등에 들끓고 있는 미혼 여성들과, 탄로나 버린 비밀에 대한 허탈감과 모성이라는 세습된 굴레에 사로잡힌 기혼여성들에게 조금이나마 위로가 되었으면 하고 바랄 뿐이다. 나는 글들이 지금보다 더 솔직해질 수 있다고 생각한다. 본문에 쓴 대로 확신하건대, 이 세상에 잠기고 녹슨 문은 있을지언정, 처음부터 열리지 않을 목적으로 만들어진 문은 없을 것이다."라고 지은이는 술회하고 있다.

니 잘못이 아니야

-구성애/올리브/2003

87년부터 시작해 15년 동안 연간 300여 회의 성교육 강연을 하고 있는 구성애의 두번째 책. 이 책의 전편 격인 『구성애의 성교육』이 누구나 알고 있다고 생각하는 성이 얼마나 왜곡되고 편협한 성인지 통렬하게 질타한 것이라면, 이 책은 자녀들에게 성교육을 어떻게 해야 하는지 구체적인 지침을 주는 책이다.

크게 2부로 나뉘어 있는데, 1부는 지은이의 아픔에 대한 이야기들이다. 푸념과 탄식보다 눈물 속의 웃음과 극복, 희망을 담아내려고 애썼다. 2부는 그 긴 강연을 하고도 못다 한 이야기들을 모으고 추려 원칙 속에서 펼쳐 보았다. 지은이가 아들을 키우며 느꼈던 교훈들과 많은 상담 사례들, 그리고 방향과 관점을 세우고자 후벼 파며 읽었던 책들 속에서 도움 되는 근거들이 담겨 있다.

똑똑한 나 아름다운 섹스 : 학교에선 죽었다 깨어나도 배울 수 없는 성과 사랑

–미하엘라 뵘/장혜경 옮김/동아일보사/1999

10대와 20대 초반 소녀와 여성을 위한 사랑과 섹스에 관한 지침서. 사춘기에서 성인이 되어 가는 과정에 생기는 모든 의문 사항들을 세심하게 설명해 놓고 있다. 독일 작가가 쓴 책이지만 국내 현실에 맞도록 개작했고, 개성 있는 일러스트와 대화하는 듯한 신세대식 말투로 꾸며졌다.

독일의 성 권위자가 수년간의 연구 끝에 만든 책이니만큼, 학교에서 행하는 의례적인 성교육이 아니라 청소년들에게 실질적인 도움과 안내가 될 만한 내용으로 되어 있다. 이 책은 사춘기를 겪으면서 몸의 변화, 첫 월경을 어떻게 받아들일까, 남자들의 몸 변화는 어떻게 진행될까 등 사춘기의 여자와 남자의 몸 변화를 어떻게 받아들여야 하는지에 대한 설명으로 시작한다. 그리고 이제 사랑을 할 수 있는 나이가 되었다는 것을 인정하면서, 사랑을 하는 커플들의 종류와 질투, 사랑의 의미, 솔로의 좋은 점, 섹스의 종류와 섹스를 하는 마음가짐, 그리고 섹스를 통해 얻을 수 있는 즐거움, 피임법, 내 몸 내가 알아 가꾸기, 성폭력에 대처하는 법, 미래 가꾸기 등의 내용을 담고 있다.

무엇보다 이 책은 섹스하면 얼굴부터 빨개지는 부모들을 대신할 수 있는 역할을 충분히 해낼 수 있을 것으로 보인다. 사랑에 대해 자신이 정말 원하는 관계를 가지라는 충고만큼 지금 청소년들에게 필요한 것은 없기 때문이다. 기초적인 성지식과 사랑을 하는 마음자세까지 아우른 것이 이 책의 큰 매력이다.

오늘, 청소년의 性을 읽다

–손승영/지식마당/2002

『오늘, 청소년의 性을 읽다』는 책 제목이 시사하듯 청소년의 입장에 서서 그들과 대화한 내용을 중심으로 참여관찰을 통해 10대의 경험을 정리하고 서술하였다. 그리고 한 걸음 더 나아가 청소년들의 성문화에 있어 불평등하게 작용하는 부분이 무엇인지도 함께 분석하고자 노력하였다. 여성주의적 시각을 적용함으로써, 왜곡된 성문화를 지적하고 성평등한 10대의 성문화를 정립하는 데 기여할 수 있는 제언도 하고자 노력하였다.

〈목차〉 제1장 십대의 성의식과 성경험/제2장 청소년기와 섹슈얼리티/제3장 성매매 세계로의 유입/제4장 사이버 공간과 청소년 성문화/제5장 여성주의적 성교육/제6장 청소년 성폭력과 법적 개입

우리가 성에 관해 알고 싶은 것, 그러나 하이틴 로맨스에도, 포르노에도, 나와 있지 않은 것

–김성애 · 이지연/또하나의문화/1998

청소년들을 위한 성교육 지침서로 '사랑이 뭐기에?, 포르노, 로맨스, 자위, 순결의 문제' 등에 대해 다루었으며, 『우리가 성에 관해 알고 싶은 것, 그러나 하이틴 로맨스에도, 포르노에도, 나와 있지 않은 것』에서는 성에 관한 짧은 생각, kissxxxx, 날라리 이야기 : 날라리와 섹스의 함수 관계, 경험 뛰어넘기 등 청소년의 눈높이에 맞는 성교육 내용을 담았다.

청소년을 위한 성과 사랑 에세이

–강영계/답게/1996

지은이는 이 책을 손이 아니라 가슴으로 썼다고 한다. 자신의 청소년 시절의 온갖 체험이 쌓여 있는 진한 가슴의 숨결이 이 글의 구절마다 배어 있다.

나는 수놓는 새색시와도 같은 정성 어린 마음으로 나의 청소년 시절을 다시 어루만진다. 그리고 또 숱한 고뇌와 번민의 늪에서 허덕이면서도 밤하늘의 별과 새벽녘의 이슬을 응시하는 수많은 청소년들의 해맑은 눈망울을 위하여 이 글을 썼다. 성과 사랑을 다 말하기엔 이 글이 너무 하찮게 생각된다. 그래도 청소년에게 성과 사랑이 너무나도 벅찬 것이기에 청소년을 위하여 나는 참답고 고귀한 성과 사랑으로 가는 '오솔길' 을 그려 보고 싶었다. –본문 중에서 –

포르노 All Boys Do It

–엄기호/우리교육/2000

십대들에게도 '성' 은 있다. 너무나 당연한 말이면서 함부로 해선 안 될 말이기도 하다. 실제로 우리 사회에서 청소년에 대한 성담론은 부족하지만, 청소년들 사이에 성에 대한 관심은 넘쳐난다. 십대 남성들에게 포르노를 보는 것은 이야깃거리가 되지 않을 정도로 일상화되어 있다는 점이 이를 반증한다.

이 책은 십대들과의 심층 면접과 인터넷을 비롯한 각종 매체에 실린 글들을 통해 포르노에 얽힌 청소년들의 성(性)에 관해 이야기한다. 이들은 어른들이 걱정하는 것만큼 포르노에 중독되어 있지는 않았지만, 포르노에 함축되어 있는 '남성, 성기 중심' 의 성의식을 수용한다.

지은이는 학교를 비롯하여 사회에서 빈번히 일어나는 성희롱, 성폭력을 거론하며 사회의 성의

식이 포르노의 그것과 별반 다르지 않음을 꼬집는다. 그렇기에 학교가 진정한 의미에서 배움과 성찰을 가르치는 곳이라면 포르노를 빼앗을 것이 아니라, 차라리 포르노에 대해 가르치고 토론해야 한다는 다소 과격한(?) 주장을 펼친다.

4.2 신체장애

달려라 형진아

–박미경/월간조선사/2004

좌절과 고통 속에서도 쇠잔한 희망의 샘이 계속 솟아나는 어머니의 아이디어와 희망은 아들에 대한 사랑이라고 생각한다. 일상생활에서 최선을 다하는 과정을 특별한 기술을 삽입시킨 것이 아니고, 평범하지만 더욱 특별한 사랑의 테크닉과 열정으로 교육시킨 어머니가 매우 돋보인다. 우리는 그 사람이 가진 가능성과 장점을 찾아내야 하는 데 그 노력을 다해야 할 것이라고 생각한다.

도토리의 집

–야마모토 오사무/김은진 옮김/한울림/2005

이 책은 실화를 바탕으로 장애인의 인간승리를 수채화처럼 그려 낸 작품이다.

평범한 가정에서 모든 가족들의 축복 속에 태어난 게이코. 부모는 아이가 선천성 청각장애와 함께 발달장애까지 갖고 있는 중복장애아라는 사실을 알게 되고 절망한다.

말을 못해 답답한 아이는 닥치는 대로 물건을 집어던지고 엄마와 싸우며 이웃집에 들어가 집안을 엉망으로 만들기도 한다. 그러다 견디지 못하면 스스로 몸을 벽에 부딪쳐 자해까지 하고……. 결국 단란했던 가정은 무참하게 깨지며 부모는 하루하루 절망 속에서 지내게 된다. 그러던 어느 날, 게이코가 천식발작으로 생명이 위험해지고, 그 속에서 있는 힘껏 애쓰는 아이의 모습을 본 부모는 게이코가 살아 있음을, 자신들의 소중한 아이임을 다시금 깨닫게 되면서 게이코와 함께 행복하게 생활하고 싶다는 절실한 심정을 느낀다.

느리지만 차츰차츰 밝게 성장해 가는 게이코의 모습을 보며, 장애를 가지고 있는 사람은 아이가 아니라 어른들의 슬픔, 절망, 포기가 장애였음을 부모들은 깨닫게 된다. 마침내 아이가 졸업 후에도 평생 일하며 살아갈 수 있는 공동작업장 '도토리의 집' 건립을 위해 팔을 걷어붙인 부모들, 엄청난 자금이 필요한 대장정을 시작하고 수년간의 노력 끝에 마침내 염원의 도토리 집을 건립하기에 이른다. 이 책은 '희망과 용기'의 이야기다.

아우야! 세상엔 바보란 없단다

–안의정/고성원 그림/밝은 세상/2002

순수하고 정신박약아인 바보 형과 그 형을 챙기는 동생과 가족들의 모습을 통해 진정한 가족애가 무엇인지 생각하게 하는 책이다.

어린 소년에게 형의 존재는 의문투성이다. 왜 아이들이 형아를 바보라고 놀리는지, 왜 형아의 바지에서는 항상 지린내가 나는지 어린 소년은 알지 못한다. 소년이 철이 들고 난 뒤에도 형아는 계속해서 용변 본 뒤처리를 하지 못하고, 동물들을 쫓아다니며 괴롭히고, 여자 손님들이 오면 "장가! 뽀뽀!" 하며 좋아한다. 그리고 그는 하루 종일 장독대 위에 올라가 먼 제방을 바라본다. 오로지 할 일이라고는 그것뿐인 것처럼, 비가 오나 눈이 오나 밤낮을 가리지 않고 먼 곳을 홀로 바라볼 뿐이다.

넉넉지 못한 가족들에게 그런 바보 형아의 존재는 언제나 창피 거리이자 골칫거리이다. 그러나 할머니만은 형을 끔찍하게 여기신다. 할머니의 사랑과 어린 소년의 시각을 통해 아무리 바보 형이라도 옆에서 지켜 주고 돌보아야 하는, 소중한 가족의 일원이라는 것을 일깨워 준다.

이 책에 실린 또 한 편의 작품은 미국으로 입양되어 간 앤지라는 소녀가 백혈병으로 세상을 떠나기까지 가족들이 보여 준 눈물겨운 사랑에 대한 이야기다. 세 자녀가 있는 페스타 부부에게 입양된 한국인 소녀 앤지는 티 없이 자라나 마을 주민들의 자랑거리가 된다. 열두 살이 된 앤지가 백혈병에 걸리자 페스타 부부와 세 형제는 정성을 다해 앤지를 간호한다. 그러한 정성에도 불구하고 앤지는 끝내 세상을 떠나고, 한동안 앤지를 잃은 충격에서 벗어나지 못하던 페스타 부부는 또 다른 한국인 소녀를 입양하여 못다 한 앤지에 대한 사랑을 키워 나간다. 장애와 질병으로 인한 시련 앞에서 오히려 단단해지는 가족의 모습을 통해 각박한 세상에서 무엇과도 바꿀 수 없는 가족의 소중함을 일깨워 준다.

오체불만족

–오토다케 히로타다/전경빈 옮김/창해/2001

오토다케 히로타다, 그의 다 자란 팔다리는 고작 10센티미터에 불과하다. 그런데 그런 팔다리로 달리기, 야구, 농구, 수영 등 못하는 운동이 없다. 어렸을 때부터 보통사람과 똑같이 교육을 받은 그는 자신의 신체가 지닌 장애를 결코 불행한 쪽으로 바라보지 않는다. 오히려 초개성적이라 생각하며 장애와 행복 사이에는 아무런 관계가 없다고 말한다.

지금까지 그가 살아온 이야기와 생각을 솔직하게 담은 『오체불만족』은 장애인에 대한 일반인들의 편견을 뛰어넘게 만든다. 이 책에는 그가 태어나면서 초 · 중 · 고등학교를 거쳐 대학에 다니고 있는 지금까지 일상의 단면들이 솔직하고 위트 있게 그려진다.

어떤 부분에 이르러서는 웃음이 터져 나오기도 하고, 또 어떤 부분에서는 눈시울을 붉히게 된다. 특히 자신의 장애와 관련하여 부모, 선생님, 친구, 이웃과 사회에 대한 생각들과 그들이 보여 준 행동은 독자들로 하여금 장애에 대해 다시 한 번 생각하게 한다.

#13 대인관계편 [학교/대인관계/청소년 일탈]

1. 학교

1.1 학업부진

- 성공하는 10대의 비밀노트. 토마스 비케/장혜경 옮김. 푸른숲, 2003.
- 세상에서 가장 쉬운 것이 공부였다. 장승수. 김영사, 2004.
- 정답은 내 안에 있다. 이창환. 주니어김영사, 2005.

1.2 성적/시험/입시

- 못난 것도 힘이 된다 1, 2. 이상석/박재동 그림. 자인, 2001.
- 버림받은 성적표. 구자행. 보리, 2005.
- 입시가족. 홍성화. 이소북, 2003.

1.3 학교부적응

- 교실 이데아. 최병화. 예담, 2000.

○ 네 멋대로 해라. 김현진. 한겨레신문사, 1999.

○ 대한민국에서 학생으로 산다는 것. 정명훈. 한언, 2002.

○ 인권은 교문 앞에서 멈춘다. 배경내. 우리교육, 2000.

○ 창가의 토토. 구로야나기 테츠코/김난주 옮김/프로메테우스, 2004.

1.4 교사와의 관계

○ 나는 선생님이 좋아요. 하이타니 겐지로/햇살과나무꾼 옮김. 양철북, 2002.

2. 대인관계

2.1 친구관계

○ 나 이제 외톨이와 안녕할지 몰라요. 하이타니 겐지로/햇살과나무꾼 옮김. 사계절. 2002.

○ 인간관계를 열어주는 108가지 따뜻한 이야기 1, 2, 3. 이상각. 들녘미디어, 2001.

○ 친구가 많아지는 56가지 방법. 나카야마 요코/안중식 옮김. 지식여행, 2004.

2.2 왕따/은따/집단 따돌림

○ 발로 차주고 싶은 등짝. 와타야 리사/정유리 옮김. 황매(푸른바람), 2004.

○ 소녀들의 전쟁. 레이첼 시몬스/권은정 옮김. 홍익출판사, 2002.

○ 왕따와 은따. 강영계. 답게, 1999.

○ 집단 괴롭힘. 강진령 · 유형근. 학지사, 2000.

3. 청소년 일탈

3.1 가출

○ 가출일기. 김혜정. 문학수첩, 2003.

○ 가출 청소년의 이해와 개입방법. 김향초. 나눔의집, 2001.

○ 가출, 지금 거리에 '소녀'는 없다. 민가영. 우리교육, 2003.

3.2 폭력

○ 학교에서 일어나는 폭력문제. 단 올베우스/이도진 옮김. 삼신각, 1999.

- 학교폭력, 고통 받는 아이들을 위해 무엇을 할 것인가. 청소년폭력예방재단. 한울림, 1996.
- 학교폭력 당신의 아들딸이 무너지고 있다. 아사히신문 사회부/박정온 옮김. 두레박, 1996.
- 학교폭력, 우리 아이 지키기. 김대유 · 김현수. 노벨과개미, 2006.
- 학교폭력 유형별 대처 사례집. 교육인적자원부, 2005.

3.3 불량 서클

- 불량소년의 꿈. 요시이에 히로유키/남도현 옮김. 양철북, 2004.

3.4 성폭력/성피해

- 길을 묻는 아이들: 원조 교제와 청소녀. 김고연주. 책세상, 2004.
- 별을 보내다 : 10대 미혼모들의 이야기. 대한사회복지회. 리즈앤북, 2003.
- 우리가 성에 관해 너무나 몰랐던 일들. 김성애 · 전명희. 또하나의문화, 2000.
- 유진과 유진. 이금이. 푸른책들, 2004.

3.5 사이버 중독

- 사이버 세상에서 우리 아이 지키기. Rarry Aftab/이기문 옮김. 청아출판사, 2001.
- 아이들이 인터넷 게임 때문에 너무 아파요 : 부모가 꼭 알아야 할 인터넷 게임 중독 예방과 치료법. 김현수. 국민출판사, 2005.
- 인터넷 게임, 우리 아이 해치는 끈질긴 유혹. 유근원. 배영교육, 2005.
- 인터넷 중독 완전정복. 이형초 · 심경섭. 시그마프레스, 2006.
- 컴퓨터 습관 중독되기 전에 잡아라. 김혜수. 웅진씽크빅, 2006.

3.6 휴대폰 중독

- 휴대폰에 빠진 내 아이 구하기 : 디지털 세대 자녀교육을 위한 특급 프로젝트. 고재학. 예담, 2006.

대인관계편 독서목록에 대한 해제

1. 학교

1.1 학업부진

성공하는 10대의 비밀노트

-토마스 비케/장혜경 옮김/푸른숲/2003

늘 시험과 시간에 쫓기는 10대를 위한 자기 관리 지침서. 우리의 10대는, 어른들이 생각하는 것 이상으로 할 일이 정말 많다. 엄청나게 많은 과목, 수행평가, 시험, 쳇바퀴처럼 반복되는 일상…… 어차피 치러 내야 할 것들이라면, 혹시 좀 즐겁고 효율적인 방법은 없을까? 이 책은 바로 그 해답을 제시한다. 자신의 하루하루를 주체적이고 조직적으로 관리하고, 시험과 공부에 대한 두려움을 없애면 시간을 벌 수 있다는 것.

지은이는 12살의 딸을 둔 아버지의 마음으로 아이들이 자신의 삶을 보다 의미 있게 꾸려 가는 데 필요한 추상적 관념의 덩어리, 이를 테면 자기 관리, 능력 개발, 동기 부여 같은 명제들을 구체적 현실에서 쏙쏙 뽑아내어 현실적인 조언을 해 준다.

〈목차〉 1. 네가 진짜로 원하는 게 뭐야? 2. 복잡한 건 정말 싫어! 3. 시간 도둑을 잡아라! 4. 공부 잘하는 친구가 부럽니?(공부법을 공부한다 : 태도를 바꿔 봐, 방법을 바꿔봐!/무엇부터 공부해야 할까?/시험이 무서워!/이렇게 하면 박수는 따 놓은 당상)

세상에서 가장 쉬운 것이 공부였다

-장승수/김영사/2004

포크레인 조수, 가스 배달, 택시기사 등의 직업을 전전했고, 고려대 정치외교학과, 서울대 정치학과, 서울대 법학과 등에 지원했다가 떨어진 후, 1996년 1월, 서울대 인문계열에 수석 합격했으며 2003년 45회 사법시험에 합격한 지은이는 "세상에서 가장 쉬운 것이 공부였다." 고 말하고 있다.

정답은 내 안에 있다

-이창환/주니어김영사/2005

KBS 퀴즈 대한민국에서 역대 최고 상금인 5,810만원을 거머쥐고 퀴즈 영웅에 등극한 이창환

군의 공부 이야기를 담은 책. 어려운 가정형편 때문에 학원이나 과외 없이 집중력과 침착함으로 2005년 수능 대구 · 경북 지역 인문계 수석을 차지하고, 서울대 경영학과에 입학하기까지의 과정이 담담하게 펼쳐진다.

단순한 공부비결만을 담은 책은 아니다. 제1회 경제경시대회, 증권경시대회에 참가해 경제에 대해 나름의 감각을 갖게 된 이야기, 수능시험을 몇 달 앞두고 중국에서 열린 APEC 청소년 과학 축전에 참가한 이야기, 판타지 소설과 리니지 게임에 흠뻑 빠진 이야기 등 오늘을 열심히 사는 청소년의 모습을 엿볼 수 있는 이야기도 가득하다.

이창환 학생의 공부법은 사교육의 혜택을 못 받는 대다수의 학생들에게 유용하다. EBS 방송교재 백배 활용법, 청소년이 꼭 관심을 가져야 할 경제공부법, 상식의 보고 신문과 TV 활용법 등 학교 성적뿐만 아니라, 사회에 적응하기 위해 꼭 필요한 능력을 청소년기에 기르기 위해 해야 할 일까지 함께 담았다. 학교공부만이 공부가 아니다. 시련도, 게임도, 놀이도 다 내일을 살아갈 청소년에겐 훌륭한 도전 과제이며, 공부이다. 적극적이고 활발하게 공부를 즐길 것을 권하는 책이다.

1.2 성적/시험/입시

못난 것도 힘이 된다 1, 2

–이상석/박재동 그림/자인/2001

『사랑으로 매긴 성적표』의 지은이가 쓴 성장소설. 자연의 품에서 마음만은 넉넉하게 자란 어린 시절, 꼴통이라 불리며 문제 학생으로 찬란하게 추락해 가던 10대, 만화가 박재동과의 운명적인 만남, 군대에서의 온갖 해프닝 등에 대해서 썼다.

여기, 잘난 것 하나 없이 자라 온 내 부끄러운 지난 시절을 꾸미지 않고 솔직히 털어놓는다. 그 길에서 만났던 많은 사람들의 보이지 않는 따뜻한 손길이 나를 이런 뒤늦은 행복으로 이끌었다면, 나는 감히 말한다. "못난 것도 힘이 된다!" –이상석 –

버림받은 성적표

–구자행/보리/2005

1998년부터 2004년까지 구자행 선생이 부산 지역의 고등학교에서 아이들과 함께 시 공부를 하면서 만든 문집 일곱 권에서 좋은 시들을 가려 뽑았다. 학교와 학원으로 밤늦게까지 몰려다녀야 하는 갑갑한 교육 현실부터 장애인이나 외국인 노동자, 전쟁으로 고통 받는 사람들에 대한 생각까지 고등학생의 성숙하고도 솔직한 시선을 느낄 수 있는 작품들이다.

입시가족

-홍상화/이소북/2003

자녀를 둔 한국의 가정이라면 한 번쯤은 다 겪기 마련인 입시문제를 다룬 장편소설. 각 장마다 가족 구성원 각자의 시각이 교체되면서 그들이 처한 상황과 고민, 갈등을 풀어 간다. 이들을 통해 우리 사회의 오랜 병폐인 입시제도와 그 틈바구니에 끼어 병들어 가는 우리 시대의 가족상을 드러내고 있다.

경애의 일기로 보아 그녀가 학교를 찾아가 대학 선택을 할 때까지는 조금도 정신적인 압박을 받은 것 같지 않았다. 그렇다면 보이지 않는 무서운 압박감은 그 이후에 온 것이다. 그녀는 일기장을 덮었다. 그 일기장이 경애인 듯 가슴에 꼭 대었다. 그리고 그 일기장은 그녀가 오래전, 너무나 오래전 경애의 몸을 만졌던 때를 생각나게 했다. -본문 116쪽 중에서 -

1.3 학교부적응

교실 이데아

-최병화/예담/2000

경남 합천군에 소재한 원경고등학교는 1998년 설립된 대안학교로서 제도교육에 적응하지 못한 청소년들, 소위 '문제아' 들의 학교이다. 이곳에서는 입시위주의 교육이 아닌, '마음공부' 를 통해 마음을 다스리고, 자신을 사랑하면서 세상과 화해하는 법을 가르쳐 준다.

이 책은 iTV의 PD이자, 비디오 저널리스트인 최병화 씨가 이곳 원경고등학교에서 1998년 2월부터 다음해 2월까지 학생들과 직접 생활하면서 겪은 일들을 고스란히 담고 있다. 지은이는 어른들의 도덕기준으로 아이들을 훈계하거나 가르치려 하지 않고, 있는 그대로의 모습을 보여 준다. 사회에서 '문제아' 로 규정한 십대들에 대한 선입견을 깨고자 노력하는 모습이 역력하다.

물론 이들의 학교생활은 보통의 고등학생들과는 많이 다르다. 우선 보통 학교에선 상상할 수도 없는 음주와 흡연이 허용되고, 정학도 퇴학도 없다. 그리고 남다른 교육의지를 가지고 열린 자세로 이들에게 다가가려는 선생님들이 계신다. 그럼에도 불구하고 학교가 조용할 날은 거의 없다. 자살 미수와 집단폭력, 선생님들의 단식투쟁 등 보통 학교와는 급(?)이 다른 여러 가지 사건들이 이어진다.

지은이는 학교 구석구석을 조용히 응시하는 카메라가 되어 이들의 삶 속으로 들어간다. 입학식을 시작으로 졸업식까지, 기존 학교에 적응하지 못해 학교를 그만둔 53명의 아이들이 어떻게 세상과 화해하고, 자신을 사랑하는 법을 되찾게 되는지 차분한 눈으로 그리고 있다.

네 멋대로 해라

–김현진/한겨레신문사/1999

단편영화 「셧 앤 시 Shut And See」(1997년) 감독, 청소년 대상 웹진 「네가진」(1997년)의 최연소 편집장에 이어 한국예술종합학교 영상원(연출과) 최연소 입학생인 김현진의 성장 에세이다.

여덟 살 아이의 마음에 평생 지울 수 없는 상처를 남겼던 촌지 이야기, 여름에는 찜통 속의 빵처럼 겨울에는 남극의 펭귄처럼 살아야 하는 학교 환경 이야기, 낯 뜨거운 체벌과 마치 군대의 병사들처럼 생활해야 하는 청소년들의 이야기, 학교를 뛰쳐나온 뒤 활동한 네가진 편집장 시절의 경험, 한 편의 단편영화를 만들기까지, 그리고 영화감독의 꿈을 키우기 위해 영상원에 들어가기까지 지은이의 방황과, 그가 만났던 사람들, 함께 나눴던 이야기, 슬퍼하고 즐거워했던 순간들이 선명하게 드러나 있다.

내 청춘이 너덜거리던 그때 영화 한 편을 봤다. 왜 나는 이렇게밖에 못 살지? 왜 나는 아무도 고민하지 않는 쓸데없는 생각 때문에 아파하지? 라는 자문에 그 영화는 '젠장, 좀 이상하면 어때?' 라는 기분 좋은 대답을 남기게 했다. 좀 이상하면 어떤가, 좀 사이코 같으면 어때. 누구나 자기 몫의 인생이 있다. 자기 몫의 아픔이 있고, 사람은 상처를 통해 그렇게 성장하는 게 아닌가. 좀 이상하면 어때. –본문 중에서 –

대한민국에서 학생으로 산다는 것

–정명훈/한언/2002

이 책의 지은이인 정명훈은 나이 스물 셋의 젊은이다. 그는 한국에서 초등학교 1학년을 다니다가 가족을 따라 미국으로 건너가 시카고의 배녹번 초등학교에서 4년간 미국 교육을 받았다. 그 후 가족과 함께 귀국하여 대전의 한 초등학교에 전입하였지만, 결국 맞지 않는 한국의 교육 현실 속에서 그는 상처를 받을 수밖에 없었다.

이 책은 그런 지은이의 가슴 아픈 '한국 교육 순례기' 이자 자아성장기이다. 비인격적이고 몰개성적인 한국의 교육 현실이 한 사람에게 어떤 영향을 끼쳤는지를 여실히 보여 준다. 일방적 권력과 획일주의, 수동성의 강요와 같은 보이지 않는 폭력은 체벌과 같은 물리적 폭력보다 더욱 무서운 것이었다. 우리 아이들의 미래를 고민하는 학부모와 선생님들이 읽어 보면 좋을 책이다.

인권은 교문 앞에서 멈춘다

–배경내/우리교육/2000

학교폭력, 체벌, 왕따. 선정성으로 가득한 매스컴에 비친 청소년들의 모습은 어른들의 우려를 자아내기에 충분하다. 하지만 호들갑스러운 사회의 관심은 오히려 아이들의 참모습을 왜곡시키고 과장하는 면도 없지 않다.

이 책은 '인권' 이라는 프리즘으로 학교를 본다. 학교에서는 신체에 대한 폭력, 일상화된 검열, 언어폭력이 난무하고 있으며, 이 속에서 아이들이 인간으로서 당연히 누려야 할 권리는 묵살되기 일쑤다. 문제는 일상적인 인권 침해 속에서 아이들이 인간의 존엄성과 타인에 대한 배려를 배우지 못하고 있다는 점이다. 토론과 대화, 자치와 자율은 입시위주의 경쟁사회인 학교 안에서 설 곳이 없다.

교육제도가 한국 사회의 진보를 가로막는 벽이라는 생각으로 대안교육 운동에 관심을 기울여온 지은이는 청소년들이 있는 곳을 찾아 그들을 만나고, 인터넷과 PC 통신을 통해 그들의 생각을 수집하며 청소년들의 진솔한 마음을 담기 위해 노력했다. 그리고 청소년들의 실종된 인권을 되찾는 것만이 우리 사회가 올바르게 나아가기 위한 방법임을 강조하고 있다.

창가의 토토

-구로야나기 테츠코/김난주 옮김/프로메테우스/2004

토토라는 아이, 천방지축이라는 말로는 조금 부족할 것 같은, 내가 선생님이었대도 관대하기란 참으로 힘들었겠구나, 하는 생각이 들 정도로 '규범' 과 '질서' 에서 벗어난 아이이다. 입학하는 학교마다 적응을 하지 못하고(토토가 아니라 선생님들이) 퇴학에 퇴학을 거듭하다가 결국 도착한 곳이 대안학교인 도모에 학원이다

지은이 구로야나기 데츠코가 실제 주인공이기도 한 이 책은, 출간 첫해 500만 부라는 일본 출판계 사상 전무후무한 판매기록을 수립하고, 그해의 최고 뉴스로 선정될 만큼 센세이션을 불러일으켰다. 세계 각국의 젊은이들에겐 맑은 동심의 집합체로, 또 30대 부모들과 선생님들에겐 대안교육의 고전으로 자리매김하고 있는 이 책은, 미국과 독일에서는 '젊은 부모와 교사들에게 꼭 읽히고 싶은 책' 으로 매년 꼽히고 있다.

이 책의 진정한 가치는, 전 세계 어떤 아이들이라도 그들의 성장과정을 진실로 그들 입장에서 섬세하게 포착했다는 점일 것이다. 나이를 초월하여 누구에게든 감동적으로 읽힐 수 있는 유익한 책이다. -뉴욕타임즈 북리뷰 -

일본 출판계의 모든 베스트셀러의 기록을 뒤바꿔 버린 이 화제작은 현재 미국의 교육자들과 자녀를 둔 부모들은 말할 것도 없고, 보다 넓은 세계를 호기심 어린 눈으로 파악하려는 청소년들에게까지도 불가사의한 매력에 빠져 들게 하고 있다. 그야말로 경이로운 작품이다. -크리스천 사이언스 모니터 -

1.4 교사와의 관계

나는 선생님이 좋아요

–하이타니 겐지로/햇살과나무꾼 옮김/양철북/2002

데쓰조는 파리 외에는 세상에 대해 아무런 관심이 없다. 친구도 없고, 학교에서도 늘 겉도는 데쓰조를 맡게 된 고다니 선생님은 데쓰조의 마음을 열기 위해 노력한다. 문제아였던 데쓰조는 고다니 선생님의 도움으로 자신감을 가지고, 자신의 가능성을 소중하게 여기게 된다.

하이타니 겐지로의 첫 번째 동화로, 『나는 선생님이 좋아요』는 1974년에 일본 어린이문학자협회 신인상을 수상했고, 1978년에 국제안데르센 상 특별 우수작품으로 선정되었다. 자신의 17년 교직 체험을 바탕으로 '학생' 과 '선생' 의 따뜻한 교감이 만들어 내는 감동을 고스란히 전해 준다.

하이타니 겐지로의 문학에는 어린이의 세계가 구체적이고 생생하게 살아 있으며, 각박하고 소외된 현실 속에서도 빛을 잃지 않는 희망의 메시지가 담겨 있다. 교육에 대한, 인간에 대한 하이타니 겐지로의 정신은 그의 거의 모든 작품 속에 짙게 배어 있다.

2. 대인관계

2.1 친구관계

나 이제 외톨이와 안녕할지 몰라요

–하이타니 겐지로/햇살과나무꾼 옮김/사계절/2002

중학생 아들을 잃은 중년 남자와 유복한 환경 속에서도 일요일마다 가출을 되풀이하는 소년의 만남을 통해 청소년기의 갈등과 방황을 섬세하게 그린 〈나, 이제 외톨이와 안녕할지 몰라요〉를 비롯해서, 학교와 어른들의 위선을 예리한 시선으로 바라보는 중학생들을 그린 〈친구〉, 죽음의 그림자로부터 위협받는 소녀가 심장 수술을 받기까지의 과정을 그린 〈제비역〉 등 현대를 살아가는 아이들이 지닌 고독과 불안을 차분하게 그려 낸 보석 같은 이야기 세 편이 실려 있다.

인간관계를 열어주는 108가지 따뜻한 이야기 1, 2, 3

–이상각/들녘미디어/2001

이 책은 3권으로 구성되어 있으며, 각 권마다 원만한 인간관계를 위해서 동서고금의 여러 명언과 격언들을 통해 엮은 따뜻한 이야기들이 담겨 있다.

사람의 마을에 살면서도 정작 사람의 마음을 얻기가 힘이 든다. 꽃 한 송이를 보면서, 느긋하게 흐르는 음악 한 줄기에도 문득 잔잔한 감동에 빠져 드는 우리네 착한 심성이 왜 또 사람과 사람의 관계에선 그렇듯 얼어붙는 것일까? 인간관계, 그것은 아버지와 아버지, 어머니와 어머니, 너, 나, 곧 우리들의 마음의 대화다. 그 대화에는 사랑이 있고, 우정이 있으며, 약속이 있고, 믿음이 있다. 하지만 그 문은 닫혀 있다. 대개 두려움이나 배신, 분노, 미움, 욕망 따위의 어둑한 빗장으로…… 겨울의 얼음을 녹이는 것이 따뜻한 봄바람이듯 우리들의 관계를 여는 것은 따뜻한 이야기들이다. -책머리에서 -

친구가 많아지는 56가지 방법

-나카야마 요코/안중식 옮김/지식여행/2004

이 책은 친구를 알아차리고 친구를 발견하는 즐거움에서 출발하여 친구로 인해 삶이 얼마나 행복한지로 끝맺는 책이다. 복잡한 현대사회를 살아갈수록 사람들은 점점 일에 매여 있는 시간이 많다. 또한 여가 시간이 난다 하더라도 자기 개발의 압박으로 좀처럼 친구라는 존재를 떠올리기가 쉬지 않다. 그러나 그런 와중에도 유독 친구가 많은 사람들이 있다. 그런 사람을 보면 내심 속으로 부러워하며, 나에게도 진정한 친구가 있으면 하고 바란다. 내가 의지할 수 있는 친구, 나에게 무슨 일이 있으면 바로 달려와 줄 수 있는 친구를 간절히 그리워하는 것이다.

이 책의 지은이 나카야마 요코 씨는 말한다. "이미 당신 주위에는 그러한 친구가 많습니다! 당신이 미처 발견하지 못했을 뿐입니다!" 그 근거로 지은이는 첫 장에서 그러한 친구를 알아차리는 24가지의 방법을 구체적으로 제시하고 있다. 공부 친구, 연상 친구, 연하 친구, 역사상의 친구, 자랑 친구, 말싸움 친구까지! 알고 보니 우리 주위에는 참으로 다양하게 분포되어 미소 짓고 있는 많은 친구들이 있었던 것이다.

이 책을 읽는 내내 당신의 머릿속엔 구석구석 숨어 있는 섬세한 친구들의 얼굴이 자연스레 떠오를 것이다. 그때, 그 친구들을 향해 친구 오라(aura) 안테나를 세우고 각각의 친구에게 어울리는 다양한 방법으로 안부를 전해 보자. 친구들이 주는 행복을 마음껏 즐기느냐, 마느냐는 온전히 당신이 그것을 실행하느냐, 마느냐에 달려 있기 때문이다.

2.2 왕따/은따/집단 따돌림

발로 차주고 싶은 등짝

-와타야 리사/정유리 옮김/황매(푸른바람)/2004

이 책은 2004년 아쿠타가와상 수상작으로, 지은이 와타야 리사는 1984년생이며 역대 최연소 수상자이다.

수업 시간 홀로 떨어져 앉아 종이를 찢는 여고생. '다섯 명이 적당히 한 조를 만들어 앉아' 라는 선생님의 말이 떨어지자마자 치밀한 계산이 이루어진다. '적당히' 란 없다. 누가 내 짝이 될 것인지, 나의 그룹이 될 것인지, 미묘한 눈치싸움이 오가는 교실은 흡사 전쟁터다.

어디에도 속하지 못해 남는 자리에 끼어 앉게 된 하츠. 그녀는 '그룹의 일원' 이 될 것인지 '나머지 인간' 이 될 것인지 선택해야 하는 갈림길에 서 있다. 중학교 때 단짝 친구 키누요마저 그룹을 만들어 버려 혼자 남게 된 하츠는, 고독이 두렵다는 이유 때문에 억지로 인간관계를 맺는 것을 거부, 경멸한다.

그때의 난 얘깃거리를 찾기 위해 매일을 살고 있는 것 같았다. '썰렁' 해지는 게 무서워서 보트에 새어 들어오는 차가운 침묵의 물을, 별 볼일 없는 일상의 보고로 막아내는 데 필사적이었다. 손가락의 어디를 다쳤다, 어제 본 텔레비전이 재미있었다, 아침에 금붕어가 죽었다…… 하루에 있었던 일을 전부 이야기해도 모자라서 침묵의 물은 다시 졸졸졸 스며들어 온다. -본문 중에서-

다른 아이들에게 다가서지도, 접근을 허용하지도 않는 하츠. 혼자 도시락을 먹으며 '그래, 어디까지나 스스로 고독을 선택한 거야.' 라고 가장해 본다. 하지만 그래 봤자 열여섯 소녀. 애써 강한 척, 꿋꿋한 척하지만, 내면의 외로움과 갈등을 감추지 못한다.

사람과 사람 사이에 존재하는 엷은 막, 사회 속에서 자라고 소통의 방법을 익혀 나가야 하는 10대 소녀의 미묘한 정서를 정확하게 짚어 낸 소설이다.

소녀들의 전쟁

-레이첼 시몬스/권은정 옮김/홍익출판사/2002

소녀들의 집단 따돌림에 대한 미국의 사례 연구를 갈무리한 책. 집단 따돌림에 대한 연구는 꽤 있는 편이지만 이 책은 그중에서도 '소녀들' 의 그것에 집중했다는 특징이 있다. 그리고 바로 그 점이 장점이다. 책은 연구보고서의 형태를 띠고 있지만 엄정한 학술적 개념정립을 시도하지는 않는다. 오히려 많은 인터뷰에서 얻어 낸 풍부한 사례가 읽을거리이고, 그 속에서 우리 상황과 비교해 볼 수 있는 점이 돋보인다.

지은이가 소녀들의 집단 따돌림에서 얻어 내는(혹은 풀어내고자 하는) 점은, 여자 아이들은 '대립' 이란 것이 '여성성' 과 어울리지 않아 억압하도록 배워 왔기 때문에, 집단 따돌림 또한 공공연하거나 폭력적인 형태가 아니라 비밀스럽고 집요한 형태로 일어나며, 그러다 보니 심정적으로 훨씬 큰 상처를 준다는 것.

이 통찰은 그다지 새로운 것은 아니지만, 확실히 소녀들의 집단 따돌림을 소년들의 그것보다 대수롭지 않다 여기는 통념을 깰 만한 것이다. 그리고 꼭 집단 따돌림이 아니더라도 성장과정에서 마음의 상처를 겪은 많은 여성들이 무릎을 치면서 참조할 만한 대목이다.

미국의 사례라는 점, 뚜렷한 사회적 · 문화적 해결책을 제시하고 있지는 않다는 점이 단점일 수도 있지만, 책 뒤에 짧게 언급된 '소녀들의 집단 따돌림에 대처하는 부모와 학교의 태도' 등은 한 번쯤 읽을 만한 것이다.

왕따와 은따

-강영계/답게/1999

이 책은 왕따, 은따의 개념을 학교, 사회, 기술문명 등의 관점에 따라 기술하고 있다. 과연 누가 왕따이고 누가 은따일까? 내가 왕따이며 은따이다. 너도 왕따이며 은따이다. 우리들 모두는 왕따이며 은따이다. 그러나 다시 한 번 이 물음에 대해 의심하고 탐구하며 생각한다면 전혀 다른 답이 나오고, 우리들은 경탄하게 되며, 왕따도 없고 은따도 없다. 아이는 아이대로 어른은 어른대로 자신의 가치를 가지고 있다. 지은이는 인간은 평등하다고 이야기하고 있다.

집단 괴롭힘

-강진령 · 유형근/학지사/2000

현재 우리나라의 집단 괴롭힘 현상은 이제 사회문제가 되고 있는데, 이러한 괴롭힘에 대한 개념을 체계적으로 정리하고 그에 맞추어 학생들과 실질적으로 가까이 있는 교사, 부모가 이들에게 도움을 줄 수 있는 방안을 모색하며, 아울러 가해학생과 피해학생에 대한 효과적인 조력방안을 제시한 책이다.

3. 청소년 일탈

3.1 가출

가출일기

-김혜정/문학수첩/2003

이 작품의 주인공은 전국 성적이 5등 안에 드는 고등학교 1학년인 치현. 초등학교 때부터 어머니가 짜 맞춘 스케줄에 따라 과외를 하는 등 공부에 시달린다. 지나친 강요를 견디지 못한 치현이는 마침내 가출을 하게 된다. 지은이는 10대들의 폭력과 탈선은 기성사회의 틀에 갇히기를 거부하거나 적응하지 못하는 과정에서 비롯한 소외감이 원인이라는 것을 말하고 있다.

하루에 잠은 2시간밖에 자지 않고 공부하는 치현이는 초등학교 때부터 공부에 길들어 다른 모든 생활에는 익숙하지가 않다. 모든 학생들이 누리는 TV며, 놀이며, 생각을 공유할 수가 없다. 바깥세상과는 철저히 차단되어 공부하는 노예 같은 생각이 들고, 엄마의 무표정한 얼굴과 남들보다 무엇이든 앞서야 한다는 엄마 고정관념이 주인공 치현이를 억누르고 길들이려고 한다. 공부도 그냥 잘하는 정도가 아니라 서울 대학교 수석합격과 전국 1등이 목표이다. 그러나 그것이 답답하여 가출을 하고, 가출을 해서 만난 사람들에게서 그 사람들 나름대로의 조그마한 꿈과 사랑을 보며 눈물을 흘린다.

가출 청소년의 이해와 개입방법

–김향초/나눔의집/2001

청소년들은 왜 집을 나오는가?, 어떤 학대를 겪어 왔는가? 등 가출 청소년의 배경에 대한 이해와 가출 후 어떻게 살아가고 있는가와, 가출 후 부딪히는 어려움에 대한 상황을 잘 제시하고 있으며, 가출 청소년 유형에 따른 실무자의 개입, 기관 및 시설에서의 개입에 대해 기술하고 있다.

가출, 지금 거리에 '소녀' 는 없다

–민가영/우리교육/2003

가출 경험이 있는 20명의 십대 여성을 인터뷰했다. 가출은 소수 문제아들의 일탈이 아니라 학교와 집 외에는 놀 공간이 없는 십대 전체의 하위문화임을 알 수 있다. 리포터는 '가출(家出)을 가출(佳出)로' 바꿀 수 있는 현실적 대안이 시급하다고 강조했다.

학교와 가정이 전통적인 의미를 상실하면서 아이들은 쉽게 학교와 가정의 담을 넘는다. 담 밖에는 자유로운 세계가 있기 때문이다. 숙식 문제도 이제는 별것 아닌 것이 되어, 십대 여성들은 가출과 동시에 자기 몸으로 살아가는 법을 깨친다. 그래서 십대 가출 여성은 집을 나서기 전 몸을 단장하는 한편, 예쁜 친구를 동반하는 지혜를 발휘한다. 자기 몸에 대한 성적 결정권을 남성에 넘기기 전에 자신의 내면을 먼저 구속시키는 것이다. 그들에게 성은 그저 교환가치일 뿐이다.

리포터는 현실에 대한 도피로 가출을 선택하고, 자신의 몸을 교환함으로써 숙식을 해결하는 것은 자기 주체성을 포기하는 것이라고 지적했다. 따라서 청소년에게 성적 금기와 억압을 강요하기보다는 이들이 성에 대해 제대로 성찰할 수 있도록 교육을 제공하는 것이 중요하다고 말했다.

3.2 폭력

학교에서 일어나는 폭력문제

–단 올베우스/이도진 옮김/삼신각/1999

이 책은 학교폭력을 심층 분석한 노르웨이 심리학자의 저서로 학생폭력에 대한 개요, 폭력학생과 희생자 문제의 대처방법("폭력에 대해서 우리가 무엇을 할 수 있는가"라는 프로그램), 학교 42곳을 상대로 평가한 효과 및 실제적인 권고의 글을 실었다. 우리나라 외의 다른 나라에서 학교폭력을 어떻게 대처하는지 참고할 수 있는 책이다.

학교폭력, 고통 받는 아이들을 위해 무엇을 할 것인가

–청소년폭력예방재단/한울림/1996

학교폭력의 실태를 정확히 알리고 이를 통해 예방에서 지도, 대책까지 상세하게 조언한 교사 · 학부모용 지침서로, 학교폭력의 발견과 해결 방안에 대해 구체적인 사례를 중심으로 풀어나가 교사는 물론 부모님들도 꼭 읽어 보아야 할 책이다.

학교폭력 당신의 아들딸이 무너지고 있다

–아사히신문 사회부/박정온 옮김/두레박/1996

이 책은 일본의 학생, 부모, 교사가 말하는 학교폭력의 실상을 밝힌 책으로, 아사히신문에서 기획한 체험수기 공모 중 2백여 편을 간추려 묶었다. 아울러 학교폭력의 유형과 대처 방안, 극복 방법을 실어 우리의 아들딸들이 이 책을 읽고 스스로를 지키는 데 타산지석으로 삼았으면 하는 마음을 담고 있다.

학교폭력, 우리 아이 지키기

–김대유 · 김현수/노벨과개미/2006

학교폭력의 실상이 어떠한지, 학교라는 곳은 어떤 곳인지 학교폭력 현장의 교사와 정신과 의사가 부모들에게 들려주는 생생한 메시지를 모았다. 우리 아이의 폭력성과 피폭력성이 언제 어떻게 발달하는지, 우리 아이가 피해자일 때와 가해자일 때, 목격자일 때 등을 꼼꼼히 나눠 그 대책을 제시한다.

책의 앞부분에서 교사 김대유는 일기처럼 기록해 왔던 상세한 학교폭력의 체험 사례를 보여 준다. 한편 정신과 의사 김현수는 전문지식과 풍부한 임상자료를 바탕으로 학교폭력을 그저 학생들 사이에서 발생하는 마찰음 정도로 이해하고 있는 부모들의 단순성과 무지를 깨뜨린다.

〈목차〉 책 내용은 part1 지금 학교는 : 엄마가 알아야 할 학교폭력 1, part2 학교를 알자 : 엄마가 알아야 할 학교폭력 2, part3 우리 아이 폭력성 이해하기, part4 가정에서 이루어지는 폭력의 고리, part5 우리 아이가 피해자일 때, part6 우리 아이가 가해자일 때, part7 학교폭력에 안전한 우리 아이 이렇게 기릅시다.

학교폭력 유형별 대처 사례집

–교육인적자원부/2005

교육인적자원부는 2004년 9월부터 학교폭력 예방 및 대책에 관한 법령이 시행되고 있음에도, 일부 학교에서 과거 방식으로 학교폭력에 대처하고 있다고 판단하여, 단위학교에서 학교폭력에 대해 합리적으로 처리하게 하기 위해 『학교폭력 유형별 대처 사례집』을 발간하여 보급하였다.

교육부는 자료의 실효성과 현장 적응성 제고를 위해 2004년 4월부터 6월까지 전국 초 · 중 · 고 교사들로부터 1,500여 편의 학교폭력 사례를 접수하여 우수사례를 선정한 후 이를 유형별로 분류하여 제시하였고, 학교폭력 전문가와 현장 교원들의 의견을 수렴하여 추가적으로 고려해야 할 예방방안과 효과적인 대처방법을 제시하였다.

3.3 불량 서클

불량소년의 꿈

–요시이에 히로유키/남도현 옮김/양철북/2004

요시이에 히로유키는 불량소년이었다. 어머니가 계모라는 사실에서 받은 충격으로 엇나간 불행한 가정의 아이는 폭주족이 되었고, 밤거리를 배회했고, 급기야 선생에게 폭력을 휘둘러 퇴학당했다. 그러나 아동보호소를 거쳐 만난 양부모는 그에게 아무것도 요구하지 않았다. 아무것도 강요당하지 않는 소년 본연의 시간을 처음으로 만끽한 그는 제 발로 학교로 돌아간다.

일종의 '대안학교' 인 호쿠세이 고등학교에서도, 물론 쉽지는 않았다. 하지만 '변화구는 쓰지 않고 언제나 직구만 날리는' 아다치 선생님을 가슴 깊이 좋아하게 되면서 불량소년 요시이에는 진정으로 불량을 날려 버린다. 그 후 대학에 진학하고, 유명학원의 강사가 되고, 필생의 꿈인 모교의 교사가 된다. 그리고 이젠 자신의 제자들을 이야기한다.

주인공의 이야기는 통속적이고, 어떻게 보면 그리 대단한 업적이 있는 것도 아니다. 또, 마치 제3자의 이야기를 전하는 것처럼 담담하게 글을 썼지만, 그 무뚝뚝한 문장 속에는 나의 옆집 소년의 것이라고 해도 한 치 다를 것 없는, 불량소년의 속내가 잘 표현되어 있다. 어째서 아이들은 오토바이를 탈까? 어째서 아이들은 어른을 '남' 이라고 부를까? 어째서 아이들은 대안학교를 선택하고도 쉽게 버릇을 고치지 못할까? 요시이에는 이 질문들에 대해 답을 주지는 않지만, 자신의 이야기로 단초를 제공하고 있다.

3.4 성폭력/성피해

길을 묻는 아이들 : 원조 교제와 청소녀

-김고연주/책세상/2004

김기덕 감독의 영화 '사마리아' 에서처럼 한국에서 원조 교제가 현실적인 문제로 드러난 후, 이것은 우리 사회의 성적 타락을 대표하는 징후로 진단되고 있다. 원조 교제를 고발하는 대중 매체들은 청소녀들의 문란한 성관념을 개탄하는 동시에 청소녀들과 성관계를 맺는 남성들의 도덕적 불감증을 비난한다. 그러나 이런 부정적인 시각과 신상 공개 같은 강력한 처벌에도 불구하고 원조 교제는 지속적으로 증가하고 있다. 이는 원조 교제가 증가하는 사회적인 맥락과 청소녀 문화에 대한 긴급한 분석과 진단을 요구한다.

이 책은 다양한 청소녀들과의 심층 면접을 통해 그들을 원조 교제로 내모는 사회적 요인을 분석하고, 새로운 또래 문화와 성의식을 소개함으로써 청소녀들에 대한 이해를 돕고자 한다.

별을 보내다 : 10대 미혼모들의 이야기

-대한사회복지회/리즈앤북/2003

여중생에서부터 여고생까지 20명의 미혼모들이 직접 쓴 이야기로 그들의 사랑과 이별, 후회와 눈물, 임신과 출산에 대한 두려움이 잔잔하게 때로는 충격적으로 그려져 있다.

단 한 번의 실수로 '어린 엄마' 가 되어 부모로부터, 학교로부터, 친구로부터 버림을 받고 혼자 아파하고 견뎌야 하는 그들의 눈물과, 아무도 가르쳐 주지 않았던 냉혹한 현실이 그려져 있다. 그 반면에 별을 보내는 마음으로 자식과 멀어져야 하는 고단한 삶 속에서도 다시 살아야겠다는 희망의 목소리도 담겨 있다.

우리가 성에 관해 너무나 몰랐던 일들

-김성애 · 전명희/또하나의문화/2000

이 책은 일상에서 빈번히 벌어지면서도 피해자의 입을 다물게 하는 우리 사회 성폭력의 실체를 고발하고, 대처 방안을 모색하고 있다. 같은 출판사에서 나왔던 『우리가 성에 관해 알고 싶은 것』에 이어 청소년과 그들의 부모, 교사들을 위한 또 하나의 성교육서이다.

이 책에서 다루어지는 성폭력의 내용들은 지은이들이 성교육 현장, 그리고 상담 현장에서 최근 몇 년 동안 만난 많은 아동과 청소년들로부터 수집한 것들이다. 놀라운 사실은 수많은 아이들이 어린 시절 크게, 작게 성폭력을 경험했다는 것이다. 이들은 고통과 두려움, 무서움을 감당하기가 너무 벅차고 힘들어 억눌려 있는 경우가 많았다.

이 책은 크게 3부로 구성되어 있다. 제1부는 무엇이 일어났는가 하는 것인데, 많은 청소년들이

고백하는 성폭력의 경험들을 중심으로 이야기를 끌어 가고 있다. 제2부는 피해자들이 어떠한 성폭력 후유증을 경험하게 되고, 또 견디고 극복하는지를 살펴보았다. 제3부는 성폭력 없는 사회를 위한 제언들로 구성하였다.

또한 부모들을 위한 가이드, 성폭력 피해자와 이야기할 때 주지하고 있을 내용, 성폭력 없는 사회를 위하여 남녀가 할 수 있는 일들, 개정된 성폭력법 내용과 상담 기관 연락처 등 성폭력 예방과 사후 대처에 필요한 구체적인 정보도 아울러 담고 있다.

유진과 유진

–이금이/푸른책들/2004

유치원 시절에 유치원 원장으로부터 성추행을 당한 큰 유진과 작은 유진은 중학교 2학년 때 같은 반이 된다. 큰 유진은 유치원 동창인 작은 유진에게 반갑게 아는 체를 하지만, 작은 유진은 큰 유진을 알아보지 못한다. 그리고 자신은 큰 유진과 같은 유치원을 다닌 적이 없다고 말한다.

큰 유진과 작은 유진의 목소리가 번갈아 가며 이야기를 전한다. 성추행을 소재로 다루었지만 어둡다는 느낌보다는 발랄한 여중생의 일상이 펼쳐져 오히려 경쾌하다는 느낌마저 든다. 그것은, 덜렁거리는 큰 유진의 낙천적인 성격 탓이기도 하다. 큰 유진은 성추행을 당했지만, '네 잘못이 아니야' 라고 따뜻하게 감싸 준 엄마와 아빠 덕에 별다른 무리 없이 상처를 극복한다.

하지만, 이야기의 다른 한 축인 작은 유진에게는 그늘이 드리워져 있다. 성추행 사건 후, 작은 유진은 강제로 기억을 봉합당하다 큰 유진을 만나고 나서 그 기억을 되살린 후, 자신들의 체면을 위해 사건을 덮어 두고 냉정하게 대한 가족들에게 분노를 느꼈기 때문이다.

작은 유진이는 마음속에서 꽁꽁 숨겨 놓았던 어두운 상처를 기억하게 되면서, 학교 성적이 걷잡을 수 없이 떨어지고 부모 몰래 담배도 피우고, 학원에 가는 대신 춤을 배우러 가는 등, 나름의 일탈을 시도한다. 큰 유진과 소라와 함께 집에서 탈출한 작은 유진은 자기의 내면을 고요히 응시할 용기를 얻게 된다.

3.5 사이버 중독

사이버 세상에서 우리 아이 지키기

–Rarry Aftab/이기문 옮김/청아출판사/2001

인터넷은 이제 사람들의 생활에 빠질 수 없는 요소가 되었다. 더구나 어린이들의 경우에는 대부분 인터넷을 익숙하게 사용하는 추세이다. 인터넷은 여러 가지 정보를 얻을 수 있는 정보의 바다이지만, 일부 사이트는 유해한 정보를 담고 있기도 한다. 이 책은 이러한 유해한 정보로부터 자녀를 보호하고 싶어 하는 부모를 위한 내용을 담고 있다.

문제는 자녀들이 대부분 인터넷을 익숙하게 사용할 줄 아는 데 비해서, 부모들은 그렇지 못하다는 점이다. 따라서 지은이는 우선 인터넷을 어떻게 활용하는지, 그리고 인터넷 사용 과정에서 노출될 수 있는 위험은 어떤 것이 있는지 부모들에게 알려 준다. 부모들이 먼저 인터넷 사용에 어떤 위험이 있을 수 있는지를 알아야 자녀들을 그런 위험으로부터 보호할 수 있기 때문이다.

아이들이 자주 찾는 사이트와 대화방을 알아 두어라. 시간이 지날수록 그들에 대한 신뢰가 높아져야 한다. 자녀들이 온라인 안에서 즐기는 것에 대해 함께 토론해 보라. 항상 마음을 열고 아이들과 대화를 나누어라. 그리고 그들이 즐기는 사이트도 방문해 보라.

아이들에게서 인터넷을 빼앗지 마라. 인터넷이 주는 이익을 인정하고, 아이들과 함께 이러한 이득을 조사해 보라. 컴퓨터가 있고 인터넷을 하는 아이는 그렇지 않은 아이보다 유리한 점이 많을 것이다. 지금과 같은 정보화 시대에는 특히 컴퓨터가 아이들의 장래에 미치는 영향이 매우 크다 할 것이다. -〈부모를 위한 10대의 조언〉 중에서 -

아이들이 인터넷 게임 때문에 너무 아파요 : 부모가 꼭 알아야 할 인터넷 게임 중독 예방과 치료법

-김현수/국민출판사/2005

실제 정신과 의사인 지은이는 이 책을 통하여 한국의 부모들이 인터넷의 여러 부작용뿐만 아니라 한국 사회의 미디어 환경에 대한 이해를 높였으면 하는 바람으로 이 책을 썼다고 한다. 이 책의 제1장에서는 인터넷 게임이 놀이의 패스트푸드라는 점에서 아이들이 직접 피해자라는 사실, 제2장에서는 500만 게임족 100만 채팅족이 된 청소년이 인터넷 중독이 된 이유에 대하여 기술하고 있으며, 제3장에서는 게임 중독에 빠진 아이들을 치유하기 위하여 부모가 실천해야 할 사항(인터넷 자녀지도 십계명, 인터넷 중독 위험 상황 파악을 위한 십계명, 인터넷 중독에 빠진 아이들의 치료를 위한 십계명)들이 열거되어 있다.

“제 인생은 전자게임의 역사예요. 저는 4살 때부터 20살에 이르는 지금까지 하루도 게임을 쉰 날이 없어요. 지금도 게임을 쉴 수가 없어요. 그것은 인생을 빼앗는 것과 같아요. (경기도에서 온 20살 청년)” -본문 66쪽 중에서 -

인터넷 게임, 우리 아이 해치는 끈질긴 유혹

-유근원/배영교육/2005

이 책은 인터넷 게임이 우리의 아이들을 얼마만큼 해치고 있는지에 대해 언급하고 있다. 지은이는, 아이가 게임에 접속하려고 할 때 이를 막는 데는 10배의 노력이 들지만 아이가 MMORPG라는 게임에 빠져 들었다면 100배의 노력을 기울여야 한다고 이야기하고 있다.

최근 몇 년 사이 국내에서 가장 눈에 띄게 발전한 MMOPRG의 경우 그 중독성은 종종 필로폰에 비유될 정도다. 게임의 역기능과 심각한 중독성은 자주 보도되지만, 정작 아이가 어떤 게임에 빠져 있고 왜 빠져나오지 못하는지에 대해 부모는 모른다. 최소한 어떤 게임인지, 게임의 종류를 알아야 아이와 대화를 할 수 있다.

이 책은 부모가 아이에게 관심을 가질 때, 비로소 게임과 중독에서 빠져나오겠다는 의지를 갖고 그 방법을 찾기 시작한다고 말한다. 실제 지은이가 게임 속으로 뛰어들어 플레이해 보고 이에 대한 소감과 해결책을 찾고 있다.

예전의 게임을 오늘날의 게임과 비교하면 커다란 오산이다. 인터넷이 발달하면서 게임의 발전 속도는 우리의 상상력을 뛰어넘는다. 최근 몇 년 사이 국내에서 가장 눈에 띄게 발전한 MMORPG의 경우 그 중독성은 종종 필로폰에 비유가 되곤 한다. 동생의 게임 중독을 막자는 취지 때문이었지만 필자 역시 게임을 접하면서 참기 어려운 강한 중독성을 경험했다. -유근원-

〈목차〉 인터넷 게임 속에서 '막노동' 하는 아이들/부모를 재우고 '밤일' 하는 아이들/ '아이템' 이란 이름의 화려한 유혹/게임을 알아야 아이가 산다/인터넷 중독자나 알코올중독자나 매한가지/멀고 먼 게임 중독 치유, 예방만이 살길이다.

인터넷 중독 완전정복

-이형초 · 심경섭/시그마프레스/2006

이 책은 모호하고 천편일률적인 인터넷 중독 예방법이 아니라, CHANGE의 앞 글자를 따서 차례차례 밟아 가는 Check(관찰)-History(회고)-Analysis(문제분석)-Goal(극복목표)-Effect(효과확인) 전략을 통해 부모와 교사가 아이에게 도움을 줄 수 있도록 구성했다. 또한 많은 인터넷 중독 관련 기사나 상담 사례들을 삽입하여 인터넷 중독의 폐해를 제대로 알고 대비할 수 있도록 했다.

1, 2, 3 Step에서는 인터넷과 온라인 게임의 특징, 유명 온라인 게임들에 대한 소개를 통해 아이들이 인터넷에 중독되고 있는 이유를 설명하고, 메신저 대화나 미니홈피 관리, 음란물 등에 몰두하는 아이들의 심리와 추세, 그리고 이 때문에 발생하는 가정 내 갈등의 3단계를 보여 준다. 더불어 부모 세대가 하기 쉬운 11가지 오해들을 문답 형식으로 풀어내어 자녀를 대하는 올바른 방법을 제시했다.

4 Step은 교사를 위한 부분으로 아이의 학교생활 중 어느 부분에 중점을 두어 관찰하고 지도해야 하는지를 실었다. 팁(Tip) 부분에 인터넷 중독 체크 리스트, 인터넷 신조어 모음, 인터넷 사용 평가지 등을 담아 실제로 교육할 때 활용할 수 있도록 했다.

현재의 아동 및 청소년 자녀들은 디지털 미디어 시대에 태어나서 자란 세대이다. 그들에게 인터넷은 공기와도 같은, 중요한 일상생활의 한 부분인 것이다. 따라서 무조건 인터넷 접속을 막는 것은 숨도 못 쉬게 입과 코를 막아 버리는 최악의 방법이라고 할 수 있다. 자녀들은 그러한 부모의 강압적인 통제를, 받아들일 수 없는 무자비한 폭력으로 인식하기 때문이다. -본문 중에서-

컴퓨터 습관 중독되기 전에 잡아라

-김혜수/웅진씽크빅/2006

아이의 지나친 컴퓨터 사용과 인터넷 중독 때문에 속 끓이는 부모들을 위한 자녀교육서이다. 지나친 인터넷 사용이 문제가 된다는 것은 알지만 아이들을 어떻게 바로잡아야 할지 막막한 부모들에게 사이버 세대에 대한 바른 이해를 비롯, 다양한 교육 노하우와 성공 · 실패 사례를 소개했다.

지은이는 컴퓨터에 빠져 있는 아이를 야단치기보다는 부모가 분명하고 정확한 논리로 통제할 수 있어야 한다고 말한다. 아이들의 생활에서 필수가 된 컴퓨터를 올바르게 사용하고, 책임감 있는 디지털 시민으로 육성하는 방법을 소개하고, 컴퓨터보다 가족과 함께 웃을 수 있는 환경을 꾸미는 방법을 담았다.

평소 엄마의 통제가 제대로 안 먹히거나 자기 물건에 애착이 강한 아이의 경우, 아이의 돈을 보태서 컴퓨터를 구입하는 일은 지혜롭지 못하다. 컴퓨터 사용에 관한 교육을 할 때, 오히려 부모의 설득력을 떨어뜨리기 때문이다. 아이는 '엄연한 내 물건에 엄마가 왜 간섭하느냐' 는 억지 논리로 고집을 부리고, 속이 터질 것 같은 부모는 그 자리에 쓰러질 기정이 되고 만다. -본문 중에서-

3.6 휴대폰 중독

휴대폰에 빠진 내 아이 구하기 : 디지털 세대 자녀교육을 위한 특급 프로젝트

-고재학/예담/2006

휴대폰은 우리의 삶과 밀접하게 연관되어 있고 유용한 만큼 부작용 역시 매우 심각한 수위에 올라 있다. 사회적인 병리 현상까지 대두되고 있는데, 요즘 언론에 심심치 않게 보도되는 '휴대폰 중독' 이 바로 그것이다. '휴대폰 중독' 이란, 휴대폰이 곁에 없으면 불안하고 항상 휴대폰을 만지작거리며 문자메시지를 보내거나 통화를 해야만 마음이 편해질 만큼 몰입 정도가 심한 경우를 말한다.

최근 호주 퀸즐랜드 대학의 실험에서 휴대폰에 중독된 사람은 마치 알코올이나 마약중독자처럼 불안해하고 금단 증상까지 보였다. 강제로 휴대폰을 끄게 하면 심적인 동요를 일으키고, 전화가 오지 않거나 문자 메시지가 오지 않으면 자존심이 상한 것처럼 행동하고 자기비하를 일삼기까지 했다고 한다. '휴대폰 중독' 증상은 바야흐로 전 세계적으로 함께 고민해야 할 중대한 사회 이슈로 떠오른 것이다.

휴대폰 가입자 4,000만 명, 휴대폰 보급률 세계 1위를 자랑한다는 우리나라의 문제는 더욱 심각하다. 더군다나 어렸을 때부터 디지털 기기와 친숙하게 성장해 온 한국의 어린 청소년들이야말로 휴대폰 중독의 위험에 무방비로 노출되어 있는 것이 현실이다.

이 책은 디지털 강국 신화에만 급급한 채 청소년들의 휴대폰 사용에 대해서는 무관심했던 한국 사회에 경종을 울리며, 부모라면 누구나 고민해 보았을 자녀들의 휴대폰 중독의 문제점을 짚어낸 국내 최초의 휴대폰 교육 지침서이다.

책 내용은 1부에서 청소년들의 휴대폰 문화를 이해할 수 있도록 다양한 사례들을 바탕으로 1318세대의 휴대폰 코드를 검토하고 있으며, 2부에서는 청소년들 사이에 이미 일반화된 휴대폰 중독의 상황과 함께 부모들의 고민을 담아내고 있다. 3부에서는 학습 부진과 집중력 감소로 직결되는 휴대폰 중독 증세를 치유하기 위한 대안과 방법들을 모색하고 있으며, 4부를 통해 10가지의 효과적인 휴대폰 사용 규칙을 도출해 내고 있다.

Part. 6

어린이의 발달을 돕는 독서목록과 해제

한국도서관협회 독서진흥위원회에서 만든 독서치료를 위한 상황별 독서목록(어린이편)을 증보하여 수록하였다.

#14 자아편:

1. 가족-부모/조부모 · 형제/자매 · 가난/역경 · 이혼/재혼 · 입양/ 2. 자아 · 성격-자아존중감/정체성 · 자신감 · 사춘기 · 진로탐색/ 3. 여자 · 남자 · 성역할-여자/남자 · 성역할

#15 정서편:

1. 화/ 2. 두려움/ 3. 스트레스/ 4. 슬픔/감정조절/ 5. 심술/ 6. 정직/ 7. 용서/ 8. 주의집중력/ 9. 중독/ 10. 죽음/ 11. 정서장애

#16 발달편:

1. 신체-외모 · 성 · 신체장애/ 2. 학교-학교부적응/발표 · 선생님/ 3. 대인관계-친구 · 이성친구 · 왕따 · 전학/이사

#17 폭력편:

1. 학대/ 2. 폭력/ 3. 성폭력

#14 자아편 [가족/자아 · 성격/여자 · 남자 · 성역할]

어린이

1. 가족

1.1 부모/조부모

- 구름이 찾아 준 엄마. 안드레아 페트릭 후세노비치/최수민 옮김. 꼬마이실, 2004, 32쪽-저
- 길 위의 소년. 페터 헤르틀링/페터 크노르 그림/문성원 옮김. 한길사, 2002, 208쪽-고
- 너도 하늘말나리야. 이금이/송진헌 그림. 푸른책들, 1999, 238쪽-고
- 들키고 싶은 비밀. 황선미/김유대 그림. 창비(창작과비평사), 2001, 122쪽-저
- 리디아의 정원. 사라 스튜어트/데이비드 스몰 그림/이복희 옮김. 시공주니어, 1998, 30쪽-저
- 맘대로 아빠 맘대로 아들. 오은영/소윤경 그림. 국민서관, 2006, 196쪽-고
- 목걸이 열쇠. 황선미/신은재 그림. 시공주니어, 2000, 192쪽-고
- 보물찾기. 이지현/이효범 그림. 채우리, 2001, 120쪽-저
- 아버지와 아들. 노경실/한지희 그림. 시공주니어/1988-고
- 언제까지나 너를 사랑해. 로버트 먼치/김숙 옮김. 북뱅크, 2000, 32쪽-저
- 엄마, 내 생각도 물어줘!. 박경태/고광삼 그림. 시공주니어, 2005, 102쪽-저

○ 오른발 왼발. 토미 드 파올라/정해왕 옮김. 비룡소, 1999, 48쪽-저

○ 잔소리 없는 날. 안네마리 노르덴/정진희 그림/배정희 옮김. 보물창고, 2004, 96쪽-저

○ 할머니. 페터 헤르틀링/박양규 옮김. 비룡소, 1999, 124쪽-고

1.2 형제/자매

○ 나는 싸기대장의 형님. 조성자/김병하 그림. 시공주니어, 2000, 104쪽-저

○ 내게도 동생이 생긴대요. 줄리아 맥클랜드/론 브룩스 그림/서애경 옮김. 중앙출판사, 2002, 40쪽-저

○ 내 동생은 못 말려. 김종렬/이상권 그림. 아이세움, 2002, 92쪽-저

○ 내 동생 싸게 팔아요. 임정자/김영수 그림. 아이 세움, 2006, 32쪽-저

○ 별 볼일 없는 4학년. 주디 블룸/윤여숙 옮김. 창비(창작과비평사), 1996, 186쪽-고

○ 세상에서 가장 우애 깊은 형제자매 이야기. 메리 호프먼/엠마 쇼스미스 그림/유정화 옮김. 두산동아, 2002, 92쪽-고

○ 터널. 앤서니 브라운/장미란 옮김. 논장, 2002, 26쪽-저

○ 하나와 두리. 박진숙/한현주 그림. 청동거울, 2003, 160쪽-고

1.3 가난/역경

○ 고물장수 로께. 호셉 발베르두/현윤애 그림/김재남 옮김/푸른나무, 2002, 200쪽-고

○ 늘푸른 나의 아버지. 황선미/김병하 그림. 두산동아, 2001, 184쪽-고

○ 달리는 거야, 힘차게. 배선자/안경환 그림. 대교출판, 2002, 200쪽-고

○ 돌을 주셔서 감사합니다. 에스터 벤더/앤 라드 그림/송향숙 옮김. 으뜸사랑, 2006, 32쪽-저

○ 만년샤쓰. 방정환/김세현 그림. 길벗어린이, 1999, 36쪽-저

○ 상계동 아이들. 노경실/심은숙 그림. 시공주니어, 2003, 188쪽-고

○ 엄마의 무지개. 원유순/김재홍 그림. 계림, 2006, 184쪽-고

○ 종이밥. 김중미/김환영 그림. 낮은산, 2002, 106쪽-저

○ 천국의 아이들. 마지드 마지디/김병규 옮김. 효리원, 2005. 172쪽-고

○ 희망의 집. 밥 그레이험/강석란 옮김. 국민서관, 2001, 30쪽-저

○ 힘든 때. 바바라 슈크 하젠/트리나 샤르트 하이만 그림/이선오 옮김. 미래M&B, 2005, 32쪽-저

1.4 이혼/재혼

1.4.1 이혼

○ 난 이제 누구랑 살지?. 에밀리 멘데즈아폰데/R. W. 앨리 그림/노은정 옮김. 비룡소, 2003, 36쪽-저

○ 따로따로 행복하게. 배빗 콜/고정아 옮김. 보림, 1999, 32쪽-저

○ 로테와 루이제. 에리히 캐스트너/발터 트리어 그림/김서정 옮김. 시공주니어, 2000, 232쪽-고

○ 아빠는 지금 하인리히 거리에 산다. 네레 마어/베레나 발하우스 그림/이지연 옮김. 아이세움, 2001, 30쪽-저

○ 악어입과 하마입이 만났을 때. 장수경/이상권 그림. 사계절, 2003, 118쪽-저

○ 우리를 잠 못 들게 하는 밤. 크리스토프 오노레/그웬 르 각 그림/김예령 옮김. 문학과지성사, 2001, 76쪽-저

○ 우리 함께 살아요. 베르나르 뒤몽 · 비르지니 소리아/미셸 부셰 그림/윤경진 옮김. 작은책방, 2003, 114쪽-저

○ 편지 쓰는 아이. 비벌리 클리어리/임현숙 옮김. 산하, 1994, 206쪽-고

○ 헨쇼 선생님께. 비벌리 클리어리/이승민 그림/선우미정 옮김. 보림, 2005, 150쪽-고

1.4.2 재혼

○ 나는 바람이야. 오경임/최현묵 그림. 낮은산, 2002, 104쪽-저

○ 나답게와 나고은. 김향이/김종도 그림. 사계절, 2001, 132쪽-저

○ 미루나무가 쓰는 편지. 김혜리/이은천 그림. 사계절, 2000, 190쪽-고

○ 밤티 마을 큰돌이네 집. 이금이/양상용 그림. 푸른책들, 2004, 144쪽-저

○ 실험 가족. 배봉기/박지영 그림. 푸른책들, 2003, 158쪽-고

○ 엄마와 딸. 윤수천. 계림북스쿨, 2002, 100쪽-저

○ 오빠가 지어 준 감기약. 김영원/최은진 그림. 자유지성사, 2001, 108쪽-저

○ 특별한 손님. 안나레나 맥아피/앤서니 브라운 그림/허은미 옮김. 베틀북, 2005, 34쪽-저

1.5 입양

○ 고슴도치 아이. 타지나 코토프스카/최성은 옮김. 보림, 2005, 40쪽-저

○ 까망머리 주디. 손연자/원유미 그림. 푸른책들, 2004, 208쪽-고

○ 너, 누구 닮았니?. 로리 뮈라이유/오딜 에렌 그림/최윤정 옮김. 비룡소, 1997, 30쪽-저

○ 너는 특별해. 조운 링가드/폴 하워드 그림/서수연 옮김. 베틀북, 2001, 96쪽-저

○ 빨간 머리 앤. 루시 M. 몽고메리/이상교 엮음. 효리원, 2004, 224쪽-고

○ 새 동생. 배봉기/박철민 그림. 대교출판, 2002, 216쪽-고

○ 열한 살 아름다운 시작 1, 2. 김혜리/양상용 그림. 채우리, 2003, 202쪽-고

○ 파란 눈의 내 동생. 이지현/황성혜 그림. 문공사, 2004, 176쪽-고

2. 자아 · 성격

2.1 자아존중감/정체성

- 나는 나. 배봉기/최병대 그림. 한겨레신문사, 2003, 126쪽-저
- 내 이름이 담긴 병. 최양숙/이명희 옮김. 마루벌, 2002, 40쪽-저
- 내가 나인 것. 야마나카 히사시/고바야시 요시 그림/햇살과나무꾼 옮김. 사계절, 2003, 278쪽-고
- 내가 얼마나 큰지 보여 주겠어. 장 프랑수아 뒤몽/박상혁 옮김. 문학동네어린이, 2002, 36쪽-저
- 너는 특별하단다 1, 2. 맥스 루카도/세르지오 마르티네즈 그림/아기장수의 날개 옮김. 고슴도치, 2004, 32쪽-저
- 넌, 아주 특별해!. 크리스틴 애덤스 · 로버트 부치/R. W. 앨리 그림/노은정 옮김. 비룡소, 2004, 36쪽-저
- 사금파리 한 조각. 린다 수 박/이상희 옮김. 서울문화사, 2005, 306쪽-저
- 수일이와 수일이. 김우경/권사우 그림. 우리교육, 2006(초판 2001), 220쪽-고
- 악어오리 구지구지. 천즈위엔/박지민 옮김. 예림당, 2003, 34쪽-저

2.2 자신감

- 내 귀가 크다구요? 최현주/임보만 · 최지선 그림. 나무심는아이들, 2004, 56쪽-저
- 달려라 막시. 산디아고 가르시아 클래락/노경실 옮김. 푸른나무, 2000, 144쪽-고
- 용기(COURAGE). 버나드 와버/이혜원 옮김. 아이터, 2004, 36쪽-저
- 우리 모두 꼴찌 기러기에게 박수를. 하나 요한슨/케티 벤트 그림/문성원 옮김. 시공주니어, 1999, 118쪽-고
- 윌리와 악당 벌렁코. 앤서니 브라운/허은미 옮김. 웅진닷컴, 2003, 32쪽-저
- 조금만 조금만 더. 존레이놀즈 가디너/마샤 슈엘 그림/김경연 옮김. 시공주니어, 2001, 94쪽-저
- 처음 받은 상장. 이상교/허구 그림. 국민서관, 2005, 112쪽-저
- 하지만 막스도 잘하는 게 있어요. 발터 비퍼스베르크/오펠 괴츠 그림/한희진 옮김. 중앙출판사, 2003, 112쪽-저

2.3 사춘기

- 걱정쟁이 열세 살. 최나미/정문주 그림. 사계절출판사, 2006, 154쪽-고
- 날아라 동서남북. 김자환/장기석 그림. 청개구리, 2006, 190쪽-고
- 내 마음의 나이테. 유타루/윤소연 그림. 바람의아이들, 2004, 232쪽-고
- 라몬의 바다. 스콧 오델/민애수 그림/김옥수 옮김. 우리교육, 2000, 150쪽-고
- 브랜디는 사춘기. 메리 터커/김은정 옮김. 제삼기획, 2004, 160쪽-고
- 어머나, 내가 사춘기인가? 로이스 로우리/신혜원 그림/최덕식 옮김. 산하, 1997, 182쪽-고
- 오빠는 사춘기. 채인선/정유정 그림. 창작과비평사, 1998, 174쪽-고

○ 우리 형 보리스는 사촌기래요!. 리즈 피촌/김수희 옮김. 어린이 작가정신, 2006, 32쪽-저

2.4 진로탐색

○ 꿈을 찾아 한 걸음씩. 이미애/배명식 그림. 문학사상사, 2000, 220쪽-고

○ 난 황금 알을 낳을 거야!. 한나 요한젠/이진영 옮김. 문학동네, 1999, 60쪽-저

○ 헬로 마이 퓨처. 이경근/김재일 그림. 랜덤하우스중앙, 2004, 216쪽-고

○ 흉내쟁이 꼬마 발레리나. 페트리샤 리 고흐/김경미 옮김. 현암사, 2003, 36쪽-저

3. 여자 · 남자 · 성역할

3.1 여자/남자

○ 나, 열세 살 여자 : 어린이가 꼭 알아야 할 여성학 이야기. 양해경/이정아 그림. 파란자전거, 2002, 140쪽-고

○ 너도 내가 궁금하니?(남자와 여자). 그웨나엘 불레 외/장석훈 옮김. 푸른숲, 2003, 54쪽-저

○ 비자 비아 비자 벨. 아나 마리아 마샤두/헤지나 욜란다 그림/남진희 옮김. 우리교육, 2003, 128쪽-고

○ 사내대장부. 크리스티네 뇌스틀링거/김경연 옮김. 비룡소, 2000, 66쪽-저

○ 어린이를 위한 흑설공주 이야기. 양연주 외/윤종태 그림. 뜨인돌, 2006, 136쪽-고

○ 조선의 여걸 박씨부인. 정출헌/조혜란 그림. 한겨레아이들, 2000, 102쪽-고

○ 종이봉지 공주. 로버트 문치/마이클 마르첸코 그림/김태희 옮김. 비룡소, 1998, 50쪽-저

3.2 성역할

○ 난 이제부터 남자다. 이규희/신은재 그림. 세상모든책, 2002, 118쪽-저

○ 돼지책. 앤서니 브라운/허은미 옮김. 웅진닷컴, 2001, 50쪽-저

○ 아빠는 전업주부. 키르스텐 보이에/박양규 옮김. 비룡소, 2003, 204쪽-고

○ 아빠사자와 행복한 아이들. 야노쉬/문성원 옮김. 시공주니어, 2000, 48쪽-저

○ 아빠의 앞치마. 이규희/강을순 그림. 교학사, 2004, 128쪽-저

○ 후박나무 우리 집. 고은명/김윤주 그림. 창비(창작과비평사), 2002, 154쪽-고

자아편 독서목록에 대한 해제

1. 가족

1.1 부모

구름이 찾아 준 엄마

-안드레아 페트릭 후세노비치/최수민 옮김/꼬마이실/2004/32쪽-저

도시의 높은 건물 속에 사는 소녀에게는 엄마가 없다. 열 살에 부모를 잃어 기억나는 게 그다지 많지 않은 엄마와의 추억을, 하늘의 구름을 바라보며 되찾는 이야기다.

지은이는 부모 없이 자랐던 자신의 심정을 기억하며 쓰고 그렸으며, 엄마에 대한 사랑과 그리움이 어땠는지 절절하게 들려주면서 부모 없이 또는 편부모 슬하에서 자라는 아이들에 대한 무의식적인 편견이나 무시 또는 차별에 대해 생각해 볼 수 있도록 한다. 친근하고 상상력이 넘치는 부드러운 유화풍의 삽화가 돋보이는 그림책이다.

길 위의 소년

-페터 헤르틀링/페터 크노르 그림/문성원 옮김/한길사/2002/208쪽-고

이 책에서는 부모의 잦은 다툼으로 가출한 아이의 괴로운 심정과 절박함을 숨김없이 그려 내고 있으며, 아이들은 미처 모르지만 그 길에 있는 여러 가지 어려움을 다루고 있다. 억센 머릿결에 안짱다리를 가진 테오는 언뜻 보기에는 그저 익살맞은 아이일 뿐이다. 그러나 테오에게도 남모르는 고민이 있다. 아빠가 술을 드시기만 하면 엄마와 다툰다는 것이다. 늘 불화가 끊이지 않는 집안 환경 때문에 테오는 집에만 오면 말 없는 아이가 되어 버린다. 어느 날 저녁, 아빠와 엄마가 다시 싸움을 시작하자 테오는 집을 떠나겠다고 결심한다. 그리고 다음 날 수업이 끝나자 이를 실행에 옮긴다. 그때부터 테오가 겪는 사흘간의 여행, 집에 돌아왔다가 떠나는 두 번째의 여행이 펼쳐진다.

지은이 헤르틀링은 사실을 미화하여 전달하거나 그럴싸하게 포장하지 않는다. 집을 나가겠다고 결심할 정도로 절박한 아이의 괴로운 심정도, 아이들은 미처 모르지만 그 길에 있는 여러 가지 실제적인 어려움도 결코 숨기지 않는다. 그렇기에 읽는 아이들마저 한층 성숙해질 수 있는 동화이며, 우리들에게 따뜻한 감동을 전해 준다. 지은이는 2001년 프랑크푸르트 도서전에서 독일 청소년 문학상 특별상을 수상하기도 했다.

너도 하늘말나리야

–이금이/송진헌 그림/푸른책들/1999/238쪽–고

사춘기에 들어선 세 친구 미르와 소희, 바우에 관한 이야기다. 이혼한 엄마를 따라 달밭 마을로 온 미르, 부모 없이 할머니와 사는 소희, 엄마를 일찍 여의고 아버지와 사는 바우는 각각 다른 성장 환경에서 자라지만 '가정의 결손' 이라는 공통점을 지니고 있는 친구들이다. 미르는 엄마에 대한 무조건적인 반항과 불만을 지니며 또래 친구들에게도 마음을 쉽게 열지 못한다. 소희는 제 나이에 비해 지나치게 조숙한 모습을 가지고 스스로와의 대화를 통해 반성적인 사유를 한다. 바우는 엄마를 잃은 충격으로 자신이 대화하고 싶은 사람하고만 이야기하는 '선택적 함구증' 에 걸려 있다.

가정의 결손이란 사춘기의 세 아이에게 상처를 주었고 이들은 그것을 고스란히 끌어안고 지낸다. 하지만 세 아이들은 자신들도 알아차리지 못하는 사이에 아픈 상처를 스스로 치유하는 방법을 익힌다. 1년이란 시간이 지나는 동안 자신의 내면을 들여다보고 다른 사람과 관계하며 함께 느끼는 법을 알게 된 아이들은, 자신의 상처를 통해 다른 사람의 상처를 들여다보는 법도 알게 되며 그렇게 해서 아픔을 극복하고 성장한다.

들키고 싶은 비밀

–황선미/김유대 그림/창비/2001/122쪽–저

말썽꾸러기 주인공이 엄마 지갑에 손을 대면서 생기는 사건과 고민을 통해 가족 간의 갈등과 사랑을 세심하게 엮어 낸 책이다.

말썽꾸러기 꼬마 은결이는 찬장 속에 있는 엄마의 낡은 지갑에서 조금씩 훔쳐 낸 돈으로 친구들에게 인심을 쓰며 신나 한다. 하지만 한편으로는 잘못된 행동을 들키게 될까 봐 마음이 무겁다. 어느 날 또 돈을 꺼내려다가 엄마가 아끼는 크리스털 컵을 깨뜨리고 그 유리조각에 발까지 다치게 된 은결이. 발뒤꿈치가 부어올라도 혼자서 끙끙거리는 은결이는 이제 차라리 자신의 잘못을 들키고 싶은 마음이 된다. 은결이의 비밀이 결국 탄로나면서, 컴퓨터 오락에 빠져 사는 형 한결이의 고민과 겉으로 드러나진 않지만 묵직한 아빠의 사랑, 낡은 빨간 지갑에 고스란히 담겨 있는 엄마의 마음도 함께 드러난다.

어린이들에게 '잘못하거나 부족한 점이 많아도 서로 기대고 지낼 수 있는 것이 가족' 이라는 사실을 자연스럽게 깨닫게 해 주는 책이다.

리디아의 정원

–사라 스튜어트/데이비드 스몰 그림/이복희 옮김/시공주니어/1998/30쪽–저

이 이야기는 리디아가 가족이나 외삼촌에게 보내는 편지글로 진행된다. 시골에서 할머니와 함

께 정원을 가꾸던 리디아는 아버지의 실직으로 빵가게를 하는 도시의 외삼촌댁에 맡겨진다. 도시에 도착해서 만난 외삼촌은 잘 웃지도 않고 무뚝뚝한 사람이다. 어느 날, 쓰레기로 뒤범벅되어 있는 옥상을 발견한 리디아는 아주 기뻐한다. 마침내 독립 기념일에 옥상으로 외삼촌을 초대한 리디아는 아주 놀라운 광경을 외삼촌에게 선물한다. 쓰레기장이었던 옥상은 어느새 할머니가 보내준 온갖 화초가 자리 잡은 '멋진 정원' 으로 거듭나 있었다. 외삼촌은 감동과 놀람으로, 아버지가 취직되었다는 소식과 함께 꽃으로 뒤덮인 케이크를 리디아에게 선물한다.

이 책은 가족 간의 사랑과 '꽃' 이라는 자연이 만나 더욱 따뜻하고 아름다운 그림책이며, 첫 페이지에 가정 사정으로 친척 집에 가기 위해 짐을 꾸리는 리디아의 모습이 심금을 울린다. 1998년 칼데콧 명예도서상 수상작품이다.

맘대로 아빠 맘대로 아들

-오은영/소윤경 그림/국민서관/2006/196쪽-고

좋아하는 일을 찾아 시골로 내려간 '맘대로 아빠' 와 자기밖에 모르는 '맘대로 아들' 종기가 갈등을 겪으며 가까워지는 과정을 통해, 사람은 누구나 저마다 다른 입장이 있고 서로가 한 걸음씩 다가가려고 노력할 때 그 차이를 좁힐 수 있다는 것을 깨닫게 하는 성장소설이다.

투박한 옹기를 좋아하는 아빠는 의사를 그만두고 옹기장이가 된다. 엄마 혼자만 서울에 남고 아빠 때문에 시골로 전학 간 종기는 맘에 드는 게 하나도 없다. 책 읽느라 말할 시간이 없다는 수경이, 늘 종기에게 화를 내는 대주 등 전학 간 학교의 친구들도 못마땅하다. 다른 사람들은 모두 마음대로 굴면서, 자기한테만 이해를 강요하는 것 같아 화가 난 종기는 그들과 똑같이 마음대로 굴기로 한다. 종기는 아빠의 항아리를 깨고, 집을 나가고, 친구에게는 화를 낸다. 그러던 어느 날, 아빠 몰래 오래된 간장독 속에 숨어 들어간 종기에게 신기한 일이 일어난다. 눈을 떠 보니 그곳은 독 속이 아니라 까까머리 동자승이 살고 있는 조용한 암자였던 것. 그리고 까까머리 동자승은 종기에게 '먼저 다가가라' 고 가르쳐 준다.

자기밖에 모르는 아이 종기가 겪는 갈등과 마음의 성장을 통해 가족 간에도 서로 이해하려는 노력이 필요하다는 것을 자연스럽게 전달해 주고 있다.

목걸이 열쇠

-황선미/신은재 그림/시공주니어/2000/192쪽-고

이 책은 맞벌이 부모를 둔 사춘기 소녀의 성장이야기를 담았다. 12살 주인공 향기는 3학년이 되자마자 엄마가 직장을 다니기 시작하면서 목걸이 열쇠를 건네받았다. 향기는 생일도 잊어버리고, 가슴이 솟아올라 붕대로 친친 감고 다니는 것도 모르는, 게다가 외로움을 나눠 온 수탉 삼삼이를 내쫓으려는 엄마, 아빠에게 복수를 하기로 결심한다. 하지만, 막상 부모 몰래 친구 진주를 따라 호주로 떠나기로 한 시도는 시원함보다는 무겁고, 집에 돌아가고 싶은 마음만 더해진다. 결국 향기는 공항에서 발길을 돌려, 시골에 내려가 있는 삼삼이를 보고 감기를 앓는 엄마 곁으로 돌아간다.

우리나라의 창작동화가 대부분 시골이나 도시의 저소득층 또는 불우한 가정환경을 배경으로 하는 데 반해 이 책은 아파트촌과 핵가족, 그리고 맞벌이 가정을 배경으로 하고 있으며, 그 안에서 성장의 외로움을 겪는 사춘기 소녀 향기의 이야기를 감칠맛 나게 묘사하고 있다. 아무도 없는 빈집의 문을 열고 들어가면 쓸쓸하고 팽개쳐진 기분이 드는 맞벌이 부모의 아이들에게 위안을 주는 책이다.

보물찾기

-이지현/이효범 그림/채우리/2001/120쪽-저

이 책은 맞벌이 부부의 외동아들인 초등학교 3학년 기범이의 생활과 고민, 방황을 보여 준다. 초등학교 3학년 기범이는 늘 혼자 있는 시간이 많다. 아빠뿐 아니라 엄마도 직장에 다니느라 하루 종일 집에 없기 때문이다. 학교가 끝나면 이리저리 학원을 다니다 집에 와서도 한동안 혼자 있어야 한다. 기범이는 숙제를 안 하거나 준비물을 잊은 채 학교에 가는 일이 많아 늘 선생님에게 혼나곤 한다. 학원에서도 마찬가지로 늦었다고 야단치는 선생님이 야속하기만 하다. 어느 날 엄마, 아빠가 자신을 돌보기 위해 회사를 그만두는 문제를 두고 다투는 소리를 들은 기범이는 집을 나선다. 무작정 버스를 타고 졸다가 종점에 내린 기범이는 길을 잃고 공원에서 하룻밤을 보낸다. 다행히 한 아저씨의 연락을 받고 엄마, 아빠가 달려온다. 맞벌이 부모를 둔 아이의 마음을 읽을 수 있다.

아버지와 아들

-노경실/한지희 그림/시공주니어/1998-고

소망 초등학교 5학년인 한국이는 작은 키가 고민인, 엉뚱하면서도 수줍음 많은 아이이다. 한국이의 아버지는 막일을 하고, 엄마는 몸이 불편하지만 부업을 하여 생활을 겨우 꾸려 나간다. 다른 아버지처럼 돈도 많이 못 벌고, 맛있는 것도 사 주지 않는 아버지가 몹시 밉기도 하지만 걱정도 되는 것이 사실. 어느 날 한국이는 아버지한테 닥친 엄청난 일을 알게 된다. 한국이네는 경제적으로 어렵고 갓 태어난 동생 은혜의 분유 값을 걱정해야 할 만큼 사는 것이 팍팍하다. 하지만 어려움 속에서도 내색하지 않고 가정을 돌보는 엄마와 자기감정에 너무나 솔직해서 때로는 세상과 부딪히고 그로 인해 좌절하고 그 좌절을 어린애처럼 눈물로 나타내는 맘 따뜻한 아버지와 천사 같은 여동생 은혜와 하루하루를 만들어 간다.

초등학교 5학년이지만 가정 형편을 생각해서 새벽엔 신문을 배달하고, 아버지와 때론 친구처럼 때로는 아버지보다 더 큰 어른처럼 아버지를 대하기도 하는 한국이는 우리 주위에서 흔히 만날 수 있는 이웃의 모습이다. 거친 손과 두 마디가 잘려 나간 손가락을 보고 존경한다고 말하는 한국이 친구 은혜 아버지의 마음은 요즘 찾아보기 힘든 모습이지만, 어쩜 세상 어딘가엔 그런 맘을 가진 사람이 반드시 있을 거란 생각이 든다.

한국이 아버지가 위암에 걸렸을 때 병원비를 선뜻 내준 은혜 아버지 같은 사람이 있기 때문에 세상은 살아갈 의미가 있고, 이십 만원도 채 안 되는 통장에서 거침없이 돈을 찾아와 이웃의 같은 처지에 있는 아이들을 위해 병원비를 내 주고, 몸보신까지 시켜 준다면서 삼겹살을 사와 자신의 입에는 고기 한 점도 넣어 보지 못하는 한국이 엄마와 같은 사람들이 있어서, 우리들은 힘겹지만 하루하루를 웃으면서 살아갈 수 있는 것은 아닐지.

언제까지나 너를 사랑해

-로버트 먼치/김숙 옮김/북뱅크/2000/32쪽-저

자식에 대한 부모의 사랑을 간결하고 시적인 문장과 자연스러운 선, 부드러운 색깔의 그림으로 그려 낸 아름다운 그림책이다. 책의 첫 장을 펼치면 엄마가 달빛이 비치는 창가에서 어린 아기를 안고 자장가를 불러 주는 장면이 나온다.

너를 사랑해 언제까지나/너를 사랑해 어떤 일이 닥쳐도/내가 살아 있는 한/너는 늘 나의 귀여운 아기. -본문 중에서-

다음 장면부터는 아이가 성장해 가는 과정과 아이 때문에 힘들어하는 어머니의 모습이 익살스럽고 사실감 있는 그림으로 묘사된다. 맨 마지막 장면에서는 이젠 다 자라서 또 한 아이의 아빠가 된 그 아이가 창가에서 자신의 아이를 안고 자신이 들어왔던 자장가를 아기에게 불러 주는 것으로 끝이 난다.

자식에 대한 부모의 사랑은 아이가 이 세상에서 태어난 순간부터 시작되어 점차 자라 아무리 말썽을 부리거나 부모를 힘들게 해도 변하지 않는다. 그러한 사랑을 받고 자란 아이는 또 부모가 되어서 자신의 아이를 그만큼 사랑하게 마련이다. 이 책은 책 전체에서 반복되는 노랫말을 통해 자식에 대한 부모의 사랑과 헌신을 돌아보게 하고 감사하는 마음을 갖게 해 준다. 부모와 자녀가 함께 읽어도 좋을 책이다.

엄마, 내 생각도 물어줘!

-박경태/고망삼 그림/시공주니어/2005/102쪽-저

빠듯한 일상을 살아가는 아이 선후는 영어 학원, 글짓기 학원, 태권도 학원, 속셈 학원을 다닌다. 학교를 마쳐도 학습지 과외에 이 학원 저 학원을 다니느라 쉴 틈이 하나도 없다. 친구들과 신나게 놀고 싶은데, 엄마는 다른 아이들에게 뒤처지면 안 된다며 선후를 다그치기만 한다. 더군다나 선후의 일기장을 본 엄마는 글짓기 실력이 모자란다며 선후를 글짓기 학원까지 보낸다. 그러던 어느 날 엄마는 선후의 글짓기 실력이 향상되었는지 검사하기 위해 일기장을 보여 달라 다그치고, 선후는 일기장을 절대 보여 줄 수 없다며 버티다가 엄마와 한바탕 다툼을 벌이게 된다. 엄마는 선후가 어떤 생각을 하는지 관심이 없다. 오로지, 공부, 공부 또 공부! 선후는 세상의 모든 학원이 없어져 버렸으면 한다. 속상한 마음에 가출을 결심하게 된 선후는 수족관의 거북이 엉금이를 데리고 집을 나서게 된다. 공부만이 아이들의 삶이 아니라는 것을 이해할 수 있으며, 아이들 스스로 겪고 있는 고민을 이끌어 낼 수 있는 책이다.

오른발 왼발

–토미 드 파올라/정해왕 옮김/비룡소/1999/48쪽–저

핵가족 속에서 자라나는 요즘 어린이들이 경험하지 못하는 할아버지와 손자 사이의 사랑을 감동적으로 전달해 주는 그림책이다.

주인공 보비와 할아버지는 가장 친한 친구 사이로 할아버지는 어린 보비에게 '오른발, 왼발' 걸음마를 가르쳤고 매일 재미난 얘기를 들려준다. 어느 날 할아버지가 뇌졸중으로 쓰러진다. 말도, 움직이지도 못하는 할아버지. 이상한 소리를 내는 할아버지가 무서워 도망치는 보비. 하지만 보비는 그전의 할아버지를 생각하며, 할아버지가 자신에게 가르쳤던 말하는 법과 밥 먹는 법 등을 할아버지가 다시 배울 수 있도록 돕는다. 보비의 노력으로 할아버지는 다시 걷고 말할 수 있게 되고 둘은 나란히 산책하며 행복감을 느낀다.

아이가 병에 걸린 할아버지에게 느끼는 거리감과 할아버지를 돕고 싶어 하는 순수한 마음이 진솔하게 묘사되는 내용으로 할아버지, 할머니에게 받은 사랑을 되돌아보게 해 준다.

잔소리 없는 날

–안네마리 노르덴/정진희 그림/배정희 옮김/보물창고/2004/96쪽–저

이 책은 푸셀이 자신의 소원대로 '잔소리 없는 날'을 보내게 된 이야기를 담았다. 일요일 저녁 푸셀은 부모님께 '잔소리 없는 날'을 달라고 부탁한다. 이 날은 푸셀이 어떤 일을 하든 엄마, 아빠가 절대로 참견을 해서는 안 된다. 이 발칙한 제안은 의외로 성공을 거두게 되고, 월요일 딱 하루 잔소리 없는 날을 허락받는다. 푸셀은 자두잼을 일곱 숟가락 퍼 먹고, 양치질을 하지 않으며, 학교에서 자기 마음대로 조퇴를 하고, 갑자기 파티를 여는 등 자유를 누리며 하루를 맞이한다. 하지만 잔소리만 없으면 잘될 것 같았던 푸셀의 계획들은 난관에 부딪히게 되고, 엄마와 아빠의 자상한 배려 덕분에 어려움을 이겨 낸다. 이 과정에서 푸셀은 잔소리가 사랑의 또 다른 표현이라는

것을 깨닫게 된다.

고학년에게 읽혀도 현재 자신들이 겪고 있는 부모의 잔소리에 대하여 많은 이야기를 나눌 수 있다.

할머니

-페터 헤르틀링/박양규 옮김/비룡소/1999/124쪽-고

너무도 다른 할머니와 손자가 함께 살게 되면서 겪는 갈등과 어린 손자가 할머니의 사랑을 깨닫게 되는 과정이 감동적으로 그려지는 책이다.

혼자 살던 할머니는 교통사고로 부모를 잃고 혼자가 된 다섯 살 난 손자 칼레를 기르게 된다. 자기와는 생각이 너무 다르고, 큰 목소리에 잔소리를 잘 하는 할머니. 칼레는 때로는 욕까지 하는 할머니를 부끄러워하기도 하지만 함께할수록 점점 더 할머니의 따스한 사랑을 느끼게 된다.

서로 다르게 살아온 할머니와 손자가 만나 서로 배우면서, 또 서로에게 의지하면서 사랑을 키워 가는 과정을 두 사람이 각각 자신의 입장에서 이야기하는 형식으로 구성한 점이 독특하다. 칼레와 할머니가 거리를 좁혀 가고 서로를 이해해 가는 모습 속에서 막연하게 느껴질 수 있는 할머니의 마음과 사랑을 깨닫게 해 줄 수 있는 책이다.

1.2 형제/자매

나는 싸기대장의 형님

-조성자/김병하 그림/시공주니어/2000/104쪽-저

초등학교 1학년 기훈이에게는 얼마 전 태어난 동생 기영이가 있다. '싸기 대장'은 걸핏하면 똥과 오줌을 잘 싼다고 해서 기훈이가 붙여 준 별명이다. 그런데 동생이 생기자 늘 귀여움을 독차지했던 기훈에 대한 부모님과 할머니의 관심이 시들해진다. 싸기 대장 기영이에게만 예쁘다고 늘 웃으면서 토닥거려 주고 안아 준다. 하루는 청거북을 만진 손으로 우유를 먹였다가 기영이가 체하는 바람에 엄마에게 호되게 혼도 난다. 그래서 할머니 집에 청거북을 데려다 주려고 집을 나섰다가 그만 길을 잃고 만다. 그런 기훈이를 본, 거리에서 꽃 파는 아줌마가 집에 연락을 해 주고, 기훈이는 엄마 아빠가 자신을 얼마나 많이 걱정하고 사랑하는지 알게 된다. 소중한 가족들 품으로 돌아온 기훈이는 이제 누구보다도 기영이를 아끼고 사랑한다. 동생을 둔 사내아이 기훈이의 섭섭한 기분을 솔직 담백하게 잘 표현한 책이다.

내게도 동생이 생긴대요

-줄리아 맥클랜드/론 브룩스 그림/서애경 옮김/중앙출판사/2002/40쪽-저

앤드루는 엄마 무릎 위에 앉는 걸 좋아하는 아기 곰이다. 그런데 엄마 뱃속에서 동생이 자라면서부터 앤드루는 심술쟁이가 된다. 틈만 나면 아기를 돌려보내자고 떼를 쓰고, 아기들은 재미없다고 불평하고, 모두 아기만 예뻐한다고 훌쩍거린다. 훌쩍이고 떼쓰는 앤드루의 모습만을 보여주는 것이 아니라, 피곤한 표정으로 안락의자에 앉은 엄마의 모습, 아기 침대를 만드느라 바쁜 아빠의 모습 등을 보여 주면서 식구가 새로 생긴다는 것이 가족 구성원 모두에게 쉽지 않은 일임을 넌지시 일러 준다.

새로운 한 식구가 태어나면서 겪게 되는 아이의 정서적 변화와 행동을 자세하고 사실적으로 그려 낸 그림책으로, 어느 가정에나 있을 수 있는 일상적인 소재를 설득력 있게 표현했다.

내 동생은 못 말려

-김종렬/이상권 그림/아이세움/2002/92쪽-저

바퀴벌레를 무서워하는 겁 많은 오빠 영철이와 바퀴벌레를 때려 잡을 만큼 용감하고 엉뚱한 여동생 영희 남매의 이야기를 그린 책이다.

영철이 여동생 영희는 공주나 동화 속의 소녀가 아니다. 영희는 눈 하나 꿈쩍하지 않고 바퀴벌레를 때려잡는 무적소녀다. 귀신 이야기를 좋아하며, 천둥 · 번개 치며 비가 쏟아지는 밤에 귀신장난을 하는 엽기 동생이기도 하다. 오빠보다 용감한 여동생은 자기밖에 모르고, 오빠를 졸졸 따라다니며 무엇이든 함께하려고 해서 오빠를 지치고 힘들게 만든다. 그러나 오빠가 지독한 감기에 걸리자 끙끙 앓는 오빠 옆에서 간호한다고 들락거리던 동생이 만든 사탕 약을 보는 순간, 오빠는 동생을 통해 어린 시절의 자기모습을 발견하게 된다.

남매관계의 소중함을 깨닫게 하면서 자신의 형제관계를 돌아보게 해 주는 책이다.

내 동생 싸게 팔아요

-임정자/김영수 그림/아이 세움/2006/32쪽-저

동생 때문에 힘든 주인공이 남동생을 팔려고 하는 과정에서 동생에 대한 사랑을 깨닫게 되는 그림책이다.

짱짱이는 고자질쟁이, 욕심꾸러기에다 먹보인 남동생이 귀찮아 팔아 버리기로 마음먹고 시장에 간다. 장난감 가게 언니, 꽃집 할아버지, 빵집 아줌마는 모두들 동생을 사지 않으려 하고, 마지막으로 친구인 순이를 만난 짱짱이는, 동생은 엄마놀이 할 때 좋고 공주놀이 할 때 하녀를 시켜도 잘하고 왕자님도 할 줄 안다고 하며 팔려고 한다. 그러나 순이가 거저 달라고 동생 손을 잡는 순간 동생에 대한 소중함을 느끼게 되어 팔지 않기로 한다. 동생을 데리고 집에 돌아가는 짱짱이의

모습이 참 행복해 보인다.

어린 누나와 남동생의 마찰과 갈등이, 대화체의 신선한 문장과 그림으로 생생하게 전달되고 있어 어린이들의 시선을 붙잡는다.

별 볼일 없는 4학년

-주디 블룸/윤여숙 옮김/창비/1996/186쪽-고

말썽쟁이 동생으로 힘들어하는 주인공 피터를 통해 나이 차이가 많은 동생을 둔 아이들이 겪는 어려움을 실감나게 전하면서, 형제애와 가족 간의 사랑에 대해 생각해 보게 하는 책이다.

말썽쟁이 동생 퍼지는 4학년이 되는 형 피터의 학교 숙제를 망쳐 놓고, 집안의 살림살이를 시끄럽게 쳐대고, 아빠의 거래처 손님의 가방을 엉망으로 만드는 등 도저히 못 말리는 골칫거리이다. 피터는 동생 퍼지로 인해 늘 이리저리 치이며 엄마에게 꾸지람을 듣고, 부모님에게 소외된다는 느낌으로 속상해한다. 급기야 퍼지는 자신이 가장 아끼는 거북이 드리볼을 삼키고 입원까지 하게 된다. 그런 동생이 밉기는 하지만 어서 회복되어 돌아오기를 바라는 마음을 갖게 되면서 자신도 느끼지 못했던 형제간의 사랑을 확인하게 된다.

아이들이 형제관계에서 겪게 되는 내면의 갈등과 정신적 성장과정을 사실감 있게 그려 냈다.

세상에서 가장 우애 깊은 형제자매 이야기

-메리 호프먼/엠마 쇼스미스 그림/유정화 옮김/두산동아/2002/92쪽-고

세계 여러 나라 이야기들 중에서 가장 우애가 깊은 형제자매의 이야기만을 골라 엮은 책이다. 이야기 속 형제자매들은 한결같이 어려움을 만나지만 모두 마음을 모아 의연하게 이겨 내고 서로에게 극진히 헌신한다. 오랜 세월 많은 사람들의 사랑을 받아 온 독일 동화 '헨델과 그레젤', 북아메리카의 민담 '퀼 공예 소녀와 별이 된 일곱 형제들', 아르메니아의 옛이야기 '붉은 젖소', 러시아의 '알로누슈카와 이바누슈카 남매', 모로코의 '일곱 오빠를 쫓아버린 소녀', 수단의 '아촐과 메이퍼 남매' 등 전 세계의 형제자매와 관련된 옛이야기가 골고루 실려 있다. 형제자매 사이의 경쟁심이나 갈등, 불화가 아니라 공평함과 너그러움, 그리고 사랑을 강조하고 있다.

터널

-앤서니 브라운/장미란 옮김/논장/2002/26쪽-저

책과 공상을 좋아하는 내성적인 여동생과 활동적이고 짓궂은 오빠는 매일 티격태격 다툰다. 어느 날, 매일 싸우는 남매 때문에 화가 난 엄마는 두 아이를 집 밖으로 내쫓는다. 이 아이들을 화해시키기 위해 지은이는 어두운 터널을 만든다. 오빠는 터널로 들어가고 동생은 밖에서 계속 오빠를 기다린다. 아무리 기다려도 오빠가 나오지 않자, 동생은 별로 좋아하지 않은 오빠를 위해 컴

컴하고, 축축하고, 미끈거리고, 으스스한 터널을 통과해 온갖 무서운 것이 가득한 숲으로 들어간다. 그런데 그곳에서 오빠는 돌이 되어 있었다. 차갑고 딱딱한 돌을 동생이 와락 껴안자 오빠는 다시 인간이 된다. 그리고 "네가 와 줄 줄 알았어."라고 말한다. 처음으로 두 남매는 미소를 짓는다. 서로 다투기는 하지만, 두 남매는 신뢰와 애정의 끈으로 묶여 있었던 것이다.

하나와 두리

-박진숙/한현주 그림/청동거울/2003/160쪽-고

하나와 두리는 자매지만, 친자매라는 생각이 들지 않을 정도로 외모나 성격, 취미가 다르다. 언니 하나는 성격이 활달하고 테니스 부원으로 활동할 만큼 운동도 잘한다. 반면, 두리는 성격이 섬세하고 발레리나를 꿈꾸는 아이이다. 둘은 하루도 조용할 날 없이 콩당콩당 집안을 시끄럽게 만든다. 그렇다 해서 하나와 두리가 서로를 미워하는 것은 아니다. 한 녀석이 보이지 않으면 궁금해서 싸우고, 서로 얼굴을 마주하면 또 티격태격한다. 매일 개와 고양이처럼 싸우지만, 그 과정 속에서 하나와 두리는 서로의 개성을 이해하고 존중하게 된다. 또, 서로의 문제를 감싸 주는 법도 배우게 된다. 지은이는 이 세상의 모든 '하나와 두리', 즉 형제, 남매들이 서로의 마음속에 간직하고 있는 사랑을 찾아 아름답게 가꾸어 가길 바라는 소망을 담았다.

1.3 가난/역경

고물장수 로께

-호셉 발베르두/현윤애 그림/김재남 옮김/푸른나무/2002/200쪽-고

이 책은 가난하고 힘없는 스페인 시골 사람들의 이야기를 다루고 있다. 홀어머니와 어린 동생 미겔과 살고 있는 로께는 생계를 꾸리기 위해 따노 아저씨를 따라 고물장수를 한다. 학교에도 못 다니고 옷도 허름하지만 부끄러워하지 않고 꿋꿋이 자신의 생활에 적응하며, 주변 사람들도 어려운 생활이지만 서로 도움을 준다. 왠지 불우 이웃의 이야기같이 슬픔이 밀려오기도 하지만 아이들의 생활, 아이들의 생각, 아이들의 심리, 아이들의 의견에 초점을 맞추어 동감을 자아낸다. 스페인 폴치 또레스 문학상 수상작품이다.

늘푸른 나의 아버지

-황선미/김병하 그림/두산동아/2001/184쪽-고

주인공 찬우는 빚보증을 잘못 서 땅과 집을 다 잃어버리고 막노동을 하는 아버지와 시장 한 귀퉁이에서 생선을 파는 어머니가 늘 안쓰럽다. 가끔씩 철부지 행동을 하는 동생 영주도 철이 말짱해 늘 어머니를 걱정하는 누나 같은 동생이다. 막노동을 하다 손가락 두 개가 잘리고, 몇 번을 타

지에 나가 모아 온 돈으로 동네 귀퉁이에다 자전거포를 차린 아버지의 고단한 삶을 지켜보는 찬우의 눈길은 애달프면서도 의젓하다. 아무리 힘든 상황에서라도 서로에 대한 근원적인 믿음으로 세상과 따뜻한 화해의 길을 모색하는 이야기를 담고 있다.

달리는 거야, 힘차게

-배선자/안경환 그림/대교출판/2002/200쪽-고

갑자기 불어 닥친 가정의 위기와 경제적인 어려움 앞에서 기죽지 않고 꿋꿋하게 견디며 살아가는 주인공 힘찬이의 모습을 통해, 삶이란 어떤 것인가를 보여 주며 어려움을 이겨 내려는 의지를 갖게 해 주는 책이다.

힘찬이네 가족은 아버지가 IMF로 사업에 실패하여 온 가족이 뿔뿔이 헤어지게 된다. 엄마와 동생은 서울 외할아버지 댁에, 힘찬이는 시골 할아버지 집에 맡겨진다. 낯선 시골에서의 가난한 생활과 이유 없이 괴롭히는 친구 진석이 때문에 힘이 들지만, 언젠가는 온 가족이 모여 행복하게 살 수 있을 것이라는 희망을 간직한 채 용기를 잃지 않고 힘차게 살아간다. 건강한 삶의 자세와 인내심을 지닌 주인공의 모습이 어린이들에게 좋은 삶의 모델이 되어 준다.

돌을 주셔서 감사합니다

-에스터 벤더/앤 라드 그림/송향숙 옮김/으뜸사랑/2006/32쪽-저

고통과 역경을 어떻게 지혜롭게 이겨 나갈 수 있는지를 감동적으로 들려주는 그림책이다. 그림 동화에 등장하는 '돌'은 우리에게 주어지는 고통, 역경, 혹은 장애물을 상징한다. 주인공은 자신에게 닥친 고통, 역경, 장애물에 대해 슬퍼하거나 좌절하거나 그 누구를 탓하지도 않는다. 오히려 하느님께 그 '돌'에 대해 감사드린다. 자신에게 닥친 고통, 역경, 장애물을 피해 도망가지 않고 그것을 적극적으로 수용하여 감사의 기도를 드릴 수 있을 때, 그것을 이겨 나가고 보다 더 좋은 결과를 가져올 수 있는 지혜로운 삶을 살게 된다는 것을 보여 준다.

만년샤쓰

-방정환/김세현 그림/길벗어린이/1999/36쪽-저

이 책은 가난하지만 늘 웃음을 잃지 않는 씩씩한 어린이가 주인공이다. 추운 겨울 체육시간에 선생님이 교복 저고리를 벗으라고 호령하는데 창남이는 '만년 샤쓰'를 입었다는 재치 있는 대답과 함께 맨살을 드러낸다. 속옷이 없어 겉옷만 입은 것이다. 다음날엔 아예 맨발에 짚신을 신고 등교한다. 동네에 불이 나 가재를 다 잃은 이웃 사람들에게 신던 것을 나눠 주었다는 창남이의 이야기를 듣고 선생님과 동무들은 눈시울이 뜨거워진다. 김세현 씨의 수묵담채 그림은 어려움에 지지 않고 맑고 밝게 자라는 주인공의 마음을 아름답게 표현했다.

상계동 아이들

-노경실/심은숙 그림/시공주니어/2003/188쪽-고

깎아지른 듯한 비탈길, 하늘과 가까울 정도로 높은 산비탈길 너머 '상계동 아이들' 이 있다. 주인공은 모두 어려운 환경에서 살아가고 있는 어린이들로 엄마가 무당이기도 하고, 엄마 아빠가 없기도 하고, 아니면 아이 스스로가 장애아이기도 하다. 비록 가난해도 건강한 웃음을 간직하고 순수한 마음을 나눌 줄 아는 아이들의 이야기가 작품 안에 꼼꼼히 엮여 있다. '상계동' 엔 그저 암담하고 끝이 보이지 않을 것 같은 절망만이 존재하는 건 아니다. 아무 데서나 잘 자라고 꿋꿋이 다시 일어서는 풀꽃처럼 '상계동 사람들' 은 질긴 생명력으로 보이지 않을 것 같은 희망을 만들어 낼 줄 알며, 모두가 부족하면서도 서로 아끼는 따뜻한 마음씨를 간직하고 있다.

엄마의 무지개

-원유순/김재홍 그림/계림/2006/184쪽-고

평범한 소녀 유미가 암으로 아빠를 잃고 경제적인 어려움을 겪으며 방황하다가, 엄마의 사랑을 깨닫고 새롭게 세상을 바라보며 성장해 가는 이야기다.

주인공 유미는 또래의 이성 친구에게 관심이 많고, 좋아하는 가수의 화보를 모으고, 넓고 좋은 아파트에 사는 친구를 부러워하는 평범한 아이이다. 그러나 아빠의 암선고로 슬픔에 빠지게 되고 결국 아빠는 유미 곁을 떠나게 된다. 가족의 생계를 위해 가게를 꾸리는 초라한 엄마가 부끄러워 화장실에 숨는 유미는 자신에게 일어나는 많은 일들을 받아들이기 힘들어 방황을 하게 된다. 그러나 자기가 태어나던 해에 쓴 엄마의 편지 한 장을 발견하면서 엄마의 사랑을 깨닫게 되고, 엄마의 희망이면서 도시에 아픈 아이들의 다정한 친구가 되어 주는 성숙한 소녀가 된다.

어렵고 힘든 상황을 겪으면서 희망을 찾아가는 주인공의 모습을 통해 삶에 대한 용기를 얻게 해 준다.

종이밥

-김중미/김환영 그림/낮은산/2002/106쪽-저

이 책의 주요 등장인물은 철이네 네 명 식구들이다. 시장 좌판에서 장사를 하던 할아버지는 천식 때문에 고생하시고, 병원에서 청소 일을 하는 할머니 또한 무릎이 좋지 않다. 이제 곧 학교에 들어갈 동생 송이는 심심할 때마다 종이를 뜯어 먹곤 한다. 어려운 살림살이에 지친 할머니는 송이를 절에 맡기려고 생각하지만, 철이는 송이를 보내는 것이 옳은지 판단이 서지 않는다.

지은이는 이번 책에서도 『괭이부리말 아이들』에서 보여 주었던 것처럼 약한 자, 소외된 자, 알려지지 않은 자들에 대한 마음 따뜻한 시선을 거두지 않는다. 전작에 비해 분량도 줄어들고, 등장하는 이들도 훨씬 간소화되었지만, 울림까지 작아진 것은 아니다. 어려운 환경 속에서도 서로를 다독이며 희망을 키워 나가는 주인공들의 이야기가 지은이의 따뜻하고 긍정적인 시선 속에서 감동적으로 그려졌다.

천국의 아이들

-마지드 마지디/김병규 옮김/효리원/2005/172쪽-고

가난 속에서도 희망을 잃지 않는 남매의 순수한 모습을 감동적으로 그려 낸 영화 〈천국의 아이들〉을 동화 작가 김병규가 동화로 재구성한 책이다.

알리는 엄마 심부름으로 시장에 갔다가 여동생 자라의 분홍 구두를 잃어버린다. 신발을 새로 살 형편이 아닌 것을 아는 남매는 오빠 알리의 낡은 운동화를 번갈아 신으며 학교에 다닌다. 어느 날 마을 달리기 대회의 3등 우승 상품이 운동화라는 것을 알게 된 알리는 여동생에게 줄 신발을 타기 위해 최선을 다하지만, 그만 3등이 아닌 1등을 하게 된다. 그러나 실망한 남매 앞에 아버지가 동생의 새 신발을 꺼내 놓으시면서 행복한 결말을 맺게 된다.

비록 가난하지만 서로를 아끼며 위해 주는 가족의 모습을 통해 어려움을 이겨 내는 가족 사랑과 진정한 행복의 의미를 생각하게 한다.

희망의 집

-밥 그레이험/강석란 옮김/국민서관/2001/30쪽-저

이 책은 가난하지만, 정 깊은 가족의 이야기다. 사차선 고가도로 옆 작은 집에 사는 페어웨더 가족은 어른 둘, 아이 여섯, 동물 넷, 모두 열두 식구가 함께 산다. 아빠는 가족들의 열렬한 환송을 받으며 일주일에 여섯 번 공장에 가고, 굉장한 환영을 받으며 여섯 번 집으로 돌아온다. 집 밖으로 검보라빛의 삭막한 거리, 회색빛 공장, 시끄러운 도로가 펼쳐지지만, 페어웨더의 집은 늘 노란색 행복과 희망의 빛이 감돈다. 그런데 어느 날, 이 불빛이 거센 바람 앞에서 깜빡깜빡 꺼지려 한다. 집터에 성냥 공장을 짓기 때문에 집을 비워야 한다는 것이다. 그림은 오직 집 안과 가족을 비출 때만 따뜻함을 보여 준다. 아무런 빛깔도 소리도 없는 거대한 도시와 따뜻한 빛과 편안한 웃음이 있는 작은 집의 대조가 두드러진다. 비록 희망이 작고 나약하지만, 사랑으로 아이들을 감싸는 아빠, 웃음을 잃지 않는 엄마의 사랑으로 희망의 불빛을 일궈 나간다.

힘든 때

-바바라 슈크 하젠/트리나 샤르트 하이만 그림/이선오 옮김/미래M&B/2005/32쪽-저

경제적 어려움에 놓인 어느 가족의 특별한 하루를 소개하며, 위기를 이겨 내려고 노력하는 주인공과 가족들의 모습을 통해 가난의 실상과 가난을 이겨 내는 가족 사랑의 힘을 자연스럽게 전달해 주는 그림책이다.

주인공은 강아지를 사고 싶지만 아빠는 "힘든 때니까 안 된다"고 잘라 말한다. 모든 것이 오르기만 하는 '힘든 때'라는 것이다. 아빠는 양이 많고 값싼 시리얼을 먹는 것과 바다 대신 공원에 있는 수영장에 놀러간 것, 그리고 쇠고기 요리 대신 싫어하는 콩 요리를 먹는 것도 힘든 때이기 때문이라고 설명해 준다.

주인공은 '언젠가 내 풍선도 내가 잡을 수 없을 만큼 높이 올라가 버린 적이 있었지.' 라고 생각하며 아빠의 이야기를 이해하려고 노력한다. 그러나 상황은 점점 더 어려워지고 아빠는 결국 일자리를 잃게 된다. 그 날 아이는 집 앞 쓰레기통에서 굶주린 새끼고양이를 발견하고 '강아지'라는 이름을 붙여 주면서 마음을 달랜다.

경제적인 위기에 처한 가족의 모습이 사실감 있게 그려지면서, 집안 형편이 어려워지면 생활에 어떤 변화가 생기는지를 이해하고 경제적 위기를 극복하는 방법에 대해 생각해 보게 해 준다.

1.4 이혼/재혼

1.4.1 이혼

난 이제 누구랑 살지?

-에밀리 멘데즈아폰테/R. W. 앨리 그림/노은정 옮김/비룡소/2003/36쪽-저

세상에서 가장 사랑하는 엄마와 아빠가 더 이상 한집에 살지 못하는 이혼은 아이들에게 엄청난 스트레스이며, 이해하기 힘든 문제이다. 이혼을 어떻게 받아들여야 하는지, 이혼을 한 후에는 무엇이 달라지고, 무엇이 달라지지 않는지를 차근히 짚어 주면서, 이혼으로 받는 상처를 치유해 준다. 이혼에 대해 부정적으로 표현하거나 아이에게 필사적으로 숨기는 것은 좋지 않다. 엄마와 아빠는 아이에게 무엇보다 자녀에 대한 사랑이 결코 변하지 않았음을 확신시켜 주어야 한다. 이혼 전후의 사정에서 아이들이 고민하는 문제들을 지속적인 사랑과 격려로 풀어 가도록 돕는다.

따로따로 행복하게

-배빗 콜/고정아 옮김/보림/1999/32쪽-저

어린이에게 부모의 갈등과 이혼으로 벌어지는 상황을 올바르게 이해하고, 주어진 상황을 긍정적으로 받아들일 수 있도록 도와주는 그림책이다.

엄마와 아빠는 식성과 취미를 비롯해 모든 면에서 서로 달라 한집에 살면서 미워하기만 한다. 남매는 이런 갈등이 자신들 때문이 아닌가 생각하고 몹시 속상해하지만, 학교 친구들과의 대화를 통해 부모의 갈등이 자신들 탓이 아니라는 것을 알게 된다. 남매는 목사님을 찾아가 엄마 아빠의 행복을 되찾아 주기 위해 부모의 '끝혼식' 주례를 부탁한다.

어린이에게 금기시되어 있는 부모의 갈등, 이혼문제를 아이들 눈으로 어떻게 받아들일 것인지

를 익살스러운 글과 그림으로 다루고 있는 이 그림책은, 서로의 갈등으로 부모가 함께할 수 없는 상황이, 아이들 자신이 무언가 잘못했기 때문이 아니라는 점을 일깨워 주며, 서로 다른 성격의 부부가 평화롭게 살아갈 수 있는 방법에 대해서도 생각해 보게 해 준다.

로테와 루이제

-에리히 캐스트너/발터 트리어 그림/김서정 옮김/시공주니어/2000/232쪽-고

이 책은 캐스트너의 자유분방한 상상력이 돋보이는 작품으로 어린이의 실제 생활과 심리 상태를 섬세하게 그려 내고 있다. 지은이는 이 책에서 부모가 이혼한 집안의 아이들을 정면으로 다루었다. 쌍둥이 자매는 철없는 부모 때문에 마음 앓이를 한다. 그러나 오히려 어른들보다 너그럽고 의젓한 쌍둥이 자매는 철없는 엄마와 아빠를 불쌍한 어른들로 여긴다. 아이들은 기발한 꾀로 부모를 다시 결합시키는데, 그러는 과정에서 이때까지 자기가 살던 세계와는 또 다른 세계가 있고, 또 다른 삶의 방식이 있다는 것도 깨닫는다. 그리고 그 세계와 삶의 방식에 지혜롭게 자신들을 맞추어 나간다. 부모의 이혼 때문에 고통을 겪는 아이들의 성장과정과 어린이들에게 배우면서 잘못을 바로잡아 가는 어른들의 성장과정을 함께 보여 주는 책이다.

아빠는 지금 하인리히 거리에 산다

-네레 마어/베레나 발하우스 그림/이지연 옮김/아이세움/2001/30쪽-저

부모님의 이혼으로 상처받은 아이가 스스로의 힘으로 성장해 가는 모습을 그린 이 책은 비현실적인 위로나 희망을 주기보다는, 아프더라도 그 아픔을 딛고 일어날 때 다시 한 걸음 나갈 수 있음을 알려 주는 이야기다. 서로 사랑해서 결혼한 엄마, 아빠지만 어느 순간부터인지 싸움이 시작되었고, 언젠가부터 싸움 뒤에 따르던 화해의 순서도 없어진다. 그런 우울한 일이 몇 번 일어난 뒤, 아빠는 짐을 싸서 다른 집으로 이사 가 버린다. 이제부터 아빠는 하인리히 거리에 살고, 베른트와 엄마만이 셋이 살던 집에 남은 것이다. 시종일관 사실적인 시각을 유지하고 있는 지은이는 쉽게 흥분하지도 슬퍼하지도 않는다. 분노와 슬픔의 단계를 지나 현실을 현실로 받아들이는 마지막 결론이 깊은 여운을 남기는 그림책이며, 1989년 독일 청소년 문학상 수상 작품이다.

악어입과 하마입이 만났을 때

-장수경/이상권 그림/사계절/2003/118쪽-저

다섯 살 때 부모님의 이혼을 겪고 아빠와 살게 된 이후, 애정결핍으로 인해 '무는 병'에 걸린 소른이가 성호의 노력으로 변해 가는 모습을 그린 동화이다.

다섯 살 어린 나이에 엄마, 아빠의 이혼으로 마음에 깊은 상처를 입은 소른이는 2학년이 되었지만 자기 집 얘기하는 걸 끔찍하게 싫어하고 친구들에게도 쉽사리 마음을 열지 못한다. 게다가

평소에는 얌전하지만 궁지에 몰리면 닥치는 대로 물어 버리는 소른이는 당연히 왕따 1호이다.

반 친구들은 소른이를 악어입이라 부르고 소른이는 더욱 외톨이가 된다. 집에 가도 회사일로 늘 바쁜 아빠 덕분에 강아지와 단둘이 있어야 하는 소른이의 유일한 위안거리는, 엄마가 남겨 준 낡은 손수건을 입에 물고 쪽쪽 빠는 것이다. '악어입' 소른이와 짝꿍이 되어 투덜거리던 성호는 비가 세차게 내리던 날, 수업에 들어오지 않은 소른이를 찾으러 갔다가 엄마가 보고 싶다며 울먹이는 것을 보게 되면서 소른이를 조금씩 이해하게 된다. 성호의 관심과 애정은 굳게 닫혔던 소른이의 마음을 열게 하고 사라졌던 웃음을 되찾게 한다.

어른에게 받은 상처를 서로서로 치료해 가는 주인공들의 모습이 어린이들의 마음에 위안을 주고 자신과 다른 사람의 처지를 돌아보게 한다.

우리를 잠 못 들게 하는 밤

–크리스토프 오노레/그웬 르 각 그림/김예령 옮김/문학과지성사/2001/76쪽–저

앙통이 아주 특별한 여행에 초대받으면서 이 이야기는 시작된다. 앙통이 아홉 번째 정도로 친하게 생각하는 막스의 부모님이 자기들의 이혼 여행에 앙통을 초대한 것이다. 막스는 물론 앙통을 제일 친한 친구로 생각했기 때문에 앙통을 초대했겠지만, 앙통은 이 여행이 낯설고 불편하기만 하다. 게다가 막스의 엄마 아빠는 싸울 때에만 입을 연다. 스페인으로 향하는 차 안에서, 낯선 스페인에서 앙통은 막스와 그의 엄마 아빠의 모습을 통해 자기를 돌아보게 된다. 또 이해할 수 없는 말만 늘어놓는 친구 막스의 외로움, 고독, 부모로부터 버림받는 것에 대한 두려움 같은 것을 이해하게 된다.

무거운 '이혼' 이라는 소재 때문에 아이들에게 읽히는 것을 꺼릴지도 모르겠지만, 아이들의 내면을 이렇게 섬세하게 다룬 작품이 또 있을까 싶을 정도로 이 이야기는 우리 어른이 미처 생각하지 못하는 아이들의 깊숙한 내면을 잘 보여 주고 있다.

우리 함께 살아요

–베르나르 뒤몽 · 비르지니 소리아/미셸 부셰 그림/윤경진 옮김/작은책방/2003/114쪽–저

엄마 아빠가 이혼한 후 엄마 집과 아빠 집을 오가면서 생활하는 쥐스탱과 샤를로트의 평범한 일상과 고민을 담은 책이다. 엄마와 아빠가 헤어지고, 각각 새로운 애인과 함께 살기 시작하면서, 아이들은 예전의 가정으로 되돌릴 수 없다는 것을 깨닫고, 부모의 이혼을 받아들인다. 이혼이라는 심각한 문제 앞에서 아이들은 고민하고, 상처받고, 두 사람의 새로운 사랑에 힘들어한다. 하지만 모두가 함께 행복해지기 위해 엄마 아빠의 이혼을 인정한다. 또, 엄마와 아빠는 여전히 그들의 부모임을 깨닫는다. 자칫 무거울 수 있는 이야기를 시종일관 가볍고 웃음 넘치는 분위기로 이어간다.

편지 쓰는 아이

-비벌리 클리어리/임현숙 옮김/산하/1994/206쪽-고

미국의 보통 아이 리 보츠가 이혼한 부모 사이에서 겪는 갈등을 편지 형식으로 써 내려간 동화이다. 리 보츠는 부모의 이혼으로 아버지와 헤어져 엄마와 함께 낯선 고장에서 외로운 학교생활을 하는, 상처받은 소년이다. 좋아하는 작가 헨쇼와 편지를 주고받으며 헨쇼의 권유로 일기를 쓰면서 가슴속 상처가 점점 아물어 간다.

이 책에서 지은이는 엄마와 아빠의 이혼이라는 문제에 대해, 재결합을 한다거나 하는 결말을 맺지 않는다. 서로 사랑하는 사람들일지라도 각자 원하는 삶의 방식이나 기질이 다르다는 것을 이해하고 받아들여 성숙에 이르도록 한다. 워싱턴의 야키마에서 어린이 도서관 사서를 지낸 적이 있는 지은이는 이 책으로 1984년 미국도서관협회가 한 해 동안 출판된 책 가운데 가장 뛰어나다고 생각되는 아동문학에 주는 '뉴베리 메달' 을 받았다.

헨쇼 선생님께

-비벌리 클리어리/이승민 그림/선우미정 옮김/보림/2005/150쪽-고

부모님의 이혼과 갑작스러운 전학으로 외로운 나날을 보내는 주인공의 편지와 일기를 통해 고통스럽지만 의연하게 시련을 이겨 내는 한 아이의 눈물겨운 성장기를 보여 주는 책이다.

작가가 꿈인 아이 리 보츠는 작가에 대해 조사해 오라는 학교 숙제를 계기로 가장 좋아하는 동화작가 헨쇼 선생님께 편지를 쓰게 된다. 리가 헨쇼 선생님에게 보내는 편지 속에는 시간제 요리사로 일하는 엄마와 단둘이 사는 아이의 외로움, 맛있는 반찬만 훔쳐 가는 도시락 도둑 때문에 속상해하는 아이의 일상, 학교 문집에 글이 실려 이름난 작가와 밥을 먹게 된 아이의 설렘들이 고스란히 담겨 있다.

동화작가 헨쇼 선생님에게 편지를 쓰며 쓸쓸함을 달래는 리의 모습과 사랑이 담긴 헨쇼 선생님의 답장은 '부모의 이혼으로 인한 아픔과 어려움을 겪는 비슷한 처지의 친구들에게 마음의 위로와 격려를 주며 내면의 힘을 북돋아 준다.

1.4.2 재혼

나는 바람이야

-오경임/최현묵 그림/낮은산/2002/104쪽-저

이 책은 평범한 재혼 가정의 이야기를 풀어 놓는다. 엄마나 아빠가 이혼을 하여 재혼을 하게 된 가정의 모습을 아이의 시선으로 그리고 있으며, 바람이라고 불리는 것을 좋아하는 진이가 이복동생 한서를 동생으로 받아들이기까지의 심리 묘사, 새로운 가족 관계를 형성하면서 생기는 작은 갈등들이 잘 드러나 있다. 엄마가 이혼을 해서 아빠랑 따로 떨어져 사는 것이 부끄러운 일이 아니

며, 엄마 아빠가 각자 재혼을 해 새로운 가족이 생기는 것이 창피한 일은 아니다. 하지만, 어른들의 문제로 아이들이 혼란을 겪어야 하는 심리적인 갈등을 별다른 과정이나 감정의 극적인 기복 없이 조용히 그려 낸 동화이다.

나답게와 나고은

–김향이/김종도 그림/사계절/2001/132쪽–저

이 책은 천방지축 나답게가 아버지의 재혼으로 새엄마와 새 동생을 맞아들이는 과정에서 빚어지는 갈등과 고민을 통해 조금씩 성장해 가고, 진정한 가족의 의미를 깨달아 가는 과정을 아기자기하게 그린 동화이다.

나답게는 할아버지, 할머니, 아빠와 함께 사는 씩씩한 아이로, 나답게란 항상 '나답게' 살라고 아빠가 지어 주신 이름이다. 엄마는 답게가 다섯 살 때 교통사고로 돌아가셨다. 답게는 항상 새엄마가 생겼으면 하고 바랐지만, 막상 새엄마가 들어오자 그만 우울해지고 만다. 새엄마가 데리고 온 미나라는 동생 때문이었다. 식구들의 모든 관심이 미나에게만 쏠리는 것 같아 기분이 좋지 않은 것이다. 답게와 미나의 갈등이 심해지자, 새엄마는 당분간 미나를 외갓집에 맡기기로 한다. 답게의 마음도 그리 편치 않다. 결국 항상 낙천적이고 장난기 많은 '답게' 답게 미나를 동생으로 받아들인다.

미루나무가 쓰는 편지

–김혜리/이은천 그림/사계절/2000/190쪽–고

이 책은 돌아가신 엄마의 빈자리 때문에 생기는 가족 간의 갈등과 사랑을, 주인공 지인이의 맑은 눈으로 바라본 이야기다.

초등학교 3학년, 공상을 잘 하는 주인공과 초등학교 6학년이며 판단력과 기억력이 뛰어난 작은언니, 중학교 3학년이며 자기주장이 강하고 똑 부러지는 성격의 큰언니, 이 세 살 터울의 세 자매에게는 엄마가 없다. 큰 고모와 외할머니의 강력한 재혼 권유에 아빠는 얼마 전 소개로 만난 아줌마와 혼담이 오고 간다. 지인이는 엄마에 대한 기억이 거의 없기 때문에 막연한 그리움만 남아 있지만, 큰언니와 작은언니는 필사적으로 반대한다. 그러나 지인이는 점점 아줌마가 좋아진다. 아줌마는 학교에서 일어났던 일들을 잘 들어주고, 지극정성으로 작은언니를 간호하며, 엄마가 남기고 간 서른여섯 개의 난초를 정성스럽게 가꾼다. 아이들도 그 모습에 조금씩 마음을 열게 된다. 엄마 없는 결손 가정의 아이들이 아빠의 재혼문제로 겪는 갈등과 반항, 그리고 새엄마를 맞아들이기까지의 과정을 따뜻한 시선으로 그리고 있다.

밤티 마을 큰돌이네 집

-이금이/양상용 그림/푸른책들/2004/144쪽-저

엄마 없는 큰돌이 남매가 새엄마를 맞이하며 진정한 가족을 이루어 가는 과정이 따뜻하고 생동감 있게 그려지는 책이다.

큰돌이라는 별명을 가진 초등학교 2학년 밤티 마을 대석이는, 엄마가 집을 나가고 듣지도 말하지도 못하는 할아버지와 늘 화가 난 표정의 아버지, 일곱 살배기 영미 등 네 식구와 함께 살고 있다. 엄마가 집을 나가 버린 뒤 날마다 술을 마시고 들어오는 아버지는 기분이 틀어질 때마다 큰돌이와 영미를 집 밖으로 쫓아내기 일쑤다. 그러던 어느 날 큰돌이네 집 형편을 속속들이 알고 있는 쑥골 할머니가 큰돌이 아버지와 상의해 영미를 자식이 없는 먼 친척 집에 수양딸로 보낸다. 얼마 뒤 새엄마가 들어오지만, 큰돌이는 팥쥐 엄마처럼 못생긴 새엄마를 절대로 엄마라고 부르지 않겠다고 마음속으로 다짐한다. 시간이 지나면서 큰돌이는 정이 많은 팥쥐 엄마에게 조금씩 마음을 열어 가고, 집안의 모습도 활기를 띠게 된다. 그러나 점점 동생 영미가 보고 싶어지는 큰돌이는 결국 앓아누워 버리고, 양부모의 사랑을 듬뿍 받으며 행복하게 지내던 영미 역시 자신이 '데려온 아이' 라는 걸 깨닫게 된 후부터 가족들을 그리워하게 된다. 팥쥐 엄마의 노력으로 온 가족이 다시 모여 살게 되면서 큰돌이네 가족은 행복을 찾게 된다.

아이다운 주인공의 모습과 행동이 어린이들에게 공감을 불러일으키고 가족과 함께 살 수 있다는 것이 축복이라는 사실을 깨닫게 해 준다.

실험 가족

-배봉기/박지영 그림/푸른책들/2003/158쪽-고

동갑내기 영수와 민호는 부모님의 재혼으로 형제가 되었다. 싸움을 잘하는 영수와 생각하는 것을 좋아하는 민호는 겉모습만큼이나 성격도 다른 아이들이다. 게다가 세상에서 의지하고 믿는 단 한 사람의 가족을 모르는 상대에게 빼앗겼다는 상처까지 있어 둘이 사이좋게 지내기는 힘들기만 하다. '석 달 동안만 한 가족이 되어 살아 보자' 는 부모님의 제안에 함께 생활을 시작한 네 식구는 다른 재혼 가정들이 겪는 일들을 하나씩 겪으며 가족보다는 친구가 먼저 되어야 한다는 것을 깨닫는다.

이혼 가정이 늘어나면, 재혼 가정 역시 함께 늘게 된다. 그런 바뀐 현실 속에서, 새엄마나 새 아빠와 함께 사는 아이들의 생활과 심리 상태를 이해하게 하며, 피로 맺어지지는 않았지만 함께 살을 부대끼며 살아가는 그들 역시 훌륭한 가족임을 알게 한다. 이혼과 재혼 등 변해 가는 가족의 모습을 담았다.

엄마와 딸

–윤수천/계림북스쿨/2002/100쪽–저

이 책에는 부모가 없는 가정이 여럿 나온다. 초등학교 2학년인 다림이도 엄마와 단둘이 산다. 가족들을 너무 사랑한 멋진 아빠는 다림이가 나비처럼 예쁘게 춤을 추었던 유치원 봄잔치 날, 교통사고로 그만 돌아가셨다. 엄마와 둘이서 씩씩하게 살아온 다림이에게 고민이 생겼다. 바로 엄마에게 남자 친구가 생긴 것이다. 다림이는 친구 옥자와 함께 이야기를 하다가 다림이처럼 엄마와 사는 옥자네도 똑같은 일이 벌어지고 있음을 알게 된다. 다림이는 세상에 아빠는 하나밖에 없다고 엄마에게 울먹이고, 엄마 역시 다림이의 말에 수긍한다. 그러나 다림이는 출판사 사장인 엄마 남자 친구의 따뜻한 성격에 점점 마음을 연다.

오빠가 지어 준 감기약

–김영원/최은진 그림/자유지성사/2001/108쪽–저

엄마를 일찍 여읜 아이 치영이가 새엄마와 여동생 인아를 맞이하면서 겪는 이야기를 그린 동화이다. 돌아가신 엄마에 대한 그리움으로 새엄마와 여동생을 미워하지만, 차츰 자신의 가족으로 받아들이게 된다. 재혼 가정의 아이들이 서로 다른 성을 갖고 같이 살아가야 한다는 것은 쉽지 않다. 부모들의 선택에 의해 원하든 원하지 않든 형제, 자매를 가지게 되며, 이 아이들 사이의 어색함과 이질감을 극복하고 서로에게 마음의 문을 여는 과정이 필요하다. 재혼 가정의 아이들이 구김 없이 잘 살아갈 수 있도록 격려하는 책이다.

특별한 손님

–안나레나 맥아피/앤서니 브라운 그림/허은미 옮김/베틀북/2005/34쪽–저

'이 책' 은 아빠의 재혼을 둘러싸고 한 어린이가 겪게 되는 생활과 감정의 혼란을 담아낸 그림책이다.

아빠와 단둘이 사는 케이티. 약간 외롭지만 깔끔하게 정리된 이들의 삶은 어느 날 아빠가 메리 아줌마를 데리고 오면서 엉클어진다. 방안을 잔뜩 채운 메리 아줌마의 옷과 희한한 션의 장난감들. 언제나 설거지감을 잔뜩 쌓아 놓고, 계란 프라이의 가장자리를 검게 태우는 아줌마, 게다가 메리 아줌마의 아들 션은 집 안을 엉망으로 만든다. 그 모든 것이 마음에 들지 않았던 케이티는 마침내 아빠에게 자신의 마음을 털어놓게 되고, 결국 메리와 션은 케이티와 갈등을 빚다 자기 집으로 돌아가 버린다. 그제야, 케이티는 특별한 손님과 함께했던 생활이 그리 나쁘지 않았다는 생각을 하게 된다.

생동감 있는 그림과 내용 전개로 새 식구를 맞이하는 아이의 심리를 잘 표현한 이 책은, 서로 다른 성격의 가족이 만나 함께 살아갈 수 있는 방법을 어린이의 시각에서 생각해 보게 한다.

1.5 입양

고슴도치 아이

-타지나 코토프스카/최성은 옮김/보림/2005/40쪽-저

한 부부가 아이를 입양하여, 상처 입고 가시 돋친 고슴도치 같은 아이의 마음을 사랑의 힘으로 열게 하는 과정을 감동적으로 그려 낸 그림책이다.

실제로 아이를 입양한 작가는 아이에게 들려주고자 이 이야기를 썼다고 한다. 한 부부가 앞으로 태어날 아이를 기대하며 아름다운 집을 짓고 마음껏 뛰어놀 수 있게 정원도 만들지만, 기다리던 아이는 오지 않고 집은 잿빛으로 변해 간다.

슬픔에 빠진 부모는 어딘가에 아이가 태어나서 자신들을 기다리고 있을 거라고 믿고 세상의 모든 것을 아는 할머니를 찾아 한 보육원을 소개받는다. 부부는 보육원에서 두 살 난 사내아이를 만났는데 그 아이는 몸 전체가 가시로 덮여 있었다. 부모는 깜짝 놀랐지만, 아이가 다가오자 자신도 모르게 손을 내밀고 집에 데려와 기르게 된다. 피오트르라고 이름 지은 고슴도치 아이를 쓰다듬고 안을 때마다 엄마는 가시에 찔린다. 그러나 아이와 부모가 힘든 시간을 이겨 나가면서 어느덧 아이의 얼굴에도 웃음이 비친다. 그러던 어느 날 엄마가 용기를 내서 "우리 아들" 하고 부르자, 아이의 몸에서 가시가 떨어져 나가기 시작하고 그 후로 피오트르는 건강하고 씩씩한 청년으로 자라나게 된다.

고슴도치 아이로 묘사된 아이와 입양 부모가 노력하며 애쓴 끝에 마침내 사랑과 믿음으로 진정한 가족이 되어 가는 과정을 통해 입양에 대한 편견을 버리게 해 준다.

까망머리 주디

-손연자/원유미 그림/푸른책들/2004/208쪽-고

미국으로 입양된 열한 살 사춘기 소녀 주디가 미국인 남학생을 좋아하면서 자신이 그 사회의 이방인이라는 사실을 자각하고 출생에 관한 아픔을 극복하는 과정을 그렸다. 이 책의 주인공 주디의 고민은 대다수 청소년들의 경우보다 조금 더 특별하게 다가온다. 좋아하는 미국인 남학생에게서 외모에 대한 조롱 섞인 말을 듣고, 자신이 미국 사회의 이방인이라는 사실을 뼈아프게 자각하게 되는 주디는 자신을 버린 친부모와 키워 준 양부모를 향해 극단적으로 치닫는 애증과 출생에 대한 열등감으로 방황한다. 주디가 스스로 내면의 아픔을 치유하고 성장해 나갈 수 있었던 건 가족과 친구, 이웃이 보여 준 사랑이었다. 특히, 미국으로 이민 온 한국인 가족을 만나서 한글을 배우고 민족적 우수성을 깨닫는 과정은 주디가 출생적 콤플렉스를 극복하는 중요한 계기가 된다. 자아 정체성, 해외입양, 인종 차별 등의 폭넓은 문제를 다루고 있다.

너, 누구 닮았니?

-로리 뮈라이유/오딜 에렌 그림/최윤정 옮김/비룡소/1997/30쪽-저

입양된 아이의 정체성 문제를 담은 책이다. 머리카락이 검고, 눈이 옆으로 길쭉한 아이들은 어디서 온 걸까? 금발의 어머니와 초록빛 눈의 아버지를 둔 입양아 크리스토프는 자신의 모습이 주위 사람과 다르다는 것을 느끼고 자신에 대해 알고 싶어 한다. 그러나 자기가 입양아라는 사실을 안 아이가 자기의 뿌리에 대한 혼돈이 아니라 엄마 아빠가 이 사실을 알고 받을 충격 때문에 고민하는 내용이다. 입양 문제와 정체성 문제를 바라보는 아이의 시각이 건강하게 그려져 있으며, 입양아들이 겪는 갈등과 편견 그리고 입양으로 맺어진 가족 간의 사랑 등을 담고 있다.

너는 특별해

-조운 링가드/폴 하워드 그림/서수연 옮김/베틀북/2001/96쪽-저

입양아의 고민을 정면에서 다룬 동화이다. 톰은 자신이 입양되었다는 것을 어렸을 때부터 알고 있었지만, 항상 '나는 특별하다'라는 생각을 가지고 있다. 부모님께서 늘 '엄마하고 아빠는 너를 선택한 거야. 그러니까 너는 정말 특별해. 모든 아이들이 선택받는 것은 아니니까'라고 이야기해 주었기 때문이다. 그러나 입양된 아이의 심정을 이해시키는 데 그 목적이 한정된 책은 아니다. 엄마, 아빠가 과연 나를 사랑하는가, 내가 혹시 주어 온 아이는 아닐까라는 의심을 한 번씩 품게 되는 초등학교 저학년 학생이나 부모님은 동생과 나, 둘 중 누구를 더 예뻐 할까라고 심란해하는 아이들에게도 마음 따뜻한 위로를 전해 줄 수 있는 책이다. 입양 문화에 익숙지 않은 우리 실정에서 진지하게 가족의 의미를 다시 생각해 볼 수 있는 기회를 제공한다.

빨간 머리 앤

-루시 M. 몽고메리/이상교 엮음/효리원/2004/224쪽-고

특유의 상상력과 밝은 성격으로 주변 사람들을 유쾌하게 만드는 고아 소녀 앤의 좌충우돌하는 성장과정이 흥미롭게 그려지는 이야기다.

애본리 마을 초록색 지붕 집의 오누이 매튜와 마릴라는 농장 일을 거들 남자 아이를 원했지만, 엉뚱하게도 빨간 머리에 수다스럽고 깡마른 고아 소녀 앤을 양녀로 맞게 된다. 매튜 오누이와 함께 초록색 지붕 집에 살게 된 앤은 때론 고집스럽고 실수도 많이 하지만, 친구 다이애나와의 우정, 남자 친구 길버트와의 사랑을 겪으면서 몸과 마음이 건강한 숙녀로 자라나게 된다.

비록 힘들고 어려운 환경에 놓여 있더라도, 그런 어려움을 기회 삼아 자신을 키워 갈 줄 아는 지혜롭고 현명한 소녀 앤의 모습과 행동은 어린이들에게 어떤 어려움도 지혜롭게 헤쳐 나갈 힘과 용기를 갖게 해 준다.

새 동생

-배봉기/박철민 그림/대교출판/2002/216쪽-고

초등학교 교사 활동을 하다가 둘째 아이를 낳으면서 몸이 약해 학교를 그만두고, 못다 한 교사의 꿈을 이루고자 어린이집을 운영하던 엄마는 어느 날 부모가 데려가지 않은 아이를 집으로 데려온다. 일주일 동안 정성껏 그 아이를 보살피며 아이의 아버지를 기다리지만 끝내 데리러 오지 않자 결국 보육원에 그 아이를 맡긴다. 그 후 그 아이를 잊고 지내던 엄마는 우연히 그 애가 죽었다는 소식을 접하게 되고, 죄책감과 교사로서의 책임감을 느끼며 아이를 입양할 것을 결심한다. 하지만 할아버지 할머니와 아빠의 반대에 부딪히고, 입양에 찬성했던 동주와 정미조차 막상 새 동생을 데려오자 갈등하게 된다. 결국 동주는 엄마에게 혼이 난 뒤 시골의 할머니 댁으로 가출을 하게 되고, 그 일로 인해 엄마는 아빠와 크게 싸운다. 엎친 데 덮친 격으로 이웃 사람들의 무심한 헛소문은 엄마에게 큰 상처를 남긴다. 그나마 시민운동가인 고모가 엄마의 든든한 후원자가 되어 주고, 시간이 흐름에 따라 친척들은 물론 이웃도 조금씩 이해하고 새 동생을 받아들이게 된다. 입양을 둘러싼 우리 사회의 모습을 솔직하게 바라 볼 수 있다.

열한 살 아름다운 시작 1, 2

-김혜리/양상용 그림/채우리/2003/202쪽-고

고아원에서 자란 쌍둥이 자매 세홍과 예홍이가 열한 살에 새 가족을 만나 꿈을 키워 가는 성장동화이다. 책을 좋아하고 적극적인 성격의 세홍이와 차분하고 수줍음이 많은 예홍이는 아동복 회사를 운영하는 새엄마 집에 입양된다. 물론 많은 시행착오도 있었다. 양부모의 마음을 아프게도 하고 학교에서 문제아로 낙인찍히기도 한다. 하지만 친척들의 반대에도 쌍둥이를 감싸는 엄마 덕에 두 자매는 서서히 변화된다. 전혀 다른 개성의 두 자매가 보여 주는 삶의 드라마가 속도감 있게 펼쳐진다. 열한 살부터 키워 온 꿈과 사랑이 아름답게 결실을 맺으며 이야기는 끝이 난다.

우리 사회는 아이를 입양하여 키우는 가정이 그다지 많지 않다. 그래서 많은 아이들이 해외로 입양된다. 우리의 사랑과 관심이 부모를 잃은 아이들에게 꿈과 희망을 심어 줄 수 있음을 전한다.

파란 눈의 내 동생

-이지현/황성혜 그림/문공사/2004/176쪽-고

입양아의 문제를 어린이의 시각에서 솔직담백하게 다룬 작품으로, 외국에 입양된 아이가 아니라 그 아이가 다시 한국 땅에서 살게 되었을 때 겪게 될 다양한 상황을 실감나게 그려 내고 있다.

너무나 동생을 갖고 싶어 했던 대인이에게 여덟 살짜리 동생이 생긴다. 그런데 이상하게도 동생이라는 아이는 파란 눈에 노란 머리, 게다가 영어로 말을 하는 아이이다. 그 아이는 어려운 가정형편 때문에 미국으로 입양된 고모의 하나뿐인 아들이고, 지금은 부모님도 없는 고아신세이다.

그러나 부모님은 물론 할머니까지 대인이는 제쳐 놓고 그 녀석만 위하는 바람에 대인이는 그 동생을 미워하게 된다.

파란 눈의 동생과 조금씩 마음을 터놓고, 정을 주면서 가까워져 가는 대인이의 모습은 다른 사람의 상처를 이해하고 받아들이는 성숙한 마음자세를 어린이들에게 가르쳐 준다.

2. 자아 · 성격

2.1 자아존중감/정체성

나는 나

-배봉기/최병대 그림/한겨레신문사/2003/126쪽-저

십자수 놓기와, 만화 그리기를 좋아하는 남자 아이 윤수가 남자답기를 바라는 아빠와 벌이는 갈등과 해결과정이 사실감 있게 그려지는 책이다.

윤수는 밖에서 아이들과 뛰어 노는 것보다 방에서 책을 읽거나 십자수 놓는 것을 더 좋아하는 남자 아이이다. 아빠는 그런 윤수를 못마땅해하며 더욱 사내답게, 씩씩하게 되기를 강요한다. 방학이 되자 아빠는 아무런 상의 없이, 윤수를 '통일호랑이 캠프' 에 보내기로 결정한다. 방학 동안 애니메이션 학원에 다니려고 한 윤수는 차라리 어디론가 사라지고 싶다는 생각을 하게 된다. 윤수는 아빠에게 자신의 마음을 적은 이메일을 보내고 결국 아버지의 인정을 받게 된다.

성별이나 나이로 해야 할 일을 정하는 어른들의 강요 앞에서도 자신의 뜻을 굽히지 않고 표현하는 윤수의 모습은 어린이들이 자신의 정체성에 대해 생각해 볼 수 있도록 이끌어 준다.

내 이름이 담긴 병

-최양숙/이명희 옮김/마루벌/2002/40쪽-저

미국에 이민 간 한국 어린이들이 새로운 환경에 적응해 가며, 정체성을 찾아가는 모습을 생동감 있게 표현한 그림책이다.

'은혜' 는 빨간 주머니 속에 은혜의 이름이 새겨진 도장을 할머니에게 선물 받고 미국으로 이민을 온다. 이민 와서 처음으로 학교에 가는 날 스쿨버스 안에서 미국 아이들이 한국 이름 '은혜' 를 발음하지 못해 웃음거리가 되고 만다. 집으로 돌아온 은혜는 미국 아이들이 발음하기 쉬운 미국 이름을 갖고 싶다고 이야기하지만, 엄마는 그들과 은혜는 다르다며 격려한다.

다음날 학교에는 여러 가지 영어 이름이 담긴 유리병 하나가 책상 위에 놓이는데 그 유리병은 반 아이들이 자신의 이름을 담아 두는 병이었다. 수업이 끝나자 조이라는 남자 아이가 다가와 부

를 수 있는 이름 하나만 알려 달라고 한다. 은혜는 할머니가 주신 도장을 찍어서 보여 준다. 집으로 돌아온 은혜는 할머니의 편지를 받게 되고, '최은혜' 라고 적힌 도장을 찍으며 곰곰이 생각에 잠긴다. 다음날, 학교에 간 은혜는 아이들에게 자신의 한국 이름 '은혜' 의 뜻을 설명해 주면서 여러 번 따라하게 하며 발음할 수 있도록 도와준다.

아이들에게 자신의 이름에 담긴 의미를 생각해 보게 하고, 자존감을 느낄 수 있게 도와준다.

내가 나인 것

-야마나카 히사시/고바야시 요시 그림/햇살과나무꾼 옮김/사계절/2003/278쪽-고

이 책은 부모와 아이의 치열한 갈등을 정면으로 다루어 출간 당시부터 큰 화제를 불러일으켰다. 일본 작가이자 평론가인 야마나카 히사시의 대표작인 이 작품은 현대 어린이문학의 새로운 지평을 연 역작으로 평가받는다.

부모라는 이유만으로 아이를 자신의 소유물처럼 여기며 함부로 하는 엄마, 그리고 그 속에서 자기 정체성을 찾지 못한 채 부유하다가 스스로 '나는 나' 임을 깨닫게 되는 아들 히데카즈의 갈등이 이야기의 주된 축이다. '가장 뛰어나다' 라는 뜻의 이름을 가진 히데카즈는 한마디로 이름과는 정반대인 아이이다. 다른 형제와는 달리 공부도 못하고, 공부 시간에 만화책을 보거나 코딱지로 총알을 만들다 들켜 벌을 서기도 하며 말썽만 피운다. 게다가 여우 같은 여동생 마유미는 그런 히데카즈의 일거수일투족을 엄마에게 꼬치꼬치 일러바치기 때문에, 엄마의 잔소리를 하루라도 안 듣게 되면 그게 오히려 이상할 정도다. "너는 형편없는 아이야. 정말 너란 애는 뭘 시켜도 제대로 하는 게 없구나." 같은 말을 밥 먹듯 하는 엄마를 깜짝 놀래 주기 위해 히데카즈는 충동적으로 가출을 하고, 우연히 도착한 낯선 마을에 머물며 다양한 경험을 통해 진정한 자신을 발견한다.

내가 얼마나 큰지 보여 주겠어

-장 프랑수아 뒤몽/박상혁 옮김/문학동네어린이/2002/36쪽-저

알베르 대왕이 죽고 알드베르가 왕이 된다. 그런데 사람들은 키 작은 알드베르를 땅꼬마 왕이라고 놀려댄다. 알드베르는 그때부터 대왕이라는 말을 듣기 위해 여러 가지로 노력한다. 세상에서 제일 큰 성을 짓고, 세상에서 제일 큰 나라를 다스리고, 세상에서 제일 똑똑한 박사의 자리도 차지한다. 그러나 사람들은 여전히 '땅꼬마 왕' 이라고 놀린다. '난 왕인데 왜 하나도 행복하지 않지?' 겉으로는 부족한 게 없지만 알드베르는 불행하다. 그것은 알드베르의 행복의 잣대가 다른 사람의 '인정' 에 있기 때문이었다. 자신에 대한 올바른 판단을 갖기도 전에 부모, 친구, 선생님의 평가와 기대에 좌절하고 상실감을 겪는 어린이들에게, 모든 것을 다 가졌지만 불행한 왕인 알드베르를 보여 주고 작은 해결책도 제시한다. 참된 자아의 소중함을 가르쳐 주는 그림책이다.

너는 특별하단다 1, 2

-맥스 루카도/세르지오 마르티네즈 그림/아기장수의 날개 옮김/고슴도치/2004/32쪽-저

웸믹이란, 엘리라는 목수 아저씨가 만든 작은 '나무 사람들' 이다. 웸믹들이 하루 종일 하는 일이란 금빛 별표와 잿빛 점표가 든 상자를 들고 서로에게 붙이고 다니는 것이다. 나뭇결이 매끄럽고 색이 잘 칠해진 웸믹, 재주가 뛰어난 웸믹들은 항상 별표를 받지만, 나뭇결이 거칠고 칠이 벗겨진 웸믹, 한 가지도 빼어난 재주를 가지지 못한 웸믹들은 늘 점표를 받고 만다. 펀치넬로는 점표만 가득 받게 되자, 스스로 '난 좋은 나무 사람이 아닌가 봐' 라고 생각하게 된다. 그러나 별표도 점표도 없이, 깨끗한 나무일 뿐인 웸믹 루시아로 인해 작은 계기를 맞게 된다. 그리하여 깨닫는 아름다운 결론은 바로 '나는 나라는 이유만으로 특별하다' 는 것이다.

2권에서는 작은 나무 사람인 웸믹들 사이에 상자와 공을 남보다 많이 사 모으려는 소동이 벌어진다. 상자와 공이 많으면 훌륭한 웸믹, 적으면 별 볼일 없는 웸믹이 된다. 펀치넬로도 훌륭한 웸믹이 되고 싶어 집도 팔고, 잠도 안 자고 오직 일만 해서 상자와 공을 사 모았다. 하지만 다른 웸믹들은 항상 더 많이 가진 것처럼 보였다. 그런데 상자와 공을 많이 모으면 과연 행복해질까? 오히려 어리석은 경쟁을 하느라 소중한 것들을 잃는 것은 아닐까? 목수 아저씨 엘리는 펀치넬로에게 말한다. "너는 특별하단다. 네가 가진 것 때문이 아니라, 오직 너라는 이유만으로. 잊지 마렴, 너는 나에게 소중하며, 나는 널 사랑한단다."

넌, 아주 특별해!

-크리스틴 애덤스 · 로버트 부치/R. W. 앨리 그림/노은정 옮김/비룡소/2004/36쪽-저

어린이들이 자기 자신을 믿고 사랑하도록 돕는 책이다. 어릴 때 자신을 신뢰하고 사랑하는 마음이 싹터야만 원만한 인간관계를 맺을 줄 아는 어른으로 성장하게 된다. 어린이들이 있는 그대로의 모습으로 살 수 있도록 도와주며, 자신이 얼마나 사랑받고 있으며 소중한 존재인지를 깨닫도록 한다. 아이들이 성장하면서 부딪히게 되는 다양한 문제들에 대해 적절한 조언을 해 준다. 동생이 생겼을 때, 친구를 사귀게 될 때, 자기 자신이 못났다고 생각될 때 등 평범한 아이들이 부딪히는 상황에서 '자신은 이미 존재하는 것만으로 특별하다' 는 것을 따뜻하게 일러 준다.

사금파리 한 조각

-린다 수 박/이상희 옮김/서울문화사/2005/306쪽-고

12세기 고려시대를 배경으로, 도예가가 되기를 간절히 바라는 소년 목이가 꿈을 이루기 위해 용기를 내고 인내하는 모습과 목이의 정신적 성장과정이 생생하게 묘사되어 있는 성장소설이다.

다리 밑에서 사는 소년 목이는 어려서부터 자신을 돌봐 준 두루미 아저씨와 단둘이 가족처럼 산다. 하루하루 끼니를 걱정해야 하는 처지로 쓰레기더미를 뒤지는 게 하루 일과이지만 구걸이나

도둑질은 절대 하지 않고 자기 손으로 먹을 것을 구한다는 데 자긍심을 가지고 산다. 그런 고아 소년 목이에게는 한 가지 소망이 있다. 바로 도공이 되는 것! 마을 최고의 도공 민 영감을 몰래 훔쳐보던 목이는 민 영감의 도자기를 깨뜨리게 되고 며칠 동안 일하는 것으로 빚을 갚기로 약속한다. 그 날 이후, 목이는 열성을 다해 민 영감의 도자기 만드는 과정을 돕는다.

민 영감의 평생 소원이 왕실의 도자기 주문을 받는 것이라는 사실을 안 목이는 자청해서 왕실이 있는 송도로 도자기 운반 일을 맡는다. 그러나 가는 도중에 만난 산적에 의해 소중한 도자기는 그만 깨지고 만다. 그러나 포기하지 않고 사금파리 한 조각을 들고 궁궐에 도착한 목이는 어렵게 왕실 감독관을 만나고 왕실 도자기 주문을 얻어 낸다. 그 일로 인해 목이는 드디어 꿈에 그리던 도자기를 빚을 수 있는 자격을 얻게 된다.

어려움과 곤경 앞에서도 끝내 희망의 끈을 놓지 않고 자신의 역할을 감당해 내는 목이의 모습과 행동은 자기다운 삶을 꿈꾸는 어린이들에게 좋은 본보기가 되어 준다.

수일이와 수일이

-김우경/권사우 그림/우리교육/2006/220쪽-고

자기와 똑같이 생긴 사람이 나타나서 괴로움을 당하게 되는 주인공을 통해 '스스로의 일을 스스로 해결하는 자립적인 어린이' 가 되라는 교훈을 담고 있는 환상동화 책이다. 수일이의 손톱을 먹고 수일이와 꼭 같은 가짜 수일이가 된 쥐는 원래대로 돌아가고 싶어 하지만, 진짜 수일이는 가짜 수일이에게 학원에 가게 하면서 친구들과 놀러 다닌다. 진짜 수일이는 가짜 수일이에게 방학이 끝날 때까지만 이럴 것이라고 이야기하지만, 엄마 아빠가 가짜 수일이를 데리고 여행을 가 버리자 가짜 수일이를 본래 모습으로 되돌려 놓기로 한다. 그런데 여행에서 돌아온 가짜 수일이는 그냥 수일이로 살아가겠다고 이야기하며 진짜 수일이를 곤경에 빠뜨린다.

학원에 다니느라 놀지 못하는 아이들의 불만스러운 심리와 바람을 사실감 있게 묘사하여 공감을 불러 일으키면서, 자기에게 주어진 삶을 후회 없이 산다는 것이 무엇인지 생각해 보게 하는 이야기다.

악어오리 구지구지

-천즈위엔/박지민 옮김/예림당/2003/34쪽-저

악어오리 구지구지가 자아를 찾아가는 과정을 정감 있게 그려 낸 그림책이다.

악어오리 구지구지는 악어도 아니고 오리도 아니다. 원래는 악어지만, 엄마 오리가 알을 품고 키워 주었기 때문이다. 모습이 다르고, 행동도 다르지만 차별 없이 대하고 사랑해 주는 엄마 오리, 그리고 아무 거리낌 없이 함께 어울리는 아기 오리들 덕분에 구지구지는 오리들과 한 가족이 되어 행복하게 살아간다. 그러던 어느 날, 갑자기 나타난 악어들은 오리와 비슷하게 행동하는 구지구지를 비웃으며 놀려댄다. 악어는 악어끼리 서로 도와야 한다며 오리들이 다이빙을 하면 잡아먹으려는 속셈으로 오리들을 다리 위로 데리고 오라고 유혹한다. 구지구지는 자신이 정말 누구인가, 라고 심각하게 고민하지만 곧 자신의 가족은 오리들이라는 사실을 깨닫고 오리들과 힘을 합쳐 악어들을 쫓아낸다.

담백하고도 재미있게 표현된 그림이 책 읽는 재미를 한결 높여 준다.

2.2 자신감

내 귀가 크다구요?

-최현주/임보만 · 최지선 그림/나무심는아이들/2004/56쪽-저

큰 귀를 부끄럽게 생각하던 아기 토끼 로이가 동물 친구들과 만나면서 자신감을 얻게 되는 과정을 통해, 어린이 스스로 자신을 소중하게 생각하고 자신감을 가져야 한다고 말한다. 또한 보아뱀, 코끼리, 긴팔원숭이 등과의 만남을 통해 친구들과 다른 점에 대해서 긍정적으로 받아들이고 이해하는 사고방식이 필요하다는 메시지를 건네며, 무엇보다도 친구들의 다른 신체 부위들은 각각 제 역할이 있어서 꼭 필요하고 중요하다는 사실을 깨닫게 해 준다. 또한 그것은 '다름'의 의미를 알게 하는 기회가 된다.

달려라 막시

-산디아고 가르시아 클래락/노경실 옮김/푸른나무/2000/144쪽-고

어린 소년이 하루 동안에 겪는 모험을 통해 세상을 배우고 주위 사람들을 이해하는 과정을 다루고 있는 스페인 동화이다.

집 밖에도 나가기 싫어하는 겁쟁이에 소심한 아이 막시. 막시는 모험가를 꿈꾸지만 말썽을 피우는 것이 싫은 모범생이다. 문제를 일으키지 않으면 컴퓨터를 사 준다고 하신 아빠의 말씀을 마음에 새기며 집 안에 틀어박혀 책만 읽는다. 그런데 생각지도 않게 핸드폰을 도둑 맞으면서 그것을 찾기 위해 도둑들과 대추격전을 벌이는 모험을 하게 된다. 막시는 도둑들을 뒤쫓는 중에 구걸하는 불쌍한 모녀를 돕기도 하고, 외다리 아저씨와 다리 잃은 개를 만나며, 시장 안의 사람들을 보면서 세상을 배우게 된다. 막시는 모험을 겪어 가면서 친구들 사이에 생겼던 문제도 해결하며 의젓하고 대견하게 성장하게 된다.

막시의 모험담을 보면서 어린이들도 자기만의 색깔이 담긴 꿈과 용기, 세상을 향한 관심과 이해를 키워 가게 된다.

용기(COURAGE)

-버나드 와버/이혜원 옮김/아이터/2004/36쪽-저

내성적인 아이, 소극적인 아이, 용기를 북돋아 줄 때, 자신감을 잃었을 때 등, 아이들이 하나씩 알아 가야 할 '용기' 들을 재미있는 상황 설정과 재치 있는 그림으로 설명해 주는 그림책이다.

용기에는 에베레스트 등반이나 해저탐험을 할 때 필요한 굉장한 것도 있지만 그렇지 않은 것도 많다. 낯선 환경에 잘 적응하는 것, 새로운 일을 해 보는 것, 힘든 일을 참는 것도 용기가 필요하다. '용기' 에서는 그런 행동과 생각 하나하나를 삽화와 함께 보여 준다. 어느 순간 보조 바퀴 없이 자전거를 타는 일, 맛있는 사탕 하나는 내일을 위해 남겨 두는 것, 캄캄한 방에서 혼자 잠자는 것, 무서운 놀이기구를 한 번 더 타는 것이 모두 용기 있는 행동이다. 또 새로운 동네로 이사 갔을 때 친구에게 먼저 말을 걸거나 말다툼한 뒤 먼저 사과하는 일도 바람직한 사회생활을 위해 가져야 할 중요한 용기다.

어린이들이 성장하면서 꼭 필요한 용기에 대해 쉽고 자연스럽게 이해하면서 실천할 수 있도록 도와준다. 2002년 미국에서 출간돼 세계 각국에서 호평을 받은 작품으로 짤막한 영어 원문을 실어 표현법도 익힐 수 있다.

우리 모두 꼴찌 기러기에게 박수를

-하나 요한슨/케티 벤트 그림/문성원 옮김/시공주니어/1999/118쪽-고

언제나 꼴찌만 하는 막내 기러기는 알을 깨고 나오는 것도, 걷는 것도, 헤엄치는 것도 언제나 꼴찌다. 그런 꼴찌에게 식구들은 언제나 핀잔을 주고 같이 생활하기를 꺼린다. 막내 기러기는 식구들뿐만 아니라 다른 기러기들에게까지도 무시를 당한다. 그러나 막내 기러기는 보통의 꼴찌답지 않게 늘 다른 기러기들에게 도움이 될 만한 일을 할 수 있을지도 모른다는 희망을 갖고 생활한다. 그런데 이 꼴찌 기러기가 사냥꾼으로부터 동료 기러기들의 목숨을 구해 내는 진짜로 큰일을 해낸다. 항상 일등만 하는 기러기들도 못하는 엄청나게 큰일을 말이다. 꼴찌라고 지탄을 받던 막내 기러기는 마침내 기러기 사회의 중요한 인물이 된다.

윌리와 악당 벌렁코

-앤서니 브라운/허은미 옮김/웅진닷컴/2003/32쪽-저

털 오라기 하나까지 놓치지 않는 섬세한 붓질, 다양한 무늬와 선명한 색감 등 앤서니 브라운 특유의 매력을 이 책에서도 만날 수 있다. 웃음을 터뜨리게 하는 유머 넘치는 장면 연출이나 주인공의 심정을 한눈에 알아볼 수 있게 하는 표정이나 동작도 마찬가지이다. 윌리는 알록달록한 조끼를 입은 조그만 침팬지로 책 읽는 것, 음악 듣는 것, 여자 친구 밀리와 공원 거니는 것을 좋아한다. 하지만 아무리 열심히 해도 축구나 자전거 경주, 수영은 잘할 수가 없다. 친구들은 이런 윌리를

보고 웃어대곤 한다. 하지만 악당 벌렁코를 만나면서 이야기는 반전된다. 아이들 입장에서 충분히 공감할 만한 이야기를 앤서니 브라운 특유의 감각으로 포장한 재미있는 그림책이다.

조금만 조금만 더

-존레이놀즈 가디너/마샤 슈엘 그림/김경연 옮김/시공주니어/2001/94쪽-저

절망에 빠진 할아버지와 농장을 지키기 위해 개 썰매 경주 대회에 나간 소년의 이야기가 흥미진진하게 펼쳐진다.

열 살 난 소년 꼬마 윌리는 할아버지와 함께 감자 농장을 일구며 살고 있다. 어느 날, 할아버지는 침대에서 일어나지 못한다. 의사 선생님은 마음에 생긴 병 때문이라고 한다. 윌리는 자신이 기르는 개 번개에게 쟁기를 매어 감자 수확을 해내지만 할아버지의 건강은 더욱 나빠지기만 한다. 그러던 어느 날, 윌리는 주 관리의 방문을 통해 할아버지가 십 년 동안 세금을 내지 않았다는 것과 밀린 세금을 내지 않으면 농장을 빼앗긴다는 사실을 알게 된다. 윌리는 농장을 지키기 위해, 절망에 빠진 할아버지를 위해, 오백 달러의 상금이 걸린 개 썰매 경주 대회에 모든 희망을 건다. 드디어 경주는 시작되고, 윌리와 번개는 온 힘을 다해 달려 선두를 지킨다. 그런데 결승선을 불과 30미터 앞두고 너무도 열심히 달리던 번개의 심장이 터져 버린다. 이제껏 한 번도 경주에 진 적이 없는 전설적인 인디언 얼음 거인은 윌리를 뒤쫓다가 번개를 부둥켜안은 모습을 보고, 허공에 대고 총을 쏘며, 다른 선수들이 결승선을 넘지 못하도록 막는다. 마침내 윌리는 번개를 부둥켜안은 채 결승선을 통과한다.

어린이들이 진정한 용기와 정정당당한 승부에 대해 생각하도록 이끌어 주는 책이다.

처음 받은 상장

-이상교/허구 그림/국민서관/2005/112쪽-저

비록 잘하는 건 없지만 나름대로 즐겁게 살아가는 어린 시인 시우의 즐겁고 뭉클한 성장기가 섬세한 문체로 그려지는 동화이다.

새침때기 모범생 언니, 야무지고 똑똑한 여동생, 머리 좋은 금쪽 아들인 남동생에 비해 느리고 엄마 속을 썩이는 시우는 마음씨가 곱고 호기심도, 상상력도 풍부한 여자 아이이다. 그러나 시험 점수 15점, 구구단은 3단부터 턱 막히고, 툭하면 숙제를 안 해 가는 시우에게 '상장' 은 먼 남의 나라 일이다. 무엇 하나 잘하는 것 없어도 날마다 즐겁게 살아가는 시우는 하루도 빠지지 않고 바깥에서 신나게 논 경험 덕분에, 어느 날 글짓기 대회에서 '그네' 라는 제목으로 시를 써서 우수상을 받게 된다. 그 일로 시우는 자기에게 생각나는 것과 바라보는 것들을 있는 그대로 솔직하게 글로 쓰는 재주가 있다는 걸 발견하게 된다.

자신의 단점 때문에 실망하는 대신, 자신의 장점을 조금씩 키워 나가 끝내 '어린 시인' 이 된 시

우의 모습은 어린이들에게 넘어져도 툭툭 털고 일어나 씩 웃을 수 있는 여유와 자신감을 갖게 해 준다.

하지만 막스도 잘하는 게 있어요

-발터 비퍼스베르크/오펠 괴츠 그림/한희진 옮김/중앙출판사/2003/112쪽-저

작은 키에 못생기고 뚱뚱해서 달리기도 잘 못하는 막스는 늘 사고뭉치에다가 문제투성이라는 말을 듣는다. 게다가 실수할까 봐 잔뜩 긴장을 하는 바람에 번번이 일을 망쳐 버리고 만다. 그런데 이상하게도 할아버지와 함께 있으면 막스는 긴장하는 걸 잊어버리고 뭐든지 척척 잘 해낸다. 매사에 자신감이 없는 막스가 할아버지와 친구 봉조의 도움을 받아 자신감을 되찾는 과정을 그리고 있다. 막스처럼 자신감이 없고 소극적인 아이들에게 "개똥은 나도 밟아 봤어. 누구에게나 좋은 일이 생길 때도 있고, 나쁜 일이 생길 때도 있는 거야."라고 희망을 주는 이야기다.

2.3 사춘기

걱정쟁이 열세 살

-최나미/정문주 그림/사계절출판사/2006/154쪽-고

집안 식구들의 일로 이런저런 걱정이 많은 사춘기 소년 상우가 질풍노도의 시기를 견디면서 조금씩 성숙해 가는 모습을 보여 주는 성장 동화이다.

아빠가 가출한 지 삼 년이 지났지만, 아무 일도 없는 것처럼 살아가는 엄마와 누나를 이해하지 못하는 상우의 나이는 올해 열세 살이다. 별똥별에 관한 홈페이지를 만들다가 인터넷에서 알게 된 '오폭별'은 상우가 자신의 고민을 털어놓는 유일한 친구이다. 실제의 모습보다는 인터넷 대화창으로 자신의 존재를 알리는 오폭별이라는 아이는 아빠한테 매를 맞는다는 사실보다 멍 자국 때문에 남들이 그런 사실을 알게 되는 것이 더 싫은 아이이다. 그래서 우주적 시각으로 자신의 세계관을 만들며 지금 자신의 눈에 보이는 세상이 전부는 아니라며 스스로를 위로한다. 그러나 우연한 계기로 오폭별이 자신과 같은 학교에 다니는 문제아라는 사실을 알게 된 상우는 또 다른 고민에 휩싸이게 된다.

가족 중에서 자신만이 유일하게 정상이라고 여기며 고민하고, 결국 가출까지 결심하는 상우의 위태로운 일상을 통해 폭풍 전야에 있는 사춘기 소년의 심리와 생활 모습을 실감 있게 그려 내고 있다.

날아라 동서남북

-김자환/장기석 그림/청개구리/2006/190쪽-고

막 사춘기에 접어든 6학년 소녀들이 겪는 앞날에 대한 기대와 호기심, 보이지 않는 미래에 대한 불안과 두려움의 복합적인 감정과 일상생활을 그려 내는 성장소설이다.

선효, 서연, 은하, 수민. 개성 강한 네 명의 소녀들은 동서남북이라는 모임을 결성하고, 서로 힘을 뭉쳐 고민을 해결하고 자신이 처한 문제들을 헤쳐 나간다. 네 주인공을 통해 작가는, 사춘기 아이들이 친구에게도 차마 말하기 어려운 고민에서부터 새롭게 눈뜨는 이성에 대한 관심, 공부와 과외밖에 모르는 부모님의 기대감과 자신이 하고 싶은 것에서 생기는 마찰, 삶과 죽음에 대한 새로운 각성, 학교폭력이나 부모의 이혼으로 인해 겪는 고통과 갈등, 외모나 성적 등의 고민거리, 중학교 진학을 앞두고 겪게 되는 새로운 생활에 대한 두려움과 기대감 등을 아이들의 목소리로 들려주고 있다. 나름대로의 방식으로 성장의 아픔을 이겨 내면서 자라는 아이들의 모습을 진솔하게 보여 주는 책이다.

내 마음의 나이테

-유타루/윤소연 그림/바람의아이들/2004/232쪽-고

몸과 마음이 변하기 시작하는 사춘기는 아이들에게 무척 힘든 시기다. 자신이 무엇을 원하는지도 모르고, 어른들의 세계는 무조건 마음에 들지 않는다. 게다가, 갑작스럽게 닥쳐오는 신체적 변화는 더욱더 생활을 혼란스럽게 한다. 그러한 사춘기 아이들의 평범한 일상을 밀착해서 보여준다. 정신 이상에 걸린 임산부 진달래와 사춘기에 접어든 수철이, 현정이, 동구, 윤모의 우정은 기묘하지만 깊은 울림이 있다. 아이들은 진달래의 출산을 통해 생명의 소중함을 깨닫게 된다. 그것을 계기로 사춘기라는 어둡고 긴 터널을 건너갈 희망과 용기를 얻게 된다.

라몬의 바다

-스콧 오델/민해수 그림/김옥수 옮김/우리교육/2000/150쪽-고

어른으로 성장해 가는 한 소년의 모험과 내면세계가 감동적으로 그려지는 성장소설이다. 손목이 가냘픈 소년 라몬은 어느 누구도 캐내지 못했던, 세상에서 제일 아름답고 큰 진주를 캐내어, 용감하고 훌륭한 청년으로 인정받게 되기를 간절히 바란다. 자신의 꿈을 이루기 위하여 라몬은 어린 시절, 아이들을 공포에 떨게 만들던 '쥐가오리 신' 이 산다는 바닷속 진주를 찾아 떠난다. 그러나 라몬 앞에는 신이 내린 진주, 천상의 진주의 발견과 라이벌인 세빌라노의 질투와 음모, 아버지의 죽음, 쥐가오리 신과의 대결 등 수많은 어려움들이 도사리고 있다. 라몬은 두려움을 이겨 내고 용기 있게 정면으로 맞서 싸워 가는 과정 중에 어느 순간 스스로 어른이 되었음을 느끼게 된다.

어려움 속에서도 끝까지 자신의 꿈을 이루어 가는 라몬의 모습은 사춘기에 들어서는 어린이들

의 마음에 용기를 주는 좋은 본보기가 되어 준다.

브랜디는 사춘기

-메리 터커/김은정 옮김/제삼기획/2004/160쪽-고

막 사춘기에 접어든 브랜디를 힘들게 하는 것은 여드름이나 남자 친구, 학교 성적이 아니라 부모님이다. 어제까지는 애 취급을 하던 엄마와 아빠는 브랜디에게 이런저런 잔소리를 늘어놓는다. 엄마는 브랜디에게 어른으로 훌륭하게 살아가려면 열두 살 때부터 배워야 할 것이 많다고 말한다. 하지만 브랜디는 어른이 되어 하기 싫은 일을 하면서 사느니 차라리 열두 살이 안 되어, 평생 아이로 살겠다고 생각한다. 어른이 되는 것이 무서운 브랜디에게 엄마는 특별한 선물을 건네준다. 그것은 바로 엄마가 열두 살 때, 상상 속의 딸에게 썼던 편지들이다. 그 편지를 통해 브랜디는 열두 살이 될 용기를 얻는다. 사춘기 소녀의 복잡한 심리를 설득력 있게 풀어냈다. 이탈리아 'Bancarelino' 상 청소년 소설 분야 수상작이다.

어머나, 내가 사춘기인가?

-로이스 로우리/신혜원 그림/최덕식 옮김/산하/1997/182쪽-고

어느덧 열세 살이 된 아나스타샤, 까닭 모를 우울증에 빠져 들고 왠지 엄마랑 아빠가 미워진다. 초고를 냉장고 가장 깊숙한 곳에 보관하는 아빠를 자랑스러워했던 이 아이는 이런 아빠의 행동마저 거슬려 한다. 철없고 지저분한 동생이 나이답지 않게 영특한 것도 비꼼의 대상이다. 애완용 들쥐 게르빌루스도 신선한 기쁨을 주지 못한다. 모든 게 뒤죽박죽 혼란스럽다. 엄마의 호르몬 이론도, 프로이드 석고상과의 만남도, 아나스타샤의 사춘기에 대한 감정을 명쾌하게 설명해 주지 못한다. 어느 날 갑자기 둥지를 튀어나와 집 안 구석구석에 웅크리고 앉아 눈을 반짝이고 있는 게르빌루스들은, 아나스타샤가 아빠와 진정한 마음의 대화로 공감대를 형성하는 계기가 된다. 불안정한 감정을 안고 넘쳐나는 에너지를 주체할 수 없어 하는 사춘기의 아이들이라면 고민해 보았음직한 일상의 이야기들이다.

오빠는 사춘기

-채인선/정유정 그림/창작과비평사/1998/174쪽-고

초등학교 4학년인 은미는 중학생이 된 오빠와 점점 사이가 멀어지는 것 같아 속이 상하다. 같이 놀아 주고 고민도 잘 들어주던 모습은 간 데 없고, 사춘기를 맞아 혼자 있기만 좋아하는 오빠는 가족들에게도 마음을 열어 보이지 않고 자신만의 성을 쌓아 간다. 급기야 집을 나가 버리기까지 한다. 그런 오빠의 방황을 지켜보며 자신도 언젠가 겪을 사춘기와 성장의 의미를 생각한다. 『내 짝궁 최영대』, 『전봇대 아저씨』를 쓴 1990년대 말의 대표적 동화 작가 채인선이 사춘기 소년

소녀의 맑고 순수한 감성세계를 훈훈한 시선으로 정겹게 풀어 나가고 있다.

우리 형 보리스는 사춘기래요!

-리즈 피촌/김수희 옮김/어린이 작가정신/2006/32쪽-저

누구나 한 번쯤 겪게 되는 예민한 사춘기 시절을 슬기롭게 헤쳐 나가는 악어 가족의 이야기를 통해 따뜻한 가족 사랑을 느끼게 해 주는 그림책이다.

꼬마 악어는 보리스 형과 같이 노는 게 무척 즐겁다. 그런데 언젠가부터 보리스 형은 동생과 같이 놀아 주지 않고, 친구들과 어울려 다니기만 한다. 게다가 커다란 코걸이까지한다. 꼬마 악어와 가족들은 형의 변화에 당혹스러워하고, 보리스 형은 가족들의 간섭을 귀찮고 짜증스러워한다. 그런데 할아버지 할머니는 보리스 형의 변화에 의외로 담담한 모습을 보이며 엄마 아빠가 보리스 형만 했을 때의 사진을 꺼내서 보여 준다. 그 사진을 보며 가족들 간의 이런 세대 차이는 자연스러운 것이고 대를 이어 가며 반복되는 것이라는 사실을 자연스럽게 깨닫는다.

사춘기를 맞는 소년의 심리와 성장의 길목에 선 아이를 대하는 가족들의 갈등과 문제해결 과정이 익살스럽고 재미있게 표현되어 어린이들의 시선을 끈다.

2.4 진로탐색

꿈을 찾아 한 걸음씩

-이미애/배명식 그림/문학사상사/2000/220쪽-고

요리 만들기, 그 가운데에서도 우리의 전통음식에 무한한 애정을 갖고 있는 두본이가 자신의 꿈을 이루기 위해 노력하는 과정을 그린 책이다.

초등학교 6학년 남학생 손두본은 '요리사' 가 되겠다는 꿈을 가지고 있다. 요리하는 시간이 가장 행복하지만, 어머니는 남자가 요리하는 것을 마땅찮게 생각하고 있다. 어릴 때 시골에서 외할머니와 단둘이 살았던 두본이는 외할머니의 손맛을 그리워하며 옛날 음식에 깊은 관심을 갖게 된다. 한편, 두본이가 사는 아파트에 이사 온 나경이는 헤어 디자이너가 되고 싶어 하지만 둘 다 부모가 반대하는 꿈을 가졌다는 데에서 마음이 통한다. 미각을 잃고 요리사를 그만두었지만 조리과장의 도움으로 다시 한식당에서 일하게 된 외삼촌은 두본이를 데리고 전통음식을 찾아 여행을 떠난다. 그 후 외삼촌에게 부탁해서 요리학원에 다니게 된 두본이는 신바람이 난다. 그러나 문제집 검사를 하던 어머니에게 수강증을 들켜 호되게 꾸중을 듣고 요리 학원을 그만두게 된다. 생일날, 두본이의 노력에 마음이 움직인 엄마는 두본이의 생일상을 스스로 차려 보라고 말하는 것으로 두본이의 꿈을 인정해 준다.

난 황금 알을 낳을 거야!

–한나 요한젠/이진영 옮김/문학동네/1999/60쪽–저

황금 알을 낳겠다고 큰소리 치는 꼬마 닭의 이야기를 통해 진정 꿈꾸는 사람만이 새로운 일을 할 수 있음을 보여 주는 그림책이다.

3333마리의 닭들이 모여 사는 어느 시골 농장, 한 꼬마 닭이 황금 알을 낳을 것이라며 큰소리를 친다. 꼬마 닭은 큰 닭들에게 놀림을 당하면서도 새로운 세상에 대한 꿈을 버리지 않고 닭에게는 필요 없는 노래 부르기와 헤엄치기, 날기를 열심히 배운다. 꼬마 닭은 진짜 황금 알을 낳지는 못하지만 3천 3백여 마리의 다른 닭들에게 커다란 닭장을 지어 주게 하고 꿈과 모험을 통해 새로운 세상을 얻게 된다.

비록 불가능해 보이는 꿈이라도 희망을 가지고 노력하는 꼬마 닭의 모습은 꿈의 소중함과 필요성을 자연스럽게 깨닫게 해 준다.

헬로 마이 퓨처

–이경근/김재일 그림/랜덤하우스중앙/2004/216쪽–고

어린이들에게 다양한 분야와 직업들을 알려 주고 자신의 꿈에 대해 생각해 보게 하는 책이다. 연예인, 운동선수, 과학자, 의사, 교사, 법조인. 이는 초등학생들에게 장래 희망하는 직업을 묻는 조사에서 빠지지 않고 나오는 직업들이다. 직업은 어른이 되면 누구나 가져야 하는 것이고 또 직장에서 보내는 시간은 가정에서 보내는 시간과 거의 맞먹는다. 그 때문에 자신이 하고 싶은 일을 하는 것이야말로 행복을 좌우한다고 할 만큼 중요하다. 이 책에서는 어린이가 자신의 미래를 탐색하고 미래를 계획할 수 있도록 다양한 직업의 세계를 이해하기 쉽고 재미있게 소개해 준다. 각 분야에 관련된 전문 용어를 풀어 주고 재미있는 상식들을 모아 놓은 코너도 실려 있다.

흉내쟁이 꼬마 발레리나

–페트리샤 리 고흐/김경미 옮김/현암사/2003/36쪽–저

예술가를 꿈꾸며 발레를 배우는 아이들의 이야기를 담은 그림책이다.

발레 수업에 새로 들어온 에밀리는 춤은 잘 추지만 늘 외톨이로 지낸다. 타냐도 친구들과 어울리기보다는 자기 할 일만 하는 아이이다. 어느 날 에밀리는 동물원 옆길에서 신기한 몸짓을 하는 타냐를 보게 된다. 궁금해하는 에밀리에게 타냐는 동물의 동작을 흉내 내어 춤추는 법을 가르쳐 준다. 놀랍게도 타조, 홍학, 펭귄 등의 모습은 그대로 자연스럽게 재미있는 발레 동작이 된다. 둘은 열심히 연습하여 겨울 발레 공연 때 함께 무대에서 멋진 춤을 보여 주게 된다. 열심히 노력하며 자신들만의 춤을 만들고 우정을 쌓아 가는 아이들의 모습이 정겹게 그려진다.

3. 여자 · 남자 · 성역할

3.1 여자/남자

나, 열세 살 여자 : 어린이가 꼭 알아야 할 여성학 이야기

-양해경/이정아 그림/파란자전거/2002/140쪽-고

한국 여성 민우회 가족과 성상담소 소장으로 활동해 온 양해경이 성인 여성이 아닌, 이제 사춘기에 접어들거나 이미 접어든 13세 된 여자 아이들에게 눈높이를 맞추어 여성의 삶에 대해 이야기하고 있다. 이 책은 앞으로 여자 아이들이 살아갈 삶 속에서 어떻게 하면 여자와 남자가 평등하고 행복하게 살 수 있는지를, 아이들과 대화하는 것처럼 쉽게 이야기를 풀어 가면서 여성으로서 당당히 살 수 있는 법을 알려 준다.

책에서는 우리 사회에 여성 차별이 얼마나 깊게 뿌리 내리고 있는지를 밝히고 있으며, 여자 어린이들이 그러한 사회 분위기에 억눌리지 말고 밝고 긍정적으로 자신의 길을 개척하기를 당부한다. 특히, 여성이 사회생활을 할 때 어려움을 겪는 사례를 들며, 우리나라의 제도와 사회 인식이 여성들의 인식 변화 수준을 따라가지 못하는 점들을 지적하고 있다.

너도 내가 궁금하니?(남자와 여자)

-그웨나엘 불레 외/장석훈 옮김/푸른 숲/2003/54쪽-저

남녀의 신체적 차이, 남녀의 정서문제, 성역할 교육의 문제, 남녀에 대한 고정관념 등 남자와 여자에 대한 구별과 차별문제를 짚어 보게 하는 책이다.

'남자와 여자' 에서는 남녀의 신체적 · 정서적 차이점을 설명하는 동시에 각 나라의 문화 속에서 남자와 여자가 얼마나 다르게 성장하는지를 보여 줌으로써 문화적 환경의 중요성을 일깨워 준다. 또한, 지금까지 여성들이 자신들의 권리를 찾기 위해 싸워 온 과정 속에서 남녀 불평등이 어떻게 해소되고 변화되어 왔는지도 알려 준다. 남녀가 평등해지기 위해선 가정과 사회는 물론 문화의 전반적인 변화가 필요하다고 주장한다.

작가가 어린이들의 눈높이에 맞춘 설명과 이해를 돕기 위해 곳곳에 곁들인 익살스런 삽화들이 책 읽는 맛을 더해 준다.

비자 비아 비자 벨

-아나 마리아 마샤두/헤지나 욜란다 그림/남진희 옮김/우리교육/2003/128쪽-고

19세기에서 20세기 초까지의 세 여자의 삶을 통해 여자로서의 삶을 생각하게 해 주는 동화이

다. 이자벨은 우연히 증조할머니 비자 비아와 증손녀 베따와 교감하며 이야기를 나누기 시작한다. 이자벨은 비자 비아가 살았던, 현재와 다른 과거의 문화를 접하면서 비자 비아의 과거의 삶을 생각하게 되고, 아주 먼 미래 시대의 증손녀 베따와의 이야기를 통해 현재 여자로서의 자신의 행동에 대해 지적을 받게 된다. 이 둘과의 만남을 통해 이자벨은 과거의 가치관과 미래의 가치관 속에서 어떤 행동을 취하느냐는, 이자벨 '나' 스스로의 선택에 달려 있다는 것을 깨닫게 된다.

과거의 여성을 상징하는 '비자 비아'와 미래의 여성을 상징하는 '베따'가 주인공 이자벨에게 들려주는 이야기를 통해 현재의 순간순간을 '나' 스스로가 어떻게 결정하고 이끌고 나가느냐에 따라 미래의 삶이, 역사가 새롭게 이루어진다는 것을 들려준다.

사내대장부

-크리스티네 뇌스틀링거/김경연 옮김/비룡소/2000/66쪽-저

7~9살짜리 남자 아이들이 겪는 고민과 그 엉뚱하고도 순수한 해결방식을 보여 주는 책이다. 프란츠는 일곱 살 된 당당한 사내대장부다. 그런데 사람들은 키가 너무 작아서 다섯 살 정도로밖에 안 보이는 프란츠를 어린 아기 취급하여 마음을 상하게 한다. 게다가 흥분만 하면 목소리가 여자애같이 변하는 프란츠는, 금발 곱슬머리와 파란 눈을 보고서 여자 아이일 거라고 생각하는 사람들 때문에 이럴 땐 최후의 방법을 써서 사내대장부라는 것을 증명해 보인다.

자신의 성정체감과 남자다움을 인정받고 싶어 하는 어린아이들의 마음과 행동이 익살스러운 그림과 함께 생동감 있게 그려진다.

어린이를 위한 흑설공주 이야기

-양연주 외/윤종태 그림/뜨인돌/2006/136쪽-고

「백설공주」, 「콩쥐팥쥐」, 「신데렐라」, 「인어공주」등 수동적이고 예쁘기만 했던 동화 속 주인공들이 원작과는 달리 자신의 인생을 당당하게 개척하는 새로운 모습의 이야기로 바뀌면서, 어린이들이 가지게 되는 성역할에 대한 고정관념과 편견을 없애 주는 책이다.

백설공주는 눈처럼 하얀 피부에 피처럼 붉은 입술, 흑단처럼 검은 머리칼을 지녔다. 타고난 아름다움 덕분에 모든 사람들에게 사랑받고, 왕자에게 구조돼 결혼까지 하게 된다. 그러나 온몸이 새까만 딸 흑설공주는 피부가 검은 눈처럼 새까맣다고 흑설공주라 이름 붙여지고 무시를 당한다. 흑설공주는 사람들의 놀림에 굴하지 않고 인간은 저마다의 아름다움을 가지고 태어났다는 걸 보여 준다. 또한 새엄마와 함께 콩쥐를 괴롭히기만 할 줄 알았던 팥쥐 역시 언니를 남몰래 도와준다. 그리고 사랑하지 않는 사또한테 시집간 콩쥐는 팥쥐와 함께 모험의 길을 떠난다. 그밖에도 항해사가 된 인어공주, 아내를 진정으로 사랑할 줄 몰랐던 나무꾼을 버리고 하늘나라로 돌아간 선녀 이야기도 새롭게 바꾸었다.

아이들이 잘 알고 있는 원래 이야기와는 다른 방향으로 자기의 삶을 용감하게 개척해 가는 이야기를 통해, 여성다움에 대한 고정관념에서 벗어나 자유롭게 자신의 꿈을 펼쳐 나갈 수 있도록 이끌어 준다.

조선의 여걸 박씨부인

-정출헌/조혜란 그림/한겨레아이들/2000/102쪽-고

얼굴이 흉측하다고 남편에게 무시당하지만 끝까지 참고 이겨 내며 아름다움을 찾고, 슬기와 신통력으로 청나라를 물리치고 나라를 구하는 박씨부인의 활약상이 흥미롭게 펼쳐지는 옛날이야기다.

조선시대라는 봉건적인 사회에서 조정의 관리도 아니고, 장수도 아니고, 임금도 아닌 한 여성이 온갖 박해에 시달리면서도 지혜와 용기를 발휘, 외적을 물리친다는 내용은 '왜 영웅은 남자밖에 없어' 하고 투덜대던 여자 어린이들에게 여자로서의 자긍심과 용기를 심어 준다.

종이봉지 공주

-로버트 문치/마이클 마르첸코 그림/김태희 옮김/비룡소/1998/50쪽-저

용이 공주의 성을 다 불태워 버리고 약혼한 왕자를 잡아가 버린다. 공주는 옷도 다 타 버리는 바람에 종이봉지 하나를 옷으로 입고 왕자를 구하기 위해 용의 성으로 간다. 공주는 지혜롭게 용을 잡고 왕자를 무사히 구해 낸다. 공주는 고난을 뚫고 왕자를 구하러 가지만, 그 과정에 어쩔 수 없이 입게 된 공주의 종이봉지 옷을 비난한 왕자를 단숨에 차 버린다.

예상을 깨는 반전을 통해 자기 삶의 주인공은 바로 자기임을 선언하는 현대판 공주이야기다. 왕자가 공주를 구한다는 일반적인 성역할을 제시하는 동화와는 반대되는 설정이 돋보이며, 나약한 공주라는 여성상에서 벗어나지 못하게 만드는 많은 동화들과는 달리, 자신의 인생의 문제는 자신이 적극적으로 해결해 나가도록 이끄는 새로운 여성상을 제시하는 책이다.

3.2 성역할

난 이제부터 남자다

-이규희/신은재 그림/세상모든 책/2002/118쪽-저

수지라는 여자 아이가 여자라고 차별받는 것이 싫어서 남자로 살기로 결심하고 좌충우돌하는 사건을 통해 양성평등 문제에 대해 생각해 보게 만드는 이야기다.

오성 대감 댁의 맏딸 수지. 3학년인 동생 재형이에게 많은 걸 빼앗기며 살아가는 수지는 삼대독자인 동생을 미워한다. 엄마는 늘 뭐든지 좋은 것은 남동생 재형이에게만 준다. 엄마뿐 아니라 할

머니는 재형이를 보기만 해도 경주 이 씨 오성 대감 상서공파 가문의 대를 이어 줬다며 싱글벙글 어쩔 줄을 몰라 한다. 할아버지 제삿날 엄마가 무심코 꽃밭에서 꽃을 한 아름 꺾는 태몽을 꾸고 딸이라고 생각돼 아이를 지울 생각까지 했다는 말로 수지에게 큰 상처를 남긴다. 그 후 남자가 되기로 결심하고 남자 같은 차림새와 행동으로 주변사람들을 놀라게 하는 수지. 수지의 아픔을 일기를 통해 알게 된 엄마는 미안함을 느끼고 수지가 여자로서 자신감을 찾을 수 있도록 도와준다.

여자로 태어나 슬픔을 갖고 사는 여자 아이들과, 또 이런 슬픔을 모르는 남자 아이들이 함께 읽어 볼 만한 책이다.

돼지책

–앤서니 브라운/허은미 옮김/웅진닷컴/2001/50쪽–저

직장에 다니지만 모든 집안일을 떠안아야 하는 피곳 부인은 가족들의 무관심과 끝도 없는 가사노동을 견디다 못해 "너희들은 돼지야."라는 쪽지 한 장을 남기고 집을 나가 버린다. 각자에게 너무 중요한 직장과 학교에 다니던 남편과 두 아들은 아내와 엄마의 부재로 인해 결국 무기력한 돼지로 전락하고 만다. 일상을 해결하지 못하고 있던 남편과 아들 앞에 피곳 부인이 다시 나타난다. 피곳 부인이 돌아온 후 피곳 씨와 두 아들은 달라졌다. 가사노동을 분담하면서 피곳 씨, 두 아들, 피곳 부인은 행복을 느낀다는 내용의 그림책이다.

행복한 가정을 이루기 위해서는 고정화된 성역할에 충실한 어느 한 사람의 힘겨운 희생만으로는 유지되기 어렵고, 가족 구성원들의 자발적인 참여로 일상의 행복이 유지된다는 점을 일깨워 주는 책이다. 특히 가사노동은 엄마의 몫이라고 여기는 대부분의 남자 아이들에게 권할 만한 책이다.

아빠는 전업주부

–키르스텐 보이에/박양규 옮김/비룡소/2003/204쪽–고

넬레 아빠는 교사, 엄마는 주부였지만 아빠가 집안일을 하고, 엄마가 직장을 다니게 된다. 동생 구스타프가 세 살 되던 해, 엄마가 "직업을 가지고 싶다"고 식구들에게 선언하자 엄마의 요구가 타당하다 생각한 아빠는 다니던 학교를 휴직하고, 집안일과 육아를 맡는다. 그러나 직장에 다니게 된 엄마는 엄마대로, 생소한 집안일과 육아를 맡게 된 아빠는 아빠대로 스트레스를 받는다. 엄마와 아빠의 다툼은 점점 잦아지고 길어지기도 한다. 넬레 부모의 갈등 속에서 넬레는 엄마의 희생을 당연시한 자신의 태도를 돌아보게 된다.

이 책은 작은 사회를 상징하는 가정에서조차 '남녀평등'의 시작이 힘들다는 것, 그리고 잘 해보겠다는 마음이 있어 시작은 해도 현실적으로 여러 가지 문제들이 다가오면 그런 마음을 간직하기 쉽지 않다는 것을 보여 준다. 평등은 엄마와 아빠 사이에서만 필요한 것이 아니라, 엄마와 자

녀 사이에서도 필요한 것임을 보여 준다. 엄마의 희생을 당연시하는 아이들이 읽으면 특히 좋다.

아빠사자와 행복한 아이들

-야노쉬/문성원 옮김/시공주니어/2000/48쪽-저

남편은 회사에 가고 아내는 가사를 돌본다는 기존의 성역할과 고정관념을 완전히 깨는 이 책에서 아빠사자는 회사의 사장인 엄마사자가 나가서 일하는 동안 집안일을 하고 일곱 아이들을 돌본다. 아빠사자는 또 아이들 모두가 하고 싶은 일을 할 수 있도록 도와준다. 아이들 일곱의 요구 조건은 각자 다르다. 남자 아이, 여자 아이 할 것 없이 자유롭게 자기가 하고픈 일을 하겠다고 당당히 요구한다.

책을 통해 장난스런 행동들을 거리낌 없이 하는 아기사자들을 보는 어린이들은 일종의 카타르시스나 대리만족을 느끼며 유쾌하게 웃어넘길 것이다. 오히려 기존의 권위나 고정관념을 과감히 깨는 이 책에 당황하고 그렇기에 더 많은 것을 생각하게 되는 것은 부모들 쪽이다. 아이들을 위한 책이지만 아이를 바라보는 부모들의 시각을 되돌아보게 하는 데도 좋은 책이다.

아빠의 앞치마

-이규희/강을순 그림/교학사/2004/128쪽-저

세나의 부모님은 맞벌이 부부인데, 아빠가 전부터 꿈꾸어 오던 소설을 쓰기 위해 직장을 그만두고, 아이들을 돌보고 집안일을 맡게 된다. 세나는 다른 집과 다른 부모들의 역할을 처음에는 이해하지 못하지만, 엄마와 아빠가 자신의 삶에 충실하면서 아이들을 사랑하는 마음을 나중에는 이해하게 된다. 가사를 돌보는 아빠의 모습을 자연스럽게 그려 냄으로써, 우리에게 다양한 삶의 방식과 가치관을 이해시켜 주는 책이다.

지은이가 성역할에 대한 오랜 고민 끝에 탄생한 이 작품은 탄탄하고 재미있는 이야기를 통해 가족의 역할과 의미에 대한 깊은 생각 거리를 준다. 세상이 빠르게 변하면서 여성의 사회 참여가 많아지고, 그와 함께 가정에서의 남녀 역할도 예전과 많이 달라졌다. 고정된 성역할에서 탈피해 엄마와 아빠 그리고 아이들 모두가 행복한 가정을 꾸미기 위해 노력하는 모습을 잘 그려 내고 있다.

후박나무 우리 집

-고은명/김윤주 그림/창비/2002/154쪽-고

일상생활 속에서 벌어지는 남녀차별의 문제점과 그 해결책을 얻기 위한 노력을 연하라는 소녀의 눈을 통해 바라보면서, 바람직한 성역할에 대해 생각하게 해 주는 이야기다.

할아버지는 "연하가 아들이었다면 얼마나 좋을까?" 라는 얘기로 손녀딸 연하의 마음을 상하게 한다. 맞벌이를 하는 엄마는 아빠와 똑같이 일하고 들어오지만, 아빠가 TV를 보면서 쉬는 동안에도 엄마는 부엌에서 계속 일해야 한다. 학교에서는 물감 통을 쏟은 지은이가 현욱이에게 미안하다고 사과하자 현욱이는 큰 소리로 "무슨 여자애가 그렇게 조심성이 없냐?" 며 화를 벌컥 낸다. 소설가인 아내를 위해 직접 요리를 하는 지은이 아빠, 술을 마시면 난폭해지는 수현이 아빠, 집안일을 위해 자신의 꿈을 포기한 찬기 엄마, 교통사고로 두 다리를 잃은 남편을 위해 행상을 하러 다니는 같은 집의 선우 엄마. 연하는 '자신의 집' 과 친구네 집의 부모들이 살아가는 모습을 통해 '여자로 산다는 것' 과 '남자로 산다는 것' 에 대해 눈을 떠 간다.

어린이들에게 학교에서, 집에서 모르는 사이에 남녀차별이 얼마나 뿌리 깊게 자리 잡았는지를 알려 주며 양성평등의식을 길러 주는 책이다.

#15 정서편
[화/두려움/스트레스/슬픔 · 감정조절/심술/정직/용서/주의집중력/중독/죽음/정서장애]

1. 화

- 괴물들이 사는 나라. 모리스 샌닥/강무홍 옮김. 시공주니어, 2002, 44쪽-저
- 쏘피가 화나면-정말, 정말 화나면. 몰리 뱅/이은화 옮김. 케이유니버스, 2000, 30쪽-저
- 얄미운 사람들에 관한 책. 토니 모리슨/파스칼 르메트르 그림/노경실 옮김. 김영사, 2004, 52쪽-저
- 화가 나는 건 당연해! 미셸린느 먼디/R. W. 앨리 그림/노은정 옮김. 비룡소, 2003, 36쪽-저
- 화야, 그만 화 풀어. 채인선/황유리 그림. 아지북스, 2006, 44쪽-저

2. 두려움

- 겁쟁이. 이상권. 시공주니어, 2002, 194쪽-고
- 두려움을 극복한 토끼. Sherri Nestorwich/에릭 멜러 그림. 석천미디어, 2004, 22쪽-저
- 모치모치 나무. 사이토 류스케/김영애 옮김. 랜덤하우스중앙, 2004, 32쪽-저
- 무서움을 이겨 낸 구스타보. 리카르도 알칸타라/권미선 옮김. 세손교육, 2002, 64쪽-저

○ 천둥 케이크. 패트리샤 폴라코/임봉경 옮김. 시공사, 2000, 34쪽-저

○ 하나도 무섭지 않아!. 몰리 위갠드/R. W. 앨리 그림/노은정 옮김. 비룡소, 2004, 36쪽-저

3. 스트레스

○ 나, 스트레스 받았어!. 미셸린느 먼디/R. W. 앨리 그림/노은정 옮김. 비룡소, 2003, 36쪽-저

4. 슬픔 · 감정조절

○ 나 좀 내버려 둬!. 박현진/윤정주 그림. 돌베개, 2006, 188쪽-고

○ 빨간 나무. 숀 탠/김경연 옮김. 풀빛, 2002, 30쪽-고

○ 슬픔을 치료해 주는 비밀 책. 카린 케이츠/조국현 옮김. 봄봄, 2005, 32쪽-저

○ 아빠, 내 마음이 왜 그래?. 이민식/세이홍 그림. 다산어린이, 2006, 232쪽-고

○ 울지 말고 말하렴. 이찬규/김정애 그림. 두산동아, 2005, 32쪽-저

5. 심술

○ 빡빡이 프란츠의 심술. 크리스티네 뇌스틀링거/에르하르트 디에틀 그림/김경연 옮김. 비룡소, 2000, 66쪽-저

○ 심술꾸러기 사자와 모기. 보리기획/노정덕 그림. 보리, 2001, 22쪽-저

○ 심술도깨비 이히체크. 두니시스카/이길진 엮음/여찬호 그림. 예림당, 1999, 108쪽-저

○ 심술쟁이 마녀 소동. 마리본느 르비아르/김이정 옮김. 중앙출판사, 2001, 56쪽-저

○ 심술 좀 그만 부려!. J. S. 잭슨/R. W. 앨리 그림/노은정 옮김. 비룡소, 2005, 34쪽-저

○ 엉덩이가 집을 나갔어요. 호세 루이스 코르테스/나송주 옮김. 한길사, 2001, 32쪽-저

○ 에드와르도 세상에서 가장 못된 아이. 존 버닝햄/조세현 옮김. 비룡소, 2006, 32쪽-저

○ 울보 곰은 심술쟁이. 잉그리트 위베/헬가 슈피스 그림/원미선 옮김. 베틀북, 2000, 60쪽-저

6. 정직

- 거짓말쟁이 천재. 울프 스타르크/햇살과 나무꾼 옮김. 크레용하우스, 2000, 72쪽-저
- 그림 도둑 준모. 오승희/최정인 그림. 낮은산, 2003, 104쪽-저
- 자전거 도둑 니켈. 미르얌 프레슬러/유수진 옮김. 푸른나무, 2003, 144쪽-고
- 텔레비전을 보고 싶어!. 크리스티네 뇌스틀링거/에르하르트 디에틀 그림/김경연 옮김. 비룡소, 2003, 78쪽-저
- 파스칼의 실수. 플로랑스 세이보스/최윤정 옮김. 비룡소, 1997, 74쪽-저

7. 용서

- 레 미제라블. 빅토르 위고/이원민 엮음. 물구나무(파랑새어린이), 2006, 358쪽-고
- 몽실언니. 권정생/이철수 그림. 창작과비평사, 2006, 256쪽-고
- 절대 용서할 수 없어. 캐럴 앤 모로우/R. W. 앨리 그림/노은정 옮김. 비룡소, 2005, 34쪽-저

8. 주의집중력

- 말썽꾸러기 꿈틀이도 잘할 수 있어요. 정성심. 다전, 2004, 24쪽-저
- 산만한 아이, 진욱이의 집중력 다지기 한판승. 김지연 · 서천석/우지현 그림. 한울림, 2004, 96쪽-고
- 없어졌어요!. 벨 무니/작은 우주 옮김. 대교, 2003, 94쪽-저
- 왜 잘 들어야 하나요?. 클레어 레웰린/정유진 옮김. 함께 읽는 책, 2002, 32쪽-저

9. 중독

- 금단현상. 이금이/김재홍 그림. 푸른책들, 2006, 120쪽-저
- 노란 두더지. 김종렬/김영수 그림. 아이세움, 2004, 106쪽-저
- 인터넷 게임 중독 아동의 치료. 현성숙. 한국학술정보, 2006.
- 탕탕 우라강 게임은 이제 그만. 이본 브로쉬/고수현 옮김. 중앙출판사, 2001, 44쪽-저

10. 죽음

- 내가 가장 슬플 때. 마이클 로젠/퀸틴 블레이크 그림/김기택 옮김. 비룡소, 2004, 18쪽-저
- 내 동생은 어느 별에 살고 있을까. 릴리아네 슈타이너/김완균 옮김. 김영사, 2003, 48쪽-저
- 늑대왕 핫산. 백승남/유진희 그림. 낮은산, 2003, 58쪽-저
- 슬플 때도 있는 거야. 미셸린느 먼디/R. W. 앨리 그림/노은정 옮김. 비룡소, 2003, 36쪽-저
- 아빠가 내게 남긴 것. 캐럴 캐릭/지혜연 옮김. 베틀북, 2000, 98쪽-고
- 아빠는 언제나 내 곁에 있어. 잉거 헤르만/카르메 솔벤드렐 그림/최진호 옮김. 크레용하우스, 2003, 34쪽-저
- 애니의 노래. 미스카 마일즈/노경실 옮김. 새터, 2002, 62쪽-저
- 엄마의 마지막 선물. 문선이/고광삼 그림. 계림닷컴, 2002, 156쪽-고
- 잘 가라, 내 동생. 빌리 슈에즈만/김서정 옮김. 크레용하우스, 2002, 180쪽-고
- 채마밭의 공주님. 안네미 헤이만스/마르그리트 헤이만스 그림/서애경 옮김. 아이세움, 2004, 48쪽-저
- 천사의 꽃. 유타 트라이버/마리아 블라체 그림/유혜자 옮김. 베틀북, 2002, 32쪽-저,

11. 정서장애

- 나와 조금 다를 뿐이야. 이금이. 푸른책들, 2000, 180쪽-고
- 내 마음을 알아주세요. 표시정/현은영 그림. 푸른나무, 2000, 120쪽-저
- 내 친구 루이. 에즈라 잭 키츠/정성원 옮김. 비룡소, 2001, 32쪽-저
- 달팽이의 꿈. 소중애/원유미 그림. 대교, 2004, 168쪽-고
- 아름다운 가치 사전. 채인선/한울림, 2005, 128쪽-저
- 작은 걱정. 안느 에르보/고수현 옮김. 중앙출판사, 2002, 38쪽-저

정서편 독서목록에 대한 해제

1. 화

괴물들이 사는 나라

–모리스 샌닥/강무홍 옮김/시공주니어/2002/44쪽–저

엄마한테 혼나고 속상해하는 주인공 맥스의 모험을 통해 어린이들이 상상의 세계에서 자신의 상한 마음을 풀도록 유도하는 그림책이다.

늑대 옷을 입고 온갖 장난질을 하다가 엄마에게 '괴물딱지 같은 녀석' 이란 욕설을 들은 맥스는 엄마한테 야단맞고 방에 갇히게 된다. 그때 방이 갑자기 숲이 되고 바다가 되어 괴물나라로 가게 된다. 괴물나라로 떠나 그곳의 왕이 된 아이는 자신을 방해하는 괴물들을 "잡아먹어 버릴 것" 이라고 말하며 신나게 장난을 치다가 놀다가 갑자기 허전함을 느낀다. 엄마의 사랑이 그리워진 것이다. 괴물들의 '떠나면 잡아먹어 버릴 것' 이라는 괴물다운 만류를 뿌리치고 떠나는 맥스는 자신의 방에 놓인 따뜻한 저녁을 보고 엄마의 사랑을 느낀다.

자유로운 공상 속에서 화를 풀고 건강하게 돌아오는 맥스의 모습은 어린이들에게 대리만족과 안도감을 느끼게 해 준다.

쏘피가 화나면–정말, 정말 화나면

–몰리 뱅/이은화 옮김/케이유니버스/2000/30쪽–저

쏘피가 고릴라를 트럭에 태우는 놀이를 하고 있었는데, 언니가 고릴라를 빼앗아 갔고 언니를 두둔하는 엄마 때문에 쏘피는 너무 속이 상했다. 게다가 고릴라를 빼앗길 때 쏘피는 트럭에 걸려 넘어지기까지 해서 정말 화가 났다. 눈을 부릅뜨고, 콧구멍은 한껏 커졌다. 발을 굴러대고 소리를 지르던 소피. 쏘피는 정말 정말 화가 나면 더 이상 달릴 수 없을 때까지 달리고, 나무 위로 올라가 그곳에서 위로를 받는다. 기분 좋게 불어오는 산들바람과 새소리, 그리고 출렁이는 바다를 보면서 쏘피는 점점 기분이 좋아진다.

큰 그림과 강렬한 색깔로 한 아이의 분노에서 평화로움까지의 감정 변화를 표현하고 있는 이 책은, 아이들과 어떻게 자신의 분노를 바람직하게 표현할 수 있을까에 대해 이야기할 수 있는 책이다.

얄미운 사람들에 관한 책

-토니 모리슨/파스칼 르메르트 그림/노경실 옮김/김영사/2004/52쪽-저

아이들의 눈에 밉살맞게 비칠 만한 사람들의 목록을 재미있게 정리한 그림책이다. 꼬마 토끼가 보기에 얄미운 이들은 어른들 중에도 있고, 어린애들 중에도 있다. 소리 지르기는 얄미운 이들이 가장 잘하는 일이고, 자기들끼리만 속닥속닥 귓속말을 하는 것도 정말 얄미운 짓이다. 가끔 할머니는 꼬마 토끼에게 앉으라고 말하고 할아버지는 일어서라고 한다. 엄마 토끼도 마찬가지다. 텔레비전 만화영화를 보고 있을 때, 엄마 토끼는 "엄마 말 듣고 있니?"라고 소리친다. 엄마 토끼가 그렇게 소리 지를 때면, 꼬마 토끼는 무슨 말인지 하나도 알아들을 수가 없다. 꼬마 토끼는 얄미운 짓을 할 땐 어른들도 아이 같아 보인다고, 하지만 얄미운 짓을 하는 아이가 어른처럼 보이는 것은 아니라고 속 깊은 생각을 털어놓는다. 그러면 그런 사람들을 어떻게 대해야 할까. 꼬마 토끼는 "그래도 난 언제나 웃을 거예요"라고 큰 소리로 외친다.

노벨문학상 수상 작가 토니 모리슨이 아들과 함께 쓴 이 책은 아이의 시선으로 바라본 세상과 어른들의 이중적인 행동을 재치 있게 표현해 냈다. 아이들에게는 재미있는 공감을, 어른들에게는 자신을 한 번쯤 돌아보게 하는 계기를 마련해 주는 책이다.

화가 나는 건 당연해!

-미셸린느 먼디/R. W. 앨리 그림/노은정 옮김/비룡소/2003/36쪽-저

보통 어른들이 나쁘다고 생각하는 '화'가 꼭 나쁜 것은 아니며, 감정을 해소한다는 측면에서 긍정적인 면도 있다. 이 책은 다른 사람에게 피해를 주지 않으면서 '화'라는 감정을 어떻게 처리해야 하는지를 알려 준다.

인간은 배가 고파서, 하는 일이 제대로 풀려 나가질 않아서, 누군가가 자신을 귀찮게 해서, 하기 싫은 일을 자꾸 시켜서 등 수많은 이유로 화가 난다. 하지만 화가 났을 때, 화풀이를 하거나 과격한 행동을 하는 것은 잘못된 일이다. '화'라는 감정을 좀 더 객관적인 눈에서 바라보게 할 필요가 있는데, 이 책은 아이 스스로 '화'에 대해 생각하며 해결하도록 유도하고 있다. 어린이를 위한 자가치유서(self-help book) 시리즈의 하나로 화에 대해 원만히 대처하고 극복하는 방법을 소개하고 있다.

화야, 그만 화 풀어

-채인선/황유리 그림/아지북스/2006/44쪽-저

자신의 감정 상태를 인식하고 잘 조절하는 사람은 큰 어려움 없이 마음의 안정감을 유지할 수 있어서 다른 사람과의 관계나 일상생활을 잘 꾸려 갈 수 있다. 어린이들이 화가 나는 자신의 감정을 이해하고, 화나는 감정을 지혜롭게 풀어내면서 스스로 자기감정의 주인이 될 수 있도록 도와

주는 그림책이다.

감정을 다스린다는 것은 쉬운 일이 아니며 그중에서도 화는 가장 다루기 어려운 감정 상태이다. 지은이는 '화는 꼭 내야 할 때만 내는 것이다. 화날 일이 생기면 먼저 조용히 생각해 봐야 한다.' 라고 이야기하면서 그렇게 하면 화를 낼 일이 많이 줄어들어 즐겁게 생활할 수 있을 것이라고 강조한다. 이 책은 아이들에게 감정 인식의 중요성을 깨닫게 하고 자신의 감정을 적절히 표출할 수 있도록 훈련시켜 준다.

2. 두려움

겁쟁이

-이상권/시공주니어/2002/194쪽-고

엄마와 단둘이 사는 수민이는 다리를 절고 뱀을 무서워해 또래 아이들로부터 왕따를 당한다. 아이들은 꽃뱀으로 수민이를 더욱 괴롭히고, 놀란 수민이는 무심결에 꽃뱀을 작대기로 때려 기절시킨다. 하지만 꽃뱀의 복수를 두려워한 수민은 정성 끝에 꽃뱀을 살려 낸다. 이후 꽃뱀은 밤마다 수민의 꿈속에 나타나서 이야기를 들려주고, 서서히 수민은 뱀에 대한 두려움을 없애 간다. 그리고 자신을 괴롭히던 아이들 때문에 한바탕 어려움을 겪지만 친구를 감싸 안는 모습을 보인다.

이 책은 소심하고 겁이 많던 아이가 두려움을 이겨 내고 힘차게 성장하는 이야기를 잘 나타내고 있다. 생태전문작가의 작품답게 뱀의 생태가 잘 나와 있으며 연필화로 그린 본문 그림도 작품의 느낌을 보다 진중히 잘 나타내고 있다.

두려움을 극복한 토끼

-Sherri Nestorwich/에릭 멜러 그림/석천미디어/2004/22쪽-저

어린 토끼가 낮잠을 자다가 큰 소리와 흔들림으로 지진의 두려움을 느끼고 도망치기 시작하고 토끼의 두려움은 숲속의 다른 동물들에게 퍼지고, 토끼를 따라 절벽의 끝을 향해 뛰어간다. 그러나 영리한 사자는 재앙으로부터 친구들을 구하고 두려움에 대해 좀 더 현명하게 대처하는 방법을 가르쳐 주어 토끼가 두려움을 극복하게 된다는 이야기다.

어린아이들은 사소한 것에 두려움을 느낀다. 어두움, 분리불안, 큰 소리, 익숙하지 않은 것 등. 아이들이 일상적으로 느끼는 두려움에 대해 두려워하지 말라는 입장에서가 아니라, 두려움을 느낄 때 대처하는 방법을 모색하게 하는 책이다.

모치모치 나무

-사이토 류스케/김영애 옮김/랜덤하우스중앙/2004/32쪽-저

스스로 겁쟁이라고 생각하는 마음을 떨쳐 내고, 진정으로 누군가를 사랑하기만 하면 남들이 놀랄 만한 용기도 낼 수 있다고 이야기하는 그림책이다.

다섯 살 마메타는 겁이 많은 아이다. 할아버지 없이는 밤에 오줌 누러 나가지도 못한다. 특히 오두막 바로 앞에 있는 무지무지 큰 모치모치 나무가 밤만 되면 귀신같이 보여 도저히 나갈 용기를 낼 수 없다. 할아버지는 마메타에게 동짓달 스무날 축시에 열리는 산신령의 축제에서 용기 있는 아이만이 모치모치 나무의 불을 볼 수 있다는 전설을 이야기해 준다. 산신령 축제 때 딱 한 아이만 볼 수 있다는 모치모치 나무에 불이 켜지는 날, 할아버지는 갑자기 아파서 자리에 눕게 된다. 할아버지를 구하기 위해 마메타는 난생 처음 혼자서 밤에 밖으로 나가게 되고, 의사 선생님의 등에 업혀 집으로 오는 길에 모치모치 나무에 불이 켜진 것을 보게 된다.

단순한 선과 대담한 색으로 그린 판화 그림 속에 일본 특유의 서정적이고 신비로운 분위기가 잘 표현되어 이야기를 더욱 실감나게 전해 준다.

무서움을 이겨 낸 구스타보

-리카르도 알칸타라/권미선 옮김/세손교육/2002/64쪽-저

밥을 안 먹는 아이는 귀신이 잡아간다는 말 때문에 밤에 화장실을 가는 것도, 밖에 나가 노는 것도, 혼자 잠자는 것도 무서워하는 구스타보가 무서움을 이겨 내는 과정을 그린 책이다.

부모님이 여행을 떠나게 된 구스타보는 당분간 이모와 함께 지내게 된다. 밀라그로스 이모는 밥을 잘 안 먹는 구스타보에게 그렇게 안 먹으면 귀신이 와서 잡아갈 거야, 라고 말하며 겁을 준다. 그때부터 구스타보의 주변에 수많은 무서움들이 몰려와서 아무리 달아나도 구스타보를 쫓아다니며 괴롭힌다. 그러던 어느 날, 구스타보는 무서움을 이기고 날개 짓을 하는 아기 새를 본다. 그리고 용기를 얻게 된다.

무서움을 마치 사람처럼 말라깽이, 배불뚝이 등으로 그려 낸 그림이 인상적이다. 어린이들에게 무서움의 실체에 대해 생각해 보게 하면서 직접 부딪쳐야 무서움이 달아난다는 것을 자연스럽게 깨닫게 해 주는 이야기다.

천둥 케이크

-패트리샤 폴라코/임봉경 옮김/시공사/2000/34쪽-저

천둥소리를 무서워하는 손녀가 할머니의 따스하고 지혜로운 사랑과 격려에 힘을 얻어 천둥소리를 이겨 내고 케이크를 만드는 과정이 감동적으로 그려지는 그림책이다.

세상이 어두워지고 유리창이 흔들리기 시작하며 천둥 치는 날. 침대 밑으로 숨은 소녀를 보고,

할머니는 부드러운 목소리로 '천둥 케이크'를 만들어 보자고 이야기한다. 천둥 케이크가 무엇인지 궁금한 소녀는 할머니가 시키는 대로 암탉에게서 달걀도 가져오고, 젖소한테서 우유도 가져오고, 잡목이 우거진 숲을 지나 광까지 다녀오고 헛간 마당에 있는 울타리에 올라가 토마토도 따게 된다. 할머니는 바쁘게 케이크의 재료를 준비하는 가운데 손녀가 두려웠던 천둥과 마주서는 힘을 기를 수 있게 해 준다.

겁이 많은 주인공이 두려움을 극복해 가는 모습을 통해 두려움에 대처하는 마음가짐을 배우게 해 준다. 번개가 치는 하늘, 러시아의 민속 의상을 나부끼게 하는 바람, 용기를 내려고 애쓰는 아이의 표정들이 이야기에 생동감을 더해 주며 책 읽는 재미를 높여 준다.

하나도 무섭지 않아!

-몰리 위갠드/R. W. 앨리 그림/노은정 옮김/비룡소/2004/36쪽-저

어린이는 어른들보다 훨씬 더 예민하기 때문에, 어른들이 볼 때는 별것 아닌 것도 무서워하는 경향이 많다. 이럴 때 어른들은 어린이들이 심리적으로 안전함을 느낄 수 있도록 해야 한다. 이 책은 어린이들이 경험하는 두려움을 슬기롭게 극복할 수 있도록 도와준다. 어린이들에게 두려움은 인간의 자연스러운 감정 중의 하나며, 두려움을 극복할 수 있는 용기를 키워야 함을 일깨워 주는 것이 중요하다. 이 책은 무엇보다 인간의 안전을 위협하는 많은 사고와 사건들이 있지만 그것들이 세상사의 다는 아니며, 세상은 아이들에게 우호적이고, 누구나 위험에 처하거나 두려움을 느낄 때는 도움을 받을 수 있다는 사실을 확신시켜 준다. 그리고 자신에게 싫은 짓을 하는 어른이나 아이들에 대한 대처법도 함께 실었다.

잊지 마. 우리는 서로 다른 것을 무서워할 뿐이야. 계단을 내려가는 걸 무서워하는 친구도 있고 컹컹 짖는 개를 무서워하는 친구도 있어. 네가 두려움을 이겨 내려고 노력하는 것만으로도 너는 이미 용감한 어린이야! -본문 중에서-

3. 스트레스

나, 스트레스 받았어!

-미셸린느 먼디/R. W. 앨리 그림/노은정 옮김/비룡소/2003/36쪽-저

어른들의 생각과는 달리 아이들도 많은 스트레스에 시달린다. 부모의 기대, 친구 관계, 학교생활, 성적문제 등 아이들의 스트레스는 다양하지만 대처능력이 부족한 어린이들이 스트레스를 스스로 극복하기가 쉽지는 않다.

이 책은 아이들에게 스트레스란 무엇일까, 무엇 때문에 스트레스를 받는 걸까, 스트레스를 표현해 봐, 견디기가 너무 힘드니, 스트레스 탈출하기, 웃어 봐, 긴장이 풀리지, 스트레스가 줄어들면 기쁨은 커져! 등 스트레스에 대한 이해와 대처방법을 다루고 있다. 스트레스는 자연스러운 것이며, 스트레스의 원인을 명확히 찾아 현명하게 다루는 법을 아이들의 눈높이에서 조용히 알려주고 있다. 그리고 어른들에게는 어린이의 스트레스를 풀어 주기 위해서 격려와 칭찬을 아끼지 말고, 용기를 불어넣어 주라고 충고하고 있다.

4. 슬픔 · 감정조절

나 좀 내버려 둬!

-박현진/윤정주 그림/돌베개/2006/188쪽-고

스스로 감정을 다스리는 법을 가르쳐 주는, 어린이를 위한 심리 교양 만화이다.

어린이 심리 상담 전문가인 지은이가 전문지식과 생생한 사례를 통해 아이들이 효과적으로 감정을 다스릴 수 있는 방법을 알기 쉽게 설명해 준다. 8가지 기본적인 심리 상태, 화, 무서움, 좌절감, 불안, 긴장감, 짜증, 죄책감, 상실감에 대해 알려 주고 그것을 풀어 나가는 방법을 찾게 해 준다.

단순히 화를 어떻게 풀어야 한다는 해답을 제시하는 것이 아니라 여러 가지 방법으로 풀 수 있다는 것을 보여 주면서 아이들로 하여금 스스로 판단하여 선택하도록 하는 것이 바람직하다.

빨간 나무

-숀 탠/김경연 옮김/풀빛/2002/30쪽-고

살다 보면 때로 절망밖에 보이지 않는 날이 있다. 심지어는 아픔과 슬픔만이 영원히 계속될 것만 같은 날이 있다. 그러나 아무리 사납게 몰아치는 폭풍우 속에도 희망은 어딘가에 있음을 보여 주는 그림책이다.

창백하고 표정 없는 얼굴의 소녀 모습과 책 전체에 흐르는 우울하다 못해 음산한 그림은 주인공이 겪는 삶의 고통과 심리적인 방황을 강렬하게 전달해 준다. 그러나 각 장면마다 잘 보이지 않지만 분명 그 어딘가에 반드시 꼭꼭 숨어 있는 빨간 나뭇잎은 바로 숀 탠이 궁극적으로 말하고 싶은 '희망'의 모습이다. 그리고 그 모습은 누구의 것도 아닌 자신, 바로 자기 자신이 바라던 그 모습으로 아주 가까운 곳에 서 있다. 작가는 '빨간 나무'를 통해 우리 모두에게 자신이 서 있는 슬픔과 괴로움 위에서도 희망이 있다는 것을 보여 주고 있다. 그리고 나름대로의 좌절과 괴로움을 저마다 자신만의 희망을 가지고 스스로 극복할 수 있는 것이라고 속삭이며 상처받고 지쳐 있는 독자들의 마음을 위로하고 있다.

그림책이지만 저학년보다는 사춘기를 일찍 겪는 고학년과 청소년들이 읽기에 더 적합한 책이다.

슬픔을 치료해 주는 비밀 책

-카린 케이츠/조국현 옮김/봄봄/2005/32쪽-저

아이들에게 슬픔을 다스리고 자신을 위로하는 법을 알려 주는 그림책이다.

롤리는 방학 동안 이모네 집에 가 있게 된다. 롤리는 이모네 집에서의 생활을 무척 기대했었지만, 막상 엄마 아빠가 롤리만 두고 떠나자 갑자기 너무 슬퍼져 울어 버린다. 이모는 그런 롤리에게 『슬픔을 치료해 주는 비밀 책』을 읽어 준다. 그리고 책에서 소개하는 '슬픔을 치료하는 일곱 가지 처방' 들을 그대로 따라 한다. 일곱 가지 비밀 처방 덕분에 마음이 밝아지고, 담백한 즐거움을 찾아내는 롤리와 이모는 이제 슬프지 않다. 이야기만큼이나 여린 선과 따듯한 색감이 인상적이다.

슬픔에 빠진 어른이나 어린이가 읽으며 몇 가지 방법을 실천해 보면 어느덧 슬픔이 자연스럽게 사라지게 될 것이다.

슬픔을 치료해 주는 일곱 가지 비밀 처방맛을 깊이 음미하며 사과 주스를 마셔요. 좋은 땅에 씨를 심어요. 먼 곳까지 걸어가고, 지금까지 보지 못한 것을 찾아내요. 야생동물에게 먹이를 주고, 사랑하는 사람에게 용기를 주는 편지를 써요. 좋아하는 책을 평화롭게 읽어요. 그리고 자기 전에 내일 할 수 있는 멋진 일을 계획해요. -본문 중에서-

아빠, 내 마음이 왜 그래?

-이민식/세이홍 그림/다산어린이/2006/232쪽-고

심리 상담 전문가인 이민식 박사가 자녀를 둔 아빠로서 초등학생들이 가장 알고 싶은 생활 속 고민 30가지를 골라 문제해결에 도움이 되는 방법들을 소개해 주는 책이다. 아이들이 학교, 친구, 가족, 공부, 마음 등에서 겪는 갈등을 초등학생의 목소리로 들려주고, 지은이가 개발한 상담 기법인 '체인지 대화법' 에 기초하여 문제를 해결하는 과정을 아이의 눈높이에 맞게 편지형식으로 소개해 준다. 아이들이 자칫 스스로를 비난하거나 상대방을 섣불리 판단해 마음의 문을 닫지 않도록 하면서 문제를 있는 그대로 바라보고, 마음의 느낌을 알고, 숨겨진 진정한 자기 욕구를 발견하여 스스로 혹은 상대방에게 어떻게 요구할 것인지를 구체적으로 알려 주고 있다.

울지 말고 말하렴

-이찬규/김정애 그림/두산동아/2005/32쪽-저

아이들이 자기 생각을 말로 표현할 수 있도록 이끌어 주는 이야기다.

걸핏하면 울기부터 하는 아기 곰. 그네가 타고 싶은데 이미 악어 친구가 그네를 타고 있다. 아기 곰은 울기 시작한다. "앙앙~" 그래서 이번엔 집에 들어와서 장난감을 가지고 놀기 시작하지만 장난감이 그만 망가져 버리고 아기 곰은 또 울기부터 한다. 하지만 착한 아이는 울지 않고 "아빠, 이거 고쳐 주세요." 그리고 그네가 타고 싶으면 이렇게 말한다. "악어 친구야, 나 그네 한번 타게 해 줄래?" 라고 이야기한다.

놀이터에서 놀 때, 갖고 싶은 것이 생겼을 때, 하고 싶은 것을 할 수 없을 때 등 각 상황에 알맞은 자기표현 방법을 통해, 아이들로 하여금 울고만 있으면 그 어떤 것도 해결할 수 없음을 스스로 깨닫게 해 주고, 적절한 언어표현을 가르쳐 준다.

5. 심술

빡빡이 프란츠의 심술

-크리스티네 뇌스틀링거/에르하르트 디에틀 그림/김경연 옮김/비룡소/2000/66쪽-저

프란츠는 여자 아이로 보이는 고민을 풀기 위해 머리를 빡빡 밀어 버린다. 덕분에 여자 아이로 보이지 않게 되었다. 한편 프란츠는 글을 읽을 줄도 모르면서 여자 친구 가비에게 글씨를 읽을 줄 안다고 우긴다. 또 엄마에게 고집을 피우다가 말도 없이 집을 나가기도 하는 등 프란츠는 심술쟁이로서의 다양한 특징을 보여 준다. 결국 프란츠는 가비한테 글씨를 읽어 주려면 항상 새로운 이야기를 생각해 내야 했고, 괜히 집을 나갔다 고생을 많이 하게 된다.

이 책은 프란츠가 잘못된 심술과 고집을 부려 경험하게 되는 어려움과 시련을 통해 심술이 가지는 역기능적인 면을 자연스럽게 아이들에게 알려 주고 있다. 고집이 세고 심술을 부리는 아이들에게 읽히면 좋은 책이다.

심술꾸러기 사자와 모기

-보리기획/노정덕 그림/보리/2001/22쪽-저

체격이 크고 힘이 세지만 다른 이들을 못살게만 구는 사자가 있다. 아무도 건드리지 못하는 그 사자를 작은 모기가 여러 곳을 물어 혼내 준다는 내용의 그림책이다. 자신이 가진 남과 다른 능력과 힘을 좋은 곳에 쓰는 것이 아니라 남에게 피해를 주고 다른 이들을 못살게 하는 쪽으로 심술을 부린다면, 결국 또 다른 이에게 당할 수도 있다는 사실을 알려 주는 이야기다.

살아가다 보면 자신이 남들보다 우위에 있을 상황도 있지만 그런 우위를 자신의 이익만을 위하거나, 특히 필요 없는 심술을 부린다면 그 강함과 우위는 결국 빛을 잃게 된다. 정서적 기복이 많은 아이들이 일상적으로 부릴 수 있는 심술의 불합리함과 문제를 사자와 모기라는 등장인물을 통

해 재미있게 표현하고 있는 책이다.

심술도깨비 이히체크

–두니시스카/이길진 엮음/여찬호 그림/예림당/1999/108쪽–저

이히체크는 남의 못된 점만 비웃고 살아가는 심술쟁이 꼬마 도깨비. 심술쟁이, 떼쟁이, 울보, 칠칠이 곁에는 언제나 이히체크가 있다. 그런 애들을 실컷 비웃어야 배가 불러지기 때문이다. 이히체크는 마지막 모험을 하던 중 반지를 잃어버린 아이의 반지를 찾아 주고 그것에 대한 즐거움을 느낀다. 그때부터 이히체크는 남을 비웃는 짓을 안 하게 된다는 내용의 책이다.

심술쟁이가 남을 도와주는 경험을 하고 난 뒤의 흐뭇함과 즐거움 때문에 더 이상 심술을 부리지 않게 된다는 이야기를 자연스럽게 풀어 가면서 아이들에게 심술궂음에 대한 다양한 일면을 보여 준다. 결국 남에게 심술을 부리기보다는 남을 배려하고 도와주는 마음이 더 크고 즐겁다는 것을 알려 주는 책이다.

심술쟁이 마녀 소동

–마리본느 르비아르/김이정 옮김/중앙출판사/2001/56쪽–저

마녀가 학교에 나타나 자기를 미워했던 아이들과 선생님을 골탕 먹이는 한바탕 소동을 그린 이야기다. 어느 날, 교실에서 이상한 일들이 자꾸 벌어진다. 기타 줄이 다 끊어져 있고, 카세트에선 괴기스런 소리가 흘러나오고, 사물함엔 침을 흘리는 두꺼비와 꿈틀거리는 뱀이 가득하고, 깨진 석고를 빗자루로 쓸던 아나이스는 자신도 모르게 빗자루를 들고 몸을 껑충껑충 흔들어댄다. 알고 보니 크라포타 보미나블이라는 이름을 가진 동화 속의 끔찍한 마녀가 아이들이 자기를 미워한 것을 알고 복수를 하러 온 것이다. 끔찍한 마녀의 심술로 어려움에 처한 아이들과 선생님은 힘을 합쳐서 마녀를 물리친다.

신나는 상상의 세계를 펼쳐 보여 주는 즐거운 책으로 재미있고 우스운 그림들이 아이들의 마음을 풀어 주고 위로해 주는 책이다.

심술 좀 그만 부려!

–J. S. 잭슨/R. W. 앨리 그림/노은정 옮김/비룡소/2005/34쪽–저

아이들이 또래의 괴롭힘을 슬기롭게 이겨 내게 하는 여러 가지 방법들을 알려 주는 책이다. 왜 자꾸 괴롭히는 거야, 심술쟁이에게 맞서는 방법, 난 네가 무섭지 않아, 누가 뭐라고 놀려도 신경 쓰지 마, 어른에게 도와 달라고 부탁해, 괴롭힘을 당하는 친구를 도와줘 등 괴롭힘을 당하였을 때 슬기롭게 대처하는 방법을 알려 준다.

이 책에서는 심술을 부리는 아이들에게 용감하게 맞서는 것도 필요하지만 때에 따라서는 피할

줄도 알아야 하고, 자신의 상황을 부모와 선생에게 알려야 함도 일깨워 준다. 여러 가지 상황을 설명해 주면서 괴롭힘에서 스스로를 지킬 용기와 방법을 알려 준다. 대화형식의 문장과 표정이 살아 있는 그림은 아이들의 심리 상태를 보다 쉽고 정확하게 표현하고 있다.

엉덩이가 집을 나갔어요

-호세 루이스 코르테스/나송주 옮김/한길사/2001/32쪽-저

장난꾸러기 세사르가 바른 생활습관을 갖게 되는 과정이 재미있게 그려지는 그림책이다.

세사르는 부모를 끊임없이 지치게 하는 악동이다. 녀석은 갓난쟁이 동생을 거꾸로 들쳐 메어 동생을 자지러지게 하거나, 찬장에 있는 그릇이란 그릇은 죄 끌어내어 엄마한테 일거리를 만들어 주거나, 목욕할 때도 사방에 물을 튀기거나, 동생의 젖병을 빼앗아 가는 등, 못된 짓이란 못된 짓은 다 골라 하는 아이이다. 엄마는 세사르가 말을 안 들을 때마다 녀석의 볼기짝을 두 대씩 때려 준다. 세사르의 엉덩이는 더 이상 매 맞는 걸 참고만 있을 수 없어 가방을 싸 가지고 집을 나가 버린다. 엉덩이가 없어진 세사르는 의자에 앉아서 밥을 먹을 수도 없고, 좋아하는 자전거도 못 타고, 그네도 탈 수 없게 되어 몹시 불편해진다. 결국 그렇게 때리는 엄마한테도 항복하지 않았던 아이가 "돌아와 줘, 엉덩이야! 이제부터는 나도 착해질게!" 라며 엉덩이에게 백기를 들고 만다.

캐릭터의 특징을 잘 잡아낸 익살스럽고도 생동감 있는 그림이 돋보인다. 어린아이들의 공감을 끌어내며 자신의 모습을 돌아보도록 해 준다.

에드와르도 세상에서 가장 못된 아이

-존 버닝햄/조세현 옮김/비룡소/2006/32쪽-저

어른들에게 꾸지람만 듣던 못된 말썽쟁이 에드와르도가 칭찬의 말, 관심의 말, 격려의 말을 들으며 바람직하게 변해 가는 과정을 그려 낸 그림책이다.

에드와르도는 세상에서 가장 못된 말썽쟁이다. 어린 친구들과 애완동물 괴롭히고, 방은 늘 지저분하다. 어른들은 에드와르도에게 심술궂고, 인정머리 없고, 지저분한 아이라고 혼을 낸다. 그럴수록 에드와르도는 더욱 심술궂고 인정머리 없고 지저분해진다. 어느 날, 화분에 발길질을 하는 에드와르도에게 지나가던 신사가 정원을 가꾸기 시작했냐며 예쁘게 꾸며 보라고 칭찬을 해 준다. 애완동물을 괴롭히려고 물을 끼얹자 애완동물을 기르는 아저씨는 개를 씻겨 줘서 고맙다고 하고, 방이 너무 지저분해서 물건들을 창밖으로 던져 버렸더니 지나가던 구호물품 차에 모두 떨어져서 칭찬을 받게 된다.

작가는 어른들의 가시 돋친 질책과 칭찬이 아이를 어떻게 바꾸는지를 익살스럽고 생동감 있게 그려 냈다. 너그러운 마음으로 아이를 바라보는 작가의 시선이 아이들의 마음을 따뜻하고 풍요롭게 해 준다.

울보 곰은 심술쟁이

-잉그리트 위베/헬가 슈피스 그림/원미선 옮김/베틀북/2000/60쪽-저

조금만 어려운 상황에 부닥쳐도 울음을 터뜨리는 울보 곰이 가장 친한 친구인 꼬마 투덜이 곰과 싸워 화가 났다. 급기야 자기가 얼마나 심술쟁이인지 보여 주겠다며 만나는 모든 사람에게 심술을 부리는 울보 곰. 그런 곰이 다시 친구와 화해하기까지의 과정을, 친구 사이의 우정을 이야기하는 '난쟁이 이야기'를 통해 풀어 가는 내용이다.

울보 곰의 소소한 일상과, 옛날이야기를 들려주는 방식으로 소개되는 속 이야기가 통일성을 이루고 있는데, 친구와 싸운 울보 곰과 서로를 도와가며 변화하는 난쟁이 이야기가 대립되면서 책을 읽고 있는 아이들이 자연스럽게 이 두 이야기를 결합시키게 만들었다. 속 이야기와 겉 이야기에서의 비슷한 상황의 반복과 주요 문장의 반복을 통해, 아이가 이야기의 흐름을 놓치지 않고 끝까지 재미있게 읽고 성취감을 맛볼 수 있도록 구성되어 있다.

어린이

6. 정직

거짓말쟁이 천재

-울프 스타르크/햇살과 나무꾼 옮김/크레용하우스/2000/72쪽-저

어린 시절의 누구나 한 번쯤 경험하게 되는 거짓말이 낳는 문제점과 자신이 한 거짓말로 괴로움을 겪는 아이의 두려운 마음이 잘 묘사된 책이다.

울프는 언제나 낙제 점수를 받은 시험지에 천 번이나 연습한 아빠 사인을 멋지게 흉내 내곤 해서 친구들의 부러움까지 사게 된다. 어느 날 선생님 코앞에서 거짓 사인이 들통 나 버리고 아들이 우등생임을 굳게 믿는 부모님의 실망과 꾸지람이 걱정돼 울프는 집을 나온다. 길거리를 헤매며 고생하던 울프는 경찰에 의해 집으로 돌아오고 용서를 빌지만 친구들 앞에서는 으쓱대며 자유를 맛보았노라고 둘러댄다. 그러나 거짓말쟁이 소년 울프가 솔직히 털어놓으면 무슨 일이든 다 잘될 거라는 아빠의 말씀을 진정으로 이해하게 되면서 정직한 아이가 될 것을 다짐한다.

아이들 간의 경쟁 심리와 거짓말을 둘러싸고 벌어지는 사실감 있는 이야기를 통해 정직함의 필요성을 깨닫게 해 준다.

그림 도둑 준모

-오승희/최정인 그림/낮은산/2003/104쪽-저

친구 그림으로 상을 받게 된 준모가 겪는 갈등과 고민을 통해 정직함의 가치를 생각해 보게 해 주는 이야기다.

준모는 남보다 잘하는 게 하나도 없는 평범한 아이다. 공부보다는 컴퓨터 게임을 좋아하고, 학교와 학원을 오가는 생활이 지겹지만 엄마의 야단이 무서워 꼬박꼬박 나간다. 하지만 엄마는 항상 뭐든지 잘하는 예린이와 비교하며 준모가 상을 받아 오길 기대한다. 그러던 어느 날, 불조심 그리기 대회에서 이름을 쓰지 않은 예린이의 그림을 준모의 그림으로 착각한 선생님 때문에 뜻밖에도 상을 타게 된다. 본의 아닌 거짓말로 '그림 도둑' 이 되고 만 준모는 그 일이 마음에 걸려 두려움 속에서 괴로워하며 거짓말이 얼마나 무서운 것인지 마음 깊이 깨닫게 된다.

순간의 거짓말로 괴로워하는 주인공의 내면갈등이 섬세하게 그려지고 있어 어린아이들이 쉽게 공감하면서 자신의 생활을 돌아보게 된다.

자전거 도둑 니켈

-미르얌 프레슬러/유수진 옮김/푸른나무/2003/144쪽-고

순간적인 충동으로 자전거를 훔치게 된 소년 니켈은 괴로워하다가 마음의 병까지 얻게 된다. 도둑질을 해서라도 자전거를 갖고 싶어 하는 아이의 마음과 도둑질로 인해 겪는 심리적인 갈등과 번민이 섬세하게 그려지는 성장소설이다.

니켈은 자신의 생일날만 손꼽아 기다린다. 생일날에 엄마가 자전거를 사 준다고 며칠 전부터 약속을 하셨기 때문이다. 학교에서 수업시간에 선생님께 혼난 일도 자전거를 갖는다는 생각으로 참을 수 있었다. 그러나 집에 있던 세탁기가 고장이 나면서 자전거를 사는 일이 미루어지고 니켈은 그런 가족들이 밉기만 하다. 어느 날 니켈은 엄마 심부름을 가는 길에 주인 없이 서 있는 빨간 자전거를 보게 된다. 결국 엄마 심부름 가는 일은 잊은 채 빨간 자전거를 끌고 멀리 달려간다. 그 후 니켈은 남의 자전거를 훔쳤다는 사실을 누구에게도 털어놓지 못한 채 마음의 병을 얻게 된다. 형인 디앙고의 도움으로 모든 일이 자연스럽게 해결되면서 니켈은 무거웠던 마음의 덫을 벗어 버리고 일상생활로 돌아오게 된다.

도둑질이 가져다준 고통과 마음이 후련해지는 결말이 생동감 있게 전개되면서 흥미와 공감을 불러일으킨다.

텔레비전을 보고 싶어!

-크리스티네 뇌스틀링거/에르하르트 디에틀 그림/김경연 옮김/비룡소/2003/78쪽-저

학교에 오면 친구들은 텔레비전에서 본 재미있는 이야기를 하느라 정신없지만 텔레비전을 많이 못 보게 하는 엄마 아빠 때문에 프란츠는 이야기에 끼지도 못하고 늘 교실 구석에 혼자 있어야 한다. 그러다 프란츠는 다른 친구들이 못 본 무지 재미있는 프로그램을 봤다고 거짓말을 한다. 그러나 친구들이 집으로 놀러 와 그 프로그램을 같이 보겠다고 하자 프란츠는 자신의 거짓말이 들통 날까 봐 전전긍긍한다.

어린아이들은 어느 시기에 거짓말을 많이 하게도 되는데 거짓말을 하게 되는 상황과 거짓말을 한 후에 겪게 되는 문제와 해결 과정에 대해, 그 나이의 아이들이라면 자연스럽게 경험하게 되는 고민과 갈등들을 중심으로 들려준다. 어린 시절 꼭 해결해야 할 과제 중의 하나인 거짓과 정직에 관해 생각하게 하는 책이다.

파스칼의 실수

-플로랑스 세이보스/최윤정 옮김/비룡소/1997/74쪽-저

무심코 거짓말을 해 버린 아이가 거짓말에 대한 책임과 죽음에 대한 의미를 깨닫게 되는 과정을 그린 책이다.

지각을 한 파스칼은 학교선생님께 혼나게 되자 엉겁결에 엄마가 죽었다고 거짓말을 하게 된다. 이 소식을 들은 선생님은 파스칼의 아빠에게 전화를 하고, 전화를 받은 아빠가 어리둥절해하자 파스칼은 프랑수아 엄마가 돌아가셨는데 선생님이 전화를 잘못 걸었다고 또 거짓말을 한다. 파스칼의 말을 믿은 엄마는 프랑수아를 집으로 데려오자고 하고, 파스칼은 자신의 실수를 감추기 위해 계속해서 거짓말을 하게 된다. 결국 엄마가 학교에 나타나면서 걷잡을 수 없는 상황은 간신히 해결된다.

한 번의 거짓말이 또 다른 거짓말을 낳는 과정을 통해 거짓말의 심각성과 잘못을 인식하게 해주는 책이다.

7. 용서

레 미제라블

-빅토르 위고/이원민 엮음/물구나무/2006/358쪽-고

굶주리는 조카들을 위해 빵을 훔치다 붙잡혀 19년간 옥살이를 하게 되는 주인공 장 발장. 전과자란 낙인 때문에 사회와 인생을 저주하던 장 발장이 평생에 걸친 사랑과 용서를 통해 참된 평화를 얻게 되는 과정을 그려 낸 명작이다.

감옥에서 출옥한 장 발장은 밀리에르 신부를 만나 따뜻하게 대접받지만 신부의 은그릇을 훔친 죄로 다시 잡힌다. 그러나 신부는 그에게 은그릇을 선물한다. 이를 계기로 양심의 눈을 뜬 장 발장은 마들렌으로 이름을 바꾸고 백만장자로 시장(市長)까지 오르게 된다. 그러나 그를 추적하는 자베르 경감 때문에 과거가 폭로되고 감옥에 갇힌다. 그 후 감옥에서 탈옥한 그는 알고 지내던 여공의 딸 코제트가 고통 받는다는 것을 알고 구해서 수도원에서 함께 지낸다. 그러나 공화주의자들의 반란으로 폭동이 일어나면서 코제트를 사랑하는 청년 마리우스가 정부군과 싸우다가 부상

을 입자 장 발장은 마리우스를 탈출시켜서 코제트와 결혼시킨 후 평화롭게 눈을 감는다.

인생을 저주하던 장 발장이 신부의 사랑과 용서를 통해 새 삶을 살게 되면서 고난 속에서도 인간의 양심을 지키며 꿋꿋이 살아가는 모습이 감동을 주는 책이다.

몽실언니

-권정생/창작과비평사/이철수 그림/2006/256쪽-고

전쟁으로 가정과 사회가 파괴되는 과정에서도 가족들을 위해 헌신하며 꿋꿋이 살아가는 주인공 몽실이의 모습이 감동을 주는 책이다.

가난 때문에 집을 나가 재혼한 엄마, 그리고 의붓아버지께 구박받아 결국은 절름발이가 되어버린 몽실이. 배다른 동생들을 돌보고, 병든 아버지를 모시고, 꼽추와 결혼하는 등 결코 행복하다고 할 수 없는 삶을 살아가지만 가족들을 사랑하고 자신에게 고통을 준 사람들을 용서하면서 어려운 세월을 꿋꿋하게 이겨 낸다. 밥을 굶지 않기 위해 다른 남편을 찾아갈 수밖에 없었던 엄마를 용서하고, 버려진 검둥이 아기를 보고 그 엄마를 욕하는 사람들을 향해, '누구라도 배고프면 화냥년도 되고, 양공주도 되는 것' 이라고 꾸짖으면서 몽실이는 도둑이나 강도나 살인자가 아니라 따뜻한 마음을 가진 사람으로 살아남는다.

몽실이는 한국의 강인한 어머니상의 전형(典型)으로 힘든 상황을 살아가는 어린이들에게 진정한 사랑과 용서의 마음을 가르쳐 준다.

절대 용서할 수 없어

-캐럴 앤 모로우/R. W. 앨리 그림/노은정 옮김/비룡소/2005/34쪽-저

아이들의 감정에 대한 글을 쓰는 지은이가 쓴 어린이를 위한 자가치유서(self-help book)로 어린이에게 서로 이해하고 화해하는 방법을 가르쳐 주는 그림책이다. 지은이는 어린이의 내면에 존재하는 용서하는 성품이 잘 자라도록 도와주고, 용서할 수 있는 상황을 어린이 스스로 깨닫고 구별할 수 있게 책을 통해 이끌어 주고 있다.

어린이나 어른이 누군가를 용서한다는 것은 그리 쉬운 일이 아니다. 하지만 용서란 좀 더 평화롭고 행복한 세상을 만들기 위해 꼭 필요한 것이다. 이 책은 용서란 무엇이고 왜 필요한지, 누군가를 너그럽게 용서하기 위해서는 어떻게 해야 하는지 차근차근 일러 준다. 그리고 다른 사람을 용서하는 미덕뿐만 아니라 잘못을 했을 때 용서를 구하는 용기 또한 가르쳐 준다.

8. 주의집중력

말썽꾸러기 꿈틀이도 잘할 수 있어요

–정성심/다전/2004/24쪽–저

어른들의 시각에서 보면 대부분의 아이들은 산만하다. 그래서 일정한 정도의 산만함은 아이들에게는 자연스러운 행동 양상일 수도 있다. 집중력장애(ADHD)는 지나치게 주의가 산만하고, 참을성이 없으며 충동적인 행동을 하는 장애로, 이 장애를 가진 아동은 학교생활과 대인관계에 상당한 지장을 초래할 수 있다.

그림책의 주인공 꿈틀이가 보이는 행동들이 바로 전형적인 ADHD이다. 꿈틀이는 조금도 집중을 하지 못한다. 엄마가 부탁한 일도 잊어버리고, 학교에서도 지켜야 할 규칙을 제대로 지키지 못한다. 친구들과 선생님, 엄마는 그런 꿈틀이를 타일러도 보고, 야단을 치기도 하지만 꿈틀이는 조금도 나아지지 않는다. 결국 꿈틀이는 병원에 가서 그 문제를 해결하게 된다. 집중력장애를 가진 아이들의 문제를 함께 고민하게 하는 책이다.

산만한 아이, 진욱이의 집중력 다지기 한판승

–김지연 · 서천석/우지현 그림/한울림/2004/96쪽–고

항상 산만하고 주의력이 부족해 지각을 하거나 꼭 챙겨야 할 물건을 빠뜨리는 아이 진욱이가 의사 선생님의 도움을 받아 조금씩 변화해 가는 과정을 담은 책이다.

산만하고 집중력이 떨어지는 어린이들이 읽고 스스로 고쳐 나갈 수 있도록 체크 리스트, 실천 지침 등을 소개하며 이해하기 쉽게 설명해 준다.

'15분간 숙제를 한 후 잠시 휴식을 갖는다.' '외우는 숙제를 할 때에는 걸어 다니면서 외운다.' '숙제를 다 한 후에는 스스로에게 상을 준다. 게임을 하든지 간식을 챙겨 먹는다.' –본문 중에서–

아이들이 친근감을 느낄 만한 캐릭터와 재미있는 동화로 아이들의 입장에서 바라본 다양한 상황을 제시하고, 전문가의 분석과 함께 문제해결 방법을 쉽고 친절하게 안내하고 있어 주의력 문제로 고민하는 어린이와 부모들에게 도움을 준다.

없어졌어요!

-벨 무니/작은 우주 옮김/대교/2003/94쪽-저

물건을 잘 잃어버리는 아이 키티의 좌충우돌하는 생활모습을 통해 집중력과 정리정돈의 필요성을 깨닫게 해 주는 책이다.

키티는 없어지는 물건을 찾느라 늘 바쁘다. 아침부터 신발을 못 찾아서 허둥대기도 하고, 책가방을 어디에 두었는지 몰라 온 집 안을 발칵 뒤집어 놓기도 한다. 언제나 신발, 예쁜 옷, 수첩을 잃어버리곤 하는 키티. 가끔은 길을 잃기도 하고, 할 말을 잃기도 하고, 용기를 잃기도 한다. 스스로의 물건을 챙기고 정리하면서 자신감을 찾아가는 키티의 모습이 사랑스럽게 그려진다.

자신의 물건 간수가 서툰 아이들은 자신과 너무나 닮은 키티를 통해 공감과 위로를 얻게 되고, 키티가 변화되는 모습을 보면서 집중력을 기르고 정리정돈하는 습관을 따라 배우게 된다.

왜 잘 들어야 하나요?

-클레어 레웰린/정유진 옮김/함께 읽는 책/2002/32쪽-저

다른 사람의 이야기를 귀 기울여 잘 듣지 않아서 여러 가지 어려움을 겪는 주인공 죠의 모습을 통해 잘 듣는다는 것은 어떤 것이고 왜 중요한지 알려 주는 그림책이다. 죠는 다른 사람의 말을 귀 기울여 듣지 않는다. 박물관에 견학 갔을 때는 선생님 말씀을 잘 듣지 않고 딴 생각을 하다가 길을 잃어버리고, 친구 이사벨의 생일 파티에 초대받았을 때는 혼자만 수영복을 챙겨 가지 않아 창피를 당하기도 한다. 어느 날 죠는 다른 사람이 자신의 이야기를 잘 들어주지 않을 때 무시당한 것 같고, 혼자가 된 것 같은 기분을 느끼면서 다른 사람이 이야기할 때 귀 기울여 잘 듣기로 마음먹는다. 엄마는 다른 사람의 이야기를 잘 듣고 실천에 옮긴 죠를 칭찬하면서, 아이스크림을 선물로 건네준다.

다른 사람의 이야기를 잘 듣게 되면서 자신감을 갖고 생활하는 죠의 모습을 통해 다른 사람의 말을 잘 듣는 것이 필요한 일임을 자연스럽게 깨닫게 해 준다.

9. 중독

금단현상

-이금이/김재홍 그림/푸른책들/2006/120쪽-저

표제작 '금단현상' 을 비롯해 단편동화 다섯 편을 통해 성장기 아이들이 겪는 평범한 일상을 진솔하게 그려 내며 요즈음 아이들의 삶과 생활을 엿볼 수 있게 해 주는 책이다. 수록된 표제작 '금단현상' 은 요즈음 아이들의 생활과 분리할 수 없는 인터넷이 끊겼을 때의 금단현상과 이를 극복

해 가는 과정을 담고 있다.

마지막 작품 '십자수' 에서는 여자 친구에게 선물하기 위해 십자수를 놓는 남자 아이 선재의 모습이 이채롭다. 작품은 할머니와 어머니의 갈등을 통해 일상적인 가족관계의 단면을 보여 주고, 나아가 성역할의 바람직한 전도와 가정의 역할 분담 문제를 생각해 보게 한다.

노란 두더지

–김종렬/김영수 그림/아이세움/2004/106쪽–저

한 아이가 컴퓨터 게임을 하며 겪는 환상체험을 통해 '게임 중독' 의 문제를 생각하게 하는 동화이다.

형우는 친구들에게 왕따를 당하기 싫어서 게임을 시작하고, 태석이에게 자존심 상하는 말을 들은 후부터 보기 좋게 이겨 주고 싶어서 더욱 몰두하게 된다. 엄마는 형우가 게임만 하면 중독 운운하며 잔소리를 해댄다. 숙제를 하기 위해 인터넷을 하던 중 모니터에 갑자기 나타난 노란 두더지가 형우를 이상한 게임의 세계로 이끈다. 그것은 혼내 주고 싶은 세 사람을 두더지로 정한 후 여러 가지 방법으로 괴롭히는 게임이었다. 어차피 게임이라 생각하며 시작했는데, 그 사람의 위치까지 추적해서 실행하는 것을 보니 슬슬 겁이 나기 시작한다. 또한 분홍 두더지로 설정한 엄마가 다칠까 봐 조마조마해지기도 한다. 그런데 이번에는 초록 두더지인 형우가 당한다는 메시지가 뜬다.

게임에 빠져 학습과 생활 태도에 문제가 생기는 주인공의 모습을 통해 '게임 중독' 의 심각성을 깨닫게 해 준다.

인터넷 게임 중독 아동의 치료

–현성숙/한국학술정보/2006

최근 아동의 인터넷 게임 중독이 증가하고 있는데 연령이 갈수록 낮아지고 있다. 인터넷 사용자의 나이가 어릴수록 인터넷 게임의 중독적인 양상은 성인보다 훨씬 더 큰 문제점으로 지적되고 있다. 인터넷 게임 이용자들은 과반수가 자기 통제력 상실, 수면부족, 신체, 직업 및 학업문제, 가족 및 대인관계, 우울, 일상생활의 부적응 등의 증세를 나타낸다.

이러한 게임 중독 성향의 다양한 특징과 증세를 경감시키기 위해 최근 많은 연구와 치료적 방법들이 응용되고 있다. 그중에서 미술치료는 시각매체를 사용하여 아동 내면의 심상을 표현하게 함으로써, 아동의 무의식 속에 잠재된 게임 몰입에 따른 이기적 사고와 대인기피 등의 심리적 자가치료 능력을 발휘하게 하는 데 도움이 된다. 즉, 컴퓨터 몰입으로 인한 게임 중독 등의 정신건강을 저해하는 폐쇄된 공간 속에서의 한계성을 벗어날 수 있게 한다.

탕탕 우라강 게임은 이제 그만

-이본 브로쉬/고수현 옮김/중앙출판사/2001/44쪽-저

클로에라는 아이가 겪는 사건을 통해 '컴퓨터 게임 속에서 일어나는 폭력이 현실 세계에서도 똑같이 일어날 수 있다'는 것을 보여 주며 폭력성 게임의 위험성을 돌아보게 하는 그림책이다.

탕탕 우라강은 요란하고 엄청난 파괴력을 지니고 있다. '폭풍우'라는 뜻을 가지고 있는 컴퓨터 게임의 주인공 탕탕 우라강은 주인공 클로에가 키보드를 두드리는 대로 장애물들을 때려 부순다. 아빠는 클로에가 너무 탕탕 우라강 게임에 빠져 있는 걸 못마땅하게 여긴다. 그러나 클로에는 재미있기만 한 탕탕 우라강 게임을 왜 아빠가 못하게 하는지 이해하지 못한다. 어느 날 아빠가 잠시 집을 비운 사이에 실제로 탕탕 우라강이 나타나 온 집 안을 난장판으로 만들어 버린다. 탕탕 우라강에 맞서던 클로에는 지혜를 짜내어 탕탕 우라강이 사라져 버리게 만든다.

어린이들이 컴퓨터 앞에서 너무 오랜 시간을 보내서는 안 된다는 점을 일깨워 주는 책이다.

10. 죽음

내가 가장 슬플 때

-마이클 로젠/퀜틴 블레이크 그림/김기택 옮김/비룡소/2004/18쪽-저

작가 마이클 로젠이 실제 아들을 잃은 자신의 경험을 바탕으로 쓴 이 책은 아들을 잃은 아버지의 슬픔과 절망을 절절하게, 그러나 과장하거나 넋두리로 끝내지 않고 단정하게 그려 내고 있다. 그림책 속 아버지의 깊이 흐느끼는 슬픔은 담담하면서도 지극히 사실적이다. 어딘가에 하소연하기도 하고 공연히 화를 내거나 소리를 지르기도 하는 상처받은 아버지의 모습이 잘 표현되어 있다. 책의 그림 또한 행복했던 과거는 맑고 밝은 색감으로, 슬픔과 절망이 가득한 현재는 흑백화면으로 그려 냈다.

일반적으로 동화에서의 아버지는 여유 있고 강하게 그리곤 하지만 이 책에서는 한없이 슬프고 힘없는, 어쩌면 낯선 아버지를 보여 주고 있다. 아이를 잃은 아버지가 얼마나 괴롭고 힘든지, 가족에 대한 그리움에 얼마나 외로워하는지를 아주 인간적으로 그리고 있다. 아이들이 아버지를 인간적이고 개인적인 존재로 이해할 수 있게 하는 책이기도 하다.

내 동생은 어느 별에 살고 있을까

-릴리아네 슈타이너/김완균 옮김/김영사/2003/48쪽-저

얼마 전 여동생 지나를 하늘나라로 보낸 올가는 지나를 찾으러 인형 레오를 안고 집을 떠난다. 사람이 죽으면 땅에 묻힌다는 것을 알게 된 지나는 땅속 풍뎅이 애벌레에게 지나가 어디 있는지

를 묻는다. 애벌레는 올가에게 껍질만 땅에 남아 있다는 것을 알려 준다. 지나가 하늘에 올라갔다고 생각한 올가는 비둘기를 만난다. 비둘기는 올가에게 "하늘은 저 별들이 있는 곳까지 닿아 있단다. 그 별들 뒤에는 또 하늘이 있고. 그렇게 계속되는 거야."라고 말하며, 지나는 어느 별에 살고 있을 거라고 일러 준다.

여동생의 죽음을 받아들이는 올가의 이야기를 통해, 죽음은 삶의 끝이 아니라 연장선에 있는 삶의 한 과정임을 깨닫게 한다. 인간이면 피할 수 없는 '죽음'의 어두운 면을 부각하면서도, 상실과 슬픔 끝에 계속 살아가야 할 남아 있는 사람의 생활과 삶이 있음을 알려 준다.

늑대왕 핫산

-백승남/유진희 그림/낮은산/2003/58쪽-저

돌아가신 아버지를 생각하며 그린 늑대 그림이 죽은 아버지를 대신해 나타나 어린 남매에게 사랑과 희망을 전해 주는 환상동화다.

산하와 강산이의 아빠는 이 세상에 없다. 아빠를 추억할 수 있는 것은 아빠를 닮은 늑대 그림 하나뿐이다. 늑대의 이름은 산하와 강산의 이름에서 한 자씩 가져와 하산이라고 부르다가 핫산이 됐다. 아빠가 죽은 다음 어린 두 남매는 아빠가 없어서 늘 외롭다. 강산이는 아빠가 보고 싶다며 울고 산하는 아빠에 대한 그리움을 감추고 어린 동생을 달래 줄 수밖에 없다. 그때 핫산이 그림 밖으로 스르륵 나온다. 산하와 강산이는 늑대의 등에 타고 도시의 밤하늘을 가르며 날아간다. 아빠는 생전에 딸과 아들에게 해 주지 못한 사랑을 늑대가 돼서 베풀어 준다. 엄마가 일하는 공장에 갔던 아이들은 힘든 엄마의 상황을 이해하면서 슬픔을 이겨 내는 힘을 얻게 된다.

갑작스러운 아버지의 죽음을 받아들이면서 힘든 상황을 꿋꿋하게 견뎌 내는 주인공 남매의 모습은 비슷한 처지의 어린이들에게 삶에 대한 의지와 용기를 전해 준다.

슬플 때도 있는 거야

-미셸린느 먼디/R. W. 앨리 그림/노은정 옮김/비룡소/2003/36쪽-저

어른들에게도 죽음의 문제는 힘들다. 이 책은 힘겨운 죽음의 문제를 아이들에게 어떻게 이해시키고, 그들이 받은 충격과 상처를 극복시킬지를 알려 준다. 아이들의 눈높이에서 사랑하는 사람의 죽음을 대면하고 극복하는 법을 알려 주는 자가치유서다. 책은 먼저 눈물을 흘리고 소리 내어 우는 등 슬픔을 표현하는 방법에 대해 알려 주며, 사람이 죽었을 때 마음이 어땠는지를 이야기하게 하고, '죽음'이 무엇인지 주변 사람과 함께 생각해 보면서 충격에서 벗어나는 방법을 알려 준다.

사랑하는 사람이 죽으면 가슴이 아파. 눈물도 나고. 이럴 땐 소리 내어 울어도 괜찮아. 슬픈 건

나쁜 게 아니거든. 그 사람이 죽은 게 너 때문이라는 생각이 들지도 몰라. 하지만 그건 네 탓이 아니야. 사랑하는 그 사람이 보고 싶겠지만 너를 사랑하는 사람들이 여전히 곁에 많이 있잖아. 기운 내. 사람이 죽으면 어떻게 되는지 궁금할 수도 있어. 그럴 땐 주위 사람들에게 한번 물어봐. 그 사람을 잃은 슬픔을 잊기까지는 시간이 오래 걸릴지도 몰라. 하지만 잊지 마. 죽은 그 사람은 네가 행복하게 살기를 바란단다. -본문 중에서-

아빠가 내게 남긴 것

-캐럴 캐릭/지혜연 옮김/베틀북/2000/98쪽-고

암으로 오랜 투병생활을 하던 아빠가 돌아가신 열두 살 소년이 경험한 죽음을 다루고 있는 이야기다. 아빠가 '암' 이라는 사실을 듣고서 아빠가 이 세상에 존재하지 않을 수도 있다는 막연한 불안감으로 울어 버린 소년은 즐거운 놀이도, 아빠에 대한 죄책감이 들어 맘껏 놀지도 못한다. 점점 쇠약해져 가는 아빠를 보면서 화도 나고, 이 모든 것이 다 사실이 아니기를, 언젠가는 다시 예전처럼 지내기를 기도해 보지만, 소년의 아빠는 결국 돌아가시고 만다. 아이는 장례식장에서 꾹 참고 있던 눈물을 보인다.

다시 학교생활을 하게 된 소년은 아직 일상으로 완전히 돌아오지 못한다. 하지만 다시 맞은 생일 때, 엄마가 '아빠는 네가 상처받지 않도록 지켜 주고 싶었을 거야' 라는 말을 한다. 소년은 아빠가 없는 삶은 그 전보다 즐겁지는 않지만 누구도 채워 줄 수 없는 아빠의 빈자리는 바로 아빠가 영원히 자신에게 남긴 자리라는 걸 깨닫게 된다. 부모의 죽음을 만나고 극복하는 아이의 속마음을 잘 표현한 책이다.

아빠는 언제나 내 곁에 있어

-잉거 헤르만/카르메 솔벤드렐 그림/최진호 옮김/크레용하우스/2003/34쪽-저

교통사고로 갑작스럽게 아빠를 잃게 된 어린 페터는 아빠의 죽음을 이해하려고도 받아들이려 하지도 않는다. 그러나 시간이 지나면서 페터는 가족들, 특히 할아버지와의 대화를 통해서 아빠가 죽었다는 현실을 받아들이게 된다. 꿈같이 아빠를 곁에서 느끼며, 아빠는 죽었지만 아빠의 사랑은 언제나 자신과 함께한다는 것을 깨닫고 슬픔을 이겨 낸다는 내용의 책이다.

특히 "아빠는 네가 자랑스럽구나!" 라고 아빠가 사랑을 담아 해 주었던 말들을 마음에 되새기며 더욱 씩씩하고 밝은 모습으로 성장하게 된다. 아빠의 죽음을 극복해 내는 한 소년의 성장을 담은 그림책으로 죽음을 경험하게 되는 아이들의 심리를 잘 표현하고 있다.

애니의 노래

–미스카 마일즈/노경실 옮김/새터/2002/62쪽–저

인디언 소녀인 애니가 죽음을 준비하는 할머니를 통해 죽음과 생명의 의미를 깨닫는 과정을 그린 이야기다.

나바호 인디언 소녀 애니는 '카펫이 다 완성되면 어머니인 대지로 돌아갈 것' 이라는 할머니의 말을 듣고 할머니를 잃고 싶지 않은 마음에 카펫이 완성되지 못하도록 방해를 한다. 그 카펫만 완성되지 않으면 할머니가 돌아가시지 않을 줄 아는 애니는 온갖 머리를 짜낸다. 학교에서도 일부러 말썽을 부려 어머니를 학교에 모셔 오도록 하려고 하고, 양을 일부러 풀어 놓기도 한다. 카펫 짜는 손길만 멈출 수 있다면 무슨 일이든 하려는 것이다. 어느 날 할머니는 애니에게 생명의 탄생에서 죽음에 이르는 신비한 현상들을 설명하면서 자연의 법칙을 깨우쳐 준다. '해는 뜨고 진다. 선인장은 영원히 활짝 필 수 없다. 꽃잎은 말라서 땅에 떨어진다' 는 자연의 진리를 듣고, 애니는 언젠가 자신도 대지로 돌아갈 것이라는 생각을 하면서 할머니가 준 막대기를 들고 카펫을 짜기 시작한다.

'사람은 어디서 와서 어디로 가는가' 라는 물음에 상징적인 해답을 주는 이야기가 감동적이다.

엄마의 마지막 선물

–문선이/고광삼 그림/계림닷컴/2002/156쪽–고

엄마가 뇌종양이라는 무서운 병에 걸리게 되면서 가족들은 모두 힘들어진다. 한창 친구들과 어울리고 싶고 마음껏 공부하고 싶을 나이인 미진이는 집안 살림과 동생들 돌보는 일을 도맡으면서 엄마를 미워하게 되고, 철모르는 동생 민철이는 아무것도 모르고 떼만 쓴다. 관객을 웃기고 행복하게 해 주어야 하는 배우인 아빠는 더욱 힘이 든다. 하지만 가장 힘이 들고 고통 받는 엄마는 넉넉한 마음으로 가족들을 이해한다.

이 책은 어린 나이에 사랑하는 엄마가 병마와 싸우는 걸 바라보는 아이의 모습을 그리고 있다. 그 과정에서 엄마의 삶에 대한 의지, 사랑, 아픔, 분노, 가족의 소중함을 알게 된다. 그리고 엄마는 떠났지만 자신의 마음속에 엄마가 남아 있는 한, 엄마는 영원히 자신과 함께 살아 있음을 어렴풋이 느끼게 된다.

잘 가라, 내 동생

–빌리 슈에즈만/김서정 옮김/크레용하우스/2002/180쪽–고

갑작스럽게 죽음을 맞은 꼬마아이를 통해 사람들이 어떻게 소중한 가족의 죽음을 받아들이는지, 어떻게 슬픔을 이겨 내는지를 잔잔하면서도 감동적으로 그려 낸 책이다.

열 살 꼬마 벤야민은 어느 날 심장마비로 세상을 뜬다. 그러나 영혼으로 남은 벤야민은 하늘나

라로 올라가지 않고 가족들 곁에서 그들이 어떻게 아픔을 견디어 가는지를 지켜본다. 어느 날 벤야민은 자기처럼 이미 세상을 떠난 피엔체 할머니를 만나 영혼들이 모여서 여는 축제에 참석하게 된다. 그곳에서 벤야민은 교통사고로 목숨을 잃은 뒤 슬픔에 빠진 가족들 때문에 하늘나라로 가지 못하고 6년 동안이나 가족 곁을 서성이는 친구 쿠르트를 만난다. 벤야민은 자신의 가족도 계속 슬픔에 빠져 지낼까 봐 걱정하지만 다행히도 가족들은 여행도 떠나고, 벤야민의 열한 번째 생일날 마치 벤야민이 살아 있는 듯 케이크에 촛불을 켜 축하도 하면서 벤야민의 죽음을 받아들인다. 그 모습을 본 벤야민의 영혼은 가족에게 마지막으로 손을 흔들면서 하늘로 올라간다.

동생을 잃은 슬픔을 이겨 내고 화목하게 살아가려는 엄마, 아빠, 누나의 모습을 흐뭇하게 바라보는 벤야민의 고운 마음은 아이들에게 죽음을 마냥 두렵고 고통스럽게만 생각하지 말도록 은연중에 가르쳐 준다.

채마밭의 공주님

-안네미 헤이만스/마르그리트 헤이만스 그림/서애경 옮김/아이세움/2004/48쪽-저

어린 딸과 아들 그리고 아빠가 엄마와 아내를 잃은 슬픔을 각자의 방법으로 극복하는 과정을 상징적으로 그려 낸 그림책이다.

하나는 열두 살, 마테는 여덟 살이다. 두 아이는 엄마를 잃었고 아빠는 아내를 잃었다. 그 뒤로 오랫동안 하나는 어린 엄마가 되어야 했다. 엄마를 잃은 상실감이 치유되지도 않은 어린 하나에게 '작은 엄마' 역할은 너무 벅찬 일이었다. 늘 징징대는 동생과 자신에겐 관심 없이 일만 하는 아빠를 피해 하나는 엄마의 공간이었던 채마밭으로 들어가 살기로 결심한다. 엄마가 많은 시간을 보냈던 채마밭에서 엄마와의 추억을 더듬어 보고, 엄마의 물건, 엄마의 기억을 끄집어내며 상처를 치유받고 싶었던 것이다. 엄마와 하나가 대화하는 채마밭, 마테가 엄마 목소리를 들을 수 있는 비밀의 방, 그리고 마테가 읽는 동화책 속 공간과 아빠가 존재하는 현실의 공간이 계속 교차하며 이야기를 이끌어 간다.

소중한 사람의 죽음 때문에 상처받고 단절되어 있던 가족들이 상처와 슬픔을 이기고 서로에 대한 사랑을 회복해 가는 모습에서 마음의 위로와 희망을 느끼게 된다.

천사의 꽃

-유타 트라이버/마리아 블라체 그림/유혜자 옮김/베틀북/2002/32쪽-저

소냐는 사랑하는 동생 마라를 자동차 사고로 잃어버린다. 엄마, 아빠는 슬픔에 잠기게 되고 처음으로 죽음을 만난 소냐는 주변 사람들을 세밀하게 관찰하면서 처음 죽음과 만났을 때의 당혹감, 그 후에 밀려오는 압도적인 슬픔과 상실감, 죽음을 극복하는 과정까지를 생생하게 경험하게 된다.

소냐는 동생의 죽음으로 말문을 닫아 버린다. 슬프고 아픈 시간들은 계속되고, 동생의 모습은 아직도 생생하기만 하다. 이 책은 엄마, 아빠, 소냐 그리고 가족들이 힘든 시간을 견뎌 내는 모습을 감동적으로 그리고 있다. 소중한 사람이 죽은 후에 느끼는 아이의 아픔을 사실적으로 보여 주며, 동생의 죽음을 정리하는 과정을 그림과 함께 이야기하고 있다.

11. 정서장애

나와 조금 다를 뿐이야

-이금이/푸른책들/2000/180쪽-고

정서장애라는 마음의 병을 앓고 있는 수아를 영무라는 친구가 이해하는 과정을 그린 동화이다. 수아는 다른 친구들과는 조금 '다른' 아이이다. 제멋대로 행동하고, 마음에 내키지 않으면 그대로 표현한다. 아이들은 수아를 못살게 굴기도 하지만 영무는 수아를 돌보는 일을 맡게 된다. 수아를 돌보는 책임을 맡은 영무는 다른 친구들과는 달리 수아와 함께 지내는 것이 얼마나 힘들고 짜증 나는 일인지 알게 되고, 남들과는 다른 수아를 점점 이해하게 된다.

정서장애를 앓고 있는 친구를 둔 아이의 눈을 통해 모든 사람들이 똑같은 생각을 하고, 똑같은 행동을 할 수는 없으며 나와 다르다는 이유만으로 다른 사람을 무시하거나 못마땅하게 생각하지 않아야 한다는 것을 일깨워 준다. 이 책은 정상인과 같은 학교교육을 받을 수 없는 장애아 교육문제와 장애아 자녀를 둔 부모의 아픈 마음, 그리고 주변 사람들의 고통을 영무의 눈을 통해 이야기하고 있다.

내 마음을 알아주세요

-표시정/헌은영 그림/푸른나무/2000/120쪽-저

정서장애를 앓고 있는 다섯 친구가 한 학급에서 생활하면서 선생님, 친구들과의 관계 가운데 조금씩 자신들의 닫힌 마음의 문을 열고 상처를 치유해 가는 과정을 담은 책이다.

또래들과 다르게 말수가 적고, 사회성이 조금 부족한 듯한 경숙이, 상우, 진우, 별아, 혁이는 정서장애아 특수반 학생들이다. 맞벌이 부모에게 상을 못 받고 힘겨운 긴장 속에 갇혀 사는 아이들, 동생에게 사랑을 빼앗겼다고 생각하는 아이, 교통사고로 부모를 잃은 충격으로 상처받은 아이들은 서로의 아픔을 받아들이고 장애를 극복하기 위해 함께 노력한다. 주인공들의 모습을 보며 자신의 상황을 돌아보고, 어려움을 이겨 내고자 하는 자세도 배우게 될 것이다.

'부모들이 읽는 페이지' 를 따로 마련하여 부모가 자녀의 정서를 순화, 발달시키기 위해 주의해야 할 점과 사랑을 표현하는 직접적인 방법들을 실어 놓은 점도 유익하다.

내 친구 루이

–에즈라 잭 키츠/정성원 옮김/비룡소/2001/32쪽–저

이 책은 다른 사람과 잘 어울리지 못하는 아이에게 친구들이 따뜻한 우정을 전하는 감동적인 그림책이다. 흑인 아이 루이는 자폐증과 비슷한 병을 앓고 있다. 자신이 좋아하는 것에 대한 놀랄 만한 집착을 보면 그렇게 생각할 수도 있다. 그러나 루이는 그저 소심하고 내성적인 아이다. 그런 루이에게 수지와 로베르토는 세심한 정을 베푼다. 남에게 다가가지도 못하고 어울리지도 못하지만, 어느 순간 자신에게 꼭 맞는 친구를 발견하곤 자신을 내보이게 되는 루이.

정서적 장애를 가지고 있는 친구에게 따뜻이 대해 주는 두 친구의 모습에서 상대방에게 무엇이 필요한지, 어떻게 서로를 도와가며 살 수 있는지를 배우게 해 준다. 등장인물의 심리를 잘 엿볼 수 있고 아이들의 세계를 너무나도 잘 포착해 내어 아이들다운 마음 씀씀이 등이 돋보이는 책이다. 동시에 일반적인 정서와는 다른 정서적인 면을 가진 사람에 대한 인식을 새롭게 해 주는 책이다.

달팽이의 꿈

–소중애/원유미 그림/대교/2004/168쪽–고

달팽이처럼 자신만의 세계에 갇혀 나올 줄 모르던 자폐아 선우가 가족과 주위 사람들의 노력으로 세상 밖으로 나올 준비를 하는 과정이 감동적으로 그려지는 이야기다.

대학 교수인 엄마 아빠 사이에서 태어난 자폐아 선우. 엄마는 선우를 창피해하는 가족들을 떠나 엄마가 강의하고 있는 지방 대학 근처로 내려가 살기로 결정한다. 선우는 그곳에서 네 명의 특수반 아이들과 함께 학교생활을 시작한다. 그러나 새로운 환경에 적응하지 못하는 선우는 여러 가지 문제로 주변사람들을 힘들게 한다. 달팽이처럼 자신만의 집을 가지고 있는 선우는 슬프거나 화나거나 혼자 있고 싶을 때면 어두운 자신의 집으로 쏙 숨어 버리기 때문이다. 엄마와 특수반 선생님은 함께 노력하며 자동차 그림을 잘 그리고 기억력도 좋은 선우가 세상에 나올 수 있게 하려고 애쓴다.

자폐아에 대한 이해를 돕고 친구로 받아들일 수 있게 해 주는 책이다.

아름다운 가치 사전

–채인선/한울림/2005/128쪽–저

사람들은 살아가면서 무수히 많은 '가치'들과 만나게 되고 또 그것을 내보여야 할 때도 있다. 그러나 어릴 때부터 훈련이 되지 않았다면 어른이 되어서도 진정한 겸손이 무엇인지, 용기를 내야 할 때는 어떤 때인지, 다른 사람들과 마음을 나눈다는 게 어떤 감정인지 잘 몰라 그냥 지나치는 경우가 많다.

이 책은 아이들이 꼭 알아야 할 아름다운 가치 24가지를 선정해, 그 사례들을 사전 형식으로 수

록한 책이다. 용기, 책임, 자신감, 배려 등 가치 개념마다 열 가지, 총 240여 사례들이 있는데, 우리 아이들이 살아가면서 스스로 만들어 가야 할 삶의 소중한 지표가 될 다양한 가치에 대해 어린이들이 일상적으로 만날 수 있는 상황 중심으로 알려 주고 있다. 그리고 가치 개념마다 체험놀이 코너인 '함께 해 봐요' 와 동시, 인용문, 만화로 다채롭게 꾸며진 '함께 느껴요' 란이 별도로 있어 아이들이 좀 더 깊이 생각해 볼 수 있도록 구성해 놓은 책이다.

작은 걱정

-안느 에르보/고수현 옮김/중앙출판사/2002/38쪽-저

악쉬발드는 아침에 일어나 꼭 만났던 해님 대신 작은 구름 한 조각이 계속 떠 있어서 걱정이다. 악쉬발드가 무엇을 하든 이쪽저쪽으로 움직이고, 물구나무서기를 해도 구름은 계속 머리 위에 있었다. 달려도 보고, 구름을 야단치기도 했지만 소용이 없었다. 좀처럼 기분이 나아지지 않는 악쉬발드는 자신이 좋아하는 맛있는 꿀을 양껏 먹고, 훌쩍훌쩍 울면서 마음을 달랬다. 구름도 비를 뿌리며 함께 울고 난 후에 위를 보았더니 구름이 없어졌다. 악쉬발드의 얼굴은 환해졌고 슬픔은 사라졌다.

아이들은 아주 사소한 것에도 고민을 한다. 사소한 것에 집착하여 정상적인 정서를 갖지 못하게 되고 일상이 어렵게 될 수도 있다. 어린아이들의 사소한 걱정을 해결해 주고 일상적인 정서를 갖도록 노력하는 데 도움이 된다.

#16 발달편 [신체/학교/대인관계]

1. 신체

1.1 외모

- 나비 뚱비. 프란초벨/지빌레 포겔 그림/이유림 옮김. 국민서관, 2005, 64쪽-저
- 난 크고 싶어. 안드레아 샤빅/러셀이토 옮김. 그린북, 2002, 32쪽-저
- 내 귀는 짝짝이. 히도 반 헤네흐텐 글 · 그림/장미란 옮김. 웅진닷컴, 1999, 28쪽-저
- 내 몸에 날개를 달자. 크리스티네 페어/장혜경 옮김. 웅진씽크빅, 2004, 224쪽-고
- 뚱보 은땡이. 원유순/백명화 그림. 세손교육, 2002, 120쪽-저
- 뚱보면 어때, 난 나야. 이미애/최철민 그림. 파랑새어린이, 2001, 152쪽-저
- 뚱보, 내 인생. 미카엘 올리비에/송영미 그림/조현실 옮김. 바람의아이들, 2004, 172쪽-고
- 릴리는 자기 외모에 불만이에요. 도미니끄 드 생 마르스/세르쥬 블로슈 그림/문은실 옮김. 북키앙, 2003, 46쪽-저
- 반쪽이. 이주혜/윤정주 그림. 시공주니어, 2006, 38쪽-저
- 불구두와 바람샌들. 우어줄라 뵐펠/장숙자 옮김. 유진, 2000, 160쪽-고
- 어디, 뚱보 맛 좀 볼래?. 모카/아나이스 보젤라드 그림/최윤정 옮김. 비룡소, 1999, 64쪽-저

- 웃지 않는 공주 이사벨라. 실비아 론칼리아/김홍래 옮김. 서광사, 2001, 48쪽-저
- 자라지 않는 소녀 트루디. 어슐러 헤기/지젤 포터 그림/김경연 옮김. 베틀북, 2003, 36쪽-저

1.2 성

- 걸스토리 나. 빅 파커/박준규 옮김. 을파소, 2006, 140쪽-고
- 구성애 아줌마의 초딩 아우성. 구성애/리갤러리 그림. 올리브, 2004, 208쪽-고
- 나는 사랑의 씨앗이에요. 파스칼 퇴라드/장 샤를 사라쟁 그림/신혜정 옮김. 다섯수레, 2002, 32쪽-저
- 나는 여자, 내 동생은 남자. 정지영 · 정혜영. 비룡소, 1997, 32쪽-저
- 내 고추는 천연기념물. 박상률/최민오 그림. 시공주니어, 2001, 102쪽-저
- 내 동생이 태어났어. 정지영 · 정혜영 글 · 그림. 비룡소, 1997, 40쪽-저
- 내 몸은 소중해. 강순예/iwi 그림. 대교출판, 2003, 202쪽-고
- 내 몸이 궁금해. 강순예/iwi 그림. 대교출판, 2004, 202쪽-고
- 내 몸이 이상해. 강순예/iwi 그림. 대교출판, 2003, 202쪽-고
- 내 성은 건강해. 구성애 · 김대식 · 방명걸/iwi 그림. 대교출판, 2004, 190쪽-고
- 머리끝에서 발끝까지 이게 나야 : 어린이를 위한 건강하고 아름다운 성 이야기. 다그마르 가이슬러 글 · 그림/김세은 옮김. 크레용하우스, 2004, 48쪽-고
- 사춘기는 벌거숭이 : 성 이야기. 장석준. 아트미디어, 2004, 300쪽-고
- 소년의 성(性) 보이툰. 최황/홍승우 그림. 동아일보사, 2006, 224쪽-고
- 소중한 나의 몸. 정지영 · 정혜영. 비룡소, 1999, 32쪽-저

1.3 신체장애

- 가방 들어 주는 아이. 고정욱/백남원 그림. 사계절, 2002, 102쪽-저
- 그래도 우리 누나야! : 중증장애인 누나를 둔 다이스케의 자전 동화. 오가사와라 다이스케/우메다 사쿠 그림/김난주 옮김. 베틀북, 2003, 28쪽-저
- 깃털 없는 기러기 보르카. 존 버닝햄/엄혜숙 옮김. 비룡소, 2001, 50쪽-저
- 내게는 소리를 듣지 못하는 여동생이 있습니다. J. W. 피터슨/D. K. 래이 그림/김서정 옮김. 중앙출판사, 2004, 46쪽-저
- 내 친구 재덕이. 이금이/성병희 그림. 푸른책들, 2002, 72쪽-저
- 내 친구는 시각장애인. 프란츠 요제프 후아이니크/김경연 옮김. 김영사, 2005, 36쪽-저
- 노엘의 산책. 루리코 듀아/박문성 옮김. 창해, 2002, 32쪽-저
- 멧돼지를 잡아라. 한정기/황보순희 그림. 다섯수레, 2004, 152쪽-저
- 아주 특별한 우리 형. 고정욱/송진헌 그림. 대교출판, 2002, 164쪽-고

○ 알리체의 일기 : 행복을 전염시키는 아이. 알리체 스투리알레/이현경 옮김. 비룡소, 2001, 320쪽–고
○ 우리 아빠. 고정욱/신민재 그림. 시공주니어, 2004, 90쪽–저
○ 히나코와 걷는 길. 오카다 나오코/노석미 그림/고향옥 옮김. 보림, 2006, 96쪽–저

2. 학교

2.1 학교부적응/발표

○ 나 학교 안 갈래. 미셸린느 먼디/R. W. 앨리 그림/노은정 옮김. 비룡소, 2003, 36쪽–저
○ 난 학교 가기 싫어. 로렌 차일드/조은수 옮김. 국민서관, 2003, 30쪽–저
○ 선생님, 이야기하고 싶어요. 하이타니 겐지로/하야가와 슈헤이 그림/오근영 옮김. 동연어린이, 2004, 46쪽–저
○ 왜 학교에 가야 하나요?. 하르트무트 폰 헨티히/강혜경 옮김. 비룡소, 2003, 164쪽–고
○ 제닝스는 꼴찌가 아니야. 앤터니 버커리지/최정인 그림/햇살과나무꾼 옮김. 사계절, 2004, 253쪽–고
○ 칠판 앞에 나가기 싫어!. 다니엘 포세트/베로니크 보아리 그림/최윤정 옮김. 비룡소, 2003, 28쪽–저
○ 틀려도 괜찮아. 마키타 신지/하세가와 토모코 그림/유문조 옮김. 토토북, 2006, 32쪽–저
○ 하늘을 나는 교실. 에리히 캐스트너/김경숙 그림/황용희 옮김. 지경사, 2001, 204쪽–고
○ 학교 가기 싫어. 크리스티네 뇌스틀링거/E. 디틀 그림/김경연 옮김. 비룡소, 2000, 62쪽–저
○ 학교 가기 싫을 땐 이렇게 해봐. 롤랑 벨레 · 베르나데트 코스타/이효숙 옮김. 을파소, 2004, 144쪽–저

2.2 선생님

○ 고맙습니다, 선생님. 패트리샤 폴라코/서애경 옮김. 아이세움, 2001, 36쪽–저
○ 나쁜 어린이표. 황선미/권사우 그림. 웅진닷컴, 1999, 96쪽–저
○ 우리 선생님 최고. 하이타니 겐지로/햇살과나무꾼 옮김. 논장, 2006(초판 1999), 208쪽–고
○ 우리 선생님 폐하. 수지 모건스턴/이은민 옮김. 비룡소, 1999, 50쪽–저
○ 조커, 학교 가기 싫을 때 쓰는 카드. 수지 모건스턴/미레유 달랑세 그림/김예령 옮김. 문학과지성사, 2000, 74쪽–저
○ 프린들 주세요. 앤드루 클레먼츠/양혜원 그림/햇살과나무꾼 옮김. 사계절출판사, 2001, 154쪽–고

3.대인관계

3.1 친구

○ 깡딱지. 강무홍/양혜원 그림. 사계절, 2001, 154쪽–고

○ 나랑 친구 할래?. 크리스틴 A. 애덤스/R. W. 앨리 그림/노은정 옮김. 비룡소, 2006, 36쪽–저

○ 난 너랑 친구가 되고 싶어. 엘렌느 바숑/야요 그림/이경혜 옮김. 중앙출판사, 2001, 46쪽–저

○ 내 친구 네이선. 메리 바/케런 A. 제롬 그림/신상호 옮김. 동산사, 2005, 36쪽–저

○ 내 친구 비차. 니콜라이 노소프/엄순천 옮김. 사계절, 2004, 290쪽–고

○ 너무 친한 사이인데. 크리스 도네르/미셸 게 그림/최윤정 옮김. 문학과지성사, 2003, 56쪽–저

○ 넌 아름다운 친구야. 원유순/김상섭 그림. 푸른책들, 2001, 204쪽–고

○ 비밀의 화원. 프랜시스 호즈슨 버넷/공경희 옮김. 시공주니어, 2002, 408쪽–고

○ 우리반 깜띠기. 권민수/강효숙 그림/대교출판, 1996, 230쪽–고

○ 이웃집 영환이. 남상순/이상권 그림. 사계절, 2005, 188쪽–고

○ 조지와 마사. 제임스 마셜/윤여림 옮김. 논장, 2003, 46쪽–저

○ 짝꿍. 이상현/윤정화 그림. 여명미디어, 2001, 112쪽–저

○ 친구하고 싶은 아이로 바꿔주는 책. 호원희/김상균 · 류효정 · 박정순 그림. 세상모든책, 2000, 72쪽–저

3.2 이성친구

○ 난 키다리 현주가 좋아. 김혜리/남은미 그림. 시공주니어, 2001, 104쪽–저

○ 내 남자 친구야. 베아트리스 루에/로지 그림/최윤정 옮김. 비룡소, 1996, 28쪽–저

○ 루카–루카. 구드룬 멥스/미하엘 쇼버 그림/김경연 옮김. 풀빛, 2002, 152쪽–고

○ 마리가 사랑에 빠졌어요. 브리지트 스마자/세르주 블로흐 그림/주미사 옮김. 비룡소, 2000, 74쪽–저

○ 멋진 내 남자 친구. 이미애/이은천 그림. 계림, 2001, 176쪽–고

○ 첫사랑. 김선희/마상용 그림. 비룡소, 2002, 182쪽–고

○ 카이는 사라를 사라는 팀을 좋아해. 에디트 슈라이버–빅케/유혜자 옮김. 문공사, 2001, 26쪽–저

3.3 왕따

○ 고양이 마을 신나는 학교. 선안나/방정화 그림. 베틀북, 2003, 88쪽–저

○ 괴상한 녀석. 남찬숙/한선금 그림. 창비, 2000, 174쪽–고

○ 까마귀 소년. 야시마 타로/윤구병 옮김. 비룡소, 1996, 40쪽–고

○ 내 짝꿍 최영대. 채인선/정순희 그림. 재미마주, 1997, 48쪽–저

◦ 내 친구 꼬마 용. 이리나 코르슈노프/백남원 그림/유혜자 옮김. 사계절, 2002, 116쪽-저
◦ 내겐 드레스 백 벌이 있어. 엘레노어 에스테스/루이스 슬로보드킨 그림/엄혜숙 옮김. 비룡소, 2002, 84쪽-고
◦ 너랑 놀고 싶어. 배봉기/홍선주 그림. 산하, 2001, 108쪽-저
◦ 매를 사랑한 참새. 김희숙/채우리 그림, 2003, 198쪽-고
◦ 모르는 척. 우메다 사코/우메다 요시코 그림/송영숙 옮김. 길벗어린이, 1998, 220쪽-고
◦ 무서운 학교 무서운 아이들. 송재찬/양상용 그림. 푸른책들, 2001, 108쪽-저
◦ 양파의 왕따 일기. 문선이/박철민 그림. 파랑새어린이, 2001, 144쪽-저

3.4 전학/이사

◦ 꽃님이가 전학 온 날. 로토 류지/고이즈미 루미코 그림/박수정 옮김. 크레용하우스, 2000, 80쪽-저
◦ 또 한 번의 전학. 김혜리/장선환 그림. 시공주니어, 2004, 182쪽-고
◦ 마이 네임 이즈 Song Lee 박. 수지 클라인/프랭키 렘키위츠 그림/홍연미 옮김. 베틀북, 2000, 80쪽-저
◦ 벌렁코 하영이. 조성자/신가영 그림. 사계절출판사, 2000, 116쪽-저
◦ 이사 가는 날 : 그림을 보면서 이야기를 꾸미는 책. 야마모토 쇼조/스즈키 마모루 그림. 크레용하우스, 2001, 32쪽-저
◦ 이제는 내 길을 가야 해. 낸시 스틸 브로코/이서영희 그림/이예미 옮김. 크레용하우스, 2004, 160쪽-고
◦ 전학 간 윤주 전학 온 윤주. 장주식/정문주 그림. 문학동네, 2006, 100쪽-저

발달편 독서목록에 대한 해제

1. 신체

1.1 외모

나비 뚱비

-프란초벨/지벨레 포겔 그림/이유림 옮김/국민서관/2005/64쪽-저

살을 빼고자 하는 나비 뚱비의 변신과정을 통해 외모에 집착하는 문제점을 생각해 보게 하는 책이다.

뚱비는 다른 나비들이 고치를 풀고 아름다운 나비로 태어나던 날에도 아이스크림 더미에서 기어 나온다. 너무 뚱뚱해서 날아다닐 수도 없고, 다른 나비들처럼 아름답지도 않은 뚱비는 늘 놀림을 당한다. 뚱비는 살을 빼기로 마음먹고 다이어트에 성공한다. 그러나 날렵하게 하늘을 날아오른 순간 독수리의 먹잇감이 될 뻔하자 뚱비는 안전을 위해 다시 뚱뚱해지기로 결심한다. 폭풍우가 숲속에 불어 닥친 날, 친구들은 거센 바람에도 꼼짝 않는 뚱비 덕분에 목숨을 건지게 된다.

뚱비의 모습을 통해 있는 그대로의 자신을 인정하고 받아들이는 것이 가장 중요하다는 진리를 깨닫게 해 준다.

난 크고 싶어

-안드레아 샤빅/러셀이토 옮김/그린북/2002/32쪽-저

이 책은 키가 작은 친구들의 고민과 키가 빨리 컸으면 하는 아이들의 심정을 사실대로 그려 낸 그림 동화책이다.

학교에서 '땅꼬마' 라고 놀림을 받고 있는 알렉스는 키가 작아 자신이 너무 불행하다며 고민에 빠진다. 키 크는 음식을 먹고 운동도 열심히 하고 잠도 자고 책을 읽으며 숫자도 세지만 키는 크지 않는다. 키가 큰 대니 삼촌에게서 키가 커서 불편한 점을 하나하나 설명 듣는다. 그러면서 사람은 키보다는 마음이 커야 한다며 그 방법을 알려 준다. 대니 삼촌 말대로 알렉스는 매일 아침 일찍 일어나 가족들을 꼭 껴안으며 반가운 인사를 하고, 즐거운 마음으로 날마다 목욕을 하고, 자전거를 탈 때는 신나게 쌩쌩 달렸다. 학교 친구들에게는 날마다 재미있는 이야기를 하나씩 들려주고, 혼자서 거울을 보며 항상 웃어 보였다. 그러자 알렉스는 어느 새 마음의 키가 훌쩍 커서 세상에서 가장 행복한 아이가 되었다는 이야기다.

내 귀는 짝짝이

-히도 반 헤네흐텐 글 · 그림/장미란 옮김/웅진닷컴/28쪽-저

세상에는 다양한 토끼가 있다. 통통한 토끼, 홀쭉한 토끼, 키 큰 토끼, 키 작은 토끼, 똑똑한 토끼, 멍청한 토끼, 남자 토끼, 여자 토끼도 있다. 그러나 리키의 오른쪽 귀는 축 늘어져 있어 친구들은 언제나 리키를 놀려댄다. 다른 토끼들과 달리 리키의 귀는 짝짝이다. 귀를 쫑긋이 세우려고 귀속에 당근을 넣기도 하고, 나무에 거꾸로 매달리기도 하지만, 귀는 쫑긋하게 되지 않는다. 마지막으로 의사 선생님을 찾아간 리키는 '귀는 모두 다르다' 는 말을 듣고 신이 나서 친구들을 찾아간다.

남들과 다른 외모는 누구의 잘못도 아니지만 당사자에게는 매우 심각한 문제다. 외모는 모든 사람이 다른 사람인 것과 마찬가지로 단지 다르다는 사실을 자연스럽게 받아들이도록, 서로의 다른 점을 인정할 수 있게 해 주는 그림책이다.

내 몸에 날개를 달자

-크리스티네 페어/장혜경 옮김/웅진 씽크빅/2004/224쪽-고

주인공 지나가 과도한 다이어트로 몸도 마음도 상처 입게 되면서 정말 아름다운 것은 날씬한 몸이 아니라 솔직하고 당당한 자신감임을 깨닫게 되는 성장소설이다.

열다섯 소녀 지나는 자신이 너무 뚱뚱하다고 생각한다. 짝사랑하는 파비오가 자신을 몰라주는 것도, 친척들이 뒤에서 수근거리는 것도, 체육 선생님이 자신을 무시하는 것도 자신이 뚱뚱하기 때문이라고 믿고 있다. 게다가 살을 빼서 친구가 선물한 청바지를 예쁘게 입고 싶다는 욕심도 생긴다. 드디어 지나는 다이어트와의 전쟁을 시작한다. 살이 빠지자 친구들은 예뻐졌다고 난리고 파비오도 관심을 갖기 시작한다. 하지만 지나는 다시 살이 찌면 사람들이 또 자기를 무시할 것이라는 생각이 들자 다이어트를 멈출 수가 없었다. 영양실조로 병원에 실려 가기까지 하지만 지나의 다이어트는 계속된다. 그때서야 사태의 심각함을 깨달은 부모님은 지나를 거식증 전문 치료소에 입원시키고, 지나는 그곳에서 자신과 같은 고민을 하는 친구들과 자신을 이해하는 선생님을 만나 자신을 사랑하는 방법을 하나씩 배우게 된다.

다이어트 과정을 통해 자아 정체성을 찾아가며 외모집착에서 벗어나는 소녀의 모습이 생동감 있게 그려진다.

뚱보 은땡이

-원유순/백명화 그림/세손교육/2002/120쪽-저

은비는 아빠를 닮아 뚱뚱하지만 자신의 몸이 뚱뚱하다는 것에 별 신경을 쓰지 않았다. 그러나 3학년이 되면서 자신을 자꾸만 뚱땡이라고 놀리는 민우와 반 아이들 때문에 다이어트를 결심한다. 다이어트를 하다가 가벼운 거식증에도 걸리게 되지만 민우와 반 아이들은 계속 은비를 뚱땡이라고 놀린다. 다른 아이들은 악의가 있어서, 은비가 미워서 놀리는 것이 아니고 그냥 재미있으니까 놀린다. 하지만 받아들이는 은비는 그렇지 않다.

소아정신과에 다니게 된 은비는 선생님의 도움으로 자신의 장점을 알아 간다. 뚱뚱한 것은 체질이고, 다른 사람의 놀림에 괜히 의기소침해질 필요가 없다는 것을 인식하게 된다. 은비는 다시 자신을 긍정적으로 보게 된다. 그래서 결국 민우의 놀림도 농담으로 받아들이고, 다이어트가 아닌 건강을 위해 운동을 하게 된다.

뚱보면 어때, 난 나야

-이미애/최철민 그림/파랑새어린이/2001/152쪽-저

먹는 것을 좋아하고, 체육 시간을 가장 싫어하는 동빈이는 무척이나 뚱뚱한 아이이다. 이런 모습 때문에 같은 반 아이들에게 놀림을 당하기 일쑤이고, 빼빼로 데이에는 빼빼로 한 통도 받지 못한

다. 더욱이 동빈이네 가족은 모두 뚱뚱하다. 아빠의 별명은 배 부장님, 배둘레햄이고, 동생 예빈이는 하마처럼 덩치가 큰 토끼라 불린다. 엄마는 사이즈가 없어 옷을 사지 못하고 결국 온 가족이 모두 다이어트를 선언한다. 그러나 동빈이네 가족은 어느새 일상 식생활로 돌아오기 일쑤이다.

어느 날 동빈이는 마음을 굳게 먹고, 친구 상현이와 수호의 도움을 얻어 '살빼기 올림픽' 에 들어간다. 동빈이는 '살빼기 올림픽' 을 통해 깨닫는다. 뚱뚱한 것도 문제이지만 매일매일 방 안에서 뒹굴거리며 시간을 보냈던 자신의 생활이 얼마나 잘못된 것이었는지를. 그리고 보다 나은 자신의 미래는 자신이 만들어 가야 하며, 자기 자신을 아끼고 사랑하는 마음이 중요하다는 것을.

뚱보, 내 인생

-미카엘 올리비에/송영미 그림/조현실 옮김/바람의아이들/2004/172쪽-고

뚱보 벵자멩이 겪는 삶과 인생 그리고 사랑의 함수 관계를 그린 소설이다. 먹는 것에서 삶의 낙을 찾는 벵자멩은 열 명 남짓의 손님만 받아서 세 끼마다 맛있는 음식을 대접하는 멋진 식당 겸 호텔의 주인이 되겠다는 꿈이 있다. 그러나 좋아하는 여자 아이가 생기고부터 문제가 완전히 달라진다. 사랑에 눈을 뜨고 외로움으로 방황하면서 벵자멩은 다이어트와 폭식을 반복하고, 비만 클리닉과 심리치료실을 드나들게 된다.

이 책은 비만아의 현실을 유머나 위로로 얼버무리지 않고, 다이어트의 인간적 어려움에 대해 이야기하며 비만이 일으키는 건강과 사회적인 문제까지 문학적으로 형상화함으로써, 외모에 너무 집착하는 사춘기 아이들에게 내 몸은 과연 나에게 무엇인지를 차분히 생각해 보게 해 준다.

릴리는 자기 외모에 불만이에요

-도미니끄 드 생 마르스/세르쥬 블로슈 그림/문은실 옮김/북키앙/2003/46쪽-저

릴리는 자기가 밉게 생겼다고 생각해서 공연하기로 한 연극을 더 이상 준비하고 싶지 않아 한다. 반면 릴리의 친구 마를렌느는 너무 뚱뚱해서 줄을 타고 올라갈 수가 없다. 하지만 마를렌느는 실망하지 않는다. 이 책은 외모로 친구들을 깔보고 괴롭히고 따돌리는 아이들의 모습을 보여 준다. 그리고 결국 있는 그대로의 모습을 받아들이고 자신의 모습을 돋보이게 할 수 있는 멋진 방법을 생각해 보게 한다. 상상력, 함께하는 작업, 유머 감각과 우정을 통해서 겉으로 드러난 아름다움보다 더 큰 아름다움을 찾아가고 자존심을 일구는 친구들의 이야기가 그려져 있다.

반쪽이

-이주혜/윤정주 그림/시공주니어/2006/38쪽-저

눈도 귀도 팔도 하나밖에 없는 반쪽이가 외모 때문에 따돌림을 당하지만, 시련을 극복하며 힘과 지혜를 얻고 어여쁜 아내와 함께 행복하게 살아가는 옛이야기 그림책이다.

반쪽이는 눈도 귀도 팔도 다리도 모든 것이 반쪽인 채로 태어난 아이다. 반쪽이라는 이유로 형들로부터 따돌림을 받는가 하면 괴롭힘을 당하기 일쑤지만 반쪽이는 그것 때문에 우울하거나 슬퍼하지 않는다. 오히려 형들을 너그럽게 이해하며 자기의 힘과 지혜를 통해 삶을 개척해 간다.

반쪽이가 승리를 얻고 행복해지는 결말은 신체적인 부족함을 갖고 있는 어린이들에게 대리만족을 전해 주고 위로를 건넨다. 또한 겉모습은 온전하나 마음이 반쪽도 안 되는 사람들과 겉모습은 반쪽이지만 마음은 누구보다도 반듯하고 온전한 반쪽이의 모습을 보면서, 어린이들은 외모로만 사람을 판단해서는 안 된다는 것을 자연스럽게 느끼게 된다.

불구두와 바람샌들

–우어줄라 뵐펠/장숙자 옮김/유진/2000/160쪽–고

자신의 외모에 열등감을 가진 팀이 아빠와의 여행을 통해 넓은 세상의 여러 가지 일들을 경험하면서 생각과 마음의 폭을 넓혀 가는 과정이 훈훈하고 감동적으로 그려지는 이야기다.

구둣방에 살아서 친구들에게 놀림을 당하는 팀. 자신이 뚱뚱하다는 것도 싫고, 작달막하다는 것도 싫고, 가난한 구둣방 아들인 것도 불만스럽다. 아빠는 이런 팀을 위해 뜻밖의 선물을 해 준다. 바로 불구두와 바람샌들. 팀은 불구두를 신고, 아빠는 바람샌들을 신고 함께 여행을 떠난다. 아빠는 여행 도중에 어려운 일이 생길 때마다 재미있는 이야기를 들려주고, 아빠와의 여행을 통해 자신만 생각하는 이기적인 생각에서 벗어나 상대방도 배려할 줄 아는 아이로 성장하게 된다.

어린이에게 신체적인 열등감에서 벗어나 자기 자신을 있는 그대로 받아들일 수 있도록 용기를 주는 책이다.

어디, 뚱보 맛 좀 볼래?

–모카/아나이스 보젤라드 그림/최윤정 옮김/비룡소/1999/64쪽–저

발음만으로도 뭔가 부풀어 오른 듯한 느낌을 주는 이름을 지닌 뚱뚱한 앙리는 폴, 짐 같은 날씬하고 길쭉한 이름이 부러운 아이다. 앙리가 부푼 자신의 몸으로 절망하고 있을 때 그에게 마르탱 삼촌이 나타난다. 그는 앙리에게 새로운 세계를 경험시켜 준다. 큰 몸집이 전혀 문제가 되지 않고 오히려 꼭 필요한 세계인 스모 경기장을 데려간 것이다. 스모 경기를 설명하면서 마르탱 삼촌은 자신을 변화시키려 하기보다는 자신의 위치에서 자신을 지키고 드러낼 수 있는 방법을 찾아야 한다고 조언한다.

그 후 앙리는 학교에서 자신을 놀리던 아이들에게 스모자세를 취하고 자신을 놀리던 아이를 제압한다. 앙리의 느닷없는 행동에 아이들은 놀라지만 곧 그의 행동에 박수를 보내고 그에게 긍정적인 관심을 갖게 된다. 앙리는 마음속으로 좋아하던 오렐리에게 생일 초대까지 받게 되고 미카엘과도 마음의 앙금을 털게 된다. 이 책은 자신의 단점을 단점으로만 생각하지 말고 그것을 장

점으로 변화시킬 계기를 마련하여 실천에 옮기는 것이 더 중요하다는 사실을 자연스럽게 일깨워 준다.

웃지 않는 공주 이사벨라

-실비아 론칼리아/김홍래 옮김/서광사/2001/48쪽-저

이가 빠지기 시작하는 아이들이 자신의 신체변화에 대해 두려움을 느끼지 않도록 들려줄 수 있는 그림책이다.

이사벨라는 세상에서 가장 명랑하고 활발한 장난꾸러기 공주로 늘 위험한 장난을 치길 좋아한다. 여섯 번째 생일날에도 계단 난간 위에서 미끄럼을 타고 내려오다 자기 몸집보다 더 큰 생일케이크에 다이빙을 하는 엄청난 일을 저질렀다. 그런데 언제나 큰 소리로 떠들며 웃던 이사벨라 공주가 어느 날부터 갑자기 웃지도 않고 말도 하지 않는다. 그토록 장난꾸러기인 공주가 왜 웃지도 말하지도 않는 걸까? 왕은 온갖 방법을 다 동원하여 공주가 웃지 않는 이유를 밝히려고 하지만 비밀은 쉽게 풀리지 않는다. 어느 날, 빨간 머리에 빨간 수염이 달린 난쟁이 마술사가 찾아와 이 모든 문제를 해결해 주고 드디어 공주는 이가 빠진 모습으로 활짝 웃게 된다.

독특한 소재와 생동감 있는 그림으로 이갈이를 맞게 되는 아이들의 불안감을 따듯하게 달래준다.

자라지 않는 소녀 트루디

-어슐러 헤기/지젤 포터 그림/김경연 옮김/베틀북/2003/36쪽-저

팔다리가 길어지라고 손이 저릴 때까지 문고리에 매달려 있는가 하면, 머리가 더 커지는 것을 막기 위해 이마와 턱에 스카프를 칭칭 동여매기도 하는 아이. 트루디는 키가 자라지 않는 장애를 가진 난쟁이 소녀다. 세상에 태어나서 자신과 닮은 사람을 단 한 번도 만나 보지 못한 트루디, 그래서 더욱 의기소침한 이 아이에게 어느 날 마법과도 같은 일이 벌어져, 서커스 구경을 갔다가 자신과 같은 처지의 맹수 조련사 피아를 만나게 된다. 피아는 트루디에게 '키 작은 사람들이 사는 마법의 섬' 에 관한 아름다운 이야기를 들려준다.

트루디는 피아를 통해 세상을 다른 각도에서 보는 법을 배운다. 작은 사람들 눈으로 보면 오히려 큰 사람들이 정상이 아닐 수도 있으며 정상이냐 비정상이냐의 문제는 상대적이라는 것을 알게 된다. 결국 트루디는 자신의 눈으로 세상을 보게 된다는 이야기다.

1.2 성

걸스토리 나

-빅 파커/박준규옮김/을파소/2006/140쪽-고

초경을 준비하는 소녀와 부모님을 위한 안내서로, 소녀들이 궁금해하는 초경에 대한 모든 정보가 담겨 있는 성교육 책이다.

초경은 소녀가 '여성'으로 성장하면서 정체성을 형성해 갈 때 경험하는 첫 번째 사건이다. 생리가 자연스럽고도 자랑스러운 것이라는 사실을 이해해야만 당당한 여성으로 성장할 수 있다. 최근에는 초등학교 3, 4학년 즈음에 2차 성징이 발현되기 시작한다. 키가 자라고 가슴이 커지고 여드름이 나기도 한다. 초경을 준비하는 소녀와 부모님들이 자연스럽게 '첫 생리'에 대비하도록 생리와 성에 대한 전반적인 지식을 전해 주고 생리대 사용법, 생리대 고르는 법, 생리통 대처법 등 일상생활에서 필요한 아이들의 궁금증에 대해서도 차근차근 답해 준다.

소녀들이 여성임을 이해하고 긍정적인 마인드와 자신감을 가질 수 있도록 북돋아 주는 책이다.

구성애 아줌마의 초딩 아우성

-구성애/리갤러리 그림/올리브/2004/208쪽-고

'아우성 아줌마'로 유명한 구성애 씨가 초등학생을 위해 펴낸 성(性)교육 책이다.

어린이들이 자신의 신체변화를 자연스럽게 받아들이고 당당해지도록 하려면 몸의 변화에 대해 보다 정확하고 자세하게 알려 줄 필요가 있다. 자신의 홈페이지에 올라온 초등학생들의 질문과 상담 내용을 중심으로 초등학생들이 가장 궁금해하는 내용들을 골라 만화책 형식으로 다뤘다. 남녀의 신체적 차이부터 월경, 포경수술, 아기가 생기는 과정, 자위행위, 성폭력 등에 이르기까지 어린이들이 몸에 대해 반드시 알아야 할 기본 정보를 구체적이고 재미있게 알려 준다.

어린이들이 성에 대한 지식을 사실적으로 받아들이게 하려는 지은이는, 이 책에서 도움말을 주는 어른의 역할을 맡으며 아이들의 마음을 안심시키고 자신의 성숙한 모습을 그려 보도록 이끌어 준다.

나는 사랑의 씨앗이에요

-파스칼 퇴라드/장 샤를 사라쟁 그림/신혜정 옮김/다섯수레/2002/32쪽-저

성에 대해 막 호기심을 갖게 되는 어린아이들을 위한 성교육 그림책이다.

아빠 몸 안의 포근한 주머니에 작은 씨앗들이 모여 있다. 다른 형제들과 달리 모험심과 호기심이 많은 이 아이는 꼬마 정자라고 불린다. 어느 따뜻한 봄날, 우리들은 홍수가 일어나 어디론가 움직인다. 엄마의 씨앗인 예쁜 동글이와 합쳐진 꼬마 정자는 수정란이 되어 자궁에서 자라게 된

다. 매일 엄마로부터 영양을 받아 무럭무럭 자란 태아는 어느 겨울 밤, 엄마의 몸 밖으로 나와 처음으로 엄마 아빠를 만난다.

어린이들에게 자신이 어디에서 왔고, 엄마 뱃속에서 얼마 동안 어떻게 있다가 태어나게 되었는지를 알기 쉽게 설명해 준다.

나는 여자, 내 동생은 남자

–정지영 · 정혜영/비룡소/1997/32쪽–저

이 책에는 많이 닮은 '나' 와 내 동생이 등장한다. 그런데 다른 점이 하나 있다. '나' 는 여자고 동생은 남자라는 것이다. 그래서 동네 목욕탕에 갈 때도 따로 가고, 오줌 누는 방법도 틀리다. 그게 다 동생은 고추가 있고 '나' 는 잠지가 있어서다.

그런데 왜 남자와 여자의 몸은 다르게 생긴 것일까? 이렇게 생겨난 의문은 자라면서 점점 달라지는 여자와 남자의 신체 비교, 그리고 고추와 잠지는 나중에 어른이 되면 아기를 만들 수 있는 소중한 곳이라는 설명을 통해 해소된다. 그리고 아기를 낳고 키우는 일의 소중함과 그 과정에서 맡게 되는 여자와 남자의 역할에 관한 이야기, 우리 모두 소중한 사람이라는 끝부분의 이야기가 1권의 '소중한 나의 존재' 를 넘어서 '모두가 소중한 존재' 임을 일깨우고 있다.

내 고추는 천연기념물

–박상률/최민오 그림/시공주니어/2001/102쪽–저

포경수술을 앞두고 두려움과 호기심을 느끼는 주인공을 통해 사내아이들에게는 포경수술에 대한 정보를 주는 성교육 동화이다.

초등학교 3학년 여름방학이 끝난 뒤의 교실에 1학기 때와는 다른 새로운 풍경이 펼쳐진다. 방학을 이용해 '고래잡이(포경수술)' 를 단행한 아이들이 어른 흉내를 내며 '그냥 고추' 인 친구들을 깔보기 시작한 것. 아직 포경인 준영이는 여전히 고추인 자신의 처지가 들통 날까 봐 부끄러워진다. 엄마와는 여탕에서도 떳떳했는데 아빠와 가는 남탕에서는 오히려 부끄러워 몸 둘 바를 모른다. 게다가 그 목욕탕에서 최근까지 자기처럼 고추였다가 수술을 감행한 철이를 만나고는 인사 대신 손으로 고추부터 가리는 비참한 신세가 된다. 준영이는 안 하자니 창피하고 하자니 무서운 '고래잡이' 를 알고 싶어 인터넷을 뒤진다. 포경수술을 하게 되는 날 혹시 재수 좋게 천연기념물이 될지도 모를 일이라면서 포경수술을 하지 않고 버티자, 준영이의 부모님은 수술을 뒤로 미룬다.

포경수술로 인해 빚어지는 소동들을 재미있게 묘사하면서 성장기의 아이들에게 올바른 성교육 정보를 제공해 준다.

내 동생이 태어났어

-정지영 · 정혜영 글 · 그림/비룡소/1997/40쪽-저

갓난아기인 남동생을 보면서 생긴 여자 아이의 호기심을 풀어 가는 방법으로, 생명이 탄생하기까지의 과정을 자연스럽게 보여 주는 그림책이다. 그리고 생물학적 사실만을 설명하는 것에 그치지 않고, 사랑이라는 것을 통해서 세상에 나온 자기 존재의 소중함을 말하고 있다. 아기인 동생을 보며 '나'는 갓난아기 전의 내 모습은 어땠는지, 엄마 뱃속에는 어떻게 들어갔는지 하는 의문을 갖게 된다. 그런 '나'의 호기심은 파스텔의 부드러운 색감의 사실적인 그림과 엄마가 가만가만 들려주는 듯한 자상한 이야기로 풀어 간다.

내 몸은 소중해

-강순예/iwi 그림/대교출판/2003/202쪽-고

『어린이가 궁금한 성 이야기』 두 번째 책인 이 책은 초등학교 고학년을 위한 성교육 만화책이다. 같은 반인 민지, 나영이, 다혜 그리고 태경이, 재현이, 재수는 사춘기가 되어 생리를 하고 가슴이 부풀어 오르고, 몽정을 하고 포경수술을 경험하게 된다. 또 포르노 사이트로 초대하는 스팸메일도 받고, 아기를 낳은 여고생도 보고, 남자와 여자는 왜 성관계를 맺는지, 임신은 어떻게 되는 건지, 변태 성욕자를 만나면 어떻게 대처해야 하는지를 함께 고민한다. 친구들의 성에 대한 고민이 담긴 이야기에 이어 달거리 천사가 나타나 궁금증 풀어 주는 코너로 나뉘어 있다. 자기 몸의 소중함과, 생명의 소중함, 그리고 남녀 간의 사랑에 대해 제대로 알기를 바라는 마음이 담긴 책이다.

내 몸이 궁금해

-강순예/iwi 그림/대교출판/2004/202쪽-고

『어린이가 궁금한 성 이야기』 세 번째 책인 이 책은 초등학교 고학년부터 시작하는 2차 성징에 대한 궁금증을 풀어 주는 책이다. 책은 초등학생들이 궁금해하는 내용을 중심으로, '1장 우리도 알아요'에서는 고추가 작아요, 엉덩이야 가슴이야, 포경 수술해야 하나, 아기는 어떻게 생겨요 등 몸과 관련사항을 알려 주고, '제2장 섹스란 뭘까'에서는 섹스란 뭘까, 너희가 섹스를 알아, 난 엄마 아빠가 싫어, 포르노가 진짜예요, 진짜 궁금해 등을 성에 대해 오해 없이 받아들이게 구성하였다. 무엇보다 성은 소중한 것이며 내 몸을 소중히 해야 함을 일깨워 준다.

내 몸이 이상해

-강순예/iwi 그림/대교출판/2003/202쪽-고

『어린이가 궁금한 성 이야기』 첫 번째 책인 이 책은 월경, 몽정, 변성기 등 사춘기에 일어나는

생리적인 변화에 초점을 맞추었고, 사춘기가 되면서 몸의 변화가 일어나는 초등학생들의 궁금증을 재미있게 풀어 주는 만화책이다. 기존 초등학생 대상의 성 관련 도서가 여자 어린이들을 주 대상으로 했던 것과 달리 여자 아이와 남자 아이 모두의 성징에 대해 균형 있게 보여 준다. 또한 몸의 변화에 대한 두려움을 없애 주고 자기 몸의 소중함을 알 수 있게 해 준다.

내 성은 건강해

–구성애 · 김대식 · 방명걸/iwi 그림/대교출판/2004/190쪽–고

초등학교 고학년을 위한 성교육 만화책이다. '건강한 성의 전도사' 로 알려진 구성애와 의학박사 김대식 · 방명걸 교수의 감수를 통해 아이들의 신체변화와 성(性)에 대한 궁금증을 풀어 나간다. 우리 주변에서 흔히 만날 수 있는 평범하고 호기심 많은 아이들이 성에 대한 잘못된 지식을 갖지 않도록 상세하게 소개하고 있다.

『어린이가 궁금한 성 이야기』 네 번째 책인 이 책은 남자 아이들의 당연한 연례행사 '포경수술' 의 허와 실을 샅샅이 살핀다. 잘못된 성지식으로 아이들을 두 번 죽일 수도 있는 '포경수술' 을 제대로 알자라는 취지에서 제작된 이 책은 사춘기로 접어든 남자 아이들의 성을 소개하고 있다. 특히, 기존의 여자 아이들을 위한 성교육 책과 달리 남자 아이들의 입장에서 바라본 성의 관점으로 소개되어 있는 것이 특징이다. 아이들이 호기심을 가질 만한 질문들은 각 장마다 Q&A 형식으로 소개되어 있다. 올바른 성과 가치관을 정립시켜 주기에 좋은 책이다.

머리끝에서 발끝까지 이게 나야 : 어린이를 위한 건강하고 아름다운 성 이야기

–다그마르 가이슬러 글 · 그림/김세은 옮김/크레용하우스/2004/48쪽–고

어린이를 위한 건강하고 아름다운 성 이야기다. 남자 아이는 인형을 가지고 놀지 않고, 여자 아이들은 싸움을 하지 않는다는 일반적인 견해가 있다. 이 책은 꼭 그런 것만은 아니라고 이야기하고, 아이들이 자기 모습 그대로에 대해 자신감을 가지고 다른 사람들과의 일상 속에서 자기 생각을 분명하게 알리며, 서로 간에 지켜야 할 예절과 자기의 성 행동에 대해 책임지기를 가르치고 있다. 또한 어린이들의 입장에서 아이들이 소년과 소녀, 남자와 여자, 성과 임신이라는 주제에 대해 궁금해하는 것을 답변해 주고, 아이가 좋은 느낌과 나쁜 느낌, 좋은 뜻의 비밀과 나쁜 비밀의 차이를 자세히 알 수 있도록 수록했다.

사춘기는 벌거숭이 : 성 이야기

–장석준/아트미디어/2004/300쪽–고

이 책은 성교육 학습 만화로 사춘기를 겪기 시작하는 아이들이 궁금해할 만한 성에 관한 궁금증을 재미있는 만화로 소개했다. 또한, 신비로운 신체의 비밀은 물론 아기의 탄생, 생리, 변성기

등을 알기 쉽게 설명하여 올바른 성지식을 갖도록 도와준다.

초등학교 고학년들은 이미 성에 대해 눈을 뜨기 시작하는 나이인데, 부모들은 아이들이 아직은 어리다고 생각하거나 어떻게 가르쳐야 할지 모르는 경우가 많다. 이 책은 그런 현실적인 문제를 인식한 대한가족보건복지협회와 한국성문화연구소에서 아이들의 성교육을 위해 기획 · 선정한 책이다.

소년의 성(性) 보이툰

-최황/홍승우 그림/동아일보사/2006/224쪽-고

초등학교 고학년 남학생만을 위한 성교육서이다. 주인공 피노키오의 첫 몽정을 시작으로 사춘기 소년들이 고민하는 성에 관한 내용을 만화로 이해하기 쉽게 꾸며 놓았다.

첫 몽정을 경험한 피노키오가 당황스러워하면서도 또 다른 세상을 경험한 듯 행복해하는 모습이 현실적으로 묘사되어 있다. 누구도 가르쳐 주지 않는 기본적인 위생 생활 습관에서부터 임신과 출산, 피임법과 성폭행까지 신중하고도 정확하게 알려 주고 있다. 정액은 어떻게 만들어지는 거야? 임신은 어떻게 하는 건가요? 자위는 얼마만큼 해도 되는지 등 소년들이 궁금한 성에 관한 호기심을 풀어 준다.

이 책을 읽는 소년들은 자신이 느끼는 감정이 자신만의 것이 아닌 다른 친구들, 앞서 어른이 된 남자 어른들도 함께 느낀 감정임을 확인하면서 안도감을 느끼게 될 것이다.

소중한 나의 몸

-정지영 · 정혜영/비룡소/1999/32쪽-저

몸은 마음을 나눌 수 있는 가장 좋은 수단이다. 그러므로 자신의 몸을 언제나 소중하게 생각해야 하고, 손대고 싶지 않은 사람이나 친하지 않은 사람과는 함부로 접촉하지 않는다. 결국 자신의 몸이 소중함을 일깨움으로 성에 대한 무지 때문에 발생할 폭력을 방지할 수도 있게 된다.

이 책은 어린아이들이 자신의 몸을 소중히 여기고 원하지 않는 신체적, 성적 접촉에 대해서 거부할 권리가 있음을 일깨워 준다. 동시에 성인이 되면 나중에 아기를 만들어 낼 곳인 우리 몸으로 서로의 마음을 나눌 수 있다는 내용도 알려 주고 있다.

1.3 신체장애

가방 들어 주는 아이

-고정욱/백남원 그림/사계절/2002/102쪽-저

실제로 어릴 때 소아마비를 앓아 두 다리를 쓰지 못하는 소아마비 1급 장애인인 지은이는 장애를 가진 사람과 그 주변 사람들에게 들려주는 이야기를 주로 창작한다. 있는 그대로 볼 줄 아는 어린이들이 장애인에 대해 관심을 갖고 인식을 조금씩 바꾸어 나간다면 보다 나은 세상을 만들 수 있을 것이라는 믿음 때문에 특히 이 주제에 집중하는 작가이다.

이 책 역시 장애를 소재로 하고 있다. 그러나 이 작품에서 중요한 것은 '장애인의 친구' 이다. 지금까지 장애를 소재로 다룬 작품들이 대부분 '장애인의 고통' 에 초점을 맞추었다면 이 작품은 '주변인의 고통' 에 더 중심을 두어 관점의 변화를 시도하고 있다. 장애 때문에 아이들에게 따돌림 받는 영택이와 그런 영택이의 가방을 들고 다닌다는 이유로 놀림당하는 석우, 그 둘 사이에 벌어지는 크고 작은 사건과 그로 인한 석우의 갈등이 작품의 주된 축을 이룬다.

다리가 불편한 영택이를 놀린 벌로 석우는 1년 동안 영택이의 가방을 들어다 주게 된다. 장애인으로 살아가는 영택이를 곁에서 지켜보면서, 석우의 마음은 조금씩 변화하게 된다. 그리고 석우의 변화는 다른 반 아이들의 변화를 이끌어 낸다. 이 책은 장애아뿐 아니라 그 주변 친구들이 겪을 수도 있는 고통에 대해서 생각해 보게 한다.

그래도 우리 누나야! : 중증장애인 누나를 둔 다이스케의 자전 동화

–오가사와라 다이스케/우메다 사쿠 그림/김난주 옮김/베틀북/2003/28쪽–저

크리스마스를 하루 앞둔 어느 토요일 오후, 다이스케와 누나 나쓰코는 유치원에서 크리스마스 선물로 케이크를 받고 신이 나서 집으로 돌아온다. 나쓰코는 할머니에게 선물을 보여 주겠다고 집을 나갔다. 그리고, 그것이 다이스케가 본 정상적인 누나의 마지막 모습이었다. 누나는 3년 동안이나 병원에서 치료를 받은 후 집으로 돌아왔지만, 예전처럼 다이스케와 함께 놀 수도, 이야기할 수도 없다. 하지만, 다이스케와 가족들은 나쓰코를 함께 보살피면서 힘들지만 행복하게 살아간다. 나쓰코를 통해 다이스케는 평범한 신체를 가지고 있는 것이 얼마나 큰 축복인지를 깨닫게 된다.

이 책은 아이들에게 나 자신도, 또 나의 가족들도 장애인이 될 수 있으며 그들은 결코 우리와 다를 바 없다는 것을 잔잔한 감동 속에서 보여 준다. 장애인을 가족으로 당당하게 받아들이고 사랑하는 다이스케의 모습을 통해 아이들이 장애인뿐 아니라 주위의 어려운 일을 겪고 있는 사람들도 따뜻한 시선으로 바라볼 수 있는 여유를 갖게 해 주는 책이다.

깃털 없는 기러기 보르카

–존 버닝햄/엄혜숙 옮김/비룡소/2001/50쪽–저

보르카는 처음부터 남들과 다르게 태어난 기러기이다. 부리도 있고, 날개도 있고, 물갈퀴도 있었지만 깃털이 없었던 것이다. 엄마 기러기는 그런 보르카를 위해 포근한 회색 털옷을 짜 준다. 그러나 보르카는 여전히 다른 기러기나 형제들에게 놀림만 받을 뿐이다. 털옷 때문에 물에 들어

가기도 어려운 데다, 다른 기러기들까지 못살게 구는 통에 보르카는 모두가 배워야 할 '날기'와 '헤엄치기' 조차 배우지 못한다. 엄마, 아빠마저 너무 바빠 그런 사실을 모른 채 지나간다. 결국 보르카가 물에 빠졌다는 사실을 아무도 알아차리지 못하고 기러기들은 떠나 버린다. 혼자 남겨져 슬픔에 찬 보르카는 여기저기 머물 곳을 찾다가 어떤 배에 올라탄다. 다행히 착한 친구들을 만난 보르카는 긴 여행 끝에 런던에 있는 큐 가든에 도착하고, 보르카를 이상하게 여기지 않는 친절한 기러기들과 행복하게 살게 된다.

이 책은 장애아에 대한 관심을 환기시키는 책이다. 그러나 사랑으로 감싸 장애를 극복하도록 한 이야기는 아니다. 더 많은 사랑과 격려를 받아야 할 보르카에게 가족들은 신경 쓰지 않는다. 장애라는 것은 같은 가족의 힘으로는 극복되기 어려운 문제이고, 모든 사람이 도와야 하는 문제이기 때문이다. 결국 그 해결방법은 남이 나와 다름을 인정하는 다양성이 있는 사회에서 찾을 수밖에 없다. 그래서 책은 희망을 이야기하지 않는다.

내게는 소리를 듣지 못하는 여동생이 있습니다

-J. W. 피터슨/D. K. 레이 그림/김서정 옮김/중앙출판사/2004/46쪽-저

여동생이 한 명 있다. 손가락에 전해지는 소리를 '느껴' 피아노를 치고, 아주 작게 흔들리는 풀잎까지 볼 수 있고, 눈만 보고도 그 사람이 말하고자 하는 의미를 이해하고, 남들보다 훨씬 다양한 표정을 가진 아주 특별한 동생이다. 그리고 그 애의 언니가 있다. 동생을 아주 특별한 아이라 생각하고, 동생의 기분을 이해하려 애쓰고, 동생의 다른 점을 장점으로 볼 줄 아는 특별한 언니이다. 그 언니는 '내게는 여동생이 하나 있습니다.' 라고 반복해서 속삭인다. 그 소리를 듣다 보면 어느새 그 동생을 사랑하지 않을 수 없게 된다. 무언가 모를 감동이 마음 안에 가득 차게 된다.

가끔 우리는 '장애' 라는 단어를 부족함이나 슬픔 같은 뜻으로 받아들인다. 그러나 이 책을 읽고 나면 장애를 가졌다는 것은 보통사람과 다른 특별한 장점을 가졌다는 것임을 알게 된다. 소리를 들을 수 없는 동생은 이상한 것이 아니라 특별할 뿐이다. 이 책은 소리를 듣지 못하는 여동생을 둔 언니가 동생과 함께 놀면서 느끼고 생각한 것을 잘 표현하고 있다.

내 친구 재덕이

-이금이/성병희 그림/푸른책들/2002/72쪽-저

늘 '바보' 라 놀림 받는 정신지체아 재덕이와 꼴찌대장에 말썽꾸러기인 명구와의 우정을 그리고 있는 책이다. 명구는 동네 아이들처럼 곧잘 재덕이를 놀리고, 한 대씩 때리기도 하지만, 마음 한 구석에서는 재덕이에 대한 따뜻한 마음이 남아 있다. 특히 동네 형에게 얻어맞을 때에 재덕이가 자신을 도와준 후로는 자주 함께 놀곤 한다. 아이들과 함께 재덕이를 '바보' 라 놀리면서도 마음 한구석은 편치 않던 명구가, 재덕이를 친구로 받아들이기까지의 과정을 잔잔하게 담아냈다.

이 책이 다른 아동도서와 차이가 있다면 사건의 진행에 집중하지 않고 아이들의 심리의 흐름을 자연스레 좇아가고 있다는 점이다. 드러난 현상에 집착하지 않고, 그로 인해 촉발되는 내면의 변화를 고요히 응시하고 있는 것이다. 장애인 친구를 둔 아이의 심리 변화를 잘 표현하고 있는 책이다.

내 친구는 시각장애인

-프란츠 요제프 후아이니크/김경연 옮김/김영사/2005/36쪽-저

시각장애인 마티아스 아저씨를 통해 '장애인은 아무것도 할 수 없다'는 기존의 편견을 깨고, 장애인이 비장애인에게 도움을 주는 내용을 담은 그림책이다.

겨울 정기 세일 마지막 날. 카타리나는 엄마 아빠를 잃어버려 울고 있다가 시각장애인 마티아스 아저씨와 안내견 신디를 만나게 된다. 카타리나는 마티아스 아저씨가 시각장애인이기 때문에 아무것도 할 수 없을 것이라고 생각한다. 그러나 함께 엄마 아빠를 찾으러 다니면서 아저씨가 눈으로 보는 것보다 더 많은 것을 귀로 듣고, 느낌으로 색깔을 알 수 있고, 손가락을 이용해 점자로 책도 읽을 수 있다는 걸 알게 된다. 그리고 장애인이 자신과 조금 다른 사람이라는 것을 깨닫게 되면서 친구로 받아들인다.

장애인들은 사회의 보호를 받아야만 살아갈 수 있고, 주변인으로서 주체가 되지 못한다는 편견을 깨는 이야기가 시각장애인에 대한 이해와 수용을 도와준다.

노엘의 산책

-루리코 듀아/박문성 옮김/창해/2002/32쪽-저

신체장애를 가진 아들과 엄마가 함께 산책하면서 서로를 위하고 아껴 주는 모습이 감동적으로 그려지는 그림책이다.

시신경 장애와 우반신 마비 장애를 가지고 태어난 노엘은 몸이 아파서 천천히 걸을 수밖에 없다. 엄마는 노엘의 손을 잡고 천천히 산책을 한다. 노엘의 엄마는 기꺼이 노엘의 속도에 맞춰 천천히 걷는다. 어떤 버스는 노엘이 타기도 전에 휙 하고 떠나 버리지만 그 다음에 온 버스는 노엘이 자리에 앉을 때까지 기다려 준다. 그래서 노엘과 엄마는 웃을 수 있다. 구름이 예쁘게 펴진 하늘을 배경으로 노엘과 엄마의 산책은 계속된다. 아이와 엄마는 서로에게 미안해하지만 언제까지나 함께 걸어가기로 약속한다.

노엘과 엄마가 천천히 걸어가는 모습이 모자의 사랑으로 따뜻하고 정겹게 다가온다. 장애인에 대한 이해와 수용을 이끌어 내는 책이다.

멧돼지를 잡아라

-한정기/황보순희 그림/다섯수레/2004/152쪽-저

축구를 좋아하는 민수는 인라인 스케이트를 타다가 양팔에 깁스를 하게 되자, 같은 반 친구인 동식이가 갑자기 사고로 다리 한 쪽을 못 쓰게 된 사실이 가슴에 와 닿기 시작한다. 누구와도 대화를 하지 않는 동식이에게 말을 걸며 친하게 지내려고 노력하는 민수. 점차 동식이가 마음을 열고 민수와 친해지자 가장 친했던 친구 인국이와의 우정은 금이 가기 시작한다. 민수가 동식이와 친하게 지내려고 하자 민수의 친구 인국이가 심술을 내고, 민수만 외톨이가 되어 버린다. 2박 3일의 체험 학습을 가게 된 민수는 인국이는 물론 동국이와 화해할 전략을 짜게 된다.

이 책은 같은 반 아이들에게 멧돼지라고 불리는 고집불통 동식이와 민수가 우정을 쌓아 가는 과정을 부산 사투리로 풀어 가고 있다. 교통사고로 한 쪽 다리를 잃은 동식이의 마음을 열고 친구가 되어 가는 갈등과 화해의 과정을 재미있게 그려 내고 있는 성장소설로, 친구 사이에 생길 수 있는 갈등과 화해를 통해 소중한 우정에 대해서 깨닫도록 돕는 책이다.

아주 특별한 우리 형

-고정욱/송진헌 그림/대교출판/2002/164쪽-고

갑자기 나타난 장애아 형 종식이 때문에 갈등을 겪으며 방황하던 동생 종민이가 형의 존재를 인정하고 받아들이게 되는 과정이 섬세하고 설득력 있게 그려지는 성장소설이다.

초등학교 3학년이 되도록 외아들인 줄 알고 있었던 종민이는 자기에게 장애인 형이 있다는 사실에 당황한다. 뇌성마비를 앓고 있는 종식이는 친척 할머니의 도움으로, 가족과 떨어져 살고 있었지만 그 할머니께서 돌아가시면서 부모님의 집으로 돌아오게 된 것이다. 형을 감싸는 부모님이 미워서 가출까지 하는 종민이. 그리고 갈등하는 동생 종민이를 지켜보는 형 종식이의 아픈 마음. 힘든 가족을 걱정하는 종식이의 진실을 보게 된 동생 종민이는 마음의 벽을 허물고 종식이를 형으로 받아들이게 된다.

사실감 있는 내용전개와 주인공이 겪는 갈등에 대한 섬세한 심리 묘사가 돋보인다. 장애인문제에 관심을 갖게 하면서 장애인에 대한 편견을 없애 주는 책이다.

알리체의 일기 : 행복을 전염시키는 아이

-알리체 스투리알레/이현경 옮김/비룡소/2001/320쪽-고

척수성 근위축증이라는 병으로 열두 살에 생을 마감한 이탈리아의 어린이 알리체 스투리알레가 쓴 글 모음집이다. 책은 알리체가 쓴 일기와 시, 감상문 등 여러 가지 글들을 함께 묶었다. 글은 밝고 자신만만하며 명랑한 알리체의 생각이 그대로 전해져 온다. 아주 가끔씩 자신이 가진 장애로 인해 슬퍼하기도 하지만, 그 감정들을 마무리하는 마음 씀씀이까지도 대견스럽게 적고 있다.

항상 휠체어와 허리를 고정하는 교정기를 착용해야 했던 알리체였지만, 이 책이 그런 병마와 싸우는 알리체의 심정을 고백하는 글은 아니다. 그보다는 또래의 아이들이 생활하고 느끼는 일상에 대한 기록에 가깝다. 부모님이나 가족들에 대한 사랑, 친구들과의 우정, 이성에 대한 호기심, 자신에 대한 반성과 희망 등을 솔직하게, 그러나 가지런히 정리된 문체로 이야기한다. 장애인 아이가 비장애인 아이와 전혀 다르지 않다는 것을 일깨워 주는 책이다.

우리 아빠

-고정욱/신민재 그림/시공주니어/2004/90쪽-저

진수가 다니는 미송 초등학교에서는 해마다 마라톤 대회가 열린다. 올해 대회에서 부모님과 함께 달린 입상자에게 준다는 전자사전이 진수의 관심을 끈다. 그러나 진수네 아빠는 어릴 적 앓은 소아마비로 휠체어를 타고 다니는 장애인. 진수는 아빠가 가장으로서 부족함이 없지만 자신과 함께 달려 주지도 못하는 반쪽짜리 아빠라고 생각한다. 마라톤대회 날, 진수는 무거운 발걸음으로 마라톤 대회장인 미송 공원으로 향한다. 그런데 놀랍게도 아빠가 경주용 휠체어를 타고 미송 공원에 와 있다. 아빠는 경주용 휠체어로 마라톤 행렬에 동참하고 진정한 완주를 위해 다른 사람의 도움 없이 역경을 딛고 골인한다. 이런 아빠의 모습을 지켜본 진수는 아빠를 이해하고 자신감을 갖게 된다. 장애인 부모를 둔 아이의 심정과 부모의 심정이 잘 표현되어 있는 책이다.

히나코와 걷는 길

-오카다 나오코/노석미 그림/고향옥 옮김/보림/2006/96쪽-저

몸이 불편한 아이가 전학을 와서 같은 모둠의 친구들과 진실한 우정을 만들어 가는 이야기다.

히나코는 다리를 저는 신체장애가 있다. 새 학교로 전학한 첫날 히나코는 모둠 중 제일 숫자가 적은 3모둠에 들어간다. 선생님은 히나코가 몸이 불편하니 잘 도와주라고 하지만 모둠장 코바는 히나코를 안타깝게 여기며 도와주려 하지 않고 다른 친구들을 대하듯 거침없이 다가간다. 전 학교에서 왕따의 경험으로 위축되고 경계심을 놓지 않던 히나코와 모둠 아이들은 코바 때문에 함께 등하교를 하게 된다. 히나코를 호기심으로 바라보던 모둠 친구들은 부축하거나 대신해 주는 일은 별로 하지 않지만, 함께하기 힘든 비치 볼 배구나 등산을 할 때, 어떤 방법으로든 히나코를 끼워 주며 함께 움직인다. 그러는 과정에서 히나코와 친구들은 조금 느리고 불편해지더라도 장애를 가진 아이와 무엇이든 함께할 수 있다는 것을 깨달으며 성장해 간다.

장애아를 대하는 비장애아들의 다양하고 현실적인 반응을 있는 그대로 보여 주면서 장애를 가진 친구를 대하는 바람직한 태도는 무엇인지 깊이 생각해 볼 기회를 마련해 주는 책이다.

2. 학교

2.1 학교부적응/발표

나 학교 안 갈래

-미셸린느 먼디/R. W. 앨리 그림/노은정 옮김/비룡소/2003/36쪽-저

아이들이 처음 경험하는 작은 사회 집단인 학교는 어른들이 생각하는 것처럼 그렇게 만만한 곳이 아니다. 집과 유치원과 다르게 학교는 왠지 무섭게 느껴진다. 유치원과는 비교할 수 없는 규칙들이 많고 해야 할 의무도 많기 때문이다. 특히 규율과 통제, 책임과 조화 등의 가치에 낯선 아이들은 학교생활에 흥미를 잃어 학교에 가기 싫어하게 될 수도 있다.

이 책에서는 그런 아이들에게 학교에 왜 가야 하는지를 먼저 설명해 주고, 선생님, 친구들, 선배들과 어떻게 지내야 하는지를 알려 준다. 그리고 학교가 즐거운 곳이라는 생각을 심어 준다. 물론, 자신을 괴롭히는 친구가 있을 수 있고, 사소한 갈등들이 생길 수 있고, 공부가 따라가기 힘들 수도 있다. 이런 문제들을 스스로의 결정으로 해 나갈 수 있도록 요령과 용기를 함께 가르쳐 준다.

난 학교 가기 싫어

-로렌 차일드/조은수 옮김/국민서관/2003/30쪽-저

유치원이나 학교에 가기 싫어하는 아이에게 학교는 왜 가야 하는지, 낯선 곳에 적응하려면 어떻게 해야 하는지 등을 아이의 눈높이에 맞게 전달하면서 학교에 대한 호감과 흥미를 갖게 하는 그림책이다.

학교에 갈 나이가 된 롤라는 자기가 아직 키도 작고, 학교에 갈 시간이 없는 데다 집에서 할 일이 많아 학교에 가기를 싫어한다. 학교에 가면 코끼리를 100마리까지 셀 수 있고, 산타할아버지에게 편지를 쓸 수 있게 글자도 배운다며 꼬드기는 오빠 찰리. 교복을 입어야 하고 혼자서 도시락을 먹어야 하는 게 싫다는 롤라에게 찰리는 또 의젓한 해결책을 제시해 준다. 학교에 간 첫날, 오빠는 롤라 걱정에 안절부절못하는데, 정작 롤라는 친구와 손을 잡고 즐겁게 집으로 뛰어 들어온다.

옷감과 벽지를 이용한 콜라주 그림들이 아이들의 시선을 끌며 책 읽는 재미를 더해 준다.

선생님, 이야기하고 싶어요

-하이타니 겐지로/하야가와 슈헤이 그림/오근영 옮김/동연어린이/2004/46쪽-저

울보 학생과 울보 선생님이 만나 서로 격려하면서 자신감을 찾아가는 이야기가 담긴 그림책이다. 소심하고 수줍기만 한 아이 이츠코는 말을 하고 싶지만 말을 하려고 하면 목이 막히고 울음부

터 나온다. 그런 이츠코 앞에 울보 선생님 이쿠코가 나타난다. 이쿠코 선생님은 유치원 친구 고지의 고집을 꺾지 못하고 오히려 선생님이 울먹거릴 정도로 마음이 여리다. 이츠코는 작은 일에도 금세 눈물이 고이는 이쿠코 선생님이 어른답지 않다고 생각하지만 그런 모습 때문에 선생님이 좋아진다. 그리고 선생님을 돕고 싶은 마음에 이츠코는 용기를 내어 이야기를 꺼낸다.

눈물을 가득 머금은 눈과 부르르 떠는 모습이 단순하게 묘사되는 그림과 간결한 글의 배치가 울음을 터뜨리기 직전 아이들의 감정상태를 실감나게 전달하면서 아이들의 공감을 끌어낸다.

왜 학교에 가야 하나요?

–하르트무트 폰 헨티히/강혜경 옮김/비룡소/2003/164쪽–고

어린이의 눈높이에서 '학교'와 '배움의 즐거움'을 알려 준다. 교육학을 전공한 뒤, 대학에서 학생들을 가르치다가 은퇴한 노교수는 초등학교에 다니고 있는 어린 조카 토비아스로부터 "왜 학교에 가야 하나요?"라는 질문을 받는다. 그는 스물여섯 통의 편지를 통해 학교에 다녀야 하는 이유를 알려 준다. 학교에서는 새로운 것에 도전하는 법을 배우고, 자신과 다른 사람을 이해하는 방법을 배우는 곳임을 깨닫게 하고, 학교폭력, 입시위주의 교육, 따돌림 등 현대 학교가 가진 문제 때문에 학교에 가고 싶지 않은 아이들에게 대처법을 알려 준다. 학교는 항상 옳을 수만 없다. 그럼에도 불구하고 어린이들이 학교에 가야 하는 이유는 '학교는 우리의 경험을 해석하고 보충'해 줄 수 있는 수업 시간이 있기 때문이다.

제닝스는 꼴찌가 아니야

–앤터니 버커리지/최정인 그림/햇살과나무꾼 옮김/사계절/2004/252쪽–고

매끄러운 이야기 전개와 탄탄한 구성이 돋보이는 작품이다. 사건들이 서로 밀접하게 연관되어 이어지며, 아이들의 수준에 맞는 이야기가 설득력 있게 전개된다.

제닝스와 다비셔의 엉뚱하고 발랄한 소동들은 완벽한 이야기 구성 속에서 톡톡 튀는 개성을 발휘하며 독자들의 시선을 한시도 놓치지 않게 만든다. 제닝스는 온갖 말썽이란 말썽은 다 일으키고 다니는 인물이며, 친구 다비셔는 소극적이고 숫기가 없는데도 늘 제닝스와 함께 다니며 말썽의 보조 역할을 한다.

아이들의 눈높이에 딱 맞는 익살스러운 에피소드들이 읽는 독자로 하여금 웃음을 자아내게 한다. 또래 아이들이 학교생활을 하면서 나누는 우정과, 때로는 엄하지만 늘 학생들을 위하는 선생님들의 마음씨가 따뜻하게 그려져 있다.

칠판 앞에 나가기 싫어!

–다니엘 포세트/베로니크 보아리 그림/최윤정 옮김/비룡소/2003/28쪽–저

에르반은 목요일이면 아침마다 배가 아프고 학교에 가기 싫다. 부모님은 학교에 가기 싫어 꾀병을 부린다고 알고 계신다. 하지만 그건 아니다. 다만 목요일은 선생님이 아이를 한 명씩 칠판 앞에 불러서 문제를 풀게 한다. 에르반은 칠판 앞에 나가는 것이 두렵고 떨린다. 칠판 앞에만 나가면 그동안 외웠던 모든 것을 다 잊어버린다. 아이들이 자신만 보고 있는 것도 싫다. 오늘은 목요일, 아이는 엉거주춤 학교로 간다. 그리고 선생님에게 걸리지 않으려고 애를 쓴다. 다행히 오늘은 선생님이 아니라 다른 선생님이 수업을 하신다. 어, 그런데 새로 오신 선생님도 얼굴이 빨갛게 달아오르고 손수건을 비비꼬꼬 계신다. 선생님도 긴장을 하신 모양이다. 에르반은 갑자기 자신감이 생긴다. 선생님의 '누가 나와서……' 하는 소리에 자신 있게 손을 들고 칠판 앞으로 나간다. 그리고 자신이 알고 있는 구구단을 외운다.

소심한 마음을 극복하는 과정이 어떤 훈련이나 어른의 가르침을 통해서가 아니라 다른 사람을 도와주고 싶은 마음에서 이루어진다는 이야기가 감동적이다.

틀려도 괜찮아

–마키타 신지/히세가와 토모코 그림/유문조 옮김/토토북/2006/32쪽–저

아이들에게 동요처럼 리듬감 있는 문장과 친근감이 느껴지는 그림으로 발표에 대한 자신감을 심어 주는 그림책이다. 내성적이고 소심한 아이들은 발표시간을 두려워하며 움츠러들게 마련이다. 이런 아이들은 혹시 십중팔구는 틀린 답으로 망신을 당하게 될까 봐 걱정한다. 하지만 "틀려도 괜찮아" 하고 격려해 주는 사람이 옆에 있다면 한결 자신감을 가지고 즐겁게 학교생활을 해 나갈 수 있을 것이다.

교실은 틀려도 괜찮은 곳, 틀리면서 정답을 찾아가는 곳이라고 가르쳐 주는 이 책은 어린이에게 마음을 따듯하게 다독이며 자신감과 용기를 북돋아 준다.

하늘을 나는 교실

–에리히 캐스트너/김경숙 그림/황용희 옮김/지경사/2001/204쪽–고

학교 기숙사를 배경으로 정의로운 선생님과 다섯 명의 개성 있는 아이들이 함께 어울리며 우정과 갈등, 어려움을 딛고 일어서는 용기 등을 배워 가는 이야기가 감동적으로 그려지는 명작동화이다.

크리스마스를 앞둔 키르히베르크의 기숙사 학교 김나지움에서는 「하늘을 나는 교실」이라는 연극을 공연하기 위해 모두들 연습에 열중한다. 정의롭고 멋진 뵈크 선생님과 각기 다른 성격을 보이는 마츠, 제바스티안, 마르틴, 요니, 울리 다섯 친구들이 한창 연습을 하던 중에 근처 실업학

교와 감나지움 학생들 간에 한판 큰 싸움이 터진다. 포로가 된 친구를 구하기 위한 소년들의 활약상과 수수께끼의 인물 니히트라우어 아저씨와 유스투스 선생님과의 우정이 멋지게 펼쳐진다.

사춘기 남학생들의 학교생활을 통해 참된 우정과 스승의 도리, 배움의 중요성 등을 생각해 보게 해 주는 책이다.

학교 가기 싫어

-크리스티네 뇌스틀링거/E. 디틀 그림/김경연 옮김/비룡소/2000/62쪽-저

드디어 프란츠도 이제 여덟 살, 학교에 가게 되었다. 하지만 기대했던 것만큼 학교생활이 재미있는 것 같지는 않다. 학교에는 무뚝뚝한 선생님과 프란츠의 적 에버하르트가 있기 때문이다. 항상 짧게 "앉아, 조용히 해." 명령만 하는 무뚝뚝이 선생님과 날마다 프란츠를 골리는 재미로 사는 에버하르트, 하지만 프란츠는 그들과 잘 지낼 수 있는 방법을 생각해 낸다. 독일 노르트라인 베스트팔렌 주 어린이책 수상작이다.

학교 가기 싫을 땐 이렇게 해봐

-롤랑 벨레 · 베르나데트 코스타/이효숙 옮김/을파소/2004/144쪽-저

어린이들이 학교에서 부딪히는 많은 문제들에 대해 현실적인 조언을 해 준다. 숙제, 성적, 공부, 친구관계, 선생님과의 관계, 괴롭힘, 따돌림, 진학문제 등 문제를 세분화해서 해결 방법들을 실었다. 문제의 원인에 대해 먼저 짚어 주고, 상황별로 어떻게 대처해야 할지를 알려 준다. 학교라는 작은 사회는 어린이들에게 각별한 의미가 있다. 학업의 장이자 놀이의 장이고 관계의 장이기 때문이다.

학교생활을 시작하면서 집을 떠나게 된 아이들의 관심사는 온통 학교에서 벌어지는 일들에 집중된다. 친구들과 선생님, 공부와 미래에 대한 관심 등 자신과 타인의 존재에 대해 눈을 뜨고, 조직과 사회를 대면하게 되는 시점이기 때문이다. 그러다 보면 자연스레 집에서는 겪을 수 없었던 다양한 문제에 부딪히게 마련이다. 이 책은 고민을 들어주고 위로해 주는 친구처럼 다정하면서도 유쾌하게 문제를 풀어 나간다. 지은이는 프랑스 정신분석 전문의이자 아동심리 전문의이다.

2.2 선생님

고맙습니다, 선생님

-패트리샤 폴라코/서애경 옮김/아이세움/2001/36쪽-저

이 책은 헤쳐 나가야 할 일이 많은 삶에서 버팀목이 되어 주던 귀한 스승에 대한 감사와 이미 익숙해져 버린 일들에 대한 고마움을 다시 깨닫게 하는 이야기다.

주인공 트리샤는 책의 글자 모양을 볼 수 있을 뿐, 읽을 수 없다. 그러나 트리샤는 글자가 아닌 낱말과 문장의 세계에 들어가는 데 성공한다. 애정과 믿음, 끈기를 가진 흔치 않은 스승 폴커 선생님 덕분이다. 드디어 책을 읽을 수 있게 된 트리샤의 모습 위로 수많은 별들이 쏟아진다. 글자를 읽는다는 것이 너무나 당연해진 지 오래된 지금에 와서 책을 읽는다는 것은 일상의 한 부분일 뿐 그 자체로서는 특별한 감동이 되지 않는다. 그러나 이 책은 이러한 일상에 커다란 감사의 인사를 던지게 한다. 글을 읽을 수 있다는 것은 다른 세계를 만날 수 있다는 의미이고, 무언가를 새로 알아 간다는 것이 얼마나 즐거운 일인지를 다시 새기게 하기 때문이다.

나쁜 어린이표

–황선미/권사우 그림/웅진닷컴/1999/96쪽–저

아무리 개구쟁이고 말썽꾸러기 아이라도 친구들 앞에서는 대장 노릇도 하고 싶고 무슨 대회에 나가면 상도 받고 싶고 선생님께 칭찬도 받고 싶다. 그런데 하는 일마다 꼬이고 별로 잘못하지도 않은 것 같은데 선생님으로부터 자꾸 꾸중을 듣는 아이의 마음은 어떠할까. 이 책은 이런 어린이의 이야기를 그려 낸 생활 동화다.

초등학교 3학년인 건우는 잘못한 일을 했을 때 받는 노란색 표를 자꾸만 받게 된다. '내가 한 일도 아닌데 선생님은 나만 미워해.' 결과만을 보고 판단하는 선생님에 대해 건우도 자신만의 '나쁜 선생님 표'를 만든다. 선생님의 관심을 받고 싶어 하는 아이들의 심리와 학교 현장을 생생하게 표현했다.

우리 선생님 최고

–하이타니 겐지로/햇살과나무꾼 옮김/논장/2006/208쪽–고

'신바람 똥싸개'라는 별명을 가진 젊은 선생님과 4학년 3반 아이들이 서로 이해하고 보듬어 가면서 함께 성장해 가는 모습이 사실감 있게 그려지는 이야기다.

4학년 3반 아이들은 아무리 아파도 학교에 나온다. 집보다 학교가 더 좋기 때문이다. 또 쓸쓸하거나 울적할 때면, 어김없이 담임선생님 집으로 찾아간다. 선생님은 싸움에 진 아이들에게는 킥복싱을 가르쳐 준다. 그리고 화가 나면 '에잇, 이 똥싸개야!' 하고 호통을 치신다. 실제로도 5연발 방귀를 뿡뿡 뀌어 사람을 깜짝깜짝 놀라게 하기도 한다. 하지만 마냥 즐거워 보이는 선생님한테도 말 못할 고민이 있고, 아이들은 그런 선생님을 통해 스스로의 고통과 외로움을 이겨 나가는 법을 배워 간다. 5개의 에피소드로 구성된 이 책은 선생님과 학생들, 친구 간의 우정과 진지한 삶의 자세를 전하고 있다.

선생님에게 마음껏 장난치고 스스럼없이 자신의 감정을 이야기하는 아이들과 그 장난을 받아 주고 아이들과 동등한 위치에서 함께 놀아 주는 선생님의 모습이 아이들의 마음을 따듯하게 해

준다. 아이들에게 있어서 선생님의 중요성, 또 선생님에게 있어서 아이의 역할의 중요성을 생각하게 만드는 책이다.

우리 선생님 폐하

-수지 모건스턴/카트린 르베이를 그림/이은민 옮김/비룡소/1999/50쪽-저

정년퇴직을 앞둔 선생님의 교육에 대한 쉼 없는 애정과 아이들에 대한 사랑이 감동적으로 그려지는 그림책이다.

삭막한 미모사 시 한가운데 있는 미모사 초등학교. 이 학교에서 유일하게 아름다운 교실이 있다. 마치 초록 섬과도 같은 이 교실은 얼마 안 있으면 '정년퇴직'을 맞게 되는 스틸리아노 선생님의 교실이다. 아이들을 위한 참교육에 힘써 온 선생님은 10개국에서 이민 온 반 아이들에게는 여왕이나 다름없다. 정년퇴직하는 날, 스틸리아노 선생님은 학교와 아이들 곁을 떠나지 않기로 결심한다.

아이들을 사랑하는 선생님과 그 선생님을 존경하고 따르는 아이들의 이야기가 마음을 따듯하게 만들면서 선생님께 고마움을 느끼게 한다.

조커, 학교 가기 싫을 때 쓰는 카드

-수지 모건스턴/미레유 달랑세 그림/김예령 옮김/문학과지성사/2000/74쪽-저

기발한 아이디어로 아이들에게 교과서에서는 결코 배울 수 없는 가르침을 주는 할아버지 선생님의 이야기다. 새 학기 첫날, 주름투성이에다 배가 공만 하고 흰머리가 사방으로 뻗쳐 있는 담임 선생님은 아이들에게 카드 한 꾸러미씩을 나누어 준다. 그런데 그 카드는 보통 카드가 아니었다. 카드놀이를 하다가 궁지에 몰렸을 때 쓰는 조커카드들이었는데, 학교에 가고 싶지 않을 때 쓰는 조커, 숙제한 것을 잃어버렸을 때 쓰는 조커, 벌을 받고 싶지 않을 때 쓰는 조커 등 아이들이 평상시에 숨겨 놓았던 마음들을 대변하는 카드들이었다. 아이들은 당황하면서도 무척 흥분한다. 마침내 수업시간에 조커를 내고 노래를 맘껏 부른 샤를르를 시작으로, 춤을 추기도 하고 학교를 지각하기도 하면서 자연스럽게 수업시간이나 학교 가는 것이 꽤 재미있다는 생각을 하게 된다.

또 카드를 쓰는 것뿐 아니라 항상 새롭고 기발한 발상으로 깜짝 놀라게 만드는 선생님의 독특한 수업방식은 아이들이 어느새 학교에 있는 것이 집에 있는 것보다 훨씬 즐겁다는 생각을 하도록 만든다. 하지만 선생님의 새로운 교육법은 완고하고 꽉 막힌 교장선생님의 노여움을 사고, 마침내 선생님은 학교를 그만두기에 이른다. 아이들은 선생님에게 선물을 한다. 마치 한 학기 동안 모든 것을 선물로 받은 대가를 드리듯이. 그 선물의 내용은, 행복하고 영예로운 은퇴생활을 위한 조커였다.

프린들 주세요

–앤드루 클레먼츠/양혜원 그림/햇살과나무꾼 옮김/사계절출판사/2001/154쪽–고

늘 기발한 생각을 하는 닉이 새로운 말을 만들고 사용하면서 벌어지는 소동과 닉의 행동을 못마땅해하는 그레인저 선생님과의 갈등과 화해가 감동적으로 펼쳐지는 이야기다.

닉은 '프린들' 이라는 말을 만들어서 '펜' 이라는 단어 대신 사용하기로 했다. 금빛 볼펜을 주워 친구에게 주면서 "자, 프린들" 이라고 말한 게 전국을 뒤흔든 '프린들 사건' 의 시작이었다. 교장 선생님은 '프린들이라는 말을 쓰면 벌을 주겠다' 는 경고문을 붙이고, 완고한 그레인저 선생님은 닉에게 방과 후에 남아서 반성문을 쓰게 한다. 그리고 닉은 그레인저 선생님과 '프린들' 이라는 단어 때문에 10년 전쟁을 벌이게 된다. 언어와 독서의 중요성을 강조하는 그레인저 선생님은 앞에서는 닉을 야단치면서도, 뒤에서는 프린들이란 말이 퍼지도록 조용히 응원해 준다. 훗날 그레인저 선생님이 '총명한 학생들이 교실에서 배운 생각을 받아들여 세상 속에서 실험하는 기회' 라고 생각하고, 프린들과 맞서 싸우는 악역을 자처했다는 사실이 밝혀지면서 닉은 선생님께 진심으로 감사하는 마음을 갖게 된다.

어린이에게 선생님의 사랑을 깨닫게 하고 선생님과 부모님들에겐 아이들이 고정관념에 얽매이지 않고 상상력을 맘껏 키울 수 있도록 돕는 방법을 생각하게 해 준다.

3. 대인관계

3.1 친구

깡딱지

–강무홍/양혜원 그림/사계절/2001/154쪽–고

초등학교 4학년 남자 아이들의 우정을 섬세하게 그렸다. 인우는 부푼 마음으로 4학년을 시작했지만 옆자리에 앉은 짝, 한수가 영 마음에 들지 않는다. 작고 까무잡잡한 얼굴에 무표정한 표정, 어딘지 어둡고, 쉽게 친해지기 어려운 아이 같다. 게다가 소문에 의하면 주먹대장으로 소문난 싸움꾼이라고 한다. 하지만 어느 비 오는 날 인우가 선도부 형한테 붙잡혀 곤욕을 치를 때 한수의 도움을 받고부터는 어쩐지 한수랑 친해질 수 있을 것 같은 느낌을 받는다. 이때부터 착하고 꾸밈없는 인우, 싸움꾼으로 보이지만 사실은 마음이 한없이 여리고 친구를 그리워하는 한수, 밝고 명랑한 대희, 이렇게 삼총사의 우정이 시작된다. 아무것도 아닌 일에서 마음을 터놓는 친구가 되는가 하면, 반대로 작은 일에도 큰 상처를 받는 아이들의 심리가 정교하게 묘사되었다.

나랑 친구 할래?

–크리스틴 A. 애덤스/R. W. 앨리 그림/노은정 옮김/비룡소/2006/36쪽–저

친구 사귀는 데 어려움을 겪거나 함께 어울리지 못하는 아이들을 위해 친구를 사귀는 방법들을 가르쳐 주는 그림책이다. 어린이들에게 친구 사귀는 것을 어렵게 생각하지 말고 먼저 인사를 건네고, 칭찬을 하며 다가가라고 격려하면서 친구와 싸웠을 때, 친구가 나쁜 일을 함께 하자고 할 때 등의 경우에 대처하는 방법도 자세하게 알려 준다.

어린이들에게 친구 사귀는 법과 우정을 키워 나가는 법을 가르쳐 주면서, 친구의 소중함을 깨닫고 부족한 사회성을 함양할 수 있도록 도와준다.

난 너랑 친구가 되고 싶어

–엘렌느 바숑/야요 그림/이경혜 옮김/중앙출판사/2001/46쪽–저

소메르세는 같은 반 아이 고드프로이와 친구가 되고 싶어 한다. 그래서 교실에서 어릿광대짓도 해 보고, 복도에서 길을 막고 서 있기도 하고, 열심히 공부해서 좋은 점수를 받기도 한다. 그러나 고드프로이는 여전히 소메르세에게 관심이 없다. 소메르세는 궁리 끝에 고드프로이와 함께 자전거를 타러 가기로 한다. 그런데 이게 웬일! 갑자기 나타난 등에 때문에 소메르세는 고드프로이에게 침을 뱉게 되고 사이는 다시 멀어진다. 사과하러 가지만 또 다른 사고가 일어나기도 한다. 그러나 소메르세는 포기하지 않고 친구가 되기 위한 방법을 계속 생각해 본다. 우정이 어떤 것이며, 좋은 친구가 된다는 것은 과연 어떤 의미인지 다시 생각해 볼 수 있게 해 주는 동화이다.

내 친구 네이선

–메리 바/케런 A. 제롬 그림/신상호 옮김/동산사/2005/36쪽–저

이 책은 지은이가 조카인 잭을 생각하며 쓴, 사실에 바탕을 둔 작품이다. 지은이는 잭이 가장 친한 친구의 죽음으로 인해 감당해야 할 슬픔을 헤아리다 이 한 편의 작품을 완성했다고 한다. 이 작품에서 돋보이는 점은 잭이 자신의 감정을 격렬하게 쏟아 내며 이야기를 시작하는 첫 부분으로, 읽는 이들로 하여금 잭의 슬픔을 함께 느끼도록 한다. 하지만 이 작품에는 단지 '슬픔' 만 있는 것은 아니다. 친구들 간의 우정과 즐거움이 있으며, 네이선을 대신할 수는 없지만 새로운 친구를 찾아가는 과정도 있다. 사려 깊은 선생님과 친구들이 함께 만드는 추억 상자를 통해 천천히, 아주 천천히 잭의 상처는 아물어 가기 시작한다.

내 친구 비차

–니콜라이 노소프/엄순천 옮김/사계절/2004/290쪽–고

러시아의 아동문학가 니콜라이 노소프의 대표작이자 소비에트 연방공화국 국가상을 수상한

작품이다. 수학에서 낙제 점수를 받은 비차의 아기자기한 학교생활과 일상이 유쾌하게 펼쳐진다. 수학을 싫어하는 비차는 새 학기 첫날부터 구구단을 까먹었다고 선생님에게 혼이 난다. 수업 중에 문제를 풀 때는 친구들이 몰래 가르쳐 주기만을 기다리고, 심지어 다른 친구들의 수학 숙제를 베끼기도 한다. 이런 비차의 행동은 학교 벽신문에 실리고, 비차는 망신을 당한다. 수학 공부를 열심히 하려는 비차의 노력은 눈물겹다. 하지만 비차의 마음은 언제나 축구장을 달리고 있다. 마음이 다른 곳에 가 있으니 공부가 되지 않는 것은 당연한 일이다. 친구를 경쟁자로 생각하는 요즘 아이들과 달리 비차와 반 아이들은 친구를 도와주는 데 인색하지 않다. 아이들의 아름다운 우정이 끝까지 흐뭇하게 미소 짓게 하는 이야기다.

너무 친한 사이인데

-크리스 도네르/미셸 게 그림/최윤정 옮김/문학과지성사/2003/56쪽-저

부잣집 아이 시도니와 가난한 아랍 아이 알리마가 나누는 우정과 갈등, 화해의 과정이 섬세하게 묘사되면서 여자 아이들의 우정에 대해 생각해 보게 해 주는 그림책이다.

시도니와 알리마는 단짝 친구지만, 작은 사건으로 우정에 금이 가게 된다. 알리마의 감자튀김을 시도니가 아무 말 없이 다 먹어 버렸기 때문이다. 남자 아이라면 알리마가 왜 화를 냈는지 결코 이해할 수 없지만, 여자 아이들은 알리마가 이해하지 못한 세 가지 의문에 공감할 수 있다. 부잣집 아이 시도니와 가난한 아랍 아이 알리마는 단짝으로 어울리면서 처음엔 자신들이 처한 환경에 대한 차이를 느끼지 못한다. 그러나 감자튀김 사건으로 알리마는 자신이 초라하고 가난한 아이라는 것을 깨닫게 된다.

서로 다른 처지의 두 친구가 싸우고 화해하며 어울리는 모습에서 우정의 진정한 의미를 깨닫게 될 것이다.

넌 아름다운 친구야

-원유순/김상섭 그림/푸른책들/2001/204쪽-고

5학년 미우는 자신의 할아버지와 아버지가 한센병(문둥병) 환자였다는 것을 전혀 모르고 있었다. 할아버지의 상처는 큰 불이 났을 때 생긴 것이라고만 알고 있을 뿐이었다. 그러나 같은 반 친구 형준이를 통해 자신의 가족이 한때 한센병 환자였다는 것을 알게 되고, 반 아이들은 미우를 은근히 멀리한다. 늘 혼자 외롭던 미우에게 어느 날 전학 온 정민이 나타나게 되고 둘은 금방 친구가 된다. 서로의 마음을 알아주며 아픔을 감싸 주는 미우와 정민의 아름다운 우정 이야기를 담고 있다.

마음을 열어 자신이 지닌 사랑을 기꺼이 내어줄 수 있는 사람이라면 누구나 다 '아름다운 친구'가 될 수 있다. 자신의 모습과 입장이 조금 다르더라도 서로 이해하는 마음을 배울 수 있다.

비밀의 화원

–프랜시스 호즈슨 버넷/공경희 옮김/시공주니어/2002/408쪽–고

버릇없고 고집스러운 고아 소녀가 아름다운 정원과 인정 많고 순박한 사람들 덕분에 새로운 모습으로 다시 태어나고, 자기 자신뿐만 아니라 사촌, 고모부, 비밀의 뜰까지 변화시키는 이야기가 감동적으로 펼쳐지는 명작동화이다.

인도에 살던 버릇없고 고집스러운 아이 메리는 전염병으로 부모를 잃고, 고모부가 사는 영국의 미셀스와이트로 오게 된다. 메리는 그곳에서 요크셔 사투리를 심하게 쓰는 활달한 하녀 마사를 만나고 마사 덕분에 황무지의 매력을 발견하면서, 사람과 자연에 대해 조금씩 관심을 갖게 된다. 또한 정원사 벤 웨더스타프 할아버지와 붉은 가슴 울새와 친구가 되면서 점점 더 건강한 아이로 변해 간다. 마사의 동생인 디콘과 친구가 되면서 자연을 사랑하는 방법을 배우던 어느 날, 메리는 미셀스와이트에 아무도 들어갈 수 없는 뜰이 있다는 걸 알게 된다. 그 곳은 콜린의 엄마가 사랑하던 뜰인데, 부인이 세상을 뜨자 메리의 고모부인 크레이븐이 문을 닫고 열쇠를 몰래 숨겨 놓은 것이다. 붉은 가슴 울새의 도움으로 비밀의 뜰과 열쇠를 찾게 된 메리는 디콘과 함께 그 뜰을 가꾸기 시작한다. 한편, 메리는 병약해서 골방에 갇혀 지내던 사촌 콜린을 만나 콜린과도 친구가 된다. 그리고 디콘과 함께 콜린을 비밀의 뜰로 데리고 나와 걸을 수 있다는 용기를 주자 콜린은 기적처럼 비밀의 뜰에서 걷게 된다. 여행에서 돌아온 크레이븐 씨는 비밀의 뜰에서 활발하게 놀고 있는 세 아이들과 만나게 된다.

자기밖에 모르던 메리와 콜린이 서로를 의지하면서 건강하게 성장해 가는 모습이 감동을 준다.

우리반 깜띠기

–권민수/강효숙 그림/대교출판/1996/230쪽–고

이 책은 얼굴이 까맣다고 해서 '깜띠기' 라는 별명을 얻은 촌아이 장우를 통해 본 아파트 마을 아이들과 뚝방 판잣집 아이들의 갈등과 화해를 그린 장편 창작동화이다. 부모님이 돌아가신 후 큰아버지를 따라 서울로 전학 온 장우는, 전학 오자마자 깜띠기라는 별명까지 얻고, 단번에 반 아이들을 사로잡는다. 하지만 모두 같은 반 친구들이라고 생각하고 있는 깜띠기와는 달리 아파트에 살고 있는 아이들과 뚝방 판잣집에 살고 있는 아이들이 둘로 갈라져 서로 보이지 않는 마음의 벽을 쌓아 가고 있다는 것을 발견하게 된다. 쪽지 시험, 단체 기합 등 끊이지 않고 일어나는 사건으로 점점 커져만 가는 반 친구들의 갈등은 마침내 아파트 마을 어른들과 뚝방 어른들 사이로까지 번져 간다. 그러나 장우는 쪽지 시험을 보다 뚝방 아이들을 위해 억울하게 누명을 쓰면서까지 반 친구들을 화해시키기 위해 노력한다. 마침내 개발이라는 이름 아래 뚝방 판잣집들이 하나 둘씩 철거되기 시작하고, 뚝방 친구들은 마을과 학교를 떠나게 되는데 그제야 5학년 4반 아이들은 자신들의 마음속에 자라나는 우정의 싹을 발견하게 된다.

이웃집 영환이

-남상순/이상권 그림/사계절/2005/188쪽-고

이웃해서 살고 있는 두 남자 아이가 단짝 친구가 되어 어울리다가, 사소한 문제로 어긋나는 과정과 화해 등을 섬세한 문체로 생생하게 그려 낸 이야기다.

영환이가 현수네 옆집으로 이사를 오면서 언제나 짝궁처럼 함께 다니는 단짝 친구가 된다. 학교도 같이 가고, 학원 끝나면 같이 놀고, 그렇게나 갖고 싶었던 토끼를 사러 갈 때도 같이 간다. 모란시장까지 가서 사 온 토끼 네 마리를 두 마리씩 나누어 기르게 된 현수와 영환이. 그런데 넓은 마당에 토끼집을 만들어 키운 영환이네 토끼와는 다르게 종이 상자 안에서 키우던 현수네 토끼는 며칠 사이 그만 죽고 만다. 평소 영환이 아버지가 영환이를 따뜻하게 안아 주는 모습을 보면서 아버지의 빈자리를 느끼던 현수는, 영환이네 토끼가 부러워 토끼를 커다란 개 장군이 앞에 내놓는다. 다행히 장군이는 토끼를 다치게 하지 않고 잘 쓰다듬어 주지만 영환이와 현수의 사이는 멀어져 버리고 만다. 영환이네가 이사 가는 날, 영환이는 현수에게 좋은 친구로 지내자면서 토끼를 부탁한다.

아이들의 이기적인 심리와 경쟁심으로 인한 갈등을 솔직담백하게 풀어내며 친구의 의미를 다시 생각하게 만든다.

조지와 마사

-제임스 마셜/윤여림 옮김/논장/2003/46쪽-저

조지와 마사, 두 친한 친구의 일상생활을 보여 주면서 아이들에게 진정한 우정을 깨닫게 해 주는 그림책이다.

마사는 완두콩 수프 만들기를 참 좋아한다. 어떤 날은 하루 종일 완두콩 수프를 만든다. 마사의 친한 친구인 조지는 완두콩 수프가 세상에서 제일 싫었지만, 마사에게는 차마 그렇다고 말하지 못한다. 훔쳐보기를 좋아하는 조지는 목욕하는 마사를 훔쳐보다가 다시는 그러지 않기로 한다. 마사가 "친한 친구 사이라도 지킬 건 지켜야 해."라고 말했기 때문이다.

두 하마가 보여 주는 특별한 우정을 통해 친구는 서로에게 용기를 주고, 서로에게 솔직하고, 그리고 예의를 지켜야 하는 존재라는 것을 자연스럽게 배우게 된다. 어린이들이 자신의 친구 관계를 돌아보고 우정의 진정한 의미를 생각하게 해 준다.

짝꿍

-이상현/윤정화 그림/여명미디어/2001/112쪽-저

어느 날 새별이의 엄마가 예쁜 옷을 하나 가져온다. 새별이는 그 옷을 입고 학교에 갔다가 옆반 해맞이에게서 이상한 말을 듣게 된다. 그게 자기 옷이랑 똑같다는 것이다. 둘은 티격태격하게 되고 친구들도 그 사실을 알게 된다. 새별이는 집에 돌아가 엄마에게 그 옷이 어디서 난 거냐고 다시 물어보지만 엄마는 정확하게 말을 안 해 준다. 다음 날 새별이의 엄마가 담임선생님을 만나기 위해 학교에 왔다. 사실은 새별이의 엄마가 해맞이의 집에서 파출부를 하는데, 해맞이의 엄마가 새별이의 엄마에게 그 옷을 준 거였다. 그 사실은 안 새별이는 창피해서 학교에 안 가겠다고 하고, 해맞이는 해맞이대로 결석을 한다. 그러나 선생님의 배려로 결국 모든 일은 잘 마무리되고 두 사람은 새로운 친구가 된다.

친구하고 싶은 아이로 바꿔주는 책

-호원희/김상균 · 류효정 · 박정순 그림/세상모든책/2000/72쪽-저

공공장소에서 소란을 피우는 아이, 인사를 하지 않는 아이, 자주 우는 아이, 엄마와 떨어지지 않는 아이 등 사회성과 독립심이 부족한 아이들을 위해 들려주는 이야기로 구성된 책이다. 책의 후반에는 밥을 먹지 않는 아이, 씻지 않는 아이 등 건강한 아이로 키워 주는 이야기도 있다.

이 책은 '해라, 하지 마라' 라는 직접적이고 자극적인 말이 아닌 재미있는 동화를 통해, 아이 스스로 느끼고 자신의 문제행동을 변화시켜 나가도록 이끌어 주는 클리닉 동화의 성격을 지녔다. 동시에 아이를 돌보는 엄마에게도 아이들을 키우는 합리적인 지침서가 된다.

3.2 이성친구

난 키다리 현주가 좋아

-김혜리/남은미 그림/시공주니어/2001/104쪽-저

반에서 두 번째로 작은 승우가 좋아하게 된 친구는 같은 반의 여자 아이들 중 가장 키가 큰 현주이다. 현주에게 다가가기 위해 먹기 싫던 우유도 열심히 마시고 음식도 열심히 먹고, 심지어 키를 크게 하는 한약까지 먹지만 키는 좀체 자라나지 않는다. 게다가 부회장인 기환이가 현주를 좋아한다는 소문까지 퍼진다. 승우는 현주에게 한 발 다가서기 위해 현주가 다니는 학원에 등록하고, 학원이 끝나면 매일 떡볶이를 사 주며 환심을 사려 노력한다. 그러나 그것마저 여의치 않아지자 친구 경태와 의논한 끝에 깜짝 이벤트를 계획한다. 아이들에게 제법 심각한 문제가 될 수 있는 주제를 작은 남자 아이와 큰 여자 아이라는 설정을 통해 재미나게 풀어 나간다. 아이의 일기장을 옮겨 놓은 것처럼 또래 아이의 시선으로 경쾌하게 써 내려가, 깔깔 웃음을 터뜨리게 하는 동화책이다.

내 남자 친구야

-베아트리스 루에/로지 그림/최윤정 옮김/비룡소/1996/28쪽-저

이 책에서는 로리타가 주인공이다. 서커스단을 구경 가게 된 아이들이 버스에 타지 못하고 남

게 되면서 벌어지는 일을 그리고 있다. 이 책의 장점은 무엇보다 아이들의 솔직한 심정을 잘 드러내고 있다는 점이다. 올리비에가 약아서 싫다고 했던 로리타, 하지만 버스에 타지 못한 어려움에 처하고, 함께 상황을 극복하는 과정에서 로리타는 올리비에의 의젓하고 따뜻한 마음을 보게 된다.

아이들은 친구를 사귈 때 나름의 기준이 있다. 그 기준이 때론 흔들리고 바뀌기도 하지만 어쨌든 자기의 기준에 따라서 친구를 고르고 사귀게 마련이다. 어떤 아이는 외모를 보고, 아니면 한 아이의 일면, 드러나는 면모만을 보기도 한다. 로리타 역시 학교에서 잘난 척하는 올리비에를 보고는 싫어하지만 또 다른 상황에서 예상치 못한 태도를 보이는 올리비에에게 관심을 갖게 된다. 자랑스럽게 자기 남자 친구를 소개하는 로리타의 모습에서 조금씩 자라는 아이의 모습을 보게 된다.

루카-루카

-구드룬 멥스/미하엘 쇼버 그림/김경연 옮김/풀빛/2002/152쪽-고

어린 소녀가 이성 친구에게 친구 이상의 감정을 느끼면서 겪는 심리변화와 갈등을 통해, 이성에게 느끼는 아이다운 사랑의 감정을 섬세하게 그려 내면서 아픔을 이겨 내고 성장하는 법을 가르쳐 주는 이야기다.

파니는 아주 오랫동안 알고 지냈고, 끊임없이 알고 지냈지만, 예전까지만 해도 두꺼운 상자처럼 보이던 남자애 루카에게 이성으로 좋아하는 특별한 감정을 느끼게 된다. 파니와 루카의 서로 머리가 뻣뻣한지 부드러운지 만져 보기도 하고, 똑같은 안경을 쓰기도 하면서 단둘만의 특별한 추억을 만들어 간다. 그러나 전학 온 남자 아이와 루카가 어울리게 되면서 둘 사이는 갑자기 멀어져 버린다. 더 이상 여자 아이와는 놀지 않겠다는 루카에게 상처받고 방황하는 파니. 하지만 부모의 관심의 사랑 속에 파니는 더 성숙한 모습으로 제자리를 찾는다.

파니와 루카를 통해 이성 친구 사이에는 무엇에 가슴 설레고 기뻐하게 되는지, 무엇에 상처받고 눈물을 흘리게 되는지, 상한 마음을 다독이며 어떻게 다시 웃으며 일어서는지를 사실적이고 긴장감 있게 그려 내고 있다.

마리가 사랑에 빠졌어요

-브리지트 스마자/세르주 블로흐 그림/주미사 옮김/비룡소/2000/74쪽-저

아이의 심리 묘사에 탁월하다는 평을 받는 브리지트 스마자가 쓴 이 동화는 막 예비 사춘기에 접어든 아이의 심리를 더할 나위 없이 간명하면서도 섬세하게 보여 준다. 아이가 누군가를 좋아한다는 것, 짝사랑한다는 것 역시 하나의 성장과정임을 알게 한다. 이 과정에서 아이가 자신만의 고민을 갖게 되면서 부모에게도 이것저것 숨기는 비밀도 많아지는 모습을 보여 주는데, 이 모습 또한 얼마나 예쁜지 모른다. 아울러 누군가를 좋아하는 마음을 잘 표현하기보다는 오히려 때리고 괴롭혀서 그 맘을 표현하는 아이들의 모습, 열쇠가 달린 비밀 수첩에 좋아하는 사람의 이름을 꾹

꾹 눌러 쓰곤 얼른 감춰 버리는 모습, 자신의 마음을 친구나 엄마에게 들킬까 노심초사인 아이들의 모습 등 누구나 한 번쯤 겪었을 그 시절의 모습을 잘 보여 준다.

멋진 내 남자 친구

-이미애/이은천 그림/계림/2001/176쪽-고

첫사랑에 설레는 아이의 마음이 그대로 드러난 동화이다. 어른들은 아직 어리다고 생각하지만, 좋아하는 이성이 생기고, 어느새 머나먼 미래까지 상상을 펼쳐 가는 아이의 모습이 진솔하게 담겨 있다. 그리고 북받치는 마음을 엄마에게 털어놓고 그 이야기를 진심으로 받아 주는 엄마를 보여 주며, '가족에게는 뭐든지 털어놓을 수 있다' 라고 전해 주는 메시지 또한 건전한 관계 형성에 많은 도움이 될 것 같다. 같은 또래의 아이라면 많은 공감을 할 만한 이야기로, 바다의 웃음과 눈물에 저절로 고개를 끄덕이게 되는 첫사랑 이야기다.

첫사랑

-김선희/마상용 그림/비룡소/2002/182쪽-고

사춘기 소년 소녀가 겪는 풋풋한 사랑이 아름답게 그려지는 이야기다.

서울에서 살던 4학년 훈이는 동네가 재개발되면서 경상도 시골의 낡은 빈집으로 이사 가게 된다. 훈이네 뒷집에는 동네 말썽쟁이 5학년 숙자가 살고 있다. 숙자 아버지는 훈이 아버지가 일하고 있는 돼지 막의 사장님. 하지만 숙자 어머니가 돌아가신 뒤로는 술을 마실 때마다 숙자를 때리곤 한다. 훈이와 숙자는 첫 만남에서부터 서로 부딪히지만 티격태격하고 싸우고 괴롭히며 지내다가 조금씩 조금씩 서로를 이해하게 된다.

서로 다른 성격의 아이들이 만나면서 벌이는 감정의 미묘한 줄다리기는 사춘기에 접어드는 아이들의 공감을 이끌어 낸다.

카이는 사라를 사라는 팀을 좋아해

-에디트 슈라이버-빅케/유혜자 옮김/문공사/2001/26쪽-저

이성 친구에게 느끼는 아이들의 순수한 사랑의 감정을 예쁘게 담은 그림책이다.

카이는 요즘 배에서 꼬르륵거리는 소리가 나고, 배꼽이 간지럽고, 귓속에서 쾅쾅 울리는 소리가 난다. 그리고 그런 일들이 사라가 카이를 바라볼 때 생기는 일이란 걸 알게 된다. 사라를 좋아하게 된 카이. 그런 카이에게 사라가 친구를 하자고 해서 가기 싫던 유치원 가는 일까지 즐거워지고 너무 신이 난다. 하지만 어느 날부턴가 사라는 팀을 좋아하게 되고 카이는 팀이 두꺼비나 돼지로 변하길 바랐지만 그런 일들은 일어나지 않는다. 그러던 어느 날 한나라는 여자 아이를 보고 카이는 배에서 꼬르륵거리는 소리가 나고, 배꼽이 간지럽고, 귓속에서 쾅쾅 울리는 소리를 다시 듣

게 된다.

이성 친구를 사귈 때의 황홀한 기분과 헤어지고 난 후의 절망적인 기분을 아이다운 언어로 실감나게 그려 내면서 어린이들이 누굴 좋아하게 되면 어떤 기분이 되는지 섬세하게 잡아내고 있다.

3.3 왕따

고양이 마을 신나는 학교

-선안나/방정화 그림/베틀북/2003/88쪽-저

외롭고 주눅 들어 있는 한 아이가 고양이 학교에서 겪게 되는 특별한 경험을 통해 자신의 감정을 당당하게 표현하는 법과 자신감을 회복하는 과정을 그린 환상동화이다.

견우는 아빠가 뺑소니차에 치여 돌아가신 뒤 살림은 내팽개쳐 둔 채 교회에서만 시간을 보내는 엄마와 함께 살고 있다. 자신감이 없고 고소공포증까지 있는 견우는 너무 나약하다고 몰아세우며 혼내는 체육선생님과 자신을 괴롭히며 즐거워하는 칠구 패거리로 인해 힘겹게 학교생활을 이어간다. 그런 견우 앞에 나타난 고양이 '푸른 물결' 은 고양이 학교로 견우를 초대한다. 고양이 학교에 입학한 견우는 온몸이 투명해지는 마법 약을 먹고 자신을 괴롭히던 사람들에게 후련하게 복수하며 자기 안에 쌓여 있던 억울함과 분노를 말끔히 씻어 내고 자신감을 얻게 된다.

자신을 힘들게 하는 주위 사람들에게 자신의 감정을 표현하며 씩씩해지는 견우의 모습은 비슷한 처지에 있는 어린이들에게 마음의 위로와 용기를 얻게 해 준다.

괴상한 녀석

-남찬숙/한선금 그림/창비/2000/174쪽-고

이 책은 요즘 우리 사회에서 심각한 문제로 대두된 집단 따돌림, '왕따' 에 관한 이야기를 찬이와 석이, 두 아이의 관계를 통해 보여 주는 작품이다. 찬이랑 같은 반이 된 석이는 순진하고 엉뚱한 생각들 때문에 이번에도 왕따가 된다. 찬이는 그런 석이가 불쌍하기도 하고, 도와주고 싶기도 하지만, 반 아이들한테 자기 역시 따돌림을 받을까 봐 외면한다. 그러다가 학교 수련회에서 아이들의 지갑이 없어지는 소동이 벌어지고, 자기가 범인으로 몰려 찬이 역시 '왕따' 체험을 하게 된다.

지은이는 이야기를 섣부르게 잘된 결말로 끌고 가지 않았다. 결국 석이는 반 아이들 속에 합류하게 되지만, 고민은 그대로 남아 있는 것이다. 한 반에서 일어나는 이러한 집단 따돌림의 문제가 단지 아이들의 문제가 아니라, 잘못된 기성관념을 아이들에게 주입시킨 어른들의 책임임을 은연중에 드러낸다.

까마귀 소년

–야시마 타로/윤구병 옮김/비룡소/1996/40쪽–고

정말 어리고 작아서 모두 땅꼬마라고 부르는 소년이 있었다. 선생님도 아이들도 다 무서워하는 땅꼬마 소년은 늘 숨어 있기 바빴다. 그래서 어느새 모두들 땅꼬마를 따돌림시키고 있었다. 하지만 소년 역시 늘 다른 곳에 시선을 두었다. 누구나 대충 지나치기 쉬운 것들에 눈을 맞추고 귀를 기울이고 소년은 그렇게 초등학교 6년을 지냈다. 그러다 새로 온 이소베 선생님에 의해 땅꼬마 소년이 가진 빛남들이 비로소 제 빛을 찾아가기 시작한다. 그리고 학예회 무대에서 땅꼬마 소년이 까마귀 소리를 낸다. 소년이 토해 내는 그 소리 속에 소년의 가슴속 아픔과 슬픔들이 구경하던 사람들에게 고스란히 전달된다. 사람들은 눈물을 흘리며 비로소 땅꼬마 소년을 다시 보기 시작한다. 그 뒤로 땅꼬마 소년은 '까마귀 소년' 이라 불렸다. 1956년 칼데콧 명예도서상 수상작품이다.

내 짝꿍 최영대

–채인선/정순희 그림/재미마주/1997/48쪽–저

영대는 꾀죄죄한 차림에, 늘 지독한 냄새가 나고, 말도 행동도 느려서 아이들로부터 '왕따' 를 당한다. 집단으로 괴롭힘을 당하면서도 제 마음을 내색조차 하지 않는 영대가 수학 여행지에서의 방귀 사건으로 놀림을 받자 설움이 한꺼번에 복받쳐 운다. 그 모습을 지켜보던 아이들이 그제야 잘못을 뉘우치고 사과함으로써 '친구' 가 된다. 아이들의 표정과 움직임을 생생하게 잡아내고 있는 삽화가 감동을 준다.

내 친구 꼬마 용

–이리나 코르슈노프/백남원 그림/유혜자 옮김/사계절/2002/116쪽–저

한노는 학교 가는 게 세상에서 가장 두렵고 싫다. 한노만 보면 '굴러다니는 소시지' 나 '똥배' 라고 놀리는 아이들 때문이다. 게다가 국어 시간도 수학 시간도 미술 시간도 어려운 것투성이고, 특히 체육 시간에는 아이들이 끼워 주지 않아 늘 외톨이로 지내야 했다. 그러던 어느 날 한노는 우연히 꼬마용을 만나게 된다. 꼬마용도 알고 보니 자신의 나라에서 왕따를 당하고 있었다. 이때부터 한노와 꼬마용의 왕따 벗어나기가 시작된다. 그러면서 서서히 자신감을 가지게 된다. 활발하게 활동하고 학교생활에 적응해 나가는 동화 속 주인공을 보면서 절로 뿌듯해진다. 자신감이 없는 아이들에게 또래들과 잘 어울릴 수 있도록 도와주는 책이다.

내겐 드레스 백 벌이 있어

-엘레노어 에스테스/루이스 슬로보드킨 그림/엄혜숙 옮김/비룡소/2002/84쪽-고

아이들 사이에 흔하게 벌어질 수 있는 집단 따돌림을 다룬 동화이다. 도서관 사서로 일한 적이 있는 지은이 엘레노어 에스테스는 이 책으로 뉴베리 영예상을 수상하였다. 80페이지가 조금 넘는 이야기에서 그렇게 커다란 사건은 벌어지지 않는다. 그저 주인공 완다가 자신에게 드레스 백 벌이 있다는 얘기를 했다는 것만으로 매일 아침 골려대는 친구들의 모습이 담담하게 그려져 있을 뿐이다. 책은 사건을 강조하기보다, 친구를 괴롭히면서 자신의 마음 또한 절대로 편해질 수 없는 아이의 마음을 따라가는 데 더 많은 부분을 할애한다. 충격적인 사건을 들이밀거나 '너희들이 정말 잘못하는 거야' 라고 말하는 대신, 한 걸음 떨어진 자리에서 아이들의 마음을 따라가는 목소리가 더욱 친밀하게 와 닿는다. 모두가 한자리에 화합하는 모습 대신에 완다는 전학을 가지만, 그 공간을 넘어서 '친구' 로 묶이는 결론 또한 따뜻하다.

너랑 놀고 싶어

-배봉기/홍선주 그림/산하/2001/108쪽-저

혼혈아란 이유로 아이들에게 따돌림을 받는 유진이, 그리고 유진이와 친구로 지낸다는 이유로 함께 따돌림을 받는 나를 통해 왕따 문제의 심각성에 대해 생각해 보게 하는 이야기다.

여름 방학 때 같은 아파트 단지로 이사 온 승미와 유진이는 새로운 학교에 전학을 오기 전부터 친한 친구 사이가 된다. 하지만 어느 날부터 반 아이들의 따돌림을 받게 되는데 그 이유는 유진이가 혼혈아이기 때문이었다. 아이들은 하나 둘 유진이의 책이나 옷, 노트 등에 볼펜으로 금을 그으며 유진이를 괴롭힌다. 또 유진이에게 금을 긋지 않은 유일한 아이인 승미를 '튀기사촌' 이라며 놀린다. 아이들과 같이 놀고 싶은 마음과 한편으로 친구에게 그런 짓을 하면 안 된다는 생각 사이에서 승미는 심한 갈등을 겪게 되고 점점 유진이를 멀리한다. 결국 승미도 유진이 물건에 금을 긋지만 그 일로 병이 나 학교까지 결석하게 된다. 그리고 자신이 유진이에게 한 짓에 대해 깊게 반성하며 유진이와 다시 친구가 될 결심을 한다.

왕따를 당하는 아이와 가해자 또는 방관자가 되는 아이들의 모습을 통해 왕따는 피해자뿐 아니라 모두에게 씻을 수 없는 정신적 피해를 안겨 준다는 것을 실감나게 보여 준다.

매를 사랑한 참새

-김희숙/채우리 그림/2003/198쪽-고

전학 간 학교에서 당한 왕따로 정신병까지 앓게 된 아이가 스스로의 힘으로 마음의 고통을 이겨 내는 과정이 사실감 있게 그려지는 이야기다.

파주에서 서울로 전학을 가게 된 순수는 자신과 친해지려 하지 않는 반 아이들 때문에 힘겨운

나날을 보낸다. 겁 많고 남 앞에 잘 나서지도 못하는 순수는 반 아이들과 겉돌며 힘들어한다. 용철이는 그런 순수를 뚜렷한 이유도 없이 때리거나 돈을 빼앗고, 매일 괴롭힌다. 용철이에게 계속 당하던 순수는 결국 마음에 상처를 입고 쓰러지고 깨어난 뒤에도 실어증에 걸려서 아무 말도 못하게 된다. 그러나 오랜 시간이 흐르면서 순수는 용철이를 용서하고, 건강하게 생활하게 된다.

왕따로 인한 마음의 상처로 오랜 기간 병까지 얻게 된 주인공이 스스로의 힘으로 상처를 극복하고 성장해 가는 과정이 감동을 준다.

모르는 척

-우메다 사코/우메다 요시코 그림/송영숙 옮김/길벗어린이/1998/220쪽-고

이 책은 일본 초등학교 6학년 한 학급에서 일어난 이지메(집단 괴롭힘)를 다루고 있다. 제목에서 알 수 있듯이, 이 책은 한 학급 안에서 벌어지는 돈짱이라는 아이에 대한 끊임없는 집단 괴롭힘을 옆에서 보고도 모르는 척하는 '나' 라는 아이의 갈등을 그렸다. 나는 친구가 괴롭힘 당하는 것을 보고도 모르는 척한다. 이유는 자신도 당할 수 있기 때문이다. 하지만 괴롭힘을 당하는 친구를 보고도 모르는 척하는 자신에 대한 화를 오히려 당하는 친구인 돈짱에 대한 미움으로, 도둑고양이에 대한 화풀이로 풀어 보려 한다. 돈짱을 괴롭히던 패거리 중 한 친구는 다시 중학생들에게 집단 폭행을 당한다.

지은이는 폭력으로부터 누구도 자유로울 수 없고, 어느 누구나 가해자인 동시에 피해자일 수 있다는 것을 암시한다. 이 책은 어떤 메시지를 강하게 내세우지는 않는다. 다만 사건을 담담하게 그리고, 어린이들의 심정과 마음속 갈등을 드러내 보여 주고 있다.

무서운 학교 무서운 아이들

-송재찬/양상용 그림/푸른책들/2001/108쪽-저

교실 내 폭력과 집단 따돌림을 주제로 한 장편동화이다. 미국에서 전학 온 동균이는 어느 날 친구 아람이로부터 같은 반 친구인 기태가 돈을 빼앗고 아이들을 때리며 괴롭히고 있다는 이야기를 듣는다. 늑대라 불리는 기태는 아이들을 못살게 굴지만 칼을 갖고 다니며 무섭게 굴기 때문에 아무도 부모님이나 선생님께 이야기하지 못한다. 동균이는 같은 반 친구인 승호가 늑대와 그 친구들에게 심하게 얻어맞는 것을 목격한다. 승호에게 이 사실을 밝히라고 충고하지만, 오히려 승호는 자신이 당하고 있다는 사실을 동균이가 알고 있다는 사실에 더 절망한다. 승호가 늑대보다 그 사실을 알고 있는 자신을 더 미워한다는 사실에 충격을 받은 동균이는 그동안의 일을 써서 선생님께 편지로 보낸다.

주위의 어른들에게 도움을 청하지 못하는 아이들, 때린 아이를 잘못했다고 생각하기 이전에 자신이 맞고 있다는 사실이 알려지기를 두려워하는 아이들, 자신이 당하는 것이 무서워 다른 아이

를 괴롭히는 일에 어느새 말려들고 마는 아이들의 모습이 사실적으로 그려졌다. 아이들의 아픈 마음을 위로해 주고, 그 고통에서 벗어날 수 있는 길을 함께 생각해 볼 수 있는 책이다.

양파의 왕따 일기

–문선이/박철민 그림/파랑새어린이/2001/144쪽–저

주인공 정화는 반에서 가장 인기 있는 양미희와 사귀고, 양미희를 따르는 추종자들 그룹인 '양파'에 들고 싶어 한다. 우연한 기회에 양파에 들게 된 정화는 너무나 기쁘고 신이 나지만, 양파 친구들이 반 아이들을 따돌림시키고 있음을 알게 된다. 특히 미희의 라이벌인 정선이와 대립을 하게 되면서 같은 양파였던 정선이를 따돌리게 되는데, 이 상황에서 정화는 마음이 괴롭다. 결국 정선이가 전학 가게 되면서 아이들은 양파에 대해 반성을 하게 되고, 정화는 미희에게 당당하게 잘못된 점을 이야기하며 정선이와 같은 일이 이뤄지지 않도록 다짐을 한다. 어느 초등학교 교실에서도 일어날 법한 사건들이 이어지면서, 정화는 옳고 그름에 대해, 또 틀린 것을 보았을 때에는 틀리다고 말할 수 있는 용기에 대해 배운다.

3.4 전학/이사

꽃님이가 전학 온 날

–로토 류지/고이즈미 루미코 그림/박수정 옮김/크레용하우스/2000/80쪽–저

어린이나 어른이나 익숙하였던 것에서 벗어나 새로운 환경에 접하게 된다는 사실은 상당한 부담이 된다. 아마 어린이 모두가 전학을 간다는 것에는 어느 정도의 공포감을 가지고 있을 것이다. 이 책은 꽃님이라는 아이가 전학 간 날 하루 동안에 일어난 친구들과의 이야기를 담고 있는 책이다.

부모들은 흔히 '우리 아이가 전학 가서 적응을 잘 할 수 있을까? 아이들과 잘 어울릴 수 있을까?'를 고민한다. 그리고 반대의 경우로 '우리 아이가 친구들을 따돌리지 않고 사이좋게 지낼 수 있을까?'라는 걱정도 하게 된다. 이런 걱정이 들 때 다른 아이의 독특한 행동이나 생각을 재미있게 포용하게 하여 시각의 폭을 넓혀 주는 이 책을 읽으면 좋다.

또 한 번의 전학

–김혜리/장선환 그림/시공주니어/2004/182쪽–고

군목인 아버지 덕에 매번 전학을 가면서, 한 번도 쉽게 발걸음을 뗀 적이 없는 상준이 이야기다. 친구들과 축구하는 게 제일 즐거운 상준이. 함께 축구하는 친구들 중에서도 경환이랑은 단짝이다. 그런데 4학년이 된 어느 봄날, 경환이가 아버지를 따라 전학을 가게 된다. 경환이를 보내는 상준이는 1학년 때 자신의 경험을 떠올리며 섭섭함을 감추지 못한다. 경환이가 떠나고 상준이네

반에 새로 전학 온 형기라는 아이는 주변 아이들을 못살게 구는 심술궂은 아이다. 무작정 형기를 싫어하던 아이들은 우연한 기회로 형기의 아픔을 알게 되고, 다시 한 번 마음의 문을 열고 따뜻한 손길을 내민다.

작가 김혜리는 평소 상처받은 아이들의 마음을 알아보고 정성껏 끌어안아 토닥여 준다. 아이와 함께 동화를 읽는 어른조차도 '아! 아이들이 이럴 때 이런 생각, 이런 마음을 갖는구나!' 하고 새삼 알게 될 정도다. 서정적인 그림과 차분한 문장이 어우러져 아이들의 전학에 대한 심리를 섬세하게 드러낸 작품이다.

마이 네임 이즈 Song Lee 박

–수지 클라인/프랭크 렘키위츠 그림/홍연미 옮김/베틀북/2000/80쪽–저

미국에 이민 간 한국 여자 아이가 미국학교 친구들과 어울리며 겪는 갈등과 화해를 통해 성장해 가는 과정이 감동적으로 그려지는 이야기다.

한국에서 온 송리는 수업시간에 눈이 내려도 유일하게 걸상을 지키고 있는 아이지만 발표시간이 되면 독창적인 발표로 아이들의 환호를 받는다. 그러나 남자 아이들의 인기가 송리에게 집중되자 몇몇 여자 아이들은 송리를 질투하며 따돌린다. 송리는 친구들의 잘못된 행동에 따뜻한 마음으로 의젓하게 대응하여 서로가 좋은 친구로 남게 된다.

조기 유학, 어학연수 등으로 외국학교에서 생활할 기회가 많아지는 요즘, 외국학생들과 함께 생활하며 겪는 갈등을 지혜롭게 이겨 내는 주인공의 모습이 어린이들의 마음에 용기를 준다.

벌렁코 하영이

–조성자/신가영그림/사계절출판사/2000/116쪽–저

어린 딸을 유괴당하고 마음의 문을 굳게 닫아 버린 주인집 할머니가, 이사 와서 함께 살게 된 천진한 어린아이로 인해 다른 사람을 믿고 받아들이게 되는 과정이 발랄하고 따뜻하게 그려진 생활동화이다.

초등학교 1학년 여자 아이 하영이는 화가 나면 코를 벌름벌름거려서 벌렁코 하영이라고 불린다. 채소와 과일을 파는 작은 가게를 하던 아빠가 어느 날 뺑소니차에 치여 크게 다치게 되자 하영이네는 아빠 병원비 때문에 반지하방으로 이사를 가게 된다. 그런데 괴팍하고 무섭게 생겨서 '고양이 할머니' 라는 별명이 붙은 주인 할머니는 사사건건 하영이네를 트집 잡으며 힘들게 한다. 하영이는 그런 할머니를 미워하는데, 우연히 할머니가 하영이만 한 딸을 집 앞에서 잃어버린 뒤로 세상 모든 사람들을 믿지 못하게 되었다는 것을 알게 되면서 할머니를 가엾게 생각하며 이해하게 된다.

하영이와 할머니의 모습을 통해 마음을 열면 누구와도 친구가 될 수 있다는 것을 깨닫게 해 준다.

이사 가는 날 : 그림을 보면서 이야기를 꾸미는 책

-야마모토 쇼조/스즈키 마모루 그림/크레용하우스/2001/32쪽-저

어린이들도 한 번쯤은 겪게 되는 이사에 관한 책이다. 이사나 전학은 일반적으로 아이들에게 긴장과 스트레스를 주는 경험으로 기억되지만, 이 책은 이사에 관한 모든 일들을 따뜻한 그림으로 표현하고 있어 이사에 대해 긍정적이고 재미있게 여기도록 꾸몄다.

이 책은 이사하는 처음부터 마지막까지의 모습을 아이들의 시각에서 자세하게 소개하고 있다. 가장 큰 특징은 컷으로 구분된 그림이다. 한 면이나 양면을 가득 채우는 그림을 보여 주는 보통의 그림책들과는 달리, 여기에서는 장마다 세 컷 혹은 네 컷으로 잘라진 그림을 볼 수 있다. 책을 보다 보면 '그림을 보면서 이야기를 꾸미는 책' 이라는 부제가 저절로 이해가 된다.

이제는 내 길을 가야 해

-낸시 스틸 브로코/이서영희 그림/이예미 옮김/크레용하우스/2004/160쪽-고

엠마의 둘도 없는 친구 유리가 '우리 이사 가!' 라는 폭탄선언을 한다. 도저히 있을 수 없는 일이라며 슬픔에 잠긴 엠마에게, 아빠마저 다섯 달 동안 터키로 출장을 가야 한다고 폭탄선언을 한다. 엠마는 모두가 자기를 버리고 떠나간다고 생각한다. 그러나 사랑한다면 떠나지 않아야 한다고 생각하던 엠마도 결국 떠나는 것이 끝이 아니며, 살아가는 동안 변화란 있을 수밖에 없고, 각자의 길이 있으며, 소중한 것을 보내 주는 용기도 필요하다는 걸 스스로 깨닫는다. 아이들은 일반적으로 소중하게 생각하는 사람이 떠나거나 익숙하지 않은 상황을 접하면 큰 충격과 두려움을 겪는다. 이럴 때 아이 스스로 경험을 쌓고 자신감을 얻도록 격려하고 지켜봐 주는 일이 무엇보다 중요하다는 것을 일러 주는 이 책은 이별의 상처와 상실감을 지닌 어린이가 읽으면 좋다.

전학 간 윤주 전학 온 윤주

-장주식/정문주 그림/문학동네/2006/100쪽-저

전학 온 친구와 우정을 쌓아 가며 성숙해지는 철없는 소녀의 성장을 그린 이야기다.

툭 하면 부모님께 투정 부리는 세원이는 또래 친구가 없어 외로운 초등학교 2학년 아이이다. 그런 세원이 앞에 같은 또래 아이 윤주가 이사를 오고 둘은 금방 친구가 된다. 공사장에서 다리를 다친 뒤 젖소목장 일꾼이 된 아빠를 따라 전학을 온 윤주는 나이답지 않게 속이 꽉 찬 아이이다. 아픈 엄마를 대신해서 어린 동생들을 돌보고, 가난한 아빠지만 누구보다도 자랑스러워하는 아이이다. 언니보다 더 세원이 마음을 알아주고, 울고 싶을 때 꾹 참는 법을 알려 주는 윤주의 의젓한 모습은 철없던 세원이를 조금씩 변화시킨다. 하지만 윤주는 아빠의 직장 문제로 다시 전학을 가게 되고 세원이는 서운한 마음을 달래며 의젓한 소녀의 모습으로 윤주를 떠나보낸다. 어려운 가정 형편에도 좌절하지 않고 열심히 살아가는 어린 윤주의 모습이 감동적으로 다가온다.

#17 폭력편 [학대/폭력/성폭력]

1. 학대

- 내 친구에게 생긴 일. 미라 로베/박혜선 그림/김세은 옮김. 크레용하우스, 2001, 26쪽-고
- 마틸다. 로알드 달/퀸틴 블레이크 그림/김난령 옮김. 시공주니어, 2001, 310쪽-고
- 미오, 나의 미오. 아스트리드 린드그렌/일론 비클란드 그림/김서정 옮김. 우리교육, 2002, 224쪽-고
- 새끼 개. 박기범/유동훈 그림. 낮은산, 2003, 64쪽-저
- 영모가 사라졌다. 공지희/오상 그림/ 비룡소, 2003, 200쪽-고
- 학대 싫어요!. 도미니끄 드 생 마르스/쎄르주 블로흐 그림/김태희 옮김. 푸른숲, 2004. 38쪽-저
- 홍당무. 쥘 르나르/김진아 그림/강정규 엮음. 삼성출판사, 2003, 240쪽-고

2. 폭력

- 너, 그거 이리 내놔!. 티에리 르냉/베로니크 보아리 그림/최윤정 옮김. 비룡소, 1997, 74쪽-고

- 따귀는 왜 맞을까?. 페터 아브라함/게르트루커 쭉커 그림/강석란 옮김. 국민서관, 2002, 28쪽-저
- 폭력 싫어요!. 도미니끄 드 생 마르스/쎄르주 블로흐 그림/김태희 옮김. 푸른숲, 2004, 38쪽-저
- 폭력으로는 해결할 수 없어요. 브리지뜨 라베 외/자크 아잠 그림/김경온 옮김. 소금창고, 2007, 48쪽-고

3. 성폭력

- 가족 앨범. 실비아 다이네르트 · 티네 크리그/글울리케 볼얀 그림/엄혜숙 옮김. 사계절, 2004, 30쪽-저
- 난 싫다고 말해요. 베티 뵈거홀드/가와하라 마리코 그림/이향순 옮김. 북뱅크, 2006, 32쪽-저
- 네 잘못이 아니야 나탈리. 질 티보/마리 클로드 파브로 그림/이정주 옮김. 작가정신, 2004, 48쪽-저
- 성폭력 싫어요!. 델핀느 쏠리에르/베르나데뜨 데스프레 그림/김태희 옮김. 푸른숲, 2004, 38쪽-저
- 슬픈 란돌린 : 어린이 성폭력, 더 이상 쉬쉬하지 마세요!. 카트린 마이어/아네트 블라이 그림/허수경 옮김. 문학동네, 2003, 24쪽-저
- 우리를 존중해 주세요!. 비르지니 뒤몽/마들렌 브뤼넬드 그림/윤경진 옮김. 작은책방, 2003, 70쪽-저
- 운하의 소녀. 티에리 르냉/조현실 옮김. 비룡소, 2002, 82쪽-고
- 이럴 땐 싫다고 말해요. 마리 프랑스 보트/파스칼 르메트르 그림/홍은주 옮김. 문학동네, 1999, 50쪽-저
- 좋은 느낌 싫은 느낌. 안도 유기/정근 옮김. 언어세상, 2003, 34쪽-저

폭력편 독서목록에 대한 해제

1. 학대

내 친구에게 생긴 일

-미라 로베/박혜선 그림/김세은 옮김/크레용하우스/2001/26쪽-고

율리아는 탈의실에서 우연히 하인리히의 매 맞은 자국을 보게 된다. 다른 친구들은 모두 무관심하고, 믿었던 선생님과 부모님까지도 하인리히를 돕는 일을 꺼린다. 하지만 율리아는 부모일지라도 함부로 아이들을 때릴 권한은 없다고 생각하며 포기하지 않았고 마침내 하인리히를 구해 낸다. 학대받는 아이의 문제를 또래 아이의 눈을 통해 잘 그려 내고 있는 책이다.

이 이야기는 평범하지만 화목하고 건강한 가정에서 자란 한 소녀의 눈에 비친 고통 받는 친구의 가슴 저린 이야기를 통해, 우리 사회의 저변에 광범위하게 숨어 있는 아동학대라는 문제를 다루고 있다. 대부분의 학대가 가정에서 일어나는 만큼 잘 드러나지 않는 아동학대 문제를 어른들에게 제기하는 책이기도 하다.

마틸다

-로알드 달/퀀틴 블레이크 그림/김난령 옮김/시공주니어/2001/310쪽-고

자식을 돈만 들어가는 애물단지로 여기는 부모와 아이들을 괴롭히는 교장선생님의 학대에 기발한 장난으로 맞대응하는 초능력 소녀 마틸다의 일상이 유쾌하게 그려지는 이야기다.

책읽기를 좋아하고, 영리하고, 심성이 밝은 5살짜리 소녀 마틸다. 웜워드 부부는 친자식인 마틸다를 학대하며, 심지어는 짐승만도 못하게 취급한다. 돈으로 선과 악의 기준을 정하고 있는 웜워드 부부에게 5살짜리 아이는 돈만 들어가야 하는 애물단지에 불과하기 때문이다. 마틸다는 책읽기로 외로움을 이기면서 부모의 학대에 기발한 장난으로 맞대응 한다. 초등학교에 입학한 마틸다는, 기분이 조금만 나쁘면 아이들의 머리채를 잡고 빙빙 돌려 담장 밖으로 내던지는 무서운 트런치불 교장으로 인해 뜻하지 않은 사건들에 부딪힌다. 그런 과정에서 자기도 몰랐던 자신의 초능력을 발견하게 된 마틸다는 곤경에 처한 친구들과 착한 하니 선생님을 구출하고 무시무시한 교장을 스스로 학교에서 물러나게 한다.

고통 받던 소녀 마틸다의 통쾌한 활약상을 통해 정서적 만족감과 삶에 대한 희망을 전해 준다.

미오, 나의 미오

-아스트리드 린드그렌/일론 비클란드 그림/김서정 옮김/우리교육/2002/224쪽-고

미오는 양부모에게 구박받고 친구들에게까지 따돌림을 당하며 쓸쓸하게 살아간다. 하지만 어느 날 심부름을 가던 중 공원 나무 의자에서 맥주병을 발견한다. 병마개를 연 순간 병에서 거인이 나오면서부터 미오는 상상할 수 없었던 환상 여행을 떠나게 된다. 여행 속에서 미오는 그렇게 그리던 아빠와의 만남도 이루고, 어둠의 기사와도 싸우게 된다. 어리고, 여린 마음을 가지고 살았던 미오에게 환상의 여행은, 큰 변신을 하게 도와준다. 슬픔 속에서도 부활을 꿈꿀 수 있는 힘을 안겨 준다.

풍부한 상상력을 바탕으로 한 흥미진진한 이야기인 동시에 용감하게 부딪치고 스스로 이겨 내며 자라나는 과정을 읽는 아이들이 자연스럽게 깨달을 수 있는 동화이다. 올손이 빠져 든 한바탕 상상의 세계를 그려 낸 것인지, 올손이 진짜 미오가 된 것인지 다시 한 번 생각하게 하는 결말까지 독자의 마음을 꼭 붙드는 동화이다. 아이들이 자기 스스로를 위안하고 사랑하고 용기를 가지며 살아갈 수 있도록 감성의 에너지를 제공해 주는 뛰어난 작품이다.

새끼 개

-박기범/유동훈 그림/낮은산/2003/64쪽-저

어미 품을 떠나 아이들이 있는 집에서 살게 된 새끼 개의 일생을 통해, 애완동물을 기르는 태도에 대해 생각하게 하는 이야기다.

젖을 떼자마자 엄마의 품이 아닌, 개 파는 가게로 팔려 간 새끼 개는 아이가 둘 있는 집으로 가게 된다. 아이들은 새끼 개를 귀여워하며 서로 새끼 개를 안으려 하고, 만지고 장난친다. 하지만 아이들의 애정 표현이 새끼 개에게는 낯설고 두렵게만 느껴진다. 어느 여름날, 물놀이를 해 준다고 차가운 물속에 넣은 아이들 때문에 새끼 개는 열이 나서 병원에 실려 간다. 병이 나은 새끼 개는 아이들의 행동이 싫어 사납게 짖어대다가 애견센터로 쫓겨나게 된다. 탈출해서 떠돌이 생활을 하던 새끼 개는 그만 자동차에 치여 죽고 만다.

새끼 개와 아이들의 관계를 통해 상대방의 마음을 헤아리지 않고 자기가 하고 싶은 대로 하는 사랑은 학대가 될 수도 있다는 것을 상징적으로 보여 준다.

영모가 사라졌다

-공지희/오상 그림/비룡소/2003/200쪽-고

영모와 병구는 같은 반 친구로, 수학 학원을 다니면서 친해진 된다. 영모는 자신에게 큰 기대를 걸고, 때로 폭력으로 자신을 마음대로 하려고 하는 아버지가 두렵고, 병구는 이혼한 후, 자신을 찾아오지 않는 아버지가 밉다. 그러던 어느 날, 영모가 느닷없이 자취를 감춘다. 병구는 영모를

찾기 위해 고양이 담이의 도움을 받아 매일 밤 라온제나('즐거운 나'의 순 우리말)로 들어간다. 할아버지가 된 영모, 아저씨가 된 영모, 아이가 된 영모. 병구는 영모를 다시 현실로 되돌리기 위해 노력한다. 영모의 아버지는 아들의 마음을 돌리기 위해 노력하지만, 영모는 아버지를 용서하지 않는다.

결국 라온제나에서 상처받은 마음을 치유한 두 아이는 현실로 돌아온다. 화해도 이해도, 용서도 아니라 앞으로 살아갈 자신의 앞날을 위해 아버지라는 존재를 접어 둔다. 그리고 언젠가 그 아버지와 화해를 시도할 여지를 남긴다. 자식을 위한다는 명분하에서 행하는 학대와 폭력이 아이에게 얼마나 큰 상처를 주는가를 잘 알려 주는 책이다.

학대 싫어요!

-도미니끄 드 생 마르스/쎄르주 블로후 그림/김태희 옮김/푸른숲/2004/38쪽-저

나를 사랑하는 원리이자, 다른 이를 배려하는 원리이며, 좋은 사회를 이루는 원리인 '인권'에 대해 어린이들에게 알려 주는 학습 그림책『세계 어린이 인권 학교』네 권 중의 하나로 학대, 폭력, 차별, 성폭력 중의 한 권이다. 일상적으로 접하는 중요하고 예민한 문제들에 대해 어린이들이 어떤 원칙을 갖고 행동해야 하는지를 생각하게 하는 책이다.

누구든 자신이 원하지 않는 일을 하라고 강요받거나 무시당하고 학대받을 때 당당하게 거부할 권리를 가지고 있다. 이 책은 우리 어린이들이 학대를 받게 되었을 때 '싫어요!' '안 돼요!'라고 말할 수 있도록 일깨워 준다. 동시에 제멋대로 거부하는 것은 올바른 일이 아니며, 정말 필요한 순간에 제대로 '싫어요!'라고 말하려면 그 만큼의 준비와 훈련이 필요하다는 것을 알려 준다.

홍당무

-쥘 르나르/김진아 그림/강정규엮음/삼성출판사/2003/240쪽-고

작가 르나르가 자신의 불행했던 어린 시절에서 소재를 얻어 쓴 이야기로, 구박받으며 자라는 말썽꾸러기 소년 홍당무의 일상과 내면의 상처를 섬세하게 그려 내는 이야기다.

사랑받고 싶은 소년 홍당무는 어디에서도 환영받지 못하는 내성적인 아이다. 이런 홍당무를 가장 힘들게 하는 것은 바로 가족들이다. 어머니는 당신의 잘못도 태연히 홍당무에게 뒤집어씌우고, 형과 누나는 홍당무를 곯리는 건 기본이고 온갖 궂은일도 어린 홍당무에게 미룬다. 그래도 가족을 사랑하는 홍당무는 그 모든 것을 묵묵히 받아들인다.

가장 따듯한 사랑과 보살핌을 받아야 할 가족들에게 오히려 학대받고 상처받는 소년의 모습이 생생하게 그려지면서 마음을 아프게 한다. 겉으로는 잘 드러나지 않는 가족 간 학대의 문제에 대해 진지하게 생각해 보게 하는 책이다.

2. 폭력

너, 그거 이리 내놔!

-티에리 르냉/베로니크 보아리 그림/최윤정 옮김/비룡소/1997/74쪽-고

매일 클레망의 쵸코빵을 빼앗아 먹는 가난한 친구 압델은 자신이 처한 상황을 폭력으로 해결하려 한다. 같은 반 친구인 페이릭의 도움으로 빵을 뺏기지 않게 되었지만 클레망은 마음이 편치 않다. 결국 자신의 슈퍼쵸코빵을 그냥 쵸코빵으로 바꾸어 자발적으로 배고픈 압델과 나누어 먹는 방법으로 해결점을 찾게 된다. 클레망이 압델을 이해하려 노력하고 자신에게 닥친 문제를 솔직하고 건강하게 해결하려는 과정이 돋보이는 이야기다.

아이들 사이에서 일어날 수 있는 일상적인 소외와 폭력의 문제를 아이의 시각에서 그린 작품으로, 결국 둘은 서로 배풀며 우정을 다진다는 내용을 담고 있다.

따귀는 왜 맞을까?

-페터 아브라함/게르트루커 쭉커 그림/강석란옮김/국민서관/2002/28쪽-저

폭력적인 행동을 하게 되는 이유와 폭력의 문제점을 생각해 볼 수 있게 해 주는 그림책이다.

생쥐 로버트는 초등학교 2학년이다. 로버트는 거의 매일 감자나 먹다 만 빵 같은 음식을 가지고 돌아오는 엄마 아빠를 반긴다며 컴컴한 구석에 숨어 있다가 '꺅' 하는 인디언 소리를 지르며 부모님을 맞이한다. 그럴 때마다 부모님은 깜짝 놀란 척하면서 로버트의 응석을 받아주는데 그날은 좀 달랐다. 로버트가 '꺅' 소리를 질렀지만 부모님은 놀라기는커녕 오히려 "멍청한 짓 그만해라!" 며 소리를 지른다. 게다가 수학성적을 말하며 장난을 쳤다가 부모님께 따귀를 맞은 로버트. 매번 웃음으로 받아 주던 장난 때문에 따귀를 맞은 로버트는 부모님의 행동을 이해할 수 없다. 억울하고 분한 마음에 집을 뛰쳐나온 로버트는 옥상으로 올라가 선인장 화분을 발로 차면서 화풀이를 한다. 그때 우연히 날아온 까치에게서 오늘 부모님이 일터에서 힘든 일을 겪었다는 이야기를 전해 듣게 된다.

꼬마생쥐가 겪는 사건을 통해 화가 나면 괜히 엉뚱하게 저보다 힘없는 것들을 괴롭히게 되는 인간의 심리를 상징적으로 보여 주면서, 폭력적인 행동을 하게 되는 원인과 문제점에 대해 생각하게 해 준다.

폭력 싫어요!

-도미니끄 드 생 마르스/쎄르주 블로흐 그림/김태희 옮김/푸른숲/2004/38쪽-저

세상에는 많은 폭력이 존재한다. 다른 사람에게 폭력을 당하는 경우도 있고, 다른 사람한테 폭

력을 가하는 경우도 있다. 어떤 경우든 폭력은 사람들을 아프게 하고, 슬프게 만든다. 이 책은 폭력이 어디에서 비롯되는지, 어떤 경우에 폭력적인 마음을 갖게 되는지, 폭력적인 마음을 다스리는 방법은 무엇인지, 폭력과 마주할 때 어떤 해결책들이 있는지를 생각하게 해 준다.

『세계 어린이 인권 학교』 네 권 중의 하나인 이 책은 우리가 행복하게 사는 조건을 위협하는 모든 것이 폭력이라는 사실을 가르쳐 주면서, 폭력은 더 큰 폭력이 되어 우리에게 돌아온다는 사실을 알려 준다.

폭력으로는 해결할 수 없어요

–브리지뜨 라베 외/자크 아잠 그림/김경온 옮김/소금창고/2007/48쪽–고

아이들이 생활 속에서 겪게 되는 크고 작은 폭력과 평화적으로 갈등을 해결해 가는 바람직한 방법에 대해 생각해 보게 하는 책이다.

세상을 살아가면서 한 번쯤은 의문을 품게 되는 자신과 주변의 환경, 삶의 방식 등의 다소 철학적인 문제들을 아이들의 눈높이에 맞춰 쉽게 풀어 쓴 책이다. 아이들 스스로 중요한 문제들을 생각해 보고 사고력을 키워 나가는 과정은, 앞으로 어떻게 살아갈 것인지 자신의 주체성을 찾고 진로를 결정하는 데 많은 도움을 준다.

3. 성폭력

가족 앨범

–실비아 다이네르트 · 티네 크리그/글울리케 볼얀 그림/엄혜숙 옮김/사계절/2004/30쪽–저

소파 밑 생쥐네 집은 늘 분주하다. 집안일에 눈 코 뜰 사이 없이 바쁜 엄마, 일에 찌들려 무척 피곤한 아빠, 그런데 삼촌만큼은 단비에게 예쁜 인형을 선물로 주며 같이 놀아 준다. 단비는 인형과 노는 게 참 재미있다. 그래서 단비는 인형을 가지려고 삼촌한테 이상한 뽀뽀까지 했다. 그 후 단비에게는 두 가지 비밀이 생겼다. 한 가지는 설탕을 숨겨 둔 곳에 대한 거다. 그리고 나머지 하나는 누구에게도 말할 수 없다. 만약 말하게 되면 천둥번개가 치고 단비가 소중히 여기는 가족 앨범은 찢어지게 될 것이다.

이 책은 아동 성폭력 문제를 자연스럽고도 사려 깊게 녹여낸 책이다. 의도된 친절, 나쁜 비밀, 거짓말 등 성폭력을 둘러싼 상황들을 다각적으로 보여 줌을 통해, 아동 성폭력에 대한 다양한 이야깃거리를 제공한다. 그리고 의인화와 상징을 통해 내용을 표현함으로써 상처받은 아이도 무리 없이 받아들일 수 있도록 배려했다. 무엇보다 비슷한 상황에 처했을 때, 반드시 부모나 믿을 만한 어른에게 얘기해야 한다는 강한 메시지도 담고 있어 성폭력 예방 교육을 위해 효과적으로 읽힐 수 있다.

난 싫다고 말해요

-베티 뵈거홀드/가와하라 마리코 그림/이향순 옮김/북뱅크/2006/32쪽-저

어린이들에게 유괴나 성폭력 등 어려운 상황에서 어떻게 대처해야 좋은지 나쁜 사람들로부터 자신을 지키는 방법을 가르쳐 주는 그림책이다.

사람이 많은 백화점에서 엄마가 보이지 않을 땐 울지 말고 백화점 직원에게 엄마의 모습을 설명하고, 아파트에서 낯선 아저씨가 찾아와서 다정한 얼굴로 웃으며 몸을 쓰다듬을 땐 '하지 말아요' 라고 소리 질러야 한다는 것 등을 그림과 글로 알기 쉽게 설명해 주고 있다.

네 잘못이 아니야 나탈리

-질 티보/마리 클로드 파브로 그림/이정주 옮김/작가정신/2004/48쪽-저

평소 가족과 잘 알고 지내던 아저씨에게 지속적으로 성폭력을 당한 나탈리는 웃음을 잃어버린다. 아저씨는 나탈리에게 장난감을 사 주고 돈을 주면서, 만약 누군가에게 이야기를 하면 아무도 나탈리를 사랑하지 않을 것이고, 평생 감옥에 살게 될 것이라며 협박한다. 어느 날, 나탈리는 미술 시간에 그림을 그리다가 난폭한 행동을 하게 되고, 그런 아이를 주의 깊게 본 선생은 대화를 시도한다. '자신이 아는 어떤 여자 아이' 의 이야기라며 이야기를 시작하는 나탈리. 선생님은 아이의 이야기를 주의 깊게 경청해 준다. 감정에 북받친 아이는 자기도 모르는 사이에 어떤 여자 아이의 이야기에서 나의 이야기로 옮겨 오고, 그때 선생님은 말해 준다. "네 잘못이 아니야, 나탈리!"

성폭행을 당한 어린 여자 아이의 심리와 성폭행범이 아이에게 잘 쓰는 협박 방식, 그리고 성폭행당한 아이를 어떻게 치료해 주어야 할지에 대한 이야기가 잘 표현되어 있다.

성폭력 싫어요!

-델핀느 쏠리에르/베르나데뜨 데스프레 그림/김태희 옮김/푸른숲/2004/38쪽-저

『세계 어린이 인권 학교』 네 권 중의 하나인 이 책은 자신의 몸은 자신의 것이고 어느 누구도 멋대로 할 수 없다는 것을 알려 준다. 그래서 아무리 가까운 친척이나 잘 아는 사람이라고 해도 자신의 몸에 허락 없이 손을 대거나 만졌을 때는 단호하게 '싫다' 고 말하며 부모님이나 다른 어른들에게 도움을 구할 것을 가르쳐 준다. 누구도 자신이 원하지 않는 상황에서 자신의 몸을 만지거나, 벗은 모습을 보거나, 성적인 부끄러움을 느끼게 해서는 안 되며, 그 순간 당당하게 "싫어요!" 라고 말하고 이 사실을 다른 어른들에게 알려야 한다는 사실을 말해 준다.

어린이들에게 성폭력에 대해 말하는 것은 조심스러운 일이지만 위험한 상황과 마주하게 될 때 그 상황을 잘 피하기 위해서는 준비가 필요하다. 어린이가 놀라지 않도록 어른에 대한 믿음도 깨뜨리지 않으면서, 상황에 대해 준비를 시키고 어린이들이 자신의 의사를 표현하고 자기 스스로를 지켜 내도록 알려 주는 책이다.

슬픈 란돌린 : 어린이 성폭력, 더 이상 쉬쉬하지 마세요!

-카트린 마이어/아네트 블라이 그림/허수경 옮김/문학동네/2003/24쪽-저

성폭력과 관련한 일이 생겼을 때 어떻게 행동하면 좋을지 가르쳐 주는 그림책이다. 브리트에게는 한 가지 고민이 있다. 새 아빠로부터 성추행을 당한 어린 브리트는 몸을 마구 부비거나 브리트를 침대로 데려가는 새 아빠 때문에 상처를 받고 힘들어한다. 게다가 아무에게도 말하지 말라고 겁까지 준다. 브리트의 고민을 아는 유일한 이는 인형 란돌린뿐이다. 말 못하는 동물 인형 란돌린은 브리트의 아픔을 지켜보다 못해 도움을 청하라고 외친다. 브리트는 동물 인형 란돌린의 충고에 용기를 얻어 이웃집 프레리히 아줌마를 찾아가고, 아줌마가 전문기관에 도움을 청해 브리트는 오랜 두려움에서 벗어난다.

비슷한 일이 생겨도 단지 싫어하고 두려워할 뿐 어떻게 해야 될지 모르는 아이들에게 도움이 되는 책이다. 직설적으로 설명하는 그림을 통해 상황에 대해 이해를 돕고 있다.

우리를 존중해 주세요!

-비르지니 뒤몽/마들렌 브뤼넬드 그림/윤경진 옮김/작은 책방/2003/70쪽-저

'노출증 환자' 로 인해 벌어진 학교 소동을 바탕으로 성폭력에 대처하는 방법을 전해 주는 이야기다.

여덟 살 소피는 학교에서 부끄러움도 모르고 자신의 '고추' 를 보여 주는 이상한 아저씨가 있다는 소문을 듣게 된다. 다른 날보다 조금 늦게 집으로 돌아오던 소피는 아기 고양이를 구하려다 그 이상한 아저씨의 '고추' 를 보게 된다. 집으로 들어온 소피는 놀라서 아빠에게 그 사실을 이야기하고, 소피의 엄마와 아빠는 '노출증 환자' 에 대해 소피에게 설명해 준다. 소피의 사건을 계기로, 학교에서는 아이들을 위한 특별 수업을 실시하게 된다. 교육을 통해 아이들은 자신의 몸을 지켜야 할 아동들의 권리와, 낯선 사람을 만났을 때 어떻게 해야 할지, 그리고 '성학대' 에 대응할 수 있는 방법들을 올바르게 알게 된다.

수상한 어른들로부터 자신들의 몸과 마음을 지킬 수 있도록 대처방법을 안내하면서 모든 어른이 아동의 성학대자가 아니라는 것을 이해하기 쉽게 전해 준다.

운하의 소녀

-티에리 르냉/조현실 옮김/비룡소/2002/82쪽-고

성폭력을 경험한 적이 있는 교사와 성폭력을 겪고 있는 소녀가 서로의 상처를 보듬으면서 치유해 가는 성장소설이다.

사춘기 소녀 사라는 미술선생으로부터 성추행을 당하고, 사라는 그 일에 충격을 받고 스스로를 비하하면서 인형하고만 대화한다. 사라의 엄마, 아빠는 딸 사라를 위로해 주지 못하고 오히려 상

처를 준다. 담임선생님 역시 자신의 어린 시절을 떠올리게 하는 사라에 대해 마음 아파하면서도 가깝게 다가가지 못한다. 그러나 용기를 낸 담임선생님은 사라가 겪는 마음의 상처를 위로하며 자신의 상처도 치유하게 된다.

성폭력의 상처로 고통 받는 사라와 담임선생님의 모습을 통해 아이들을 성범죄로부터 물리적으로 보호하는 것도 중요하지만, 아이들의 미묘한 감수성을 이해하고 마음의 상처를 치유해 주는 것이 더욱 중요하다는 사실을 깨닫게 해 준다.

이럴 땐 싫다고 말해요

-마리 프랑스 보트/파스칼 르메트르 그림/홍은주 옮김/문학동네/1999/50쪽-저

나쁜 어른들로부터 자신을 보호하는 법을 가르쳐 주는 그림책이다. 우리 아이들은 싫다고 말하는 법에 익숙하지 않다. 어른들의 말은 무조건 들어야 한다고 배우고 길러지기 때문이다. 그러나 싫은 일은 정확히 말할 수 있어야 하고 특히 나쁜 일에는 "싫어요!"라고 당당히 말할 줄 알아야 한다.

이 책은 어린이들이 위험한 상황에서 자신을 보호할 지혜를 가지도록 알려 준다. 특히 나쁜 손길을 뻗치는 어른들에게, 눈에 보이지 않는 나쁜 위협에 대해, 아동학대라면 그 어떤 것이라도 스스로 싫다고 말할 수 있도록 일깨워 준다. 책의 마지막에는 어린이들이 이 책에서와 같은 일을 겪었을 때 마음 놓고 상담할 수 있는 기관의 전화번호가 나와 있다.

좋은 느낌 싫은 느낌

-안도 유기/정근 옮김/언어세상/2003/34쪽-저

다른 사람과 몸이 닿았을 때 좋은 느낌과 나쁜 느낌에 대해 설명하면서, 나쁜 느낌에 대해서는 "싫어요!"라고 이야기할 수 있도록 유도하고 있는 성폭력 예방 그림책이다.

엄마와 함께 수영장에 가던 '사랑이'는 친구 '아롱이'와 '다롱이'를 만나 함께 수영장에 가게 된다. 수영장에서 아이들은 수영복으로 가린 곳과 자신의 입과 같은 곳이 소중함을 배우고, 자신의 성기나 가슴 등을 만지려거나 보려고 하면 "싫어요!"라고 말하는 것도 연습한다.

어린이들에게 자기 몸을 소중하게 간직하는 것과 싫고 좋다는 느낌을 인식시켜서, 성폭력에 대응할 수 있도록 도와준다.

책이름 찾아보기

가방 들어 주는 아이 525
가슴으로 말하는 엄마, 머리로 듣는 딸 318
가족의 심리학 323
가족 앨범 559
가출일기 422
가출청소년의 이해와 개입방법 423
가출, 지금 거리에 '소녀' 는 없다 423
갑옷 속에 갇힌 기사 277
강박증 이제 안녕 258
강자와 약자 212
강한 여자의 낭만적 딜레마 277
거짓말쟁이 천재 495
거짓의 사람들 : 인간 악의 치료에 대한 희망 212
걱정쟁이 열세 살 470
건강은 마음 안에 있다 213
걸스토리 나 521
검은 태양 : 우울증과 멜랑콜리 249
검정개 블래키의 우울증 탈출기 249
겁쟁이 487
결국은 아름다움이 우리를 구원할 거야 1, 2 277
결혼의 적들 312
결혼하면 행복한가요? 310
고맙습니다, 선생님 534
고물장수 로께 449
고슴도치 아이 460
고양이 마을 신나는 학교 545
괴상한 녀석 545
괴물들이 사는 나라 485
공중그네 259
공자가 죽어야 나라가 산다 328
괭이부리마을 아이들 388
교사와 학생 사이 373
교실 이데아 416
구름이 찾아 준 엄마 440
구성애 아줌마의 초딩 아우성 521
굿바이 스트레스 웰컴 석세스 337
그 남자가 원하는 여자, 그 여자가 원하는 남자 308
그녀는 왜 이혼했을까 : 기가 막혀 말도 안 나오는 이혼스토리 25편 311
그래, 네 마음은 눈을 감고도 볼 수 있단다 301
그래, 엄마 나 미쳤어 399
그래도 우리 누나야! : 중증장애인 누나를 둔

다이스케의 자전 동화 526
그래서 나는 오늘 정신과로 간다 : 정신과 클리닉 A to Z 213
그리운 메이 아줌마 388
그림 도둑 준모 495
금단현상 500
긍정의 심리학 213
기도 284
길 위의 소년 440
길을 묻는 아이들 : 원조 교제와 청소녀 426
깃털 없는 기러기 보르카 526
까마귀 소년 546
까망머리 주디 460
깡딱지 537
꽃님이가 전학 온 날 549
꿈을 찾아 한 걸음씩 473
끝나지 않은 여행 45

나, 스트레스 받았어! 489
나, 열세 살 여자 : 어린이가 꼭 알아야 할 여성학 이야기 475
나 이제 외톨이와 안녕할지 몰라요 419
나 좀 내버려 둬! 490
나 학교 안 갈래 531
나는 나 463
나는 바람이야 456
나는 사랑의 씨앗이에요 521
나는 선생님이 좋아요 419
나는 싸기대장의 형님 446
나는 알코올중독자 261
나는 여자, 내 동생은 남자 522
나는 왜 나를 피곤하게 하는가 259
나는 이렇게 나이 들고 싶다 289
나는 인생을 믿는다 : 고통 받는 소녀에서 당당한 여성으로 266
나는 제사가 싫다 : 삼십 년 동안 가부장제와 맞서 싸운 한 여성작가의 외침 328
나는 정말 너를 사랑하는 걸까? 272
나는 희망의 증거가 되고 싶다 : 가발공장에서 하버드까지 389
나답게와 나고은 457
나랑 친구 할래? 538
나를 변화시키는 좋은 습관 343
나만 혼자 몰랐던 내 우울증 250
나비 뚱비 515
나쁜 아이 373
나쁜 아이가 세상을 바꿨어요 365
나쁜 아이는 없다 : 아이를 키우는 어른들에게 보내는 긴급 메시지 365
나쁜 어린이표 535
나에게 꼭 맞는 직업을 찾는 책 400
나와 조금 다를 뿐이야 507
나의 라디오 아들 319
나의 아름다운 정원 326, 385
나의 할아버지 피카소 326
나이 드는 것의 미덕 289
나이 듦에 대하여 : 여성학자 박혜란 생각모음 여자, 그리고 나이 290
나이 듦의 즐거움 290
난 너랑 친구가 되고 싶어 538
난 싫다고 말해요 560
난 이제 누구랑 살지? 453
난 이제부터 남자다 477
난 크고 싶어 516
난 키다리 현주가 좋아 542
난 학교 가기 싫어 531
난 황금 알을 낳을 거야! 474
날고 싶지만 390
날아라 동서남북 471
남자는 왜 여자의 왼쪽에서 걸을까 273
남자는 왜? 여자는 왜? 308
남자들이 여자들을 부려먹는 놀라운 방법들 :

성공하는 여성을 위한 직장남성 연구 335
남자와 여자 475
남자의 결혼, 여자의 이혼 311
남자의 탄생 : 한 아이의 유년기를 통해 보는 한국 남자의 정체성 형성과정 328
남자처럼 일하고 여자처럼 승리하라 336
내 고추는 천연 기념물 522
내 귀가 크다구요? 467
내 귀는 짝짝이 516
내 남자 친구야 542
내 동생은 못 말려 447
내 동생은 어느 별에 살고 있을까 502
내 동생 싸게 팔아요 447
내 동생이 태어났어 523
내 딸이 여자가 될 때 : 잃어버린 자아를 찾아가는 딸과 여자들의 44가지 사례 연구 320, 352
내 마음의 나이테 471
내 마음의 포르노그라피 405
내 마음을 알아주세요 507
내 몸에 날개를 달자 517
내 몸은 소중해 523
내 몸이 궁금해 523
내 몸이 이상해 523
내 성은 건강해 524
내 아들아 너는 인생을 이렇게 살아라 : 아버지가 아들에게 보내는 인생최대의 교훈 385
내 아이에겐 분명 문제가 있다 374
내 안의 화 다스리기 245
내 이름이 담긴 병 463
내 친구 꼬마 용 546
내 친구 네이선 538
내 친구 루이 508
내 친구 비차 538
내 친구 재덕이 527
내 친구는 시각장애인 528
내 친구에게 생긴 일 555
내 짝꿍 최영대 546
내가 가장 슬플 때 502
내가 나인 것 464
내가 얼마나 큰지 보여 주겠어 464
내가 증오한 사랑 273
내게 정말 소중한 나 391
내게는 소리를 듣지 못하는 여동생이 있습니다 527
내게도 동생이 생긴대요 447
내겐 드레스 백 벌이 있어 547
너, 그거 이리 내놔! 558
너, 누구 닮았니? 461
너는 쓸모가 없어 391
너는 특별하단다1, 2 465
너는 특별해 461
너도 하늘말나리야 441
너랑 놀고 싶어 547
너무 사랑하는 여자들 274
너무 친한 사이인데 539
너의 꿈은 무슨 색깔이니 400
넌 아름다운 친구야 539
넌, 아주 특별해! 465
네 꿈과 행복은 10대에 결정된다 366
네 마음을 보여 줘 232
네 멋대로 해라 417
네 잘못이 아니야 나탈리 560
노란 두더지 501
노엘의 산책 528
노이로제의 이해와 치료 214
누구와 함께 살 것인가 324
누르는 교육 자라는 아이들 374
늑대왕 핫산 503
늘푸른 나의 아버지 449
니 잘못이 아니야 405

다시 : 이혼한 사람들을 위한 셀프 리빌딩 311
단독비행 317
달려라 막시 467
달려라 형진아 408
달리는 거야, 힘차게 450
달의 제단 326
달팽이의 꿈 508
당당하게 살자 : 수줍음을 극복하는 법 243, 402
대인공포 클리닉 : 대인관계, 자신 있습니까? 256
대한민국에서 학생으로 산다는 것 417
대화의 기술 : 공격적이지 않으면서 단호하게 나를 표현하는 333
도대체 내가 왜 이러지? : 행복해지기 위한 자기발견의 지침서 232
도토리의 집 408
돌을 주셔서 감사합니다 450
동화 밖으로 나온 공주 278
돼지책 478
두려움을 극복한 토끼 487
들키고 싶은 비밀 441
딜레마에 빠진 인터넷 262
덥스 353
따귀 맞은 영혼 233
따귀는 왜 맞을까? 558
따뜻한 카리스마 333
따로 따로 행복하게 453
떠돌이개 : 가브리엘 뱅상의 그림 이야기 97
또 다른 나라 291
또 한 번의 전학 549
똑똑한 나 아름다운 섹스 : 학교에선 죽었다 깨어나도 배울 수 없는 성과 사랑 406
뚱보 은땡이 517
뚱보면 어때, 난 나야 517
뚱보, 내 인생 518
라몬의 바다 471
러블리 본즈 267
레 미제라블 497
로테와 루이제 454
루카-루카 543
리디아의 정원 441
릴리는 자기 외모에 불만이에요 518
릴리스 콤플렉스 : 원초적인 모성애로 최고의 엄마 되기 278

마리가 사랑에 빠졌어요 543
마린을 찾아서 227
마틸다 555
마시멜로 이야기 343
마음속의 그림책 230, 359
마음의 구리거울 214
마음의 문을 열어 주는 정신의학 이야기 214
마음의 병을 고친 사람들 이야기 : 행복한 삶을 선택하는 현실요법 215
마음의 치료 216
마음의 행복을 찾아주는 책 285
마음의 휴식 285
마음혁명, 생각의 집착을 끊어라 285
마이 네임 이즈 Song Lee 박 550
마흔에서 아흔까지 : 행복한 노년을 위한 인생지도 292
만년샤쓰 450
말썽꾸러기 꿈틀이도 잘할 수 있어요 499
말을 듣지 않는 남자, 지도를 읽지 못하는 여자 308
맘껏 우는 아이가 활짝 웃을 수 있다 366
맘대로 아빠 맘대로 아들 442
맞벌이의 함정 : 중산층 가정의 위기와 그 대책 313
매를 사랑한 참새 547
머리끝에서 발끝까지 이게 나야 : 어린이를 위

한 건강하고 아름다운 성 이야기 524
멋진 내 남자 친구 544
멋진 노후를 예약하라 292
메멘토 모리, 죽음을 기억하라 : 한국인의 죽음론 296
멧돼지를 잡아라 529
모리와 함께한 화요일 296
모르는 척 548
모치모치 나무 488
목걸이 열쇠 442
못난 것도 힘이 된다 1, 2 415
몽실언니 498
무서운 학교 무서운 아이들 548
무서움을 이겨 낸 구스타보 488
문제는 항상 부모에게 있다 366
무엇이 내 아들을 그토록 힘들게 하는가 320, 353
무엇이든 할 수 있는 자유, 아무 것도 하지 않을 자유 279
미래로부터의 반란 374
미루나무가 쓰는 편지 457
미안하다고 말하기가 그렇게 어려웠나요 230, 359
미오, 나의 미오 556
믿는 만큼 자라는 아이들 367

반쪽이 518
밤티 마을 큰돌이네 집 458
발로 차주고 싶은 등짝 420
방황하는 10대들의 홀로서기 367
버림받은 성적표 415
벌렁코 하영이 550
베로니카, 죽기로 결심하다 297
별 볼일 없는 4학년 448
별을 보내다 : 10대 미혼모들의 이야기 426
보물찾기 443
보이는 어둠 : 우울증에 대한 회고 250
부모들이 기억해야 할 쓴소리 367
부모와 십대 사이 321, 368
부모와 아이 사이 321, 368
부모의 양육태도와 아동의 성격장애 321
부부 사이의 사랑과 분노 313
불구두와 바람샌들 519
불량소녀백서 392
불량소년의 꿈 425
불안한 시대로부터의 탈출 341
브랜디는 사춘기 472
비밀의 화원 540
비자 비아 비자 벨 475
빛, 색깔, 공기 : 죽음을 사이에 둔 두 신학자의 대화 297
빡빡이 프란츠의 심술 492
빨간 나무 490
빨간 머리 앤 461

사금파리 한 조각 465
사내대장부 476
사람은 어떻게 죽음을 맞이하는가 298
사람은 왜 죽고 싶어 하는가 251
사람풍경 216
사랑 중독증 274
사랑의 기술 275
사랑의 매는 없다 : 폭력과 체벌 없는 어린 시절을 위하여 375
사랑을 선택하는 특별한 기준 1, 2 274
사랑하는 사람을 사랑하는 방법 275
사랑하라 한 번도 상처받지 않은 것처럼 233
사이버 세상에서 우리아이 지키기 427
사춘기는 벌거숭이 : 성 이야기 524
사회공포증의 이해와 극복하는 방법 : 수줍음의 비밀 257
사회불안증의 인지행동치료 257

살아 있는 죽음 강박증 1, 2 260
산만한 아이, 진욱이의 집중력 다지기 한판승 499
30년만의 휴식 216
상계동 아이들 451
상실 244
상실과 슬픔의 치유 244
상처받은 아이들 : 유년기의 상처를 말하고, 이해하고, 극복하기 227, 360
상처받은 내면아이 치유 264
상처와 용서 268
새 동생 462
새끼 개 556
새로운 나를 여는 열쇠 279
새로 쓰는 청소년 이야기 1, 2 375
(생각만 하고 실행하지 못하는 사림들을 위한) 변화 프로그램 344
서드 에이지, 마흔 이후 30년 293
선생님, 이야기하고 싶어요 531
설득의 심리학 334
섭섭하게, 그러나 아주 이별이지는 않게 299
성공을 꿈꾸는 10대들의 위대한 준비 : 글로벌 시대를 열어가는 미래의 직업관 · 직업준비 401
성공하는 사람들의 7가지 습관 344
성공하는 10대들의 7가지 습관 397
성공하는 10대의 비밀노트 414
성공한 사람은 사소한 일에 목숨을 걸지 않는다 403
성찰 : 나이 듦과 변화 그리고 아름다운 마무리 293
성폭력 싫어요! 560
성희롱, 당신의 직장은 안전합니까? 337
세상에서 가장 쉬운 것이 공부였다 414
세상에서 가장 아름다운 용서 268
세상에서 가장 우애 깊은 형제자매 이야기 448
소녀들의 전쟁 421
소녀의 마음 139
소년, 세상을 만나다 402
소년의 성(性) 보이툰 525
소중한 나의 몸 525
소파 전쟁 313
손끝으로 느끼는 희망 : 듣지도 보지도 못하는 삶 302
수다가 사람 살려 234
수일이와 수일이 466
수줍음 243, 403
술 권하는 사회 술에 먹힌 사람 261
스트레스 솔루션 337
슬럼프를 즐겨라 339
슬픈 란돌린 : 어린이 성폭력, 더 이상 쉬쉬하지 마세요! 561
슬플 때도 있는 거야 503
슬픔을 치료해 주는 비밀 책 491
슬픔이 내게 말을 거네 244
식구: 우리가 사랑하는 이상한 사람들 324
실버들을 위한 유쾌한 수다 : 고광애의 실버 상담실 294
실직 새로운 출발 342
실패에서 성공으로 345
실험 가족 458
심술꾸러기 사자와 모기 492
심술도깨비 이히체크 493
심술쟁이 마녀 소동 493
심술 좀 그만 부려! 493
10년 후 성공하는 아이 이렇게 키워라 369
10대를 위한 단순하게 살아라 404
10대여 마음 가는 대로 해라 : 멋진 미래를 꿈꾸는 10대가 스스로 그리는 인생지도 392
쏘피가 화나면-정말, 정말 화나면 485

아들 마음 아버지 마음 386
아들 키우는 부모들에게 들려주고 싶은 이야기 320, 353
아들아, 머뭇거리기에는 인생이 너무 짧다 1, 2, 3, 4 397
아름다운 가족 325
아름다운 가치 사전 508
아름다운 노년을 위하여 295
아름다운 죽음을 위한 안내서 : 인생의 마감시간에 우리는 무엇이 되어 만날 것인가? 299
아무에게도 하지 못한 말 392
아버지가 변해야 가족이 행복하다 322, 369
아버지라는 이름의 큰나무 386
아버지로 산다는 것 369
아버지와 아들 443
아빠, 내 마음이 왜 그래? 491
아빠가 내게 남긴 것 504
아빠는 언제나 내 곁에 있어 504
아빠는 전업주부 478
아빠는 지금 하인리히 거리에 산다 454
아빠사자와 행복한 아이들 479
아빠의 앞치마 479
아우야! 세상엔 바보란 없단다 409
아이들이 인터넷 게임 때문에 너무 아파요 : 부모가 꼭 알아야 할 인터넷 게임 중독 예방과 치료법 428
아이를 현명하게 키우는 비결 354
아이에게 상처를 주는 101가지 말과 행동 354
아이의 뇌를 읽으면 아이의 미래가 열린다 375
아주 작은 차이 309
아주 특별한 우리 형 529
아직도 가야 할 길 216
아직도 아물지 않은 마음의 상처 264
악어오리 구지구지 466
악어입과 하마입이 만났을 때 454
알리체의 일기 : 행복을 전염시키는 아이 529
알코올중독 261
애니의 노래 505
앨리슨 래퍼 이야기 303
얄미운 사람들에 관한 책 486
양파의 왕따 일기 549
얘들아, 너희가 나쁜 게 아니야 376
어디, 뚱보 맛 좀 볼래? 519
어른으로 산다는 것 217
어떻게 당신을 용서할 수 있을까 269
어떻게 사람을 변화시킬 수 있는가 265
어린이를 위한 흑설공주 이야기 476
어머나, 내가 사춘기인가? 472
어머니가 변해야 가족이 행복하다 322, 370
언제까지나 너를 사랑해 444
엄마, 내 생각도 물어줘! 444
엄마가 내 맘을 알아? 231, 370
엄마는 미친 짓이다 371
엄마와 딸 459
엄마의 마지막 선물 505
엄마의 무지개 451
엉덩이가 집을 나갔어요 494
없어졌어요! 500
에드와르도 세상에서 가장 못된 아이 494
여성 흡연 잔혹사 : 한 생애의 담배를 다 피워버린 여자의 담배 이야기 139
여자의 사랑이 남자를 바꿀 수 없다-당신을 괴롭히는 '나쁜 사랑'의 심리학 276
여자의 탄생 309
열여섯 더하기 하나 393
열한 살 아름다운 시작 1, 2 462
영모가 사라졌다 556
오늘, 청소년의 性을 읽다 406
오늘과 다른 내일을 살아라 393
오른발 왼발 445

오빠가 지어 준 감기약 459
오빠는 사춘기 472
오이대왕 387
오체불만족 409
오해의 심리학 257
완전한 행복 217
왕따 리포트 : 왕따 실태, 원인에서 해결 방안까지 371
왕따와 은따 422
왜 나만 우울한 걸까 251, 401
왜 자기 자신을 학대하는가 248
왜 나는 너를 사랑하는가 276
왜 남과 자신을 비교하는가 282
왜 잘 들어야 하나요? 500
왜 학교에 가야 하나요? 532
외딴방 228
욕망의 심리학 : 내 마음은 상처받지 않는다 218
용기 468
용서 269
용서 : 나를 위한 용서, 그 아름다운 용서의 기술 270
용서의 과정 270
용서의 기술 271
우리 모두 꼴찌 기러기에게 박수를 468
우리 선생님 최고 535
우리 선생님 폐하 536
우리 속에 숨어 있는 힘 280
우리 속에 있는 남신들 280
우리 속에 있는 여신들 281
우리 아이가 슬퍼할 때 245
우리 아이 왜 이럴까 225, 356
우리 아이가 이럴 땐 어떻게 할까요 226, 355
우리 아이 어떻게 기를까 355
우리 아빠 530
우리 함께 살아요 455
우리 형 보리스는 사춘기래요! 473
우리가 성에 관해 너무나 몰랐던 일들 426
우리가 성에 관해 알고 싶은 것, 그러나 하이틴 로맨스에도, 포르노에도, 나와 있지 않은 것 407
우리는 사소한 것에 목숨을 건다 235
우리는 사소한 것에 목숨을 건다 2 : 당신만 모르는 행복의 5원리 235
우리들의 오필리아 393
우리들의 행복한 시간 271
우리를 잠 못 들게 하는 밤 455
우리를 존중해 주세요! 561
우리반 깜띠기 540
우아한 노년 295
우울의 늪을 건너는 법 : 우울증은 나의 인생을 어떻게 바꾸었나 252
우울증 스스로 극복하기 252
우울증에 관한 희망의 보고서 253
우울증 웃어야 산다! 253
우울증은 치료된다 254
우울한 현대인에게 주는 번즈 박사의 충고 254
원만한 정서생활을 가로막는 몸에 밴 어린 시절 228, 360
위기관리와 리더십 340
위기를 기회로 바꿔라 340
위기의 커플 : 흔들리는 관계에서 슬기롭게 나아가기 315
위장된 분노의 치유 265
윌리와 악당 벌렁코 468
운명이라 믿었던 사랑이 무너졌을 때 314
운하의 소녀 561
울고 싶을 때 울어라 218
울보 곰은 심술쟁이 495
울지 말고 말하렴 491
웃지 않는 공주 이사벨라 520

유진과 유진 427
유쾌한 스트레스 338
유쾌한 하루하루를 위한 101 이야기 : 직장, 여성, 세상으로부터 스트레스 받는 모든 남성들 을 위한 책 339
의미를 향한 소리 없는 절규 218
이 아이들을 어찌할 것인가 226
이런 부모가 자식을 정신병자로 만든다 322, 356
이럴 땐 싫다고 말해요 562
이사 가는 날 : 그림을 보면서 이야기를 꾸미는 책 551
이성이 잠들면 요괴가 눈뜬다 71
이시형 박사의 대인공포증 치료 상, 하 258
이야기해 그리고 다시 살아나 : 성폭력의 기억은 절대로 잊혀지지 않아 267
이웃집 영환이 541
이제는 내 길을 가야 해 551
인간관계를 열어 주는 108가지 따뜻한 이야기 1, 2, 3 419
인간의 죽음 : 죽음과 임종에 관하여 300
인간치유 219
인권은 교문 앞에서 멈춘다 417
인생수업 300
인생의 흐름을 바꾼다 : 해고와 실직을 넘은 제3의 길 342
인터넷 게임, 우리아이 해치는 끈질긴 유혹 428
인터넷 게임 중독 아동의 치료 501
인터넷 중독 완전정복 429
인터넷 중독의 이해 263
인터넷 중독증 263
입시가족 416
잃어버린 기술 용서 : 용서를 통해 회복을 경험한 사람들의 이야기 272
잃어버린 자아의 발견과 치유 : 역기능 가정에서 자란 성인아이의 발견과 치유를 위한 안내서 266

자기 보살핌 283
자기긍정의 힘 282
자기를 믿지 못하는 병 282
자녀 교육의 비법은 없다 372
자라지 않는 소녀 트루디 520
자부심을 키워주는 50가지 원칙 283
자살하고 싶을 때/260
자신의 분노를 이기는 방법 246
자전거도둑 니켈 496
자존감 284
작은 걱정 509
잔소리 없는 날 445
잘 가라, 내 동생 505
장남과 그의 아내 : 33쌍과의 인터뷰 327
재난과 정신건강 219
저는 오늘 꽃을 받았어요 : 가정폭력과 여성인권 315
전학 간 윤주 전학 온 윤주 551
절대 용서할 수 없어 498
정답은 내 안에 있다 414
정신건강 클리닉 : 마음이 건강해야 몸이 건강하다 220
정신과 클리닉 : 우리 시대의 노이로제 220
정신분석에로의 초대 221
정신분석이라는 이름의 인간 드라마 221
정오에서 해 질 녘까지 : 새로운 시작, 영원을 향한 중년 이후의 여정 295
제닝스는 꼴찌가 아니야 532
제이디 221, 357
조개 줍는 아이들 387
조금만 조금만 더 469
조선의 여걸 박씨부인 477
조울병, 나는 이렇게 극복했다 255

조지와 마사 541
조커, 학교 가기 싫을 때 쓰는 카드 536
종이밥 451
종이 봉지 공주 477
좋은 느낌 싫은 느낌 562
죽음의 수용소에서 222
'죽이는' 수녀들의 이야기 : 호스피스 활동 사례 모음 301
죽이러 갑니다 246
중독 262
지금 알고 있는 걸 그때도 알았더라면 394
지나친 책임감을 벗어라 339
집단 괴롭힘 422
짝꿍 541

창가의 토토 418
참자기 281
채마밭의 공주님 506
처음 받은 상장 469
천개의 공감 222
천국엔 새가 없다 1, 2 357
천국의 아이들 452
천둥 케이크 488
천사의 꽃 506
천재가 될 수밖에 없었던 아이들의 드라마 229
철학상담소 : 우울한 현대인을 위한 철학자들의 카운슬링 223
철학으로 마음의 병을 치료한다 223
첫사랑 544
청소녀 백과사전 395
청소년을 위한 성과 사랑 에세이 407
청소년자살 예방론 : 원인분석과 대책. 405
치유 : 우울증, 불안, 스트레스, 화 224
친구가 많아지는 56가지 방법 420
친구들이 따르는 아이 친구들이 떠나는 아이 : 머리보다 인간성과 사교성 좋은 아이로 키우는 비결! 372
친구야 너와 나는 특별하단다 : 글로벌리더를 꿈꾸는 10대를 위한 리더십이야기 398
친구하고 싶은 아이로 바꿔주는 책 542
칠판 앞에 나가기 싫어! 533
칭찬은 고래도 춤추게 한다 334

카이는 사라를 사라는 팀을 좋아해 544
컴퓨터 습관 중독되기 전에 잡아라 430
쿨보이 404
퀴즈 왕들의 비밀 395

탕탕 우라강 게임은 이제 그만 502
터널 448
텔레비전을 보고 싶어! 496
토미를 위하여 396
특별한 손님 459
틀려도 괜찮아 533

파란 눈의 내 동생 462
파스칼의 실수 497
편지 쓰는 아이 456
평등한 부모 자유로운 아이 372
평범했던 그 친구는 어떻게 성공했을까 345
평화로움 286
포르노 All Boys Do It 407
폭력 싫어요! 558
폭력으로는 해결할 수 없어요 559
폭력의 기억 : 사랑을 잃어버린 사람들 317
폰더 씨의 위대한 하루 398
프린들 주세요 537
플러스+ 사고력 : 위기를 기회로 바꾸는 생각의 전환 341
피해의식의 심리학 : 피해자의 역할에서 벗어나는 법 236

하나님, 저 이혼했어요 312
하나도 무섭지 않아! 489
하나와 두리 449
하늘을 나는 교실 533
하지만 막스도 잘하는 게 있어요 470
학교 가기 싫어 534
학교 가기 싫을 땐 이렇게 해봐 534
학교를 거부하는 아이 아이를 거부하는 사회 376
학교를 찾는 아이 아이를 찾는 사회 377
학교에서 일어나는 폭력문제 423
학교종이 땡땡땡 377
학교폭력, 고통 받는 아이들을 위해 무엇을 할 것인가 424
학교폭력 당신의 아들딸이 무너지고 있다 424
학교폭력, 우리 아이 지키기 424
학교폭력 유형별 대처 사례집 425
학대받는 아이들 226, 361
학대받는 아이에서 학대하는 어른으로 231
학대 싫어요! 557
한 번에 한 가지밖에 못하는 남자, 잔소리를 멈추지 않는 여자 310
한 아이 1 358
한 아이 2 358
한 잔만 더 : 알코올 중독 치료리포트 262
한낮의 우울 255
할머니 446
행복의 발견 229
행복이 찾아오면 의자를 내주세요 389
행복한 이기주의자 284
헨쇼 선생님께 456
헬로 마이 퓨처 474
현대인과 노이로제 224
현대인과 스트레스 224
현대인의 정신건강 225
형제 388
형제라는 이름의 타인 327
호밀밭의 파수꾼 397
혼자 사는 기술 318
화, 분노에서 벗어나기 : 10개의 일반적인 분노 유형과 이에 따른 대처 방법 247
화 : 화가 풀리면 인생도 풀린다 248
화가 나는 건 당연해! 486
화가 날 때 읽는 책 247
화성에서 온 남자 금성에서 온 여자 310
화야, 그만 화 풀어 486
화이트칼라의 위기 341
황금의 씨앗을 뿌려라 : 10대를 위한 공병호의 자기경영노트 399
홍당무 557
후박나무 우리 집 479
휴대폰에 빠진 내 아이 구하기-디지털 세대 자녀교육을 위한 특급 프로젝트 430
흉내쟁이 꼬마 발레리나 474
흔들리는 부모들 323, 361
희망의 집 452
히나코와 걷는 길 530
힘든 때 452

저자 소개

김정근 | 도미니칸대학교, 컬럼비아대학교, 토론토대학교에서 문헌정보학과 교육학을 전공하여 석·박사학위를 받았다. 부산대학교 도서관장과 대학원장을 역임했다. 현재 동 대학교의 문헌정보학과 명예교수로서, '책읽기를 통한 정신치료 연구실'의 지도교수로 활동 중이다.

한윤옥 | 성균관대학교에서 문헌정보학을 전공하여 석·박사학위를 받았다. 한국도서관협회 독서진흥위원회와 출판위원회의 위원장을 역임했다. 현재 경기대학교 문헌정보학과 교수로서, 동 대학교의 중앙도서관장으로 활동 중이다.

황금숙 | 성균관대학교에서 문헌정보학을 전공하여 석·박사학위를 받았다. 현재 대림대학 문헌정보과 교수로서, 한국도서관협회 독서문화위원회 위원장이다. 도서관과 독서 정책 영역에서 교육인적자원부의 자문위원으로도 활동 중이다.

김순화 | 부산대학교에서 문헌정보학을 전공하여 석·박사학위를 받았다. 현재 사서로서 울산중부도서관의 평생교육팀장이다. 부산대학교 평생교육원 독서치료사 과정의 강사로도 활동 중이다.

신주영 | 부산대학교에서 문헌정보학을 전공하여 석사학위를 받았다. 현재 부산대학교 도서관 사서다. 동 대학교 평생교육원 독서치료사 과정, 부산시민도서관 '성인을 위한 독서치료 과정'의 강사로도 활동 중이다.

김현애 | 가톨릭대학교에서 독서교육을 전공하여 석사학위를 받았다. 한국독서지도연구회의 초대 회장을 역임했다. 현재 경기대학교에서 박사과정을 밟으며, 숙명여자대학교 문헌정보학과, 가톨릭대학교 교육대학원에서 독서치료 강사로 활동 중이다.

책읽기를 통한 정신치료 연구실(책정연) july75@pusan.ac.kr | 부산대학교에 위치하고 있는 독서치료 연구모임으로서 도서관을 기반으로 하는 '체험형' 독서치료 프로그램 개발에 진력하고 있다.

정신건강과 자아발달을 돕는
체험적 독서치료

2007년 11월 10일 1판 1쇄 발행
2016년 1월 20일 1판 4쇄 발행

지은이 • 한국도서관협회 독서문화위원회 편
김정근 · 한윤옥 · 황금숙 · 김순화 · 신주영 · 김현애
펴낸이 • 김진환
펴낸곳 • (주) 학지사
04031 서울특별시 마포구 양화로 15길 20 마인드월드빌딩
대표전화 • (02)330-5114 팩스 • (02)324-2345
등록번호 • 제313-2006-000265호

홈페이지 • http://www.hakjisa.co.kr
페이스북 • https://www.facebook.com/hakjisa

ISBN 978-89-5891-561-4 93180

가격 20,000원